《儒藏》精華編選刊

北京大學《儒藏》編纂與研究中心 編

春秋集傳大全(下)

〔明〕胡　廣等　奉敕撰

吳長庚　蘇　敏
管正平　曹義昆　校點
周茶仙　龍　飛

北京大學出版社

春秋集傳大全卷之二十五

襄公

一公名午，成公妾定姒之子。四歲即位，在位三十一年。《諡法》：「因事有功曰襄，辟土有德曰襄。」

周魯襄公二年，簡王崩，子靈王立。襄二十八年，靈王崩，子景王立。

鄭魯襄公二年，成公卒，子僖公髡頑立。襄七年，僖公卒，簡公嘉立。

齊魯襄公十九年，靈公卒，子莊公光立。襄二十五年，[1]莊公弑，弟景公杵臼立。

宋詳見成公元年。

晉悼公復霸。元年，韓厥爲政。襄七年，知罃爲政。襄十一年，會于蕭魚，服鄭。襄十三年，荀偃爲政。襄十五年，悼公卒，子平公彪立。襄十九年，士匄爲政。襄二十五年，趙武爲政。襄二十七年，晉、楚盟于宋，南北分霸始此。

---

[1] 「二」，原作「三」，今據四庫本改。

衛魯襄公十四年，獻公奔齊。衛立公孫剽，是爲殤公。襄二十六年，殤公弒獻公，復歸于衛。襄二十九年，獻公卒，子襄公立。

蔡魯襄公三十年，景公弒，子靈公般立。

曹魯襄公十八年，成公卒，子武公滕立。

滕詳見成公元年。

陳魯襄公四年，成公卒，子哀公溺立。

杞魯襄公六年，桓公卒，子孝公匄立。襄二十三年，孝公卒，弟文公益姑立。

薛詳見僖公元年。

莒魯襄公十六年，晉執黎比公。襄三十一年，❶黎比公弒，子展輿立。

邾魯襄公十六年，晉執宣公。襄十七年，宣公卒，悼公華立。襄十九年，晉執悼公。

許魯襄公二十六年，靈公卒于楚，悼公買立。

小邾魯襄公七年，小邾穆公來朝。

楚子重爲令尹。魯襄公三年，子重伐吳，卒，子辛爲令尹。襄五年，楚殺子辛，子囊爲令尹。襄十三年，共王

❶「一」，原作「二」，今據《通志堂經解》本元齊履廉《春秋諸國統紀》改。

卒，子康王昭立。襄十五年，子庚爲令尹。襄二十一年，子南爲令尹。二十三年，蒍子馮爲令尹。襄二十五年，子木爲令尹。襄二十八年，康王卒，郟敖麇立。

秦詳見僖公元年。

吳魯襄公十二年，壽夢卒，諸樊立，一名遏。襄二十五年，遏門于巢，卒，餘祭立，一名載。襄二十九年，餘祭卒，夷昧立，一名餘昧。

越詳見隱公元年及昭公元年。

己丑簡王十四年，崩。元年晉悼公周元年。齊靈十年。衛獻五年。蔡景二十年。鄭成十三年。曹成六年。陳成二十七年。杞桓六十五年。宋平四年。秦景五年。楚共十九年。吳壽夢十四年。春，王正月，公即位。《穀梁傳》：「繼正即位，正也。」○仲孫蔑會晉欒黶、宋華元、衛甯殖、曹人、莒人、邾人、滕人、薛人圍宋彭城。《左傳》：「春己亥，圍宋彭城。非宋地，追書也。於是爲宋討魚石，故稱宋，且不登叛人也，謂之宋志。」彭城降晉，晉人以宋五大夫在彭城者歸，實諸瓠丘。齊人不會彭城，晉人以爲討。二月齊大子光爲質於晉。」《公羊傳》：「宋華元曷爲與諸侯圍宋彭城？爲宋誅也。其爲宋誅奈何？魚石走之楚，楚爲之伐宋，取彭城以封魚石。魚石之罪奈何？以入是爲罪也。楚已取之矣，曷爲繫之宋？不與諸侯專封也。」《穀梁傳》：「繫彭城於宋者，不與魚石，正也。」

按《左氏》曰：「非宋地，追書也。」杜氏曰：「楚取彭城，已封魚石，故曰非宋地。」然則書「圍彭城」

者，魯史舊文也。曰「圍宋彭城」者，仲尼親筆也。唐陳氏曰：「史策以常文書，第曰圍彭城而無宋字。聖人修《春秋》，不與魚石之專邑叛君，追書而稱宋彭城。」師氏曰：「苟書彭城而不書宋，則無以見魚石之不臣、楚子之獎亂，與夫諸侯討叛之功矣。」楚已取彭城、封魚石、戍之三百乘矣，則曷為繫之宋？楚不得取之宋，魚石不得受之楚，雖專其地，君子不登叛人，所以正疆域、固封守、謹王度也。孫氏曰：「彭城，宋邑也。魚石，宋叛臣也。楚取宋邑，使宋叛臣守之，故雖入于楚，孔子還繫之于宋，所以抑強夷而黜叛臣也。」劉氏曰：「楚為不道，獎亂助惡，使臣叛其君，《春秋》所惡也。雖得其地，《春秋》不與也。凡諸侯受封于天子，固有常分，強者不得獨兼，弱者不得獨失。有王者作，強者將損之，弱者將益之。故宋雖失彭城，猶未為非宋地。」高郵孫氏曰：「蒯聵出奔，七年于外矣。衛侯元卒而輒已立為君，於蒯聵之納也。若曰是乃世子蒯聵也。故宋雖入於楚，而以之居魚石矣，於其圍之，必曰宋彭城，若曰彭城乃宋邑，魚石安得受之於楚乎？彭城已入於楚，而以書宋為不與楚之專封者，蓋桓公之事本善，不諱衛無以全其美；楚之事實惡，不書宋無以顯其罪也。」

夏，晉韓厥帥師伐鄭。仲孫蔑會齊崔杼、曹人、邾人、杞人次于鄫。厥，《公》作「屈」。鄫，《公》作

「合」。《左傳》：「夏五月，晉韓厥、荀偃帥諸侯之師伐鄭，入其郛，敗其徒兵於洧上。於是東諸侯之師次于鄫，以待晉師。晉師自鄭以鄫之師侵楚焦夷及陳，晉侯、衛侯次于戚，以爲之援。」杜氏曰：「鄫，鄭地，在陳留襄邑縣東南。」

楚人釋君而臣是助，事已悖矣。晉於是乎降彭城，以魚石等歸，遂伐鄭，而諸侯次于鄫，此皆放於義而行者也。汪氏曰：「鄭棄中國而從蠻夷，助叛臣以逼其君，皆非義也。晉悼公既禽五大夫，於是伐鄭，以討其從楚納魚石之罪。然不重勤諸侯，而使韓厥以偏師伐之，皆合於義者也」傳書楚子辛救鄭而經不書者，鄭本爲楚，以其君之故，親集矢於目，是以與楚而不貳也。棄中國從蠻夷，不能以大義裁之，惟私欲之從，則鄭無可救之名，經所以削之，不言救也。汪氏曰：「自鄢陵之戰，楚子救鄭，楚子重救鄭，楚公子申救鄭，皆不書，義與此同。」汪氏曰：「晉以韓厥已足以當鄭，不欲速戰以勝楚，故使諸侯之師次于鄫以震鄭心，且備楚師之出也」「齊桓伐楚，次于陘，不欲速勤東諸侯之師，故悼伐鄭而使諸侯之師次于鄫，皆霸者不輕用兵而重民命之意也。故文定傳曰：『伐而書次，其次爲善。』然《左氏》謂韓厥、荀偃帥諸侯之師伐鄭，入其郛。又謂以鄫之師侵楚，皆與經不同，故啖氏曰：『時魯會不須告命，知傳妄也。』○盧陵李氏曰：「胡氏意則此條可入伐而書次例，陳氏曰：『會伐未有言次者，此其言次何？從晉而未決也。』❶悼承厲公之烈

❶「決」，四庫本作「次」。

盟虛柯，遂合諸侯討魚石，爭彭城於楚，天下知鄉方矣。而五國之大夫，猶未以其衆會韓厥之師，是有待也，亦以見再伯之難也。」此説雖於事情不合，然亦足以發明從伯之人心不可廢也。何氏以為刺其欲救宋而不能者，非。」

秋，楚公子壬夫帥師侵宋。《左傳》：「秋，楚子辛救鄭，侵宋呂、留。鄭子然侵宋，取犬丘。」汪氏曰：「楚憤宋之復彭城，且欲援鄭而退諸侯之師，故復釋憾於宋。」高氏曰：「不敢敵諸侯之師而侵宋者，蓋攻其所必救也。以其無名加兵，故書曰侵。」〇九月辛酉，天王崩。邾子來朝。冬，衛侯使公孫剽來聘。晉侯使荀罃來聘。《左傳》：「九月，邾子來朝，禮也。冬，衛子叔、晉知武子來聘，禮也。凡諸侯即位，小國朝之，大國聘焉，以繼好結信，謀事補闕，禮之大者也。」

簡王崩，赴告已及，藏在諸侯之策矣。則宜以所聞先後而奔喪。今邾子來修朝禮，衛侯、晉侯方來修聘事，於王喪若越人視秦人之肥瘠，曾不與焉，而《左氏》以為禮，此何禮乎？杜氏曰：「冬者十月初，王赴未至，故傳善之。」汪氏曰：「杜預、范甯皆云王崩赴未至，故各得行朝聘之禮。今考邾子來朝之時，謂赴未至於諸侯，猶之可也。踰月之後，安有赴告未及者？然歷秋暨冬，衛、晉不廢聘好，縱彼未聞赴而來，魯亦豈可晏然受之乎？按《禮》：『諸侯相見，揖讓入門，不得終禮者六：天子崩、太廟火、日食、后夫人之喪、雨霑服失容則廢。』《春秋》繼王崩而書朝聘，朝者、聘者、受之者，皆有罪也。」滕定公薨，世子定為三年喪，父兄百官皆不欲，曰：「吾宗國，魯先君莫之行也。」喪紀益廢，民習於耳目而不察，故後世以日易月。《唐順宗實録》：「遺詔以日易月，十三日

小祥，二十五日大祥，二十七日釋服。」人子安而行之，不知《春秋》之義，無君臣之禮，豈不惜哉！王氏曰：「襄公即位，則邾子來朝，晉、衛來聘，簡王崩而諸侯無奔喪之事，靈王立而諸侯無始見之文，當時狃習流俗，不復知有京師矣。使《春秋》不作，三綱五常之道，與夷狄禽獸奚擇焉？」高氏曰：「凡諸侯嗣立，必朝于天子，而童子侯不朝者，天子不與爲禮也。童子侯雖不朝，而聞天王之喪必奔天王之喪，短以四歲即位而小國來朝，大國來聘，安能以禮相接乎？」○廬陵李氏曰：「三國之朝聘，胡氏本泰山孫氏說貶之，然《穀》注及《公羊》疏皆同杜氏說。蓋如胡氏說，則此條當與蟲牢同譏。但蟲牢明書己酉、己丑，相去四十日，赴告之及必矣。胡氏得之，此則下無日，未有以辨其久近，且三傳皆無貶文，恐杜說亦可取。」

庚寅靈王元年。二年晉悼二。齊靈十一。衛獻六。蔡景二十一。鄭成十四，卒。曹成七。陳成二十八。杞桓六十六。宋平五。秦景六。楚共二十。吳壽夢十五。**春，王正月，葬簡王。**杜氏曰：「五月而葬，速。」○**鄭師伐宋。**《左傳》：「春，鄭師侵宋，楚令也。」高氏曰：「楚以彭城故，令鄭伐之，鄭受制於夷狄而爲之伐中國，不貶人之而書師者，非所以伸之，蓋懲其動衆耳。」襄陵許氏曰：「書伐宋者，積鄭之疾。」❶

附録《左傳》：「齊侯伐萊，萊人使正輿子賂夙沙衛，以索馬牛皆百匹，齊師乃還。君子是以知齊靈公之

❶「疾」，四庫本作「疢」。

夏，五月庚寅，夫人姜氏薨。《左傳》：「夏，齊姜薨。初，穆姜使擇美檟，以自爲櫬與頌琴。季文子取以葬。君子曰：『非禮也。禮無所逆，婦養姑者也。虧姑以成婦，逆莫大焉。』《詩》曰：『其惟哲人，告之話言，順德之行。』季孫於是爲不哲矣。且姜氏，君之妣也。」《詩》曰：『爲酒爲醴，烝畀祖妣，以洽百禮，降福孔偕。』」○六月庚辰，鄭伯睔卒。睔，古困反。《左傳》：「鄭成公疾，子駟請息肩于晉。公曰：『楚君以鄭故，親集矢於其目，非異人任，寡人也。若背之，是棄力與言，其誰暱我？免寡人，唯二三子。』秋七月庚辰，鄭伯睔卒。」高氏曰：「不書葬者，以成公背中國，故諸侯不會其葬也。」

傳：「於是子罕當國，子駟爲政，子國爲司馬。晉師侵鄭，諸大夫欲從晉。子駟曰：『官命未改。』」《穀梁傳》：「其曰衛甯殖，如是而稱于前事也。」杜氏曰：「晉伐喪非禮。宋雖非卿，師重，故敘衛上。」高郵孫氏曰：「晉、宋稱師，將卑師衆也。甯殖書名，將尊師少也。」李氏《集義》曰：「上言鄭伯睔卒，下書三國之師侵鄭，此不待變文而後爲譏其伐喪也。」蘇氏曰：「鄭雖有畔中國之罪，而伐其喪，不待貶而見矣。」

○晉師、宋師、衛甯殖侵鄭。《左傳》：「聞喪而還。《春秋》與之，則茲伐喪之報以明，稱其前事皆非也。」○劉氏曰：「《穀梁》云：『稱于前事也。』說者曰：『初，衛侯速卒，鄭人侵之，故舉衛殖之報以明，稱其前事皆非也。』張氏曰：「士匄侵齊，聞喪而還。《春秋》豈爲是書之哉！」○秋，七月，仲孫蔑會晉荀罃、宋華元、衛孫林父、曹人、邾人于戚。《左傳》：「會于戚，謀鄭故也。孟獻子曰：『請城虎牢以偪鄭。』知武子曰：『善。喪，己亦伐人喪，是以怨報怨，鄫之會，吾子聞崔子之言，今不來矣。滕、薛、小邾之不至，皆齊故也。寡君之憂不唯鄭。罃將復於寡君，而

爲靈也。」

請於齊。得請而告，吾子之功也。若不得請，事將在齊。吾子之請，諸侯之福也。豈唯寡君賴之。」王氏曰：「諸侯之大夫專會以謀鄭，政在大夫也。」蜀杜氏曰：「大夫專恣，《春秋》不加貶削之文，而直敘其會。」

○己丑，葬我小君齊姜。《左傳》：「齊侯使諸姜宗婦來送葬。召萊子，萊子不會，故晏弱城東陽以偪之。」《公羊傳》：「齊姜者何？齊姜與繆姜，則未知其爲宣夫人與？成夫人與？」杜氏曰：「齊，謚也。三月而葬，速。」○唐陳氏曰：「穆姜有美櫬頌琴，文子取之以葬。《公羊》不知婦先姑薨，故疑之也。」

叔孫豹如宋。《左傳》：「穆叔聘于宋，通嗣君也。」○冬，仲孫蔑會晉荀罃、齊崔杼、宋華元、衛孫林父、曹人、邾人、滕人、薛人、小邾人于戚，遂城虎牢。《左傳》：「冬，復會于戚，齊崔武子及滕、薛、小邾之大夫皆會，知武子之言故也。遂城虎牢，鄭人乃成。」《公羊傳》：「虎牢者何？鄭之邑也。其言城之何？取之也。取之則曷爲不言取之？爲中國諱也。大夫無遂事，此其言遂何？歸惡乎大夫也。」《穀梁傳》：「若言中國焉，內鄭也。曷爲於鄭？曷爲不繫乎鄭？設險所以守國也，有虎牢之險而不能守，故不繫於鄭，責其不能有也。」張氏曰：「故東虢之邑。」程子曰：「設險以守，鄭滅虢，爲制邑。」

虎牢，鄭地，故稱制邑，至漢爲成皋，今爲汜水縣。巖險聞於天下，猶虞之下陽、趙之上黨、《輿地志》：「河東上黨縣，言其地極高，與天爲黨，有太行、羊頭山。」魏之安邑、汪氏曰：「《通鑑》烈王七年：『韓、趙伐衛，圍安邑。』按魏本都安邑，乃堯、舜舊都，即鳴條之野。」燕之榆關、《輿地志》：「燕平州之東有榆關，一夫守之，可以當百。」吳之西陵、汪氏曰：「《吳志》：『陸抗曰：「西陵，國之西門，若

不守，則荆州非吳有也。」按西陵即夷陵。蜀之漢、樂，音洛。汪氏曰：「《蜀志》：『建興七年，築漢城於沔陽。築樂城於成固。』按沔口，晉、吳皆以爲重鎮，控引秦、梁，路通荆、雍。成固即漢中，《隋書》以謂成都之喉嗌。」地有所必據，城有所必守，而不可以棄焉者也。茅堂胡氏曰：「鄭之虎牢，三國之祁山、西陵、濡須，皆國之存亡所係者。」有是險而不能守，故不繫於鄭。然則據地設險，亦所貴乎？天險，不可升也；地險，山川丘陵也。王公設險以守其國，《大易》之訓也。城郭溝池以爲固，亦君子之所謹也。鑿斯池、築斯城，與民同守，孟子之所以語滕君也。夫狄焉思啓封疆，而爭地以戰殺人盈野，爭城以戰殺人盈城者，固非《春秋》之所貴，守天子之土，繼先君之世，不能設險守國，將至於遷潰滅亡，亦非聖人之所與。故城虎牢而不繫於鄭，程氏以爲責鄭之不能有也。其聖人以待衰世之意，小康之事邪？永嘉呂氏曰：「楚丘不言衛，緣陵不言杞，皆是衛、杞不能有之，而齊桓城之爾。然則城虎牢，亦鄭不能有，而諸侯城之。」張氏曰：「虎牢所以不繫鄭者，鄭人背華即夷，黨楚以爲中國患，悼公動天下之諸侯思啓封疆，而爭地以戰殺人盈野，爭城以戰殺人盈城者，固非《春秋》之所貴，守天子之土，繼先君之世，不能設險守國，將至於遷潰滅亡，亦非聖人之所與。故城虎牢而不繫於鄭，程氏以爲責鄭之不能有也。其聖人以待衰世之意，小康之事邪？永嘉呂氏曰：「楚丘不言衛，緣陵不言杞，皆是衛、杞不能有之，而齊桓城之爾。然則城虎牢，亦鄭不能有，而諸侯城之。」張氏曰：「虎牢所以不繫鄭者，鄭人背華即夷，黨楚以爲中國患，悼公動天下之諸侯以討之，而負固自若，故從孟獻子之謀，城其巖邑以制之，以霸主而討不服從之國，地非鄭之所可私有，故彭城非宋有也。」伯主爲宋討則係之宋。虎牢，鄭地也。以中國當討鄭而不繫之鄭，皆《春秋》明王制以示予奪之正也。」家氏曰：「虎牢，諸夏之藩表，得之以興，失之以亡，内外之限界在焉。邑雖屬於鄭，險則關乎中國，故城虎牢不繫於鄭，明虎牢非鄭之所宜有也。鄭之封疆嘗受之天子，曷不以繫之鄭乎？曰鄭叛華即夷，以天子之侯

度，甘爲夷屬，辱天子之封守，罪當削，書諸侯城虎牢，不曰鄭虎牢，削之於鄭也。削之於鄭，歸之於中國，所以正夷夏内外之分，故書曰遂城虎牢。蓋舊史書『城鄭虎牢』，聖人削之曰『城虎牢』，故曰非聖人莫能修。」陸氏曰：「諸侯之大夫取他國之邑相與城之，非正也。城虎牢可以安中國、息征伐，故聖人許之而不繋於鄭也。」吴興沈氏曰：「不言伐取，且不繋之鄭，皆所以與晉也。」汪氏曰：「自平王東遷，鄭武公入爲卿士，王賜之虎牢以東，後失其地。鄭厲公納惠王，而王復與之焉。然齊桓之霸，說申侯而與之虎牢，則固未嘗以虎牢爲中國之輕重也。迨悼公之霸，則近楚微國，若江、黄、弦、庸、六、蓼、群舒之類，吞噬靡遺，中國諸侯，若陳若蔡若許亦已服役於楚，夷於屬縣，而鄭以王室懿親，幾内大國，又屈而從楚，苟非陑虎牢之險，以制其棄同即異之心，則楚將越鄭而東，蹂躪中華之境，其不淪胥於夷者幾希矣。故虎牢之城不繋於鄭，責鄭而與中國也。《春秋》書遂伐楚，見諸侯之專也，書遂城虎牢，見大夫之專也。」○趙氏曰：「《公羊》云：『不書取，爲中國諱也。』按夫子增損經文以示義，何諱之爲？《穀梁》之說非也。」盧陵李氏曰：「虎牢不係鄭，《三傳》不同。胡氏據程子以爲罪鄭人之失守，以下陽不係國例觀之，則其說亦是。蓋此年城不係鄭者，罪鄭之失險；十年戍而係鄭者，罪諸侯之據險也。然此年之城虎牢，必猶以爲鄭備楚爲辭，故《春秋》無甚貶晉之意。至十年之戍，則不過爲扼鄭計，而無備楚之實矣。然後重貶之，亦《春秋》之忠、恕也。」杜氏以爲此年之不係鄭者，虎牢已屬晉也。十年之係鄭者，言鄭服則歸之，明晉志也，亦可通。《公》《穀》說迂，不可從。張氏不係鄭之說，蓋用陸淳說，然其曰以伯主而討不服之國，地非鄭之所可私有，此似礙理，恐

楚殺其大夫公子申。《左傳》：「楚公子申爲右司馬，多受小國之賂，以偪子重、子辛，楚人殺之。故書曰『楚殺其大夫公子申』。」劉氏曰：「嬰齊、壬夫畏其偪而殺之也。」高氏曰：「晉城虎牢，有以勝楚矣。楚無所歸咎而殺其用事之臣。」襄陵許氏曰：「著楚之所以不競於晉也。」

辛卯靈王二年。三年晉悼三。齊靈十二。衛獻七。蔡景二十二。鄭僖公髡頑元年。曹成八。陳成二十九。杞桓六十七。宋平六。秦景七。楚共二十一。吳壽夢十六。**春，楚公子嬰齊帥師伐吳。** 吳楚爭強自此始。《左傳》：「楚子重伐吳，爲簡之師，克鳩茲，至于衡山。使鄧廖帥組甲三百、被練三千以侵吳。吳人要而擊之，獲鄧廖。其能免者組甲八十、被練三百而已。子重歸，既飲至。三日，吳人伐楚，取駕。駕，良邑也。鄧廖，亦楚之良也。君子謂：『子重於是役也，所獲不如所亡。』楚人以是咎子重。子重病之，遂遇心疾而卒。」襄陵許氏曰：「國政失御，大臣相殘。又外結吳怨，而內與晉讎，此共王之所以不振也。」陳氏曰：「於是楚伐吳，吳伐楚取駕，則其但書伐吳何？」《春秋》於吳、楚，未嘗無差等也。是故楚伐吳，悉書之；吳伐楚，必見過門于巢卒而後書。」高氏曰：「楚始志伐吳，吳與鍾離之會故也。」廬陵李氏曰：「經書楚君大夫之伐吳七，始於此。」○**公如晉。** 「始朝也。」高氏曰：「童子侯不朝王，蓋不可接以成人之禮也，豈可反朝同列乎？」**夏，四月壬戌，公及晉侯盟于長樗。** 樗，勅居反。《左傳》：「孟獻子相，公稽首。知武子曰：『天子在，而君辱稽首，寡君懼矣。』孟獻子曰：『以敝邑介在東表，密邇仇讎，寡君將君是望，敢不稽首？』」杜氏

曰：「稽首，首至地，事天子之禮。」張氏曰：「孟獻子，魯之賢大夫，尚不知君臣之義以相其君，所謂不知先立乎其大者，春秋諸賢之同病也。」長樗，近晉之地。」蘇氏曰：「晉修禮於諸侯，故去其國都，與公盟于長樗。」高氏曰：「出國都以與公盟，此悼公之敬也。」汪氏曰：「魯君朝晉而盟者四，文公有三焉。晉襄首以陽處父盟公，明年又要公盟于國都，靈公亦與公盟于其國。唯此年晉悼公特去國都而與公盟長樗，有以見襄、靈之倨，而悼公之謙，宜悼公之能復伯也。」盧陵李氏曰：「此正與魯及向戌盟于劉郊同意。蓋魯亦敬向戌，特出而與之盟也。

襄如晉五，始於此年。公至自晉。何氏曰：「上盟不于國都，嫌如晉不得入，故以晉致。」

附錄《左傳》：「祁奚請老，晉侯問嗣焉。稱解狐，其讎也，將立之而卒。又問焉，對曰：『午也可。』於是羊舌職死矣，晉侯曰：『孰可以代之？』對曰：『赤也可。』於是使祁午爲中軍尉，羊舌赤佐之。君子謂祁奚：『於是能舉善矣。稱其讎，不爲諂；立其子，不爲比；舉其偏，不爲黨。《商書》曰：「無偏無黨，王道蕩蕩。」其祁奚之謂矣。解狐得舉，祁午得位，伯華得官，建一官而三物成，能舉善也夫。唯善，故能舉其類。詩云：「惟其有之，是以似之。」祁奚有焉。』」

六月，公會單子、晉侯、宋公、衛侯、鄭伯、莒子、邾子、齊世子光。己未，同盟于雞澤。《左傳》：「晉爲鄭服故，且欲修吳好，將合諸侯。使士匄告于齊曰：『寡君使匄，以歲之不易，不虞之不戒，寡君願與一二兄弟相見，以謀不協。請君臨之，使匄乞盟。』齊侯欲勿許，而難爲不協，乃盟於耏外。六月，公會單頃公及諸侯。己未，同盟于雞澤。晉侯使荀會逆吳子于淮上，吳子不至。」《穀梁傳》：「同者，有同也，同外楚也。」程子曰：「楚強，諸侯皆畏之而修盟，故書同。」杜氏曰：「單頃公，王卿士。雞澤，晉地。」

同盟或以爲有三例：一則王臣預盟而書同，二則諸侯同欲而書同，三則惡其反覆而書同。夫惡其反覆與諸侯同欲而書同，信矣。王臣預盟而書同，義則未安。盟于女栗，及蘇子也，而不書同。盟于洮，于翟泉，會王人也，而不書同。然則此三盟者，正所謂諸侯同欲而書同盟也。其同欲奈何？同病楚也。朱子曰：「襄公之世，晉悼公出來整頓一番，楚始退去。」會于柯陵之歲，夏伐鄭，楚人師于首止而諸侯還。冬伐鄭，楚棄疾立，復封陳、蔡而中國雞澤之盟，陳袁僑如會，楚師在繁陽而韓獻子懼。平丘之行，楚人師于汝上而諸侯還。恐。是知此三盟者，諸侯皆有戒心而修盟，故稱同，不以尹子、單子、劉子亦預此盟而譏之也。夫王臣將命，諸侯信明義而後可以表正乎天下，諸侯守邦，必尊主奉法而後可以保其社稷。今王臣下與諸侯約誓，諸侯亦敢上與王臣要言，斯大亂之道也，則亦不待書同盟而罪自見矣。高氏曰：「此因城虎牢之故，鄭服而同盟。」張氏曰：「晉悼公始合諸侯，尊王室而盟單子，與桓公首止，葵丘異矣，故書公會單子、諸侯，己未同盟于雞澤。所以譏其儕王官於諸侯，俾下同盟於歃血，其事不足乎揚，故不再言雞澤，而例之於新同盟之書也。」汪氏曰：「悼公自京師歸而得國，故會單頃公，假王命以求諸侯也。《春秋》於柯陵，先書伐而繼書某日同盟，平丘先書會而亦再書某日同盟，此則上書會而下書日以同盟，皆不再舉諸侯，所以著王臣與盟，而貶其瀆分之罪也。葵丘之盟，宰孔不與，而再書諸侯，則

齊桓謹分之美見矣。況柯陵、平丘之盟書日，皆繼事之辭也。此盟非繼事，特繫日於齊世子光之下，與新城之盟繫日於趙盾之下同文，以見棄上下之分，不可不書日以謹之也。」盧陵李氏曰：「日在諸侯下，所以別會與盟之異日也。會與盟異日而不重出地者，非甚美惡，則仍舉重之例也。此例惟新城與雞澤，趙子曰：『他時但就諸侯行盟禮，故云某日會某侯，盟于某，此即行會禮，別日又行盟禮，故書日以隔之。』是矣。其不得與首止、葵丘再書地同者，以其不足乎揚也，張氏得之。又曰：『鄭子展曰：「五會之信，今將背之。」蓋鄭之從晉，始於雞澤，故三年雞澤，五年戚，又會城棣救陳。七年鄬，八年邢丘，皆鄭與會也。于鄬雖未至，已致其意矣。』自邢丘之後，子駟不從子展之言而鄭從楚，故五會始雞澤，終邢丘，皆鄭故也。」

陳侯使袁僑如會。僑，其驕反。《左傳》：「楚子辛爲令尹，侵欲於小國。陳成公使袁僑如會求成，晉侯使和組父告于諸侯。」《公羊傳》：「其言如會何？後會也。」《穀梁傳》：「如會，外乎會也，於會受命也。」高氏曰：「陳自辰陵即楚，二十有八年，晉屢爭鄭而不爭陳者，非不爭陳也，得鄭則亦得陳者也。今聞鄭伯受盟，故俾大夫求成于晉。本非召會，來又後時，故書如會。」

戊寅，叔孫豹及諸侯之大夫及陳袁僑盟。諸侯在而大夫自爲盟始於此。《左傳》：「陳請服也。」《公羊傳》：「曷爲殊及陳袁僑？爲其與袁僑盟也？」《穀梁傳》：「及以及，與之也。諸侯以爲可與與之，不可與釋之。諸侯盟，又大夫相與私盟，是大夫張也。故雞澤之會，諸侯始失正矣。大夫執國權，曰袁僑，異之也。」杜氏曰：「諸侯既盟，袁僑乃至，故使大夫別與之盟。」言諸侯之大夫，則雞澤之諸侯也。殊袁僑者，盟諸侯之大夫所以盟袁僑也。」何氏曰：「俱諸侯之大

夫也,言之大夫者,辟諸侯與大夫皆盟,復出陳者,喜得陳國。不重出地,有諸侯在。臣係君,故因上地。」孫氏曰:「諸侯既盟而袁僑至,無盟可也。諸侯盟,大夫又盟諸侯始失政也。至溴梁之盟,曰大夫而不復言諸侯之大夫,則政在大夫矣。」劉氏曰:「《春秋》襃善貶惡,不失其實者也。諸侯皆在是,又稱叔孫豹及諸侯之大夫,受命其君之詞也,異乎溴梁。溴梁者,諸侯皆在是而大夫盟,其非受命而專之也明矣。諸侯之失其政,奪於其臣,不亦宜乎?」茅堂胡氏曰:「陳久叛中國,服役于楚,逮不堪其侵欲,然後求盟于晉。悼公立已四年,復修霸業,其從之也,不已晚乎?且吾子以帝王之冑,習於禮義,背夷即華,此諸侯子始來,若再刑牲歃血,要質鬼神,是瀆之也。悼公盡亦增修德政,而謂袁僑曰:『諸侯之盟事畢矣,而吾使大夫盟之哉!書大夫及袁僑盟,罪晉也。」陳氏曰:「以大夫盟袁僑,晉侯不欲袁僑詘諸侯也。雖然,有諸侯在而大夫盟於是始,悼公爲之也。諸侯在而大夫自爲盟,而後大夫專盟矣。」汪氏曰:「踐土之盟,陳穆公如會,文公未嘗再要以盟,而陳服於晉,歷三世而不叛。袁僑苟有誠服之心,又何必以盟誓結之哉?袁僑之盟,不足以固陳,而徒啓大夫專權之端。詳書及以及,著諸侯之失權也。」《春秋》外主兵及外主盟會皆稱會,惟諸侯之大夫救徐,盟袁婁、盟宋稱及,著大夫之專,而有汲汲之意也。晉悼雞澤之役,雖能仗安攘之義以服陳、鄭,而上盟單頃公,以瀆王臣之分;下使大夫盟袁僑,以縱諸侯之權。此乃復伯初年之大會,而得失有如此者。故晉伯雖復盛於悼公,而失政之禍,亦由悼公也。」廬陵李氏曰:「及陳袁僑盟,與及國佐盟同。國佐不再書齊,而袁僑再書陳者,《公羊》注曰:『喜得陳也。』與召陵再言盟,喜服楚同義。又曰:『君在

而大夫盟，與溴梁大夫盟同。」此書諸侯而彼不係諸侯者，楊士勛曰：「此雖對君私盟，慢君之意緩。至十六年積習已久，不臣之情極也。」又曰：「于宋再書地而袁僑不再書地者，再書于宋，以見其惡之大也。及國佐盟書地而袁僑不書地者，書爰婁以見其進盟之逼也。」又曰：「陳自辰陵不與諸夏之盟者三十年，今始如會，四年圍頓而徹楚之忿，五年會戚以戍陳，七年而楚圍陳，其冬而陳侯逃歸。自是凡會同無陳矣。」

附錄《左傳》：「晉侯之弟揚干亂行於曲梁，魏絳戮其僕。晉侯怒，謂羊舌赤曰：『合諸侯，以爲榮也。揚干爲戮，何辱如之？必殺魏絳，無失也！』對曰：『絳無貳志，事君不辟難，有罪不逃刑，其將來辭，何辱命焉？』言終，魏絳至，授僕人書，將伏劍。士魴、張老止之。公讀其書曰：『日君乏使，使臣斯司馬，臣聞「師衆以順爲武，軍事有死無犯爲敬」。君合諸侯，臣敢不敬？君師不武，執事不敬，罪莫大焉。臣懼其死，以及揚干，無所逃罪。不能致訓，至於用鉞，臣之罪重，敢有不從以怒君心？請歸死於司寇。』公跣而出，曰：『寡人之言，親愛也；吾子之討，軍禮也。寡人有弟，弗能教訓，使干大命，寡人之過也。子無重寡人之過，敢以爲請。』晉侯以魏絳爲能以刑佐民矣，反役，與之禮食，使佐新軍。張老爲中軍司馬，士富爲候奄。」○「楚司馬公子何忌侵陳，陳叛故也。」

秋，公至自會。 蜀杜氏曰：「公踰時而返，故致之。」○**冬，晉荀罃帥師伐許。** 《左傳》：「許靈公事楚，不會於雞澤。冬，晉知武子帥師伐許。」張氏曰：「荀罃，悼公之賢大夫也。見陳人之服，不能輔悼益修德以保陳，陳固，則許何患其不來？今遽帥師以問罪於許，規模欲速，宜其并陳不能保也。」

壬辰靈王三年。**四年**晉悼四。齊靈十三。衛獻八。蔡景二十三。鄭僖二。曹成九。陳成三十，卒。杞桓

六十八。宋平七。秦景八。楚共二十二。吳壽夢十七。春，王三月己酉，陳侯午卒。《左傳》：「春，楚師爲陳叛故，猶在繁陽。韓獻子患之，言於朝曰：『文王帥殷之叛國以事紂，唯知時也。今我易之，難哉！』三月，陳成公卒。楚人將伐陳，聞喪乃止。陳人不聽命。臧武仲聞之，曰：『陳不服於楚，必亡。大國行禮焉，而不服；在大猶有咎，而況小乎？』夏，楚彭名侵陳，陳無禮故也。」

午者，襄公名也。孔子作《春秋》，在哀公之世，襄公，哀公之皇考也，《禮記·祭法》：「曾祖爲皇考廟。」曷不諱乎？古者死而無諡，不以名爲諱。周人以諡易名，於是乎有諱禮。故孟子曰：「諱名不諱姓，姓所同也，名所獨也。」然禮律所載，則有不諱者。《禮記·曲禮》：「禮不諱嫌名，二名不偏諱，《詩》、《書》不諱，臨文不諱。」夫子兼帝王之道，參文質之中，而作《春秋》以法萬世，如公薨不地，滅國書取，出奔稱孫之類，所以放其文也。僖公名申而書戊申，定公名宋而書宋人之類，所以從其質也。後世不明此義，則有以諱易人之名者，又有以諱易人之姓者，《詩》、《書》則諱，臨文則諱，嫌名則諱，二名則偏諱。

汪氏曰：「易名，如漢武帝諱徹，改剻徹名通。易姓，如漢明帝諱莊，改莊助、莊光姓嚴。《詩》、《書》，如『如月之恒』，諱作常；『允恭克讓』，諱作遜。臨文，如『一匡』諱作『一正』，『足徵』諱作『足證』。嫌名，謂音聲相近，如唐元皇帝名昞，諱『丙丁』之『丙』，憲宗名純，諱『淳樸』之『淳』。二名，如唐太宗名世民，諱『世』爲『代』，諱『民』爲『人』。」愚者違禮以爲孝，諂者獻佞以爲忠，忌諱繁，名實亂，而《春秋》

之法不行矣。家氏曰：「晉廢司徒，宋廢司空，魯廢具、敖二山，皆臣下以諂爲忠，非盛世之制也。」

夏，叔孫豹如晉。《左傳》：「穆叔如晉，報知武子之聘也。晉侯享之，金奏《肆夏》之三，不拜。工歌《文王》之三，又不拜。歌《鹿鳴》之三，三拜。韓獻子使行人子員問之，曰：『子以君命辱於敝邑，先君之禮，藉之以樂，以辱吾子。吾子舍其大而重拜其細。敢問何禮也？』對曰：『《三夏》，天子所以享元侯也，使臣弗敢與聞。《文王》，兩君相見之樂也，臣不敢及。《鹿鳴》，君所以嘉寡君也，敢不拜嘉？《四牡》，君所以勞使臣也，敢不重拜？《皇皇者華》，君教使臣曰：「必諮於周。」臣聞之：「訪問於善爲咨，咨親爲詢，咨禮爲度，咨事爲諏，咨難爲謀。」臣獲五善，敢不重拜？』」高氏曰：「且爲鄖世子故。」廬陵李氏曰：「襄公之編，書聘晉者九，始於此年。」

○秋七月戊子，夫人姒氏薨。姒，《公》作「弋」，下定姒同。《左傳》：「秋，定姒薨。不嫡于廟，無櫬，不虞。匠慶謂季文子曰：『子爲正卿，而小君之喪不成，不終君也。君長，誰受其咎？』初，季孫爲己樹六檟於蒲圃東門之外，匠慶請木，季孫曰：『略。』匠慶用蒲圃之檟，季孫不御。君子曰：『《志》所謂「多行無禮，必自及也」，其是之謂乎！』」杜氏曰：「成公妾，襄公之母。姒，杞姓。」高氏曰：「襄公以夫人之禮卒之。」呅氏曰：「若如《左氏》所言，則當不書薨葬。此文當在定十五年『姒卒』下，誤在此耳。」○葬陳成公。高氏曰：「陳成公既爲雞澤之會，則是國已變於夏矣。」汪氏曰：「陳即中國，魯會其葬，故書。」○八月辛亥，葬我小君定姒。《公羊傳》：「定弋者何？襄公之母也。」杜氏曰：「定，謚也。喪以正夫人禮，逾月而葬，速。」高氏曰：「死纔二十三日爾。」襄陵許氏曰：「傳載季文子欲不以夫人之禮葬定姒，而不得已於人言，卒夫人之。觀此葬速，禮略也。」臨川吳氏曰：「僖、宣、襄、昭四妾母，群臣皆逢君之意而尊其母，

及定、哀之際，君弱臣彊。嗣君之母，先君之嫡夫人也，乃敢蔑視其君而卑其母焉。甚矣，魯道之衰也！」〇王氏曰：「此葬定姒，襄公之母也。定十五年書葬定姒者，哀公之母也。自襄至哀，涉世未久，不應皆謚曰『定』，其必有誤。」〇**冬，公如晉。**《左傳》：「冬，公如晉聽政，晉侯享公。公請屬鄫，晉侯不許。孟獻子曰：『以寡君之密邇於仇讎，而願固事君，無失官命。鄫無賦於司馬，為執事朝夕之命敝邑，敝邑褊小，闕而為罪，寡君是以願借助焉！』晉侯許之。」高氏曰：「公有母喪，復如晉朝。」王氏曰：「襄公之立，至是纔七歲爾，幼弱之君，奔走道路，所謂國君道長，豈得已哉。」〇**陳人圍頓。**《左傳》：「楚人使頓間陳而侵伐之，故陳人圍頓。」高氏曰：「僖二十五年楚人圍陳，納頓子于頓。陳侯畏楚而不敢討，頓子恃楚而不事陳。今陳復從中國，而頓為楚間，故圍之。自雞澤之會，而書伐許、圍頓，著晉興而楚詘也。」盧陵李氏曰：「陳圍頓以復楚人之忿，與鄭獲公子蠻以激楚之爭，二事正相類。其後皆連兵數載而不息，非處己寡怨之道也。且楚甚楚人之忿，與鄭獲公子蠻以激楚之爭，二事正相類。其後皆連兵數載而不息，非處己寡怨之道也。且楚昔嘗圍陳而納頓，今陳復圍頓以怒楚，禍患之極，安有已哉。逃歸之兆在此矣。」

附錄《左傳》：「無終子嘉父使孟樂如晉，因魏莊子納虎豹之皮，以請和諸戎。晉侯曰：『戎狄無親而貪，不如伐之。』魏絳曰：『諸侯新服，陳新來和，將觀於我，我德，則睦，否則攜貳。勞師於戎，而楚伐陳，必弗能救，是棄陳也，諸華必叛。戎，禽獸也，❶獲戎失華，無乃不可乎？《夏訓》有之曰：「有窮后羿。」』公曰：『后羿何如？』對曰：『昔有夏之方衰也，后羿自鉏遷于窮石，因夏民以代夏政。恃其射也，不脩民事

❶「獸」，原作「狄」，今據四庫本改。

而淫于原獸。棄武羅、伯因、熊髡、尨圉而用寒浞。寒浞，伯明氏之讒子弟也。伯明后寒棄之，夷羿收之，信而使之，以爲己相。浞行媚於內而施賂於外，愚弄其民，而虞羿于田，樹之詐慝以取其國家，外內咸服。羿猶不悛，將歸自田。家衆殺而亨之，以食其子。其子不忍食諸，死于窮門。靡奔有鬲氏。浞因羿室，生澆及豷，恃其讒慝詐僞，而不德于民。使澆用師，滅斟灌及斟尋氏。處澆于過，處豷于戈。靡自有鬲氏，收二國之燼，以滅浞而立少康。少康滅澆于過，后杼滅豷于戈。有窮由是遂亡，失人故也。昔周辛甲之爲大史也，命百官，官箴王闕。於《虞人之箴》曰：「芒芒禹迹，畫爲九州。經啓九道，民有寢廟，獸有茂草，各有攸處，德用不擾。在帝夷羿，冒于原獸，忘其國恤，而思其麀牡。武不可重，用不恢于夏家。獸臣司原，敢告僕夫。」《虞箴》如是，可不懲乎？」於是晉侯好田，故魏絳及之。公曰：「然則莫如和戎乎？」對曰：『和戎有五利焉：戎狄荐居，貴貨易土，土可賈焉，一也。邊鄙不聳，民狎其野，穡人成功，二也。戎狄事晉，四鄰振動，諸侯威懷，三也。以德綏戎，師徒不勤，甲兵不頓，四也。鑒于后羿，而用德度，遠至邇安，五也。君其圖之！」公說，使魏絳盟諸戎，脩民事，田以時。」○「冬十月，邾人、莒人伐鄫。臧紇救鄫，侵邾，敗于狐駘。國人逆喪者皆髽。魯於是乎始髽。國人誦之曰：『臧之狐裘，敗我於狐駘。我君小子，朱儒是使。朱儒朱儒，使我敗於邾。』」

癸巳 靈王四年。**五年晉悼五**。齊靈十四。衛獻九。蔡景二十四。鄭僖三。曹成十。陳哀公溺元年。杞桓六十九。宋平八。秦景九。楚共二十三。吳壽夢十八。**春，公至自晉**。高氏曰：「著公不朝正於廟也，且公幼而頻年如晉，是危道也，襄之出二十四。致之者二十一，危之也。」

夏，鄭伯使公子發來聘。《左傳》：「夏，鄭子國來聘，通嗣君也。」杜氏曰：「發，子產父。」高氏曰：「鄭自雞澤之會，始棄蠻夷來聘於中國，諸侯得以息兵修好也。」盧陵李氏曰：「魯與鄭自輸平來盟以後，未嘗有聘問之使，終《春秋》僅見於此，則以悼公之盛，諸侯之睦也。」○叔孫豹、鄫世子巫如晉。《左傳》：「穆叔覿鄫大子于晉，以成屬鄫。書曰『叔孫豹、鄫大子巫如晉』，言比諸魯大夫也。」《公羊傳》：「外相如不書，此何以書？為叔孫豹率而與之俱也。叔孫豹則曷為率而與之俱？莒將滅之，則曷為相與往殆乎晉？取後乎莒也。其取後乎莒奈何？莒女有為鄫夫人者，蓋欲立其出也。」《穀梁傳》：「外不言如。而言如，為我事往也。」杜氏曰：「豹與巫俱受命於魯，故不書及，比之魯大夫。」何氏曰：「巫者，鄫前夫人。襄公母姊妹之子也。俱莒外孫，故曰舅出。時莒女嫁為鄫後夫人，夫人無男，有女還嫁之于莒，有外孫，鄫子愛後夫人而無子，欲立其外孫，殆即訟也，齊人語。」劉氏曰：「鄫不勝莒，魯之患，求為附庸以自定。鄫屬於魯為附庸，故相與往見於晉也。諸侯死社稷，正也。不能守其國以卑其宗廟，鄫失正矣。天子建附庸，非天子命而私有之，魯失正矣。」陸氏曰：「鄫，列國也。使其世子同於我大夫，魯與晉俱失正矣。」王氏曰：「凡外相如不書，書曰：『不書及，內之也。鄫有國而私屬於人，魯、晉之私屬鄫也，皆不臣之著也。」石氏曰：「鄫之巫如晉。天子建附庸，猶吾大夫焉，交譏之。」世子巫如晉。」猶吾大夫焉，交譏之。」世子巫如晉者，必有謂也。叔孫豹率鄫太子如晉，故不書會與及，然鄫雖小，亦國也，請於晉而屬之，比諸魯大夫而觀之，是推天子之禮以事霸主也。故參譏之。」高郵孫氏曰：「明年莒人滅鄫，則是晉失霸主之道，而魯大夫之往

爲無益矣。」汪氏曰：「諸侯之世子，未誓以皮帛繼子男，而亞於大夫之列，非禮也。然春秋時，較強弱之勢，而無君臣之分，以大國之卿，當小國之君，故鄫國微弱，而其世子次於魯大夫也。叔孫豹偕鄫世子巫如晉而不言及，是旅見于霸國也。仲孫蔑、衛孫林父受命於晉以會吳而不言及，是旅見于吳也。旅見于晉，猶之可也。旅見于吳，甚矣！」廬陵李氏曰：「此條爲《春秋》之特筆，前後皆無此例。《左氏》、張氏、劉氏之說本不通。《公羊》說不知何所據。但胡氏於莒人滅鄫下，正用其義，必有所見也。」

于善道。道，《公》、《穀》作「稻」。《左傳》：「吳子使壽越如晉，辭不會于雞澤之故，且請聽諸侯之好。晉人將爲之合諸侯，使衛、魯先會吳，且告會期。故孟獻子、孫文子會吳于善道。」《穀梁傳》：「吳謂善伊謂稻緩，號從中國，名從主人。」杜氏曰：「魯、衛俱受命於晉，故不言及。吳先在善道，二大夫往會之，故曰會吳之道，吳地。」張氏曰：「悼公初立，其風聲所及，遠人慕之，故吳有志於親中國，辭謝雞澤之不會，而請聽後會之期，悼公告以會戚之期，而聽其自來足矣。至使魯、衛特往會之，則是以中國大邦而爲蠻夷屈，此二大夫會吳之所以特書也。」襄陵許氏曰：「晉、楚爭衡，權之在吳，故晉急吳如此。」廬陵李氏曰：「此條亦《春秋》特筆，前後皆無此例。《公》、《穀》胡氏皆無傳，姑從杜氏。」○秋，大雩。《左傳》：「旱也。」高氏曰：「因旱祭，志僭也。」○楚殺其大夫公子壬夫。

楚殺其大夫公子壬夫。《左傳》：「楚人討陳叛故，曰：『由令尹子辛實侵欲焉。』乃殺之。書曰：『楚殺其大夫公子壬夫。』貪也。」君子謂：『楚共王於是不刑。講事不令，集人來定。』已則無信，而殺人以逞，不亦難乎？」《夏書》曰：『成允成功。』」杜氏曰：「共王敗於鄢陵後，殺子反、公子申、壬夫，八年之中殺三卿。」王氏曰：「壬夫之貪，有取死之道矣。經以國殺大夫爲文者，

陳之叛楚在子辛，楚子既不能明法教以律貪人，又不能殺貪人以謝小國，乃擁其罪人，興兵致討而陳恨彌篤，方歸罪于辛而殺之，故稱國以殺，罪累上也。

叔以屬鄫爲不利，使鄫大夫聽命于會。」《公羊傳》：「吳何以稱人？吳、鄫人云則不辭。」程子曰：「吳來會，穆邾子、滕子、薛伯、齊世子光、吳人、鄫人于戚。《左傳》：「九月丙午，盟于戚，會吳，且命戍陳也。非爲主也。」孫氏曰：「鄫微弱，不可先也。故吳序鄫上。」

吳何以稱人？按《左氏》：「吳子使壽越如晉，請聽諸侯之好。晉人將爲之合諸侯，使魯、衛大夫會吳于善道，且告會期。」然則戚之事，乃吳人來會，不爲主也。杜氏曰：「不復殊吳者，吳來會于戚。故吳序鄫上。」○公會晉侯、宋公、陳侯、衛侯、鄭伯、曹伯、莒子、

人之情見矣，《春秋》之義明矣。石氏曰：「成九年爲蒲之會，將以會吳而吳不至，故十五年諸侯之大夫會于鍾離。前三年悼公盟雞澤，使荀會逆吳子而又不至，故此年使魯、衛先會之于善道，凡此皆往會之也。至秋戚之會，序吳於列而不復殊者，因其來會也。凡序吳者，來會我也。殊吳者，往會之也。」王氏曰：「悼公合十二國之諸侯爲會，而吳且聽命，則中國之威亦少振矣。吳進而稱人者，喜其聽命也。」汪氏曰：「經書會吳者九，惟此書人，餘皆稱國，至黃池而書子，蓋以國稱者，夷狄之常也。此書人者，予其慕義之善。黃池書子，紀其主會之伉也。」陳氏曰：「於是盟于戚，吳初與諸侯盟也。不書盟，爲晉諱也。吳、晉之盟，《春秋》終諱之。蒲之役，將始會吳，吳不至。雞澤之役，又逆吳子，吳不至。吳固不敢自列於諸夏也。而晉求之急，吳始稱人，序於鄫人之上，於是至柤又殊會之。晉屬公以殊會會吳，未足爲中國患

也。悼公復以殊會會吳，吳於是滅州來，敗頓、胡、沈、蔡、陳、許之師，滅巢入郢矣。」盧陵李氏曰：「晉悼公謂魏絳曰：『八年之中，九合諸侯。』始於此年。會戚一也，冬會城棣救陳二也，七年會鄬三也，八年邢丘四也，九年戲五也，十年柤六也，又戚鄭虎牢七也，十一年亳城北八也，會蕭魚九也。《晉語》又曰：『於今八年，七合諸侯。』不數救陳與戚鄭也。蓋自四年至十一年爲八年。」

公至自會。○冬，戍陳。《公羊傳》：「孰戍之？諸侯戍之。曷爲不言諸侯戍之？離至不可得而序，故言我也。」《穀梁傳》：「內辭也。」啖氏曰：「戍者，以兵守之也。」高氏曰：「陳背華即夷二十餘年，爲諸侯所伐，未嘗少息。歸于中國，則又爲夷狄所伐，既不能鑿斯池、築斯城，與民効死守之而勿去，又恃人之力以成，其爲國何足道也。然此諸侯同戍，非獨魯戍之也。書於公至之後，則知諸侯各還國而遣戍，與僖二年城楚丘同義。」杜氏曰：「諸侯在戚皆受命，各還國遣戍，故獨書魯戍。」程子曰：「非王命而勤民遠戍，罪也。」張氏曰：「自桓、文以來，善於戍陳，何哉？蓋陳附中國而楚爭之，則戍之者在於助陳而距楚，與之可也。」陳氏曰：「戍不書。桓六年戍齊，所以服陳者，未聞以兵守之也。士匄知戍陳之非長策，是以有喪陳之嘆。」悼公之戍陳、鄭，特書之。悼公之霸業，桓、文之所不屑爲也。宣十年戍鄭，皆不書。晉悼公之戍陳、鄭以守之，桓公不戰而屈楚，文公戰而屈楚，悼公通吳以制楚矣。會于戚，于柤，于向，皆東竟也，而又戍陳、鄭以守之，誠下策也。」汪氏曰：「悼公之戍陳，有恤中國攘夷狄之義，惜其以爲有陳非吾事，人心不協而不卒戍，遂至於失陳也。」楚子貞帥師伐陳。公會晉侯、宋公、衛侯、鄭伯、曹伯、齊世子光救陳。「曹伯」下《公》、《穀》有「莒子、邾子、滕子、薛伯」。《左傳》：「楚子囊爲令尹。范宣子曰：『我喪陳矣！楚人討貳而立子囊，必改行而

疾討陳。陳近於楚，民朝夕急，能無往乎？有陳，非吾事也，無之而後可。」冬，諸侯戍陳。十一月甲午，會于城棣以救之。」范氏曰：「能救中國而攘夷狄，故善之。」家氏曰：「戍者，戍之於無事之時。救者，救之於被兵之日。書戍書救，以善晉也。」廬陵李氏曰：「范宣子憂晉之不能保陳，與管仲憂齊之不能保江、黃正相類。甚矣，遠人之來！固不可不恤，而中國之力亦不可不量也。然晉之竭力以救陳，視齊之坐視不顧者，又有間矣。」十有二月，季孫行父卒。《左傳》：「季文子卒。大夫入斂，公在位。宰庀家器爲葬備，無衣帛之妾，無食粟之馬，無藏金玉，無重器備。君子是以知季文子之忠於公室也。相三君矣，而無私積，可不謂忠乎？」高氏曰：「自文子卒，而魯有城費作三軍事，則知文子雖專，而猶忠慎，僭亂未啓也。其子宿嗣，是爲武子。季氏之強萌於僖公，大於成公，熾於襄、昭，極於定、哀。」

甲午 靈王五年。 六年 晉悼六。齊靈十五。衛獻十。蔡景二十五。鄭僖四。曹成十一。陳哀二。杞桓七十。宋平九。秦景十。楚共二十四。吳壽夢十九。春，王三月壬午，杞伯姑容卒。《左傳》：「春，杞桓公卒，始赴以名，同盟故也。」汪氏曰：「桓公自僖二十七年來朝，成九年來逆叔姬之喪，此年卒，子匄嗣。」○夏，宋華弱來奔。《左傳》：「宋華弱與樂轡少相狎，長相優，又相謗也。子蕩怒，以弓梏華弱於朝，平公見之，曰：『司武而梏於朝，難以勝矣。』遂逐之。夏，宋華弱來奔。司城子罕曰：『同罪異罰，非刑也。

專戮於朝，罪孰大焉！」亦逐子蕩。子蕩射子罕之門，曰：「幾日而不我從？」子罕善之如初。」高氏曰：「不言逐而以自奔爲文者，朝廷尚敬，而弱瀆慢如此，所以罪弱也。」○秋，葬杞桓公。○滕子來朝。《左傳》：「秋，滕成公來朝，始朝公也。」○莒人滅鄫。《左傳》：「鄫恃賂也。」《穀梁傳》：「非滅也，中國日，卑國月，夷狄時。鄫，中國也，而時，非滅也。家有既亡，國有既滅。滅而不自知，由別之而不別也。莒人滅鄫，非滅也。非立異姓以莅祭祀，滅亡之道也。」

穀梁子曰：「莒人滅鄫，非滅也。立異姓以莅祭祀，滅亡之道也。」范氏曰：「莒是鄫甥，立以爲後，非其族類，神不歆其祀，故言滅。」《公羊》亦云：「莒女有爲鄫夫人者，蓋欲立其出也。」何氏曰：「言滅者，以異姓爲後，非兵滅。」南軒張氏曰：「原民之生，與萬物並於天地之間，父天而母地，本一而已。而於其身，莫不有父母之親，兄弟之愛，以至於宗支之屬，鼇分縷析，血脉貫通，分雖殊而本實一，此性之所具，而天之所爲也。聖人有作，立姓以別其系，嚴宗以謹其承，亦因夫性之自然，理之所不可易者而已。苟惟強離其所系，而合於其所不可合，是豈性也哉？是故神不歆非祀，而民不祀非族，以此防民，而春秋之時，猶有身爲諸侯而立異姓以莅祭祀，如鄫子之爲者。聖人書之曰『莒人滅鄫』，謂其先無血食之理也，豈不深切著明哉。」或曰：「鄫取莒公子爲後，罪在鄫子，不在莒人。《春秋》應以亡之例，而書鄫亡，不當但責莒人也。今直罪莒，舍鄫，何哉？」曰：「莒人之以其子爲鄫後，與黃歇進李園之妹於楚王，《史記·春申君傳》：「楚考烈王無子，趙人李園求事春申君爲舍人，進其女弟，即幸於春申君，知其有身，園與女弟說春申君，進於楚王。王召入幸之，遂生子男，立爲太子，

是爲幽王。」呂不韋獻邯鄲之姬於秦公子，《史記·呂不韋傳》：「秦昭王太子華陽夫人無子，太子中男名楚質於趙。不韋見之，曰：『此奇貨可居。』請以奇物玩好求見華陽夫人姊，而以獻夫人，因言子楚賢，夫人承間言於太子，以爲適嗣。不韋取邯鄲姬絶美者與居，知有身，子楚見而請之，不韋佯怒，既而獻之。期年生子政，子楚立，是爲莊襄王。不韋取邯鄲姬絶美者與居，知有身，子楚見而請之，不韋佯怒，既而獻之。期年生子政，子楚立，是爲莊襄王。子政，即始皇帝也。」其事雖殊，其欲滅人之祀而有其國一也。《春秋》所以釋鄫而罪莒歟？以此防民，猶有以韓謐爲世嗣，昏亂紀度如郭氏者。」

《晉書·賈充傳》：「充子黎民蚤卒，無嗣，及薨，妻郭槐欲以外孫韓謐爲後之文。」槐表陳充遺意，帝許之。太常議謐，博士秦秀曰：「充悖禮溺情，以亂大倫。昔鄫養外孫莒公子爲後，《春秋》書『莒人滅鄫』，按《謚法》，昏亂紀度曰『荒』，請謚『荒』。」家氏曰：「周衰，倫教不明。有以他姓爲繼嗣者，滅人之國而人自以爲非滅，如鄫事者，往往有之。聖人特於此垂訓焉。苟以爲莒實滅鄫，則是時晉悼主盟，豈有莒滅同盟之國而人無賦於魯矣，尚何所恃而取滅邪？《左氏》特貶之說，鄫人聽命于會，故經書吳人、鄫人，是魯已絶鄫，鄫無賦於魯矣，尚何所恃而取滅邪？《左氏》特貶之說，非也。」廬陵李氏曰：「滅鄫之説，先儒所以不取《左氏》者，豈非以昭四年復有魯取鄫之文，故以此爲非實滅乎？趙子按其事情，以爲莒人以兵破鄫，立其子，使守之而爲附庸，其子又鄫之外甥，令奉鄫祀，然神不歆非類，是使鄫絶祀，故須書滅。《公》、《穀》但傳得立鄫甥守祀之説，而不知事實耳。莒今滅爲附庸，後魯取得之，故復書取也。究此，則三傳亦互相通，此恐得其實。」又曰：「四年，公如晉，請屬鄫。晉以鄫屬魯，其冬，邾人、莒人伐鄫，臧孫紇救鄫，侵邾，敗于狐駘。五年，穆叔覿鄫太子巫于晉。九月，會于

戚。穆叔以屬鄫爲不利，使鄫大夫聽命于會。六年，莒人滅鄫。晉人來討，季武子如晉謝亡鄫。」此《左傳》鄫事之本末也。」

冬，叔孫豹如邾。《左傳》：「冬，穆叔如邾聘，且脩平。」高氏曰：「公初即位，邾子來朝。四年有狐駘之戰，至是往聘脩平，以無忘舊好也。」廬陵李氏曰：「《春秋》書魯聘邾，止此一條。」○季孫宿如晉。《左傳》：「晉人以鄫故來討，曰：『何故亡鄫？』季武子如晉見，且聽命。」杜氏曰：「宿始代父爲卿，見大國。」襄陵許氏曰：「魯既世卿，而大夫無復三年之喪，哀典廢於下矣。」張氏曰：「晉不討莒而討魯，偏矣。宜乎無以正小國之罪。」○趙氏曰：「《左傳》『晉人以鄫故來討』按前年會戚，已令鄫聽命于會，即明不私屬魯。今鄫亡，自不關魯事，何得來討？據事情，季孫初嗣位，而不往見霸主耳。」

十有二月，齊侯滅萊。《左傳》：「十一月，齊侯滅萊。萊恃謀也，於鄭子國之來聘也。四月，晏弱城東陽，而遂圍萊。甲寅，堙之環城，傅於堞。及杞桓公卒之月，乙未，王湫帥師及正輿子、棠人軍齊師，齊師大敗。丁未，入萊。萊共公浮柔奔棠。正輿子、王湫奔莒，莒人殺之。四月，陳無宇獻萊宗器于襄宫。晏弱圍棠，十一月丙辰而滅之。遷萊于郳。高厚、崔杼定其田。」《公羊傳》：「曷爲不言萊君出奔？國滅，君死之，正也。」王氏曰：「萊，姜姓子爵，國於東夷，齊滅之。然《春秋》之例，滅同姓則名，故衛文公滅邢，經稱名以貶之。今齊靈公滅萊，獨免於名者，蓋萊居東夷，事在所略耳。」高氏曰：「齊圖萊久矣。自宣七年伐萊，至是而遂滅之。」張氏曰：「子產嘗對晉人侵小之問，以爲武獻以下，兼國多矣。然則晉蓋吞滅之首，宜其無以戢諸侯之相滅也。」

乙未靈王六年。**七年**晉悼七。齊靈十六。衛獻十一。蔡景二十六。鄭僖五年，卒。曹成十二。陳哀三。杞孝公匄元年。宋平十。秦景十一。楚共二十五。吳壽夢二十。

春，郯子來朝。《左傳》：「始朝公也。」氏曰：「郯，少皞之後也。前世聖賢之後，所封之國，皆逼近四夷。先王之意，非特以蕃王室，蓋用夏變夷也。後世子孫，往往多變於夷者，反漸其習俗然也。」

○**夏，四月，三卜郊不從，乃免牲。**《左傳》：「孟獻子曰：『吾乃今而後知有卜筮。夫郊祀后稷，以祈農事也。是故啟蟄而郊，郊而後耕。今既耕而卜郊，宜其不從也。』」《穀梁傳》：「夏四月，不時也。三卜，禮也。乃者，亡乎人之辭也。」汪氏曰：「《公》、《穀》、啖氏皆以三卜為合禮，朱子亦云『四卜、五卜失禮』。然《春秋》四書卜郊，唯此年三卜，亦書之者，蓋三卜雖得禮，而卜郊止於三月。今書四月而三卜不從，則過時不敬，以致龜違，故書以譏非時，而非譏其瀆卜也。」

○**小邾子來朝。**《左傳》：「小邾穆公來朝，亦始朝公也。」

○**城費。**費，音秘。《左傳》：「南遺為費宰，叔仲昭伯為隧正，欲善季氏而求媚於南遺，謂遺：『請城費，吾多與而役。』故季氏城費。」

按《左氏》：「南遺為費宰，叔仲昭伯為隧正，欲善季氏而求媚於南遺，謂遺：『請城費，吾多與而役。』故季氏城費。」夫文子相三君，無衣帛之妾，無食粟之馬，無藏金玉，無重器備，則固忠於公室，而不顧其所食之私邑也。及行父卒，宿之不忠，遂專魯國之政，群小媚之，無故勞民，妄興是役，季氏益張。其後孔子行乎季孫，三月不違。至於帥師墮費，群小媚之，其越禮不度可知矣！然則書城費，乃履霜堅冰之戒，強私家，弱公室之萌。

據事直書而義自見矣。用人不惟其賢，惟其世，豈不殆哉！汪氏曰：「此書城費，而昭十三年書圍費，定十二年書墮費，後十五年書城成郛，而昭二十六年，定十二年書公圍成，比事以觀，則知大夫之強，恃其城郭之固，由人君不謹其初之所致也。公室卑而大夫專，大夫弱而家臣叛，夫豈無自而然哉！」廬陵李氏曰：「費，魯強邑。隱元年傳稱費伯，即其邑大夫也。僖元年賜季友汶陽之田及費，於是爲季氏邑矣。自南遺既城之後，費邑強。南蒯繼爲費宰，非特季氏世卿，而陪臣亦世其邑。昭十二年南蒯欲出季氏，不克，以費叛如齊。十三年叔弓圍費，弗克，敗焉。十四年費人叛南氏，南蒯奔齊，齊來歸費，及季桓子立，公山不狃爲費宰。定八年不狃以費叛。十二年始用子路墮三都，不狃、叔孫輒帥費人襲魯，孔子命申句須、樂頎伐之，二子奔齊，遂墮費。此一費之始終也。而季氏之盛衰可考矣。」

秋，季孫宿如衛。《左傳》：「秋，季武子如衛，報子叔之聘，且辭緩報，非貳也。」汪氏曰：「比書滕、鄭、小邾來朝，而志大夫如晉、如衛，著邦交之煩，而畏大慢小之情見矣。」〇八月，螽。杜氏曰：「爲災，故書。」高氏曰：「莊公以前，螽猶書之。莊公以後，螽不復書，螽然後書，以是知災異之益多矣。《春秋》不勝其書，舉重以見輕爾。」

附錄《左傳》：「冬十月，晉韓獻子告老。公族穆子有廢疾，將立之。辭曰：『《詩》曰：「豈不夙夜，謂行多露。」又曰：「弗躬弗親，庶民弗信。」無忌不才，讓其可乎？請立起也！與田蘇游，而曰好仁。《詩》曰：「靖共爾位，好是正直。神之聽之，介爾景福。」恤民爲德，正直爲正，正曲爲直，參和爲仁，如是，則神聽之，介福降之。立之，不亦可乎？』庚戌，使宣子朝，遂老。晉侯謂韓無忌仁，使掌公族大夫。」

冬，十月，衛侯使孫林父來聘。壬戌，及孫林父盟。《左傳》：「衛孫文子來聘，且拜武子之言，而尋孫桓子之盟。公登亦登，叔孫穆子相，趨進曰：『諸侯之會，寡君未嘗後衛君。今吾子不後寡君，寡君未知所過。吾子其少安！』孫子無辭，亦無悛容。穆叔曰：『孫子必亡。為臣而君過而不悛，亡之本也。《詩》曰：退食自公，委蛇委蛇。謂從者也。衡而委蛇必折。』王氏曰：『禮，升降之儀。臣後君一等。而孫子之聘，公登亦登，茲伉之甚。」陳氏曰：「圍國書大夫，自公子貞始。」○楚公子貞帥師圍陳。廬陵李氏曰：「楚強甚矣。」十有二月，公會晉侯、宋公、陳侯、衛侯、曹伯、莒子、邾子于戚。戚，《穀》或作「鬲」，于軌反。《左傳》：「鄭僖公之為大子也，於成之十六年，與子罕適晉，不禮焉。又與子豐適楚，亦不禮焉。及其元年，朝于晉。子豐欲愬諸晉而廢之，子罕止之。及將會于戚，子駟相，又不禮焉。侍者諫，不聽。又諫，殺之。及鄵，子駟使賊夜弒僖公，而以瘧疾赴于諸侯。簡公生五年，奉而立之。」《公羊傳》：「操者何？鄭之邑也。諸侯卒其封內不地，此何以地？隱之也。何隱爾？弒也。孰弒之？其大夫弒之。曷為不言其大夫弒之？為中國諱也。曷為為中國諱？鄭伯將會諸侯于鄵，其大夫諫曰：『中國不足歸也，則不若與楚。』鄭伯曰：『不可。』其大夫
曰：『退食自公，委蛇委蛇。』謂從者也。衡而委蛇必折。」王氏曰：「孫子必亡。為臣而君過而不悛，亡之本也。《詩》
『楚強甚矣。』十有二月，公會晉侯、宋公、陳侯、衛侯、曹伯、莒子、邾子于戚。戚，《穀》或作「鬲」，
于軌反。《左傳》：「楚子囊圍陳，會于戚以救之。」杜氏曰：「鄵，鄭地。謀救陳，陳侯逃歸，不成救，故不書救
也。」高氏曰：「晉悼將脩文公之業，復有志於攘楚。而楚先圍陳，陳侯遂出會諸侯以求救於晉，晉悼於是遽
為之合諸侯也。」汪氏曰：「書楚圍陳，書會于戚，書陳侯逃歸，而不言救陳，所以著荊楚猾夏之強，晉安攘
之急，而陳侯棄夷即華之心不固也。自是凡會同無陳矣。」鄭伯髡頑如會。髡，苦門反。《公》、《穀》作「髡
原」。未見諸侯。丙戌，卒于鄵。鄵，七報反，又采南反。《公》、《穀》作「操」。《左傳》：「鄭僖公之為大
子也，於成之十六年，與子罕適晉，不禮焉。又與子豐適楚，亦不禮焉。及其元年，朝于晉。子豐欲愬諸晉
而廢之，子罕止之。及將會于鄵，子駟相，又不禮焉。侍者諫，不聽。又諫，殺之。及鄵，子駟使賊夜弒僖
公，而以瘧疾赴于諸侯。簡公生五年，奉而立之。」《公羊傳》：「操者何？鄭之邑也。諸侯卒其封內不地，
此何以地？隱之也。何隱爾？弒也。孰弒之？其大夫弒之。曷為不言其大夫弒之？為中國諱也。曷為為中國諱？鄭伯將會諸侯于鄵，其大夫諫曰：『中國不足歸也，則不若與楚。』鄭伯曰：『不可。』其大夫

曰：「以中國為義，則伐我喪。以中國為疆，則不若楚。」於是弒之。鄭伯髠原何以名，傷而反，未至乎舍而卒也。未見諸侯，其言如會何？以中國為疆，則不若楚。致其意也。」《穀梁》：「未見諸侯，其曰如會，何也？致其志也。禮，諸侯不生名，此其生名，何也？卒之名也。卒之名，則何為加之於會之上？見以如會卒也。其見以如會卒，何也？鄭伯將會中國，其臣欲從楚，不勝其臣，弒而死。其不言弒，何也？不使夷狄之民加乎中國之君也。其地，於外也。其日，未踰竟也。日卒時葬，正也。」杜氏曰：「不欲再稱鄭伯，故約文上其名於會上。」

按鄭僖公，三傳皆以為弒，而《春秋》書卒者，《左氏》則曰「以瘧疾赴也」，《公羊》則曰「為中國諱也」，《穀梁》則曰「不使夷狄之民加乎中國之君也」。夫弒而可以偽赴，又順其欲而不彰，則亂臣賊子免於見討，而《春秋》非傳信之書矣！張氏曰：「從其偽赴而隱之，是《春秋》之作，乃為亂臣賊子之地，而非彰善癉惡之書也。」然則弒而書卒，二傳以為為中國諱，不使夷狄之民加中國之君，疑得聖人之意，顧習其說者未之察爾。夫弒君之賊，其惡不待貶絕而自見矣。見弒者，豈無不善之積以及其身者乎？衛桓則以嫡母無寵，宋殤則以亟戰疲民，齊襄則以行同鳥獸，鄭夷則以侮慢大臣，蔡固則以淫而不父，陳平國則以殺諫臣而通于夏氏，楚虔則以多行無禮，奚齊則以嬖孼而國人不之君，吳餘祭則以輕近刑人，而晉州蒲欲盡去群大夫而立其左右也。若夫鄭僖公則異於是矣。中國者，禮義之所出也；夷狄者，禽獸之與鄰也。僖公欲從諸侯會于鄬，則是貴禮義為中國之君也；諸大夫欲背諸

夏與荊楚，則是近禽獸爲夷狄之民也。家氏曰：「中國之大夫而目之爲夷狄之民，其誅斥之典，斷自洙泗，穀梁子其必有所授矣。」以中國之君，而見弒於夷狄之民，豈有不善之積以及其身者乎？聖人至是，傷之甚，懼之甚，故變文而書曰：「鄭伯髠頑如會，未見諸侯。丙戌，卒于鄵。」未見諸侯，其曰如會何？致其志也。襄陵許氏曰：「辭繁而不殺曰『如會』，曰『未見諸侯』，善其志在於見諸侯也。」諸侯卒于境内不地。鄵，鄭邑也，其曰卒于鄵，見其弒而隱之也。劉氏曰：「諸侯於其封内，猶大夫於其家也，義不可外其君，是以雖卒不地也。彼必以合乎中國之故，而見外於其臣也，故爲變文以起其見弒。」卒鄭伯，逃歸陳侯，聖人之旨微，而《公》、《穀》之義精矣。存天理，抑人欲之意遠矣。茅堂胡氏曰：「鄭髠頑、楚麇、齊陽生書卒，皆存天理抑人欲之意。」張氏曰：「天下之大分，中國、夷狄，君子、小人是也。《春秋》爲賢者諱，蓋因其志於中國之善類，不幸而無臣以輔佐之，至於不得其死，聖人爲之隱其不幸，而成其考終命，所以垂世立教，廣爲善之門也。」汪氏曰：「或引吳子遏伐楚門于巢卒，謂髠頑書名，義與遏同，實卒而非弒也。今考遏之死，三傳皆云巢人之射，則鄭僖變文，實弒而非卒矣。以髠頑與陽生同爲一例，以楚麇爲一例，張氏亦從之，獨趙子皆不取三傳之說，而以爲髠頑本非見弒，其說似有見。」

陳侯逃歸。《左傳》：「陳人患楚。慶虎、慶寅謂楚人曰：『吾使公子黃往，而執之。』楚人從之。二慶使告

陳侯于會，曰：「楚人執公子黃矣！君若不來，群臣不忍社稷宗廟，懼有二圖。」陳侯逃歸。」《穀梁傳》：「以其去諸侯，故逃之也。」

穀梁子曰：逃義曰逃。逃者，匹夫之事。上二年諸侯成陳，今楚令尹來伐，諸侯又救之，亦既勤矣。爲陳侯計者，下令國中，大申儆備，立太子以固守，親聽命於諸侯，謀禦敵之策。當是時，晉君方明，八卿和睦，諸侯聽命，必能致力於陳矣。不此之顧，棄儀衞而逃歸，此匹夫之事耳。夫義，路也，禮，門也。輕棄中國，惟蠻夷之懼，是不能由是路出入是門，故書「逃歸」以罪之，可謂深切著明矣。高氏曰：「楚人以陳叛故，殺公子壬夫而亟討陳。晉雖爲陳再合諸侯，卒不能攘楚以安中國，故陳侯內爲二慶所逼而逃歸也。然爲一國之君而不能自立，從夷狄，則懼爲中國所伐；從中國，則又懼楚，若匹夫之逃，亦可羞矣。」范氏曰：「鄭伯欲從中國，而懼其凶禍，諸侯莫有討之。陳侯於是懼而去之，背華即夷。書逃以抑之。」廬陵李氏曰：「陳自此後，直至襄二十七年，昭元年，宋虢之會始與，則以晉、楚之分伯故也。」汪氏曰：「《春秋》於諸侯之逃楚者，皆不書。惟陳、鄭之逃中國則書之，所以辨內外而予齊、晉也。」

丙申靈王七年。**八年**晉悼八。齊靈十七。鄭簡公嘉元年。曹成十三。陳哀四。杞孝二。宋平十一。秦景十二。楚共二十六。衞獻十二。蔡景二十七。吳壽夢二十一。

春，王正月，公如晉。《左傳》：「春，公如晉朝，且聽朝聘之數。」汪氏曰：「襄公嗣位，甫及八年，而三朝于晉，自宣公媚齊之外，春秋事霸之禮，未有若是其勤也。晉悼之立未十年，而魯君四朝矣，豈非倍於諸侯事天子五年一朝之制乎？悼公改命朝聘

之數，其亦知過矣。」廬陵李氏曰：「《左氏》疏曰：『昭三年鄭子大叔云：「文、襄之伯也，令諸侯三歲而聘，五歲而朝。自襄以後，晉德少衰，諸侯朝聘無復定準。今晉悼復脩伯業，更合諸侯，使大夫聽命，故爲邢丘之會以命朝聘之數耳。」』其數蓋亦同文、襄也。」○**夏，葬鄭僖公。**《公羊傳》：「賊未討，何以書葬？爲中國諱也。」

附錄《左傳》：「鄭群公子以僖公之死也，謀子駟。子駟先之。夏四月庚辰，辟殺子狐①、子熙、子侯、子丁。①孫擊、孫惡出奔衛。」

鄭人侵蔡，獲蔡公子燮。燮，《穀》作「濕」，後同。《左傳》：「庚寅，鄭子國、子耳侵蔡，獲蔡司馬公子燮。鄭人皆喜，唯子產不順，曰：『小國無文德，而有武功，禍莫大焉。楚人來討，能勿從乎？從之，晉師必至，晉、楚伐鄭，自今鄭國不四五年，弗得寧矣。』子國怒之，曰：『爾何知？國有大命，而有正卿，童子言焉，將爲戮矣。』」《公羊傳》：「此侵也，其言獲何？侵而言獲者，適得之也。」《穀梁傳》：「人，微者也。侵，淺事也。而獲公子，公子病矣。」杜氏曰：「鄭侵蔡，欲以求媚於晉。既無晉令，又無直辭，主少興師，動而無謀，以生國患，故貶之，稱人。」王氏《箋義》曰：「鄭欲從楚，故侵蔡以致楚，然後告絶於晉而與楚平。《春秋》惡其叛中國，故子國稱人以示貶。」○**季孫宿會晉侯、鄭伯、齊人、宋人、衛人、邾人于邢丘。**《左傳》：「五月甲辰，會于邢丘，以命朝聘之數，使諸侯之大夫聽命。季孫宿、齊高厚、宋向戌、衛甯殖、邾大夫會之。鄭

① 「狐」，原作「孤」，今據四庫本改。

伯獻捷于會，故親聽命。大夫不書，尊晉侯也。」《穀梁傳》：「見魯之失正也，公在而大夫會也。」任氏曰：「邢丘，故邢國，河內平皋縣也。」張氏曰：「邢自邢丘遷襄國，又遷夷儀。」汪氏曰：「衛滅邢，晉又取其地。」

蘇轍曰：「晉悼公修文、襄之業，改命朝聘之大夫聽命於會，大夫稱人，眾辭也。朝聘之節儉而有禮，眾之所安也。繼自今我其立政立事，夫不自爲政而委於臣下，是以國之利器示人而不知寶也。昔周公戒成王，以事之大者，重煩諸侯而使大夫聽命，無乃以姑息愛人而不由德乎？使政在大夫而諸侯失國，又豈所以愛之也？後此八年湨梁之會，悼公初沒，諸侯皆在，而大夫獨盟。君若贅旒，夫豈一朝一夕之故哉！故邢丘之事，魯公在晉而季孫宿會，見魯之失正也。孫氏曰：「邢丘之會，公在晉也。晉侯不與公會而與季孫會者，襄公微弱，政在季氏故也。晉爲盟主，棄其君而與臣，何以宗諸侯矣。**諸侯之大夫貶而稱人，謹其始也。**」蜀杜氏曰：「獨書季孫宿者，《春秋》以內魯爲文，書季孫宿，則知四國皆大夫也。」汪氏曰：「自齊桓倡霸以來，未有以霸主而會諸侯之大夫者。翟泉之盟，晉雖弛權，然魯君在會而晉侯不預，猶未以霸主會大夫也。北杏稱人，貶四國之君首從霸耳。悼公復霸而虛杅同盟，首以仲孫蔑、齊崔杼厠乎其問。繼會雞澤，又以諸侯之大夫盟陳袁僑焉。今而會邢丘，且曰重煩諸侯而使大夫聽命，然則諸侯之失政，實悼公爲之也。《春秋》人諸侯之大夫而不貶季孫宿，蓋不書季孫，則疑於諸國之微者，人諸國之大夫，所以人宿也。」張氏曰：「《春秋》之法，必辨等列，以大夫而會諸侯必人之者，所以嚴君臣之分，謹上下之交，而革伯者苟且之政也。」○唊氏曰：「《左氏》云：

「大夫不書，尊晉侯也。」按尊晉侯，則季孫亦當不書，且魯君與他國大夫會，例書君名，何獨尊晉侯乎？」廬陵李氏曰：「此條《左氏》得其事，胡氏得其義，論其事則不欲煩諸侯者，晉侯之美意也。論其義則不可委大夫者，《春秋》之深意也。《左氏》所謂尊晉侯者，亦不過不以大夫敵諸侯之義耳。」

公至自晉。王氏曰：「公留晉半歲，不與會而歸。書至，所以危之。」〇莒人伐我東鄙。《左傳》：「以疆鄫田。」高氏曰：「鄫田接於魯而疆界不明，故興兵伐魯以正之，鄫遂屬於莒矣。」王氏曰：「見莒子之強，魯國之弱，而盟主之無威也。」張氏曰：「莒人滅鄫而魯不敢爭，伯主不討，所以興伐魯疆鄫之師也。」襄陵許氏曰：「莒恃遠滅鄫伐魯以奸齊盟，而伯討不及，間晉方患秦，楚故也。」〇秋，九月，大雩。《左傳》：「旱也。」〇冬，楚公子貞帥師伐鄭。《左傳》：「冬，楚子囊伐鄭，討其侵蔡也。子駟、子國、子耳欲從楚，子孔、子蟜、子展欲待晉。子駟曰：『《周詩》有之曰：「俟河之清，人壽幾何？兆云詢多，職競作羅。」謀之多族，民之多違，事滋無成。民急矣，姑從楚以紓吾民。晉師至，吾又從之。敬共幣帛，以待來者，小國之道也。犧牲玉帛，待于二竟，以待彊者而庇民焉。寇不為害，民不罷病，不亦可乎？』子展曰：『小所以事大，信也。小國無信，兵亂日至，亡無日矣。五會之信，今將背之，雖楚救我，將安用之？親我無成，鄙我是欲。不可從也。小國無信，兵亂日至，亡無日矣。五會之信，今將背之，雖楚救我，將安用之？親我無成，鄙我是欲。不如待晉。晉君方明，四軍無闕，八卿和睦，必不棄鄭。楚師遼遠，糧食將盡，必將速歸，何患焉？舍之聞之「杖莫如信」，完守以老楚，杖信以待晉，不亦可乎？』子駟曰：『《詩》云：「謀夫孔多，是用不集，發言盈庭，誰敢執其咎？如匪行邁謀，是用不得于道。」請從楚，騑也受其咎。』乃及楚平。使王子伯駢告于晉，曰：『君命敝邑：「脩而車賦，儆而師徒，以討亂略。」蔡人不從，敝邑之人不敢寧處，悉索敝賦，以討

于蔡，獲司馬燮，獻于邢丘。今楚來討曰：「女何故稱兵于蔡？」焚我郊保，馮陵我城郭。敝邑之眾，夫婦男女，不遑啟處，以相救也。蕆焉傾覆，無所控告。民死亡者，非其父兄，即其子弟，夫人愁痛，不知所庇。民知窮困，而受盟于楚，孤也與其二三臣不能禁止，不敢不告。』知武子使行人子員對之曰：『君有楚命，亦不使一介行李告于寡君，而即安于楚。君之所欲也，誰敢違君？寡君將帥諸侯以見于城下，唯君圖之！』」

齊宣王問於孟子：「交鄰國有道乎？」孟子曰：「有。唯智者為能以小事大，故大王事獯鬻，句踐事吳。以小事大，畏天者也。畏天者保其國。」鄭介大國之間，困強楚之令，而欲息肩於晉。若能信任仁賢，明其刑政，經畫財賦，以禮法自守，而親比四鄰，必能保其封境。荊楚雖大，何畏焉？楚人來討，不從則力不能敵，從之則晉師必至，故國人皆喜，而子產獨不順焉，以晉、楚之爭，鄭自茲弗得寧矣。是以獲公子燮，特書侵蔡以罪之。而公子貞來伐，鄭及楚平，不復書矣。平而不書，以見鄭之屈服於楚而不信也。犧牲玉帛，待於境上，以待強者而請盟，其能國乎？ 高氏曰：「觀《左氏》所載，則子駟之弑僖公，志在事楚矣。」汪氏曰：「自襄元年荊楚猾夏，侵宋、伐陳、圍陳、伐鄭，皆書大夫之名氏，書帥師，而無貶詞者，豈與其馮陵中國哉？所謂不待貶絕而罪惡見者也。」廬陵李氏曰：「此鄭又從楚之始也。至十一年蕭魚始從晉。」

晉侯使士匄來聘。《左傳》：「晉范宣子來聘，且拜公之辱，告將用師于鄭。公享之，宣子賦《摽有梅》。季

武子曰：『誰敢哉？今譬於草木，寡君在君，君之臭味也。歡以承命，何時之有？』武子賦《角弓》。賓將出，武子賦《彤弓》。宣子曰：『城濮之役，我先君文公獻功于衡雍，受《彤弓》於襄王，以爲子孫藏。匄也，先君守官之嗣也，敢不承命。』君子以爲知禮。」汪氏曰：「魯之事晉甚謹，而成公末年至襄十二年，士匄、荀罃、士魴凡四聘於魯，則晉之所以結與國者，不亦厚乎？宣悼公之得諸侯也。」廬陵李氏曰：「此與士燮來聘言伐郯同。」

丁酉靈王八年。**九年**晉悼九。齊靈十八。衛獻十三。蔡景二十八。鄭簡二。曹成十四。陳哀五。杞孝三。宋平十二。秦景十三。楚共二十七。吳壽夢二十二。

春，宋災。 災，《公》作「火」。《左傳》：「宋災。樂喜爲司城以爲政。使伯氏司里，火所未至，徹小屋，塗大屋，陳畚挶，具綆缶，備水器，量輕重，蓄水潦，積土塗，巡丈城，繕守備，表火道。使華臣具正徒，令隧正納郊保，奔火所。使華閱討右官，官庀其司。向戌討左，亦如之。使樂遄庀刑器，亦如之。使皇鄖命校正出馬，工正出車，備甲兵，庀武守。使西鉏吾庀府守，令司宮巷伯儆宮。二師令四鄉正敬享，祝宗用馬于四墉，祀盤庚于西門之外。晉侯問於士弱曰：『吾聞之，宋災，於是乎知有天道。何故？』對曰：『古之火正，或食於心，或食於咮，以出內火。是故咮爲鶉火，心爲大火。陶唐氏之火正閼伯居商丘，祀大火，而火紀時焉。相土因之，故商主大火。商人閱其禍敗之釁，必始於火，是以日知其有天道也。』公曰：『可必乎？』對曰：『在道。國亂無象，不可知也。』」《公羊傳》：「曷爲或言災，或言火？大者曰災，小者曰火。』然則內何以不言火？內不言火者，甚之也。何以書？記災也。外災不書，此何以書？爲王者之後記災也。」《穀梁傳》：「外災不志，此其志何也？故宋也。」高氏曰：「宋自

昭，文以來，亂敗相屬。三書宋災，見人事之不修也。」○劉氏曰：「《穀梁》云『故宋也』非也。齊大災，又豈故齊乎？」廬陵李氏曰：「《公羊》以爲王者之後，記災也。《穀梁》以爲故宋也。范氏以宋者，孔子之先也。《左氏》以爲來告，故書也。《左氏》得之。《左氏》載宋司城樂喜救災之政，纖悉備具。又載晉侯士弱之問對，則其來告必矣。」○夏，季孫宿如晉。《左傳》：「季武子如晉，報宣子之聘也。」高氏曰：「公朝晉而晉來聘，又使報焉，事大國之禮勤矣。」○五月辛酉，夫人姜氏薨。《左傳》：「穆姜薨於東宮。始往而筮之，遇《艮》之八䷳。史曰：『是謂《艮》之《隨》䷐。隨，其出也。君必速出！』姜曰：『亡。是於《周易》曰：隨，元、亨、利、貞。』元，體之長也；亨，嘉之會也；利，義之和也；貞，事之幹也。體仁足以長人，嘉會足以合禮，利物足以和義，貞固足以幹事。然，故不可誣也。是以雖隨無咎。今我婦人，而與於亂。固在下位，而有不仁，不可謂元。不靖國家，不可謂亨。作而害身，不可謂利。棄位而姣，不可謂貞。有四德者，隨而無咎。我皆無之，豈隨也哉？我則取惡，能無咎乎？必死於此，弗得出矣。」杜氏曰：「成公母，成十六年爲僑如故，徙居東宮。」

附録《左傳》：「秦景公使士雃乞師于楚，將以伐晉，楚子許之。子囊曰：『不可。當今吾不能與晉爭。晉君類能而使之，舉不失選，官不易方。其卿讓於善，其大夫不失守，其士競於教，其庶人力於農穡。商工皂隸，不知遷業。韓厥老矣，知罃稟焉以爲政。范匄少於中行偃而上之，使佐中軍。韓起少於欒黶，而欒黶、士魴上之，使佐上軍。魏絳多功，以趙武爲賢而爲之佐。君明臣忠，上讓下競。當是時也，晉不可敵，事之而後可。君其圖之！』王曰：『吾既許矣。雖不及晉，必將出師。』秋，楚子師于武城以爲秦援，秦人

侵晉，晉饑，弗能報也。」

秋，八月癸未，葬我小君穆姜。《公》作「繆姜」。杜氏曰：「四月而葬，速。」高氏曰：「別爲之謚，用文姜之例也。」○冬，公會晉侯、宋公、衛侯、曹伯、莒子、邾子、滕子、薛伯、杞伯、小邾子、齊世子光伐鄭。十有二月己亥，同盟于戲。戲，許宜反。《左傳》：「冬十月，諸侯伐鄭。庚午，季武子、齊崔杼、宋皇鄖從荀罃，士匄門于鄟門。衛北宮括、曹人、邾人從荀偃、韓起門于師之梁。滕人、薛人從欒黶、士魴門于北門。杞人、郳人從趙武、魏絳斬行栗。甲戌，師于氾，令於諸侯曰：『脩器備❶，盛餱糧，歸老幼，居疾于虎牢，肆眚，圍鄭。』鄭人恐，乃行成。中行獻子曰：『遂圍之，以待楚人之救也而與之戰。不然，無成。』知武子曰：『許之盟而還師，以敝楚人。吾三分四軍，與諸侯之銳以逆來者，於我未病，楚不能矣，猶愈於戰。暴骨以逞，不可以爭，大勞未艾。君子勞心，小人勞力，先王之制也。』諸侯皆不欲戰，乃許鄭成。十一月己亥，同盟于戲，鄭服也。將盟，鄭六卿公子騑、公子發、公子嘉、公孫輒、公孫蠆、公孫舍之及其大夫、門子皆從鄭伯。晉士莊子爲載書，曰：『自今日既盟之後，鄭國而不唯晉命是聽，而或有異志者，有如此盟。』公子騑趨進曰：『天禍鄭國，使介居二大國之間。大國不加德音而亂以要之，使其鬼神不獲歆其禋祀，其民人不獲享其土利，夫婦辛苦墊隘，無所底告。自今日既盟之後，鄭國而不唯有禮與彊，可以庇民者是從，而敢有異志者，亦如之。』荀偃曰：『改載書。』公孫舍之曰：『昭大神要言焉。若可改也，大國亦可叛也。』知武子謂獻子

❶「器備」，原倒文，今據阮刻本《春秋左傳正義》乙正。

曰：『我實不德，而要人以盟，豈禮也哉！非禮，何以主盟？姑盟而退，脩德息師而來，終必獲鄭，何必今日？我之不德，民將棄我，豈唯鄭？若能休和，遠人將至，何恃於鄭？』乃盟而還。晉人不得志於鄭，以諸侯復伐之。十二月癸亥，門其三門。閏月戊寅，濟于陰阪，侵鄭，次于陰口而還。子孔曰：『晉師可擊也，師老而勞，且有歸志，必大克之。』子展曰：『不可。』」《穀梁傳》：「不異言鄭，善得鄭也。不致，恥不能據鄭也。」

杜氏曰：「戲，鄭地。」

鄭之見伐於楚，子駟欲從楚，子展曰：「小國無信，兵亂日至，亡無日矣。」請完守以老楚，杖信以待晉，其策未爲失也。而子駟遂及楚盟，於是晉師至矣。諸侯伐鄭，晉人令於列國，修器備，盛餱糧，歸老幼，居疾于虎牢，肆眚，圍鄭。鄭人恐，乃行成。荀偃曰：「遂圍之，以待楚人之救而與之戰。不然，無成。」知罃曰：「許之盟而還師以敝楚。吾三分四軍，與諸侯之銳，以逆來者。於我未病，楚不能矣。猶愈於戰。暴骨以逞，不可以爭，大勞未艾。魚廢反。君子勞心，小人勞力，先王之制也。」乃許鄭成，同盟于戲。夫善爲國者不師，善師者不陣，善陣者不戰。知武子明於善陣之法，以佐晉悼公，屢與諸侯伐鄭，楚輒救之。而不與之戰，楚師遂屈，得善勝之道矣。故下書蕭魚之會以美之。

杜氏曰：「伐鄭而書同盟，則鄭受盟可知。」永嘉呂氏曰：「按《左氏》『同盟于戲』，鄭與焉。然柯陵之盟，亦書於伐鄭之後，則鄭服未可知。今以經考之，盟柯陵之後，諸侯再伐鄭，則其未得志於鄭可知。盟戲之後，楚子伐鄭，

則爲鄭服可知。十一年同盟亳城北，亦鄭受盟也。會于蕭魚，亦鄭與會也。皆書於伐鄭之後，比事而觀可見矣。」汪氏曰：「齊桓之時在於服楚，晉文之時在於勝楚，晉悼之時在於敝楚。蓋召陵以前，楚人連歲加兵於鄭，及次陘之伐，屈完來盟，而鄭無楚患矣。城濮之前，楚滅黃而霸主不能恤，敗徐而諸大夫不能救，執中國盟主而在會者不敢與之爭。既又戌穀逼齊，合兵圍宋，戰勝中國，威動天下。及得臣敗績而楚頗憚服矣。迨夫晉師敗邲之後，楚復陵駕中華，既縣陳入鄭，又滅蕭圍宋。于蜀之會，奄然以蠻夷之大夫主盟諸夏，而聽命者十有一國，卒之保鄭以爲己有。厲公敗之於鄢陵，三假王命以伐鄭而終不服。悼公復霸，鄭與於五會之信，而猶叛焉。悼公欲直擣方城、漢水之境，繼齊桓怙荊之績，而楚寖強盛，未肯服義，而昔者處父之伐，不足以屈其力也。於是數伐鄭而不與楚戰，使楚人疲於奔命而莫能爭鄭。欲與之決勝，復文公館穀之捷，則暴骨以逞，克不可命，而先君鄢陵之勝不足以服其心也。欲以摧其憑陵之志，桓、文以降，於斯爲盛，故于戲、亳北，雖書同盟以惡鄭之反覆，而會于蕭魚，特筆以著其美也。然悼公四駕伐鄭，唯盟戲不致者，因子駟之言而未得志於鄭，是以不書至。穀梁子所謂恥不能據鄭者是也。亦猶會鄔謀陳不成，救而不書至會耳。悼公九合諸侯，獨於于鄔、于戲不致，《春秋》豈無意哉！」廬陵李氏曰：「此盟在五會之後，三駕之前，晉方失陳，國中之勢未振，❶鄭又侵蔡，楚人之詞稍直，故士匄告用師，諸侯不欲戰，則内外之心必皆有疑怠矣。盟而書同，雖曰同心外楚，而其實著其反

---

❶ 「國中」，四庫本作「中國」。

也。獨幸五會之信在人心者未忘，而荀罃又得善勝之道，悼公既歸，脩德息民，於是有以成三駕之績焉。則此盟乃夷夏盛衰之機括也歟？」○啖氏曰：「《左氏》云：冬十月，諸侯伐鄭。下又云：諸侯復伐之。十二月癸亥，門其三門。蓋誤重説也。古史或用周正，或用夏正，作傳者承兩國之舊史，月數不同，遂兩載之。」

附録《左傳》：「公送晉侯。晉侯以公宴于河上，問公年，季武子對曰：『會于沙隨之歲，寡君以生。』晉侯曰：『十二年矣！是謂一終，一星終也。國君十五而生子。冠而生子，禮也。君可以冠矣！大夫盍爲冠具？』武子對曰：『君冠，必以祼享之禮行之，以金石之樂節之，以先君之祧處之。今寡君在行，未可具也。請及兄弟之國而假備焉！』晉侯曰：『諾。』公還及衛，冠于成公之廟，假鍾磬焉，禮也。」

楚子伐鄭。《左傳》：「楚子伐鄭，子駟將及楚平。子孔、子蟜曰：『與大國盟，口血未乾而背之，可乎？』子駟、子展曰：『吾盟固云：「唯強是從。」今楚師至，晉不我救，則楚強矣。盟誓之言，豈敢背之？且要盟無質，神弗臨也，所臨唯信。信者，言之瑞也，善之主也，是故臨之。明神不蠲要盟，背之可也。』乃及楚平。公子罷戎入盟，同盟于中分。楚莊夫人卒，王未能定鄭而歸。」汪氏曰：「楚書子者，國君自將，恃強軋弱，憑陵中國之稱也。不書鄭及楚平，不書盟，不與鄭之從楚也。明年諸侯伐鄭，則鄭與楚可知矣。」

附録《左傳》：「晉侯歸，謀所以息民。魏絳請施舍，輸積聚以貸。自公以下，苟有積者，盡出之。國無滯積，亦無困人，公無禁利，亦無貪民。祈以幣更，賓以特牲。器用不作，車服從給。行之期年，國乃有節。三駕而楚不能與争。」

春秋集傳大全卷之二十六

襄 公 二

戊戌靈王九年。**十年**晉悼十。齊靈十九。衛獻十四。蔡景二十九。鄭簡三。曹成十五。陳哀六。杞孝四。宋平十三。秦景十四。楚共二十八。吳壽夢二十三。

春，公會晉侯、宋公、衛侯、曹伯、莒子、邾子、滕子、薛伯、杞伯、小邾子、齊世子光會吳于柤。柤，莊加反。《左傳》：「春，會于柤，會吳子壽夢也。三月癸丑，齊高厚相太子光以先會諸侯于鍾離，不敬，士莊子曰：『高子相太子以會諸侯，將社稷是衛，而皆不敬，棄社稷也，其將不免乎？』《穀梁傳》：「會，又會，外之也。」杜氏曰：「吳子在柤，晉以諸侯往會之，故曰會吳。」柤，楚地。」張氏曰：「《後漢·彭城國傳》陽縣有柤水。」汪氏曰：「成十五年，晉率諸侯之大夫會吳于鍾離，不敢屈吳而往與之會，已爲過禮。今悼公霸業方盛，乃合中華十二國之君，世子而往，主吳以爲會，則是舉天下之諸侯宗吳矣。雖曰資吳以困楚，然楚弱而吳興，去疥癬而得腹心之疾，庸愈乎？」番陽萬氏曰：「《春秋》於楚未嘗殊會，而獨殊會吳者，蓋吳以周之同姓，僭號稱王，諸侯宗之以爲會。《春秋》苟不以殊會而外之於中國，則是代宗周爲天下之共主矣。」

夏，五月甲午，遂滅偪

陽。偪音福,又彼力反。《穀》作「傅」。《左傳》:「晉荀偃、士匄請伐偪陽,而封宋向戍焉。荀罃曰:『城小而固,勝之不武,弗勝爲笑。』固請。丙寅,圍之,弗克。孟氏之臣秦堇父輦重如役。偪陽人啓門,諸侯之士門焉。縣門發,郰人紇抉之,以出門者。狄虒彌建大車之輪,而蒙之以甲,以爲櫓。左執之,右拔戟,以成一隊。孟獻子曰:『《詩》所謂「有力如虎」者也。』主人縣布,堇父登之,及堞而絕之。隊,則又縣之。蘇而復上者三,主人辭焉,乃退。帶其斷以徇於軍三日。諸侯之師久於偪陽,荀偃、士匄請於荀罃曰:『水潦將降,懼不能歸,請班師。』知伯怒,投之以机,出於其間,曰:『女成二事,而後告余。余恐亂命,以不女違。女既勤君而興諸侯,牽帥老夫以至于此,既無武守,而又欲易余罪,曰「是實班師,不然克矣。」余贏老也,可重任乎?七日不克,必爾乎取之!』五月庚寅,荀偃、士匄帥卒攻偪陽,親受矢石,甲午滅之。書曰『遂滅偪陽』,言自會也。以與向戌。向戌辭曰:『君若猶辱鎮撫宋國,而以偪陽光啓寡君,群臣安矣,其何貺如之!若專賜臣,是臣興諸侯以自封也,其何罪大焉!敢以死請!』乃予宋公。宋公享晉侯於楚丘,請以桑林。荀罃辭。荀偃、士匄曰:『諸侯宋、魯,於是觀禮。魯有禘樂,賓祭用之。宋以桑林享君,不亦可乎?』舞師題以旌夏。晉侯懼而退入于房。去旌,卒享而還。及著雍,疾。卜,桑林見。荀偃、士匄欲奔請禱焉,荀罃不可,曰:『我辭禮矣,彼則以之。猶有鬼神,於彼加之。』晉侯有間,以偪陽子歸,獻于武宮,謂之夷俘。偪陽,妘姓也。使周内史選其族嗣,納諸霍人,禮也。師歸,孟獻子以秦堇父爲右。生秦丕兹,事仲尼。」《穀梁傳》:「遂,直遂也。其曰遂何?不以中國從夷狄也。」杜氏曰:「偪陽,妘姓國。」高氏曰:「偪陽,楚與國也。」襄陵許氏曰:「晉之威德未能服遠,躬率諸侯涉楚會吳,而因道用師,滅人之國,恃衆剽利,無復伯討,

則中國之禮義盡矣。甚之，故日而志之也。」陳氏曰：「以偪陽子歸不書，宥偪陽子也，以爲非其罪也。悼公合十三國之衆而遂滅偪陽，於偪陽子何譏焉？」汪氏曰：「偪陽國及柤地皆在沛縣，乃吳入中國之要衝，則悼公之會吳于柤，蓋謀滅偪陽而通吳也。吳既會柤，必以兵同滅偪陽，而《春秋》所書，若會柤之後，繼事以滅偪陽，而吳不與滅，蓋不以中國諸侯從夷狄之主滅弱小之國也。《穀梁》之言是矣。齊桓之霸，滅譚滅遂，降鄀遷陽，晉文之霸，執曹伯、逐衛侯，悼公之霸，滅偪陽，皆功不揜過。此孟子所以謂『五霸者，三王之罪人也』。」○盧陵李氏曰：《穀梁》曰：『遂，直遂也。其日遂何？不以中國從夷狄也。』注者言繼事之辭，不加日時，實吳會諸侯滅偪陽，恥以中國之君從夷狄之主，故加甲午，使若改日諸侯自滅然。《公羊》注亦以爲惡諸侯開道強夷滅中國，不知何據。姑備一說。」**公至自會。**《穀梁傳》：「會夷狄不致，惡事不致，此其致何也？」存中國也。中國有善事則并焉，無善事則異之，存之也。」汲鄭伯，逃歸陳侯，致柤之會，存中國也。」杜氏曰：「深諱，若公與上會，不與下滅也。」王氏曰：「此致前事者，二事偶，舉其可道者也。鄭背中國即夷狄，又與夷狄同伐中國，罪不容誅也。」陳氏曰：「凡專將言帥師。苟二國會，則先序主兵者而不言帥師，言帥師是國自爲帥也。國自爲帥，自楚公子貞、鄭公孫輒始。自是雖圍滅，亦並稱帥師矣。」蜀杜氏曰：「《春秋》錄楚公子貞於鄭公孫輒之上，所以懲鄭也。」盧陵李氏曰：「鄭之從楚，未嘗不連兵以伐宋。一見於宣之元年。再見於成之十八年，三見於此年，四見於明年。」○**晉師伐秦。**《左傳》：「晉荀罃伐秦，報其侵也。」高氏曰：

「晉方帥諸侯會吳滅偪陽，又越千里而伐秦，爲晉計者，莫若脩文公之業，求成於秦，庶因秦之兵力共攘荆楚，可以少安中國。不此之圖，而反以秦資楚，此晉之失也。」家氏曰：「諸侯惟宋事晉最謹。今宋受兵不速救，乃更出師伐秦，不書大夫帥師，略之也。」

附録《左傳》：「衛侯救宋，師于襄牛。鄭子展曰：『必伐衛，不然，是不與楚也。得罪於晉，又得罪於楚，國將若之何？』子駟曰：『國病矣！』子展曰：『得罪於二大國，必亡。病不猶愈於亡乎？』諸大夫皆以爲然。故鄭皇耳帥師侵衛，楚令也。孫文子卜追之，獻兆於定姜。姜氏問繇，曰：『兆如山陵，有夫出征，而喪其雄。』姜氏曰：『征者喪雄，禦寇之利也。大夫圖之！』衛人追之，孫蒯獲鄭皇耳于犬丘。」○「秋七月，楚子囊、鄭子耳伐我西鄙。還，圍蕭。八月丙寅，克之。九月，子耳侵宋北鄙。孟獻子曰：『鄭其有災乎？師競已甚，周猶不堪競，況鄭乎？有災，其執政之三士乎？』」

秋，莒人伐我東鄙。《左傳》：「莒人間諸侯之有事也，故伐我東鄙。」汪氏曰：「莒屢同晉悼之盟，而乘間加兵於魯，其無忌憚亦甚矣。」

公會晉侯、宋公、衛侯、曹伯、莒子、邾子、齊世子光、滕子、薛伯、杞伯、小邾子伐鄭。○《左傳》：「諸侯伐鄭，齊崔杼使太子光先至于師，故長於滕。己酉，師于牛首。」永嘉呂氏曰：「齊世子光序諸侯上，主會者爲之也。」《春秋》不改，所以示譏，言專以強弱事勢爲先後也。」王氏曰：「齊世子光以期會而長四君，蓋霸主摟諸侯之術也。」汪氏曰：「齊世子光同盟雞澤，會戚，救陳，盟戲，會柤，皆序小邾子之下，惟此年伐鄭序滕、薛、杞、小邾子之上，而傳稱光先至于師。明年兩伐鄭，又序莒、邾之上，傳亦云齊大子光、宋向戌先至于鄭，杜氏皆云爲盟主所尊，故進之。夫諸侯之世子，誓於天子

而攝其君者，下其君之禮一等，則侯國世子，宜次於伯爵之君之下。考之仲子之言，但曰光之立也，列於諸侯矣。則齊光未誓於天子，而可序於薛伯、杞伯之上乎？成十五年宋世子成序齊大夫之上，昭四年宋世子佐序小邾子之下，以上公世子而次於子爵，是則世子未誓於天子，以皮幣繼子男之常制也。齊光悼諸侯之上，是晉悼以私意之向背，謂莒、邾、薛、杞國弱而卑，齊光國大而強，故紊周班而進之也。況自晉悼之伯，莒、邾以子爵而常在薛伯、杞伯之上，則班爵之等，又安可以先王舊制論之哉？據事直書，義自見矣。」○

冬，盜殺鄭公子騑、公子發、公孫輒。 騑，《公》、《穀》作「斐」。書盜始此。《左傳》：「初，子駟與尉止有爭，將禦諸侯之師而黜其車。尉止獲，又與之爭。子駟抑尉止曰：『爾車，非禮也。』逐弗使獻。初，子駟為田洫，司氏、堵氏、侯氏、子師氏皆喪田焉。故五族聚群不逞之人，因公子之徒以作亂。於是子駟當國，子國為司馬，子耳為司空，子孔為司徒。冬十月戊辰，尉止、司臣、侯晉、堵女父、子師僕帥賊以入，晨攻執政于西宮之朝，殺子駟、子國、子耳，劫鄭伯以如北宮。子孔知之，故不死。書曰盜，言無大夫焉。子西聞盜，不儆而出，尸而追盜，盜入於北宮，乃歸授甲。臣妾多逃，器用多喪。子蟜聞盜，為門者，庀群司，閉府庫，慎閉藏，完守備，成列而後出，兵車十七乘，尸而攻盜於北宮，盜衆盡死。侯晉奔晉。堵女父、司臣、尉翩、司齊奔宋。子孔當國，為載書，以位序，聽政辟。大夫、諸司、門子弗順，將誅之。子產止之，請為之焚書。子孔不可，曰：『為書以定國，衆怒而焚之，是衆為政也，國不亦難乎？』子產曰：『衆怒難犯，專欲難成，合二難以安國，危之道也。不如焚書以安衆，子得所欲，衆亦得安，不亦可乎？專欲無成，犯衆興禍，子必從之。』乃焚書於倉門之外，衆而後定。」《穀梁傳》：「稱盜以殺大夫，弗以上下道，

惡上也。」程子曰：「盜殺三卿不稱大夫，失卿職也。」

按《左氏》，鄭公子騑當國，汪氏曰：「攝君事也。」發爲司馬，輒爲司空。騑與尉止有争，及爲田洫，司氏、堵氏、侯氏、子師氏皆喪田，故五族聚群不逞之徒以作亂，入西宮，殺三卿于朝，不稱大夫。程氏以爲「失卿職」也。卿大夫者，國君之陪貳，汪氏曰：「陪，伴也。貳，副也。」政之本也。本强則精神折衝，聞有偃息談笑而卻敵國之兵，勝千里之難者矣。汪氏曰：「其上者如孔子相定公會夾谷，一言而卻萊夷之兵，免魯君於難，其次如柳下惠使展喜犒齊師，稱先王之盟言而齊侯乃還，又其次如藺相如從趙王會秦王于澠池，秦王請趙王鼓瑟，相如亦請秦王擊缶，左右欲刃相如，相如叱之，左右皆靡，秦終不能有加於趙。」乃至於身不能保，而盜得殺之於朝，安在其爲陪貳乎？故削其大夫，爲當官失職者之鑒也。王氏曰：「《易》曰：『小人而乘君子之器，盜思奪之矣。上慢下暴，盜思伐之矣。』鄭三卿之禍，其近是乎？」陳氏曰：「盜，賤者也。以賤者而一日殺三卿，鄭之失政甚矣。書盜自此始。」鄭之從楚以勞中國，皆公子騑之罪也。鄭成公卒之初，諸大夫欲從晉矣。騑以官命未改止之。及鄢之役，僖公如會以從中國，而騑弑之。及楚子囊伐鄭，子展堅守以待晉，而騑請從楚以任其咎。故騑者，從夷之人，弑君之賊也。而發輒惟騑是從，惡積而不可掩，鄭不能討而盜得殺之，此所以不稱其大夫也歟？廬陵李氏曰：「《春秋》書盜四，始於此。此條之說，張氏最得之。夫子騑之罪，豈可以失職蔽之耶？不書大夫，當討之賊也。不書鄭人，不以討賊之義予尉止等也。」張氏曰：「《鄭之從楚以會，僖公如會，夷之人弑君之賊也。而發輒惟騑是從，惡積而不可掩，鄭不能討而盜得殺之，此所以不稱其大夫也歟？」書大夫，則疑於衛繁，書鄭人，則疑於雍廩。」又曰：「正

義》曰:『凡言其者,是其所有也。君是臣之君,故書弑其君;臣是君之臣,故書殺其大夫。盜者,寇賊之名,被殺者非盜之所有,既以盜爲文,故不得言其大夫申例,而書曰盜殺鄭大夫某人乎?』故不書大夫之說,程氏得之;而所以不書大夫之說,張氏得之。」

戍鄭虎牢。楚公子貞帥師救鄭。《左傳》:「諸侯之師城虎牢而戍之。晉師城梧及制,士魴、魏絳戍之。書曰『戍鄭虎牢』,非鄭地也,言將歸焉。鄭及晉平。楚子囊救鄭。十一月,諸侯之師還鄭而南,至於陽陵。楚師不退。知武子欲退,曰:『今我逃楚,楚必驕,驕則可與戰矣。』欒黶曰:『逃楚,晉之恥也。合諸侯以益恥,不如死,我將獨進。』師遂進。己亥,與楚師夾潁而軍。子蟜曰:『諸侯既有成行,必不戰矣。從之將退,不從亦退。退,楚必圍我。猶將退也,不如從楚,亦以退之。』宵涉潁,與楚人盟。欒黶欲伐鄭師,荀罃不可,曰:『我實不能禦楚,又不能庇鄭,鄭何罪?不如致怨焉而還。今伐其師,楚必救之。戰而不克,爲諸侯笑。克不可命,不如還也。』丁未,諸侯之師還,侵鄭北鄙而歸。楚人亦還。」《公羊傳》:「孰戍之?諸侯戍之。曷爲不言諸侯戍之?離至不可得而序,故言我也。諸侯已取之矣,曷爲繫之鄭?諸侯莫之主有,故反繫之鄭。」《穀梁傳》:「其曰鄭虎牢,決鄭乎虎牢也。」

虎牢之地,城不繫鄭者,責在鄭也。戍而繫鄭者,罪之諸侯也。孫氏曰:「此伐鄭諸侯戍鄭虎牢也。」曷爲責鄭?設險所以守國,有是險而不能設,犧牲玉帛待盟境上,使其民人不享土利,辛苦墊隘,汪氏曰:「猶委頓也。」無所底告,然後請成,故城不繫鄭者,責其不能有也。程子曰:「責鄭不能守,故不繫於鄭。」曷爲罪諸侯?夫鄭人從楚,固云不義,然中國所以城之

張氏曰：「罪諸侯者，責霸主之寡謀。前年戍陳，不能制楚以保陳矣，又蹙前轍，而勞諸侯以戍守。罷敝中國，恃力逼小，豈霸主服人之道乎？故反繫之鄭以罪之。」汪氏曰：「陳已服而悼公命諸侯戍之。《春秋》書戍陳，著其人心不協，保陳不終，遂致陳侯之逃也。鄭未服而悼公戍虎牢以逼之，《春秋》書戍鄭虎牢，著其據地利以脅鄭，而反使楚人得以竊救患之名也。是故戍陳雖善，而後書陳侯逃歸，則戍陳爲無功矣。戍虎牢雖未爲不善，而下書楚救鄭，則中國爲有罪矣。故陳氏謂凡戍不書，惟晉悼公之戍陳、鄭也特書之。」聖人既以虎牢還繫於鄭，又書楚公子貞帥師救鄭，諸侯之罪益明矣。夫以救許、楚，所以深罪諸侯不能保鄭，肆其陵逼，曾荆楚之不若也。亦可謂深切著明也哉。蜀杜氏曰：「諸侯伐鄭而成虎牢，聖人於其伐也書其爵，而於其戍沒言之，是與其伐而不與其戍也。今書楚公子之救者，所以疾諸侯也。」汪氏曰：「楚屢救鄭矣。宣元年蒍賈，二年鬭椒，成九年子重，十六年楚子，十七年子重及公子申之類，皆不書。其志在於爭中國，不可許之以救也。然聖人之作《春秋》，愛而知其惡，憎而知其善。晉文公懷怨以攻衞，過於侵暴，則書『楚人救衞』。晉悼公據險以陷鄭，肆其陵逼，則書『楚公子貞救鄭』。皆所以備責霸者之不仁，而見夷狄反有救患之善也。雖然，前書晉悼救陳，而陳既而楚救衞而終不能保衞，楚救鄭而終不能爭鄭，又以著裔不謀夏之常理耳。此書楚救鄭而鄭遂服於晉，得鄭而棄陳，悼公蓋惑於諸大夫之言，以爲陳近於楚，是以計近功卒屬於楚。

而虧大義，急於此而緩於彼也。」○廬陵李氏曰：「虎牢係鄭，三傳亦不同。《公羊》注與《左氏》通，《穀梁》說無意義，不可從。胡氏蓋因下文有楚救鄭之書，凡救者善，則伐者不善，故罪諸侯，此義甚精。而張氏責伯主寡謀之説，亦發明得《春秋》特書二戍之義。」又曰：「陳氏曰：『不係之鄭者，爲天下城之者也；係之鄭者，爲鄭戍之也。是故楚丘不係之衛，緣陵不係之杞，梁山、沙鹿不係之晉，皆一國之辭也。邢、鄫、部係之紀，彭城係之宋，皆一國之辭也。』此亦一説，所謂『爲天下城之』者，豈非何氏所謂欲共拒楚者歟？」又曰：「陳氏曰：『書救陳，見晉之終失陳，書救鄭，見楚之終失鄭。此雖與例不合，然亦足以見悼公之編，特書晉、楚二救之義。』」

附錄 《左傳》：「襄陵許氏曰：『書楚救鄭而致公，知諸侯之避楚也。』」

公至自伐鄭。

附錄 《左傳》：「王叔陳生與伯輿爭政，王右伯輿，王叔陳生怒而出奔。及河，王復之，殺史狡以説焉。不入，遂處之。晉侯使士匄平王室，王叔與伯輿訟焉。王叔之宰與伯輿之大夫瑕禽，坐獄於王庭。士匄聽之。王叔之宰曰：『篳門閨竇之人而皆陵其上，其難爲上矣！』瑕禽曰：『昔平王東遷，吾七姓從王，牲用備具，王賴之，而賜之騂旄之盟，曰：「世世無失職。」若篳門閨竇，其能來東底乎，且王何賴焉？今自王叔之相也，政以賄成，而刑放於寵，官之師旅，不勝其富。吾能無篳門閨竇乎？唯大國圖之！下而無直，則何謂正矣？』范宣子曰：『天子所右，寡君亦右之，所左，亦左之。』使王叔氏與伯輿合要，王叔氏不能舉其契。王叔奔晉。不書，不告也。單靖公爲卿士，以相王室。」

己亥靈王十年。十有一年晉悼十一。齊靈二十。衛獻十五。蔡景三十。鄭簡四。曹成十六。陳哀七。

杞孝五。宋平十四。秦景十五。楚共二十九。吳壽夢二十四。

春，王正月，作三軍。《左傳》：「春，季武子將作三軍，告叔孫穆子曰：『請爲三軍，各征其軍。』穆子曰：『政將及子，子必不能。』武子固請之，穆子曰：『然則盟諸？』」乃盟諸僖閎，詛諸五父之衢。正月，作三軍，三分公室而各有其一。三子各毀其乘。季氏使其乘之人，以其役邑入者，無征，不入者，倍征。孟氏使半爲臣，若子若弟。叔孫氏使盡爲臣，不然，不舍。」《公羊傳》：「三軍者何？三卿也。作三軍，何以書？譏。何譏爾？古者上卿、下卿，上士、下士。」《穀梁傳》：「作，爲也。古者天子六師。諸侯一軍。作三軍，非正也。」杜氏曰：「季氏欲專其民人，因以改作。三子三分國之民衆，又各自壞其車乘以足成三軍。季氏盡取其子弟，以其父兄歸公，不舍是，則三家所得，各以父兄子弟分爲四，季氏盡取四分，叔孫氏取子弟而以父兄歸公。孟氏止取其子弟，而以三歸公。蓋分國民爲十二，三家得七，公得五也。役，今之丁也；邑，今賦税也。」

三軍，魯之舊也。古者大國三軍，次國二軍，小國一軍。魯侯封於曲阜，地方數百里，天下莫強焉。及僖公時，能復周公之宇而史克作頌，其詩曰「公車千乘」說者以爲大國之賦也。又曰「公徒三萬」說者以爲大國之軍也。朱子曰：「車千乘，法當用十萬人，而爲步卒七萬二千人。然盡用之，是舉國而行，故其用三軍而已。三軍爲車三百七十五乘；三萬七千五百人，其爲步卒，不過二萬七千五百人。」鄭氏曰：「大國三軍，三萬七千五百人。」毛氏曰：「大國之賦千乘。」又曰「公徒三萬」舉成數也。

千人，舉其中以成數言，故曰三萬。」故知三軍，魯之舊爾。然車而謂之公車，則臣下無私乘也。徒而謂之公徒，則臣下無私民也。若有侵伐，諸卿更帥以出，事畢則將歸於朝，車復於甸，甲散於丘，卒還於邑。將皆公家之臣，兵皆公家之衆，不相繫也。文、宣以來，政在私門，襄公幼弱，季氏益張，廢公室之三軍，而三家各有其一，季氏征焉，而舊法亡矣，是以謂之作。永嘉吕氏曰：「孟氏稍弱，所以只使半爲臣。季氏彊，直欲盡無公室也。」齊氏曰：「周公封曲阜，地方七百里。詩頌僖公復周公之宇，云『公徒三萬』，則魯本有三軍，後以伯主之令，軍多則貢重，故減爲二軍。今復增置中軍耳。軍舊屬公，有事則三卿更互帥之。今三家以公幼弱，故分軍征各入己也。」或問：「《王制》：大國三軍，次國二軍，周公之封於魯，得用郊禘之禮，設兩觀，乘大路，豈獨受二軍而已哉？」是知自伯禽以來，固已有三軍矣。往往自文、宣而下，軍政隳壞，不補其闕，自此年以前，國之三軍，皆屬於公，有事則諸卿分帥以行，然當時諸卿，私乘必多於公車矣。至是季武子欲專主一軍，故請於叔孫穆子，欲重新整頓作三軍，申明約束，一也。三家各毁其私乘以補足三軍之數，二也。三子各主一軍，專其役邑，而公無與焉，三也。故謂之「作三軍」乎？公無與焉而不疑，蓋公年十四，生於帷牆之中，不知君國子民之道，殆與晉悼異矣。」茅堂胡氏曰：「《費誓》稱魯人三郊三遂，説者謂大國三軍，故三郊三遂則魯舊有三軍，明矣。然《春秋》書「作三軍」，蓋是時軍政隳壞，而公室之三軍不能備王制之舊，是以季氏借所誤，故以魯本二軍而有復古之説。」汪氏曰：「《費誓》稱魯人三郊三遂，説者謂大國三軍，故三郊三遂則魯舊有三軍，明矣。」孔氏《正義》謂僖公復古制作三軍，至文公以來，霸國以軍多貢重，遂自減爲二軍，改作之名而專兵權也。

至此復作三軍。然成二年，四卿並將，則三軍未嘗廢也。特以僖公而後，世卿強盛，既有三桓，又有臧孫氏、仲氏、叔氏之類，是以采邑所取既多，而公室之兵，軍數廢闕。及是三分公室，又壞已之車乘以復三軍之本制，其實欲奪公家之兵為己私爾。聖人不以作三軍係之三家者，其意曰魯國雖失兵權，而聖王之大法，則不使兵權不在公室也。經凡書作者，不宜作也，如作丘甲、作南門、作雉門兩觀，皆譏也。三軍，魯之舊制，而亦書作，學者習其讀而問其傳，則知罪之在矣。」其明年季孫宿救台遂入鄆，又其後享范獻子而公臣不能具三耦，民不屬公可知矣。《春秋》書其作舍以見昭公失國。定公無正，而兵權不可去公室，有天下國家者之所宜鑒也。陳氏曰：「書作三軍，志三家之分公室也。」家氏曰：「析三軍以為三，而三家各有其一為國君者，僅擁虛器於上，國非其國，乾侯之禍權輿於此。《春秋》書城費於前，書作三軍於後，所以垂人臣負固跋扈之戒。」○趙氏曰：「《公羊》云『三卿也』，按魯卿素已有四、五，不止三也。《穀梁》又云『諸侯一軍』，按國有小大，軍制當異。《周禮》『小國一軍』，據魯初封時，最為大國，非一軍明矣。」廬陵李氏曰：「此條其制國分民之說，《左氏》得之，而《正義》尤詳。胡氏、張氏諸家多從之。但杜氏以為魯舊二軍，今增立中軍為三軍。胡氏以為魯本有三軍，今不過廢公室之三軍，而三家各有其一，故謂之作耳。此處小不合，然疏又曰：『成王封周公時，必有三軍，後以軍多貢重，故自減為二軍耳，非是魯眾不滿三軍也。』若如此說，則亦無礙於胡氏之義矣。但觀成公作丘甲之後，四卿並將，則魯未必止二軍也。當從胡氏舍中軍，見昭五年。」

夏，四月，四卜郊不從，乃不郊。《穀梁傳》：「夏四月，不時也。四卜，非禮也。」臨川吳氏曰：「因四卜

之瀆，以著魯郊之僭。」汪氏曰：「僖三十一年亦四卜郊不從，但書免牲，不書不郊。蓋免牲則不郊可知。此云『不郊』，則卜免牲不吉而不敢免也。」高氏曰：「魯不當郊，郊，非禮也。今不郊者，非知其非禮故也，乃卜不從故耳。直書『不郊』，則不復免牲矣。」〇鄭公孫舍之帥師侵宋。《左傳》：「鄭人患晉、楚之故，諸大夫曰：『不從晉，國幾亡。』楚弱於晉，晉不吾疾也。晉疾，楚將辟之。何為而使晉師致死於我，楚弗敢敵，而後可固與也。」子展曰：『與宋為惡，諸侯必至，吾從之盟。楚師至，吾又從之，則晉怒甚矣。晉能驟來，楚將不能。吾乃固與晉。』大夫說之，使疆場之司惡於宋。宋向戌侵鄭，大獲。子展曰：『師而伐宋可矣。若我伐宋，諸侯之伐我必疾，吾乃聽命焉，且告於楚。楚師至，吾又與之盟，而重賂晉師，乃免矣。』夏，鄭子展侵宋。」杜氏曰：「欲以致諸侯。」公會晉侯、宋公、衛侯、曹伯、齊世子光、莒子、邾子、滕子、薛伯、杞伯、小邾子伐鄭。此三駕之二。《左傳》：「四月，諸侯伐鄭。己亥，齊大子光、宋向戌先至于鄭，門于東門。其莫，晉荀罃至于西郊，東侵舊許。衛孫林父侵其北鄙。六月，諸侯會于北林，師于向。右還，次于瑣，圍鄭，觀兵于南門。西濟于濟隧。」高氏曰：「以前伐未得志，而鄭復來侵宋故也。」廬陵李氏曰：「世子光屢以先至而進列，悼公一時借以勸諸侯之趨事。然莊公之所以易晉者，蓋始於此矣。」秋，七月己未，同盟于亳城北。亳，蒲洛反。《公》、《穀》作「京」。《左傳》：「鄭人懼，乃行成。秋七月，同盟于亳。范宣子曰：『不慎，必失諸侯。諸侯道敝而無成，能無貳乎？』乃盟，載書曰：『凡我同盟：❶毋蘊年，毋壅利，毋保姦，毋

❶「同」，原作「司」，今據四庫本及阮刻本《春秋左傳正義》改。

留懇，救灾患，恤禍亂，同好惡，獎王室。或間茲命，司慎司盟，名山名川，群神群祀，先王先公，七姓十二國之祖，明神殛之。俾失其民，隊命亡氏，踣其國家。」程子曰：「鄭服而同盟。隨復從楚伐宋，云同，見其反覆。」杜氏曰：「亳城，鄭地。」任氏曰：「偃師也，故湯都。」廬陵李氏曰：「悼公四同盟止此。《正義》曰：『盟告諸神，而先稱二司，知其是天神也。」《觀禮》：諸侯覲於天子，爲宮方三百步，壇十有二尋，深四尺，加方明于其上。方明者，木也。方四尺，設六色：青、赤、白、黑、玄、黄。設六玉：圭、璋、琥、璜、璧、琮。公、侯、伯、子、男皆就其旅而立。天子祀方明，禮日月、四瀆、山川、丘陵。鄭玄云：「方明者，上下四方神明之象也。會同而盟，明神鑑之，謂之天之司盟。有象者，猶宗廟之有主乎？」觀《正義》此言，則似亦可以同盟爲觀禮之同盟。以柯陵之盟觀之，則杜氏所謂『伐而書同盟，鄭與盟可知』之說，不通矣。蓋鄭未服而諸侯自同盟也。」又曰：「唊子以戲與亳二盟，鄭皆不與，故此盟止言十二國。故唊說疑是。」**公至自伐鄭。**《穀梁傳》：「不以後致，盟後復伐鄭也。」臨川吳氏曰：「以前事致者，見雖同盟而未得鄭也。」范氏曰：「傳例曰：『已伐而盟復伐者，則以伐致，盟不復伐者，則以會致。』」廬陵李氏曰：「此盟後致伐，以先事致，與伐楚盟召陵致伐書法同。然彼以服楚爲大，則書『致伐』者，宜也。此則未能服鄭，正與柯陵事同，而書『至』異者，何也？《穀梁》疏以柯陵爲公不同于伐鄭，故以會爲大。此爲楚強，諸侯畏之，故以伐爲大。此說亦強通。以此爲盟後更伐，柯陵獨不盟後復伐乎？以此爲楚強，柯陵楚獨不強乎？蓋厲公三伐，終

❶「同于」，原作「周乎」，今據阮刻本《春秋穀梁傳注疏》改。

不能服鄭，則只以常例書之。此則三駕之後，蕭魚序績，方以會至。故兩書「至伐」，以見兵事之未可息。而終書至會，以見中國之所以安。所謂不一勞者不永逸也歟？**楚子、鄭伯伐宋。**《左傳》：「楚子囊乞旅于秦，秦右大夫詹帥師從楚子，將以伐鄭。鄭伯逆之，丙子，伐宋。」

盟于亳城北，鄭服而同盟也。 杜氏曰：「伐鄭而書同盟，鄭與盟可知。」尋復從楚伐宋，故書同盟，見其既同而又叛也。既同而又叛，從子展之謀，欲致晉師而後與之也。高氏曰：「蓋用公孫舍之之謀，以伐宋自信於楚，而數叛晉，使楚道敝，而固與晉以托國焉。」故亳之盟，其載書曰：「或間茲命，明神殛之。俾失其民，隊命亡氏，踣其國家。」雖渝此盟而不顧也。噫，慢鬼神至於此極，而盟猶足恃乎？

公會晉侯、宋公、衛侯、曹伯、齊世子光、莒子、邾子、滕子、薛伯、杞伯、小邾子伐鄭。會于蕭魚。此三駕之三。《左傳》：「九月，諸侯悉師以復伐鄭。諸侯之師觀兵於鄭東門，鄭人使王子伯駢行成。甲戌，晉趙武入盟鄭伯。冬十月丁亥，鄭子展出盟晉侯。十二月戊寅，會于蕭魚。庚辰，赦鄭囚，皆禮而歸之。納斥候，禁侵掠。晉侯使叔肸告于諸侯。公使臧孫紇對曰：『凡我同盟，小國有罪，大國致討，苟有以藉手，鮮不赦宥。寡君聞命矣。』鄭人賂晉侯以師悝、師觸、師蠲；廣車、軘車淳十五乘，甲兵備，凡兵車百乘；歌鍾二肆，及其鎛磬，女樂二八。晉侯以樂之半賜魏絳，曰：『子教寡人和諸戎狄以正諸華。八年之中，九合諸侯，如樂之和，無所不諧。請與子樂之。』辭曰：『夫和戎狄，國之福也。八年之中，九合諸侯，諸侯無

懲,君之靈也,二三子之勞也,臣何力之有焉?抑臣願君安其樂而思其終也。《詩》曰:「樂只君子,殿天子之邦。」樂只君子,福祿攸同,便蕃左右,亦是帥從。」夫樂以安德,義以處之,禮以行之,信以守之,仁以厲之,而後可以殿邦國,同福祿,來遠人,所謂樂也。《書》曰:『居安思危。』思則有備,有備無患,敢以此規。」公曰:『子之教,敢不承命!抑微子,寡人無以待戎,不能濟河。夫賞,國之典也,藏在盟府,不可廢也,子其受之!』魏絳於是乎始有金石之樂,禮也。」《公羊傳》:「此伐鄭也。其言會于蕭魚何?蓋鄭與會爾。」杜氏曰:「蕭魚,鄭地。」

程氏曰:「會于蕭魚,鄭又服而請會也。」何氏曰:「中國以鄭故,三年之中五起兵,至是乃服,其後無干戈之患二十餘年,故喜而詳錄其會。」孫氏曰:「言伐言會者,得鄭之詞也。鄭自桓、文後,晉、楚爭之久矣。晉悼比歲大合諸侯,今始得之,亦能有鄭踰二十年,此晉悼之績也。」陳氏曰:「有地會而後地會者矣,未有伐而後地會也。地會而後伐,未集事之辭也。伐而後地會,集事之辭也。伐鄭會于蕭魚,序績也。」王氏《箋義》曰:「書公會伐鄭,再書會于蕭魚,蓋美晉侯之功也。」汪氏曰:「會于蕭魚,與盟于召陵書法正同,皆一經之特筆,所以序二霸之績,然召陵則先書屈完來盟,蕭魚不書鄭會者,夷狄之服義,必明著其請盟之跡,鄭之服晉,雖不著鄭會,而書會于蕭魚,公至自會,楚人執鄭行人良霄於伐鄭之下,則得鄭可知矣。」汪氏曰:「晉趙武入盟鄭伯,鄭子展出盟晉侯,經皆略之。謂鄭不可信,而小信不足恃也。」許慎曰:「斥,度;候,望也。以望烽燧。」

信鄭不疑,禮其囚而歸焉,納斥候,杜氏曰:「不相備也。」

禁侵掠，遣叔肸告于諸侯，而鄭自此不復背晉者二十四年。汪氏曰：「昭四年會申，鄭始從楚。」至哉，誠之能感人也！汪氏曰：「齊桓霸業至葵丘而盛，桓公束牲載書而不歃血，天下諸侯咸喻乎桓公之志。晉悼伯業至蕭魚而盛，悼公信鄭不疑，不復以諸侯同盟而鄭自此不復叛，蓋要之以信而使人强從，不若待之以誠而使人自服也。」自悼公能謀於魏絳以息民，聽於知武子而不與楚戰，故三駕而楚不能與之爭，雖城濮之績，不越是矣。」蘇氏曰：「自鄭人侵蔡之後，晉、楚爭鄭，五年之間，晉人四以諸侯伐鄭，楚輒救之。晉用知罃之謀，未嘗與楚人戰，至是楚不能應，遂全師以服鄭，鄭乃固與晉、楚不能爭。雖城濮之克，不能過也。」劉氏曰：「《春秋》嘉善矜不能，悼公之服鄭也有道，其信義著於諸侯，非一日之積，此善之可嘉者也。鄭伯之欲從中國也，亦非一日之積，逼於楚之强而未果，此不能之可矜者也。然則晉之取鄭，鄭之下晉，不始於會蕭魚之日，其信已在前矣。至其會也，諸侯以小息，中國以小安，是乃有貴乎約信者也。其義不言而諭，不盟而壹，故略其文以見其實，蓋《春秋》成人之美之意也。不以戰伐爲善，不以盟誓爲信，示以救災患、恤禍亂、同好惡、獎王室，而遠人服矣。」永嘉吕氏曰：「悼公再霸之烈，其最可稱道者，蕭魚之會，以盟則不如屈完之來有以服其心，以戰則不如城濮之師有以讋其氣，然以荆楚方强，子囊爲政，而凜然有憚晉之心，雖或時帥師徒以示不怯，而卒不能以陵駕中國者，豈無故哉。觀子囊之言，則晉悼之所以能服楚者，固有道矣。」廬陵李氏曰：「晉悼三駕止此，八年九合亦止此。❶自

❶「此」，原作「比」，今據四庫本改。

襄八年後，晉、楚爭鄭，三年之間，晉四興師伐鄭，楚輒救之。故晉之制楚者三，文公以力勝，厲公以幸勝，悼公以善勝，其亦庶幾乎召陵之不戰乎。伐楚盟召陵，伐鄭會蕭魚，皆序績之文也。

公至自會。《穀梁傳》：「伐而後會，不以伐鄭致，得鄭伯之辭也。」范氏曰：「鄭與會而服，中國喜之，故以會致。」程子曰：「兵不加鄭，故書『至自會』。」盧陵李氏曰：「《春秋》以變文爲褒貶，屢書盟而不信，則以不書盟爲誠。屢書伐而無功，則以不致伐爲美也。」高氏曰：「《春秋》以變文爲褒貶，屢書盟而不信，則以不書盟爲誠。屢書伐而無功，則以不致伐爲美也。悼公三伐，終以伐致。悼公三伐，終以會致。《春秋》之立文精矣。」

〇楚人執鄭行人良霄。《穀》作「良宵」。《左傳》：「鄭人使良霄、大宰石㚟如楚，告將服于晉，曰：『孤以社稷之故，不能懷君。君若能以玉帛綏晉，不然，則武震以攝威之，孤之願也。』楚人執之。書曰『行人』，言使人也。」《穀梁傳》：「行人者，挈國之辭也。」杜氏曰：「書楚執良霄，見楚之力盡於是矣。」高氏曰：「鄭使良霄告絕于楚，故執良霄以舒憤懣不平之氣，自是不復出師以與晉爭，鄭於是堅從晉矣。」汪氏曰：「悼公之四伐鄭：于戲，則楚子伐鄭；戍虎牢，則公子貞救鄭；亳北，則楚、鄭伐宋，或伐或救，或挾鄭以病中國。獨至於蕭魚，僅能止鄭之一卿而不能出師，蓋勢窮力屈，知義之不可敵而不敢抗也。」

〇冬，秦人伐晉。《左傳》：「秦庶長鮑、庶長武帥師伐晉以救鄭。鮑先入晉地，士魴禦之，少秦師而弗設備。壬午，武濟自輔氏，與鮑交伐晉師。己丑，秦、晉戰于櫟，晉師敗績，易秦故也。」高氏曰：「秦景公妹爲楚共王夫人，

於是爲楚伐晉，報去年之役。」家氏曰：「晉爲秦所敗，《春秋》略敗而不書，不與秦人之爲楚而救鄭也。」

庚子 靈王十一年。十有二年晉悼十二。齊靈二十一。衛獻十六。蔡景三十一。鄭簡五。曹成十七。陳哀八。杞孝六。宋平十五。秦景十六。楚共三十。吳壽夢二十五，卒。**春，王三月，莒人伐我東鄙，圍台。** 台，《榖》作「郃」，下同。《公羊傳》：「邑不言圍，此其言圍何？伐而言圍者，取邑之辭也。伐而不言圍者，非取邑之辭也。」《榖梁傳》：「伐國不言圍邑，舉重也。莒人間歲伐我，公五與莒子會，宜其釋怨同好矣，而見伐不已，則魯弱可知矣。」杜氏曰：「台，琅邪費縣南有台亭。」高氏曰：「諸侯伐我，未有言圍邑者。書圍邑自此始。取邑不書圍，取邑之辭也。**季孫宿帥師救台，遂入鄆。** 《公》作「運」。《左傳》：「遂繼事也。受命而救郃，不受命而入鄆，惡季孫宿也。」

台，遂入鄆，取其鍾以爲公盤。」《公羊傳》：「大夫無遂事，此其言遂何？公不得爲政爾。」《榖梁傳》：「遂，繼事也。」

鄆，莒邑也。高氏曰：「文十二年嘗帥師城鄆矣。魯不能守，復爲莒所取。今復取之，季孫因救台而入鄆，是無君也。」遂者，生事也。入者，逆詞也。大夫無遂事，受命而救台，不受命而入鄆，惡季孫宿之擅權，使公不得有爲於其國也。何氏曰：「時公微弱，政教不行，故宿遂取鄆以自益其邑。」或曰古者命將，得專制閫外之事，《前漢書·馮唐傳》：「上古王者遣將也，曰：『閫以內，寡人制之；閫以外，將軍制之。』有可以安國家、利社稷者，專之可也。曰此爲境外言之也，台在邦域之中而專行之，非有無君之心者，不敢爲也。昭公逐定無正，夫豈一朝一夕之故

哉？其所由來者漸矣。家氏曰：「宿始繼其父，即美城賜邑，繼而作三軍，取公室之丘甸以爲己之私有。今而救台遂事入鄆，取邑以自廣，其心非爲國也。」汪氏曰：「《春秋》書遂事者十九，而內大夫遂事有三，公子遂如京師，遂如晉，乃受君命而以二事出者也。公子結媵陳人之婦于鄄，遂及齊侯、宋公盟，季孫宿救台，遂入鄆，皆以一事出而專繼事者也。然結之遂盟，致三國之伐，乃禮樂之事，事雖有害，而意猶公也。宿之入鄆，乃征伐之事，事雖有利，而意則純乎私矣。於惡之中又有惡焉，遂入鄆之類是也。」廬陵李氏曰：「襄公之編，書救邑者二。此年救台，十五年救成，蓋作三軍之後，魯益弱矣。以區區之邾、莒，而連年來伐，況齊乎？然季孫救台，遂入鄆而不忌，公親救成，乃至遇而不敢前。君弱臣強，又可見矣。」○劉氏曰：《公羊》云：『伐而言圍者，取邑之辭也。』非也。伐一事也，圍一事也，取一事也，三者不相亂而猶云云，不亦惑乎？《穀梁》云：『取邑不書圍，安足書也。』亦非也。取邑不書，有所避爾。」

夏，晉侯使士魴來聘。《左傳》：「夏，晉士魴來聘，且拜師。」杜氏曰：「謝前年伐鄭師。」襄陵許氏曰：「晉悼服鄭抑楚而聘魯，善持勝也。」○秋，九月，吳子乘卒。吳始書卒。《左傳》：「秋，吳子壽夢卒。臨於周廟，禮也。凡諸侯之喪，異姓臨於外，同姓於宗廟，同族於禰廟。」蜀杜氏曰：「宣十八年錄楚子旅卒者，甚其暴盛，而諸侯交接赴告之相親也。此書吳子卒，亦以其暴盛，且明諸侯通之會之，而赴告之相及也。」孫氏曰：「不書葬者，罪大惡重，貶之也。」○冬，楚公子貞帥師侵宋。《左傳》：「冬，楚子囊、秦庶長無地伐宋，師于楊梁，以報晉之取鄭也。」高氏曰：「秦人與焉而削之者，楚人率秦，故專罪楚也。」汪氏曰：「傳言伐而經書侵，貶之也。」廬陵李氏

曰：「著楚之無能爲也。」

附錄《左傳》：「靈王求后于齊。齊侯問對於晏桓子，桓子對曰：『先王之禮辭有之，諸侯對曰：「夫婦所生若而人。妾婦之子若而人。」無女而有姊妹及姑姊妹，則曰：「先守某公之遺女若而人。」』齊侯許昏，王使陰里結之。」

公如晉。《左傳》：「公如晉，朝，且拜士魴之辱，禮也。」高氏曰：「晉侯一使人來聘，而公遂親往朝之，事晉之禮恭矣。」○趙氏曰：「按大國使聘，即須自往拜之，是公無寧歲也。而《左氏》言禮也，一何謬乎？」

附錄《左傳》：「秦嬴歸于楚。楚司馬子庚聘于秦，爲夫人寧，禮也。」

辛丑靈王十二年。**十有三年**晉悼十三。齊靈二十二。衛獻十七。蔡景三十二。鄭簡六。曹成十八。陳哀九。杞孝七。宋平十六。秦景十七。楚共三十一，卒。吳諸樊遏元年。

春，公至自晉。《左傳》：「孟獻子書勞于廟，禮也。」蜀杜氏曰：「公行必致，危之也。今踰年而返，不可不致之。」廬陵李氏曰：「《左氏》告至例，桓二年傳曰『告于廟也』，桓十六年傳曰『以飲至之，禮也』，此年曰『書勞于廟也』，然則三事偏行一禮則亦書至，悉闕則不書。此亦一説，姑存之」○**夏，取邿。**邿音詩，《公》作「詩」。《左傳》：「夏，邿亂，分爲三。師救邿，遂取之。凡書取，言易也；用大師焉曰滅，弗地曰入。」《公羊傳》：「詩者何？邿婁之邑也。曷爲不繫乎邾婁？諱吞也。」杜氏曰：「邿，小國，任城亢父縣有邿亭。」高氏曰：「魯乘亂滅之以爲附庸。不言滅者，内大惡，故婉其辭也。」襄陵許氏曰：「晉始息民，是以楚侵宋而不報，魯取邿而不討，取無大亂而已。」○劉氏曰：「《左氏》云『凡書取，言易』，非也。《春秋》褒善貶惡，難易何足記乎？」汪氏曰：「《公羊》以

郜爲邾邑，然不書伐郜，則非郜邑明矣。

附錄《左傳》：「荀罃、士魴卒。晉侯蒐于緜上以治兵，使士匄將中軍，辭曰：『伯游長。昔臣習於知伯，是以佐之，非能賢也。請從伯游。』荀偃將中軍，士匄佐之。使韓起將上軍，辭以趙武。又使欒黶，辭曰：『臣不如韓起。韓起願上趙武，君其聽之！』使趙武將上軍，韓起佐之。欒黶將下軍，魏絳佐之。新軍無帥，晉侯難其人，使其什吏，率其卒乘官屬，以從於下軍，禮也。晉國之民是以大和，諸侯遂睦。君子曰：『讓，禮之主也。范宣子讓，其下皆讓。欒黶爲汏，弗敢違也。晉國以平，數世賴之，刑善也夫！一人刑善，百姓休和，可不務乎！』《書》曰：『一人有慶，兆民賴之，其寧惟永。』其是之謂乎！周之興也，其《詩》曰：『儀刑文王，萬邦作孚。』言刑善也。及其衰也，其《詩》曰：『大夫不均，我從事獨賢。』言不讓也。世之治也，君子尚能而讓其下，小人農力以事其上，是以上下有禮，而讒慝黜遠，由不爭也，謂之懿德。及其亂也，君子稱其功以加小人，小人伐其技以馮君子，是以上下無禮，亂虐並生，由爭善也，謂之昏德。國家之敝，恒必由之。』」

秋，九月庚辰，楚子審卒。《左傳》：「楚子疾，告大夫曰：『不穀不德，少主社稷，生十年而喪先君，未及習師保之教訓而應受多福，是以不德。而亡師于鄢，以辱社稷，爲大夫憂，其弘多矣。若以大夫之靈，獲保首領以歿於地，唯是春秋窀穸之事，所以從先君於禰廟者，請爲「靈」若「厲」。大夫擇焉。』莫對，及五命，乃許。秋，楚共王卒。子囊謀謚。大夫曰：『君有命矣。』子囊曰：『君命以共，若之何毀之？赫赫楚國，而君臨之，撫有蠻夷，奄征南海，以屬諸夏，而知其過，可不謂共乎？請謚之「共」。』大夫從之。」

附錄《左傳》：「吳侵楚，養由基奔命，子庚以師繼之。養叔曰：『吳乘我喪，謂我不能師也，必易我而不戒。子為三覆以待我，我請誘之。』子庚從之。戰于庸浦，大敗吳師，獲公子黨。《詩》曰：『不弔昊天，亂靡有定。』」

冬，城防。《左傳》：「書事時也。於是將早城，臧武仲請俟畢農事，禮也。」高氏曰：「防，臧氏之邑也。厥後齊高厚伐我北鄙，圍防，則城防者，畏齊也。」襄陵許氏曰：「鄭役既息，魯政有裕，則知邦本以為利，城防以為安而已矣。」廬陵李氏曰：「莊二十九年已城防矣，今又城之，蓋臧武仲始受邑也。十七年齊師圍臧孫于防，二十四年臧孫自邾如防以求後於魯，此一防之始末也。觀下年會向伐秦，齊崔杼皆怠慢不攝，悼公既卒，齊師先叛，則城防其亦為疆事之備歟？」

附錄《左傳》：「鄭良霄、太宰石㒒猶在楚。石㒒言於子囊曰：『先王卜征五年，而歲習其祥，祥習則行。不習則增修德而改卜。今楚實不競，行人何罪？止鄭一卿，以除其偪，使睦而疾楚，以固於晉，焉用之？使歸而廢其使，怨其君以疾其大夫，而相牽引也，不猶愈乎？』楚人歸之。」

壬寅王十三年。十有四年晉悼十四。齊靈二十三。衛獻十八。蔡景三十三。鄭簡七。曹成十九。陳哀十。杞孝八。宋平十七。秦景十八。楚康王昭元年。吳諸樊二。

春，王正月，季孫宿、叔老會晉士匄、齊人、宋人、衛人、鄭公孫蠆、曹人、莒人、邾人、滕人、薛人、杞人、小邾人會吳于向。蠆，丑邁反，《公》作「囆」，後同。《左傳》：「春，吳告敗于晉。會于向，為吳謀楚故也。范宣子數吳之不德也，以退吳人。執莒公子務婁，以其通楚使也。將執戎子駒支，范宣子親數諸朝，曰：『來！姜戎氏！昔秦人迫

逐乃祖吾離于瓜州，乃祖吾離被苫蓋，蒙荊棘以來歸我先君，我先君惠公有不腆之田，與女剖分而食之。今諸侯之事我寡君不如昔者，蓋言語漏洩，則職女之由。詰朝之事，爾無與焉。與，將執女。』對曰：『昔秦人負恃其衆，貪于土地，逐我諸戎。惠公蠲其大德，謂我諸戎是四嶽之裔胄也，毋是翦棄。賜我南鄙之田，狐狸所居，豺狼所嘷。我諸戎除翦其荊棘，驅其狐狸豺狼，以爲先君不侵不叛之臣，至于今不貳。昔文公與秦伐鄭，秦人竊與鄭盟，而舍戍焉，於是乎有殽之師。晉禦其上，戎亢其下，秦師不復，我諸戎實然。譬如捕鹿，晉人角之，諸戎掎之，與晉踣之。戎何以不免？自是以來，晉之百役，與我諸戎相繼于時，以從執政，猶殽志也，豈敢離逿？今官之師旅無乃實有所闕，以攜諸侯，而罪我諸戎！我諸戎飲食衣服不與華同，贄幣不通，言語不達，何惡之能爲？不與於會，亦無瞢焉。』賦《青蠅》而退。宣子辭焉，使即事於會，成愷悌也。

於是子叔齊子爲季武子介以會，自是晉人輕魯幣而益敬其使。」杜氏曰：「魯使二卿會晉，敬事伯國，晉人輕魯幣而益敬其使。」齊崔杼、宋華閱、衛北宮括在會，惰慢不攝，故貶稱人，蓋欲以督率諸侯，獎成伯業也。向，鄭地。吳來在向，諸侯會之，故曰會吳。」

使舉上客而叔老並書者，以內卿行，則不得不書矣。 孔氏曰：「卿出聘使及盟會，皆以大夫爲介，禮之常也。宿與老二卿會晉，以卿爲介，晉爲盟主，亦列之於會也。魯人以其並列於會，故並書之也。」**季孫宿以卿爲介而不使之免，叔老介於宿而不敢避，蓋兩失之。**《禮記》疏：「大夫爲卿上介。」家氏曰：「內大夫未有二卿俱會者，志二卿之不當並行也。」襄陵許氏曰：「四卿帥師自成公始，二卿列會自襄公始，大夫張也。」**雖晉人輕其幣而敬其使，於君命**

使人之體,豈爲得哉！高氏曰:「吳來在向,諸侯之大夫往會之。夫楚結秦以病晉,而晉又交吳以害楚,亦相激而然爾。重言會,與會鍾離同。」任氏曰:「晉始汲汲於吳,將以謀楚也。鄭既服,但使大夫會焉。自是歷昭、定不會。進吳謀楚而吳由此霸,去彼取此,《春秋》何善焉?」汪氏曰:「卿使則大夫爲介,大夫使則士爲介。昭二十三年叔孫婼如晉,曰『寡君之命介子服回在』,婼卿而回大夫也。今魯以二卿會晉,而晉列二卿於會,晉、魯俱失禮矣。且自蕭魚而後,凡役皆大夫,悼公之急而霸業之衰也。」陳氏曰:「此齊崔杼、宋華閲、衛北宮括之也。其特書人何？傳曰『惰也』,則不親事於會也。向之會,悼德衰矣。退吳人而卒會吳,執莒公子而卒會莒,諸侯之大夫從晉侯伐秦而悼公之役不書會吳,志晉侯之急也。則諸侯之大夫有不親事於會者矣。自是會澶淵,晉趙武、宋向戌不書,書鄭良霄。於城杞,鄭游吉不書,書公孫段,則君令多不行於大夫矣。」盧陵李氏曰:「晉之會吳止此。自此以後,吳不資於晉,晉亦不能致吳。至黃池而兩伯並列矣。」○臨川吳氏曰:「《左氏》以此會爲吳謀楚,然吳在向而晉率諸侯之大夫往會之,是晉有求於吳,非吳有求於晉也。故疑《左氏》所載事迹非其實。高氏謀伐秦之説或是。」

附録 《左傳》:「吳子諸樊既除喪,將立季札。季札辭曰:『曹宣公之卒也,諸侯與曹人不義曹君,將立子臧。子臧去之,遂弗爲也,以成曹君。君子曰:「能守節。」君,義嗣也。誰敢奸君？有國,非吾節也。札雖不才,願附於子臧,以無失節。』固立之,棄其室而耕,乃舍之。」

二月乙未朔,日有食之。○夏四月,叔孫豹會晉荀偃、齊人、宋人、衛北宮括、鄭公孫蠆、曹

人、莒人、邾人、滕人、薛人、杞人、小邾人伐秦。晉、秦兵争止此。《左傳》：「夏，諸侯之大夫從晉侯伐秦，以報櫟之役也。晉侯待于竟，使六卿帥諸侯之師以進，師皆從之，至于棫林，不獲成焉。荀偃令曰：『雞鳴而駕，塞井夷竈，惟余馬首是瞻。』欒黶曰：『晉國之命，未有是也。余馬首欲東。』乃歸。下軍從之左史謂魏莊子曰：『不待中行伯乎？』莊子曰：『夫子命從帥，欒伯，吾帥也，吾將從之。從帥，所以待夫子也』伯游曰：『吾令實過，悔之何及，多遺秦禽。』乃命大還。晉人謂之『遷延之役』。欒鍼曰：『此役也，報櫟之敗也。役又無功，晉之耻也。吾有二位於戎路，敢不耻乎？』與士鞅馳秦師，死焉。士鞅反。欒黶謂士匄曰：『余弟不欲往，而子召之。余弟死，而子來，是而子殺余之弟也。』弗逐，余亦將殺之。』士鞅奔秦。於是齊崔杼、宋華閱、仲江會伐秦。不書，惰也。向之會亦如之。衛北宮括不書於伐秦，攝也。秦伯問於士鞅曰：『晉大夫其誰先亡？』對曰：『其欒氏乎！』秦伯曰：『以其汏乎？』對曰：『然。欒黶汏虐已甚，猶可以免，其在盈乎！』秦伯曰：『何故？』對曰：『武子之德在民，如周人之思召公焉，愛其甘棠，況其子乎？欒黶死，盈之善未能及人，武子所施没矣，而黶之怨實章，將於是乎在。』秦伯以爲知言，爲之請於晉而復之。」高氏曰：「春夏興師，煩擾中國，將帥不和，威德兩弛，晉國之政衰矣。」汪氏曰：「晉、秦七十年之兵争，釁兆於圍鄭，怨結於敗殽，禍稔於三戰，大舉於九國之伐，而終於此役。蓋自文公之霸，合諸侯之師，未有若是之衆也。然以十三國之卿大夫，帥重兵以壓境，而

師出無律，將各異心，徒以煩民，功績蔑有。晉侯待於境上，視若贅旒，皆悼公之怠於政事，致諸臣之專恣也。」○趙氏曰：《左氏》云：『齊、宋大夫不書，惰也。向之會亦如之。衛北宮括書於伐秦，攝也。」按經意以事之邪正襃貶，不為其小小幹舉惰怠生文。」廬陵李氏曰：「左氏『惰』『攝』之義，趙子雖不取之，然齊、宋人，諸傳皆無成說，以為未命大夫，又不當序衛、鄭上，觀成二年蜀之盟，齊大夫列鄭卿下，則此非微者審矣。姑從《左氏》。」○己未，衛侯出奔齊。《公》作「衛侯衎」。《左傳》：「衛獻公戒孫文子、甯惠子食，皆服而朝，日旰不召，而射鴻於囿。二子從之，不釋皮冠而與之言。二子怒。孫文子如戚，孫蒯入使。公飲之酒，使太師歌《巧言》之卒章，太師辭。師曹請為之。初，公有嬖妾，使師曹誨之琴，師曹鞭之。公怒，鞭師曹三百。故師曹欲歌之，以怒孫子，以報公。公使歌之，遂誦之。蒯懼，告文子。文子曰：『君忌我矣，弗先，必死。』并帑於戚，而入見蘧伯玉曰：『君之暴虐，子所知也。大懼社稷之傾覆，將如之何？』對曰：『君制其國，臣敢奸之？雖奸之，庸知愈乎？』遂行，從近關出。公使子蟜、子伯、子皮與孫子盟于丘宮，孫子皆殺之。四月己未，子展奔齊，公如鄄。使子行於孫子，孫子又殺之。公出奔齊，孫氏追之，敗公徒于阿澤，鄄人執之。初，尹公佗學射於庾公差，庾公差學射於公孫丁。二子追公，公孫丁御公。子魚曰：『射為背師，不射為戮，射為禮乎？』射兩軥而還。尹公佗曰：『子為師，我則遠矣。』乃反之。公孫丁授公轡而射之，貫臂。子鮮從公。及竟，公使祝宗告亡，且告無罪。定姜曰：『無神，何告？若有，不可誣也。有罪，若何告無？舍大臣而與小臣謀，一罪也。先君有冢卿以為師保，而蔑之，二罪也。余以巾櫛事先君，而暴妾使余，三罪也。告亡而已，無告無罪！』公使厚成叔弔于衛，曰：『寡君使瘠，聞君不撫社稷，而越在他竟，若之何不

弔？以同盟之故，使瘠敢私於執事，曰：「有君不弔，有臣不敏；君不赦宥，臣亦不帥職，增淫發洩，其若之何？」衛人使大叔儀對曰：『羣臣不佞，得罪於寡君，寡君不以即刑而悼棄之，以爲君憂。君不忘先君之好，辱弔羣臣，又重恤之。敢拜君命之辱，重拜大貺。」厚孫歸，復命，語臧武仲曰：「衛君其必歸乎！有大叔儀以守，有母弟鱄以出。」或撫其內，或營其外，能無歸乎！」齊人以郲糧歸。右宰穀從而逃歸，曰：『余不說初矣。余狐裘而羔袖。」乃赦之。衛人立公孫剽，孫林父、甯殖相之，以聽命於諸侯。衛侯在郲，臧紇如齊唁衛侯。衛侯與之言，虐。退而告其人曰：『衛侯其不得入矣。其言糞土也。亡而不變，何以復國？」子展、子鮮聞之，見臧紇，與之言道，臧孫說，謂其人曰：『衛君必入。夫二子者，或輓之，或推之，欲無入，得乎？」

按《左氏》衛甯殖將死，語其子曰：「吾得罪於君，名在諸侯之策，曰『孫林父、甯殖出其君』。」夫所謂「諸侯之策」，則列國之史也。諸侯，則若晉若魯是也。史則若晉之《乘》、魯之《春秋》是也。今《春秋》書「衛侯出奔齊」，而不曰「孫林父、甯殖出其君」者，蓋仲尼筆削，不因舊史之文也。劉氏曰：「仲尼作《春秋》，皆刪掇大義，不與衆史同也。謂《春秋》即用舊史，從史文，從赴告者，皆謬妄矣。」欲知經之大義，深考舊文筆削之不同，其得之矣。或曰：「孫、甯出君，衆所同疾，史策書之是也。聖人曷爲掩姦藏惡，不暴其罪，而以歸咎人主，何哉？」曰：「或曰：『臣出其君而其罪不彰，無乃掩姦乎？」曰：『臣而逐君，其罪已明矣。』啖氏曰：『臣出其君，其罪已明矣。」《春秋》舉王綱、正君則，而治道興矣。不善之積，莫非己招也。」人君擅一國之名罪，史氏知之也。

寵，神之主而民之望也。愛之如父母，仰之如日月，敬之如神明，畏之如雷霆，何可出也？所爲見逐，無乃肆於民上，縱其淫虐，以棄天地之性乎？故衛衎出奔，使祝宗告亡且告無罪，而定姜曰：「有罪，若何告無？」《春秋》端本清源之書，故諸侯失國者，皆不書自奔爲名。杜氏曰：「諸侯之策書『孫、甯逐衛侯』《春秋》以其自取奔亡之禍，故不書所逐之臣，而以逐君之賊也。」所以警乎人君者，爲後世鑒。非聖人莫能脩之，爲此類也。襄陵許氏曰：「逐君之惡，未有若林父者矣。鄭厲、衛惠，猶以禮去者也。春秋之季，君弱臣強，衛獻出奔不名，所以抑強臣而存大義也。」劉氏曰：「奔而名者，兩君之辭，剽已立矣，而衎不名，何耶！剽以公孫爲貴卿，交於諸侯，逐其君而自取之，惡有甚焉？故絕其兩君之稱以見所惡也。叔武攝位而鄭不名，剽篡國而衎不名，其不名也同，而所以不名異。叔武稱子而剽稱侯，林父之名氏十見於經，具書不削，皆所以著其專逐君之罪也。」《春秋》自林父出奔，歸衛，至入戚以叛，林父之名氏十見於經，具書不削，皆所以著其專逐君之罪也。」盧陵李氏曰：「此年衛侯奔，剽立。二十年甯殖卒，遺命其子喜納衛侯。其冬，使與甯喜言求復國。二十六年甯殖卒，遺命其子喜納衛侯。二十七年殺喜，子鮮奔晉。又曰：『凡人君奔，例書名，罪其失地，言非復諸侯也。』鄭突、衛朔、燕欵、蔡朱、莒庚輿、邾益是也。獨衛成公之奔楚不名者，歸罪於晉侯。衛獻公之奔齊不名者，歸功於弟鱄也。及其復國則皆書名，皆復歸矣。是二公之書法正同也。」○汪氏曰：「王氏《箋義》云：『衛侯不道失國，當從《公羊》書名。』今考二十五年入夷儀，三傳皆不名，經必有義，不可強合失國書名之例。蓋衎之立以正，非突、朔之比，剽之篡又非可以

忽、黔牟例論，故衍不名。程子謂：『《春秋》前已立例，到後來書得全別，若依前例觀之，殊失之也。』正此類耳。」

附錄 《左傳》：「師歸自伐秦，晉侯舍新軍，禮也。成國不過半天子之軍，周爲六軍，諸侯之大者，三軍可也。於是知朔生盈而死，盈生六年而武子卒，毀裘亦幼，皆未可立也。」晉侯。晉侯曰：『衛人出其君，不亦甚乎？』對曰：『或者其君實甚。良君將賞善而刑淫，養民如子，蓋之如天，容之如地。民奉其君，愛之如父母，仰之如日月，敬之如神明，畏之如雷霆，其可出乎？夫君，神之主而民之望也。若困民之主，匱神乏祀，百姓絕望，社稷無主，將安用之？弗去何爲？天生民而立之君，使司牧之，勿使失性。有君而爲之貳，使師保之，勿使過度。是故天子有公，諸侯有卿，卿置側室，大夫有貳宗，士有朋友，庶人、工、商、皂、隸、牧、圉，皆有親暱，以相輔佐也。善則賞之，過則匡之，患則救之，失則革之。自王以下各有父兄子弟以補察其政，史爲書，瞽爲詩，工誦箴諫，大夫規誨，士傳言，庶人謗，商旅于市，百工獻藝。故《夏書》曰：「遒人以木鐸徇于路，官師相規，工執藝事以諫。」正月孟春，於是乎有之，諫失常也。天之愛民甚矣，豈其使一人肆於民上，以從其淫，而棄天地之性？必不然矣。』」

莒人侵我東鄙。 杜氏曰：「報入鄆。」高氏曰：「莒自滅鄫之後，四伐我矣，是無晉也。」汪氏曰：「溴梁之執，蓋有由矣。」○**秋，楚公子貞帥師伐吳。** 《左傳》：「秋，楚子爲庸浦之役故，子囊師于棠以伐吳，吳不出而還。子囊殿，以吳爲不能而傲。吳人自皋舟之隘要而擊之，楚人不能相救。吳人敗之，獲楚公子宜毅。」汪氏曰：「楚既不得志於中國，故致怨於吳也。」

附錄

《左傳》：「王使劉定公賜齊侯命，曰：『昔伯舅大公，右我先王，股肱周室，師保萬民，世胙太師，以表東海。王室之不壞，繄伯舅是賴。今余命女環，茲率舅氏之典，纂乃祖考，無忝乃舊。敬之哉！無廢朕命！』」

冬，季孫宿會晉士匄、宋華閱、衛孫林父、鄭公孫蠆、莒人、邾人于戚。閱音悅。《左傳》：「晉侯問衛故於中行獻子，對曰：『不如因而定之。衛有君矣，伐之，未可以得志，而勤諸侯。史佚有言曰：「因重而撫之。」仲虺有言曰：「亡者侮之，亂者取之。推亡固存，國之道也。」君其定衛以待時乎！』冬，會于戚，謀定衛也。范宣子假羽毛於齊而弗歸，齊人始貳。」杜氏曰：「定剽。戚，衛地。」襄陵許氏曰：「衛人立剽，非正也。而謀定之，則正弗勝矣。林父在會，是以知其謀定剽也。」薛氏曰：「衛亂不討，會其以定之，非義也。」高氏曰：「諸國書卿，明皆林父之儔也。」張氏曰：「前書衛侯之奔，此列孫林父于會，晉爲霸主，抑君而臣是助，具書于策，則晉大夫之黨林父，罪惡具見。《左氏》所載師曠、中行偃之言，專惡其君，情可見矣。」家氏曰：「晉悼用師于鄭，衛衍無會不往，今爲其臣所逐，晉當會諸侯納衛君，誅孫、甯以伸伯討，乃盟主職分之所宜爲。既不能然，反聽賊臣立君而爲會，以定其位，此《春秋》之所甚惡也。」陳氏曰：「襄、昭之際，大夫無君之禍，晉爲之也。悼公之德衰矣。」盧陵李氏曰：「會七國之大夫于戚，昭公此晉之強家所爲，悼公末年怠於政事，惑於其臣而不之省也。」汪氏曰：「衛侯出奔而林父會于戚，而定逐君之賊在乾侯而季孫會適歷，釋君助臣之禍，前後一轍，悼公霸業盡喪矣。荀偃，親弒君之人，而以此問之，悼公之聰明不逮少年矣。齊人之貳，豈待假羽毛哉！于戚之會，諸傳無文，當從張氏、許氏。」

附錄《左傳》：「楚子囊還自伐吳，卒。將死，遺言謂子庚：『必城郢！』君子謂：『子囊忠。將死，不忘衛社稷，可不謂忠乎？忠，民之望也。《詩》曰「行歸于周，萬民所望」，忠也。』其名，將死，不忘衛社稷，可不謂忠乎？忠，民之望也。」

癸卯靈王十四年。曹成二十。陳哀十一。杞孝九。宋平十八。齊靈二十四。楚康二。吳諸樊三。**十有五年**晉悼十五，卒。衛獻十九。殤公剽元年。蔡景三十四。鄭簡八。

春，宋公使向戌來聘。二月己亥，及向戌盟于劉。《左傳》：「春，宋向戌來聘，且尋盟。見孟獻子，尤其室，曰：『子有令聞，而美其室，非所望也。』對曰：『我在晉，吾兄為之。毀之重勞，且不敢間。』」杜氏曰：「報二年豹之聘，尋十一年亳之盟。」鄭氏曰：「劉，魯地。」襄陵許氏曰：「不盟于國而盟于劉，崇向戌故，公弱甚矣！」汪氏曰：「諸侯有聘無盟。聘，禮也；盟，非禮也。不繫國，著向戌遂事之專。不言公，見其伉也。聘而遂盟，已為非禮，況以千乘之君而降尊失列，與之盟于國都之外乎？公嘗如晉而及晉侯盟長樗，此霸主謙遜以懷望國，而非諸侯待鄰國大夫之所當施也。朝聘而盟于外，惟此兩見而已。」○**劉夏逆王后于齊。**《左傳》：「官師從單靖公逆王后于齊。卿不行，非禮也。」《公羊傳》：「劉夏者何？天子之大夫也。劉者何？邑也。其稱劉何？以邑氏也。外逆女不書，此何以書？過我也。」《穀梁傳》：「過我，故志之也。」杜氏曰：「官師，劉夏也。天子官師非卿。」

劉夏何以不稱使？不與天子之使夏也。昏姻，人倫之本；王后，天下之母。劉夏，士也。孔氏曰：「官師，中士、下士也。」士而逆后，是不重人倫之本，而輕天下之母矣。然則何使？卿往逆，公監之，禮也。官師從單靖公逆王后于齊，書劉夏而不書靖公，是知「卿往逆，公

監之，禮也」。杜氏曰：「天子不親迎，上卿逆，而公監之。」《春秋》昏姻得禮者，常事不書。高郵孫氏曰：「春秋二百四十二年，周十三王，書逆王后者唯二，非禮則書也。」臨川吳氏曰：「王后，天下母，上儀天王，猶乾之有坤，可不重歟？祭公遂行逆后，而紀姜遄歸京師，其逆其歸，兩從苟簡，故書逆書歸。劉夏以士逆后，而齊之歸女無違於禮，書逆，故不書歸。得禮者不書，失禮然後書。夫魯桓八年，乃桓王之十六年；魯襄十五年，乃靈王之十四年。周衰禮廢，昏姻之制不時，聖人因祭公之來，劉夏之過我，而書以示譏也。」

附錄《左傳》：「楚公子午爲令尹，公子罷戎爲右尹，蒍子馮爲大司馬，公子橐師爲右司馬，屈到爲莫敖，公子追舒爲箴尹，屈蕩爲連尹，養由基爲宮廐尹，以靖國人。君子謂：『楚於是乎能官人。官人，國之急也。能官人，則民無覦心。』《詩》曰：『嗟我懷人，寘彼周行』。能官人也。」○「鄭尉氏、司氏之亂，其餘盜在宋。鄭人以子西、伯有、子產之故，納賂于宋，以馬四十乘，與師茷、師慧。三月，公孫黑爲質焉。司城子罕以堵女父、尉翮、司齊與之。良司臣而逸之，託諸季武子，武子寘諸卞。鄭人醢之三人也。師慧過宋朝，將私焉。其相曰：『朝也。』慧曰：『無人焉。』相曰：『朝也，何故無人？』慧曰：『必無人也。若猶有人，豈其以千乘之相，而易淫樂之矇？必無人焉故也。』子罕聞之，固請而歸之。」

夏，齊侯伐我北鄙，圍成。公救成，至遇。《公羊傳》：「其言至遇何？不敢進也。」杜氏曰：「遇，魯地。書『至遇』，公畏齊不敢至成。」高氏曰：「衛侯在齊，季孫宿爲戚之會以定衛，而齊不與焉，齊固有憾於

諸侯矣。伐我北鄙，以此之故。魯於是時，三分其民，而公室卑弱，已不足以當敵。故書『公救成，至遇』。」常山劉氏曰：「武備不謹，成郕見圍。救患當速，乃復畏避，公之所爲可知矣。」陳氏曰：「自宣之季年，內不言君矣，於是救成而不敢進，無惑乎三家之專魯也。」家氏曰：「魯本非弱國，自季氏專政，務豐植其私門，城費矣，又取公室之丘甸卒乘自歸其私，於是魯君拱手於上，邾、莒交侵，齊亦屢伐，譬之百金之家，猶足自立，而盜起於內，莫知所以制之，則外寇之來，亦付之無可奈何而已。」廬陵李氏曰：「此齊之弱魯第五役也。自崇戰之後，齊兵不至魯者三十餘年，則以畏晉之故也。於是再見，晉悼衰矣。」○《春秋》書齊之圍成者二，此年及明年。公之圍成者二，昭二十六年，定十二年。」又曰：「此嚌成不服之始事也，始則疆事之無備，終則家臣之恃強。」季孫宿、叔孫豹帥師城成郕。《左傳》：「齊侯圍成，貳於晉故也。」常山劉氏曰：「由不能救成，故成郕見壞而城之？」高氏曰：「此孟孫之邑，而季孫、叔孫帥師以城之者，見三家相黨，以備齊爲名而興役之衆，故其城堅固可守，卒爲魯患而不可墮也。」郕，蓋外城也。」蜀杜氏曰：「春秋凡帥師而城者，甚之也。況此二卿以師城之，其譏可知矣。」王氏曰：「此言城郕，則凡言城某者，非獨郕也。」○秋，八月丁巳，日有食之。張氏曰：「悼公卒，政逮大夫之徵也。」○邾人伐我南鄙。《左傳》：「秋，邾人伐我南鄙也。」使告于晉，晉將爲會以討邾、莒。晉侯有疾，乃止。冬，晉悼公卒。遂不克會。」高氏曰：「邾貳於晉，以與齊黨於莒，故來伐。」襄陵許氏曰：「政在君則民一，民一則國強；政在臣則民二，民二則國弱。魯自文公失政，大夫益竊國柄，齊與

邾、莒交伐其國，不競甚矣。無他，民分於三桓故也」○冬，十有一月癸亥，晉侯周卒。襄陵許氏曰：「悼公之霸，功亞桓、文，平公受之，遺烈猶在，祝柯、澶淵之盟是已。自是則晉日替矣。」廬陵李氏曰：「悼公立於成十八年，凡十六年，起四公之衰，而復文、襄之盛。入國之明日，逐不臣者七人。即位之二月，取六官於民譽，蓋晉賢侯也。」李氏曰：「晉悼公其猶有君子之資乎？不獨伯功之美也。齊桓歷變履險，以數十年之經營，而行事未免過舉；晉文老於奔走，晚而復國，然血氣之驕悍未除。悼公之齒淺矣，乃能忠厚而不迫，堅忍而持重，有回顧却慮之謀，無輕逞輒快之舉，其亦稍知以道養心歟？八年九合，則勤於安夏也。三分四軍，則謹於用民也。六卿選德，則用人有章也。騶御知訓，則教士有法也。此其所以能得諸侯，服鄭而駕楚也。使晉以詐力相長，未必能服諸侯也。悼公先以謙德臨之，雞澤之召諸侯，曰：『寡君願與二三兄弟相見，以謀不協。』故十三國相與周旋，不令而從，無滅譚滅遂、執曹執衛之事，使晉以盟誓爲信，未必能得鄭也，悼公純以誠心行之，鄭子展曰：『晉君方明，必不棄鄭。』故五會之信，終於不盟，無逃盟乞盟之煩。使晉以戰伐爲威，未必能駕楚也。悼公一以容量處之，楚子囊曰：『晉不可敵，事之而後可。』故三駕之烈，不交一旅，無城濮、鄢陵之勞，是三者，非有君子之資乎？然能服諸侯而不能杜大夫用事之漸，能得鄭而不掩失陳之責，能駕楚而不能蓋誘吳之非。夫諸侯盟誓之權，非大夫敢干也。諸侯雖合，大夫浸分，何謹於諸侯而縱於大夫乎？陳不可棄，猶鄭不可舍也。蕭魚已後，凡三大會，苟偃、士匄，儼然臨之。鄭雖向晉，陳竟歸楚，何工於撫鄭而拙於懷陳乎？吳不可啓，猶楚不可釋也。會向之役，欲數吳不德以退吳人，亦已晚矣。楚患雖弭，吳憂尤甚，何明於治楚而暗於治吳乎？不然，悼公之

附錄《左傳》：「鄭公孫夏如晉奔喪，子蟜送葬。」○「宋人或得玉，獻諸子罕。子罕弗受。獻玉者曰：『以示玉人，玉人以為寶也，故敢獻之。』子罕曰：『我以不貪為寶，爾以玉為寶。若以與我，皆喪寶也，不若人有其寶。』稽首而告曰：『小人懷璧，不可以越鄉。納此以請死也。』子罕寘諸其里，使玉人為之攻之，富而後使復其所。」○「十二月，鄭人奪堵狗之妻，而歸諸范氏。」

甲辰靈王十五年。十有六年晉平公彪元年。齊靈二十五。衛獻二十，殤二。蔡景三十五。鄭簡九。曹成二十一。陳哀十二。杞孝十。宋平十九。秦景二十。楚康三。吳諸樊四。

春，王正月，葬晉悼公。杜氏曰：「踰月而葬，速。」《左傳》：「平公即位。羊舌肸為傅，張君臣為中軍司馬，祁奚、韓襄、欒盈、士鞅為公族大夫，虞丘書為乘馬御。改服脩官，烝於曲沃。警守而下，會于湨梁。命歸侵田。」

○三月，公會晉侯、宋公、衛侯、鄭伯、曹伯、莒子、邾子、薛伯、杞伯、小邾子于湨梁。湨，古闃反。○《左傳》：「平公即位，遂成父志。」高氏曰：「為討邾、莒也。邾、莒連伐魯，魯使告于晉，悼公將為會以討之，遇疾乃止。平公即位，命歸侵田。」高氏曰：「為討邾、莒也。湨，水名，出河內軹縣東南，至溫入河。」蘇氏曰：「不書二君皆稱衛侯。」汪氏曰：「高厚逃歸不書，蓋未講會禮而先逃。」

戊寅，大夫盟。《左傳》：「晉侯與諸侯宴于溫，使諸大夫舞，曰：『歌詩必類！』齊高厚之詩不類。荀偃怒，且曰：『諸侯有異志矣！』使諸大夫盟高厚，高厚逃歸。於是叔孫豹、晉荀偃、宋向戌、衛甯殖、鄭公孫蠆、小邾之大夫盟，曰：『同討不庭。』」《公羊傳》：「諸侯皆在是，其言大夫盟何？信在大夫也。何言乎信在大夫？徧刺天下之大夫也。曷為徧刺天

下之大夫？君若贅旒然。」《穀梁傳》：「溴梁之會，諸侯失正矣。諸侯會而曰『大夫盟』，正在大夫也。諸侯在而不曰『諸侯之大夫』，大夫不臣也。」杜氏曰：「諸大夫本欲盟高厚，厚逃歸，故遂自共盟。雞澤會重序諸侯，此間無異事，即上諸侯大夫可知。傳自曹以下大夫不書，舉小邾以包之。」何氏曰：「不重出地，與雞澤大夫盟同義。」

牡丘之會，諸侯既次于匡，則書曰：「公孫敖帥師及諸侯之大夫救徐。」雞澤之會，諸侯既盟，而陳侯使袁僑如會，則書曰：「叔孫豹及諸侯之大夫及陳袁僑盟。」今溴梁之會，諸侯皆在是，若欲使大夫盟者，則書：「魯卿及諸侯之大夫盟。」可也，而獨書大夫，何也？諸侯失政，大夫皆不臣也。上二年春正月會于向，十有四國之大夫也。夏四月會伐秦，十有三國之大夫也。冬會于戚，七國之大夫也。此三會，皆國之大事也，汪氏曰：「會向謀敗吳之楚，伐秦報助楚之秦，會戚會逐君之臣，定篡立之君，皆關於夷夏君臣之故，故曰大事。」而使大夫專之，而諸侯皆不與焉。何氏曰：「蕭魚服鄭，諸侯勞倦而大夫常行，三委於臣而君遂失權。」是列國之君不自爲政，弗躬弗親，禮樂征伐已自大夫出矣。況悼公既沒，晉平初立，無先公之明也。君若贅旒何氏曰：「贅，繫屬之辭；旒，旂旒，以旂旒喻者，爲下所執持。」而大夫張，亦宜矣，夫豈一朝一夕之故哉！善惡積於至微而不可掩，常情忽於未兆而不預謀，荀偃怒大夫盟，而晉靖公廢趙籍、韓虔、魏斯爲諸侯之勢見矣。《通鑑》：「周威烈王二十三年，王命趙籍之曾

孫籍、韓不信之玄孫虎、魏曼多之玄孫斯，皆爲諸侯。安王二十六年，韓、趙、魏廢晉公俱酒爲家人，而分其地。」盧氏曰：「諸侯之大夫自盟，君各在會，則諸侯之政自茲失矣。三桓逐魯，六卿分晉，其所由來者漸。」**有國者謹於禮而不敢忽，此《春秋》以待後世之意也。** 朱子曰：「五霸既衰，溴梁之會，諸侯出會而大夫自盟，這箇自是差異不好。」張氏曰：「春秋莊十三年以前，禮樂征伐自諸侯出，而權未一也。自桓、文繼霸，中國之政，齊、晉專之，然猶在諸侯也。至今年以後，則皆自大夫出矣。故於此書大夫盟，著世變之益降也。」陳氏曰：「文十五年盟扈，十七年會扈，霸主在而但曰諸侯者，無霸也。此盟君在而但曰大夫者，無君也。自文以下，則有斥言諸侯而不序。自襄以下，則有斥言大夫而不序。」項氏曰：「文七年書：『公會諸侯，晉大夫盟于扈。』志變之始也。雖然，猶有諸侯也。此書大夫盟，志變之終也，言自是無諸侯也。」孫氏曰：「雞澤及陳袁僑盟，言諸侯之大夫。此直曰大夫盟，不言諸侯之大夫者，雞澤之會，諸侯始失政也；至于溴梁，則又甚矣。溴梁之會，政在大夫，故不言諸侯之大夫。不言諸侯之大夫者，大夫無諸侯故也。」李氏《集義》曰：「雞澤上序諸侯而言盟，則諸侯既盟矣。後言大夫繫於諸侯，非大夫之專盟也。今此序諸侯而不言盟，言大夫而不繫諸侯，其不謂信在大夫，諸侯失政而何耶？」汪氏曰：「經書大夫不序者四，救徐之役，諸侯次匡不行，而遣大夫往救，則大夫之師實受諸侯之命也。雞澤之盟，諸侯已盟而大夫又盟，然猶受命而盟袁僑也。溴梁之盟，則諸侯皆在而大夫自相與盟，非諸侯之命矣。于宋之盟，則諸侯不出而大夫自爲會盟矣。然經於此年不以大夫繫之諸侯，著大夫之無諸侯也。于宋之盟，復以大夫繫之諸侯，不使大夫之終無諸侯也。晉平即位，十年之間，七合諸侯，溴梁、

柯、澶淵、商任、沙隨、兩夷儀是也。於斯時也，苟能攬權以挈政統，明義而感人心，則霸功之盛，不惟可以繼悼公之業，而且可以踵桓、文之跡矣。奈何首事之初，即以太阿之柄授之大夫，而討罪服貳，又縶於義，是以溴梁則高厚逃歸，而執邾、莒二君，不歸京師，且不能復魯之侵田。平陰圍齊，焚其四郭，而齊猶不服，遂以無功。澶淵雖獲齊成，實以齊莊求好於諸侯，非誠服於晉，厥後不免朝歌之伐。商任、沙隨鍚樂氏而反召盈之亂國。夷儀，將以伐齊，卒受弒君者之賂而同盟焉。自是不復能合諸侯，而大夫專出會盟矣。原其失在於縱權於下，世卿強家，黨惡怙亂，不肯仗義以正諸侯，是以致霸政之隳也。」盧陵李氏曰：「《春秋》書大夫者，皆有所係。盟蔑書齊，盟扈書晉，猶係於國也。救徐稱諸侯，盟袁僑，盟宋稱諸侯，猶係於君也。獨此盟止書『大夫』，《公》、《穀》、胡氏、陳氏皆得之。」

晉人執莒子、邾子以歸。 執以歸始此。《左傳》：「以我故，執邾宣公、莒黎比公，且曰『通齊、楚之使』。」何氏曰：「錄以歸者，甚惡晉。有罪、無罪皆當歸京師，不得自治之。」劉氏曰：「稱人，非伯討也。此執有罪，何以不得爲伯討？晉人知莒、邾之可以討，而不知己之不可討也。古之君子，正己而物正，先自治而後治人。晉侯之正，未能以行其國而執人，所以非伯討也。」高氏曰：「諸侯有罪，執之以歸，而不歸京師，己則不臣而以討人，非正也。故稱『晉人』。而二君不名。」盧陵李氏曰：「經書執諸侯十三，惟此書『以歸』。執大夫十四，惟意如書『以歸』。」○**齊侯伐我北鄙。** 高氏曰：「齊既叛晉，聞公在會，將討邾、莒，故復來伐。是時齊益強，自柯陵之會，遂不復出，但使大夫聽命，使世子佐禮出會，蓋有輕諸侯之心。故前年北鄙之伐，爲莒伐我，邾實附齊，故亦伐我南鄙。晉會溴梁以討貳，莒、邾畏晉往會，而齊獨不至，晉執二君以歸。齊乃益

復伐我，三年之間，齊師五至于魯矣。」○夏，公至自會。高氏曰：「見公出會謀齊，尚未及還，而齊師已見伐矣。」○五月甲子，地震。茅堂胡氏曰：「漢安帝時，京師地震，其日戊辰。楊震以爲三者皆土，位乎中宮，此近臣恃權踰法之象也。明年又圍桃。魯之北鄙連歲受兵，震恐甚矣！地動之變，殆爲是發。是秋，齊侯伐北鄙，圍成。高厚又圍防。穆叔從公。○叔老會鄭伯、晉荀偃、衛甯殖、宋人伐許。《左傳》：「許請遷于晉。諸侯遂遷許，許大夫不可，晉人歸諸侯。鄭子蟜聞將伐許，遂相鄭伯以從諸侯之師。穆叔從公。齊子帥師會晉荀偃。夏六月，次于棫林。庚寅，伐許，次于函氏。晉荀偃、欒黶帥師伐楚，以報宋揚梁之役。楚公子格帥師及晉師戰于湛阪，楚師敗績。晉師遂侵方城之外，復伐許而還。」高氏曰：「許欲棄楚，請遷于晉，既而不果，故晉會諸侯大夫同伐之。鄭與許有宿怨，故君親行，卿不先諸侯，先國君也。宋稱人，蓋微者。」襄陵許氏曰：「先書鄭伯，臣不可過君也。」張氏曰：「許男有從中國之志，而大夫沮之，足以見一時之俗矣。」陳氏曰：「鄭非主兵也，曷爲會鄭伯？《春秋》不以大夫主諸侯，則推而屬之鄭也。《春秋》之大義，夷夏之辨，君臣之分而已。是故陳非主盟也，不以夷狄主中國，則書陳；鄭非主兵也，不以大夫主諸侯，則書會鄭。」○劉氏曰：「《左氏》云：『書曰「會鄭伯」，爲夷故也。』非也。諸侯與諸侯相從，大夫與大夫相從，若名位不敵，卿雖主兵，猶序諸侯之下，貴王爵也。」廬陵李氏曰：「士毅主垂隴，趙盾主新城，而書『會宋』；荀偃主伐許，而書『會鄭』，其事一也。陳氏、許氏得之，《左氏》非。」○秋，齊侯伐我北鄙，圍成。《左》作「圍郕」。《左傳》：「秋，齊侯圍郕，孟孺子速徼之。齊侯曰：『是好勇，去之以爲之名。』速逐塞海陘而還。」高氏曰：「去年伐我，圍成而壞其郛。今春再伐我，至是又圍成，甚之也。」家氏曰：

「齊叛晉而屢以師伐魯，欲致晉而與之戰，其志在於爭霸也。」○大雩。○冬，叔孫豹如晉。《左傳》：「冬，穆叔如晉聘，且言齊故。晉人曰：『以寡君之未禘祀，與民之未息，不然，不敢忘。』穆叔曰：『以齊人之朝夕釋憾於敝邑之地，是以大請。敝邑之急，朝不及夕，引領西望曰：「庶幾乎！」比執事之間，恐無及也。』見中行獻子，賦《圻父》。獻子曰：『偃知罪矣，敢不從執事以同恤社稷，而使魯及此！』見范宣子，賦《鴻鴈》之卒章。宣子曰：『匄在此，敢使魯無鳩乎。』高氏曰：『魯不能内脩其政，以禦無道之齊，而乞憐于晉，魯之君臣庸甚矣！』

乙巳靈王十六年。十有七年晉平二。齊靈二十六。衛獻二十一，殤三。蔡景三十六。鄭簡十。曹成二十二，陳哀十三。杞孝十一。宋平二十。秦景二十一。楚康四。吳諸樊五。春，王二月庚午，邾子牼卒。在位十八年，子華嗣，是爲悼公。《公》《穀》作「瞷」，音閑，宣公也。《左傳》：「宋莊朝伐陳，獲司徒卬，卑宋也。」孫氏曰：「去年晉執以歸，輕，苦耕反。」○宋人伐陳。《左傳》：「宋、鄭連年侵宋，宋於是請於晉而伐之，書『伐許，伐陳』，皆著楚之詘也。」廬陵李氏曰：「宣十四年經書『宋師伐陳』，傳不見此書卒者，晉人尋赦之也。莒亦如之。」○宋人伐陳。此年書『宋人伐陳』，異於鄭人之侵，書『伐』而不書『獲』，於是請於晉而伐之，書『伐許，伐曰：『七年鄢之會，陳侯逃歸，自是不復與諸侯會。而楚、鄭連年侵宋，宋於是請於晉而伐之，書『伐許，伐陳』，皆著楚之詘也。」○夏，衛石買帥師伐曹。《左傳》：「衛孫蒯田于曹隧，飲馬于重丘，毁其瓶。重丘人閉門而詢之，曰：『親逐而君，爾父爲厲。是之不憂，而何以田爲？』夏，衛石買、孫蒯伐曹，取重丘。曹人愬于晉。」汪氏曰：「孟子曰：『有人於此，其待我以橫逆，則君子必自反也。』孫蒯犯上之臣，凡民罔不惡者也。越二國致釁之由，而陳自逃歸以後，不與於中國之盟會，得非亦以晉命乎？侵蔡獲燮矣。

竟田獵而遭曹人之辱，盍亦內自省耳。乃挾貴卿、將重兵以攻其國，不亦甚乎？經之書伐，所謂『欲加之罪，不患無辭』者也。」「高厚」上《左》無「齊」字。○《左傳》：「齊人以其未得志于我故，秋，齊侯伐我北鄙，圍桃。高厚圍臧紇于防。師自陽關逆臧孫，至于旅松。聊叔紇、臧疇、臧賈帥甲三百，宵犯齊師，送之而復。齊人獲臧堅。齊侯使夙沙衛唁之，且曰『無死』。堅稽首曰：『拜命之辱。抑君賜不終，姑又使其刑臣禮於士。』以杙抉其傷而死。」杜氏曰：「桃，魯地，弁縣東南有桃虛。」高氏曰：「齊之君臣同來伐我，分兵以圍吾二邑，其恃眾暴寡如此。齊、魯世姻之國，而數年之間，見伐不已，齊之不道可知也。」○《左傳》：「宋華閱卒。華臣弱皋比之室，使賊殺其宰華吳，賊六人以鈹殺諸盧門合左師之後。左師懼，曰：『老夫無罪。』賊曰：『皋比私有討於吳。』遂幽其妻，曰：『畀余而大璧。』宋公聞之，曰：『臣也不唯其宗室是暴，大亂宋國之政，必逐之。』左師曰：『臣也，亦卿也。大臣不順，國之恥也。不如蓋之。』乃舍之。左師為己短策，苟過華臣之門，必騁。十一月甲午，國人逐瘈狗。瘈狗入於華臣氏，國人從之。華臣懼，遂奔陳。」高氏曰：「華臣暴其宗室而亂宋政，不有國討，失政刑矣。君子違不適讎國，陳乃宋讎而奔焉，尤可誅也。」○冬，邾人伐我南鄙。《左傳》：「為齊故也。」杜氏曰：「齊未得志於魯，故邾助之。」薛氏曰：「乘齊之圍，報執之仇也。」高氏曰：「邾之先君以伐魯而為晉所執，既歸而卒。嗣子在喪而復興師伐我者，叛晉與齊，齊人使之脩先君之怨也。此祝柯之會所以復執也。」王氏曰：「魯之四鄙，而莒伐其東，齊伐其北，邾伐其南，魯之微弱不振亦可知矣。國有政，雖弱而強；國無政，雖大必弱。魯蒐于紅，革車千乘，豈曰無兵？

而陵夷至此者，三家分政，民不知有君故也。」

附錄 《左傳》：「宋皇國父爲大宰，爲平公築臺，妨於農收。❶子罕請俟農功之畢，公弗許。築者謳曰：『澤門之晳，實興我役。邑中之黔，實慰我心。』子罕聞之，親執扑，以行築者，而抶其不勉者，曰：『吾儕小人皆有闔廬以辟燥濕寒暑。今君爲一臺而不速成，何以爲役？』謳者乃止。或問其故，子罕曰：『宋國區區，而有詛有祝，禍之本也。』」○「齊晏桓子卒。晏嬰麤縗斬，苴絰、帶、杖，菅屨，食鬻，居倚廬，寢苫、枕草。其老曰：『非大夫之禮也。』曰：『唯卿爲大夫。』」

丙午靈王十七年。十有八年晉平三。齊靈二十七。衛獻二十二，殤四。蔡景三十七。鄭簡十一。曹成二十三。陳哀十四。杞孝十二。宋平二十一。秦景二十二。楚康五。吳諸樊六。春，白狄來。《左傳》：「春，白狄始來。」《公羊傳》：「白狄者何？夷狄之君也。何以不言朝？不能朝也。」

劉敞曰：「夷狄於中國，無事焉，其於天子世一見，各以所貴實爲摯。」則諸侯雖善其交際，不得而通也。是以《春秋》亦不與其朝。不與其朝者，懲淫慝、一内外也。周公致太平，越裳氏重九譯，汪氏曰：「譯，釋也；譯，猶言膳也。以彼此言語相膳釋而通之也。重，疊也，通譯其言，至於九變而始達中國。」而獻其白雉，公曰：「君子德不

❶「收」，四庫本作「功」。

及焉，不享其贄。」《後漢書·南蠻傳》：「周公制禮作樂，而天下大服。交趾南有越裳氏，重譯而獻白雉，周公曰：『德澤不加，君子不享其贄。』譯曰：『吾受命吾國之黃耇，曰：「天之無烈風淫雨，海不揚波三年矣。意者中國有聖人乎？盍往朝之？」』周公歸之於王，稱先王神，致薦于宗廟。」此乃天子而讓也，況列國之君乎？守藩之臣乎？高氏曰：「《春秋》書白狄於是止。白狄之來，與介葛盧同。」汪氏曰：「西旅獻獒，太保作《旅獒》以訓于王。蓋夷狄豈可以禮義相接哉！中國因其來而自知所戒，以禮義外之可也。若漢光武之謝絕西域，則所謂以禮義外之者也。」盧陵李氏曰：「不能行朝禮之説，《公羊》及范氏、杜氏皆同，而劉氏獨不取之，其説曰：『王者正朔不及夷狄，豈責以行朝禮哉？苟焉順其俗而至者，其有慕中國之心，斯可謂朝矣。』是則不書朝者，實以彼不當朝，魯亦不受其朝也。」

夏，晉人執衛行人石買。《左傳》：「夏，晉人執衛行人石買于長子，執孫蒯于純留，為曹故也。」《穀梁傳》：「稱行人，怨接於上也。」杜氏曰：「因其為使執之，故稱行人。」劉氏曰：「石買以君命聘於晉，晉人執之，晉能知買伐曹之為惡矣，而未能知孫氏逐君之為惡也。假晉欲明天子之禁，修方伯之義，莫如正孫蒯之惡，諸侯服矣。今置所先而收所後，急所輕而緩所重，伯者之討，固若是乎？」張氏曰：「石買之執，有三失焉。舍大而治小，一也。行人非所執，二也。不歸于京師，三也。三者有一，不得為伯討，而況於兼而有之乎？」○秋，齊師伐我北鄙。《穀》作「齊侯」。

冬，十月，公會晉侯、宋公、衛侯、鄭伯、曹伯、莒子、邾子、滕子、薛伯、杞伯、小邾子，同圍齊。《左傳》：「秋，齊侯伐我北鄙。中行獻子將伐齊，夢與

厲公訟，弗勝。公以戈擊之，首隊於前，跪而戴之，奉之以走，見梗陽之巫皋。他日，見諸道，與之言同。巫曰：『今茲主必死。若有事於東方，則可以逞。』獻子許諾。晉侯伐齊，將濟河，獻子以朱絲係玉二瑴，而禱曰：『齊環怙恃其險，負其衆庶，棄好背盟，陵虐神主。曾臣彪將率諸侯以討焉，其官臣偃實先後之。苟捷有功，無作神羞，官臣偃無敢復濟。唯爾有神裁之。』沈玉而濟。冬十月，會于魯濟，尋溴梁之言，同伐齊。齊侯禦諸平陰，塹防門而守之廣里。夙沙衛曰：『不能戰，莫如守險。』弗聽。諸侯之士門焉，齊人多死。范宣子告析文子曰：『吾知子敢匿情乎？魯人、莒人皆請以車千乘自其鄉入，既許之矣。若入，君必失國。子盍圖之！』子家以告公，公恐。晏嬰聞之，曰：『君固無勇，而又聞是，弗能久矣。』齊侯登巫山以望晉師。晉人使司馬斥山澤之險，雖所不至，必斾而疏陳之。使乘車者左實右僞，以斾先，輿曳柴而從之。齊侯見之，畏其衆也，乃脫歸。丙寅晦，齊師夜遁。師曠告晉侯曰：『鳥烏之聲樂，齊師其遁。』邢伯告中行伯曰：『有班馬之聲，齊師其遁。』叔向告晉侯曰：『城上有烏，齊師其遁。』十一月丁卯朔，入平陰，遂從齊師。夙沙衛連大車以塞隧而殿。殖綽、郭最曰：『子殿國師，齊之辱也。子姑先乎！』乃代之殿。衛殺馬於隘以塞道。晉州綽及之，射殖綽，中肩，兩矢夾脰，曰：『止，將爲三軍獲，不止，將取其衷。』顧曰：『爲私誓。』州綽曰：『有如日！』乃弛弓而自後縛之。其右具丙亦舍兵而縛郭最，皆衿甲面縛，坐于中軍之鼓下。晉人欲逐歸者，魯、衛請攻險。己卯，荀偃、士匄以中軍克京茲。乙酉，魏絳、欒盈以下軍克邿。趙武、韓起以上軍圍盧，弗克。十二月戊戌，及秦周，伐雍門之萩。范鞅門于雍門，其御追喜以戈殺犬于門中；孟莊子斬其橁以爲公琴。己亥，焚雍門及西郭、南郭。劉難、士弱率諸侯之師焚申池之竹木。壬寅，焚東郭、北郭，范鞅門于

揚門，州綽門于東閭，左駿迫，還于門中，以枚數闔。齊侯駕，將走郵棠。太子與郭榮扣馬曰：「師速而疾，略也。將退矣，君何懼焉？且社稷之主不可以輕，輕則失衆。君必待之！」將犯之。太子抽劍斷鞅，乃止。甲辰，東侵及濰，南及沂。」《穀梁傳》：「非圍而曰圍，齊有大焉，亦有病焉。非大而足同焉？諸侯同罪之也，亦病矣。」程子曰：「書『同圍』，見諸侯之惡齊。」

凡侵伐圍入，未有書同者。而獨於此書「同圍齊」何也？齊環背盟棄好，陵虐神主，杜氏曰：「神主，民也。」謂數伐魯，殘民人也。」肆其暴横，數伐鄰國，觀加兵於魯則可見矣。薛氏曰：「晉悼之會，齊侯傲然自肆，非世子則其卿大夫也。於諸侯之事，蓋未之謹也。六年滅萊，十五年伐魯圍成，十六年兩伐北鄙，十七年異道圍桃及防，今夏大舉，未始不身親之也。」襄陵許氏曰：「四年之中，六伐鄙而四圍邑，又縱邾、莒以助其虐，諸侯之陵暴，未有若是之甚者也。是以動天下之兵，幾亡其國。」諸侯所共惡疾，故同心而圍之也。杜氏曰：「齊數行不義，諸侯同心疾齊也。」諸侯許氏曰：「齊背盟主，數伐小國，諸侯同心圍之，故特曰『同圍』。」孫氏曰：「齊為不道，數侵諸侯。言『同』者，諸侯同心疾齊也。」陸氏曰：「齊背盟主，數伐小也？」見齊環無道，宜得惡疾，大諸侯之伐，而免其圍齊之罪辭也。」《春秋》於此，有沮橫逆、抑強暴之意。孟子曰：「國必自伐而後人伐之，自作孽，不可逭。」其齊侯環之謂矣，尚誰對哉？家氏曰：「或謂：『鞌之戰，晉為魯、衛而伐齊，《春秋》不與也。今晉平為魯伐齊，而《春秋》與

之，何耶？」曰：「事有似同而實異者，兩伐齊是也。鞌之戰，雖曰爲魯、衛出師，其實大夫憾其私憾，《春秋》不與也。今茲伐齊，則齊靈背盟好戰❶，歲以兵加于魯，晉爲之合諸侯，以問齊人憑陵與國之罪，從衆欲而出師，非爲其私也。故書「同齊」。此出於聖人之特筆，非因乎舊史者也。」汪氏曰：「于鞌以四國及戰而不書伐，則貶齊可知。會于魯濟同圍齊，而經不書地會，則與于襄伐鄭異矣。」陳氏曰：「同圍齊不但晉志也。自圍齊之後，晉師無君將，雖大夫之師出，無與於諸夏之義矣。」〇劉氏曰：「《穀梁》云『非圍而曰圍』，非也。《春秋》，信史也。若未圍而言圍，豈得爲信史哉？」

曹伯負芻卒于師。 《穀梁傳》：「閔之也。」襄陵許氏曰：「負芻之惡，不容於堯、舜之世，《春秋》書『卒』書『葬』，以刺王政之不行也。」〇劉氏曰：「《穀梁》云『閔之也』，非也。是亦記事而已矣，何閔之有？」〇楚公

子午帥師伐鄭。 《左傳》：「鄭子孔欲去諸大夫，將叛晉而起楚師以去之。使揚豚尹宜告子庚曰：『國人謂不穀主社稷，而不出師，死不從禮。不穀即位，於今五年，師徒不出，人其以不穀爲自逸，而忘先君之業矣。大夫圖之！其若之何？』子庚歎曰：『君王其謂午懷安乎！吾以利社稷也。』見使者，稽首而對曰：『諸侯方睦於晉，臣請嘗之。若可，君而繼之。不可，收師而退，可以無害，君亦無辱。』子庚帥師治兵於汾。於是子蟜、伯有、子張從鄭伯伐齊。子孔、子展、子西守。二子知子孔之謀，完守入保。子孔不敢會楚師。楚師伐鄭，次於魚陵。右師城上棘，遂涉潁，次于旃然。蒍子馮、公子格

---

❶ 「戰」，原脫，今據四庫本補。

帥鋭師侵費滑、胥靡獻于雍梁，右回梅山，侵鄭東北，至于蟲牢而反。涉於魚齒之下，甚雨及之，楚師多凍，役徒幾盡。晉人聞有楚師，師曠曰：『不害。吾驟歌北風，又歌南風。南風不競，多死聲。楚必無功。』董叔曰：『天道多在西北，南師不時，必無功。』叔向曰：『在其君之德也。』」薛氏曰：「楚公子午之伐，間鄭伯之出也。乘人不備而迄無成功，黷武而已矣。」廬陵李氏曰：「此蕭魚之後，楚兵又至鄭也。」

春秋集傳大全卷之二十七

襄 公 三

丁未靈王十八年。十有九年晉平四。齊靈二十八,卒。衛獻二十三,殤五。蔡景三十八。鄭簡十二。曹武公滕元年。陳哀十五。杞孝十三。宋平二十二。秦景二十三。楚康六。吳諸樊七。

春,王正月,諸侯盟于祝柯。 柯,《公》作「阿」。《左傳》:「諸侯還自沂上,盟于督揚,曰:『大毋侵小。』」杜氏曰:「前年同圍齊之諸侯也。」張氏曰:「《後漢·志》平原郡,祝柯,《地譜》:『齊州禹城縣,齊邑。』」孫氏曰:「諸侯不序,前目後凡也。」汪氏曰:「會有王臣而盟無王臣,則再舉諸侯。會盟皆有王臣,則不再言諸侯,但曰盟于某。會盟無王臣而再舉諸侯,間有異事,若會盟殊地也。故祝柯之盟書諸侯,重丘之盟亦書諸侯,經予諸侯同圍齊,故盟無襃貶而其辭平。會夷儀不能討齊,故盟于重丘,特書『同』,著其同心為惡也。」

晉人執邾子。《左傳》:「執邾悼公,以其伐我故。」高氏曰:「此其非伯討奈何?邾人伐魯,晉人疾之,執其君以劫其地,不言以歸,釋之也。未得其地,故劫之。已得其地,故釋之。執君取地,不以王命而皆出於大夫,何以服人心而正其罪乎?」襄陵許氏曰:「執之舍之,削劉氏曰:「既來同會,又與同盟,而乃執之,非伯討也。」

公至自伐齊。《公羊傳》：「此同圍齊也，何以致伐？未圍齊也。未圍齊，則其言圍齊何？抑齊也。曷爲抑齊？爲其盻蹇，使其世子處乎諸侯之上也。」《穀梁傳》：「《春秋》之義，已伐而盟復伐者，則以伐致。盟不復伐者，則以會致。祝柯之盟，盟復伐齊與？曰，非也，然則何爲以伐致也？曰，與人同事，或執其君，或取其地。」李氏曰：「會書圍而致書伐，勳勞則圍爲重，辨曲直則伐爲善。」○劉氏曰：「《公羊》云『未圍齊』，非也。《春秋》記事之書，而非記意之書，若實未嘗圍齊，何得書之乎？《穀梁》云『何爲以伐致？與人同事，或執其君，或取其地』，非也。執君取地，邾事也。以伐致，齊事也。書『執邾子』，貶晉已明矣。書『取邾田』，刺魯已明矣。又以齊起邾乎？」廬陵李氏曰：「此條致伐之義，胡氏最精，《穀梁》之意以爲晉執邾君，魯取邾地，若盟後復伐也。夫以致伐而證其取邾之罪，已爲迂矣！況上二例亦止可施之亳北、蕭魚，而他處多不通乎？故不可取。《公羊》又以爲魯本與邾以漷爲竟，後漷移入邾界，魯隨而有之，亦無據之言也。」

取邾田，自漷水。漷，好虢反，又音郭。《左傳》：「遂次于泗上，疆我田。取邾田，自漷水歸之于我。晉侯先歸。公享晉六卿于蒲圃，賜之三命之服：軍尉、司馬、司空、輿尉、候奄皆受一命之服；賄荀偃束錦、加璧、乘馬，先吳壽夢之鼎。荀偃瘯疽，生瘍於頭。濟河，及著雍，病，目出。大夫先歸者皆反。士匄請見，弗內。請後，曰：『鄭甥可。』二月甲寅，卒，而視不可含。宣子盥而撫之，曰：『事吳敢不如事主！』猶視。欒懷子曰：『其爲未卒事於齊故也乎？』乃復撫之曰：『主苟終，所不嗣事於齊者，有如河！』乃瞑，受含。宣子出，曰：『吾淺之爲丈夫也。』」《公羊傳》：「其言自漷水何？以漷爲竟也。何言乎以漷爲竟？漷移也。」《穀梁傳》：「軋辭也。其不日，惡

盟也。」杜氏曰：「取邾田以漷水爲界，漷水出東海合鄉縣西南，經魯國至高平湖陸縣入泗。」蘇氏曰：「成二年晉人敗齊于鞌，使齊歸我汶陽之田。書曰『取汶陽田』，不言齊田，魯地也。今以晉命取田于邾，故曰取邾田，非魯地也。」家氏曰：「《左傳》云『疆我田』，復舊疆也。『取邾田，自漷水』，言魯人因復舊疆，挾霸國之威，多取田於邾也。」高氏曰：「邾之病魯，信有罪矣。魯以諸侯之力，前既執其先君，此又執其嗣君，取其田，蓋已甚矣。書『取田』於『至自伐齊』之後，明公獨取之，非諸侯取之，專罪公之意也。又云『自漷水』者，隨漷水以爲界，蓋著其取之多也。」汪氏曰：「後此哀二年取漷東田，前年執邾子以歸，以伐魯也。邾人宜有所懲戒，而伐魯不忌如此，伯令之不足以小而深爲利也。」張氏曰：「前年執邾子以歸，釋之也。言『取邾田』，則非魯之舊可知，異於濟西、汶陽之取，而恃伯之威，令諸侯，可以自反矣。邾失漷田，而庶其、畀我相繼來奔，邾自是衰亂矣。」○劉氏曰：「《公羊》云『漷移也』，非也。魯以漷自移而取田，《春秋》乃坐其君以盜地乎？」○季孫宿如晉。《左傳》：「季武子如晉拜師，晉侯享之。范宣子爲政，賦《黍苗》。季武子興，再拜稽首曰：『小國之仰大國也，如百穀之仰膏雨焉！若常膏之，其天下輯睦，豈唯敝邑？』賦《六月》。」臨川吳氏曰：「謝討齊，且取邾田也。」

孫林父帥師伐齊。《左傳》：「晉欒黶帥師從衛孫文子伐齊。」張氏曰：「欒黶不書，孫林父并將也。夫討強暴之罪，而使逐君之大夫尸其事，則晉何以服齊？故特書林父主兵以罪之。」高氏曰：「十四年林父逐衛

侯衎奔于齊，故獨伐齊。林父逐君，伯主所當討[1]而與之會伐，則晉平之伯業可知矣。」

附錄 《左傳》：「季武子以所得於齊之兵，作林鐘而銘魯功焉。臧武仲謂季孫曰：『非禮也。夫銘，天子令德，諸侯言時計功，大夫稱伐。今稱伐，則下等也；計功，則借人也；言時，則妨民多矣，何以為銘？且夫大伐小，取其所得，以作彝器，銘其功烈，以示子孫，昭明德而懲無禮也。今將借人之力以救其死，若之何銘之？小國幸於大國，而昭所獲焉以怒之，亡之道也。』」

秋，七月辛卯，齊侯環卒。環，《公》作「瑗」。《左傳》：「齊侯娶于魯，曰顏懿姬，無子。其姪鬷聲姬，生光，以為太子。諸子仲子、戎子，戎子嬖。仲子生牙，屬諸戎子。戎子請以為太子，許之。仲子曰：『不可，廢常不祥，間諸侯難。光之立也，列於諸侯矣。今無故而廢之，是專黜諸侯，而以難犯，不祥也。君必悔之。』公曰：『在我而已。』遂東太子光。使高厚傅牙，以為太子，夙沙衛為少傅。齊侯疾，崔杼微逆光，疾病而立之。光殺戎子，尸諸朝，非禮也。婦人無刑，雖有刑，不在朝市。夏五月壬辰晦，齊靈公卒。莊公即位，執公子牙於句瀆之丘。以夙沙衛易己，衛奔高唐以叛。」○晉士匄帥師侵齊至穀，聞齊侯卒，乃還。《左傳》：「晉士匄侵齊，及穀，聞喪而還，禮也。」《公羊傳》：「還者何？善辭也。何善爾？大其不伐喪也。此受命於君而伐齊，則何大乎其不伐喪？大夫以君命出，進退在大夫也。」《穀梁傳》：「還者，事未畢之辭也。受命而誅，生死無所加其怒，不伐喪，善之也。善之，則何為未畢也？君不尸小事，臣不專大名。

[1] 「討」，原作「計」，今據四庫本改。

善則稱君，過則稱己，則民作讓矣。士匄外專君命，故非之也。然則為士匄者宜奈何？宜堋帷而歸命乎介。」

穀，齊地也。還者終事之詞。杜氏曰：「詳錄所至及還者，善得禮。」古之為師不伐喪，大夫以君命出境，有可以安國家、利社稷者，則專之可也。世衰道微，暴行交作，利人之難以成其私欲者衆矣。士匄乃有惻隱之心，聞齊侯卒而還，不亦善乎？劉氏曰：「天下無王，諸侯擅命，征伐各自己出，利人之難以成其私，故伐人之喪者比比。而士匄乃還師不侵，不亦善乎？」或曰：「君不尸小事，臣不專大名。為士匄者，宜堋帷而歸命乎介。」范氏曰：「除地為堋，於堋張帷反命于介，介歸告君，君命乃還，不敢專也。」蘇氏曰：「夫將在軍，君命有所不受，有善而專之，君與有焉。必君命而後可，則安用將矣？」使士匄未出晉境，如是焉可也。已至齊地，則進退在士匄矣。猶欲堋帷而歸命乎介，則非古者命將不從中覆，專制境外之意。何氏曰：「禮不從中御外，臨事制宜，當敵為師，唯義所在。」而況喪不可伐，非進退可疑而待請者，故「至穀，聞齊侯卒，乃還」善之也。朱子曰：「《春秋》分明處，只是晉士匄『侵齊』，至穀，聞齊侯卒，乃還』這分明是與他。」王氏曰：「春秋之時，侵伐四出，或背殯帥師，或冒喪伐人者衆矣。而士匄奉命出征，既至齊地，聞喪而還，善矣。」汪氏曰：「公追齊師至酀弗及，不當往而往也。公救成至遇，叔孫豹救晉次于雍榆，當往而不往也。觀此數者，而行師進退之義可見矣。」○劉氏曰：「《公羊》云：『大夫以君命出，進退在大夫也』非也。若兵未出境，豈得擅還哉？書『至穀』，乃所以明境外，得專之也。」

陸氏曰：「《穀梁》云：『士匄者，宜埤帷而歸命乎介。』按不伐喪，常禮也。更待君命，是詐讓小善，非人臣盡忠之道也。」

附錄 《左傳》：「於四月丁未，鄭公孫蠆卒，赴於晉大夫。范宣子言於晉侯，以其善於伐秦也。六月，晉侯請於王，王追賜之大路，使以行，禮也。」

八月丙辰，仲孫蔑卒。

汪氏曰：「此文伯之子，孟獻子也。」子速嗣爲大夫，是曰莊子。」○**齊殺其大夫高厚。**《左傳》：「秋八月，齊崔杼殺高厚於灑藍，而兼其室。」高氏曰：「齊高厚嘗帥師伐我矣。晉新行義於齊，齊侯始立而欲親晉，故歸罪於高厚而殺之，以說于晉，此明年所以與澶淵之盟也。」張氏曰：「殺高厚者，崔杼也。杼雖擅誅殺之柄，亦莊公之所欲也。故以累上之詞言之。」汪氏曰：「微崔杼之力，莊公固不得立。然杼殺高厚、慶封，討夙沙衛，明年，復使慶佐爲大夫，而誅牙餘黨，崔慶自是專權，而射股之禍兆於此矣。」○**鄭殺其大夫公子嘉。**嘉，《公》作「喜」。《左傳》：「鄭子孔之爲政也專，國人患之，乃討西宮之難與純門之師。子孔當罪，以其甲及子革、子良氏之甲守。甲辰，子展、子西帥國人伐之，殺子孔，而分其室。書曰『鄭殺其大夫』，專也。子然、子孔，宋子之子也；士子孔，圭媯之子也。圭媯之班亞宋子，而相親也。二子孔亦相親也。僖之四年，子然卒；簡之元年，士子孔卒。司徒孔實相子革、子良之室，三室如一，故及於難。子革、子良出奔楚。子革爲右尹，鄭人使子展當國，子西聽政，立子產爲卿。」

按《左氏》：初，盜殺鄭三卿於西宮之朝，公子嘉知而不言，既又欲起楚師以去諸大夫，故

楚人伐鄭，至于純門而返，至是嘉之爲政也專。國人患之，乃討西宫之難與純門之師，子展、子西率國人殺嘉而分其室。不稱鄭人者，嘉則有罪矣。而子展、子西不能正以王法，肆諸市朝，與衆同棄，乃利其室而分之，有私意焉。故稱國以殺而不去其官，此《春秋》原情定罪之意。王氏曰：「子展、子西不能窒慾，乃率國人殺之而擅殺之也。」汪氏曰：「莊公二十二年傳例曰：稱國以殺大夫者，國君、大臣與謀其事，不請於天子而擅殺之也。故雖殺有罪，亦書其官。嘉召楚人伐其國，則是背叛之臣，國人之所同惡。使子展、子西正名誅之而不利其室，則當如殺良霄之例，稱人以殺，而削其官矣。」

冬，葬齊靈公。高氏曰：「齊、魯仍世昏姻之國，前雖有怨，今已易世，故不廢喪紀，示不忘好。」

附錄《左傳》：「齊慶封圍高唐，弗克。冬十一月，齊侯圍之，見衛在城上，號之乃下。問守備焉，以無備告，乃揖之，乃登。聞師將傅食，高唐人殖綽、工僂會，夜縋納師，醢衛於軍。」

城西郛。《左傳》：「懼齊也。」王氏曰：「魯備齊難，城其國之郛，則凡西境亦不敢保，足見魯之弱而齊之強矣。」汪氏曰：「郛乃外城，此云西郛，實國都外城之西郛，而所謂中城，爲魯國都之内城可知矣。」鄭氏曰：「柯，衛地，後屬晉。」高氏曰：「魯猶懼齊，故爲柯之會以自固。」蜀杜氏曰：「襄公之時，政在大夫甚矣。專相爲會，故詳錄之。」○城武城。

會晉士匄于柯。《左傳》：「齊及晉平，盟于大隧。故穆叔會范宣子于柯。穆叔見叔向，賦《載馳》之四章。叔向曰：『肸敢不承命！』」杜氏曰：「魏郡内黄縣東北有柯城。」○叔孫豹

《左傳》：「穆叔歸曰：『齊猶未也，不可以不懼。』乃城武城。城宰，即此武城。魯於是時，苟能信任仁賢，修明政事，使民效死而弗去，則將制梃以撻鄰國之堅甲利兵，而何畏於強齊？今乃君弱臣惰，安於不競，内則疲民於亟城之勞，外則徼惠於霸國之援，曾無一毫自立之志，使齊莊而有報怨之圖，則魯之禍未有紀極也。」

附錄《左傳》：「衛石共子卒，悼子不哀。孔成子曰：『是謂蹶其本，必不有其宗。』」

戊申 靈王三十九年。二十年晉平五。齊莊公光元年。衛獻二十四，殤六。蔡景三十九。鄭簡十三。曹武二。陳哀十六。杞孝十四。宋平二十三。秦景二十四。楚康七。吳諸樊八。**春，王正月辛亥，仲孫速會莒人，盟于向。** 速，《公》作「遫」，後同。《左傳》：「及莒平。孟莊子會莒人，盟于向，督揚之盟故也。」杜氏曰：「向，莒邑。莒數伐魯，前年諸侯盟督揚以和解之，故二國復自共盟結其好。」高氏曰：「向本莒邑，宣四年取之者也。莒、魯結好，自是十五年不交兵。速代父爲卿，未練而從政，無復三年之喪也。」汪氏曰：「孟獻子禫，縣而不樂，則始不三年，其防於速與、羯與，夫子稱孟莊子之孝，其他可能也。可者，僅可而有所未盡之辭耳。」〇**夏，六月庚申，公會晉侯、齊侯、宋公、衛侯、鄭伯、曹伯、莒子、邾子、滕子、薛伯、杞伯、小邾子，盟于澶淵。** 澶，市然反。《左傳》：「夏，盟于澶淵，齊成故也。」杜氏曰：「澶淵在頓丘縣南，一名繁汙，衛地，近戚田。」高氏曰：「齊以晉不伐其喪而感服，居喪而出盟。」薛氏曰：「齊之無道，諸侯圍之而不服，以士匄聞喪而還師，遂會于澶淵。修德來遠，不誣也哉！」汪氏曰：「齊莊以既廢而賴崔杼以有國，崔杼以殺公子牙立莊公而專其國，高厚、夙沙衛之餘黨，豈無其人？邦之杌陧，固不敢構怨於諸侯，

夫是以受盟之速也，亦猶崔杼弒莊立景而同盟於重丘也。特以牙實庶孽，莊公既勝先君之邪心而得嗣世，則是掩父之惡，故《春秋》於澶淵之盟無譏焉耳。孔氏曰：「於經服異則書同盟。此齊成而盟不言同者，往年齊與晉平，盟于大隧已服，非於此始服，故不言同也。」襄陵許氏曰：「自文十四年新城之役，諸侯參盟則書同，同盟云者，名生於不足也。平公祝柯、澶淵之盟不書同，此悼公之遺烈也歟？」秋，公至自會。○

仲孫速帥師伐邾。《左傳》：「邾人驟至，以諸侯之事弗能報也。秋，孟莊子伐邾以報之。」襄陵許氏曰：「祝柯之會，既執邾子，又取其田，報亦足矣。而復伐之，譏已甚矣。且澶淵在彼，何以盟爲？」○蔡殺其大夫公子燮。蔡公子履出奔楚。燮，《穀》作「濕」。《左傳》：「蔡公子燮欲以蔡之晉，蔡人殺之。公子履，其母弟也，故出奔楚。」

按《左氏》，初，蔡文侯欲事晉，曰：「先君與於踐土之盟，晉不可棄，且兄弟也。」畏楚，不行而卒。楚人使蔡無常，公子燮求從先君以利蔡，謀國之合於義者也。國人乃不順焉，而殺燮，此何罪矣，故稱國而不去其官。高氏曰：「燮蓋嘗爲鄭所獲者，欲舍夷狄而之中國，正也。追先君之志而成之，順也。楚政無常，求寬其民，利也。而用事者安楚弗欲，懼燮之起晉爭也，而殺之，非所謂可殺者也。而以國殺者，蔡侯以爲罪也。」公子履，其母弟也。進不能正國，退不能遠害，懼禍而奔，從於夷狄。書者，罪之也。家氏曰：「履，燮之同母弟。不奔中國而奔外夷，不與其兄同志，書所以貶。」

陳侯之弟黃出奔楚。黃，《公》、《穀》作「光」，後同。《左傳》：「陳慶虎、慶寅畏公子黃之偪，愬諸楚曰：『與蔡司馬同謀。』楚人以爲討，公子黃出奔楚。初，蔡文侯欲事晉，曰：『先君與於踐土之盟，晉不可棄，且兄弟也。』畏楚，不能行而卒。楚人使蔡無常，公子燮求從先君以利蔡，不能而死。書曰『蔡殺其大夫公子燮』，言不與民同欲也；『陳侯之弟黃出奔楚』，言非其罪也。公子黃將出奔，呼於國曰：『慶氏無道，求專陳國，暴蔑其君，五年不滅，是無天也。』」《穀梁傳》：「諸侯之尊，弟兄不得以屬通。其弟云者，親之也。親而奔之，惡也。」高氏曰：「黃與履何以奔楚？自理也。黃以寵任過，權逼其卿，慶氏譖之，而陳侯不能爲之辨明，是以一國之大，不能容一弟也。」襄陵許氏曰：「二慶執陳之權，外介大國以奔其君之弟，而哀公力不能正，則國何恃而不亡？」家氏曰：「兄而害弟者，稱弟以章罪。」杜《釋例》曰：「兄而害弟者，稱弟以章罪。」此例可施於陳黃、秦鍼、衛鱄、宋辰，『弟而害兄，則去弟以罪弟。』此例可施於鄭段，然於通例不甚合。又《左氏》以爲罪公子燮不與民同欲者，謬矣。」○叔老如齊。《左傳》：「齊子初聘于齊，禮也。」杜氏曰：「齊、魯有怨，朝聘禮絕。今復繼好息民。」王氏曰：「齊屢陵魯，及澶淵而始平。今叔老之修聘，欲固齊好也。」○冬，十月丙辰朔，日有食之。○季孫宿如宋。《左傳》：「冬，季武子如宋，報向戌之聘也。褚師段逆之以受享，賦《常棣》❶之七章以卒。宋人重賄之。歸，復命，公享之，賦《魚麗》之卒章。公賦《南山有臺》。」

❶ 「棣」，原作「滅」，今據四庫本改。

武子去所，曰：『臣不堪也。』」汪氏曰：「魯自蕭魚以後，連歲與強齊、邾、莒交兵，是以不遑朝聘往來之事，雖向戌來聘，而亦未之報也。今始平於齊，遂交好於鄰國以尋舊好耳。」廬陵李氏曰：「魯之報齊、邾已甚，故聘齊以解仇，聘宋以求援耳。」

附錄《左傳》：「衛甯惠子疾，召悼子曰：『吾得罪於君，悔而無及也。名藏在諸侯之策，曰：孫林父、甯殖出其君。』君入則掩之。若能掩之，則吾子也。若不能，猶有鬼神，吾有餒而已，不來食矣。』悼子許諾，惠子遂卒。」

己酉靈王二十年。二十有一年晉平六。齊莊二。衛獻二十五，殤七。蔡景四十。鄭簡十四。曹武三。陳哀十七。杞孝十五。宋平二十四。秦景二十五。楚康八。吳諸樊九。春，王正月，公如晉。《左傳》：「春，公如晉，拜師及取邾田也。」汪氏曰：「僖公取濟西田，則使公子遂如晉拜之。成公取汶陽田，襄公取邾田，則君親往拜其賜，受霸主尺寸之惠而不忘其德如此也。然魯君襲奕世之封，端冕委弁以臨於七百里之侯國，而水木本原不察所自。襄公之立踰二十年，未聞遣一介行李至于京師，其何以爲秉禮之子孫哉？」○邾庶其以漆、閭丘來奔。《左傳》：「邾庶其以漆、閭丘來奔，季武子以公姑姊妻之，皆有賜於其從者。於是魯多盜。季孫謂臧武仲曰：『子盍詰盜？』武仲曰：『不可詰也。』紇又不能。』季孫曰：『我有四封，而詰其盜，何故不可？子爲司寇，將盜是務去，若之何不能？』武仲曰：『子召外盜而大禮焉，何以止吾盜？子爲正卿，而來外盜，使紇去之，將何以能？庶其竊邑於邾以來，子以姬氏妻之，而與之邑，其從者皆有賜焉，若大盜禮焉，以君之姑姊與其大邑，其次皂牧輿馬，其小者衣裳劍帶，是賞盜也。賞而去之，其

或難焉。絃也聞之,在上位者洒濯其心,壹以待人,軌度其信,可明徵也,而後可以治人。夫上之所爲,民之歸也。上所不爲,而民或爲之,是以加刑罰焉,而莫敢不懲。若上之所爲,而民亦爲之,乃其所也,又可禁乎?《夏書》曰:「念茲在茲,釋茲在茲,名言茲在茲,允出茲在茲,惟帝念功。」將謂由己壹也。信由己壹,而後可念也。」庶其非卿也,以地來,雖賤必書,以地之重也。

庶其,邾大夫也。《春秋》小國之大夫不書其姓氏,微也。其以事接我則書其姓氏,謹之也。莒慶以大夫即魯而圖昏,接我不以禮者也。邾庶其以地叛其君而來奔,接我不以義者也。以欲敗禮,則身必危。以利棄義,則國必亂。《春秋》禮義之大宗,故小國之大夫接我以利欲,則特書其姓氏,謹之也。以利欲,則特書其姓氏,蓋傳寫誤,下文云書地,書名,蓋以庶其、牟夷、黑肱皆名耳。」漆一邑,閭丘一邑,而不言及者,庶其之私邑,所受於君而食之者也。此叛臣何以不書叛?書名書地,而竊邑叛君之罪見矣。杜氏曰:「舉地言奔,則魯坐受,與庶其叛兩明,故省文。」范氏曰:「人臣無專禄以邑

氏曰:「定十五年城漆,即庶其邑。」❶「兗州鄒縣,即南平陽也。後漢山陽南平鄉有漆亭,山陽南平陽有閭丘亭。」汪氏曰:「慶,庶其書名,不書姓氏,此傳云特書其姓氏,蓋傳

❶「任」,原作「汪」,今據四庫本改。

曰:「以邑出爲叛。」何氏曰:「以地來,雖賤必書,重地也。」《穀梁傳》:「以者,不以者也。」《公羊傳》:「邾婁庶其者何?邾婁大夫也。邾婁大夫則曷爲不言及,小大敵也。」任

叛之道。」陸氏曰：「以地來，即叛也。不言叛，爲內諱也。諱受叛臣也。」王氏曰：「叛而歸他國曰叛，叛而歸魯曰來奔，內外異辭也。」《唐書》：「文宗太和五年，吐蕃維州副使悉怛謀請降，牛僧孺謂不可受，詔以城歸吐蕃。司馬公曰：『荀吳圍鼓，鼓人以城叛，弗許。』夫棄夷狄從諸夏，其慕義之心疑可與也。然有據城以求援者，君子猶以爲不可受，況鄰國乎？書來奔，而魯受叛臣納其地之罪亦見矣。孫氏曰：「書者，惡魯受邾叛人邑。」薛氏曰：「天下之惡一也。納人之叛而疾人之叛己，不可以言理矣。公在晉而叛臣之受，魯之無政甚矣。」陳氏曰：「於是公在晉，季孫宿納之也。《春秋》誅叛人，苟納之，雖無公命，必謹而書之。」蜀杜氏曰：「諸侯之地，皆天子所封，爲天子守之也。諸侯之臣，皆王之臣，故曰天子之陪臣也。周衰，諸侯之國地有侵軼者，必志而罪之。臣有奔叛者，必錄而貶之。」永嘉呂氏曰：「《春秋》書以地來奔者三：今年庶其，昭五年莒牟夷，三十一年邾黑肱是也。人臣之奔，必適仇國。晉欒盈之奔也必楚，秦鍼之奔也必晉，而庶其之奔也必魯，之於邾也，既執其君取其田，又伐其國而納其叛人，甚矣！」汪氏曰：「莒太子僕弑其君，以其寶玉來奔，納諸宣公，襄公朝晉未返，而季孫宿以君姬氏妻之，且有賜焉。於此見邾庶其以土地來奔，襄公朝晉未返，而季孫宿以君姬氏妻之，豈非南鄙之怨歟？魯之於邾也，則執行父之忠於公室而遠於利，宿之貪利而忘君也。」廬陵李氏曰：「經書三叛人：此年邾庶其，昭五年莒牟夷，昭三十一年黑肱。《左氏》所謂名其人終爲不義者是也。然《春秋》內大惡諱，鄭詹之逃來，《春秋》猶以不信諱公，今直書不諱，何哉？蓋此三叛之受，皆我公不在國而季孫受之也。季孫受而不諱，正猶公在會未歸而師滅項，不書取而書滅也。觀文十八年莒僕以寶玉來奔，納諸宣公也，而《春秋》不書，則知在

附録《左傳》：「齊侯使慶佐爲大夫，復討公子牙之黨，執公子買于句瀆之丘。公子鉏來奔，叔孫還奔燕。」○「夏，楚子庚卒。楚子使薳子馮爲令尹，訪於申叔豫。叔豫曰：『國多寵而王弱，國不可爲也。』遂以疾辭。方暑，闕地，下冰而牀焉。重繭，衣裘，鮮食而寢。楚子使醫視之。復曰：『瘠則甚矣，而血氣未動。』乃使子南爲令尹。」

夏，公至自晉。○秋，晉欒盈出奔楚。《左傳》：「欒桓子娶於范宣子，生懷子。范鞅以其亡也，怨欒氏，故與欒盈爲公族大夫而不相能。桓子卒❶，欒祁與其老州賓通，幾亡室矣。懷子患之。祁懼其討也，愬諸宣子曰：『盈將爲亂，以范氏爲死桓主而專政矣。曰：吾父逐鞅也，不怒而以寵報之，又與吾同官而專之。吾父死而益富。死吾父而專於國，有死而已，吾蔑從之矣。』其謀如是，懼害於主，吾不敢不言。」范鞅爲之徵。懷子好施，士多歸之。宣子畏其多士也，信之。懷子爲下卿，宣子使城著而遂逐之。秋，欒盈出奔楚。宣子殺箕遺、黃淵、嘉父、司空靖、邴豫、董叔、邴師、申書、羊舌虎、叔羆，囚伯華、叔向、籍偃。人謂叔向曰：『子離於罪，其爲不知乎？』叔向曰：『與其死亡若何？』《詩》曰：「優哉游哉，聊以卒歲。」知也。』樂王鮒見叔向曰：『吾爲子請。』叔向弗應。出，不拜。其人皆咎叔向。叔向曰：『必祁大夫。』室老聞之，曰：『樂王鮒言於君，無不行，求救吾子，吾子不許。祁大夫所不能也，而曰必由之，何也？』叔向曰：『樂王鮒，從君者也，

❶「桓子卒」，原脱，今據四庫本及阮刻本《春秋左傳正義》補。

何能行？祁大夫外舉不棄讎，內舉不失親，其獨遺我乎？《詩》曰：「有覺德行，四國順之。」夫子覺者也。」晉侯問叔向之罪於樂王鮒。對曰：「不棄其親，其有焉。」於是祁奚老矣，聞之，乘馹而見宣子，曰：「《詩》曰：『惠我無疆，子孫保之。』《書》曰：『聖有謨勳，明徵定保。』夫謀而鮮過、惠訓不倦者，叔向有焉，社稷之固也，猶將十世宥之，以勸能者。今壹不免其身，以棄社稷，不亦惑乎？鯀殛而禹興；伊尹放太甲而相之，卒無怨色；管、蔡為戮，周公右王。若之何其以虎也棄社稷？子為善，誰敢不勉？」宣子說，與之乘，以言諸公而免之。不見叔向而歸，叔向亦不告免焉而朝。初，叔向之母妒叔虎之母美而不使，其子皆諫其母。其母曰：「深山大澤，實生龍蛇。彼美，余懼其生龍蛇以禍女。女，敝族也。國多大寵，不仁人間之，不亦難乎？余何愛焉？」使往視寢，生叔虎，美而有勇力，欒懷子嬖之，故羊舌氏之族及於難。欒盈過於周，周西鄙掠之。辭於行人曰：「天子陪臣盈，得罪於王之守臣，將逃罪。罪重於郊甸，無所伏竄，敢布其死。昔陪臣書能輸力於王室，王施惠焉。其子黡，不能保任其父之勞。大君若不棄書之力，而思黡之罪，臣戮餘也，將歸死於尉氏，不敢還矣。敢布四體，唯大君命焉。」王曰：『尤而效之，其又甚焉。』使司徒禁掠欒氏者，歸所取焉，使候出諸輾轅。」劉氏曰：「不以范匄逐之為文，而書盈之自出，使盈無可逐之釁，則匄不得逐矣。匄之罪易見，盈之失難知。此《春秋》所以深探其情而大正其本也。道莫難於治天下，而天下之治在國，國之治在家，家之治在身，身不治，國家不可得治也。《詩》之首《周》、《召》，《書》之首《堯》、《舜》，皆從此生矣。《春秋》述堯、舜者也，是以謹於人道之始，閨門之內，易曰『閑有家，悔亡』家之不閑，悔不亦宜乎？」高氏曰：「盈不能防閑其母，遂為范匄所逐，既取奔亡，復有作亂之志，

故特奔于楚焉。以楚強大，今日可恃以逃難，他日可挾以復歸也」。汪氏曰：「士鞅之言曰『欒黶汰虐已甚』，而盈又自言『黶不能保任其父之勞』，則欒氏之稔惡有自來矣。不然，夫豈無秋毫之過而遽離於罪乎？」廬陵李氏曰：「欒盈以此年奔楚，明年自楚適齊，晉爲商任、沙隨之會以錮之。二十三年，齊助之入曲沃，齊遂伐晉，其冬晉殺欒盈，欒氏亡。」又曰：「《春秋》正本之書。故凡國君逐及大夫見逐，皆不書所逐之人，而皆以自奔爲文者，明其自有取奔之道也。獨宋子哀得見幾之善，故書字貴之。」○九月庚戌朔，日有食之。冬，十月庚辰朔，日有食之。襄陵許氏曰：「比年食，又比月食，蓋自是八年之間而日七食，禍變重矣。」石氏曰：「日食之變，起於交也。有雖交而不食者，春秋二百四十二年，而食纔三十六；有頻交而食者，此年及二十四年，三年之內，連月而食者再也。諸儒以爲曆無此法，或傳寫之誤。然漢之時亦有頻食者，高帝三年及文帝前三年，十月晦、十一月晦是也。天道至遠，不可得而知。後世執推步之術，按交會之度而求之，亦已難矣。」高氏曰：「曆家推步之術，皆一百七十三日始一交會，去交遠則日食漸少，無頻食之理。此五年及二十四年頻食，古今術者不能考知，故日食雖天數之常，聖人必以爲譴異而書之，以警人君之自息也。」○曹伯來朝。《左傳》：「冬，曹武公來朝，始見也」。汪氏曰：「曹武公即位三年而來朝，此喪畢入見于天子之時也，不朝于京師而朝于宗國，曾是以爲禮乎？」○公會晉侯、齊侯、宋公、衛侯、鄭伯、曹伯、莒子、邾子于商任。任音壬。《左傳》：「會於商任，錮欒氏也。齊侯、衛侯不敬。叔向曰：『二君者必不免。會朝，禮之經也，禮，政之輿也；政，身之守也。怠禮失政，失政不立，是以亂也』。」知起、中行喜、州綽、邢蒯出奔齊，皆欒氏之黨也。樂王鮒謂范宣子曰：『盍反州綽、邢蒯，勇士也』。宣子曰：『彼欒氏之勇也，余

何獲焉？」王鮒曰：「子爲彼欒氏，乃亦子子之勇也。」齊莊公朝，指殖綽、郭最曰：「是寡人之雄也。」州綽曰：「君以爲雄，誰敢不雄？然臣不敏，平陰之役，先二子鳴。」莊公爲勇爵，殖綽、郭最欲與焉。州綽曰：「東閭之役，臣左驂迫，還於門中，識其枚數，其亦可以與於此乎？」公曰：「子爲晉君也。」對曰：「臣爲隸新，然二子者，譬於禽獸，臣食其肉而寢處其皮矣。」襄陵許氏曰：「欒氏之出，非其罪也。徒以權門私相忌怨，何有於國？而平公受其激怒，勤動諸侯，以逞范鞅之積憾，勤無所容於世。故盈發憤，卒興禍亂。此皆以私敗公，足以爲古今之至戒。是時中國無事，晉無所發政以呴會諸侯，則知徒以欒氏，信不誣也。」

附錄《公羊傳》：「十有一月庚子，孔子生。」何氏曰：「時歲在己卯，上有十月庚辰，此亦十月也。《穀》無十一月字。」廬陵李氏曰：「何休以此年爲己卯，杜氏以爲己酉，已不合。《史記・世家》以爲孔子生於襄公二十二年，又不合。未詳孰是。楊士勛疏馬遷之言，與經典不合者非一，故與此傳異耳。」

庚戌靈王二十一年。二十有二年晉平七。 四。陳哀十八。杞孝十六。宋平二十五。秦景二十六。楚康九。吳諸樊十。蔡景四十一。鄭簡十五。曹武臨川吳氏曰：「著不朝正于廟也。」

春，王正月，公至自會。

附錄《左傳》：「春，臧武仲如晉，雨，過御叔。御叔在其邑，將飮酒，曰：『焉用聖人？我將飮酒而已。雨行，何以聖爲？』穆叔聞之，曰：『不可使也，而傲使人，國之蠹也。』令倍其賦。」

夏，四月。

附錄《左傳》：「夏，晉人徵朝于鄭。鄭人使少正公孫僑對曰：『在晉先君悼公九年，我寡君於是即位。即

位八月，而我先大夫子駟從寡君以朝于執事，執事不禮於寡君，寡君懼，因是行也。我二年六月朝于楚，晉是以有戲之役。楚人猶競，而申禮於敝邑。敝邑欲從執事，而懼爲大尤，曰：『晉其謂我不共有禮。』是以不敢攜貳於楚。我四年三月，先大夫子蟜又從寡君以觀釁於楚，晉於是乎有蕭魚之役。謂我敝邑，邇在晉國，譬諸草木，吾臭味也，而敢差池？楚亦不競，寡君盡其土實，重之以宗器，以受齊盟。遂帥群臣隨于執事，以會歲終。貳於楚者，子侯、石盂，歸而討之。湨梁之明年，子蟜老矣，公孫夏從寡君以朝于君，見於嘗酎，❶與執燔焉。間二年，聞君將靖東夏，四月，又朝以聽事期。不朝之間，無歲不聘，無役不從。以大國政令之無常，國家罷病，不虞荐至，無日不惕，豈敢忘職？大國若安定之，其朝夕在庭，何辱命焉？若不恤其患，而以爲口實，其無乃不堪任命，而翦爲仇讎？敝邑是懼，其敢忘君命？委諸執事，執事實重圖之。』」

秋，七月辛酉，叔老卒。杜氏曰：「子叔齊子。」高氏曰：「此叔肸之孫，聲伯之子，其子弓嗣爲大夫，是爲子叔敬子。」

附録《左傳》：「秋，欒盈自楚適齊。晏平仲言於齊侯曰：『商任之會，受命於晉。今納欒氏，將安用之？小所以事大，信也。失信，不立，君其圖之。』弗聽。退告陳文子曰：『君人執信，臣人執共。忠、信、篤、敬，上下同之，天之道也。君自棄也，弗能久矣。』」○「九月，鄭公孫黑肱有疾，歸邑于公，召室老、宗人立

❶「嘗」，原作「常」，今據四庫本及阮刻本《春秋左傳正義》改。

段,而使黜官、薄祭。祭以特羊,殷以少牢,足以共祀,盡歸其餘邑,曰:「吾聞之,生於亂世,貴而能貧,民無求焉,可以後亡。敬共事君與二三子。生在敬戒,不在富也。」己巳,伯張卒。君子曰:『善戒。《詩》曰:「慎爾侯度,用戒不虞。」鄭子張其有焉。』」

冬,公會晉侯、齊侯、宋公、衛侯、鄭伯、曹伯、莒子、邾子、薛伯、杞伯、小邾子于沙隨。「邾子」下,《公》、《穀》有「滕子」。《左傳》:「冬,會于沙隨,復錮欒氏也。欒盈猶在齊,晏子曰:『禍將作矣。齊將伐晉,不可以不懼。』」

按《左氏》,會于商任,錮欒氏也。會于沙隨,復錮欒氏也。古者大夫去國,君不掃其社稷。《禮記‧祭法》:「諸侯自爲立社,曰侯社。大夫以下成群立社,曰置社。」不繫纍其子弟,不收其田邑,使人導之出疆,又先之於其所往,勅五典、厚人倫也。今晉不念欒氏世勳而逐盈,氏曰:「自欒賓以靖侯之孫傅桓叔,至貞子枝佐文公霸業,枝之子盾事靈公將下軍,盾之子書是爲武子,事成、景、厲、悼,有功,盈即書之孫也。」又將搏執之,而命諸侯無得納焉,則亦過也。朱子曰:「窮之於其所往之國,如晉欒盈也。」家氏曰:「入春秋以來,大夫奔而極其所往,未有若此之甚者也。」楚子曰:「止,彼若能利國家,雖重幣,晉將可乎?若無益於晉,晉將棄之,何勞錮焉?」其賢於商任、沙隨之謀遠矣。高氏曰:「晉以一欒盈之故,期年之間,再合諸侯,見大夫之強,而晉失霸者之義,不足以令諸侯矣。齊人終保盈,是令不行也。令不行

者，盈之譖爲可憫者也。諸侯皆知之，而平公不知也。故齊侯背此盟，而明年伐衛，遂伐晉也。」汪氏曰：「欒盈、屈巫皆得罪於權臣，然屈巫將聘於齊而竊妻以逃，其廢君命，亦可誅矣。晉平用范匄之謀，屢會諸侯以怨，遂爲姣母所譖而見逐，未有犯上可誅之實，其罪視屈巫，蓋薄乎云爾。錮之，幾致亂國。楚莊不聽子反錮巫臣之請，而嗣君卒滅其族，亦致通吳之禍，人君之不明而眩於權臣，其患豈淺淺哉。」

公至自會。 汪氏曰：「諸侯爲會以錮欒氏，齊侯與會而保盈，將以納之。」〇**楚殺其大夫公子追舒。**《左傳》：「楚觀起有寵於令尹子南，未益祿而有馬數十乘。楚人患之，王將討焉。子南之子棄疾爲王御士，王每見之必泣。棄疾曰：『君三泣臣矣，敢問誰之罪也？』王曰：『令尹之不能，爾所知也。國將討焉，爾其居乎？』對曰：『父戮子居，君焉用之？洩命重刑，臣亦不爲。』王遂殺子南于朝，轘觀起於四竟。❶ 子南之臣謂棄疾：『請徒子尸於朝。』曰：『君有禮，唯二三子。』三日，棄疾請尸。王許之。既葬，其徒曰：『行乎？』曰：『吾與殺吾父，行將焉入？』曰：『然則臣王乎？』曰：『棄父事讎，吾弗忍也。』遂縊而死。復使薳子馮爲令尹，公子齮爲司馬，屈建爲莫敖。有寵於薳子者八人，皆無祿而多馬。他日朝，與申叔豫言，弗應而退。從之，入於人中。又從之，遂歸。退朝，見之，曰：『子三困我於朝，吾懼，不敢不見。吾過，子姑告我，何疾我也。』對曰：『吾不免是懼，何敢告子？』曰：『何故？』對曰：『昔觀

❶ 「轘」，原作「環」，今據四庫本改。

起有寵於子南，子南得罪，觀起車裂，何故不懼？』自御而歸，不能當道。至，謂八人者曰：『吾見申叔，夫子所謂生死而肉骨也。知我者如夫子則可；不然，請止。』辭八人者，而後王安之。」蘇氏曰：「追舒罪不至死，故稱國以殺，不去其官。」劉氏曰：「楚子與人之子謀殺其父，其刑已甚，不可以行于天下，故以累上之辭言之。」高氏曰：「追舒寵近小人，故及於難。然以楚國之力，除一寵嬖之大夫，顧豈難哉？而康王始與人之子圖其父，終則殺之，輾其黨於四竟，由威柄失於上，故刑不足以馭下也。夫威柄既立，則責讟足以折姦臣之鋒，及其失之，則刀鋸不足以當姦臣之罪。其怨毒所鍾遂發於靈王之世，楚之不亡者，幸而已。以夷狄之國，而威柄一失，其禍遂至於此。則中國之君，可不監於兹？」

附錄《左傳》：「十二月，鄭游販將歸晉，未出竟，遭逆妻者，奪之以館于邑。丁巳，其夫攻子明，殺之，以其妻行。子展廢良而立大叔，曰：『國卿，君之貳也，民之主也，不可以苟。請舍子明之類。』求亡妻者，使復其所。使游氏勿怨，曰：『無昭惡也。』」

辛亥靈王二十二年。**二十有三年**晉平八。齊莊四。衛獻二十七，殤九。蔡景四十二。鄭簡十六。曹武五。陳哀十九。杞孝十七，卒。宋平二十六。秦景二十七。楚康十。吳諸樊十一。**春，王二月癸酉朔，日有食之。**〇**三月己巳，杞伯匄卒。**杜氏曰：「悼夫人，杞孝公姊妹。」高氏曰：「杞自桓公以來，晉悼夫人喪之。平公不徹樂，非禮也。禮，爲鄰國闕。」《公》作「鼻我」。《公羊傳》：「邾婁鼻我者何？邾婁大夫也。邾婁無大夫，此何以書？以近書也。」杜氏曰：「畀我，庶其之黨，同竊邑叛君。」孫氏曰：「書『畀我來奔』，惡內也。惡鄉受

邾叛人邑，今又納邾叛人也。故是年冬臧紇出奔，邾亦受之。」家氏曰：「魯受庶其二邑，復納其黨，天王不問，方伯無討。《春秋》再書，責魯也，亦責晉也。」○劉氏曰：「《公羊》云『以近書也』此文過飾非之詞耳。」

○葬杞孝公。○陳殺其大夫慶虎及慶寅。《左傳》：「陳侯如楚，公子黃愬二慶於楚，楚人召之。使慶樂往，殺之。慶氏以陳叛。夏，屈建從陳侯圍陳。陳人城，板隊而殺人。役人相命，各殺其長，遂殺慶虎、慶寅。楚人納公子黃。君子謂慶氏：『不義，不可肆也。故《書》曰：「惟命不于常。」』」《穀梁傳》：「稱國以殺，罪累上也。」及慶寅，慶寅累也。」

按《左氏》，慶虎無道，求專陳國，暴蔑其君，畏公子黃之偪而愬諸楚，曰：「與蔡司馬同謀。」楚人以爲討。公子黃奔楚，愬之。二慶以陳叛，楚屈建圍陳，殺二慶。夫人君擅一國之利勢，使權臣暴蔑其身而不能遠，欲去其親而不能保，譖愬之於大國而不能辨，至因夷狄之力然後能克，則非君人之道也。故二慶之死，稱國以殺。陳氏曰：「《春秋》未書叛，而稱國以殺，猶是殺大夫焉，叛必不能殺者也。」高氏曰：「書及，著罪在慶寅，以虎之罪而及寅也。」公子黃之出，特以弟書者，譏歸陳侯也。凡此皆《春秋》端本之意。家氏曰：「導陳侯以叛晉即楚者，二慶也；奔母弟黃于楚者，亦二慶也。楚人討而殺之，納黃于陳，二慶之誅、黃之復，楚皆專之。《春秋》書法如此，若陳人之自殺之，不與夷狄以專制中國也。」汪氏曰：「公子黃之奔，爲愬慶氏而往也。《春秋》書陳侯之如楚，蓋惑於權臣而將爲二慶與黃和解之爾。使陳侯亦爲愬慶氏而往，則必如蔡侯朱書『出奔楚』矣。屈建之圍，挾陳侯以討二慶，二慶之閉城，知楚人之必誅己而拒之，非叛陳侯也。故不書二慶之叛。

陳侯之弟黃自楚歸于陳。

陳人逼於兵，殺二慶以說于楚，故不以討賊之詞言之，讒其殺之不以其罪，以著陳侯之無能爲也。」高氏曰：「二慶死，則黃之歸易矣。讒誣不釋，則忠良不顯；奸宄不誅，則淑善不遂。君子小人相爲伏見，故陳討二慶而公子黃返也。書『自楚』者，罪其奔夷狄之國，復藉夷狄之力以歸，黃之進退不正矣。」〇晉欒盈復入于晉，入于曲沃。《左傳》：「晉將嫁女于吳，齊侯使析歸父媵之，以藩載欒盈及其士，納諸曲沃。欒盈夜見胥午而告之。對曰：『不可。天之所廢，誰能興之？子必不免。吾非愛死也，知不集也。』盈曰：『雖然，因子而死，吾無悔矣。我實不天，子無咎焉。』許諾。伏之而觴曲沃人，樂作，午言曰：『今也得欒孺子何如？』對曰：『得主而爲之死，猶不死也。』皆歎，有泣者。爵行，又言，皆曰：『得主，何貳之有？』盈出，徧拜之。四月，欒盈帥曲沃之甲，因魏獻子以晝入絳。初，欒盈佐魏莊子於下軍，獻子私焉，故因之。趙氏以原、屏之難怨欒氏，韓、趙方睦。中行氏以伐秦之役怨欒氏，而固與范氏和親。知悼子少，而聽於中行氏。程鄭嬖於公。唯魏氏及七輿大夫與之。樂王鮒侍坐於范宣子，或告曰：『欒氏至矣。』宣子懼。桓子曰：『奉君以走固宮，必無害也。且欒氏多怨，子爲政，欒氏自外，子在位，其利多矣。既有利權，又執民柄，將何懼焉？欒氏所得，其唯魏氏乎，而可強取也。夫克亂在權，子無懈矣。』公有姻喪，王鮒使宣子墨縗、冒経，二婦人輦以如公，奉公以如固宮。范鞅逆魏舒，則成列既乘，將逆欒氏矣。趨進，曰：『欒氏帥賊以入，鞅之父與二三子在君所矣，使鞅逆吾子。』鞅請驂乘，持帶，遂超乘。右撫劍，左援帶，命驅之出。僕請，鞅曰：『之公。』宣子逆諸階，執其手，賂之以曲沃。初，斐豹，隷也，著於丹書。欒氏之力臣曰督戎，國人懼之。斐豹謂宣子曰：『苟焚丹書，我殺督戎。』宣子喜，曰：『而殺之，所不請於君

焚丹書者，有如日！」乃出豹而閉之。督戎從之。踰隱而待之，督戎踰入，豹自後擊而殺之。范氏之徒在臺後，欒氏乘公門。宣子謂鞅曰：『矢及君屋，死之！』鞅用劍以帥卒，欒氏退，攝車從之。遇欒樂，曰：『樂免之。死，將訟女於天。』樂射之，不中；又注，則乘槐本而覆。或以戟鉤之，斷肘而死。欒魴傷。欒盈奔曲沃。晉人圍之。」《公羊傳》：「曲沃者何？晉之邑也。其言入于晉，入于曲沃何？欒盈將入晉，晉人不納，由乎曲沃而入也。」杜氏曰：「曲沃在河東聞喜縣。」

欒氏，晉室之世臣，故盈雖出奔，猶繫於晉。晉臣矣。《春秋》猶書『晉欒盈』者，一以明君臣之分而討之，亦以閔欒氏為晉世臣而自絕於晉耳。宋魚石義與此同。」復入者，甚逆之辭，蜀杜氏曰：「《春秋》之法，復入於人，入重於復歸，復歸重於歸。然則復入者，惡甚之辭。」為其既絶而復入也。曲沃者，所食之地。劉氏曰：「曲沃，欒氏邑也。然則盈為不言叛？非叛者也。劫衆以敵君，直亂而已矣。」高氏曰：「曲沃即沃。昭公分國以封沃，沃盛强，昭公微弱，國人將叛而歸沃，故詩人作《揚之水》、《椒聊》、《杕杜》之詩以見意。然則沃者，晉之腴饒强盛，必叛之邑也。今曲沃大夫不由君命而擅納盈，以曲沃乃盈舊所食之私邑，故盈帥曲沃之甲以入晉，不勝而反入曲沃焉。故書入於曲沃，見盈有叛心，又見曲沃知有盈而不知有晉君也。」當是時，權寵之臣，各以利誘其下，使爲之用，至於殺身而不避，莫知有君臣之分者也。故聞語欒孺子者，則或泣或嘆，以爲得主而爲之死，猶不死也。朱子曰：「春秋權臣得衆者，皆是厚施於民。」盈從之，遂入絳，乘公門，若非天棄欒氏，又有范鞅之謀，晉亦殆矣。原其失在於錮之甚急，使無

所容於天地之間，是以至此極。《春秋》備書之，以見人而不仁，疾之已甚，亂也。其為後世鑒，豈不深切著明也哉！陸氏曰：「不稱所自，潛至也。」蘇氏曰：「欒盈自齊入于曲沃，不言自齊何也？齊之納欒盈，非以兵納之也，譬如盜賊私納之耳。」王氏曰：「魚石未嘗入于宋也，入于彭城而已。欒盈則先入于晉，後入于曲沃，故上言復入，下言入也。」汪氏曰：「朱子謂『不仁之人，不能容之，則必致亂』，如東漢之黨錮。蓋不仁之人，力能誅則誅，苟不能誅而徒疾之，使之無所容其身，事窮勢迫，則必為悖逆爭鬬之事矣。況欒盈非有弒父與君之大惡，逐之去國，則亦已矣。何至動天下之諸侯，一再會聚而禁錮之哉？鋌而走險，急何能擇？盈之復入于晉，實晉有以激之耳。」

秋，齊侯伐衛，遂伐晉。齊始伐盟主。《左傳》：「秋，齊侯伐衛。先驅，穀榮御王孫揮，召揚為右；申驅，成秩御莒恆❶，申鮮虞之傅摯為右。曹開御戎，晏父戎為右。貳廣，上之登御邢公，盧蒲癸為右；啟，牢成御襄罷師，狼蕢疏為右；胠，商子車御侯朝，桓跳為右；大殿，商子游御夏之御寇，崔如為右；燭庸之越馹乘。自衛將遂伐晉。晏平仲曰：『君恃勇力，以伐盟主。若不濟，國之福也。』弗聽。陳文子見崔武子曰：『將如君何？』武子曰：『吾言於君，君弗聽也。以為盟主，而利其難。群臣若急，君於何有？子姑止之。』文子退，告其人曰：『崔子將死乎！謂君甚而又過之，不得其死。過君以義，猶自抑也，況以惡乎？』齊侯遂伐

❶「恒」，原作「伯」，今據四庫本及阮刻本《春秋左傳正義》改。

晉，取朝歌。爲二隊，入孟門，登太行。張武軍於熒庭，戍郫邵，封少水，以報平陰之役，乃還。趙勝帥東陽之師以追之，獲晏氂。」高氏曰：「此齊侯背澶淵、商任、沙隨之盟，因晉有欒氏之亂而助之，以報十八年之役也。十八年諸侯同圍齊者，魯之故也。齊之所以數伐魯者，衛之故也。故先伐衛以試之，晉不之問，於是遂伐晉。齊莊既伐同盟，又伐盟主，禍亂之成，著於此矣。」襄陵許氏曰：「書齊侯，本其惡也。」陳氏曰：「其書遂何？齊始伐盟主也。自袁婁以來，齊世從晉，於是始叛，則晉之伐二國也。」汪氏曰：「齊莊本意在伐晉，而伐衛以先之，亦猶齊桓本意在伐楚，而侵蔡以先之也。討從楚之與國而後討強楚，善之大者也。伐從楚之與國而果於陵霸主，惡之大者也。《春秋》之書遂，其中有大美惡焉。」八月，叔孫豹帥師救晉，次于雍榆。雍，於用反。榆，《公》《穀》作「渝」。《左傳》：「禮也。」《公羊傳》：「曷爲先言救而後言次？先通君命也。」《穀梁傳》：「言救後次，非救也。」杜氏曰：「雍榆，晉地。汲郡朝歌縣東有雍城。」薛氏曰：「次于雍榆，有所畏也。救晉而憚行也。」啖氏曰：「救者，救其患難。凡救當奔命以往，救次，失救道也。救邢之師不速赴，故書次于聶北。而救邢竟得其援，故又言救邢。救晉之師，君命往救而叔孫次止，故先書救晉，明魯君之命也。下言次于雍榆，罪叔孫也。」劉氏曰：「晉有欒盈之難，重以齊侯之伐，魯命豹帥師救之，斯義事也。豹乃息棄君命，不恤同姓之憂，次于雍榆，卒不克救，豹罪大矣。」蘇氏曰：「聶北之役，先言次而後言救，按兵待時，卒能救邢。故以救終之。雍榆之役，先言救而後言次，以救晉出兵，而盤桓於雍榆，不及於事，故以次終之也。」陳氏曰：「次而救，匿其救之之形也。救而次，宣其救之之聲也。書救晉何？晉遂失

霸也。以區區之魯何救於晉？書救晉，則天下益多故矣。盟于宋而南北之勢成，會于申而淮夷至，戰於雞父，而吳之敗者六國，於越入吳，春秋終焉。蓋於是焉始，故謹而書之也。是故自救盟主而後，昭二十一年晉帥諸侯之師救宋，三十年楚沈尹戌救徐之類，皆不書。」汪氏曰：「《外傳》記子服惠伯之言曰：『欒氏之亂，齊人間晉之禍，伐取朝歌，使叔孫豹帥敝賦，踦跂畢行，無有處人，以從軍吏，次于雍榆，與邯鄲勝擊齊之左，止晏萊焉，齊師退而後敢還。』則穆叔非無功於晉也，但曰『次于雍榆』，蓋穆叔與趙勝皆畏齊師而不敢敵，待其已去，而躡其後耳。」然《春秋》不著其救患之功。○己卯，仲孫速卒。

《左傳》：「季武子無適子，公彌長，而愛悼子，欲立之。訪於申豐曰：『彌與紇，吾皆愛之，欲擇才而立之。』申豐趨退，歸，盡室將行。他日又訪焉，對曰：『其然，將具敝車而行。』乃止。訪於臧紇。臧紇曰：『飲我酒，吾爲子立之。』季氏飲大夫酒，臧紇爲客。既獻，臧孫命北面重席，新樽絜之。召悼子，降，逆之。大夫皆起及旅，而召公鉏，使與之齒。季孫失色。季氏以公鉏爲馬正，慍而不出。閔子馬見之，曰：『子無然。禍福無門，唯人所召。爲人子者，患不孝，不患無所。敬共父命，何常之有？若能孝敬，富倍季氏可也。姦回不軌，禍倍下民可也。』公鉏然之，敬共朝夕，恪居官次。季孫喜，使飲己酒，而以具往，盡舍旃。故公鉏氏富，又出爲公左宰。孟莊子疾，豐點謂公鉏：『苟立羯，請讎臧氏。』公鉏謂季孫曰：『孺子秩固其所也。若羯立，❶則季氏信

❶「羯立」，原倒文，今據四庫本及阮刻本《春秋左傳正義》乙正。

有功於臧氏矣。」弗聽。已卯,孟孫卒。公鉏奉羯立于戶側。季孫至,入,哭而出曰:「秩焉在?」公鉏曰:「羯在此矣。」季孫曰:「孺子長。」公鉏曰:「何長之有?唯其才也。且夫子之命也。」遂立羯。秩奔邾。臧孫入哭,甚哀,多涕。出,其御曰:「孟孫之惡子也,而哀如是。季孫若死,其若之何?」臧孫曰:「季孫之愛我,疾疢也,孟孫之惡我,藥石也。美疢不如惡石。夫石猶生我,疢之美,其毒滋多。孟孫死,吾亡無日矣。」汪氏曰:「魯自仲遂殺適立庶,公室於是乎失政。魯卿自季孫宿以私意廢長立幼,於是家臣效尤。孟氏之豐點廢秩立羯,叔孫氏之豎牛殺孟丙而立舍,皆託廢立以擅其權,而三桓微矣。作俑之禍,其流弊可勝言哉?」○冬,十月乙亥,臧孫紇出奔邾。《左傳》:「孟氏閉門,告於季孫曰:『臧氏將爲亂,不使我葬。』季孫不信。臧孫聞之,戒。冬十月,孟氏將辟,藉除於臧氏。臧孫使正夫助之,除於東門,甲從己而視之。孟氏又告季孫。季孫怒,命攻臧氏。乙亥,臧紇斬鹿門之關以出,奔邾。初,臧宣叔娶於鑄,生賈及爲而死。繼室以其姪,穆姜之姨子也,生紇,長於公宮。姜氏愛之,故立之。臧賈、臧爲出在鑄。臧武仲自邾使告臧賈,且致大蔡焉,曰:『紇不佞,失守宗祧,敢告不弔。紇之罪不及不祀,子以大蔡納請,其可。』賈曰:『是家之禍也,非子之過也。』賈聞命矣。再拜受龜,使爲以納請,遂自爲也。臧孫如防,使來告曰:『紇非能害也,知不足也。非敢私請。苟守先祀,無廢二勳,敢不避邑!』乃立臧爲。臧孫如防,使來告曰:『紇非能害也,知不足也。非敢私請。苟守先祀,無廢二勳,敢不避邑!』乃立臧爲。臧孫如防,使來告曰:其盟我乎?』臧孫曰:『無辭。』將盟臧氏,季孫召外史掌惡臣而問盟首焉。對曰:『盟東門氏也,曰:「毋或如東門遂不聽公命,殺嫡立庶。」盟叔孫氏也,曰:「毋或如叔孫僑如欲廢國常,蕩覆公室。」』季孫曰:『臧孫之罪皆不及此。』孟椒曰:『盍以其犯門斬關?』季孫用之,乃盟臧氏,曰:『無或如臧孫紇干國之紀,犯門斬

臧孫聞之，曰：「國有人焉，誰居？其孟椒乎！」《穀梁傳》：「其日，正臧孫紇之出也。蘧伯玉曰：『不以道事其君者，其出乎？』」杜氏曰：「阿附季氏，爲之廢長立少，以取奔亡。書奔，罪之。」家氏曰：「季宿之納邾，盜也，臧紇所與言者爲何如？❶今乃以媚道自結於季孫，亦何異於盜？季宿自亂己之嫡庶，復亂人之嫡庶，又蔽罪臧紇而逐之，紇固有罪，宿之恣睢不度，亦甚矣。」汪氏曰：「朱子曰：『武仲自邾如防，使請立後而避邑，以示若不得請，則將據邑以叛，是要君也。』或者謂武仲請後，未嘗以防爲言，故要君之迹未彰。夫既曰先祀無廢，敢不避邑？使不許立後，則不避矣，非以防請後而何耶？」○晉人殺欒盈。《左傳》：「晉人克欒盈于曲沃，盡殺欒氏之族黨。欒魴出奔宋，書曰『晉人殺欒盈』，不言大夫，言自外也。」《公羊傳》：「曷爲不言殺其大夫？非其大夫也。」《穀梁傳》：「惡之，弗有也。」杜氏曰：「自外犯君而入，非復晉大夫。」何氏曰：「稱人，從討賊辭。大其除亂也。」陳氏曰：「討亂不書，殺欒盈何以書？討亂常事，殺欒盈非常事也。欒盈，亡大夫爾，曷爲謂之非常？晉爲盟主，而再合諸侯于商任、于沙隨以錮欒氏，則是非常盈之入也，晉人大懼，奉君以走固宮，而盈以曲沃之甲乘公門，矢及君屋，蓋僅焉克之而已，書『殺欒盈』，猶州吁、無知，是非常之辭也。鄭良霄曷爲書之如欒盈？霄奔許，鄭伯爲之盟大夫、盟國人，霄自墓門之瀆入，因馬師頡介于襄庫以伐舊北門，書殺良霄亦非常之辭也。」《左氏》曰：「不言大夫，言自外也。」此說非。廬陵李氏曰：「稱人而不書大夫，與鄭良霄例同，討亂之辭也。

❶「紇」原作「訖」，今據四庫本改。

○齊侯襲莒。《左傳》：「齊侯還自晉，不入，遂襲莒。門于且于，傷股而退。明日，將復戰，期于壽舒。杞殖、華還載甲夜入且于之隧，宿於莒郊。明日，先遇莒子於蒲侯氏。莒子重賂之，使無死，曰：『請有盟。』華周對曰：『貪貨棄命，亦君所惡也。昏而受命，日未中而棄之，何以事君？』莒子親鼓之，從而伐之，獲杞梁。莒人行成。齊侯歸，遇杞梁之妻於郊，使弔之。辭曰：『殖之有罪，何辱命焉？若免於罪，猶有先人之敝廬在，下妾不得與郊弔。』齊侯弔諸其室。」杜氏曰：「輕行掩其不備曰襲，因伐晉還襲莒，不言遂者，間有事。」高郵孫氏曰：「以強攻弱，又掩其不備焉，罪之尤者也。」高氏曰：「以十八年莒子同諸侯圍齊故也。凡用兵皆聲言彼罪，執詞以伐，若乘人不備，掩而取之，則盜賊之爲耳。《春秋》獨此書齊侯襲莒者，罪齊侯以諸侯之尊，爲盜賊之事也。」廬陵李氏曰：「齊莊以千乘之君，帥三軍之衆，輕行襲莒，卒不能勝一微國，身傷臣獲，此君子之所以貴乎正也。」汪氏曰：「春秋用兵之中，惟齊之叛晉也，一書伐曹入其鄭，一書襲莒，皆一經之特筆，深惡之也。」

附録《左傳》：「齊侯將爲臧紇田。臧孫聞之，見齊侯，與之言伐晉，對曰：『多則多矣，抑君似鼠。夫鼠，晝伏夜動，不穴於寢廟，畏人故也。今君聞晉之亂而後作焉，寧將事之，非鼠何如？』乃弗與田。仲尼曰：『知之難也。有臧武仲之知，而不容於魯國，抑有由也，作不順而施不恕也。《夏書》曰：「念茲在茲。」順事、恕施也。』」

壬子靈王二十三年。**二十有四年**晉平九。齊莊五。衛獻二十八，殤十。蔡景四十三。鄭簡十七。曹武六。陳哀二十。杞文公益姑元年。宋平二十七。秦景二十八。楚康十一。吳諸樊十二。**春，叔孫豹如**

晉。《左傳》：「春，穆叔如晉，范宣子逆之，問焉，曰『古人有言，曰「死而不朽」，何謂也』？」穆叔未對。宣子曰：『昔匄之祖，自虞以上爲陶唐氏，在夏爲御龍氏，在商爲豕韋氏，在周爲唐杜氏，晉主夏盟爲范氏，其是之謂乎？』穆叔曰：『以豹所聞，此之謂世祿，非不朽也。魯有先大夫曰臧文仲，既没，其言立。其是之謂乎？豹聞之：「太上有立德，其次有立功，其次有立言。」雖久不廢，此之謂不朽。若夫保姓受氏，以守宗祊，世不絕祀，無國無之。禄之大者，不可謂不朽。』」杜氏曰：「賀克，樂氏也。」

附録《左傳》：「范宣子爲政，諸侯之幣重，鄭人病之。二月，鄭伯如晉，子産寓書於子西以告宣子，曰：『子爲晉國，四鄰諸侯不聞令德，而聞重幣，僑也惑之。僑聞君子長國家者，非無賄之患，而無令名之難。夫諸侯之賄聚於公室，則諸侯貳。若吾子賴之，則晉國貳。諸侯貳，則晉國壞。晉國貳，則子之家壞。何没没也！將焉用賄？夫令名，德之輿也；德，國家之基也。有基無壞，無亦是務乎！有德則樂，樂則能久。《詩》云「樂只君子，邦家之基」，有令德也夫！「上帝臨女，無貳爾心」，有令名也夫！恕思以明德，則令名載而行之，是以遠至邇安。毋寧使人謂子「子實生我」，而謂「子浚我以生」乎？象有齒以焚其身，賄也。』宣子説，乃輕幣。」

「鄭伯朝晉，爲重幣故，且請伐陳也。鄭伯稽首，宣子辭。子西相，曰：『以陳國之介恃大國，而陵虐於敝邑，寡君是以請罪焉，敢不稽首？』」

仲孫羯帥師侵齊。《左傳》：「孟孝伯侵齊，晉故也。」高氏曰：「齊之伐晉也，魯使叔孫豹救之，次于雍榆，無功於晉。故孟孝伯至此復帥師侵齊，爲晉報焉。蓋懼晉之疑也，羯代速爲卿，未練而帥師，亦無復三年之喪。」〇夏，楚子伐吳。《左傳》：「夏，楚子爲舟師以伐吳，不爲軍政，無功而還。」高氏曰：「於是見楚弱而

秋，七月甲子朔，日有食之，既。

襄陵許氏曰：「《春秋》三書『日食，既』。桓三年以周桓敗，宣八年以楚莊興，是後而中國諸侯皆受盟于楚矣。」廬陵李氏曰：「頻月食者，惟襄二十一年九月、十月，及此年七月、八月二條。」劉炫云：「漢末以來八百餘載，考其注疏，莫不皆爾，都無頻月日食之事。蓋多歷世代，或轉寫失其本真，先儒因循，莫敢改易也。」○齊崔杼帥師伐莒。《左傳》：「齊侯既伐晉而懼，將欲見楚子。楚子使薳啓彊如齊聘，且請期。齊社，蒐軍實，使客觀之。陳文子曰：『齊將有寇。吾聞之，兵不戢，必取其族。』齊侯襲莒，已與莒平。」汪氏曰：「去年齊侯聞將有晉師，使陳無宇從薳啓彊如楚辭，且乞師。崔杼帥師送之，遂伐莒，侵介根。」高氏曰：「齊莊之襲莒，身傷臣獲，未伸其志。故雖與莒平，而復伐之耳。然已既失信，將何以保人之信於己乎？」○八月癸巳朔，日有食之。

襄陵許氏曰：「夷儀之會，以水不克伐齊，則知水之所及廣矣，非特魯之灾也。」○大水。

董子曰：「比食又既，象陽將絕，夷狄主上國之象也。後六君弒①。楚子率諸侯伐鄭滅舒鳩，魯往朝之。卒主中國，伐吳，討慶封，遂滅賴。又殺蔡侯，滅陳、蔡而縣之。」○公會晉侯、宋公、衛侯、鄭伯、曹伯、莒子、邾子、滕子、薛伯、杞伯、小邾子于夷儀。

夷儀，《公》作「陳儀」，後同。《左傳》：「會于夷

① 「弒」，四庫本作「殺」。

儀，將以伐齊。水，不克。」杜氏曰：「夷儀本邢地，衛滅邢而爲衛邑。」高氏曰：「自盟于柯陵之後，齊有輕晉之心。會齊侯環卒而光新立，乃受盟于澶淵。及商任、沙隨之會，晉失其令，齊於是復貳。明年乃伐衛，遂伐晉，又再加兵於莒，晉侯爲是故會于夷儀，帥十二諸侯之師以討齊。然會而不伐，是有畏也。國勢不競，衆志不一也。曰『水，不克』者，特辭不能伐爾。下書『崔杼伐我西鄙』，蓋知晉之無能爲也。」汪氏曰：「晉會諸侯，欲伐齊而不能伐，故書會而不書伐，以著其大合十二國之君而無所事也。蓋進則憚齊之强，退又憂楚之伐鄭，是以一會而徒返耳。平陰之役，鄭伯在會，楚亦間之以伐鄭，而公子午孤軍入境，未足撓鄭。今此鄭伯亦在會，而楚子帥諸侯之師以攻鄭，諸侯是以去齊而救鄭焉。伐而不果，救不及事，晉霸之衰亦可知矣。《春秋》所以不書諸侯之救鄭也。」〇冬，楚子、蔡侯、陳侯、許男伐鄭。《左傳》：「冬，楚子伐鄭，子囊戒之曰：『大國之人不可與也。』對曰：『無有衆寡，其上一也。』太叔曰：『不然。部婁無松柏。』二子在幄，坐射犬于外；既食，而後食之。使御廣車而行，己乘乘車。將及楚師，而後從之乘，皆踞轉而鼓琴。近，不告而馳之。皆取胄于橐而胄，入壘皆下，搏人以投，收禽挾囚。弗待而出。皆超乘，抽弓而射。既免，復踞轉而鼓琴，曰：『公孫之亟也！』楚子自棘澤還，使薳啓彊帥師送陳無宇。諸侯還救鄭。晉侯使張骼、輔躒致楚師，求御于鄭。鄭人卜宛射犬，吉。子大叔戒之曰：『大國之人不可與也。』對曰：『無有衆寡，其上一也。』太叔曰：『不然。部婁無松柏。』二子在幄，坐射犬于外；既食，而後食之。使御廣車而行，己乘乘車。將及楚師，而後從之乘，皆踞轉而鼓琴。近，不告而馳之。皆取胄于橐而胄，入壘皆下，搏人以投，收禽挾囚。弗待而出。皆超乘，抽弓而射。既免，復踞轉而鼓琴，曰：『公孫之亟也！』楚子自棘澤還，使薳啓彊帥師送陳無宇。吴人爲楚舟師之役故，召舒鳩人。舒鳩人叛楚。楚師于荒浦，使沈尹壽與師祁犁讓之。舒鳩子敬逆二子，而告無之，且請受盟。二子復命。王欲伐之，薳子曰：『不可。彼告不叛，且請受盟，而又伐之，伐無罪也。姑歸息民，以待其卒。卒而不貳，吾又何求？若猶叛

我，無辭，有庸。』乃還。」蜀杜氏曰：「加楚子于三國之上，雖曰主兵，亦所以惡三國也。」汪氏曰：「晉陽處父伐楚以救江，則書『伐』書『救』，此書『伐鄭』不書以救齊，楚乃能合四國之君以伐鄭，此可以觀夷夏之得失矣。師克在和不在衆，豈不信然。」晉合十二國之君，不能伐齊，楚兵再至鄭而無功，則以悼公之餘澤也。」○公至自會。高氏曰：「諸侯救鄭不書，故以會致。」襄陵許氏曰：「夷儀之師，不能正齊之罪，而徒致棘澤之役以爲鄭難，其救不足錄矣。」○陳鍼宜咎出奔楚。鍼，其廉反。《左傳》：「陳人復討慶氏之黨，鍼宜咎出奔楚。」襄陵許氏曰：「宜咎之事無聞焉耳，而以慶氏黨逐，則其人亦可知矣。《易》曰：『比之匪人，不亦傷乎？』」王氏曰：「宜咎，陳大夫，鍼子八世孫，其後在楚爲箴尹宜咎。」○叔孫豹如京師。《左傳》：「齊人城郟。穆叔如周聘，且賀城。王嘉其有禮也，賜之大路。」高氏曰：「襄公即位二十有四年，如晉者五，出會諸侯者十有三，未嘗朝天子也。是時穀洛鬭，毀王宮，而齊侯叛晉，求媚於天子，故爲王城之，於是叔孫豹始如京師，聘且賀焉。」襄陵許氏曰：「自宣九年仲孫蔑如京師，其後五十餘年，乃始有叔孫豹之聘。蓋自是不聘王矣。」汪氏曰：「襄之聘晉者九，是年春先聘晉，冬乃聘王，書以著魯之慢王也。」盧陵李氏曰：「魯之聘王止此，此後止書叔輗之會葬而已。」城郟，魯不與城，故不書。」○大饑。《穀梁傳》：「五穀不升爲大饑。一穀不升謂之嗛，二穀不升謂之饑，三穀不升謂之饉，四穀不升謂之康，五穀不升謂之大侵。大侵之禮，君食不兼味，臺榭不塗，弛侯，廷道不除，百官布而不制，鬼神禱而不祀。此大侵之禮也」。何氏曰：「有死傷曰『大饑』，無死傷曰『饑』。」

○古者救災之政，若國凶荒，或發廩以賑乏，或移粟以通用，或徙民以就食，或爲粥餴以救

餓莩，或興工作以聚失業之人。汪氏曰：「發廩，如漢文帝發廩以賑饑民，武帝開郡國倉賑濟貧民；移粟徙民，如梁惠王移民、移粟，漢高帝令饑民就食蜀武帝令山東飢民就食江淮，又徙貧民關西，爲粥溢，如漢獻帝出太倉米豆於御前作糜，後魏孝文詔郡縣爲粥於路以食之；興工作，如趙抃守越州僦民完城四千丈之類，皆得古者救災之政者也」

緩刑、舍禁、弛力、薄征、索鬼神、除盜賊，《周禮·大司徒》：「以荒政十有二聚萬民。注：舍禁，若公無禁利也；弛力，息繇役也；薄征，輕租稅也；索鬼神，求廢祀而修之，所謂『靡神不舉，靡愛斯牲』者也；除盜賊，急其刑以除之，飢饉則盜賊多，不可不除也」弛禮、「歲凶，年穀不登，馳道不除。注：弛，廢也，廢侯不燕也」殺禮物而不備，《曲禮》：「歲凶，年穀不登，馳道不除。注：弛，廢也，廢侯不燕也」殺禮物而不備，《曲禮》：「殺，吉禮。」《禮記·曲禮》：「君射侯而不燕，范氏曰：「弛，廢也，廢侯不燕射。」

殺禮物而不備，置廷道而不修，范氏曰：「廷内道路不修除。」《曲禮》：「歲凶，年穀不登，馳道不除。」《周禮·膳不祭肺，馬不食穀，祭祀不縣，大夫不食梁，士飲酒不樂。」

旱水溢，民無菜色。《説文》：「水不利也。」《前漢書·五行志》：「氣相如此其至。」《禮記·王制》：「三年耕，必有一年之食；九年耕，必有三年之食。以三十年之通，雖有凶旱水溢，民無菜色，所以備之者之以爲戒。」薛氏曰：「民有殍爲大饑。國無凶荒之備，一大水而民有殍，無政也。」汪氏曰：「襄公享國傷謂之沴。」而冬大饑，蓋所以賑業之者有不備矣。故書之以爲戒。」薛氏曰：「民有殍爲大饑。國無凶荒之備，一大水而民有殍，無政也。」汪氏曰：「襄公享國二十有四年，當有八年之積。是年水災，所及雖廣，然未嘗壞宗廟、毀宮室、墮城郭，則倉廩之所儲，固無恙也。今無一年之畜而遽至大饑，則見其備荒之無素矣。《春秋》書大有年、大饑各一：大有年者，異天

道之反常，大饑者，著人事之不能處變也。書大旱者二，大水者八，水、旱非大不書。」
附錄 《左傳》：「晉侯饗程鄭，使佐下軍。鄭行人公孫揮如晉聘，程鄭問焉，曰：『敢問降階何由？』子羽不能對。歸以語然明，然明曰：『是將死矣。不然，將亡。貴而知懼，懼而思降，乃得其階。下人而已，又何問焉？且夫既登而求降階者，知人也，不在程鄭。其有亡釁乎！不然，其有惑疾，將死而憂也。』」

癸丑 靈王二十四年。二十有五年晉平十。齊莊六，弑。衛獻二十九，殤十一。蔡景四十四。鄭簡十八。曹武七。陳哀二十一。杞文二。宋平二十八。秦景二十九。楚康十二。吳諸樊十三，卒。

春，齊崔杼帥師伐我北鄙。 《左傳》：「以報孝伯之師也。公患之，使告于晉。孟公綽曰：『崔子將有大志，不在病我，必速歸，何患焉？其來也不寇，使民不嚴，異於他日。』齊師徒歸。」襄陵許氏曰：「崔子之志，鄰國知之，而齊莊不寤。人將戕其躬之不恤，而務貪伐國之功，故利令智昏，外競而內傾，自然之符也。」○夏，五月乙亥，

齊崔杼弑其君光。 《左傳》：「齊棠公之妻，東郭偃之姊也。東郭偃臣崔武子。棠公死，偃御武子以弔焉。見棠姜而美之，使偃取之。偃曰：『男女辨姓，今君出自丁，臣出自桓，不可。』武子筮之，遇困☲☱之大過☱☴。史皆曰『吉』。示陳文子，文子曰：『夫從風，風隕妻，不可娶也。且其繇曰：「困于石，據于蒺藜，入于其宮，不見其妻，凶，無所歸也。」崔子曰：「嫠也，何害？先夫當之矣。」遂取之。莊公通焉，驟如崔氏。以崔子之冠賜人。侍者曰：『不可。』公曰：『不為崔子，其無冠乎？』崔子因是，又以其間伐晉也，曰：『晉必將報。』欲弑公以說于晉，而不獲間。公鞭侍人賈舉，而又近之，乃為崔子間公。夏五月，莒為且于之役故，莒子朝于齊。甲戌，饗諸北郭。崔子稱疾不視事。

乙亥，公問崔子，遂從姜氏。姜入于室，與崔子自側戶出。公拊楹而歌。侍人賈舉止衆從者而入，閉門。甲興，公登臺而請，弗許；請盟，弗許；請自刃於廟，弗許。皆曰：「君之臣杼疾病，不能聽命。近於公宮，陪臣干掫有淫者，不知二命。」公踰牆，又射之，中股，反隊，遂弒之。賈舉、州綽、邴師、公孫敖、封具、鐸父、襄伊、僂堙皆死。祝佗父祭於高唐，至，復命，不說弁而死於崔氏。申蒯侍漁者，退謂其宰曰：「爾以帑免，我將死。」其宰曰：「免，是反子之義也。」與之皆死。崔氏殺鬷蔑于平陰。❶ 晏子立於崔氏之門外，其人曰：「死乎？」曰：「獨吾君也乎哉，吾死也？」曰：「行乎？」曰：「吾罪也乎哉，吾亡也？」曰：「歸乎？」曰：「君死安歸？君民者，豈以陵民？社稷是主。臣君者，豈爲其口實，社稷是養。故君爲社稷死，則死之；爲社稷亡，則亡之。若爲己死，而爲己亡，非其私暱，誰敢任之？且人有君而弒之，吾焉得死之？而焉得亡之？將庸何歸？」門啓而入，枕尸股而哭之。興，三踊而出。人謂崔子：「必殺之！」崔子曰：「民之望也，舍之，得民。」盧蒲癸奔晉，王何奔莒。叔孫宣伯之在齊也，叔孫還納其女於靈公，嬖，生景公。丁丑，崔杼立而相之，慶封爲左相，盟國人於太宮，曰：「所不與崔、慶者」，晏子仰天歎曰：「嬰所不唯忠於君、利社稷者是與，有如上帝！」乃歃。辛巳，公與大夫及莒子盟。太史書曰：「崔杼弒其君。」崔子殺之。其弟嗣書，而死者二人。❷ 其弟又書，乃舍之。南史氏聞太史盡死，執簡以往。聞既書矣，乃還。閭丘嬰以帷縛其妻而載之，與

---

❶ 「平」，原作「淮」，今據四庫本及阮刻本《春秋左傳正義》改。

❷ 「死」，原作「殺」，今據四庫本及阮刻本《春秋左傳正義》改。

申鮮虞乘而出，鮮虞推而下之，曰：『君昏不能匡，危不能救，死不能死，而知匿其暱，其誰納之？』行及弇中，將舍。嬰曰：『崔、慶其追我。』鮮虞曰：『一與一，誰能懼我？』遂舍，枕轡而寢，食馬而食，駕而行。出弇中，謂嬰曰：『速驅之！崔、慶之衆，不可當也。』遂來奔。崔氏側莊公于北郭。丁亥，葬諸士孫之里。四翣，不蹕，下車七乘，不以兵甲。」《穀梁傳》：「莊公失言，淫于崔氏。」

齊莊公見弒，賈舉、州綽等十人皆死之，而不得以死節稱，何也？所謂死節者，以義事君，責難陳善，有所從違而不苟者是也。雖在屬車後乘，必不肯同入崔氏之宮矣。若此十人者，獨以勇力聞，皆逢君之惡，從於昏亂，而莊公嬖之者。死非其所，比諸匹夫匹婦自經於溝瀆而莫之知者，猶不逮也。晏平仲曰：「君民者，豈以陵民？社稷是主。臣君者，豈為其口實？社稷是養。故君為社稷死，則死之；為社稷亡，則亡之。若為己死而為己亡，非其私暱，誰敢任之？」此十人者，真其私暱，任此宜矣。雖殺身不償責，安得以死節許之哉？ 襄陵許氏曰：「齊莊勢陵大邦，衆暴小國，而又躬亂巨室，淫肆不君，故使崔杼因民不忍以與敵市，此足以為世鑒矣。」高氏曰：「崔杼不能防閑其妻以淫于家，反不絕其妻而行大逆於君，齊莊背諸侯之盟，數行侵伐。崔杼因民之忿，遂以宣淫之故弒之。」陳氏曰：「宋萬、魯慶父奔而後誅之，則不書『殺』，以是為佚賊也。齊討君之讎而滅崔氏，則何以亦不書『殺』？崔杼弒君，偃然猶在位也，而以家禍亡其宗，如是而得書，則臣子之不誠於君父者，可以盜名矣。是故鄭人斲歸生之棺而葬靈公，齊人暴崔杼之尸而葬莊公，《春秋》終不書葬，則猶不葬也。」

公會晉侯、宋公、衛侯、鄭伯、曹伯、莒子、邾子、滕子、薛伯、杞伯、小邾子于夷儀。《左傳》：「晉侯濟自泮，會于夷儀，伐齊，以報朝歌之役。齊人以莊公説，使隰鉏請成。慶封如師。男女以班。賂晉侯以宗器、樂器。自六正、五吏、三十帥、三軍之大夫、百官之正長、師旅及處守者皆有賂。晉侯許之。使叔向告於諸侯。公使子服惠伯對曰：『君舍有罪，以靖小國，君之惠也。寡君聞命矣。』」杜氏曰：「不書伐齊，齊逆服，兵不加也。」

諸侯會于夷儀，將以討齊。齊使隰鉏請成，慶封如師，男女以班。賂晉侯以宗器、樂器。

杜氏曰：「宗器，祭祀之器；樂器，鐘磬之屬。」自六正、汪氏曰：「三軍之六卿。」五吏、三十帥、汪氏曰：「五吏，文職；三十帥，武職；皆軍卿之屬官。」三軍之大夫、百官之正長、汪氏曰：「群有司也。」師旅及處守者皆有賂。晉侯許之。夫晉本為報朝歌之役來討，及會夷儀，既聞崔杼之弑，則宜下令三軍，建而復旆，杜氏曰：「建，立旌旗。將戰，故曳其旆。」謀於齊衆，置君以定其國，示天討之義，則方伯連帥之職修矣。今乃賊不討，而受其賂，則是與之同情也。故《春秋》治之，如下文所貶云。

孫氏曰：「莊公背澶淵之盟，加兵晉、衛，信不道矣。晉再合諸侯，將伐齊。齊人弑莊公以求成，逆之大者。晉不能討之以定齊國之亂，曷以宗諸侯哉！宜乎大夫日熾，自是卒不可制也。故先書崔杼之弑，以著其惡。」高氏曰：「晉會諸侯以伐齊，齊以莊公既弑為解，因納賂以求成焉，故不書伐。夫以義會諸侯，而以姦終之，有以知晉

平之不競矣。」

附錄 《左傳》：「晉侯使魏舒、宛沒逆衛侯，將使衛與之夷儀。崔子止其帑，以求五鹿。」

六月壬子，鄭公孫舍之帥師入陳。舍，如字。《左傳》：「初，陳侯會楚子伐鄭，當陳隧者，井堙、木刊，鄭人怨之。六月，鄭子展、子產帥車七百乘伐陳，宵突陳城，遂入之。陳侯扶其太子偃師奔墓，遇司馬桓子，曰：『載余！』曰：『將巡城。』遇賈獲，載其母妻，下之，而授公車。公曰：『舍而母。』辭曰：『不祥。』與其妻扶其母以奔墓，亦免。子展命師無入公宮，與子產親御諸門。陳侯使司馬桓子賂以宗器。陳侯免，擁社，使其眾男女別而纍，以待於朝。子展執縶而見，再拜稽首，承飲而進獻。陳侯使司馬桓子賂以宗器。陳侯免，擁社，司徒致民，司馬致節，司空致地，乃還。」子美入，數俘而出。祝祓社，司徒致民，司馬致節，司空致地，乃還。」高氏曰：「去秋夷儀之會，楚與陳、蔡、許三國同伐鄭。今歲復會于夷儀，鄭慮楚之復來也，故先帥師入陳，以奪其心。觀《左氏》所載，人人之國，未有若子展、子產之有禮者也。故《春秋》無貶辭。」盧陵李氏曰：「子展、子產之入陳，與子國、子耳之侵蔡，一也。而二子之心不同，故舍之得稱名，而子國稱人。據《左氏》所載，則此書『入』，亦近於末減之詞矣。」○秋，八月己巳，諸侯同盟于重丘。重，直龍反。《左傳》：「齊成故也。」程子曰：「諸侯同病楚也。」杜氏曰：「稱同盟，齊亦與盟。重丘，齊地。」張氏曰：「曹州乘氏縣有重丘故城。」

崔杼既弑其君矣。晉侯受其賂而許之成，故盟于重丘，特書曰「同」。陸氏曰：「重言諸侯，間有事也。」張氏曰：「同盟之書，自幽以來，何獨此盟罪之深？按二幽之盟，合諸侯以共尊周，而諸侯聽命也。重丘之盟，合諸侯將以討齊，乃受賂而釋之，且列弒君之齊於盟也。天下之惡，孰大於是？即其所

同之實而觀之，晉侯之罪，亦一齊也。故曰：『一美一惡，無嫌於同。』」汪氏曰：「此盟書『同』，與蟲牢同盟義同，乃何休所謂『同心爲惡，惡必成』者也。楊士勛謂《穀梁》於雞澤、平丘發傳言同外楚，則重丘亦是外楚。今以《左傳》考之，去年會夷儀而將伐齊也，齊使陳無宇如楚乞師，於是楚子伐鄭以救齊。則是年服齊，亦所以外楚也歟？」廬陵李氏曰：「祁午數趙武之政，再合諸侯，三合大夫也。今年夷儀，明年澶淵，再合諸侯也；二十七年宋，三十年澶淵，昭元年虢，三合大夫也。」

附録 《左傳》：「趙文子爲政，令薄諸侯之幣，而重其禮。穆叔見之，謂穆叔曰：『自今以往，兵其少弭矣。齊崔、慶新得政，將求善於諸侯。武也知楚令尹，若敬行其禮，道之以文辭，以靖諸侯，兵可以弭。』」

公至自會。 《公羊傳》：「陳儀者何？衛之邑也。曷爲不言入于衛？諱君以弒也。」杜氏曰：「晉怒衛衎失國，使衛分之一邑。」

衛侯入于夷儀。 《左傳》：「衛獻公入于夷儀。」汪氏曰：「此書至會，著其黨惡附姦之罪也。」○衛侯入于夷儀，衛侯入于夷儀，其入則一，或名或不名者，鄭伯奪正以立，而國人君之，諸侯助之，不知其義不可以有國也，故特書其名，著王法以絶之。衛侯蔑其冢卿，失國出奔，固不爲無罪矣。然有世叔儀以守，有母弟鱄以出，或撫其内，或營其外，有歸道焉，則其義猶未絶也，故止書其爵而不名。及甯喜弑剽，復歸于衛，然後書名。此聖人俟其改過遷善，不輕絶人之意。曾子曰：「夫子之道，忠恕而已。」此類是也。吕氏曰：「夏五月會夷儀之衛侯，剽也；此入于夷儀之衛侯，衎也。不嫌兩君，名實相亂乎？曰：衎雖無道，非臣當逐。剽亦

非臣下所得立,故衎入不名。鄭伯突入于櫟,何以名?曰:突不當立者,衎當立者。」陳氏曰:「衎列于諸侯之會十有三,而後出,其入也,將焉名之?剽列于諸侯之會七,而後弒,其弒也,又將焉名之?削一而存一,是又予奪矣。《春秋》不沒其實,而正不正不與存焉。」○劉氏曰:「《公羊》云『諼君以弒也』,非也。衎雖失位,非剽臣也;剽雖得國,非衎君也。《春秋》豈以衎爲諼君乎哉?」廬陵李氏曰:「衛侯入夷儀,此猶突入于櫟,公在鄆爾。《公羊》以爲『諼君以弒』者,非也。」

楚屈建帥師滅舒鳩。《左傳》:「楚蒍子馮卒,屈建爲令尹,屈蕩爲莫敖。舒鳩人卒叛,楚令尹子木伐之,及離城,吳人救之。子木遽以右師先,子彊、息桓、子捷、子駢、子盂帥左師以退。吳人居其間七日。子彊曰:『久將墊隘,隘乃禽也,不如速戰。請以私卒誘之,簡師陳以待我。我克則進,奔則亦視之,乃可以免。不然,必爲吳禽。』從之。五人以其私卒先擊吳師,吳師奔,登山以望,見楚師不繼,復逐之,傅諸其軍,簡師會之。吳人大敗。遂圍舒鳩,舒鳩潰。八月,楚滅舒鳩。」家氏曰:「楚書大夫滅國,楚強也。自是滅國,晉書荀吳,蔡書公孫姓,鄭書游速,滅不書人矣。」陳氏曰:「楚不能制吳,而殘暴小國以逞其敗衂之憾,《春秋》惡之,是故國雖小而必紀其亡,以著楚人滅國之罪。」汪氏曰:「舒鳩,偃姓子爵國。」滅不書大夫者,吳也。」

○冬,鄭公孫夏帥師伐陳。夏,《公》作「嘗」。《左傳》:「鄭子產獻捷于晉,戎服將事。晉人問陳之罪。對曰:『昔虞閼父爲周陶正,以服事我先王。我先王賴其利器用也,與其神明之後也,庸以元女大姬配胡公,而封諸陳,以備三恪。則我周之自出,至于今是賴。桓公之亂,蔡人欲立其出,我先君莊公奉五父而立之,蔡人殺之,我又與蔡人奉戴厲公。至於莊、宣,皆我之自立。夏氏之亂,成公播蕩,又我之自入,君所知

也。今陳忘周之大德,❶蔑我大惠,棄我姻親,介恃楚衆,以馮陵我敝邑,不可億逞,我是有往年之告。未獲成命,則有我東門之役。當陳隧者,井堙木刊。敝邑大懼不競而恥大姬,天誘其衷,啓敝邑心。陳知其罪,授手于我。用敢獻功。」晉人曰:「何故侵小?」對曰:「先王之命,唯罪所在,各致其辟。且昔天子之地一圻,列國一同,自是以衰。今大國多數圻矣,若無侵小,何以至焉?」晉人曰:「何故戎服?」對曰:「我先君武、莊爲平、桓卿士。城濮之役,文公布命,曰:『各復舊職。』命我文公戎服輔王,以授楚捷,不敢廢王命故也。」士莊伯不能詰,復於趙文子。文子曰:「其辭順。犯順,不祥。」乃受之。冬十月,子展相鄭伯如晉,拜陳之功。子西復伐陳,陳及鄭平。仲尼曰:《志》有之:『言以足志,文以足言。』不言,誰知其志?言之無文,行而不遠。」晉爲伯,鄭入陳,非文辭不爲功。慎辭哉!」家氏曰:「陳叛華即夷,幾年于兹。晉人置而不問,鄭從晉既久,至是又能一歲再出師伐陳以撓楚,《春秋》書之無貶辭,與之也。」廬陵李氏曰:「《正義》:《郊特牲》曰:『天人陳矣。陳侯示服,鄭即還師,未得成也,故再伐之,得成乃已』。鄭玄以此謂杞,宋爲二王之後,薊、祝、陳爲三恪。杜氏以夏、殷之後爲二王子存二王之後,尊賢不過二代。』鄭玄以此謂杞,宋爲二王之後,又封陳幷二王後。則各自行其正朔,用其禮樂,王者尊之深也。舜在二代之前,其禮轉降。恪,敬也。封其後示敬而已,故曰『恪』雖通二代爲三,其二代不稱恪,唯陳爲恪耳。」

附録

《左傳》:「楚蒍掩爲司馬,子木使庀賦,數甲兵。甲午,蒍掩書土田:度山林,鳩藪澤,辨京陵,表淳

❶「忘」,原作「亡」,今據四庫本及阮刻本《春秋左傳正義》改。

鹵，數疆潦，規偃豬，町原防，牧隰皋，井衍沃，量入脩賦，賦車籍馬，賦車兵、徒卒、甲楯之數。既成，以授子木，禮也。」

十有二月，吳子遏伐楚，門于巢，卒。過，於葛反。《公》《穀》作「謁」。《左傳》：「吳子諸樊伐楚，以報舟師之役。門于巢。巢牛臣曰：『吳王勇而輕，若啓之，將親門。我獲射之，必殪。是君也死，疆其少安。』從之。吳子門焉，牛臣隱於短墻以射之，卒。」《公羊傳》：「門于巢卒者何？入門乎巢而卒也。入門乎巢而卒者何？傷而反，未至乎舍而卒也。」《穀梁傳》：「以伐楚之事，門于巢，卒也。于巢者，外乎楚也。門于巢，乃伐楚也。吳子謁何以名？傷而反，未至乎舍而卒也。」「以伐楚之事，門于巢，卒也。于巢者，外乎楚也。吳子謁伐楚，至巢，入其門，門人射吳子。有矢創，反舍而卒。古者雖有文事，必有武備，非巢之不飾城而請罪，非吳子之自輕也。」古者大國過小邑，小邑必飾城而請罪，禮也。吳子謁伐楚，至巢，入其門，巢人射諸城上，矢中吳子而卒。非吳子之自輕而見殺也。范氏曰：「非責也。下同。」陳氏曰：「諸樊始通于上國，爭强於楚，而喪身於匹夫，是自取之也。」或曰：古者入境必假道，過門必釋甲，入國則不馳。多，若馳車，則害人。」《曲禮》注：「國中人不飾城而請罪也。范氏曰：「飾城者，修守備；請罪，問所以爲關致師之意。」汪氏曰：「《春秋》書『遏門于巢，卒』，兩譏之也。」
巢，南國也。杜氏曰：「巢，吳、楚間小國。廬江六縣東有居巢城。」汪氏：「文十二年楚圍巢，至是時巢蓋服屬於楚。」其言門于巢卒者，吳子將伐楚，引師至巢，入其門，巢人射諸城上，矢中吳子而卒。非吳子之自輕而見殺也。范氏曰：「非責也。下同。」陳氏曰：「諸樊始通于上國，爭强於楚，而喪身於匹夫，是自取之也。」或曰：古者大國過小邑，小邑必飾城而請罪，亦非巢之輕以一矢相加，不飾城而請罪也。范氏曰：「飾城者，修守備；請罪，問所以爲關致師之意。」汪氏曰：「《春秋》書『遏門于巢，卒』，兩譏之也。」

附錄

《左傳》:「楚子以滅舒鳩賞子木。辭曰:『先大夫蒍子之功也。』以與蒍掩。」○「晉程鄭卒,子產始知然明,問爲政焉。對曰:『視民如子。見不仁者,誅之如鷹鸇之逐鳥雀也。』子產喜,以語子大叔,且曰:『他日,吾見蔑之面而已,今吾見其心矣。』子大叔問政於子產,子產曰:『政如農功,日夜思之,思其始而成其終,朝夕而行之。行無越思,如農之有畔,其過鮮矣。』」○「衛獻公自夷儀使與甯喜言,甯喜許之。大叔文子聞之,曰:『嗚呼!《詩》所謂「我躬不說,遑恤我後」者,甯子可謂不恤其後矣。將可乎哉?殆必不可。君子之行,思其終也,思其復也。《書》曰:「慎始而敬終,終以不困。」《詩》曰:「夙夜匪解,以事一人。」今甯子視君不如弈棋,其何以免乎?弈者舉棋不定,不勝其耦,而況置君而弗定乎?必不免矣。九世之卿族,一舉而滅之,可哀也哉!』」○「會于夷儀之歲,齊人城郟。其五月,秦、晉爲成,晉韓起如秦涖盟,秦伯車如晉涖盟。成而不結。」

附錄

甲寅靈王二十五年。❶二十有六年晉平十一。齊景公杵臼元年。衛獻三十。殤十二,弒。蔡景四十五。鄭簡十九。曹武八。陳哀二十二。杞文三。宋平二十九。秦景三十。楚康十三。吳餘祭元年。春,

《左傳》:「春,秦伯之弟鍼如晉修成,叔向命召行人子員。行人子朱曰:『朱也當御。』三云,叔向不應。子朱怒,曰:『班爵同,何以黜朱於朝?』撫劍從之。叔向曰:『秦、晉不和久矣。今日之事,幸而集,晉國賴之。不集,三軍暴骨。子員道二國之言無私,子常易之。姦以事君者,吾所能御也。』拂衣從之。

❶「靈」、「十」,原脱,今據四庫本補。

人救之。平公曰:「晉其庶乎!吾臣之所爭者大。」師曠曰:「公室懼卑。臣不心競而力爭,不務德而爭善,私欲已侈,能無卑乎!」」

王二月辛卯,甯喜弒其君剽。剽,匹妙反。《左傳》:「衛獻公使子鮮爲復,辭。敬姒強命之。對曰:「君無信,臣懼不免。」敬姒曰:「雖然,以吾故也。」許諾。初,獻公使與甯喜言,甯喜曰:「必子鮮在。不然,必敗。」故公使子鮮。子鮮不獲命於敬姒,以公命與甯喜言,曰:「苟反,政由甯氏,祭則寡人。」甯喜告蘧伯玉。伯玉曰:「瑗不得聞君之出,敢聞其入?」遂行,從近關出。告右宰穀。右宰穀曰:「不可獲罪於兩君,天下誰畜之?」悼子曰:「吾受命於先人,不可以貳。」穀曰:「我請使焉而觀之。」遂見公於夷儀。反,曰:「君淹恤在外十二年矣,而無憂色,亦無寬言,猶夫人也。若不已,死無日矣。」悼子曰:「子鮮在。」右宰穀曰:「子鮮在,何益?多而能亡,於我何爲?」悼子曰:「雖然,弗可已。」孫文子在戚,孫嘉聘於齊,孫襄居守。二月庚寅,甯喜、右宰穀伐孫氏,不克,伯國傷。甯子出舍於郊。伯國死,孫氏夜哭。國人召甯子,甯子復攻孫氏,克之。辛卯,殺子叔及太子角。書曰『甯喜弒其君剽』,言罪之在甯氏也。」《穀梁傳》:「此不正,其曰何也?殖也立之,喜也君之。」

喜嘗受命於其父,使納獻公以免逐君之惡。衛侯出入皆以爵稱,於義未絶。而剽以公孫非次,而又未有說音悦。焉。何氏曰:「凡簒立皆緣親親也。剽以公孫立於是位,尤非其次,故衛人未有說喜。」則喜之罪應未減矣。亦以弒君書,何也?奕者舉棋不定,不勝其耦,況置君乎?於衎則殖也出之,喜也納之;於剽則殖也立之,喜也弒之,范氏曰:「父立以爲君,則子

宜君之。」是奕棋之不若也，不思其終亦甚矣，故聖人特正其為弒君之罪，劉氏曰：「不與剽之立，則其曰『甯喜弒其君剽』何？甯氏君之，甯氏殺之，是以稱弒焉。見喜之受命於殖而殺剽也。然則為甯殖者宜奈何？宜乎效死勿聽爾。夫據國之位而享其祿，臨禍不死，聞難不圖，偷得自全之計，使篡弒因己而立，後雖悔之，不可及也。」張氏曰：「經於衎之出不以名書，是其位未嘗絕。曷為書喜弒剽？夫為人臣，夙夜匪懈，以事一人，不可以二者也。殖既從林父之逐衎，共立剽而臣事之，十餘年矣。其可以反易天常而命其子乎？君臣之分，辭而不可得矣。」示天下後世，使知慎於廢立之際而不敢忽也。襄陵許氏曰：「君臣之分，一正而不可復易，此聖人所以定天下之經也。」霍光以大義廢昌邑、立宣帝，猶有言其罪者，而朝廷加肅，《前漢書·霍光傳》：「昌邑王既即位，淫戲無度。群臣數進諫，不變。光與群臣白太后，具陳昌邑王不可以承宗廟狀。太后召王聽詔，扶王下殿，迎衛太子孫病已即皇帝位。」《嚴延年傳》：「延年舉侍御史。宣帝初，劾奏光『擅廢立，亡人臣禮，不道』，奏雖寢，然朝廷肅敬憚之。」況私意邪？范粲、桓彝之徒，殺身不顧，《通鑑·魏高貴鄉公紀》：「正元元年，司馬師廢帝為邵陵公，太宰中郎范粲素服拜送，哀動左右；遂稱疾不言，寢所乘車凡三十六年，終于所寢之車。」《晉·桓彝傳》：「咸和二年，彝為宣城內史，蘇峻反，彝慷慨流涕，進屯涇縣。其長史裨惠勸彝偽與通和以紓禍。彝曰：『吾受國厚恩，義在致死，焉能忍垢與逆臣通問？』峻將韓晃進軍攻彝，固守經年。城陷，執彝，殺之。」君子所以深取之者，知《春秋》之旨矣。

家氏曰：「漢去古未遠，儒者猶明於《春秋》之義，霍光立昌邑王而事之矣，及其廢之也，委曲安全，曰『無使我負殺主名於天下』，蓋當時明經大儒共定策者，爲之深思，光不能及此也。南宋徐羨之、傅亮、謝晦廢營陽王，未幾殺之，遂陷於弒君之罪。」○劉氏曰：「《穀梁》云『殖也立之，喜也君之，正也』，非也。文王事紂，武王滅之，亦爲不正乎？」言《春秋》者，要論其行事邪正而已矣。」

衛孫林父入于戚以叛。 書叛始此。《左傳》：「孫林父以戚如晉，書曰『入于戚以叛』，罪孫氏也。臣之祿，君實有之。義則進，否則奉身而退。專祿以周旋，戮也。」**甲午，衛侯衎復歸于衛。**《左傳》：「甲午，衛侯入。書曰『復歸』，國納之也。大夫逆於竟者，執其手而與之言；道逆者，自車揖之；逆於門者，頷之而已。公至，使讓大叔文子曰：『寡人淹恤在外，二三子皆使寡人朝夕聞衛國之言，吾子獨不在寡人。』對曰：『臣知罪矣。臣不佞，不能負羈絏以從扞牧圉，臣之罪一也。有出者，有居者，臣不能貳，通内外之言以事君，臣之罪二也。有二罪，敢忘其死？』乃行，從近關出。公使止之。」《公羊傳》：「此諼君以弒也，其言復歸何？惡殤也。曷爲惡殤？殤之立，於是未有說也。然則曷爲不言殤之立？不言殤之立者，以惡衛侯也。」《穀梁傳》：「日歸，見知弒也。」

按《左氏》，孫林父以戚如晉，書曰「入于戚以叛」，著其據土背君之罪也。趙氏曰：「凡土背君曰『叛』。」盧陵李氏曰：「經書叛五，叛人十一：衛孫林父、宋華亥、向寧、華定、宋弟辰、仲佗、石彄、公子地、晉趙鞅、荀寅、士吉射也。」**臣之祿，君實有焉。專祿以周旋，戮也。** 杜氏曰：「衎雖未居位，林父專邑背國，猶爲叛也。」高氏曰：「獻公之奔齊也，林父實逐之。今衛喜弒剽，將納獻公，故林父

懼而入于戚以叛。叛甚於奔，前此諸大夫有不利於己，則奔而已，未有若林父之叛者，故書叛自林父始。是時林父以戚入于晉，晉人戍之，不書以戚入于晉者，正名其惡。」陳氏曰：「宋魚石入于彭城，晉欒盈入于曲沃，不言叛。必若孫林父而後書叛，書叛必不能討者也。故二十九年季札過衛，將宿於戚，聞鐘聲焉。春秋之季，家有藏甲，邑有百雉之城矣。故書叛始於此。凡叛，賤者不書，必卿佐而後書。故高弱、高竪以盧叛之類，皆不書。」

衞侯出奔齊，入于夷儀，皆以爵稱。今既復歸而得國矣，乃書其名，何也？人之有德、慧、術、知者，常存乎疢疾？衞侯淹恤在外十有二年，杜氏曰：「淹，久也。恤，憂也。」困於心、衡音橫。困於慮久矣，此生於憂患之時，而一旦得國，失信無刑，猶夫人也。則是困而弗革，雖復得國，猶非其國也。此見《春秋》俟人改過之深而責人自棄之重，欲其強於爲善之意也。張氏曰：「《春秋》名衎，與衞侯鄭殺叔武公子瑕之同意，然甯喜以納君而見殺，則方之成公，衎爲甚矣。」孫氏曰：「先言『辛卯，衞甯喜弒其君剽』，後言『甲午，衞侯衎復歸于衞』，以見衎待弒而歸也。十四年衎出奔，前年入夷儀，今喜弒剽，四日而復歸，此待弒而歸可知也。」汪氏曰：「書『歸』易辭也。喜弒剽，則其歸無難矣。書『復歸』其位未絕也。書名，著其不足以有國也。抑揚予奪，《春秋》之精義也。」盧陵李氏曰：「衎之入夷儀，與突之入櫟同。衎之殺甯喜，與突之殺傅瑕同。然甯喜之事則備書其首末，而傅瑕之事並不見經，以爲不告故不書者似然矣，然魯、鄭鄰國，不應如是之忽略也。先儒曰：『厲公復國，削而不書者，言既入于櫟，則其國已復矣。』然夷儀亦衞大都，且書法既同，何以辨焉？獨陳氏曰：『鄭伯雖在櫟，嘗與諸侯會于

垂，則君國矣。是故殺忽不書，殺子亹不書，殺子儀不書。以三子之不書，知突之已定也；以剽之書「弒」，知衎之猶未定也。是故衎再見而後名之，鄭伯突入于櫟，不曰鄭伯突復歸于鄭，此其書「復歸」何？弒剽而後得國也。」此說雖亦未甚合，姑備一說。

附錄《左傳》：「衛人侵戚東鄙，孫氏愬于晉，晉戍茅氏。殖綽伐茅氏，殺晉戍三百人。孫蒯追之，弗敢擊。文子曰：『厲之不如。』遂從衛師，敗之圉。雍鉏獲殖綽。復愬于晉。」○「鄭伯賞入陳之功，三月甲寅，享子展，賜之先路三命之服，先八邑；賜子產次路再命之服，先六邑。子產辭邑，曰：『自上以下，降殺以兩，禮也。臣之位在四，且子展之功也。臣不敢及賞禮，請辭邑。』公固予之，乃受三邑。」公孫揮曰：『子產其將知政矣。讓不失禮。』」

夏，晉侯使荀吳來聘。《左傳》：「晉人為孫氏故，召諸侯，將以討衛也。夏，中行穆子來聘，召公也。」家氏曰：「林父據戚以叛，晉人以兵戍之，黨叛臣也。衛人伐戚，殺晉戍三百人，晉不知自反，乃會諸侯，謀有討於衛侯，使荀吳來召公。穿封戌囚皇頡，公子圍與之爭之，正於伯州犁。伯州犁曰：『所爭，君子也，其何不知？』上其手，曰：『夫子為王子圍，寡君之貴介弟也。』下其手，曰：『此子為穿封戌，方城外之縣尹也。誰獲子？』囚曰：『頡遇王子，弱焉。』戌怒，抽戈逐王子圍，弗及。楚人以皇頡歸。印堇父與皇頡戍城麇，楚人囚之，以獻於秦。鄭人取貨於印氏以請之，子大叔為令正，以為請。子產

公會晉人、鄭良霄、宋人、曹人于澶淵。《左傳》：「六月，公會晉趙武、宋向戌、鄭良霄、曹人于澶淵，以討衛，疆戚田。取衛西鄙懿氏六十以與孫氏。趙武不書，尊公也。向戌不書，後也。鄭先宋，不失所也。於是衛侯會之。晉人執甯喜、北宮遺，使女齊以先歸。衛侯如晉，晉人執而囚之士弱氏。秋七月，齊侯、鄭伯為衛侯故如晉，晉侯兼享之。晉侯賦《嘉樂》。國景子相齊侯，賦《蓼蕭》。子展相鄭伯，賦《緇衣》。叔向命晉侯拜二君，曰：『寡君敢拜齊君之安我先君之宗祧也，敢拜鄭君之不貳也。』國子使晏平仲私於叔向，曰：『晉君宣其明德於諸侯，恤其患而補其闕，正其危而治其煩，所以為盟主也。今為臣執君，若之何？』叔向告趙文子，文子以告晉侯。晉侯言衛侯之罪，使叔向告二君。國子賦《轡之柔矣》，子展賦《將仲子兮》，晉侯乃許歸衛侯。叔向曰：『鄭七穆罕氏其後亡者也，子展儉而壹。』」杜氏曰：「澶淵，衛地，近戚。」胡氏曰：「《春秋》疑義，先儒所傳，誠有未盡。趙武稱人，為助孫氏貶也。鄭良霄不貶者，子產新得政，而鄭伯為衛侯故如晉，即知鄭獨不釋君而臣是助矣。」家氏曰：「晉平之為此會，率天下之為人臣使之盡叛其君也。霸者無他，主張名分而已。晉自悼公獎大夫以伉其君，而下陵上替之禍幾遍於中原，晉亦坐受其弊。今林父據邑叛君，而止獻公取衛田以益林父，平固甚愚，亦何利而為此？由之諸臣各為私計，羽翼諸侯之大夫，使之交起為亂，以為彼剖分宗國之地，而其君不悟，良可喟也。是會也，諸侯各懷憤嫉，會者僅四國之大夫，惟魯公為季氏所驅而出。《春秋》晉卿不書氏名，卑晉之用事者，貶之也。」汪氏曰：「晉平自重丘之後，五合大夫：

于宋，城杞，于虢，兩澶淵是也。夫既自縱其權，委之臣下，而主張失宜，冠屨倒置，此年會澶淵，黨叛臣而討君，且以魯公僑之諸大夫。于宋合夷夏之成，而使晉、楚之從交相見，遂以桓、文霸統，屬之荊蠻。城杞則不恤宗周而私母家，貽諸大夫之誚。澶淵謀宋災而不討蔡般弒君父之賊。于虢仍讀舊書而復先楚，是皆悖上下之義，紊內外之分，雖能假勢力以合人心，而不能明分義以服人心，晉霸自是衰矣。」○啖氏曰：「《左傳》云『趙武不書，尊公也』，若然，良霄何以不尊公乎？又云『衛侯會之』，亦不與經合。」○秋，宋公殺其世子痤。痤，才何反，《穀》作「座」，音同。《左傳》：「初，宋芮司徒生女子，❶赤而毛，棄諸堤下。共姬之妾取以入，名之曰棄。長而美。平公入夕，共姬與之食。公見棄也而視之尤。姬納諸御，嬖，生佐。惡而婉。太子痤美而狠，合左師畏而惡之。寺人惠牆伊戾為太子內師而無寵。秋，楚客聘於晉，過宋。太子知之，請野享之。公使往，伊戾請從之。公曰：『夫不惡女乎？』對曰：『小人之事君子也，惡之不敢遠，好之不敢近。敬以待命，敢有貳心乎？縱有共其外，莫共其內。臣請往也。』遣之。至，則欲，用牲，加書徵之，而騁告公曰：『太子將為亂，既與楚客盟矣。』公曰：『為我子，又何求？』對曰：『欲速。』公囚太子。太子曰：『唯佐也能免我。』召而使請，曰：『日中不來，吾知死矣。』左師聞之，聒而與之語。過期，乃縊而死。佐為太子，公徐聞其無罪也，乃亨伊戾。左師見夫人之步馬者，問之。對曰：『君夫人氏也。』左師曰：『誰為君夫人？余胡弗知？』圉人歸，以告夫人。夫人使饋之錦

❶ 「子」，原脫，今據四庫本及阮刻本《春秋左傳正義》補。

與馬，先之以玉，曰『君之妾棄使某獻』」，左師改命曰『君夫人』」，而後再拜稽首受之。」

殺世子母弟直書君者，甚之也。宋寺人伊戾爲太子内師，無寵，譖於宋公而殺之，則賊世子痤者寺人矣。而獨甚宋公，何哉？譖言之得行也，必有嬖妾配嫡以惑其心，又有小人欲結內援者以爲之助，然後愛惡一移，父子夫婦之間，不能相保者眾矣。尸此者其誰乎？晉獻之殺申生，宋公之殺痤，直稱君者，《春秋》正其本之意。高氏曰：「晉獻公惑驪姬之讒而殺申生，宋平公聽伊戾之言而殺子痤，漢武帝、唐明皇猶蹈之，以二君猶爾，晉、宋不足道也。自古讒人之爲國患，雖其君之父子不能相保，況臣下乎？」家氏曰：「宋寺人伊戾内連宮禁，外結大臣，共造讒而殺太子，宋平尋知其子之無罪，僅烹一伊戾，而芮、棄之寵愛，向戌之權任，不爲之衰，更立棄之子爲太子，此人道之大變。《春秋》謹而識之，《穀梁》所謂『目君以著其惡』者也。傳者稱痤『美而狠』，佐『惡而婉』，婉者巧於自結，狠者疏於內交。佐日以親，痤日以疏，以至於死。故居近君之地者，自處爲難。隋煬所以傾勇，其事似之。勇則痤也，楊素則左師也，獨孤后惡其子，楊素從而陷之，及隋文疾革乃悟，則已無及。由明不足以察姦，內外相搧而爲讒故也。」

晉人執衛甯喜。

《公羊傳》：「此執有罪，何以不得爲伯討？不以其罪執之也。」劉氏曰：「曷爲不以討賊之辭書之？甯喜如晉，晉人執之，曰『爾曷爲納君而伐孫氏』云爾，非伯討也。」家氏曰：「甯喜可執，坐林父之訴而執之，則悖得討之。晉人執之，非討其弑君也，討其伐戚而殺晉戍也。」「弑君之賊，人人皆得討之。是時趙武爲政，叔向爲之謀，晉無一事可稱。二子者崇虛譽而無其實，亦何益於人之國乎？」

附録《左傳》：「鄭伯歸自晉，使子西如晉聘，辭曰：『寡君來煩執事，懼不免於戾。使夏謝不敏。』君子曰：『善事大國。』」○初，楚伍參與蔡太師子朝友，其子伍舉與聲子相善也。伍舉娶於王子牟，王子牟爲申公而亡，楚人曰：『伍舉實送之。』伍舉奔鄭，將遂奔晉。聲子將如晉，遇之於鄭郊，班荆相與食，而言復故。聲子曰：『子行也，吾必復子。』及宋向戌將平晉、楚，聲子通使于晉，還如楚。令尹子木與之語，問晉故焉。且曰：『晉大夫與楚孰賢？』對曰：『晉卿不如楚，其大夫則賢，皆卿材也。如杞梓、皮革，自楚往也。雖楚有材，晉實用之。』子木曰：『夫獨無族、姻乎？』對曰：『雖有，而用楚材實多。歸生聞之：善爲國者，賞不僭而刑不濫。賞僭，則懼及淫人；刑濫，則懼及善人。若不幸而過，寧僭無濫。與其失善，寧其利淫。無善人，則國從之。《詩》曰：「人之云亡，邦國殄瘁。」無善人之謂也。故《夏書》曰：「與其殺不辜，寧失不經。」懼失善也。《商頌》有之曰：「不僭不濫，不敢怠皇。命于下國，封建厥福。」此湯所以獲天福也。古之治民者，勸賞而畏刑，恤民不倦。賞以春夏，刑以秋冬。是以將賞，爲之加膳，加膳則飫賜，此以知其勸賞也。將刑，爲之不舉，不舉則徹樂，此以知其畏刑，恤民也。夙興夜寐，朝夕臨政，此以知其恤民也。三者，禮之大節也。有禮無敗。今楚多淫刑，其大夫逃死於四方，而爲之謀主，以害楚國，不可救療，所謂不能也。子儀之亂，析公奔晉，晉人寘諸戎車之殿，以爲謀主。繞角之役，晉將遁矣，析公曰：「楚師輕窕，易震蕩也。若多鼓鈞聲，以夜軍之，楚師必遁。」晉人從之，楚師宵潰。晉遂侵蔡，襲沈，獲其君，敗申、息之師於桑隧，獲申麗而還。鄭於是不敢南面。楚失華夏，則析公之爲也。雍子之父兄譖雍子，君與夫人不善是也，雍子奔晉，晉人與之鄐，以爲謀主。彭城之役，晉、楚遇於靡角之谷。晉將遁矣，雍子發命於

軍曰：「歸老幼，反孤疾，二人役，歸一人。簡兵蒐乘，秣馬蓐食，師陳焚次，明日將戰。」行歸者而逸楚囚。楚師宵潰，晉降彭城而歸諸宋，以魚石歸。楚失東夷，子辛死之，則雍子之為也。子反與子靈爭夏姬，而雍害其事，子靈奔晉，晉人與之邢，以為謀主，扞禦北狄，通吳於晉，教吳叛楚，教之乘車、射御、驅侵，使其子狐庸為吳行人焉。吳於是伐巢、取駕、克棘、入州來，楚罷於奔命，至今為患，則子靈之為也。若敖之亂，伯賁之子賁皇奔晉，晉人與之苗，以為謀主。鄢陵之役，楚晨壓晉軍而陳。晉將遁矣，苗賁皇曰：『楚師之良在其中軍王族而已。』子木曰：『是皆然矣。』晉人從之，楚師大敗，王夷、師熸，子反死之。鄭叛，吳興，楚失諸侯，則苗賁皇之為也。』子木曰：『夫獨無族姻乎？』對曰：『雖有，而用楚材實多。歸生聞之：「善為國者，賞不僭而刑不濫。」賞僭，則懼及淫人；刑濫，則懼及善人。若不幸而過，寧僭無濫。與其失善，寧其利淫。無善人，則國從之。《詩》曰：「人之云亡，邦國殄瘁。」無善人之謂也。故《夏書》曰：「與其殺不辜，寧失不經。」懼失善也。《商頌》有之曰：「不僭不濫，不敢怠皇，命于下國，封建厥福。」此湯所以獲天福也。古之治民者，勸賞而畏刑，恤民不倦。賞以春夏，刑以秋冬。是以將賞為之加膳，加膳則飫賜，此以知其勸賞也。將刑為之不舉，不舉則徹樂，此以知其畏刑也。夙興夜寐，朝夕臨政，此以知其恤民也。三者，禮之大節也。有禮，無敗。今楚多淫刑，其大夫逃死於四方，而為之謀主，以害楚國，不可救療，所謂不能也。子儀之亂，析公奔晉，晉人寘諸戎車之殿，以為謀主。繞角之役，晉將遁矣，析公曰：「楚師輕窕，易震蕩也。若多鼓鈞聲，以夜軍之，楚師必遁。」晉人從之，楚師宵潰。晉遂侵蔡，襲沈，獲其君；敗申、息之師於桑隧，獲申麗而還。鄭於是不敢南面。楚失華夏，則析公之為也。雍子之父兄譖雍子，君與大夫不善是也。雍子奔晉，晉人與之鄐，以為謀主。彭城之役，晉、楚遇於靡角之谷，晉將遁矣。雍子發命於軍曰：『歸老幼，反孤疾，二人役，歸一人。簡兵蒐乘，秣馬蓐食，師陳焚次，明日將戰。』行歸者而逸楚囚，楚師宵潰。晉降彭城而歸諸宋，以魚石歸。楚失東夷，子辛死之，則雍子之為也。子反與子靈爭夏姬，而雍害其事，子靈奔晉，晉人與之邢，以為謀主。扞禦北狄，通吳於晉，教吳叛楚，教之乘車、射御、驅侵，使其子狐庸為吳行人焉。吳於是伐巢、取駕、克棘、入州來，楚罷於奔命，至今為患，則子靈之為也。若敖之亂，伯賁之子賁皇奔晉，晉人與之苗，以為謀主。鄢陵之役，楚晨壓晉軍而陳。晉將遁矣，苗賁皇曰：『楚師之良在其中軍王族而已。若塞井夷竈，成陳以當之，欒、范易行以誘之，中行、二郤必克二穆，吾乃四萃於其王族，必大敗之。』晉人從之，楚師大敗，王夷、師熸，子反死之。鄭叛，吳興，楚失諸侯，則苗賁皇之為也。』子木曰：『是皆然矣。』聲子曰：『今又有甚於此。椒舉娶於申公子牟，子牟得戾而亡，君大夫謂椒舉：「女實遣之。」懼而奔鄭，引領南望曰：「庶幾赦余。」亦弗圖也。今在晉矣。晉人將與之縣，以比叔向。彼若謀害楚國，豈不為患？』子木懼，言諸王，益其祿爵而復之。聲子使椒鳴逆之。」

八月壬午，許男甯卒于楚。《左傳》：「許靈公如楚，請伐鄭，曰：『師不興，孤不歸矣。』八月，卒于楚。」高氏曰：「十六年晉伐許，他國皆大夫，獨鄭伯自行，故許男欲報之。以中國諸侯而卒於夷狄，死非其所矣。」

○冬，楚子、蔡侯、陳侯伐鄭。《左傳》：「楚子曰：『不伐鄭，何以求諸侯？』冬十月，楚子伐鄭。鄭人將禦之，子產曰：『晉、楚將平，諸侯將和，楚王是故昧於一來。不如使逞而歸，乃易成也。夫小人之性，釁於勇，嗇於禍，以足其性，而求名焉者，非國家之利也，若何從之？』子展說，不禦寇。十二月乙酉，入南里，墮其城。涉於樂氏，門于師之梁。縣門發，獲九人焉。涉于氾而歸。而後葬許靈公。」汪氏曰：「蕭魚而後，楚

三伐鄭：十八年公子午不得志於鄭，二十四年諸侯救之，此年諸侯不救，楚得以逞。蓋是時晉平昏庸，大夫專恣，霸業怠矣。楚是以知晉之不在諸侯，而復爲陵駕之舉也。鄭雖未服於楚，明年晉、楚爲成，而中國諸侯皆朝楚矣。棘澤之役，四國之君皆至，今此許獨不與者，靈公卒於楚，國弱不能以兵會也。」○葬許靈公。

附録《左傳》：「衛人歸衛姬于晉，乃釋衛侯。君子是以知平公之失政也。」○「晉韓宣子聘于周，王使請事，對曰：『晉士起將歸時事於宰旅，無他事矣。』王聞之曰：『韓氏其昌阜於晉乎！辭不失舊。』」○「齊人城郟之歲，其夏，齊烏餘以廩丘奔晉。襲衛羊角，取之。遂襲我高魚。有大雨自其竇入，介于其庫，以登其城，克而取之。又取邑于宋。於是范宣子卒，諸侯弗能治也，及趙文子爲政，乃卒治之。文子言於晉侯曰：『晉爲盟主，諸侯或相侵也，則討而使歸其地。今烏餘之邑，皆討類也，而貪之，是無以爲盟主也。請歸之。』公曰：『諾。孰可使也？』對曰：『胥梁帶能無用師。』晉侯使往。」

春秋集傳大全卷之二十八

襄 公 四

乙卯靈王二十六年。二十有七年晉平十二。齊景二。衛獻三十一。蔡景四十六。鄭簡二十。曹武九。陳哀二十三。杞文四。宋平三十。秦景三十一。楚康十四。吳餘祭二。春，

附錄《左傳》：「春，胥梁帶使諸喪邑者具車徒以受地，必周。使烏餘具車徒以受封。烏餘以其眾出，使諸侯偽效烏餘之封者，而遂執之，盡獲之。皆取其邑，而歸諸侯。諸侯是以睦於晉。」

齊侯使慶封來聘。《左傳》：「齊慶封來聘，其車美。孟孫謂叔孫曰：『慶季之車，不亦美乎！』叔孫曰：『豹聞之：服美不稱，必以惡終。』美車何爲？」叔孫與慶封食，不敬。爲賦《相鼠》，亦不知也。」杜氏曰：「景公即位，通嗣君也。」汪氏曰：「自齊人媵伯姬，僑如逆婦姜，二國不通好者三十年。今景公不事侵伐，先遣貴卿聘于魯，亦云賢矣。」高氏曰：「夫鄭不仇楚，而齊、魯釋怨，此宋之盟所以輯也。」廬陵李氏曰：「齊聘魯五，止於此。」〇夏，叔孫豹會晉趙武、楚屈建、蔡公孫歸生、衛石惡、陳孔奐、鄭良霄、許人、曹人于宋。屈，居勿反。奐，《公》作「瑗」，後同。晉楚始同主盟。《左傳》：「宋向戌善於趙文子，又善於令尹

子木,欲弭諸侯之兵以爲名。如晉,告趙孟。趙孟謀於諸大夫。韓宣子曰:『兵,民之殘也,財用之蠹,小國之大菑也。將或弭之,雖曰不可,必將許之。弗許,楚將許之以召諸侯,則我失爲盟主矣。』晉人許之。如齊,齊人難之。陳文子曰:『晉、楚許之,我焉得已?且人曰弭兵,而我弗許,則固攜吾民矣,將焉用之?』齊,齊人許之。告於秦,秦亦許之。皆告於小國,爲會于宋。五月甲辰,晉趙武至於宋。丙午,鄭良霄至。六月丁未朔,宋人享趙文子,叔向爲介。司馬置折俎,禮也。仲尼使舉是,禮也,以爲多文辭。戊申,叔孫豹、齊慶封、陳須無、衛石惡至。甲寅,晉荀盈從趙武至。丙辰,邾悼公至。壬戌,楚公子黑肱先至,成言於晉。丁卯,宋向戌如陳,從子木成言於楚。戊辰,滕成公至。子木謂向戌:『請晉、楚之從,交相見也。』庚午,向戌復於趙孟。趙孟曰:『晉、楚、齊、秦,匹也。晉之不能於齊,猶楚之不能於秦也。楚君若能使秦君辱於敝邑,寡君敢不固請於齊?』壬申,左師復言於子木。子木使馹謁諸王。王曰:『釋齊、秦,他國請相見也。』秋七月戊寅,左師至。是夜也,趙孟及子皙盟以齊言。庚辰,子木至自陳。陳孔奐、蔡公孫歸生至。曹、許之大夫皆至。以藩爲軍,晉、楚各處其偏。伯夙謂趙孟曰:『楚氛甚惡,懼難。』趙孟曰:『吾左還入於宋,若我何?』」杜氏曰:「隱、桓之際,天子失道,諸侯擅權,邾、滕爲私屬,皆不與盟。宋爲主人,地於宋,則與盟可知,故經唯序九國大夫。」孫氏曰:「齊、秦不交相見,宣、成之間,諸侯僭命,大夫專國。至宋之會,諸侯日微,天下之政,中國之事,皆大夫專持之。故二十九年城杞,三十年會澶淵,昭元年會虢,諸侯莫有見者,自是華夏蠻貊莫辨,而諸國俛首兩事。晉、楚、桓、文數十年之功業,一朝而壞之;百姓雖暫免於兵革之苦,曰:「此會,楚意也。楚人患吳而結諸夏也。諸侯之大夫不詳其故,始徇其弭兵之名,遂會于宋而與之盟。」高氏

而天下之大勢遂大潰而不可收拾矣。彼向戌者，又豈足知天下之大計哉？」陳氏曰：「此晉、楚初同主夏盟也。晉、楚嘗盟矣，會于瑣澤之歲，宋華元克合晉、楚之成，士燮會公子罷，盟于宋西門之外，不書，猶曰特相盟也，兩國之好，而非天下之大變也。於溴梁而無君臣之分，於宋而無夷夏之辨，昭、定、哀之《春秋》，將以終于吳越焉爾矣，天下之大變也。以諸侯分爲晉、楚之從而交相見也於是始，則是南北二伯也。」汪氏曰：「楚先歃而《春秋》先晉者，尊中國而抑夷狄也。荊楚之同主夏盟，既而孟之會，楚書爵而與宋公並序于諸侯之上，二伯之端，兆於此矣。宋不能霸，華元合晉、楚之成，楚書爵而與宋公並序于諸侯之上，二伯之端，兆於此矣。宋不能霸，華元合晉、楚之成，盟于宋西門之外，爭霸之業復啓於此，故鄢陵楚子敗績而鄭終從楚。故于申之會，晉遂退縮，不復主諸侯，而宋向戌爲成，使晉、楚之從交相見，而兩霸之勢遂成於此。荊楚之爭雄於中國，皆宋爲之也。」○衞殺其大夫甯喜。《左傳》：「衞甯喜專，公患之。公孫免餘請殺之。公曰：『微甯子不及此。吾與之言矣。』對曰：『臣殺之，君勿與知。』乃與公孫無地、公孫臣謀，使攻甯氏，弗克，皆死。公曰：『臣也無罪，父子死余矣！』夏，免餘復攻甯氏，殺甯喜及右宰穀，尸諸朝。石惡將會宋之盟，受命而出，衣其尸，枕之股而哭之。欲斂以亡，懼不免，且曰：『受命矣。』乃行。」《穀梁傳》：「稱國以殺，罪累上也。甯喜弒君，其以累上之辭言之，何也？甯喜弒君，而不以弒君之罪罪之者，惡獻公也。」

甯喜既坐弒君之罪矣，不以討賊之詞，何也？初，衞侯使與喜言：「苟反，政由甯氏，祭則寡人。」甯氏納之，衞侯復國，患甯喜之專也，公孫免餘請殺之，曰：「微甯子不及此，吾與之涉公事矣，甯喜由君弒君，而不以弒君之罪罪之者，惡獻公也。」

之言矣。」對曰：「臣殺之，君勿與知。」乃攻甯氏，殺喜，尸諸朝。子鮮曰：「逐我者出，納我者死。賞罰無章，何以沮勸？」❶君失其信，而國無刑，不亦難乎。」故稱國以殺而不去其官。范氏曰：「不言喜之非罪而死，則獻公之惡不彰。」孫氏曰：「甯喜不以討賊辭書者，獻公殺之不以其罪也。」高郵孫氏曰：「喜弑剽而納衎，衎反國而復用之，既而以其私殺之。二君之殺其大夫，皆以其私。喜雖有罪，而衛侯殺之不以其罪矣。昔里克殺奚齊而立夷吾，夷吾殺之。里克、甯喜之見殺，皆不以其罪。故《春秋》皆曰『殺其大夫』。」家氏曰：「剽，篡君者也，他人可殺，而甯喜嘗事之以爲君，不得殺也。故書弑以正其罪。喜，弑君者也，他人可殺，而衛獻因之以入，不得殺也。故稱國以殺，不削其官。」

衛侯之弟鱄出奔晉。鱄，市戀反，又音專。《穀》作「專」。《左傳》：「子鮮曰：『逐我者出，納我者死。賞罰無章，何以沮勸？君失其信，而國無刑，不亦難乎。且鱄實使之。』遂出奔晉。公使止之，不可。及河，又使止之，止使者而盟於河。託於木門，不鄉衛國而坐。木門大夫勸之仕，不可，曰：『仕而廢其事，罪也；從之，昭吾所以出也。』將誰愬乎？吾不可以立於人之朝矣。』終身不仕。公喪之如稅服終身。公與免餘邑六十，辭曰：『唯卿備百邑，臣六十矣。下有上祿，亂也。』臣弗聞。且甯子唯多邑，故死，臣懼死之速及也。』」《公羊傳》：「衛殺其大夫甯喜，則衛侯之弟鱄曷爲出奔晉？爲殺甯喜出奔也。曷爲爲殺甯喜出奔？衛甯殖公固與之，受其半以爲少師。公使爲卿，辭曰：『大叔儀不貳，能贊大事，君其命之。』乃使文子爲卿。」

❶ 「沮勸」，原倒文，今據阮刻本《春秋左傳正義》乙正。

與孫林父逐衛侯而立公孫剽。衛殖病，將死，謂喜曰：『黜公者，非吾意也。孫氏爲之。我即死，女能固納公乎？』喜曰：『諾。』衛殖死，喜立爲大夫，使人謂獻公曰：『黜公者，非甯氏也。孫氏爲之。吾欲納公，何如？』獻公曰：『子苟欲納我，吾請與子盟。』喜曰：『無所用盟，請使公子鱄約之。』獻公謂公子鱄曰：『甯氏將納我，吾欲與之盟，其言曰：「無所用盟，請使公子鱄約之。」子固爲我約之矣。』公子鱄辭曰：『夫負羈縶，執鈇鑕，從君東西南北，則是臣僕庶孼之事也。若夫約言爲信，則非臣僕庶孼之所敢與也。』獻公怒曰：『黜我者，非甯氏與孫氏，凡在爾。』公子鱄不得已而與之約。已約，歸至，殺甯喜。公子鱄挈其妻子而去之。專之爲喜之徒也。專之爲喜之徒，何也？已雖急納其兄，與人之臣謀弒其君，是亦弒君者也。專其曰弟，何也？專有是信者。君略不入乎喜而殺喜，是君不直乎喜也，故出奔晉。織絢邯鄲，終身不言衛。」《穀梁傳》：「專，喜之徒也。

衛侯之入，使鱄與甯喜約言。既殺甯喜，鱄病失言，遂出奔晉，託於木門，不鄉衛國而坐木門大夫勸之仕，不可，曰：『仕而廢其事，罪也；從之，昭吾所以出也。吾不可以立於人之朝矣。』終身不仕。其稱『弟』，罪衛侯也。家氏曰：「鱄始衛其君兄之命以與甯喜約，固許之以專衛國之政。今以其專而殺之，在衛獻爲食言，鱄自以失信於死者，逃其兄而去之。夫鱄，衛獻之母弟也，獻非鱄不得返國，今甫奠于位而不能安鱄之身，獻之不友甚矣。書『衛侯之弟』，譏不友也。」穀梁子曰：「鱄之去，合乎《春秋》。」范氏曰：「喜雖弒君，本與專約納獻公，公由喜得入，已與喜以君臣從事矣。《春秋》撥亂，重盟約，今獻公背之而殺忠于己者，是獻公惡而難親也。專懼禍將及。「君子見幾而

作，不俟終日」。專之去衛，其心合于《春秋》。」劉氏曰：「衛侯忌小忿以誅有功，損大信以疑至親，使鱄至於去國逃死者，無人君之道故也。當此之時，鱄以全身不罹於惡名爲智，以毋使其兄有誅弟之惡爲義，以不翹世以自潔爲忠，以不仕而能矯國之失爲廉，可謂重己乎，是乃君子之所貴也。」

秋，七月辛巳，豹及諸侯之大夫盟于宋。《左傳》：「辛巳，將盟于宋西門之外，楚人衷甲。伯州犁曰：『合諸侯之師，以爲不信，無乃不可乎？夫諸侯望信於楚，是以來服。若不信，是棄其所以服諸侯也』固請釋甲。子木曰：『晉、楚無信久矣，事利而已。苟得志焉，焉用有信？』大宰退，告人曰：『令尹將死矣，不及三年。求逞志而棄信，志將逞乎？志以發言，言以出信，信以立志。參以定之。信亡，何以及三？』趙孟患楚衷甲，以告叔向。叔向曰：『何害也？匹夫一爲不信，猶不可，單斃其死。若合諸侯之卿，以爲不信，必不捷矣。食言者不病，非子之患也。夫以信召人，而以僭濟之，必莫之與也，安能害我？且吾因宋以守病，則夫能致死，與宋致死，雖倍楚可也。子何懼焉？又不及是。曰弭兵以召諸侯，而稱兵以害我，吾庸多矣，非所患也。』季武子使叔孫以公命，曰：『邾、滕，人之私也。我，列國也，何故視之？』宋、衛，吾匹也。』乃盟。既而齊人請邾，宋人請滕，皆不與盟。叔孫曰：『邾、滕，人之私也。我，列國也，何故視之？』宋、衛，吾匹也。』乃盟。晉人曰：『晉固爲諸侯盟主，未有先晉者也。』楚人曰：『子言晉、楚匹也，若晉常先，是楚弱也。且晉、楚狎主諸侯之盟也久矣，豈專在晉？』叔向謂趙孟曰：『諸侯歸晉之德只，非歸其尸盟也。子務德，無爭先。且諸侯盟，小國固必有尸盟者，楚爲晉細，不亦可乎？』乃先楚人。書先晉，晉有信也。壬午，宋公兼享晉、楚之大夫，趙孟爲客，子木與之言，弗能對；使叔向侍言焉，子木亦不能對也。乙酉，宋公及諸侯之大夫盟于蒙

門之外。子木問於趙孟曰：『范武子之德何如？』對曰：『夫子之家事治，言於晉國無隱情，其祝史陳信於鬼神無愧辭。』子木歸以語王。王曰：『尚矣哉！能歆神、人，宜其光輔五君以為盟主也。』子木又語王曰：『宜晉之伯也，有叔向以佐其卿，楚無以當之，不可與爭。』晉荀盈遂如楚涖盟。鄭伯享趙孟于垂隴，子展、伯有、子西、子產、子大叔、二子石從。趙孟曰：『七子從君，以寵武也。請皆賦，以卒君貺，武亦以觀七子之志。』子展賦《草蟲》。趙孟曰：『善哉，民之主也！抑武也，不足以當之。』伯有賦《鶉之賁賁》。趙孟曰：『牀笫之言不踰閾，況在野乎？非使人之所得聞也。』子西賦《黍苗》之四章。趙孟曰：『寡君在，武何能焉？』子產賦《隰桑》。趙孟曰：『武請受其卒章。』子大叔賦《野有蔓草》。趙孟曰：『吾子之惠也。』印段賦《蟋蟀》。趙孟曰：『善哉，保家之主也！❶吾有望矣。』公孫段賦《桑扈》。趙孟曰：『「匪交匪敖」，福將焉往？若保是言也，欲辭福祿，得乎？』卒享，文子告叔向曰：『伯有將為戮矣。詩以言志，志誣其上而公怨之，以為賓榮，其能久乎？幸而後亡。』叔向曰：『然，已侈，所謂不及五稔者，夫子之謂矣。』文子曰：『其餘皆數世之主也。子展其後亡者也，在上不忘降。印氏其次也，樂而不荒。樂以安民，不淫以使之，後亡，不亦可乎！』宋左師請賞，曰：『請免死之邑。』公與之邑六十，以示子罕。子罕曰：『凡諸侯小國，晉、楚所以兵威之，畏而後上下慈和，慈和而後能安靖其國家，❷以事大國，所以存也。無威則驕，驕則亂生，亂生必滅，所以亡也。天生五

───────

❶「保家之主也」，原脫，今據四庫本及阮刻本《春秋左傳正義》補。
❷「能」，原脫，今據四庫本及阮刻本《春秋左傳正義》補。

材，民並用之，廢一不可，誰能去兵？兵之設久矣，所以威不軌而昭文德也。聖人以興，亂人以廢。廢興存亡，昏明之術，皆兵之由也，而子求去之，不亦誣乎！以誣道蔽諸侯，罪莫大焉。縱無大討，而又求賞，無厭之甚也。」削而投之。左師辭邑。向氏欲攻司城，左師曰：『我將亡，夫子存我，德莫大焉。又可攻乎？』君子曰：『彼己之子，邦之司直』，樂喜之謂乎！「何以恤我，我其收之」，向戌之謂乎！』《穀梁傳》：「湨梁之會，諸侯在而不言諸侯之大夫，大夫不臣也。曷為殆諸侯？為諸侯不在而曰諸侯之大夫，大夫臣也，其臣不言豹，殆諸侯也。曷為殆諸侯？」《公羊傳》：「曷為再言豹，殆諸侯也。晉趙武恥之。豹云者，恭也，諸侯之徒在是矣。曰惡人之徒在是矣。」晉趙武為之會也。」❶ 晉趙武恥之。

此一地也，曷為再言宋？書之重，詞之複，其中必有大美惡焉。宋之盟，合左師欲弭諸侯之兵以為名，而楚屈建請晉、楚之從交相見，吕氏曰：「夷夏之分，自此不復辨矣。」自是中國諸侯南向而朝楚。永嘉吕氏曰：「魯自僖公以來，雖貳於楚，而未嘗一跡其國。自盟宋之後，明年如楚，逾年乃至，《春秋》備書之，以見中國諸侯事楚猶事晉矣。向也不過陳、蔡、鄭從楚，無他近楚之國也。今也魯、宋皆均事楚矣。」及申之會，蠻夷之君，篡弑之賊，大合十有七國之衆，而用齊桓召陵之禮，宋左師、鄭子産皆獻禮焉。宋世子佐以後至，遂辭而不見，伐吳滅賴，無敢違者。聖人至是哀人倫之滅，傷中國之衰，而其事自宋之盟始也。陳氏曰：「自宋以來，晉不專主盟

❶「夫」，原作「大」，今據四庫本及阮刻本《春秋穀梁傳注疏》改。

矣。虢之盟，讀舊書加于牲上而已。至鄢陵則齊主諸侯，至泉鞠則魯及諸侯。晉之不足以主夏盟自宋始，宋之盟，趙武之偷也。孔子曰：『庭燎之百，由齊桓公始也；大夫之奏《肆夏》，由趙文子始也。是王伯之所以興衰也。』於是晉、楚爭先，乃先楚人，則其書先晉何？《春秋》不以夷狄先中國也。」故會盟同地而再言宋者，貶之也。汪氏曰：「事之美者，屢言之以著其美；事之惡者，亦屢言之以著其惡。是故美惡不嫌同辭。」或者乃以宋之盟，中國不出，夷狄不入，玉帛之使交乎天下，以尊周室，爲晉趙武、楚屈建之力，可以當齊桓。」其説誤矣。劉氏曰：「溴梁之會，諸侯之兵，百姓免兵革之患十有餘年，趙武、屈建之力，可以當齊桓。」其説誤矣。孫氏曰：「宋之會，弭諸侯之兵，百姓免兵革之患十有餘年，趙武、屈建之力，可以當齊桓。」其説誤矣。此盟諸侯不在而曰豹及諸侯之大夫盟于宋者，不與大夫盟無諸侯也。豹不氏，前見也。」汪氏曰：「説者稱于宋弭兵，蓋是時晉、楚皆急於出師，是以偶有六七年之安靖。然楚人衷甲，苟非伯州犁之言，則趙孟爲宋襄之執矣。況魯帥師而取鄆，晉帥師而敗狄，兵亦未嘗戢也。楚圍既讀舊書，未幾篡國，大合諸侯，伐吳滅賴，安在其能弭兵也哉。」家氏曰：「中國之於外夷，有天冠地屨之分，此帝王之制也。今諸侯來集，楚人遽求爲長，趙武畏其盛兵衷甲，苟求無事，遂長楚人。《春秋》爲中國惜，故先晉。況會盟于中國之境，而夷狄長之，亂冠屨之常，啓戎心而召後患，趙武、叔向無以辭其責也。」廬陵李氏曰：「楚之爭伯常始於宋，而楚之分伯亦成於宋。其爭伯也，圍宋盟宋矣。然僖二十七年宋之盟，楚爲平，已開天下南北之變矣，故以貶詞書。未幾而成十二年華元克合晉、楚之成，於是晉、楚分伯之幾啓於宋矣。《春秋》諱而不書，蓋有以也。至是向戌以弭兵爲嫌於宋與，《春秋》猶恕宋也。

名，驅中國之諸侯而交見於楚廷，宋其《春秋》之罪人歟！《春秋》兩書宋爲地主，以首禍罪宋也。」○劉氏曰：「此乃一事再見者，前目而後凡耳。何謂殆諸侯乎？且石惡名惡耳，行未必惡也。《公羊》之說非也。稱諸侯者，常文耳；不稱諸侯者，變文也。又豹不氏，乃一事再見卒名之例，不以是爲恭也。《穀梁》之說亦非也。蔡、許失位，《左氏》貶之。今魯欲自同人之私，失位甚矣！且命出季氏而曰不可違，何哉？《左氏》違命不書族之說，尤非也。」

附録

《左傳》：「齊崔杼生成及彊而寡，娶東郭姜，生明。東郭姜以孤入，曰棠無咎，與東郭偃相崔氏。崔成有疾而廢之，而立明。成請老于崔，崔子許之，偃與無咎弗予，曰：『崔，宗邑也，必在宗主。』成與彊怒，將殺之，告慶封。慶封，崔子之仇也。告盧蒲嫳。盧蒲嫳曰：『彼，君之讎也。天或者棄彼矣，敢以告。』慶封曰：『子姑退，吾圖之。』告盧蒲嫳。盧蒲嫳曰：『苟利夫子，必去之。難，吾助女。』九月庚辰，崔成、崔彊殺東郭偃、棠無咎於崔氏之朝。崔子怒而出，其衆皆逃，求人使駕，弗得。使圉人駕，寺人御而出，且曰：『崔氏有福，止余猶可。』遂見慶封。慶封曰：『崔、慶一也。是何敢然，請爲子討之。』使盧蒲嫳帥甲以攻崔氏。崔氏堞其宮而守之。弗克，使國人助之，遂滅崔氏，殺成與彊，而盡俘其家。其妻縊。嫳復命於崔子，且御而歸之。至，則無歸矣。乃縊。崔明夜辟諸大墓。辛巳，崔明來奔。慶封當國。」○「楚蘧罷如晉涖盟，晉侯享之。將出，賦《既醉》。叔向曰：『蘧氏之有後於楚國也，宜哉！承君命，不忘敏。子蕩將知政矣。敏以事君，必能養民。政其焉往？』」○「崔氏之亂，申鮮虞來奔，僕賃於野，以喪莊公。冬，楚

人召之，遂如楚，爲右尹。」

冬，十有二月乙亥朔，日有食之。《左傳》：「十一月乙亥朔，日有食之。辰在申，司歷過也，再失閏矣。」杜氏曰：「周十一月，今九月，斗當建戌而在申，故知再失閏也。文十一年三月甲子，至今年七十一歲，應有二十六閏。今長曆推之，得二十四閏，通計少再閏。」劉氏曰：「歷家之術，求閏餘易，求交朔難。今司歷能正交朔，反不能正失閏，進退不同，不可得而考。」〇唉氏曰：「按經言十二月，傳言十一月，依經當云三閏乎？」

內辰靈王二十七年，崩。二十有八年晉平十三。齊景三。衛獻三十二。蔡景四十七。鄭簡二十一。曹武十。陳哀二十四。杞文五。宋平三十一。秦景三十二。楚康十五，卒。吳餘祭三。春，無冰。《左傳》：「今茲宋、鄭其饑乎！歲在星紀，而淫於玄枵。以有時菑，陰不堪陽。蛇乘龍，龍，宋、鄭之星也。宋、鄭必饑。玄枵，虛中也。枵，耗名也。土虛而民耗，不饑何爲？」孫氏曰：「時燠也。」汪氏曰：「是時襄公昏庸，三家專政。明年，季武子取卞而襄公幾不得入，其紀綱縱弛可知矣。」

附録《左傳》：「夏，齊侯、陳侯、蔡侯、北燕伯、杞伯、胡子、沈子、白狄朝于晉，宋之盟故也。齊侯將行，慶封曰：『我不與盟，何爲於晉？』陳文子曰：『先事後賄，禮也。小事大，未獲事焉，從之如志，禮也。雖不與盟，敢叛晉乎？重丘之盟，未可忘也。子其勸行！』」

夏，衛石惡出奔晉。《左傳》：「衛人討甯氏之黨，故石惡出奔晉。衛人立其從子圃，以守石氏之祀，禮也。」〇邾子來朝。《左傳》：「邾悼公來朝，時事也。」高氏曰：「邾自晉執其君，魯取其田，益微弱矣。至是也。」

悼公來朝。」〇秋，八月，大雩。《左傳》：「旱也。」高氏曰：「春無冰，秋旱，此皆人事所召，而僭用大禮以祈之，不亦悖乎？」

附錄《左傳》：「蔡侯歸自晉，入于鄭。鄭伯享之，不敬。子產曰：『蔡侯其不免乎！日其過此也，君使子展迋勞於東門之外，而傲。吾曰猶將更之。今還，受享而惰，乃其心也。君小國事大國，而惰傲以爲己心，將得死乎？若不免，必由其子。其爲君也，淫而不父。僑聞之，如是者，恒有子禍。』」

仲孫羯如晉。《左傳》：「孟孝伯如晉，告將爲宋之盟故如楚也。」

附錄《左傳》：「蔡侯之如晉也，鄭伯使游吉如楚。及漢，楚人還之，曰：『宋之盟，君命將利小國，而亦使安定其社稷，鎮撫其民人，以禮承天之休，此君之憲令，而小國之望也。寡君是故使吉奉其皮幣，以歲之不易，聘于下執事。今執事有命曰：女何與政令之有？必使而君棄而封守，跋涉山川，蒙犯霜露，以逞君心。小國將君是望，敢不唯命是聽？無乃非盟載之言，以闕君德，而執事有不利焉，小國是懼。不然，其何勞之敢憚？』子大叔歸，復命。告子展曰：『楚子將死矣。不脩其政德，而貪昧於諸侯，以逞其願，欲久，得乎？《周易》有之在復䷗之頤䷚，曰「迷復，凶」，其楚子之謂乎！欲復其願，而棄其本，復歸無所，是謂迷復，能無凶乎？君其往也，送葬而歸，以快楚心。楚不幾十年，未能恤諸侯也，吾乃休吾民矣。』」〇「九月，鄭游吉如晉，告將朝于楚以從宋之盟。子產相鄭伯以如楚。舍不爲壇。外僕言曰：『昔先大夫相先君適四國，未嘗不爲周王及楚子皆將死。歲棄其次，而旅於明年之次，以害鳥帑，周、楚惡之。』

壇。自是至今亦皆循之。今子草舍，無乃不可乎？」子產曰：「大適小，則爲壇；小適大，苟舍而已，焉用壇？僑聞之：大適小有五美：宥其罪戾，赦其過失，救其菑患，賞其德刑，教其不及。小適大有五惡：說其罪戾，請其不足，行其政事，共其職貢，從其時命。不然，則重其幣帛，以賀其福而弔其凶，皆小國之禍也，焉用作壇以昭其禍？所以告子孫，無昭禍焉可也。」

冬，齊慶封來奔。《左傳》：「齊慶封好田而耆酒，與慶舍政，則以其內實遷於盧蒲嫳氏，易內而飲酒。數日，國遷朝焉。使諸亡人得賊者，以告而反之，故反盧蒲癸。癸臣子之，有寵，妻之。慶舍之士謂盧蒲癸曰：『男女辨姓，子不辟宗，何也？』曰：『宗不余辟，余獨焉辟之？賦詩斷章，余取所求焉，惡識宗？』癸言王何而反之，二人皆嬖，使執寢戈而先後之。公膳日雙雞，饔人竊更之以鶩。御者知之，則去其肉，而以其洎饋。子雅、子尾怒。慶舍告盧蒲嫳。盧蒲嫳曰：『譬之如禽獸，吾寢處之矣。』使析歸父告晏平仲。平仲曰：『嬰之眾不足用也，知無能謀也。言弗敢出，有盟可也。』子家曰：『子之言云，又焉用盟？』告北郭子車。子車曰：『人名有以事君，非佐之所能也。』陳文子謂桓子曰：『禍將作矣，吾其何得？』對曰：『得慶氏之木百車於莊。』文子曰：『可愼守也已。』盧蒲癸、王何卜攻慶氏，示子之兆，曰：『或卜攻讎，敢獻其兆。』子之曰：『克，見血。』冬十月，慶封田于萊，陳無宇從。丙辰，文子使召之，請曰：『無宇之母疾病，請歸。』慶季卜之，示之兆，曰：『死。』奉龜而泣，乃使歸。慶嗣聞之，曰：『禍將作矣。』謂子家：『速歸，禍作必於嘗，歸猶可及也。』子家弗聽，亦無悛志。子息曰：『亡矣！幸而獲在吳、越。』陳無宇濟水，而戕舟發梁。盧蒲姜謂癸

曰：「有事而不告我，必不捷矣。」癸告之。姜曰：「夫子愎，莫之止，將不出。我請止之。」癸曰：「諾。」十一月乙亥，嘗于大公之廟，慶舍涖事。盧蒲姜告之，且止之，弗聽，曰：「誰敢者？」遂如公。麻嬰爲尸，慶奊爲上獻。盧蒲癸、王何執寢戈，慶氏以其甲環公宮。陳氏、鮑氏之圉人爲優。慶氏之馬善驚，士皆釋甲、束馬，而飲酒，且觀優，至於魚里。欒、高、陳、鮑之徒介慶氏之甲。子尾抽桷，擊扉三，盧蒲癸自後刺子之，王何以戈擊之，解其左肩。猶援廟桷，動於甍。以俎壺投，殺人而後死。遂殺慶繩、麻嬰。公懼，鮑國曰：「群臣爲君故也。」陳須無以公歸，稅服而如內宮。慶封歸，遇告亂者。丁亥，伐西門，不克。還伐北門，克之。入伐內宮，弗克。」反，陳于嶽，請戰，弗許，遂來奔。獻車於季武子，美澤可以鑑。展莊叔見之，曰：「車甚澤，人必瘁，宜其亡也。」叔孫穆子食慶封，慶封氾祭。穆子不說，使工爲之誦《茅鴟》，亦不知。既而齊人來讓，奔吳。吳句餘予之朱方，聚其族焉而居之，富於其舊。子服惠伯謂叔孫曰：「天殆富淫人，慶封又富矣。」穆子曰：「善人富謂之賞，淫人富謂之殃。天其殃之也，其將聚而殲旃？」家氏曰：「盧蒲癸、王何，莊公之倖臣也。殺慶舍、逐慶封，而戮崔杼。莊之弑也，倖臣與之俱死者十人，今爲之討賊，亦倖臣也。而卿大夫無能爲君討賊復讎者，而倖臣乃能之，亦卿大夫之耻也。」汪氏曰：「齊殺臣爲羽翼，莊固可鄙矣。宋人以賂請萬於陳而醢之，且不書殺，況杼以家亂而自斃乎？」崔杼不書，蓋非以賊討也。

附録《左傳》：「癸巳，天王崩。未來赴，亦未書，禮也。」○「崔氏之亂，喪群公子，故俎在魯，叔孫還在燕，賈在句瀆之丘。及慶氏亡，皆召之，具其器用而反其邑焉。與晏子邶殿其鄙六十，弗受。子尾曰：『富，人之所欲也，何獨弗欲？』對曰：『慶氏之邑足欲，故亡。吾邑不足欲也，益之以邶殿，乃足欲。足欲，亡

無日矣。在外，不得宰吾一邑。不受邶殿，非惡富也，恐失富也。夫民，生厚而用利，於是乎正德以幅之，使無黜嫚，謂之幅利。利過則為敗。吾不敢貪多，所謂幅也。」與北郭佐邑六十，受之。與子雅邑，辭多受少。與子尾邑，受而稍致之。❶公以為忠，故有寵。釋盧蒲嫳于北竟。求崔杼之尸，將戮之，不得。叔孫穆子曰：「必得之。武王有亂臣十人，❷崔杼其有乎？不十人，不足以葬。」既，崔氏之臣曰：「與我其拱璧，吾獻其柩。」於是得之。十二月乙亥朔，❸齊人遷莊公，殯于大寢。以其棺尸崔杼於市。國人猶知之，皆曰「崔子也」。

十有一月，公如楚。諸夏之君始旅見於楚。《左傳》：「為宋之盟故，公及宋公、陳侯、鄭伯、許男如楚。公過鄭，鄭伯不在，伯有迓勞於黃崖，不敬。穆叔曰：『伯有無戾於鄭，鄭必有大咎。敬，民之主也』而棄之，何以承守？鄭人不討，必受其辜。」濟澤之阿，行潦之蘋、藻，寘諸宗室，季蘭尸之，敬也。敬可棄乎？」孫氏曰：「桓、文既沒，夷狄日熾，中國日微，故公遠朝強夷也。」陳氏曰：「舉魯以見其餘也。」是故書公朝王所，見王業之衰。書公如楚，見霸業之衰。凡舉魯以見其餘者，則天下之辭也。」臨川吳氏曰：「齊、晉，霸國也。以魯朝之，猶云可也。楚，蠻夷也，初亦小弱，後以吞滅小國，憑陵中夏而浸強大。晉霸既衰，不能與亢，魯之朝楚，非得已也。屈禮義之望國，朝崛起之強夷，黨書曰朝，辱莫甚焉。止書曰如，猶為諱其恥也。」汪氏

---

❶ 「而」，原作「面」，今據四庫本及阮刻本《春秋左傳正義》改。

❷ 「臣」，原脫，今據阮刻本《春秋左傳正義》補。

❸ 「朔」，原脫，今據阮刻本《春秋左傳正義》補。

曰：「僖十八年鄭文公始朝于楚，二十二年鄭伯又如楚，二十四年宋成公亦如楚。自是而後，鄭伯屢朝于楚，而陳、許諸君朝楚，傳亦間見。蓋至於今年而中國之諸侯旅朝于楚，以事天子之禮事之矣。迨昭九年而諸侯之大夫亦旅見於楚矣。迄哀之四年而晉亦京師楚矣。世變至是，聖人蓋傷之甚矣。」〇十有二月甲寅，天王崩。《左傳》：「王人來告喪。問崩日，以甲寅告。故書之，以懲過也。」汪氏曰：「不書葬，諸侯不會也。」乙未，楚子昭卒。《左傳》：「及漢，楚康王卒。公欲反。叔仲昭伯曰：『我楚國之爲，豈爲一人行也。』子服惠伯曰：『君子有遠慮，小人從邇。飢寒之不恤，誰遑其後？不如姑歸也。』叔孫穆子曰：『叔仲子專之矣，❷子服子，始學者也。』榮成伯曰：『遠圖者，忠也。』公遂行。宋向戌曰：『我一人之爲，非爲楚也。飢寒之不恤，誰能恤楚？姑歸而息民，待其立君而爲之備。』宋公遂反。」甲寅，天王崩。乙未，楚子昭卒。相距四十二日，則閏月之驗也。然不以閏書，見喪服之不數閏也。齊景公葬，書閏月，明殺恩之非禮也。吕氏曰：「此明閏月之驗。然不書閏者，承前月而受其餘日，故書閏月之日，繫前月之下，史策常體。又有定例，故不必每月發傳，此范甯之説也。杜預以十二月無乙未日，誤。孔穎達以爲甲寅、乙未不得同月，是皆不知閏月之日繫前月之下耳。」

附録《左傳》：「楚屈建卒。趙文子喪之如同盟，禮也。」

❶ 「之」，原脱，今據四庫本及阮刻本《春秋左傳正義》補。
❷ 「叔」，原脱；「專之」，原倒文，今據四庫本及阮刻本《春秋左傳正義》補正。

丁巳景王元年。二十有九年晉平十四。齊景四。衛獻三十三，卒。蔡景四十八。鄭簡二十二。曹武十一。陳哀二十五。杞文六。宋平三十二。秦景三十三。楚郟敖麇元年。吳餘祭四，弒。

春，王正月，公在楚。

《左傳》：「釋不朝正于廟也。楚人使公親襚，公患之。穆叔曰：『襚殯而襚，則布幣也。』乃使巫以桃茢先祓殯。楚人弗禁，既而悔之。」《公羊傳》：「何言乎公在楚？正月以存君也。」《穀梁傳》：「閔公也。」

汪氏曰：「莊二十二年冬公如齊，二十三年春至自齊；文三年冬公如晉，四年春至自晉；十三年冬公如晉，十四年正月至自晉；成十年七月公如晉，十一年三月至自晉；襄四年冬公如晉，五年春至自晉；十二年冬公如晉，十三年春至自晉，十六年夏至自晉。此獨書『公在楚』者，外為夷狄所制，以俟其葬而不得歸；歲之首月，公在他國者有矣，故不書。楚，外夷也，如楚不朝正者，非常也，故書。」孫氏曰：「公在中國猶可，在夷狄則甚矣。公留于楚者七月，故詳而錄之。」薛氏曰：「在楚之書也，危其在中國之外也。」唐陳氏曰：「如晉而不朝正者，常不敢入。」劉氏曰：「昭公去國，以乾侯寄，季氏居君之位，攝君之祭，魯之一民非公之有，聖人嫌於國無公、公無國也，故因正月書公在以正之。今襄公亦去其國，季孫亦叛於內，居君之位，攝君之祭，其與乾侯公、公無國也同。故有公則無所復存，存公，則失國可知矣。坤之剝曰：『龍戰于野。』夫嫌於無陽也，而後稱龍，猶嫌於無君而後存公，安可不察耶？」盧陵李氏曰：「閔公為楚所制，故存錄。」范氏曰：「閔公爲楚所制，故存錄。」范氏曰：「《左氏》疏曰：『僖十六年冬會淮，宣七年冬危，錄之。」

會黑壤，成十年秋如晉，襄十二年冬如晉，皆以次年至，此等正月公皆不在，其類多矣。惟此一年書者，《釋例》曰：「凡公之行，國之守臣，每月亦以公不朝之故告於廟。每月必告，而特於正月釋之者，蓋歲之正也，月之正也，日之正也。三始之正，嘉禮所重，人理所以自新，故特顯以通他月也。」惟書此年者，如楚既非常，公又踰年，故發此一例，以示法也。

于西門之外，還及方城。杜氏曰：「方城山，在南陽葉縣南。」

卞縣。」使公冶告曰：「聞守卞者將叛，臣帥師徒以討，既得之矣。」公曰：「欲而言叛，祗見疏也。吾不可以入矣。」將適諸侯，有賦《式微》者，乃歸。

「公在楚」，使後世臣子戴天履地，視君父之危且困者，必有天威不違顏咫尺，見《左傳》僖公九年。食坐見於羹牆之意，《後漢書·李固傳》：「昔堯殂之後，舜仰慕三年，坐則見堯於牆，食則覩堯於羹。」而不以頃刻忘也。董子《繁露》曰：「公在楚，臣子思君，無一日無君之意。」此義一行，豈敢有顧其身與妻子與其家而不恤國，朋附權臣以圖富貴而背其君者乎？高氏曰：「公在齊、晉多矣，闕朝正之禮亦不少矣。但書公如齊如晉而義自見也。二十八年十一月公如楚，十二月甲寅天王崩，乙未楚子昭卒。公不篤君臣之義以奔天王之喪，而徇夷狄之強以俟楚子之葬，久留于楚，迨夏乃歸，故聖人特於朝正之時，與昭公失國在乾侯同。且以責季氏之無君也。」家氏曰：「公在乾侯，以内外言也。公在楚，以中國夷狄言也。向戌售其邪說，屈中國而伸外

春秋集傳大全卷之二十八　襄公四

一二九三

夷,俾中國諸侯相率而朝于楚,公復爲外夷所侮辱,久乃得歸。《春秋》閔中國諸侯之爲外夷屈,故於歲首書「公在楚」,外楚也。夫夷狄朝中國,理之常也;中國旅朝于夷,反常也。《春秋》於事之反常者,每變例而特書,此類是也。」○唉氏曰:《左傳》:『釋不朝正于廟也。』按前後正月公不在例不書,何獨於此釋不朝正乎?」趙氏曰:「凡君在外不應都廢告朝之禮,當是大臣攝行矣。」

附錄《左傳》:「二月癸卯,齊人葬莊公于北郭。」○夏四月,葬楚康王。公及陳侯、鄭伯、許男送葬,至于西門之外。諸侯之大夫皆至于墓。楚郟敖即位。王子圍爲令尹。鄭行人子羽曰:『是謂不宜,必代之昌。松柏之下,其草不殖。』」

夏五月,公至自楚。《左傳》:「公還,及方城。季武子取卞,使公冶問,璽書追而與之曰:『聞守卞者將叛,臣帥徒以討之,既得之矣,敢告。』公冶致使而退,及舍,而後聞取卞。公謂公冶曰:『吾可以入乎?』對曰:『君實有國,誰敢違君?』公與公冶冕服。固辭,強之而後受。公欲無入,榮成伯賦《式微》,乃歸。五月,公至自楚。公冶致其邑於季氏,而終不入焉。曰:『欺其君,何必使余?』季孫見之,則言季氏如他日;不見,則終不言季氏。及疾,聚其臣,曰:『我死,必無以冕服斂,非德賞也。且無使季氏葬我。』」《穀梁傳》:「喜之也。致君者,殆其往而喜其反,此致君之意,義也」范氏曰:「遠之蠻國,喜得全歸。」○庚午,衛侯衎卒。

附錄《左傳》:「葬靈王,鄭上卿有事。子展使印段往。伯有曰:『弱不可。』子展曰:『與其莫往,弱不猶愈乎?《詩》云:「王事靡盬,不遑啓處。」東西南北,誰敢寧處?堅事晉、楚,以蕃王室也。王事無曠,何

常之有？」遂使印段如周。」

閽弑吳子餘祭。閽，音昏。祭，側界反。《左傳》：「吳人伐越，獲俘焉，以爲閽，使守舟。吳子餘祭觀舟，閽以刀弑之。」《公羊傳》：「閽者何？門人也，刑人也。刑人則曷爲謂之閽？刑人非其人也。吳子不近刑人，近刑人，則輕死之道也。」《穀梁傳》：「閽，門者也，寺人也。不稱名姓，閽不得齊於人，不稱其君，閽不得君其君也。禮：君不使無恥，不近刑人，不狎敵，不邇怨。賤人非所貴也，貴人非所刑也，刑人非所近也。舉至賤而加之吳子，吳子近刑人也。閽弑吳子餘祭，仇之也。」

穀梁子曰：「閽，門者也，寺人也。不稱名姓，閽不得齊於人；不稱其君，閽不得君其君也。舉至賤而加之吳子，吳子近刑人也。閽弑吳子餘祭，仇之也。」

沙隨程氏曰：「謂之弑，蓋其君也。」

《禮·君不使無恥，不近刑人，不狎敵，不邇怨。賤人非所貴也，貴人非所刑也，刑人非所近也。」《禮記·曲禮》：「刑人不在君側。」《祭統》：「古者不使刑人守門。」

《左氏》以爲「伐越獲俘焉，以爲閽，使守舟，吳子觀舟，閽以刀弑之」，亦邇怨之失也。

家氏曰：「《春秋》所以書，言禍生於所忽也。吳之諸君，往往輕以蹈禍，遏卒於巢、餘祭死於閽、僚死於專諸，《春秋》之書，良以垂戒示後焉耳。」

附録

《左傳》：「鄭子展卒，子皮即位。於是鄭饑，而未及麥，民病。子皮以子展之命餼國人粟，戶一鍾，是以得鄭國之民，故罕氏常掌國政，以爲上卿。宋司城子罕聞之，曰：『鄭於善，民之望也。』宋亦饑，請於平公，出公粟以貸，使大夫皆貸。司城氏貸而不書，爲大夫之無者貸。宋無饑人。叔向聞之，曰：『鄭之

罕，宋之樂，其後亡者也」，二者其皆得國乎！民之歸也。施而不德，樂氏加焉，其以宋升降乎！」

仲孫羯會晉荀盈、齊高止、宋華定、衛世叔儀、鄭公孫段、曹人、莒人、滕人、薛人、小邾人城杞。儀，《公》作「齊」。「莒人」下，《公》、《穀》有「邾人」。《左傳》：「晉平公，杞出也，故治杞。六月，知悼子合諸侯之大夫以城杞，孟孝伯會之，鄭子大叔與伯石往。子大叔見大叔文子，與之語。文子曰：『甚乎其城杞也！』子大叔曰：『若之何哉！晉國不恤周宗之闕，而夏肄是屏，其棄諸姬，亦可知也已。諸姬是棄，其誰歸之？吉也聞之，棄同即異，是謂離德。《詩》曰「協比其鄰，昏姻孔云」。晉不鄰矣，其誰云之？』齊高子容與宋司徒見知伯，女齊相禮。賓出，司馬侯言於知伯曰：『二子皆將不免。子容專，司徒侈，皆亡家之主也。』知伯：『何如？』對曰：『專則速及，侈將以其力斃，專則人實斃之，將及矣。』《穀梁傳》：『古者天子封諸侯，其地足以容其民，其民足以滿城以自守也。杞危而不能自守，故諸侯之大夫相帥以城之，此變之正也。』

晉平公，杞出也，杜氏曰：「平公母悼夫人，乃杞孝公姊妹。」《爾雅》：「姊妹之子為出。」故合諸侯之大夫以城杞。古之建國立家者，必親九族。歐陽氏曰：「父族四：謂父之姓，一族也；父女昆弟適人有子，二族也；己女昆弟適人有子，三族也；己之女子適人有子，四族也。妻族二：謂妻之父為一族，妻之母為一族。母族三：謂母之父，一族也；母之母，二族也；母之昆弟，三族也。」汪氏曰：「《葛藟》，王族刺平王也。周室道衰，棄其九族焉。一章曰『謂他人父』，二章曰『謂他人母』，三章曰『謂他人昆』。」晉主夏盟，令行中

國，平公不能脩文、襄、悼公之業，尊獎王室，恤宗周之闕，而夏肄是屏，肄，以二反。陸氏曰：「斬而復生曰『肄』，《方言》云『梯餘也』。」輕棄諸姬，可謂知本乎？平王「惟不撫其民而遠屯戍于母家，周人怨思焉」，汪氏曰：「《揚之水》小序：詩曰：『彼其之子，不與我戍申。』申國，平王之母家也。」《揚之水》所以降爲《國風》不得列于《雅》也。城杞之役，亦不待貶絶而可見矣。襄陵許氏曰：「齊桓城衞而諸侯歸心者，桓公之志公天下也。晉平城杞而人疾其役，其志私也。動又不時，能無攜乎？」汪氏曰：「《春秋》書曰『諸侯城緣陵』，略諸侯而不序，且不曰城杞而曰『城緣陵』，所以隱其專也。晉平治杞而城之，以大夫合天下之衆，而脩其私親之城郭，初非救災卹患之舉，心既私而事亦悖矣，故《春秋》列序十有一國之大夫而曰『城杞』，所以著其失也。」陳氏曰：「合十一國諸侯之大夫而書『城杞』，爲悼夫人也。合十二國諸侯之大夫于澶淵而書『宋災故』，爲共姬也。衞甯喜弑其君，孫林父以邑叛，蔡世子般弑其父，吳、楚之大夫交聘於中國，天下亦多故矣。晉爲盟主而區區於宋、杞，是晉之已細也。晉之已細而後有執齊慶封，放陳招、殺蔡侯般，假討賊之義以盟諸夏，如楚靈王者矣。」廬陵李氏曰：「僖公爲成風伐邾，而《春秋》不予以保小之仁，則於公私之際審矣。」

晉侯使士匄來聘。《左傳》：「范獻子來聘，拜城杞也。公享之，展莊叔執幣。射者三耦。公臣不足，取於

① 「城」，原作「成」，今據四庫本改。

家臣。家臣展瑕、展王父爲一耦；公臣公巫召伯、顏莊叔爲一耦，鄟鼓父、黨叔爲一耦。」高氏曰：「謝城杞，且使我歸杞田也。」廬陵李氏曰：「觀拜城杞之使，即私情之不足以令諸侯可知矣。」**杞子來盟。**《左傳》：「晉侯使司馬女叔侯來治杞田，弗盡歸也。晉悼夫人慍曰：『齊也取貨，先君若有知也，不尚取之。』公告叔侯。叔侯曰：『虞、虢、焦、滑、霍、揚、韓、魏，皆姬姓也，晉是以大。若非侵小，將何所取？武、獻以下，兼國多矣，誰得治之？杞，夏餘也，而即東夷。魯，周公之後也，而睦於晉。以杞封魯猶可，而何有焉？魯之於晉也，職貢不乏，玩好時至，公卿大夫相繼於朝，❶史不絕書，府無虛月。如是可矣，何必瘠魯以肥杞？且先君而有知也，毋寧夫人，而焉用老臣？』」杞文公來盟。書曰『子』，賤之也。」陳氏曰：「凡來盟，皆大夫也，杞伯親之，故賤之也。」《春秋》之褒貶君、大夫，莫備於隱、桓、莊之世，寓王法也。成、襄而下，盟特稱『子』見《春秋》之貶諸侯也。」汪氏曰：「杞自莊二十七年稱伯，至僖二十三年、舍杞子無削其爵者，自後並稱伯，惟此年來盟稱子，厥後終《春秋》稱伯，義見桓二年。」高氏曰：「晉使魯歸前二十七年兩稱子，自後並稱伯。蓋晉之治杞田所侵杞田，故書杞子來盟於士鞅來聘之下。」廬陵李氏曰：「此非前定之盟，亦非因朝而盟。非出於公義，魯之歸杞田未必出於誠心，故杞子親來以要結之耳。」○**吳子使札來聘。**吳始聘，吳始見叔孫穆子，說之。謂穆子曰：『子其不得死乎！好善而不能擇人。吾聞
並見。《左傳》：「吳公子札來聘，見叔孫穆子，說之。謂穆子曰：『子其不得死乎！好善而不能擇人。吾聞

❶「夫」，原作「天」，今據四庫本改。

君子務在擇人，吾子爲魯宗卿，而任其大政，不慎舉，何以堪之？禍必及子！」請觀於周樂。使工爲之歌《周南》、《召南》，曰：『美哉！始基之矣，猶未也，然勤而不怨矣。』爲之歌《邶》、《鄘》、《衛》，曰：『美哉淵乎！憂而不困者也。吾聞衛康叔、武公之德如是，是其《衛風》乎？』爲之歌《王》，曰：『美哉！思而不懼，其周之東乎！』爲之歌《鄭》，曰：『美哉！其細已甚，民弗堪也。是其先亡乎！』爲之歌《齊》，曰：『美哉，泱泱乎！大風也哉！表東海者，其大公乎！國未可量也。』爲之歌《豳》，曰：『美哉，蕩乎！樂而不淫，其周公之東乎！』爲之歌《秦》，曰：『此之謂夏聲。夫能夏則大，大之至也，其周之舊乎！』爲之歌《魏》，曰：『美哉，渢渢乎！大而婉，險而易行，以德輔此，則明主也。』爲之歌《唐》，曰：『思深哉！其有陶唐氏之遺民乎！不然，何憂之遠也？非令德之後，誰能若是？』爲之歌《陳》，曰：『國無主，其能久乎！』自《鄶》以下無譏焉。爲之歌《小雅》，曰：『美哉！思而不貳，怨而不言，其周德之衰乎？猶有先王之遺民焉。』爲之歌《大雅》，曰：『廣哉，熙熙乎！曲而有直體，其文王之德乎！』爲之歌《頌》，曰：『至矣哉！直而不倨，曲而不屈，邇而不偪，遠而不攜，遷而不淫，復而不厭，哀而不愁，樂而不荒，用而不匱，廣而不宣，施而不費，取而不貪，處而不底，行而不流。五聲和，八風平。節有度，守有序，盛德之所同也。』見舞《象箾》、《南籥》者，曰：『美哉！猶有憾。』見舞《大武》者，曰：『美哉！周之盛也，其若此乎！』見舞《韶濩》者，曰：『聖人之弘也，而猶有慚德，聖人之難也。』見舞《大夏》者，曰：『美哉！勤而不德，非禹，其誰能脩之？』見舞《韶箾》者，曰：『德至矣哉，大矣！如天之無不幬也，如地之無不載也。雖甚盛德，其蔑以加於此矣，觀止矣。若有他樂，吾不敢請已。』其出聘也，通嗣君也。故遂聘于齊，説晏平仲，謂之曰：『子速納邑與政。無邑與政，

乃免於難。齊國之政將有所歸，未獲所歸，難未歇也。」故晏子因陳桓子以納政與邑，是以免於欒、高之難。聘於鄭，見子產如舊相識。與之縞帶，子產獻紵衣焉。謂子產曰：「鄭之執政侈，難將至矣。政必及子。子爲政，慎之以禮。不然，鄭國將敗。」適衛，說蘧瑗、史狗、史鰌、公子荆、公叔發、公子朝，曰：「衛多君子，未有患也。」自衛如晉，將宿於戚。聞鐘聲焉，曰：「異哉！吾聞之也，辯而不德，必加於戮。夫子獲罪於君以在此，懼猶不足，而又何樂？夫子之在此也，猶燕之巢於幕上。君又在殯，而可以樂乎？」遂去之。文子聞之，終身不聽琴瑟。適晉，說趙文子、韓宣子、魏獻子，曰：「晉國其萃于三族乎！」說叔向。將行，謂叔向曰：「吾子勉之！君侈而多良，大夫皆富，政將在家。吾子好直，必思自免於難。」《公羊傳》：「吳無君，無大夫，此何以有君，有大夫？賢季子也。何賢乎季子？讓國也。其讓國奈何？謁也、餘祭也、夷昧也，與季子同母者四。季子弱而才，兄弟皆愛之，同欲立之以爲君，謁曰：『今若是迮而與季子國，季子猶不受也，請無與子而與弟，弟兄迭爲君，而致國乎季子。』皆曰：『諾。』故諸爲君者，皆輕死爲勇，飲食必祝，曰：『天苟有吳國，尚速有悔於予身。』故謁也死，餘祭也立。餘祭也死，夷昧也立。夷昧也死，則國宜之季子者也。季子使而亡焉。僚者，長庶也，即之。季子使而反，至而君之爾。闔廬曰：『先君之所以不與子國而與弟者，凡爲季子故也。將從先君之命與？則國宜之季子者也。如不從先君之命與？則我宜立者也。僚惡得爲君乎？』於是使專諸刺僚。而致國乎季子，季子不受，曰：『爾弑吾君，吾受爾國，是吾與爾爲篡也。爾殺吾兄，吾又殺爾，是父子兄弟相殺，終身無已也。』去之延陵，終身不入吳國。故君子以其不受爲義，以其不殺爲仁，賢季子。則吳何以有君有大夫？以季子爲臣，則宜有君者也。札者何？吳季子之名也。《春秋》賢

者不名，此何以名？許夷狄者，不壹而足也。季子者，所賢也。曷爲不足乎季子？許人臣者必使臣，許人子者必使子也。」《穀梁傳》：「吳其稱子何也？善使延陵季子，故進之也。身賢也；使賢，亦賢也。延陵季子之賢，尊君也。其名，成尊於上也。」杜氏曰：「餘祭既遣札聘上國而後弒，札以六月到魯未聞喪也。」

札者，吳之公子，何以不稱公子？貶也。辭國而生亂者，或問：「季札，胡文定公言其辭國以生亂，溫公又言其明君臣之大分。」朱子曰：「可以受，可以無受。」**札爲之也，故因其來聘而貶之，示法焉。**常山劉氏曰：「札何以不稱公子？辭國而生亂者，札爲之也。吳子壽夢有四子，季則札也。壽夢欲立札，札辭而去，遏緣先君之志。約以次必致國於札。夷昧之卒，札宜受命以安社稷，而徇匹夫之節，辭位以逃。夷昧之子僚於是代立。遏之子光乃弒僚而代之。是以吳之亂，札實爲之也。故《春秋》因札來聘，去其公子，以示貶焉。」**按吳子壽夢有子四人，長曰諸樊，次曰餘祭，次曰夷末，札其季子也。壽夢賢季札，欲立以爲嗣。札辭不可，然後立諸樊。諸樊既除喪，則致國於季子又辭而之。諸樊乃舍其子而立弟，約以次傳，必及季子。故諸樊卒而餘祭立，餘祭卒而夷末立。夷末卒，則季子宜受命以安社稷，成父、兄之志矣。乃徇匹夫之介節，辭位以逃。夷末之子僚，僚既立，諸樊之子光曰：「先君所以不與子國而與弟者，凡爲季子爾。季子不受，去之延陵，終身不入吳國。故曰：「季子辭國僚烏得爲君？」於是使專諸刺僚，而致國乎季子。季子不受，去之延陵，終身不入吳國。故曰：「季子辭國將從先君之命歟？則季子宜有國也。如不從先君之命，則我宜立。僚惡得爲君？」於是使專諸刺僚，而致國乎季子。**

以生亂，因其來聘而貶之，示法焉。」或謂子貢問於孔子曰：「伯夷、叔齊，何人也？」曰：「古之賢人也。」「怨乎？」曰：「求仁而得仁，又何怨？」「子貢以先聖賢夷、齊，知其惡衛輒之爭而不爲也。季子辭位，獨不爲賢，其父兄所爲眷眷而欲立札，公心也。以其私意，故夷、齊讓國爲得仁，而先聖之所賢，以其公心，故季子辭位爲生亂，而《春秋》之所貶。苟比而同之，過矣！」或曰：「世衰道微，暴行交作，臣篡其君者有之，子篡其父者有之，季子於是焉而辭位，則將使聞其風者，貪夫廉、爭夫讓，而篡弒奪攘之禍損矣。其於名教豈不有補，何貶之深也？」曰：「《春秋》達節而不守者也。昔大伯奔吳而不反，季歷嗣位而不辭，《史記·周本紀》：『太王三子，長太伯，次虞仲，少子季歷。太王欲立季歷以傳昌，乃與虞仲亡如荊蠻，以讓季歷。』鄭子美曰：『大伯讓而王季立，此季札之家法也。』太王欲立季歷以傳昌，乃與虞仲亡如荊蠻，以讓季歷。太王知札當成其諸兄効始祖之讓而已，自附於季歷以受國，則吳亂弭矣。』武王繼統，受命作周，亦不以配天之業讓伯邑考官天下也。彼王僚無季歷之賢、武王之聖，而季子爲太伯之讓，豈至德乎？使爭、弒禍興，覆師喪國，其誰階之也！若季子之辭位守節，立名全身，自牧則可矣，概諸聖王之道則過矣。《中庸》曰：『道之不明不行也，我知之矣。』季子所謂『賢且智，過而不得其中』者也。使由於季歷、武王之義，其肯附子臧之節而不受乎？惜其擇乎中

庸，失時措之宜爾。此仲尼所以因其辭國生亂而貶之也。」或曰：「吳子使札，與楚子使椒、秦伯使術一例爾。吳、楚蠻夷之國，秦介戎狄之間，其禮未同於中夏，故使人之來皆略之。而札何以獨爲貶乎？」曰：「《春秋》多變例，聖筆有特書。荆楚無大夫而屈完書族，王朝下士以人通而子突書字，諸侯公子以名著而季友書子，母弟之無列者不登其姓名而叔肸書氏，皆賢而特書之矣。季札讓國，天下賢之，若仲尼亦賢季札，必依此例，或以字，或以氏，或以公子，特書之矣。今乃略以名紀，比於楚椒、秦術之流，無異稱焉。是知仲尼不以其讓國爲賢而貶之也。」「噫！世之君子，盛稱季札之賢，於讓國之際，以爲禮之大節不可亂也。公子喜時，《春秋》猶賢其後世，見《公羊傳》昭公二十年，喜時，即子臧。於季札則何獨貶之深也。非聖人莫能脩之，豈不信夫！」問：「先儒謂札讓位以召亂，貶，不稱公乎時中，然後能與於此。」曰：「仲尼於季子，望之深矣，責之備矣。惟與天地同德而達子。然秦伯使術、楚子使椒亦略之。説者以三者皆蠻夷，其禮未同於中夏，是以於其使人之來，略其官與族，此説當否？」茅堂胡氏曰：「《春秋》有變例，有特書，謂三者皆蠻夷，故略之，是以死法觀《春秋》而不見聖人之用者也。《春秋》，史外傳心之書，當以活法觀之，默識心通，會於言意之表，斯得之矣。或問：『太伯讓位適吳，聖人以至德稱之，季子辭位守節，《春秋》以名貶之，何也？』曰：『太伯時中，季子過中。自衆人觀之，過者爲賢，自道觀之，過猶不及，故褒貶如此。』或曰：『季子之節而見貶，後之權廢立者，將

有奸名犯分，託於賢否之說以濟其私欲，而天下亂矣。季子之處心積慮，其在天下後世，非計宗國之私、一時之事也。」曰：「後之權廢立者，如有壽夢之命，諸樊、餘祭、夷末之勤勤於致國，公子僚之不肖，而季札之賢，則非奸名犯分，合於天下一國之公心矣。不然，苟欲濟其私欲，是特篡弒攘奪之倫，《春秋》之所誅而不以聽者也，奚有賢否之說而可託哉！」張氏曰：「辭讓之心，人皆有之。至於義之所當處而不得辭，雖聖人不敢徇小節而以退讓為安。舜、禹之受天下，季歷、武王之受國，皆擇乎時中、當其可而居之者也。季子者，其父命之、其兄讓之。受之，則父兄之意慊而國家安榮；不受，則父兄之命塞而適以長亂，君子於此，將何處而可哉？況身為貴戚，古之聖賢未有視社稷之安危若是恝者，微子、箕子、比干之在商，反覆詔告，自靖自獻，以求無愧於先王。孔子曰：『殷有三仁焉。』蓋必若是而後心德始全，而吾可以有辭於永世矣。季子為其父之所立，其兄之所屬，違父兄之命，而徒以潔身而去為高，觀宗國之危難，僚與光之相殘賊，若秦人視越人之肥瘠，正夫子所謂果哉末之難矣者，其復位而待之曰：『非我生亂，君子始未之信也。』劉質夫之言，得聖人之旨矣。」○汪氏曰：「《公》、《穀》謂《春秋》賢季札，然書法無異於闔越椒、西乞術，則非賢之之辭。劉氏、胡氏、張氏謂《春秋》貶之，非以聖人待之，不如椒、術也，特以稱名而不稱族、不稱字，曾不殊於椒、術，比於賢者之異稱，則人將爭為過高之行而不能與於時中之權也。或者謂季子辭國之賢而未合於中庸，《春秋》苟特筆而褒之，則人將爭為過高之異稱而不能與於時中之權也。今考壽夢已欲立季子，諸樊之除喪，又致國乎季子，則季子之讓，不待三十年之後，使札為季歷，則吳亂弭矣。襄二十五年諸樊卒而餘祭立，是年餘祭弒子，則季子之讓，不待三十年之後，《春秋》不當貶之於三十年之前。

而夷末立，則季札銜命來聘之時，三兄皆讓國不從而迭立矣。僚、光之亂雖在三十年之後，而致亂之由，則在三十年之前也。責備賢者之法，安得不於其來聘而示意哉。」盧陵李氏曰：「札不稱公子，杜氏以爲其禮未同於中國，《公羊》以爲許夷狄者不一而足，《穀梁》以爲成尊於上，而陳氏又以爲楚、秦之使皆以再至而後進之。今吳一聘而遂同於楚椒、秦術之例者，吳驟強也。書札如椒、術者，皆非命大夫之詞也。其説不一，獨常山劉質夫以爲貶詞，而胡氏、張氏皆從之。胡氏辨難已精，無復他論。光弑僚在昭二十七年。」

秋，九月，❶葬衞獻公。○齊高止出奔北燕。北燕始見經。《左傳》：「秋，九月，齊公孫蠆、公孫竈放其大夫高止於北燕。乙未，出。書曰『出奔』，罪高止也。高止好以事自爲功，且專，故難及之。」《穀梁傳》：「其曰北燕，從史文也。」襄陵許氏曰：「君放大夫可也，臣放大夫，是無君也，不可以訓，故以『出奔』書也。」杜氏曰：「止，高厚之子。北燕，燕國薊縣。」張氏曰：「北燕，姬姓，召公奭之後。」○冬，仲孫羯如晉。《左傳》：「冬，孟孝伯如晉，報范叔也。」

附錄《左傳》：「爲高氏之難故，高豎以盧叛。十月庚寅，閭丘嬰帥師圍盧。高豎曰：『苟使高氏有後，請致邑。』齊人立敬仲之曾孫酀，良敬仲也。十一月乙卯，高豎致盧而出奔晉，晉人城緜而寘旃。」○「鄭伯有

❶「九」，原作「七」，今據四庫本及阮刻本《春秋左傳正義》改。

使公孫黑如楚，辭曰：❶「楚、鄭方惡，而使余往，是殺余也。」伯有曰：「世行也。」子晳曰：「可則往，難則已，何世之有？」伯有將強使之。子晳怒，將伐伯有氏，大夫和之。十二月己巳，鄭大夫盟於伯有氏。裨諶曰：「是盟也，其與幾何？《詩》曰：『君子屢盟，亂是用長。』今是長亂之道也，禍未歇也，必三年而後能紓。」然明曰：「政將焉往？」裨諶曰：「善之代不善，天命也。其焉辟子產？舉不踰等，則位班也。擇善而舉，則世隆也。天又除之，奪伯有魄，子西即世，將焉辟之？天禍鄭久矣，其必使子產息之，乃猶可以戾。不然，將亡矣。」

戊午景王二年。三十年晉平十五。齊景五。衛襄公惡元年。蔡景四十九，弒。鄭簡二十三。曹武十二。陳哀二十六。杞文七。宋平三十三。秦景三十四。楚郟敖二。吳夷末元年。**春，王正月，楚子使薳罷來聘。**薳，于委反。罷音皮，《公》作「頗」，後同。《左傳》：「通嗣君也。穆叔問王子之爲政何如。對曰：『吾儕小人食而聽事，猶懼不給命，而不免於戾，焉與知政？』固問焉，不告。」余氏曰：「且報朝也。」張氏曰：「魯以君行而楚以大夫聘，此齊桓、晉文所以行乎列國者。故自宋之盟，夷夏不辨，楚人行霸主之禮於中國，非晉平、趙武之責而何哉？」高氏曰：「公踰年在楚，楚郟敖新即位，故使薳罷來聘以報之。自文公九年至此歷七十餘年，未嘗交聘之❷

❶「辭」，原脫，今據四庫本及阮刻本《春秋左傳正義》補。
❷「交」，四庫本作「來」。

來，蓋爲恭也。自是吳、楚皆不復來聘矣。」王氏曰：「楚至此，君臣之詞與中國無異者，夷狄盛強，中國諸侯服役不暇矣。」廬陵李氏曰：「楚聘魯者三，至此書法始同於中國。」

附録 《左傳》：「子產相鄭伯以如晉，叔向問鄭國之政焉。對曰：『吾得見與否，在此歲也。駟、良方爭，未知所成。若有所成，吾得見，乃可知也。』叔向曰：『不既和矣乎。』對曰：『伯有侈而愎，子晳好在人上，莫能相下也。雖其和也，猶相積惡也，惡至無日矣。」○「三月癸未，晉悼夫人食輿人之城杞者，絳縣人或年長矣，無子而往，與於食。有與疑年，使之年。曰：『臣，小人也，不知紀年。臣生之歲，正月甲子朔，四百有四十五甲子矣，其季於今三之一也。』吏走問諸朝，師曠曰：『魯叔仲惠伯會郤成子于承匡之歲也。是歲也，狄伐魯，叔孫莊叔於是乎敗狄于鹹，獲長狄僑如及虺也、豹也，而皆以名其子。七十三年矣。』史趙曰：『亥有二首六身，下二如身，是其日數也。』士文伯曰：『然則二萬六千六百有六旬也。』趙孟問其縣大夫，則其屬也。召之而謝過焉，曰：『武不才，任君之大事，以晉國之多虞，不能由吾子，使吾子辱在泥塗久矣。武之罪也，敢謝不才。』遂仕之，使助爲政。辭以老。與之田，使爲君復陶，以爲絳縣師，而廢其輿尉。於是魯使者在晉，歸以語諸大夫。季武子曰：『晉未可渝也。有趙孟以爲大夫，有伯瑕以爲佐，有史趙、師曠而咨度焉，有叔向、女齊以師保其君。其朝多君子，其庸可渝乎！勉事之而後可。』」○「夏四月己亥，鄭伯及其大夫盟。君子是以知鄭難之不已也。」

夏，四月，蔡世子般弒其君固。般音班。《左傳》：「蔡景侯爲太子般娶于楚，通焉。太子弒景侯。」《穀梁傳》：「其不日，子奪父政，是謂夷之。」家氏曰：「般之惡、景之禍，其積習有自來矣。人莫不有義理之心，

貴賤夷夏者所謂『義理之心，夫人之所同也』。蔡與陳、鄭，本皆諸夏之與國，中間爲楚所迫，叛華即夷，去來無常。惟蔡自厭貉之會，甘於從楚，去而不復者七十有餘年。染於商臣之俗，積習蓋有自來。趙主父爲胡服而終有子禍，去中國即入於夷狄，入夷狄則胥爲禽獸，此理之必然也。」○劉氏曰：「向若書日者，可遂云非奪父政乎？又何云非夷之乎？《穀梁》之說非也。」○五月甲午，宋災。宋伯姬卒。《公》、《穀》「伯姬」上無「宋」字。❶《左傳》：「或叫于宋太廟，曰：『嘻嘻，出出。』鳥鳴于亳社，如曰『嘻嘻』。甲午，宋大災。宋伯姬卒，待姆也。君子謂宋共姬：『女而不婦。女待人，婦義事也。』」《穀梁傳》：「取卒之日加之災上者，見以災卒也。其見以災卒奈何？伯姬之舍失火，左右曰：『夫人少辟火乎？』伯姬曰：『婦人之義，保母不在，宵不下堂。』左右又曰：『夫人少辟火乎？』伯姬曰：『婦人之義，傅母不在，宵不下堂。』遂逮乎火而死。婦人以貞爲行者也，伯姬之婦道盡矣。詳其事，賢伯姬也。」

穀梁子曰：「取卒之日加之災上者，見以災卒也。伯姬之舍失火，左右曰：『夫人少避火乎？』曰：『婦人之義，傅姆不在，姆，音茂。汪氏曰：❶「女師也。」宵不下堂。』《易》曰：『恒其德，貞。婦人吉，夫子凶。』」程子曰：「以順從爲恒者，婦人之道，在婦人則爲貞，故吉。若丈夫而以順從於人爲恒，則失其剛陽之正，乃凶也。」而或以爲共姬女而不婦，非也。世衰道微，暴行交作，女德不貞，婦人以貞爲行者也，伯姬之婦道盡矣。詳其事，賢伯姬也。」

❶「汪」，四庫本作「王」。

道不明，能全其節，守死不回，見於《春秋》者，宋伯姬耳。聖人冠以夫謚，書於《春秋》曰「葬宋共姬」，以著其賢行，勵天下之婦道也。安定胡氏曰：「伯姬，乃婦人中之伯夷也。」襄陵許氏曰：「王化始於正家，《春秋》撥亂謹禮，以宋共姬爲婦道之表，故詳錄焉。」劉氏曰：「使共姬避火而全生，未足以害其貞也。然而不以已之可以全其生之故，而違天下之常義，此安乎性命之者乃能之，故審乎死生之度，辨乎榮辱之境，知禮之重，重於生；辱之甚，甚於死。伯夷、叔齊餓于首陽之下，求仁得仁，何以過乎？《左氏》曰：『共姬女而不婦。女待人，婦義事也。』非也。如共姬之守禮死義，不求生以害仁，亦可免矣，反謂之不婦乎？《易》曰：『恒其德，貞。婦人吉。』共姬恒之矣。所謂婦也。」臨川吳氏曰：「蓋亦罪宋之子與臣，不能救其君母，使之逮乎火而死也。」汪氏曰：「伯姬以成九年歸于宋共公，成十五年共公卒，嫠居三十有四年，其年蓋六十矣。火延其宮，必待傅姆而後避，固守婦節以及於死。或者云：『傅姆宵出，必有常處，伯姬守常而不知變，必逮于火以是爲賢，則「嫂溺援之以手」者，非耶？』竊謂援溺之權，乃丈夫變禮以救他人之死。婦人越禮以貪生而免己之死，則非義矣。伯姬年邁六十，雖曰避火全生，未害其貞，然君子之道過乎厚，小人之道過乎薄，《春秋》賢伯姬，所以著其秉節不渝，庶幾風厲千古，使夫不當避而避以失節於造次顛沛之際者，知所警也。豈曰小補之哉！」

天王殺其弟佞夫。《公》作「年夫」。《左傳》：「初，王儋季卒，其子括將見王，而歎。單公子愆期爲靈王御士，過諸廷，聞其歎，而言曰：『嗚呼！必有此夫！』入以告王，且曰：『必殺之！不慼而願大，視躁而足高，心在他矣。不殺，必害。』王曰：『童子何知！』及靈王崩，儋括欲立王子佞夫。佞夫弗知。戊子，儋括圍蔿

逐成愆。成愆奔平畤。五月癸巳，尹言多、劉毅、單蔑、甘過、鞏成殺佞夫。括、瑕、廖奔晉。書曰『天王殺其弟佞夫』，罪在王也。」《穀梁傳》：「傳曰：諸侯且不首惡，況於天子乎？君無忍親之義，天子諸侯所親者，唯長子母弟耳。天王殺其弟佞夫，甚之也。」孫氏曰：「《春秋》之義，天子得專殺，故二百四十年，❶無天王殺大夫文。此言『殺其弟佞夫』者，景王不能容一母弟，不可不見也。」吕氏曰：「言『殺其弟』，無親親之恩也。」張氏曰：「王者之道，親親而及天下，景王不能容一母弟；別嫌疑以明賞罰，則政有經。周景王初立，儋括謀亂而免，佞夫不知而死，所厚者薄，本心亡矣。所以終欲黜嫡立庶，而致子朝之亂也。」臨川吳氏曰：「象欲殺舜而舜封之爲諸侯，仁人之於弟蓋如此。儋括爲亂，佞夫實不知謀，而尹、劉諸人乃殺佞夫。書『王殺』者，罪王不能免其弟也。」陳氏曰：「凡王殺不書，括事敗而佞夫見殺，瑕懼及禍而奔晉。瑕不能明爲子事父之孝，而自比於逆亂之黨，蓋逆子也。奔以逃死而自絶於父，有罪而奔，不可復入，與王子朝奔楚同。故不言出。」汪氏曰：「瑕、朝皆爲逆亂，無所容身，避罪逃奔，如國滅之君，與在外之臣，故不言出而止言奔。」

附録《左傳》：「六月，鄭子產如陳涖盟。歸，復命。告大夫曰：『陳亡國也不可與也。聚禾粟，繕城郭，恃此二者，而不撫其民。其君弱植，公子侈，太子卑，大夫敖，政多門，以介於大國，能無亡乎？不過十

王子瑕奔晉。

一三一〇

❶ 「二」，原作「三」，今據四庫本改。

年矣。」

秋七月，叔弓如宋，葬宋共姬。共姬上，《穀》無「宋」字。《公羊傳》：「外夫人不書葬，此何以書？隱之也。何隱耳？宋災，伯姬卒焉。其稱諡何？賢也。何賢爾？宋災，伯姬存焉。有司復曰：『火至矣！請出。』伯姬曰：『不可。吾聞之也，婦人夜出，不見傅母不下堂。』傅至矣，伯姬存焉。母未至也，逮乎火而死。」《穀梁傳》：「外夫人不書葬，此其言葬，何也？吾女也。卒災，故隱而葬之也。」杜氏曰：「共姬，從夫諡也。」叔弓，叔老之子。卿共葬事，禮過厚。」陸氏曰：「為災而死。高其志行，使卿往會，所以書之。」薛氏曰：「古者夫人無諡，從夫之諡。東遷之後，其制隳矣。共姬執禮而死，宋人不敢加非禮之諡，一人守正，知天下莫之違矣。」

〇鄭良霄出奔許，自許入于鄭，鄭人殺良霄。《左傳》：「鄭伯有耆酒，爲窟室，而夜飲酒擊鐘焉，朝至，未已。朝者曰：『公焉在？』其人曰：『吾公在壑谷。』皆自朝布路而罷。既而朝，則又將使子晳如楚，歸而飲酒。庚子，子晳以駟氏之甲伐而焚之，伯有奔雍梁，醒而後知之，遂奔許。大夫聚謀。子皮曰：『《仲虺之志》云：「亂者取之，亡者侮之。」推亡固存，國之利也。』罕、駟、豐同生，伯有汏侈，故不免。人謂子產就直助彊。子產曰：『豈為我徒？國之禍難，誰知所敝？或主彊直，難乃不生。姑成吾所。』辛丑，子產斂伯有氏之死者而殯之，不及謀而遂行。印段從之。子皮止之。眾曰：『人不我順，何止焉？』子皮曰：『夫子禮於死者，況生者乎？』遂自止之。壬寅，子產入。癸卯，子石入。皆受盟于子晳氏。乙巳，鄭伯及其大夫盟于太宮，盟國人于師之梁之外。伯有聞鄭人之盟已也，怒；聞子皮之甲不與攻己也，喜，曰：『子皮與我矣。』癸丑，晨，自墓門之瀆入，因馬師頡介于襄庫，以伐舊北門。駟帶帥國人以伐之。皆召子產。子產曰：

「兄弟而及此，吾從天所與。」伯有死於羊肆，葬諸斗城。子產襚之，枕之股而哭之，斂而殯諸伯有之臣在市側者，既而葬諸斗城。子駟氏欲攻子產。子皮怒之，曰：『禮，國之幹也。殺有禮，禍莫大焉。』乃止。於是游吉如晉還，聞難，不入。復命于介。八月甲子，奔晉。駟帶追之，及酸棗。與子蟜之卒也，將葬，公孫揮與裨竈晨會事焉。己巳，復歸。書曰：『鄭人殺良霄。』不稱大夫，言自外入也。於子蟜之卒也，將葬，公孫揮與裨竈指之，曰：『猶可以終歲，歲不及此次也已。』及其亡也，歲在娵訾之口，其明年乃及降婁。羽頡出奔晉，為任大夫。雞澤之會，鄭樂成奔楚，遂適晉。羽頡因之，與之比而事趙文子，言伐鄭之說焉。以宋之盟故，不可。子皮以公孫鉏為馬師。」《穀梁傳》：「不言大夫，惡之也。」

按《左氏》，良霄汰侈嗜酒，諸大夫皆惡之，而與公孫黑爭，黑因其醉伐之，良霄奔許，自許襲鄭，以伐公門，弗勝，死于羊肆。不言復入者，其位未絕也。若宋魚石、晉欒盈去國三年，其稱復入，位已絕矣。不言叛者，將以滅國，非直叛也。若華亥之入南里、宋辰之入蕭，其書叛者，皆據土背君以自保，未有滅國之謀也。不言殺其大夫者，討賊之詞也。張氏曰：「良霄之出，公孫黑蓋有罪焉。《春秋》舍黑專伐之罪，而罪良霄，何也？伯有之所為，有喪家亡身之道焉。雖微公孫黑，其能免於死乎？既亡而不自省，又入伐君而大亂其國，此《春秋》所以正名以討賊之辭也。《春秋》於喪國失家者皆不書所遂之人，以明其身之有罪，使有國有家者競競自謹，而求所以反身自脩之道，則奔亡之禍遠矣。」

冬，十月，葬蔡景公。《公羊傳》：「賊未討，何以書葬？君子辭也。」《穀梁傳》：「不日卒而月葬，不葬者也。卒而葬之，不忍使父失民於子也。」〇劉氏曰：「凡不書葬者，豈失民之謂乎？《穀梁》之說非也。」汪氏曰：「《公羊》云『君子辭也』，說者以為弒父恥也，為中國諱。夫既明書世子弒君，又曰諱之，可乎？」

附錄 《左傳》：「楚公子圍殺大司馬蔿掩而取其室。申無宇曰：『王子必不免。善人，國之主也。王子相楚國，將善是封殖，而虐之，是禍國也。且司馬，令尹之偏，而王之四體也。絶民之主，去身之偏，艾王之體，以禍其國，無不祥大焉。何以得免？』」

晉人、齊人、宋人、衞人、鄭人、曹人、莒人、邾人、滕人、薛人、杞人、小邾人會于澶淵，宋災故。

《左傳》：「爲宋災故，諸侯之大夫會，以謀歸宋財。冬十月，叔孫豹會晉趙武、齊公孫蠆、宋向戌、衞北宮佗、鄭罕虎及小邾之大夫，會于澶淵。既而無歸於宋，故不書其人。君子曰：『信其不可不慎乎！澶淵之會，卿不書，不信也。夫諸侯之上卿，會而不信，寵、名皆棄，不信之不可也如是。《詩》曰：「文王陟降，在帝左右。」信之謂也。』又曰：『淑愼爾止，無載爾僞。』不信之謂也。」《公羊傳》：「宋災故者何？諸侯會于澶淵，凡爲宋災故也。會未有言其所爲者，此言所爲何？錄伯姬也。諸侯相聚，而更宋之所喪，曰死者不可復生，爾財復矣。此大事也，曷爲使微者？卿。卿則其稱人何？貶。曷爲貶？卿不得憂諸侯也。」《穀梁傳》：「會不言其所爲，其曰『宋災故』，何也？不言災故，則無以見其善也。其曰人何也？救災以衆。何救焉？更宋之所喪財也。澶淵之會，中國不侵伐夷狄，夷狄不入中國，無侵伐八年，善之也。晉趙武、楚屈建之力也。」程子曰：「《左氏傳》

『叔孫豹會晉趙武』而下，諸國之卿既貶，魯卿諱而不書。

《春秋》大法，君弒而賊不討，則不書葬，況世子之於君父乎？蔡景公何以獨書葬？遍刺天下之諸侯也。葬送之禮，在春秋時，視人情之疎密而爲之者也。有雖同姓，赴而不會者。汪氏曰：「莊二十五年衞莊公甲午于齊，于薄、踐土、翟泉四同盟。文十五年晉惠公卒，二十四年蔡穆公卒，三十二年鄭文公卒，成六年鄭悼公卒，襄二年鄭成公卒，隱七、宣九、成十六年三書滕君卒，皆不葬。」則以哀死而致襚爲輕，弔生而歸賵爲重，必矣！今蔡世子般弒其君，藏在諸侯之策，而往會其葬，是恩義情禮之篤於世子般，不以爲賊而討之也。人之所以異於禽獸之不若也。而蔡景公特書葬者，聖人深痛其所爲，遍刺天下之諸侯也。故《春秋》大法，君弒賊不討則不書葬。魯隱、宋殤之賊不討不書葬，蔡景公賊亦不討而特書葬，猶閔、僖二公不承國於先君則不書即位，桓、宣篡弒以立而反書之也。汪氏曰：「《春秋》君弒賊不討而書葬者，惟蔡景公、許悼公，皆世子弒君。然許止但不嘗藥，非真弒君者，故特書葬以減其罪。蔡般罪大惡極而諸侯不討，故《春秋》書葬，且貶會澶淵之大夫，而書宋災故，所以深著其不能討賊也。」何以知聖人罪諸侯之意如此乎？以下文書「會于澶淵，宋災故」，而貶其大

夫則知之矣。朱子曰：「程子所謂『《春秋》大義』數十，如『成宋亂』、『宋災故』之類，乃是聖人直著誅貶。」李氏《集義》曰：「書宋災故，起大夫爲會之意，亦猶桓三年書以成宋亂。」二百四十二年之間，列會亦衆，而未有言其所爲者。此獨言其所爲何？遍刺天下之大夫也。劉氏曰：「會未有言其所爲者，此其言所爲何？晉人與諸侯十二國之大夫會于澶淵，凡爲宋災故謀之也。曰：『更宋之所喪，雖死者不可復生，其財復矣，非務也。』何言乎非務？蔡侯弑其君而不謀，宋災而謀之，微矣！夫災雖諸侯所當救，然而一時之變，一國之禍也。財足以周其乏，粟足以濟其用，則已矣。非所以爲天下之憂也。彼天下之憂者，臣弑君、子弑父，如是則夷狄矣，雖有粟，吾得而食諸。故孔子論天下之信，則曰『寧去食』，論陳恒之變，則曰『請討之』，其察於道之輕重緩急，大小先後也，審矣！豈以姑息愛人哉？」大夫，以智帥人者也。智者無不知當務之爲急，不能三年之喪，而緦小功之察；放飯流歠，而問無齒決，是之謂不知務。蔡世子般弑其君，天下之大變、人理所不容也，則會其葬而不討；宋國有災，小事也，則合十二國之大夫更宋之所喪而歸其財，則可謂知務乎？陳恒弑簡公，孔子沐浴而朝，告於哀公請討之。公曰：「告夫三子者。」子曰：「以吾從大夫之後，不敢不告也。」之三子告，不可。子曰：「以吾從大夫之後，不敢不告也。」叔孫豹、晉趙武而下，皆諸侯上卿，執國之政者也。三綱，國政之本，至於淪絕。無父與君，是禽獸也。禽獸逼人，雖得天下，弗能一朝處矣。昔者伯禹過門而不入，放龍蛇也；周公坐而俟

旦，驅猛獸也。今世子弒君，三綱淪絶，禽獸逼人，則與之同群而不恤，有國者不戒于火，自亡其財。苟其來告，弔之可也。則合十二國之大夫駐于澶淵而謀更其所喪，尚爲知類也乎？夫蔡之亂，其猶人身有腹心之疾；而宋之災，譬諸桐梓與雞犬也；謀宋災而不恤蔡之亂，奚啻於養桐梓、求雞犬，不顧其身有腹心危疾而不知療者哉？以爲未之察也，可謂不智，苟察此而不謀，則亦不仁矣。是故諸國之大夫貶而稱人，魯卿諱而不書，又特言會之所爲，以垂戒後世，其欲人之自別於禽獸之害也，可謂深切著明矣。或曰：「夫穆叔、趙孟、向戌、子皮，皆諸侯之良也，而所謀若是，何也？」「世衰道微，邪說交作，以利害謀國家，而不知本於仁義也久矣。孔子所爲懼，《春秋》所以作乎？」胡氏曰：「澶淵之會書宋災故，此乃《春秋》誅亂臣、討賊子例中之變例，其尤大者也。蔡景公賊不討卻書葬，與正卒者同，正如桓、宣與聞乎故，特書即位與承國者等也。其義則内貶魯君，遍刺天下諸侯，誅其黨附惡逆之罪也。世子弒君，在楚商臣自是夷狄，又別作一等待之。若蔡般之弒，《左氏》所載，其事甚明，正所謂禽獸逼人，人將相食，諸侯既不討，而又往會其葬，乃與禽獸同群而不避其吞噬也。火之爲災，亦常變耳，爲是故會十二國大夫謀歸其財，而不謀蔡人弒父與君之大變。以弒逆則不恤，以火災則恤之，是治無名之指而失其肩背，可謂智乎？書『宋災故』而諸國之卿皆貶。魯卿諱而不書，遍刺天下之大夫，理極分曉，無可疑者。只爲後人不知書葬之義，便以爲般實非弒，而以弒罪加之，如許止之例，豈不掩晦仲尼討

賊條法？」王氏曰：「『葬蔡景公』，當時之事也，聖人則存而不削。『宋災故』，《春秋》之文也，聖人則表而出之。」張氏曰：「父子君臣之變，自文元年楚以商臣書，此猶夷狄之事也。及是年蔡以中國之臣子爲之，而魯會其葬。晉合諸侯，而所恤者，宋之火災而已。故於此章三致意焉。既變例書蔡景之葬，又人諸侯之大夫而諱魯卿，又特書曰『宋災故』，而閔中國之胥爲夷狄，此比事屬辭之所以爲《春秋》也。盟會之書其故者有二，以稷考之，則澶淵之所貶，非爲宋財之無歸明矣。」家氏曰：「或謂：『蔡屬於楚，非中國諸侯之責。』曰：『蔡，諸姬也，安可與荒遠小國從夷狄者同日語乎？』晉人苟能仗大義而討蔡，則足以愧楚而服中國諸侯之心，舍此不爲，乃致楚虔特爲異日滅蔡之兵端。晉君臣愚亦甚矣。」○劉氏曰：「《左氏》云：『謀歸宋財，既而無歸，故不書其人。』非也。失信者如清丘之盟，直貶其人而已矣。今獨舉其事，又貶其人，非特惡失信而已也。《公羊》云：『此大事，曷爲使微者？卿也。其稱人，卿不得憂諸侯也。』亦非也。諸侯相聚而更宋之所喪，何大事之有？大夫受君命以出，是諸侯耳，何用必其非諸侯之命乎？《穀梁》云：『善之也。其日人何也？救災以衆。』亦非也。一國失火自焚其財，小事耳，諸侯何至群聚而謀之乎？以此爲善，是《春秋》貴小惠而不貴道也。且宋以五月失火，諸侯以冬會澶淵，是可謂救災乎？」廬陵李氏曰：「此條《穀梁》以爲善之，書人者衆詞，固失之矣。而《左氏》止非其不信。《公羊》又以爲卿不得憂諸侯。夫《春秋》盟會之不信者多矣，城杞亦卿之憂諸侯也。何獨於此而貶之深乎？故胡氏獨從劉質夫之言，而張氏亦用之，其義精矣。陳氏曰：『諸侯之大夫不序，自蜀盟以來未有也。於是復不序何？晉不足以爲盟主也。』晉之不足以主盟自宋始，必再言故而後貶，重絕晉也。凡諸侯不序，吾君在

焉而書吾君,大夫不序,吾大夫在焉而書吾大夫,與有譏也,譏不在魯矣,則不書吾君大夫。傳曰不書魯大夫,諱之也。」亦通。」

附錄《左傳》:「鄭子皮授子產政,辭曰:『國小而偪,族大寵多,不可爲也』子皮曰:『虎帥以聽,誰敢犯子?子善相之。國無小,小能事大,國乃寬』子產爲政,有事伯石,賂與之邑,奚獨賂焉?』子產曰:『無欲實難。皆得其欲,以從其事,而要其成。非我有成,其在人乎?何愛於邑,邑將焉往?』子大叔曰:『若四國何?』子產曰:『非相違也,而相從也,四國何尤焉?《鄭書》有之曰:「安定國家,必大焉先。」姑先安大,以待其所歸。』既,伯石懼而歸邑,卒與之。伯有既死,使太史命伯石爲卿,辭。太史退,則請命焉。復命之,又辭。如是三,乃受策入拜。子產是以惡其爲人也,使次已位。子產使都鄙有章,上下有服;田有封洫,廬井有伍。大人之忠儉者從而與之,泰侈者因而斃之。豐卷將祭,請田焉。弗許,曰:『唯君用鮮,衆給而已』子張怒,退而徵役。子產奔晉,子皮止之,而逐豐卷。豐卷奔晉。子產請其田、里,三年而復之,反其田、里及其入焉。從政一年,輿人誦之,曰:『取我衣冠而褚之,取我田疇而伍之。孰殺子產,吾其與之』及三年,又誦之,曰:『我有子弟,子產誨之;我有田疇,子產殖之。子產而死,誰其嗣之』」

己未景王三年。**三十有一年**晉平十六。齊景六。衛襄二。蔡靈公般元年。鄭簡二十四。曹武十三。陳哀二十七。杞文八。宋平三十四。秦景三十五。楚郟敖三。吳夷末二。**春,王正月。**

附錄《左傳》:「春,王正月,穆叔至自會。見孟孝伯,語之曰:『趙孟將死矣。其語偷,不似民主。且年未

盈五十，而諄諄焉如八、九十者，弗能久矣。若趙孟死，為政者其韓子乎！吾子盍與季孫言之，可以樹善君也。晉君將失政矣，若不樹焉，使早備魯，可以無憂。既而政在大夫，韓子懦弱，大夫多貪，求欲無厭，齊、楚未足與也，魯其懼哉！」孝伯曰：「人生幾何，誰能無偷？朝不及夕，將安用樹？」穆叔出，而告人曰：『孟孫將死矣。吾語諸趙孟之偷也，而又甚焉。』又與季孫語晉故，季孫不從。及趙文子卒，晉公室卑，政在侈家。韓宣子為政，不能圖諸侯。魯不堪晉求，讒慝弘多，是以有平丘之會。」〇「齊子尾害閭丘嬰，欲殺之，使帥師以伐陽州。我問師故。夏五月，子尾殺閭丘嬰以說于我師。工僂灑、渻竈、孔虺、賈寅出奔莒。出群公子。」

夏，六月辛巳，公薨于楚宮。《左傳》：「公作楚宮。穆叔曰：『《太誓》云：「民之所欲，天必從之。」君欲楚也夫，故作其宮。若不復適楚，必死是宮也。』六月辛巳，公薨于楚宮。叔仲帶竊其拱璧，以與御人，納諸其懷，而從取之，由是得罪。」《穀梁傳》：「楚宮，非正也。」杜氏曰：「公適楚，好其宮室寢，而安所樂，失其所也。」薛氏曰：「楚宮，別宮也。小寢猶非正也，況別宮乎？」襄陵許氏曰：「公還自楚，不能增脩德政，而反勤民傷財，務作楚宮，公之志亦荒矣，其何振之有？又況變夏從夷，亂國經常，所以為不祥之道也。」廬陵李氏曰：「襄公在位三十一年，當其初立，外則晉悼之伯，方務綏睦親鄰，內則季孫行父、仲孫蔑、叔孫豹皆賢大夫，故魯國自事伯外，皆無他虞。奈何自五年季文子卒後，武子繼之，專權肆欲，城費而私邑張，作三軍而公室卑，入鄆而君命不行，於是諸大夫則象之，城成郛而孟氏強矣，城防而臧氏亦強矣。悼公既沒，齊、邾交伐，魯之不振益甚。蓋以兵權分於三家故也。至其末年，乃俯首南面而朝於楚。雖晉伯之失使然，而魯之人望亦泯矣。孔子曰：『祿之去公室五世矣，政逮於大夫四世矣。』蓋宣、成以

來已然，而實成於襄公也。李氏曰：「仲孫之用事者五，叔孫之用事者十有四，季孫之用事者十，則三卿專政之形成。齊人伐我者七，邾人伐我者二，莒人侵我者四，則鄰國交爭之禍起。雖享國長久，倚晉為重，已階削弱之端，此襄公生亂而不悟其變也。」斯言得之矣。」〇秋，九月癸巳，子野卒。《左傳》：「立胡女敬歸之子子野，次于季氏。秋，九月癸巳，卒，毀也。立敬歸之娣齊歸之子公子裯。穆叔不欲，曰：『太子死，有母弟則立之；無則長立。年鈞擇賢，義鈞則卜，古之道也。非適嗣，何必娣之子？且是人也，居喪而不哀，在感而有嘉容，是謂不度。不度之人，鮮不為患。若果立之，必為季氏憂。』武子不聽，卒立之。比及葬，三易衰，衰衽如故衰。於是昭公十九年矣，猶有童心，君子是以知其不能終也。」《穀梁傳》：「子卒日，正也。」子般、子赤弒而書卒，子野過毀亦書卒，何以別乎？曰：「閔公內無所承，不書即位，則子般之弒可知，下書夫人姜氏歸于齊，上書公子遂叔孫得臣如齊，赤之卒也隱而不日，則子赤之弒可知，與子野異矣。子野有命立昭公，故穆叔雖不欲而不能止也。」孫氏曰：「子野，襄公太子，未逾年之君也。名未葬也，不薨不地，降成君也。」杜氏曰：「不書葬，未成君也。」汪氏曰：「居喪毀瘠不形者，先王之禮也；毀不滅性者，先王之教也。故不勝喪者，比於不慈不孝；野過哀毀瘠以致滅性，亦不子矣。」

己亥，仲孫羯卒。羯，居謁反。《左傳》：「己亥，孟孝伯卒。」汪氏曰：「子獲嗣為大夫，是為僖子。」〇冬，

❶「長立」，原倒文，今據阮刻本《春秋左傳正義》乙正。

十月，滕子來會葬。諸侯始親來會葬。《左傳》：「滕成公來會葬，惰而多涕。子服惠伯曰：『滕君將死矣。怠於其位，而哀已甚，兆於死所矣，能無從乎？』」襄陵許氏曰：「先王之制，諸侯之喪，士弔，大夫送葬。滕子會葬，非禮也。」陳氏曰：「改葬惠公也。衛侯來會葬，隱公不見。春秋之初，魯猶秉禮也。晉景公之喪，成公弔焉，亦已卑矣。晉於是止公使送葬，諸侯莫在，魯人辱之，雖伯主未有君會葬者也。葬楚康王也，公及陳侯、鄭伯、許男送於西門之外，則天下諸侯有會葬於楚者矣。於是滕子會葬於魯，是春秋之季也。會葬猶可，奔喪甚矣。」家氏曰：「魯君未嘗會天王之葬，而滕君來會魯葬，滕之來、魯之受，皆貶也。」癸酉，葬我君襄公。

附録 《左傳》：「公薨之月，子產相鄭伯以如晉，晉侯以我喪故，未之見也。子產使盡壞其館之垣而納車馬焉。士文伯讓之，曰：『敝邑以政刑之不脩，寇盜充斥，無若諸侯之屬辱在寡君者何，是以令吏人完客所館，高其閈閎，厚其墻垣，以無憂客使。今吾子壞之，雖從者能戒，其若異客？以敝邑之為盟主，繕完葺墻，以待賓客，若皆毀之，其何以共命？寡君使匄請命。』對曰：『以敝邑褊小，介於大國，誅求無時，是以不敢寧居，悉索敝賦，以來會時事。逢執事之不間，而未得見；又不獲命，未知見時。不敢輸幣，亦不敢暴露。其輸之，則君之府實也，非薦陳之，不敢也。其暴露之，則恐燥濕之不時而朽蠹，以重敝邑之罪。僑聞文公之為盟主也，宮室卑庳無觀臺榭，以崇大諸侯之館，館如公寢；❶庫厩繕脩，司空以時

❶ 「公」，原作「官」，今據四庫本及阮刻本《春秋左傳正義》改。

平易道路，圬人以時塓館宮室；諸侯賓至，甸設庭燎，僕人巡宮，車馬有所，賓從有代，巾車脂轄，隸人、牧、圉各瞻其事；❶百官之屬各展其物；公不留賓，而亦無廢事，憂樂同之，事則巡之；教其不知，而恤其不足。賓至如歸，無寧菑患，不畏寇盜，而亦不患燥濕。今銅鞮之宮數里，而諸侯舍於隸人，門不容車，而不可踰越；盜賊公行，而夭癘不戒。賓見無時，命不可知。若又勿壞，是無所藏幣以重罪也。敢請執事：將何所命之？雖君之有魯喪，亦敝邑之憂也。若獲薦幣，修垣而行，君之惠也，敢憚勤勞！」文伯復命。趙文子曰：「信。我實不德，而以隸人之垣以贏諸侯，是吾罪也。」使士文伯謝不敏焉。晉侯見鄭伯，有加禮，厚其宴好而歸之。乃築諸侯之館。叔向曰：「辭之不可以已也如是夫！子產有辭，諸侯賴之，若之何其釋辭也？《詩》曰：『辭之輯矣，民之協矣；辭之懌矣，民之莫矣。』其知之矣。」鄭子皮使印段如楚，以適晉告，禮也。」

十有一月，莒人弒其君密州。《左傳》：「莒犂比公生去疾及展輿。既立展輿，又廢之。犂比公虐，❷國人患之。十一月，展輿因國人以攻莒子，弒之，乃立。去疾奔齊，齊出也。展輿，吳出也。書曰：『莒人弒其君買朱鉏。』言罪之在也。」程子曰：「莒子虐，國人弒之而立展輿，展輿非親弒也。故書『國人』。」

經以傳爲案，傳有乖繆，則信經而棄傳可也，程子曰：「《春秋》，傳爲案，經爲斷。以傳考經之事經以傳爲案，傳有乖繆，則信經而棄傳可也

❶「瞻」，原作「贍」，今據四庫本及阮刻本《春秋左傳正義》改。
❷「公」，原重文，今據四庫本及阮刻《春秋左傳正義》刪其一。

迹，以經別傳之真偽。」若密州之事是矣。《左氏》稱：「莒子生疾及展輿。既立展輿，又廢之。莒子虐，國人患焉。展輿因國人以攻莒子，弑之，乃立。」信斯言，則子弑其父也。而《春秋》有不書乎？故趙匡謂其文當曰：「展輿因國人之攻莒子，弑之，乃立。」而後來傳寫誤爲「以」字爾。《左氏》博通諸史，敘事尤詳，能令後人得見本末，因以求意，經文可知。而門弟子轉相傳受，日月既久，浸失本真。如書晉趙盾、許世子止等事。詳考傳之所載，以求經之大義可也，而傳不可信。或問：「《左氏》可信否？」程子曰：「不可全信，信其可信者耳。」盡以爲可疑而廢傳，則無以知其事之本末，盡以爲可信而任傳，則經之弘意大旨或泥而不通矣。要在學者詳考而精擇之可也。家氏曰：「《左氏》云：『書莒人之弑其君，言罪之在也。』置其子之大惡，歸過於其父，《春秋》必不然。蓋犁比公虐，國人作亂而弑之。展輿既廢於父而見立於國人。使展輿能討賊於既立之後，庶乎可免矣。」

附錄《左傳》：「吳子使屈狐庸聘于晉，通路也。趙文子問焉，曰：『延州來季子其果立乎？巢隕諸樊，閽戕戴吳，天似啓之，何如？』對曰：『不立。是二王之命也，非啓季子也。若天所啓，其在今嗣君乎！甚德而度。德不失民，度不失事。民親而事有序，其天所啓也。有吳國者，必此君之子孫實終之。季子，守節者也。雖有國，不立。』」○「十二月，北宮文子相衛襄公以如楚，宋之盟故也。過鄭，印段迋勞于棐林，

如聘禮而以勞辭。文子入聘。子羽爲行人，馮簡子與子大叔逆客。事畢而出，言於衛侯曰：『鄭有禮，其數世之福也，其無大國之討乎！』子產之從政也，擇能而使之。馮簡子能斷大事；子大叔美秀而文；公孫揮能知四國之爲，而辨於其大夫之族姓、班位、貴賤、能否，而又善爲辭令；裨諶能謀，謀於野則獲，謀於邑則否。鄭國將有諸侯之事，子產乃問四國之爲於子羽，且使多爲辭令。與裨諶乘以適野，使謀可否，而告馮簡子使斷之。事成，乃授子大叔使行之，以應對賓客，是以鮮有敗事。北宮文子所謂有禮也。」○「鄭人游于鄉校，以論執政。然明謂子產曰：『毀鄉校如何？』子產曰：『何爲？夫人朝夕退而游焉，以議執政之善否。其所善者，吾則行之；其所惡者，吾則改之，是吾師也。若之何毀之？我聞忠善以損怨，不聞作威以防怨。豈不遽止？然猶防川。大決所犯，傷人必多，吾不克救也。不如小決使道，不如吾聞而藥之也。』然明曰：『蔑也今而後知吾子之信可事也。小人實不才，若果行此，其鄭國實賴之，豈唯二三臣？』仲尼聞是語也，曰：『以是觀之，人謂子產不仁，吾不信也。』」○「子皮欲使尹何爲邑，子產曰：『少，未知可否。』子皮曰：『愿，吾愛之，不吾叛也。使夫往而學焉，夫亦愈知治矣。』子產曰：『不可，人之愛人，求利之也。今吾子愛人則以政，猶未能操刀而使割也，其傷實多。子之愛人，傷之而已，其誰敢求愛於子？子於鄭國，棟也。棟折榱崩，僑將厭焉，敢不盡言？子有美錦，不使人學製焉。大官大邑，身之所庇也，而使學者製焉，其爲美錦不亦多乎？僑聞學而後入政，未聞以政學者也。若果行此，必有所害。譬如田獵，射御貫，則能獲禽，若未嘗登車射御，則敗績厭覆是懼，何暇思獲？』子皮曰：『善哉！虎不敏。吾聞君子

務知大者、遠者，小人務知小者、近者。我，小人也。衣服附在吾身，我知而慎之；大官大邑所以庇身也，我遠而慢之。微子之言，吾不知也。他日我曰，子爲鄭國，我爲吾家，以庇焉，其可也。今而後知不足。自今請雖吾家，聽子而行。」子產曰：「人心之不同，如其面焉，吾豈敢謂子面如吾面乎？抑心所謂危，亦以告也。」子皮以爲忠，故委政焉，子產是以能爲鄭國。」○「衛侯在楚，北宮文子見令尹圍之威儀，言於衛侯曰：『令尹似君矣，將有他志。雖獲其志，不能終也。《詩》云：「靡不有初，鮮克有終。」終之實難，令尹其將不免。』公曰：『子何以知之？』對曰：『《詩》云：「敬慎威儀，惟民之則。」令尹無威儀，民無則焉。民所不則，以在民上，不可以終。』公曰：『善哉！何謂威儀？』對曰：『有威而可畏謂之威，有儀而可象謂之儀。君有君之威儀，其臣畏而愛之，則而象之，故能有其國家，令聞長世。臣有臣之威儀，其下畏而愛之，故能守其官職，保族宜家。順是以下皆如是，是以上下能相固也。《衛詩》曰：「威儀棣棣，不可選也。」言君臣上下、父子兄弟、內外大小皆有威儀也。《周詩》曰：「朋友攸攝，攝以威儀。」言朋友之道必相教訓以威儀也。《周書》數文王之德，曰：「大國畏其力，小國懷其德。」言畏而愛之也。《詩》云：「不識不知，順帝之則。」言則而象之也。紂囚文王七年，諸侯皆從之囚，紂於是乎懼而歸之，可謂愛之。文王伐崇，再駕而降爲臣，蠻夷帥服，可謂畏之。文王之功，天下誦而歌舞之，可謂則之。文王之行，至今爲法，可謂象之。有威儀也。故君子在位可畏，施舍可愛，進退可度，周旋可則，容止可觀，作事可法，德行可象，聲氣可樂，動作有文，言語有章，以臨其下，謂之有威儀也。』」

春秋集傳大全卷之二十九

昭 公

一公名裯，襄公妾齊歸之子，夫人孟子，二十歲即位，在位二十五年，孫齊在外七年，凡三十二年，薨于乾侯。謚法：「威儀恭明曰昭。」

周 魯昭公二十二年，景王崩。王猛立，是年卒。王室亂。弟敬王立。昭二十三年，尹氏立王子朝。昭二十六年，敬王入于成周。王子朝出奔楚。

鄭 魯昭公二十二年，簡公卒，子定公寧立。昭二十八年，定公卒，獻公蠆立。

齊 詳見襄公元年。

宋 魯昭公十年，平公卒，子元公佐立。昭二十五年，元公卒，子景公頭曼立。

晉 晉趙武爲政。魯昭公元年冬，趙武卒。韓起爲政。魯昭公十年，平公卒，子昭公夷立。魯昭公十六年，晉昭公卒，子頃公去疾立。昭二十八年，魏舒爲政。昭三十年，頃公卒，子定公午立。

衛 魯昭公七年，襄公卒，子靈公元立。

蔡 魯昭公十一年，楚殺蔡靈公，滅蔡。昭十三年，楚平王封蔡，蔡侯廬立，是爲平公。昭二十年，平公卒，太

曹　魯昭公十四年，武公卒，子平公須立。昭十八年，平公卒，子悼公午立。昭二十七年，悼公卒，弟聲公野子朱立。昭二十一年，朱奔楚，平公弟悼公東國立。昭二十三年，悼公卒，弟昭公申立。立。昭三十二年，平公弟通弑聲公，代立，是爲隱公。

滕　魯昭公三年，成公卒，悼公寧立。

陳　魯昭公八年，哀公卒，楚滅陳。昭十三年，楚平王封陳，陳侯吳立，是爲惠公。

杞　魯昭公六年，文公卒，弟平公郁釐立。昭二十四年，平公卒，子悼公成立。

薛　魯昭公三十一年，見薛獻公穀卒。入《春秋》來薛始書名，子襄公定立。

莒　魯昭公元年，齊納莒公子去疾，是爲著丘公。展輿奔吳。昭十四年，著丘公卒，子郊公立，是年奔齊，著丘之弟庚輿立，是爲共公。昭二十三年，庚輿來奔，齊納郊公。

邾　魯昭公元年，悼公卒，莊公穿立。

許　魯昭公元年，遷于夷。昭十八年，遷于白羽。昭十九年，悼公弑，斯立。

小邾　魯昭公十七年，小邾穆公來朝。

楚　魯昭公元年，楚圍弑郟敖而自立，改名虔，是爲靈王，楚薳罷爲令尹。昭十三年，靈王弑，平王居立，即棄疾，使子旗爲令尹。昭十四年，殺成然，子瑕爲令尹。昭二十三年，子常爲令尹。昭二十六年，平王卒，子昭王軫立。

春秋集傳大全

庚申景王四年。 元年晉平十七年。齊景七年。衛襄三年。蔡靈二年。鄭簡二十五年。曹武十四年。陳哀二十八年。杞文九年。宋平三十五年。秦景三十六年。楚郟敖四年，卒。吳夷末三年。

春，王正月，公即位。《穀梁傳》：「繼正即位，正也。」茅堂胡氏曰：「子野毀而卒。穆叔方言昭公有童心，不可立。然則昭公受誰之命乎？其書即位者，有子野之命矣。故穆叔雖不欲而不能止也。」

叔孫豹會晉趙武、楚公子圍、齊國弱、宋向戌、衛齊惡、陳公子招、蔡公孫歸生、鄭罕虎、許人、曹人于虢。 國弱，《公》作「國酌」。齊惡，《公》作「石惡」。罕虎，《公》作「軒虎」，《穀》作「郭」。《左傳》：「春，楚公子圍聘于鄭，且娶於公孫段氏。伍舉爲介。將入館，鄭人惡之，使行人子羽與之言，乃館于外。既聘，將以衆逆。子產患之，使子羽辭曰：『以敝邑褊小，不足以容從者，請墠聽命。』令尹命大宰伯州犁對曰：『君辱貺寡大夫圍，謂圍將使豐氏撫有而室。圍布几筵，告於莊、共之廟而來。若野賜之，是委君貺於草莽①也，是寡大夫不得列於諸卿也。不寧唯是，又使圍蒙其先君，將不得爲寡君老，其蔑以復矣。唯大夫圖之。』子

① 「莽」，原作「芥」，今據四庫本及阮刻本《春秋左傳正義》改。

羽曰：「小國無罪，恃實其罪。將恃大國之安靖己，而無乃包藏禍心以圖之？小國失恃，而懲諸侯，使莫不憾者，距違君命，而有所壅塞不行是懼。不然，敝邑，館人之屬也，其敢愛豐氏之祧？」伍舉知其有備也，請垂櫜而入。許之。正月乙未，入，逆而出。遂會于虢，尋宋之盟也。祁午謂趙文子曰：「宋之盟，楚人得志於晉。今令尹之不信，諸侯之所聞也。子弗戒，懼又如宋。子木之信稱於諸侯，猶詐晉而駕焉，況不信之尤者乎？楚重得志於晉，晉之恥也。子相晉國，以為盟主，於今七年矣。再合諸侯，三合大夫，服齊、狄，寧東夏，平秦亂，城淳于，師徒不頓，國家不罷，民無謗讟，諸侯無怨，天無大災，子之力也。有令名矣，而終之以恥，午也是懼。吾其不可以不戒。」文子曰：「武受賜矣。然宋之盟，子木有禍人之心，武有仁人之心，是楚所以駕於晉也。今武猶是心也，楚又行僭，非所害也。武將信以為本，循而行之。譬如農夫，是穮是蓘。雖有饑饉，必有豐年。且吾聞之，能信不為人下，吾未能也。《詩》曰：『不僭不賊，鮮不為則。』信也。能為人則者，不為人下矣。吾不能是難，楚不為患。」楚令尹圍請用牲讀舊書加于牲上而已，晉人許之。三月甲辰，盟。楚公子圍設服，離衛。叔孫穆子曰：「楚公子美矣，君哉！」鄭子皮曰：「二執戈者前矣。」蔡子家曰：「蒲宮有前，不亦可乎？」楚伯州犁曰：「此行也，辭而假之寡君。」鄭行人揮曰：「假不反矣。」伯州犁曰：「子姑憂子晳之欲背誕也。」子羽曰：「當璧猶在，假而不反，子其無憂乎？」齊國子曰：「吾代二子愍矣。」陳公子招曰：「不憂何成？二子樂矣。」衛齊子曰：「苟或知之，雖憂何害？」宋合左師曰：「大國令，小國共，吾知共而已。」晉樂王鮒曰：「《小旻》之卒章善矣，吾從之。」退會，子羽謂子皮曰：「叔孫絞而婉，宋左師簡而禮，樂王鮒字而敬，子與子家持之，皆保世之主也。齊、衛、陳大夫其不免乎！國子代人憂，子招樂

憂，齊子雖憂弗害。夫弗及而憂，與可憂而樂，與憂而弗害，皆取憂之道也，憂必及之。」三大夫兆憂，憂能無至乎？」言以知物，其是之謂矣。」《公羊傳》：「此陳侯之弟招也，何以不稱弟？」貶。曷爲貶？爲殺世子偃師貶，曰『陳侯之弟招殺陳世子偃師』。大夫相殺稱人，此其稱名氏以殺何？言將自是弒君也。今將爾，詞曷爲與親弒者同？君親無將，將而必誅焉。然則曷爲不於其弒焉貶？以親者弒，然後其罪惡見。《春秋》不待貶絕而罪惡見者，不貶絕以見罪惡也。貶絕以見罪惡者，貶絕以見罪惡也。今招之罪已重矣，曷爲復貶乎此？著招之有罪也。何著乎招之有罪？言楚之託乎討招以滅陳也。」杜氏曰：「虢，鄭地。」

此陳侯之弟招也，何以不稱弟？諸侯之尊，弟兄不得以屬通。曰「公子」者，其本當稱者也。曰「弟」者，因事而特稱之也。所以然者，諸侯非始封之君，則臣諸父昆弟，族人不得以屬戚君也。會于虢，尋宋之盟，而經何以不書？在宋之盟，楚人先歃，若曰狎主諸侯，則懼晉之先也。故圍請讀舊書加于牲上，而晉人許之。杜氏曰：「舊書，宋之盟書。楚恐晉先歃，故欲從舊書加于牲上，不歃血。經所以不書盟。」觀其事雖若楚重得志，晉少懦矣。然《春秋》不貴修盟，晉人以信爲本，故每書必先趙武。杜氏曰：「楚雖先晉，而先書趙武者，亦如宋盟貴武之信，故尚之也。」王氏曰：「經先趙武，所以抑蠻夷而存中國也。」張氏曰：「《春秋》正夷夏之分，宋之盟，楚争先而晉不與較，今虢之役，又以計讀書加牲上，則是以夷狄而争勝也。夷、夏之分不可亂，故二役皆先趙武焉。」家氏曰：「夫夷、夏有常分，中國之尊，不與夷狄對峙並存於宇宙之内也。楚雖崛强，而不得

與晉齒。中國諸侯有屈於夷者，暫也，非其常也。向戌持弭兵之說，趙武不明内外之分，苟媮目前之安，首紊常經，倒植冠屨，俾中國諸侯，咸北面於夷楚之庭。始曰弭兵而合晉、楚，之成，既而楚盛兵以臨諸侯，滅陳、滅蔡、滅賴，芟夷小國，憑陵中夏，人有左衽之憂，夷狄之禍至是爲烈。所謂讀舊書不歔血者，楚再爲長而晉不敢與爭，中國之恥也。《春秋》爲中國惜，不使夷得以僭華，是故長晉。」汪氏曰：「宋、虢之盟，楚再先晉，而《春秋》不以楚先者，亦猶黃池之會，吳子主會，而《春秋》以晉居吳之上也。辰陵之盟，申之會，楚序諸侯之上，皆以楚主盟會也。盂之會，楚子亞於宋公，而序諸侯之上。宋、虢兩役，楚屈建、公子圍亞於晉趙武，而序於諸侯、大夫之上，皆兩伯之辭也。《春秋》抑夷狄而尊中國，有中國霸主，則必推而屬之中國，中國無霸，則實錄而貶諸侯也。」高氏曰：「此會乃楚公子圍帥諸侯之大夫尋宋之盟也，宋之盟，齊人不預焉。今齊又從楚矣，中國微弱可知也。」廬陵李氏曰：「晉趙武爲政，再合諸侯，三合大夫，止此。」○劉氏曰：「《公羊》云：『招何以不稱弟？貶也。』非也。以母弟稱弟，故云爾。不知母弟可以稱弟而不可常稱，皆以重書也。且招之罪在殺世子偃師，不在會于虢也。又云：『招之罪已重，何爲復貶於此也，著楚之託乎討招以滅陳也？』亦非也。夫殺世子，此招之罪也。滅陳，非招之罪也。以楚討招滅陳而遂移罪於招，豈《春秋》之理哉！」廬陵李氏曰：「不稱弟，非貶也。其實八年之稱弟，乃貶耳。」

三月，取鄆。鄆，《公》作「運」。《左傳》：「季武子伐莒，取鄆。莒人告於會。楚告於晉曰：『尋盟未退，而魯伐莒，瀆齊盟，請戮其使。』樂桓子相趙文子，欲求貨於叔孫，而爲之請。使請帶焉，弗與。梁其脛曰：『貨

以藩身，子何愛焉？」叔孫曰：「諸侯之會，衛社稷也。我以貨免，魯必受師，是禍之也，何衛之爲？人之有牆，以蔽惡也。牆之隙壞，誰之咎也？衛而惡之，吾又甚焉。雖怨季孫，魯國何罪？叔出季處，有自來矣，吾又誰怨？然鮒也賄，弗與，誰之不已？」召使者，裂裳帛而與之，曰：「帶其褊矣。」趙孟聞之，曰：「臨患不忘國，忠也；思難不越官，信也；圖國忘死，貞也；謀主三者，義也。有是四者，又可戮乎？」乃請諸楚曰：「魯雖有罪，其執事不辟難，畏威而敬命矣。子若免之，以勸左右，可也。若子之群吏，處不辟污，出不逃難，其何患之有？患之所生，污而不治，難而不守，所由來也。能是二者，又何患焉？不靖其能，其誰從之？魯叔孫豹可謂能矣，請免之，以靖能者。子會而赦有罪，又賞其賢，諸侯其誰不欣焉望楚而歸之，❶視遠如邇，疆場之邑，一彼一此，何常之有？王、伯之令也，引其封疆，而樹之官，舉之表旗，而著之制令，過則有刑，猶不可壹。於是乎虞有三苗，夏有觀、扈，商有姺、邳，周有徐、奄。自無令王，諸侯逐進，狎主齊盟，其又可壹乎？恤大舍小，足以爲盟主，又焉用之？封疆之削，何國蔑有？主齊盟者，誰能辯焉？吳、濮有釁，楚之執事，豈其顧盟？莒之疆事，楚勿與知，諸侯無煩，不亦可乎？莒、魯爭鄆，爲日久矣。苟無大害於其社稷，可無亢也。去煩宥善，莫不競勸。子其圖之。」固請諸楚，楚人許之，乃免叔孫。去煩宥善，莫不競勸。子其圖之。」固請諸楚，楚人許之，乃免叔孫。事畢，趙孟謂叔向曰：「令尹自以爲王矣，何如？」對曰：「王弱，令尹彊，其可哉？雖可不終。」趙孟曰：「何故？」對曰：「彊以克弱而安之，彊不義也。不義而彊，其斃必速。《詩》之首章。趙孟賦《小宛》之二章。事畢，趙孟謂叔向曰：『令尹享趙孟，賦《大明》

❶「其」，原脫，今據阮刻本《春秋左傳正義》補。

曰：「赫赫宗周，褒姒滅之。」彊不義也。令尹爲王，必求諸侯。晉少懦矣，諸侯將往。若獲諸侯，其虐滋甚，民弗堪也，將何以終？夫以彊取，不義而克，❶必以爲道。道以淫虐，弗可久已矣。」❷《公羊傳》：「運者何？內之邑也。其言取之何？不聽也。」程子曰：「乘莒之亂而取之，故隱避其辭。」按《左氏》季孫宿伐莒取鄆，莒人訴於會。楚告晉曰：「尋盟未退，而魯伐莒，瀆齊盟。請戮其使。」有欲求貨於叔孫豹而爲之請者，豹弗與曰：「諸侯之會，衛社稷也。我以貨免，魯必受師。是禍之也，何衛之爲？雖怨季孫，魯國何罪？」趙孟聞之，請於楚曰：「魯雖有罪，其執事不避難，子若免之，以勸左右，可也。」乃免叔孫。其不曰伐莒取鄆者，乘莒亂而取邑，故不悉書，爲内諱也。問：「伐莒取鄆，何以不書莒？或以爲鄆國也，然否？」茅堂胡氏曰：「鄆，莒邑也。伐國而奪其地者，王法所當誅。魯乘莒亂奪其邑，故隱避其詞，特書取鄆爲國者，誤矣。」汪氏曰：「文十二年城諸及鄆，實莒，魯爭鄆之始也」，非也。運常見於《春秋》，皆與莒事相附，此運本屬莒，明矣。」廬陵李氏曰：「季孫伐莒取鄆，與歸父

❶ 「不義而克」，原脫，今據阮刻本《春秋左傳正義》補。
❷ 「已」，原脫，今據阮刻本《春秋左傳正義》補。

伐邾取繹何異，而書法不同。程氏、胡氏以爲乘亂取邑，故隱諱其詞。然則不乘亂而取之者不貶乎？陳氏曰：『歸父伐邾，猶公命也。此則專取邑而已。』此亦未當。然則云何？曰：『書伐莒，是以討賊予魯也。不書伐而書取，則收奪而已矣。』

附錄

《左傳》：「夏四月，趙孟、叔孫豹、曹大夫入于鄭，鄭伯兼享之。子皮戒趙孟，禮終，趙孟賦《瓠葉》。子皮遂戒穆叔，且告之。穆叔曰：『趙孟欲一獻，子其從之。』子皮曰：『敢乎？』穆叔曰：『夫人之所欲也，又何不敢？』及享，具五獻之籩豆於幕下。趙孟辭，私於子產曰：『武請於冢宰矣。』乃用一獻。趙孟爲客。禮終乃宴。穆叔賦《鵲巢》，趙孟曰：『武不堪也。』又賦《采蘩》，曰：『小國爲蘩，大國省穧而用之，其何實非命？』子皮賦《野有死麕》之卒章，趙孟賦《常棣》，且曰：『吾兄弟比以安，尨也可使無吠。』穆叔、子皮及曹大夫興，拜，舉兕爵曰：『小國賴子，知免於戾矣。』飲酒樂，趙孟出，曰：『吾不復此矣。』」○「天王使劉定公勞趙孟於潁，館於雒汭。劉子曰：『美哉禹功！明德遠矣。微禹，吾其魚乎！吾與子弁冕端委，以治民，臨諸侯，禹之力也。子盍亦遠績禹功而大庇民乎！』對曰：『老夫罪戾是懼，焉能恤遠？吾儕偷食，朝不謀夕，何其長也。』劉子歸，以語王曰：『諺所謂老將知而耄及之者，其趙孟之謂乎！爲晉正卿，以主諸侯，而儕於隸人，朝不謀夕，棄神、人矣。神怒民叛，何以能久？趙孟不復年矣。神怒不歆其祀，民叛不即其事。祀、事不從，又何以年？』」○「叔孫歸，曾夭御季孫以勞之。且及日中不出。曾夭謂

---
① 「同」，原作「問」，今據四庫本改。

曾皋曰：「旦及日中，吾知罪矣。魯以相忍爲國也。忍其外，不忍其內，焉用之？」皋曰：「數月於外，一旦於是，庸何傷？賈而欲贏，而惡囂乎？」皋謂叔孫曰：「可以出矣。」叔孫指楹，曰：「雖惡是，其可去乎？」乃出見之。」○「鄭徐吾犯之妹美，公孫楚聘之矣，公孫黑又使彊委禽焉。犯懼，告子產。子產曰：『是國無政，非子之患也。』唯所欲與。」犯請於二子，請使女擇焉。皆許之。子晳盛飾入，布幣而出。子南戎服入，左右射，超乘而出。女自房觀之，曰：『子晳信美矣，抑子南，夫也。夫夫婦婦，所謂順也。』適子南氏。子晳怒，既而櫜甲以見子南，欲殺之而取其妻。子南知之，執戈逐之，及衝，擊之以戈。子晳傷而歸，告大夫曰：『我好見之，不知其有異志也，故傷。』大夫皆謀之，子產曰：『直鈞，幼賤有罪，罪在楚也。』乃執子南，而數之，曰：『國之大節有五，女皆奸之。畏君之威，聽其政，尊其貴，事其長，養其親，五者所以爲國也。今君在國，女用兵焉，不畏威也，奸國之紀，不聽政也；子晳，上大夫；女，嬖大夫，而弗下之，不尊貴也；幼而不忌，不事長也；兵其從兄，不養親也。君曰：「余不女忍殺，宥女以遠。」勉速行乎，無重而罪！』五月庚辰，鄭放游楚於吳。將行子南，子產咨於大叔。大叔曰：「吉不能亢身，焉能亢宗？彼國政也，非私難也。子圖鄭國，利則行之，又何疑焉？周公殺管叔而蔡蔡叔，夫豈不愛？王室故也。吉若獲戾，子將行之，何有於諸游？』」

夏，秦伯之弟鍼出奔晉。鍼，其廉反。《左傳》：「秦后子有寵於桓，如二君於景。其母曰：『弗去，懼選。』癸卯，鍼適晉，其車千乘。書曰『秦伯之弟鍼出奔晉』，罪秦伯也。后子享晉侯，造舟于河，十里舍車，自雍及絳。歸取酬幣，終事八反。司馬侯問焉，曰：『子之車盡於此而已乎？』對曰：『此之謂多矣。若能少

此，吾何以得見？」女叔齊以告公，且曰：「秦公子必歸。臣聞君子能知其過，必有令圖。令圖，天所贊也。」
后子見趙孟。趙孟曰：「吾子其曷歸？」對曰：「鍼懼選於寡君，是以在此，將待嗣君。」趙孟曰：「秦君何
如？」對曰：「無道。」趙孟曰：「亡乎？」對曰：「何為？一世無道，國未艾也。國於天地，有與立焉。不數
世淫，弗能斃也。」趙孟曰：「天乎？」對曰：「有焉。」趙孟曰：「其幾何？」對曰：「鍼聞之，國無道而年穀和
熟，天贊之也。鮮不五稔。」趙孟視蔭，曰：「朝夕不相及，誰能待五？」后子出而告人曰：「趙孟將死矣。主
民，翫歲而愒日，其與幾何？」《公羊傳》曰：「秦無大夫，此何以書？仕諸晉也。曷為仕諸晉？有千乘之
國，而不能容其母弟，故君子謂之出奔也。」《穀梁傳》：「諸侯之尊，弟兄不得以屬通。其弟云者，親之也。
親而奔之，惡也。」

按《左氏》，秦后子有寵於桓，如二君於景。杜氏曰：「后子，鍼也，桓公子，景公母弟，其權寵如兩
君。」其母曰：「弗去懼選。」杜氏曰：「數也，恐景公數其罪而加戮。」鍼遂出奔。書此見人君寵愛
其子不差以禮，是禍之也。鍼之適晉，其車千乘。司馬侯問焉，曰：「子之車盡於此乎？」
對曰：「此謂多矣。若能少此，吾何以得見？」叔齊曰：「秦公子必歸。能知其過，必有令
圖。令圖，天所贊也。」後五年，秦伯卒。后子歸。書曰弟者，罪秦伯也。夫后子出奔，其
父禍之，而罪秦伯，何也？《春秋》以均愛望人父，以能友責人兄，父母有愛妾，猶沒身敬
之不衰，況兄弟乎？兄弟翕而後父母順矣。故不曰公子，而特稱秦伯之弟云。劉氏曰：
《公羊》云：「秦無大夫，仕諸晉也。」非也。如傳所說，當書曰秦伯放其弟鍼于晉，今經言奔何？以見秦

伯仕之於晉乎？所謂秦無大夫者，直虛言爾。」

附録 《左傳》：「鄭爲游楚亂故，六月丁巳，鄭伯及其大夫盟于公孫段氏。罕虎、公孫僑、公孫段、印段、游吉、駟帶私盟于閨門之外，實薰隧。公孫黑彊與於盟，使大史書其名，且曰七子。子産弗討。」

六月丁巳，邾子華卒。○晉荀吳帥師敗狄于大鹵。鹵音魯，大鹵，《公》、《穀》作「大原」。《左傳》：「晉中行穆子敗無終及群狄于大原，崇卒也。將戰，魏舒曰：『彼徒我車，所遇又阨，以什共車，必克。困諸阨，又克。請皆卒，自我始。』乃毀車以爲行。❶ 五乘爲三伍。荀吳之嬖人不肯卒，斬以徇。爲五陳以相離，兩於前，伍於後，專爲右角，參爲左角，偏爲前拒，以誘之。翟人笑之，未陳而薄之，大敗之。」《公羊傳》：「此大鹵也，曷爲謂之大原？地物從中國，邑人名從主人。」原者何？上平曰原，下平曰隰。」《穀梁傳》：「傳曰：中國曰大原，夷狄曰大鹵。號從中國，名從主人。」杜氏曰：「大鹵，太原晉陽縣。」

大鹵，太原也。按《六月》，宣王北伐之詩，其詞曰：「薄伐玁狁，至于太原。」而詩人美之者，謂不窮追遠討，及封境而止也。朱子曰：「『至于太原』，言逐出之而已，不窮追也。」先王治夷狄之法如此。」然則太原在禹服之內，而狄人來侵，攘斥宜矣。其過在毀車崇卒，以詐誘狄人而敗之，非王者之師耳。使後世車戰法亡，崇尚步卒。汪氏曰：「如魏之武士，秦之戎卒。」爭以變詐相高，日趨苟簡，皆此等啓之矣。書敗狄，譏之也。高氏曰：「箕與交剛之役皆晉人，至

❶「毀」，原作「穀」，今據阮刻本《春秋左傳正義》改。

是卿帥師,則晉益衰矣。」陳氏曰:「晉自悼公以來,狄師不出,敗狄至是而再見。其再見何?晉彌衰也。悼公之霸也,魏絳諫曰:『勞師於戎,而楚伐陳,必弗能救,是棄陳也,諸華必叛。戎,禽獸也,獲戎失華,毋乃不可乎?』悼公卒,復有事於戎狄,至伐鮮虞。《春秋》遂狄晉矣。」

秋,莒去疾自齊入于莒。去,起呂反。《左傳》:「莒展輿立,而奪群公子秩。公子召去疾于齊。秋,齊公子鉏納去疾。」

天下、國家定于一。吳、楚僭號,經不書葬。以忽繫之鄭,則突不稱國;以小白繫之齊,則糾不書子,國無二君也。展輿乃莒子,而去疾曷為又以國氏乎?程子曰:「去疾假齊之力以入莒,討展輿之罪,正也。」其以國氏,與去疾之討有罪也。此莒之公子,曷為不稱公子?自謂先公之子,可以有國不疑,遂立乎其位而無所稟也。其書人者,難詞也。陳氏曰:「前言齊無知弒其君,後言小白入于齊;前言莒人弒其君,後言齊陽生入于齊,後言齊陳乞弒其君,與弒之辭也。故曰:『屬辭比事,《春秋》教也。』」

莒展輿出奔吳。展下,《公》《穀》無「輿」字。《左傳》:「展輿奔吳。」程子曰:「為弒君者所立而以國氏者,罪諸侯也。」

展輿,莒子也。曷為不稱爵?為弒君者所立。既立乎其位,而不能討賊,則是與聞乎故

也。斯不可以有國矣。趙氏曰：「鄭忽、曹羈，未踰年出奔。不稱爵，言不能嗣先君也。莒展雖踰年，不稱爵，其罪大也。」劉氏曰：「莒展，子也，而不謂之子，展失子之道也。凡人之所以稱乎臣者，以有君也，所以稱乎子者，以有父也。君弒矣，而臣不討賊，父殺矣，而子不復讎，是固無臣、子之理也。展之見奪，不亦宜乎！魯叔孫氏之豎牛殺孟丙仲壬以立昭子，昭子既立，而子不討賊，殺豎牛。仲尼聞之曰：『叔孫昭子不賞私勞，不可能也。豈其掩義隱賊而忘君父哉？』」不可以有國，則曷爲以國也？諸侯之與其立也。」虢之會，展輿無列。何以見諸侯之與其立乎？莒雖以亂未能預會，然訴魯取鄆，而在會者欲執叔孫，則知諸侯之與其立矣。亦以國氏，惡崇亂也。高氏曰：「莒人弒君，諸侯不共討之。是時楚人方聽莒人之訴，而欲執魯大夫，是不以莒人爲可討也。展不稱子，聖人不予其爲君也。」廬陵李氏曰：「此條莒去疾與齊小白之例同，固無疑矣。衛衎與剽、莒展輿、去疾，皆以二君書者，變例也。彼諸侯之與其立，此意似晦。竊意國無二君，常例也。今展輿既立，踰年成君矣。其不書爵，已足以見絕之之意。若又不書莒，何以見其已立乎？陳佗以討賊書，亦係以國，則展輿之係國，不必求它義也。若州吁、無知之被討不係國，則上文已見矣。」

叔弓帥師疆鄆田。《左傳》：「因莒亂也。於是莒務婁、瞀胡及公子滅明，以大厖與常儀靡奔齊。君子曰：『莒展之不立，棄人也夫！人可棄乎？《詩》曰「無競維人」，善矣。』」《公羊傳》：「疆運田者何？與莒爲竟也。與莒爲竟，則曷爲帥師而往？畏莒也。」《穀梁傳》：「疆之爲言猶竟也。」杜氏曰：「春取鄆，今正其

封疆。」高氏曰：「文十二年，季孫行父嘗帥師而城之，復爲莒所取。今乘莒之亂而取之，又帥師以疆其田。必帥師者，以不義得之，懼不服也。疆之者，溝封之以別乎莒也。譏其乘亂牟利也。」劉氏曰：「譏以亂爲利也。」王氏曰：「取鄆不書，帥師疆田書之者，以見其因莒亂，出不意而取，得之爲易。今欲固其所得，則莒人來爭必矣。故遣卿帥師而疆之。然魯秉周禮，既因人之亂以取田，又恃其師衆而疆之，則先王封域不復守矣。書者，所以志亂也。」汪氏曰：「《春秋》一經，書假田者一，譏取之之非義也。凡此皆聖人之特筆，所以垂訓戒也。」○劉氏曰：「《左氏》：『君子曰：「莒展之不立，棄人也夫？」』若是未哉，君子之言也。夫展輿弑君而不譏，棄人而譏之，是謂棄人重於弑父也。藉使展輿但勿棄人，以濟其不義之身，則固以爲賢矣。不亦害天下之教乎？《公羊》云『畏莒也』，非也。鄆本屬莒，故魯取其邑，未得其地，故因莒亂帥師而往，分明疆土。此乃欺之，非畏之也。且魯強莒小，魯安莒亂，何爲乃畏莒哉？」○**葬邾悼公**。高氏曰：「入春秋來，邾始書葬。蓋邾、滕、薛，小國也；秦，遠國也，皆至昭公而葬，是魯衰甚矣。小國如大國，遠國如近國。」

附錄《左傳》：「晉侯有疾，鄭伯使公孫僑如晉聘，且問疾。叔向問焉，曰：『寡君之疾病，卜人曰「實沈、臺駘爲祟」，史莫之知。敢問此何神也？』子產曰：『昔高辛氏有二子，伯曰閼伯，季曰實沈，居于曠林，不相能也，日尋干戈，以相征討。后帝不臧，遷閼伯于商丘，主辰。商人是因，故辰爲商星。遷實沈于大夏，主參。唐人是因，以服事夏、商。其季世曰唐叔虞。當武王邑姜方震大叔，夢帝謂己：「余命而子曰虞，將與之唐，屬諸參，而蕃育其子孫。」及生，有文在手曰虞，遂以命之。及成王滅唐，而封大叔焉，故參爲晉星。

由是觀之，則實沈、參神也。昔金天氏有裔子曰昧，爲玄冥師，生允格、臺駘。臺駘能業其官，宣汾、洮，障大澤，以處大原。帝用嘉之，封諸汾川，沈、姒、蓐、黃實守其祀。今晉主汾而滅之矣。由是觀之，則臺駘，汾神也。抑此二者，不及君身。山川之神，則水旱癘疫之災，於是乎禜之；日月星辰之神，則霜雪風雨之不時，於是乎禜之。若君身，則亦出入、飲食、哀樂之事也，山川、星辰之神，又何爲焉？僑聞之，君子有四時：朝以聽政，晝以訪問，夕以脩令，夜以安身。於是乎節宣其氣，勿使有所壅閉湫底❶以露其體，茲心不爽，而昏亂百度。今無乃壹之，則生疾矣。僑又聞之，内官不及同姓，其生不殖。美先盡矣，則相生疾，君子是以惡之。故《志》曰：『買妾不知其姓，則卜之。』違此二者，❷古之所慎也。男女辨姓，禮之大司也。今君内實有四姬焉，其無乃是也乎？若由是二者，弗可爲也已。四姬有省猶可，無則必生疾矣。』
叔向曰：『善哉！肸未之聞也，此皆然矣。』叔向出，行人揮送之。叔向問鄭故焉，且問子晳。對曰：『其與幾何！無禮而好陵人，怙富而卑其上，弗能久矣。』晉侯聞子產之言，曰：『博物君子也。』重賄之。晉侯求醫於秦，秦伯使醫和視之，曰：『疾不可爲也，是謂近女室，疾如蠱。非鬼非食，惑以喪志。良臣將死，天命不祐。』公曰：『女不可近乎？』對曰：『節之。先王之樂，所以節百事也，故有五節，遲速本末以相及，中聲以降。五降之後，不容彈矣。於是有煩手淫聲，慆堙心耳，乃忘平和，君子弗聽也。物亦如之。

---

❶「使」，原作「便」，今據阮刻本《春秋左傳正義》改。
❷「二」，原作「三」，今據阮刻本《春秋左傳正義》改。

至於煩，乃舍也已，無以生疾。君子之近琴瑟，以儀節也。非以慆心也。天有六氣，降生五味，發爲五色，徵爲五聲。淫生六疾。六氣曰陰、陽、風、雨、晦、明也，分爲四時，序爲五節，過則爲菑：陰淫寒疾，陽淫熱疾，風淫末疾，雨淫腹疾，晦淫惑疾，明淫心疾。女，陽物而晦時，淫則生內熱惑蠱之疾。今君不節、不時，能無及此乎？』出，告趙孟。趙孟曰：『誰當良臣？』對曰：『主是謂矣。主相晉國，於今八年，晉國無亂，諸侯無闕，可謂良矣。和聞之，國之大臣，榮其寵祿，任其大節。有菑禍興，而無改焉，必受其咎。今君至於淫以生疾，將不能圖恤社稷，禍孰大焉？主不能禦，吾是以云也。』趙孟曰：『何謂蠱？』對曰：『淫溺惑亂之所生也。於文，皿蟲爲蠱。穀之飛亦爲蠱。在《周易》，女惑男、風落山謂之蠱。皆同物也。』趙孟曰：『良醫也。』厚其禮而歸之。』

冬，十有一月己酉，楚子麇卒。麇，九倫反，《公》《穀》作「卷」，音權。《左傳》：「楚公子圍使公子黑肱、伯州犂城犨、櫟、郟。子產曰：『不害。令尹將行大事，而先除二子也。禍不及鄭，何患焉？』冬，楚公子圍將聘于鄭，伍舉爲介。未出竟，聞王有疾而還。伍舉遂聘。十一月己酉，公子圍至，入問王疾，縊而殺之，遂殺其二子幕及平夏。右尹子干出奔晉，宮廄尹子皙出奔鄭。殺大宰伯州犂于郟。葬王于郟，謂之郟敖。使赴于鄭，伍舉問應爲後之辭焉，對曰：『寡大夫圍。』子干奔晉，從車五乘，叔向使與秦公子同食，皆百人之饋。叔向曰：『秦公子富。』子子更之曰：『共王之子圍爲長。』子干以出。《詩》曰：『不侮鰥寡，不畏彊禦。』秦、楚，匹也。』使后子與子干齒，辭曰：『鍼懼選，楚公子不獲，是以皆來，亦唯命。且臣與羈齒，無乃不可乎？』史佚有言曰：『非

羈，何忌？』」楚靈王即位，薳罷爲令尹，薳啟彊爲大宰。鄭游吉如楚葬郟敖，且聘立君。謂子產曰：『具行器矣。楚王汰侈，而自說其事，必合諸侯，吾往無日矣。』子產曰：『不數年未能也。』」

按《左氏》楚令尹圍將聘于鄭，未出竟，聞王有疾而還。入問王疾，縊而弑之。使赴於諸侯，應爲後之詞曰：「共王之子圍爲長。」初圍之未動於惡，入預夏盟，緝蒲爲宮，設服離衛，杜氏曰：「緝蒲爲王殿屋屏蔽以自殊異，設君服，二人執戈陳於前以自衛。離，陳也。」中國大夫，莫不知其有無君之心矣。雖以疾赴，曷爲承僞藏在諸侯之策乎？當是時，仲尼已生，將志于學，汪氏曰：「襄二十一年孔子生，是年十二歲。」乃所見之世，非祖之所逮聞也，又曷爲因之而不革乎？曰：「此《春秋》之所以爲《春秋》，非聖人莫能修之者也。麇則書『麇』，卒則書『卒』，弑則書『弑』，葬則書『葬』，各紀其實，載於簡策，國史掌之，此史官之所同，而凡爲史者，皆可及也。麇則書『麇』，卒則書『卒』，弑則書『弑』，葬則書『葬』，汪氏曰：「此《春秋》之所以爲《春秋》也。」或麇或不麇，汪氏曰：「魯君夫人沒則書麇，外諸侯沒則書卒，而不曰麇。」或卒或不卒，汪氏曰：「內大夫書卒，外諸侯見弑皆書，惟鄭髠原、楚麇、齊陽生不書弑。魯君見弑者但書薨。」或弑或不弑，汪氏曰：「外諸侯葬，魯往會皆書。而吳、楚之君，雖往會不書葬。君弑賊不討者亦不葬。」筆削因革，裁自聖心，以達王事。此仲尼之所獨，而游、夏亦不能與焉者也。」然則郟敖實弑而書卒，何歟？杜氏曰：「楚人謂未成君爲敖。」「令尹圍弑君以立，中國力所不加而莫能致討，則亦已

矣。至大合諸侯于申，與會者凡十有三國，其臣舉六王二公之事，其君用齊桓召陵之禮，而宋向戌、鄭子產皆諸侯之良也，而皆有獻焉，不亦傷乎？若革其偽赴，恐天下後世以篡弒之賊，非獨不必致討，又可從之以主會盟而無惡矣。聖人至此，憫之甚、懼之甚。憫之甚者，憫中國之衰微而不能振也；懼之甚者，懼人欲之橫流而不能過也。是故察微顯、權輕重，而略其篡弒以扶中國，制人欲、存天理，其義微矣。」問：「圍弒郟敖而立，《春秋》書卒而不書弒。申之會，諸侯從弒君之賊而無貶黜之辭，則為惡之人何所懲戒，亂臣賊子又何懼焉？」茅堂胡氏曰：「見弒之君，有書殺者，弒君之人，有書盜者，有書人者，有書國者，有書其名氏者，有略而不稱弒，此聖人之精意也。若概以一法書之而不當於義，則夫人而能為《春秋》矣。圍弒郟敖而不書，其以申之會乎？明此義，其可與權矣。雖承其偽赴，而下書公子比出奔晉，又申之會不殊淮夷，又書執齊慶封殺之，楚虔弒逆之罪亦著矣。」王氏《箋義》曰：「歸生憚老，陳乞流涕，而加弒君之罪。今圍弒君而不書，何也？良以圍弒麇之後，數行無道，暴滅中國，其罪惡尤甚。蓋賊臣弒君，一國之惡也；夷狄滅中國，天下之禍。故會于申弒麇不殊淮夷，夷之也。若先書圍弒，其後誘蔡侯滅陳、蔡之罪尤重，故擇其重而誅絕之。」高氏曰：「《戰國策》載不修《春秋》之言曰：『楚王子圍聘於鄭，未出竟，聞王病，反，問其疾，遂以冠纓絞王，殺之，因自立。』然則郟敖實弒也。聖人書卒者，蓋《春秋》新意也。」張氏曰：「隱公弒而書薨，為魯諱也；楚麇弒而書卒，為中國諱也；鄭僖、齊悼弒而書卒，為賢者諱也。考是三者，足以見聖人微顯志晦之法矣。」陳氏曰：「圍弒其君，晏然赴於他國如恒辭，猶鄭騑也。而其臣子聽焉，相與設應

爲後之詞，甚矣，無人紀也！從而書卒，所以誅楚之臣子，聽賊之所爲也。圍之未弑也，魯、蔡、鄭之大夫固知之矣。會于申，以齊慶封徇於諸侯，曰：『無或如齊慶封弑其君，弱其孤，以盟其大夫。』慶封曰：『無或如楚共王之庶子圍，弑其君兄之子麇而代之，以盟諸侯。』軍人粲然皆笑。史見其事，《春秋》著其心，則後世有考矣。」汪氏曰：「楚虔之戮慶封也，其臣椒舉曰：『無瑕者可以戮人播於諸侯，焉用之？』則虔篡弑之跡不可掩矣。」

楚公子比出奔晉。高氏曰：「靈王既殺其君之子而自立，比爲右尹，力不能制，是以出奔。《春秋》書之，爲十三年乾谿事起也。」

附錄《左傳》：「十二月，晉既烝，趙孟適南陽，將會孟子餘。甲辰朔，烝于溫。庚戌，卒。鄭伯如晉弔，及雍乃復。」

辛酉景王五年。二年晉平十八。齊景八。衛襄四。蔡靈三。❶鄭簡二十六。曹武十五。陳哀二十九。杞文十。宋平三十六。秦景三十七。楚靈王虔元年。吳夷末四。春，晉侯使韓起來聘。《左傳》：「春，晉侯使韓宣子來聘，且告爲政而來見，禮也。觀書於大史氏，見《易象》與《魯春秋》，曰：『周禮盡在魯矣，吾乃今知周公之德與周之所以王也。』公享之，季武子賦《緜》之卒章。韓子賦《角弓》。季武子拜，曰：『敢拜子之彌縫敝邑，寡君有望矣。』武子賦《節》之卒章。既享，宴于季氏。有嘉樹焉，宣子譽之。武子曰：『宿敢不

❶「三」，原作「二」，今據上下文紀年改。

封殖此樹，以無忘《角弓》。」遂賦《甘棠》。宣子曰：「起不堪也，無以及召公。」宣子遂如齊納幣。見子雅。子雅召子旗，使見宣子。宣子曰：「非保家之主也，不臣。」見子尾。子尾見彊，宣子謂之如子旗。大夫多笑之，唯晏子信之，曰：『夫子，君子也。君子有信，其有以知之矣。』自齊聘於衛，衛侯享之。北宮文子賦《淇澳》，宣子賦《木瓜》。」汪氏曰：「前此晉之聘魯者九，未嘗以上卿執政者將命。今韓起始以去年爲政，而是春即聘於魯。蓋晉霸漸衰，而欲以嘉好結魯也。」

附錄《左傳》：「夏四月，韓須如齊逆女。齊陳無宇送女，致少姜。少姜有寵於晉侯，晉侯謂之少齊。謂陳無宇非卿，執諸中都。少姜爲之請，曰：『送從逆班。』致館，辭曰：『寡君命下臣來繼舊好，好合使成，臣之祿也。敢辱大館！』叔向曰：『子叔子知禮哉！吾聞之曰：「忠信，禮之器也；卑讓，禮之宗也。」辭不忘國，忠信也；先國後己，卑讓也。《詩》曰：「敬慎威儀，以近有德。」夫子近德矣。』」○**秋，鄭殺其大夫公孫黑。**

夏，叔弓如晉。《左傳》：「叔弓聘于晉，報宣子也。晉侯使郊勞，辭曰：『寡君使弓來繼舊好，固曰「女無敢爲賓」，徹命於執事，敝邑弘矣，敢辱郊使？請辭。』致館，辭曰：『寡君命下臣來繼舊好，好合使成，臣之祿也。敢辱大館！』叔向曰：『子叔子知禮哉！吾聞之曰：「忠信，禮之器也；卑讓，禮之宗也。」辭不忘國，忠信也；先國後己，卑讓也。《詩》曰：「敬慎威儀，以近有德。」夫子近德矣。』」

《左傳》：「秋，鄭公孫黑將作亂，欲去游氏而代其位，傷疾作而不果。馹氏與諸大夫欲殺之。❶子產在鄙，聞之，懼弗及，乘遽而至。使吏數之，曰：『伯有之亂，以大國之事，而未爾討也。爾有亂心無厭，國不女堪。專伐伯有，而罪一也；昆弟爭室，而罪二也；薰隧之盟，女矯君位，而罪三也。有死罪三，何以堪之？不速

---

❶「大」，原作「士」，今據阮刻本《春秋左傳正義》改。

死，大刑將至。』再拜稽首，辭曰：『死在朝夕，無助天爲虐。』子産曰：『人誰不死，凶人不終，命也。作凶事，爲凶人。不助天，其助凶人乎？請以印爲褚師。』子産曰：『印也若才，君將任之；不才，將朝夕從女。女罪之不恤，而又何請焉？』不速死，司寇將至。』七月壬寅，縊。尸諸周氏之衢，加木焉。」

按《左氏》鄭馴黑好在人上，攻良霄而逐之，又與公孫楚争室，事見《左傳》襄三十年及昭元年。又將作亂，去游氏代其位，傷疾作而不果。子産使吏數之曰：「爾有亂心無厭，國不女堪。專伐伯有，而罪一也；兄弟争室，而罪二也；矯君之位，而罪三也。不速死，大刑將至。」遂縊而尸之。黑則有罪，而鄭人初畏其強，不之討也，因其疾而幸勝之，則亦云殆矣。故稱國以殺，累乎上也。劉氏曰：「稱國以殺大夫者，罪累上也。黑於是自以爲卿，又將爲亂，疾作而專伐伯有，去游氏代其位。黑有罪，其以累上言何？惡鄭伯也。何惡乎鄭伯？言不能討有罪，以放乎亂也。其放乎亂奈何？黑伐良霄而逐之，君弗誅也。以爲大夫，又與公孫楚争娶徐吾氏，徐吾氏歸于楚，君放楚也。而盟諸大夫。夫君專殺大夫，❶非王法所得爲者也。然而《春秋》或予之，所卧。子産使吏數諸其家，則幸而勝之耳。夫君專殺大夫，以見君臣之禮，扶上而抑下也。聖王之罰，不誅不教，不誣無罪。及其惡成而罪見，誅之猶鷹鸇之發也，無留獄矣，豈幸而勝之哉！」

冬，公如晉，至河乃復。季孫宿如晉。《左傳》：「晉少姜卒，公如晉，及河，晉侯使士文伯來辭，曰：

❶「君」，原作「爲」，今據四庫本改。

「非伉儷也，請君無辱。」公還。季孫宿遂致服焉。叔向言陳無宇於晉侯曰：「彼何罪？君使公族逆之，齊使上大夫送之，猶曰不共，君求以貪，國則不共，而執其使。君刑已頗，何以爲盟主？且少姜有辭。」冬十月，陳無宇歸。十一月，鄭印段如晉弔。《公羊傳》：「其言至河乃復何？不敢進也。」《穀梁傳》：「恥如晉，故著有疾也。」公如晉而不得入，季孫宿如晉而得入，惡季孫宿也。」

按《左氏》，晉少姜卒，公如晉，及河，晉侯使士文伯來辭，曰：「非伉儷也，請君無辱。」公還。音旋。季孫宿遂致服焉。杜氏曰：「致少姜之襚服。」舉動，人君之大節，賢哲量之以行藏其道，姦邪窺之以作止其惡，四鄰視之以厚薄其情。故有國者必謹於禮而後動，此守身之本、保國之基也。禮雖自卑而尊人，亦不妄悦人以自辱。《禮記·曲禮》：「夫禮者，自卑而尊人。」又曰：「禮不妄悦人。」昭公既不能據經守正，失禮而妄動，又不能從權適變，無故而輕復，終復失國出奔，客死他境，蓋始諸此行矣。常山劉氏曰：「凡人君，動止有度，豈可非禮而行，無故而復哉！蓋進退皆非義也。」劉氏曰：「千乘之國，至重也。而動不以禮，雖爲之卑伏曲從，猶之無益也，適得輕焉。譬之鄭、衛之處子，蒙珠玉而過中山之盜也，滋益恭而滋益侵耳。以此觀之，爲國以禮者，處勝人之地矣。」或曰：「禮者明微，正於未動之前可也。已至于河而見卻，雖欲勿反，將得已乎？」曰：「以周公之冑，千乘之國，輕身以修鄰好，乃卻而不納，夫何敢？若曰：『敝邑褊小，敬事大國，惟恐獲戾，聞陳無宇見執於中都，杜氏曰：「晉欲使齊以適夫人禮送少

姜。」謂少姜之數於守適，丁歷反。杜氏曰：「禮數如適夫人。」信也。用是不違寧處，跋履山川，來修弔事。今若不獲進見，剪爲仇讎，他國誰敢朝夕在廷，修事大之禮乎？夫小國之去就從違，聽大國之令也。若非伉儷，齊人請陳無宇之罪，何以令之也？苟有二命，又何以爲盟主？」如此，晉人其將謝過之不暇，敢不納乎？昭公習儀以亟，見《左傳》五年。而不明乎禮，其及也宜。經書：『公如晉，至河乃復。季孫宿如晉。』而昭公失國之因，季氏逐君之漸，晉人下比之迹，不待貶絶而皆見矣。」或問：「公如晉，至河，而晉卻之，耻孰甚焉？直書不諱，何也？」茅堂胡氏曰：「如晉而見卻，雖亦可耻，而非惡之大也。耻有甚於此者衆矣，❶是以直書不諱。舉動，人君之大節，書有疾乃復，則勢當復者也。其餘非譏晉，則罪公。」納，《春秋》以『公至河，乃復』爲文者，臣子之心，不欲其君見拒於人，而以爲公臨河而不濟，懼涉難而自復也。乃者，有阻之辭。」盧氏曰：「君返臣往，惡莫大矣。」項氏曰：「自是霸者之令，抑君助臣，而天下之爲君者無以自立，而晉之君亦無以自立矣。」孫氏曰：「公如晉而距之，季孫如晉而納之，是昭公，季孫宿之不若也，此晉侯之惡亦可見矣。經書『公如晉，至河』者六，唯二十三年書『有疾』，明有疾而反，餘皆譏公數如晉見距，不能以禮自重，大取困辱也。」永嘉呂氏曰：「如晉而復者六，而昭公居其五，足以見昭公之

❶「甚」，原作「勝」，今據四庫本改。

自取屈辱，由其舉動不能謹於禮也。」汪氏曰：「昭公服喪已畢，當類見於天子，而受命之時也。嗣守社稷之重，不朝于周，以少姜之喪而親修士丐之事，是以妾説人而取辱也。晉平以閨闥之愛，勤動天下之君、大夫，以爲嬖妾之喪榮，其爲盟主抑末矣。宣公如齊奔惠公之喪，成公如晉奔景公之喪，已爲非禮，而況於弔寵妾之喪乎？積習之弊，至於趙文子卒，鄭簡公如晉弔，晉人辭之，及雍乃復，則不唯弔其妾，而且弔其臣矣。《春秋》書『昭公適晉，不至而復』，所以譏昭公之取辱，亦以傷世道之衰也。」〇劉氏曰：『《穀梁》云：『恥如晉，故著有疾。』非也。但云『至河乃復』，安知有疾哉？』盧陵李氏曰：「昭公如晉九，得入而欲見止者二：五年、十五年也。次乾侯者二：二十八年、二十九年也。此年、十二年、十三年、二十一年也。有疾而復者一：二十三年也。至河而見卻者四：此條《公羊》以爲晉欲執公，《穀梁》以爲季氏訴公，與《左氏》少姜之事不同，誠如《左氏》説，晉之辭公，未爲失也。則《春秋》止罪公之輕動矣。若胡氏説，無乃成少姜之爲適乎？又聞義不徙，而強爲非禮之行，亦非也。」

附錄

《左傳》：「鄭游吉如晉，送少姜之葬。梁丙與張趯見之。梁丙曰：『甚矣哉，子之爲此來也!』子大叔曰：『將得已乎！昔文、襄之霸也，其務不煩諸侯，令諸侯三歲而聘，五歲而朝，有事而會，不協而盟。

壬戌 景王六年。**三年** 晉平十九。齊景九。衛襄五。蔡靈四。鄭簡二十七。曹武十六。陳哀三十。杞文十一。宋平三十七。秦景三十八。楚靈二。吳夷末五。**春，王正月。**

---

❶「爲」，原脱，今據四庫本補。

君薨，大夫吊，卿共葬事，夫人，士吊，大夫送葬。足以昭禮命事、謀闕而已，無加命矣。今婢寵之喪，不敢擇位，而數於守適，唯懼獲戾，豈敢憚煩？少姜有寵而死，齊必繼室。今兹吾又將來賀，不唯此行也。』張趯曰：『善哉，吾得聞此數也』然自今子其無事矣。譬如火焉，火中，寒暑乃退。此其極也，能無退乎？晉將失諸侯，諸侯求煩不獲』二大夫退。子大叔告人曰：『張趯有知，其猶在君子之後乎！』」

丁未，滕子原卒。原，《公》作「泉」。《左傳》：「同盟，故書名。」

附録《左傳》：「齊侯使晏嬰請繼室於晉，曰：『寡君使嬰曰：「寡人願事君朝夕不倦，將奉質幣以無失時，則國家多難，是以不獲。不腆先君之適以備内官，焜燿寡人之望，則又無禄，早世隕命，寡人失望。君若不忘先君之好，惠顧齊國，辱收寡人，徼福於太公、丁公，照臨敝邑，鎮撫其社稷，則猶有先君之適及遺姑姊妹若而人。君若不棄敝邑，而辱使董振擇之，以備嬪嬙，寡人之望也。」』韓宣子使叔向對曰：『寡君之願也。寡君不能獨任其社稷之事，未有伉儷，在縗絰之中，是以未敢請。君有辱命，惠莫大焉。若惠顧敝邑，撫有晉國，賜之内主，豈唯寡君，舉群臣實受其賜，其自唐叔以下實寵嘉之。』既成昏，晏子受禮，叔向從之宴，相與語。叔向曰：『齊其何如？』晏子曰：『此季世也，吾弗知齊其爲陳氏矣。公棄其民，而歸于陳氏。齊舊四量，豆、區、釜、鍾。四升爲豆，各自其四，以登於釜。釜十則鍾。陳氏三量❶皆登一焉，鍾乃大矣。以家量貸，而以公量收之。山木如市，弗加於山；魚、鹽、蜃、蛤，弗加於海。民參其力，二入於

❶「三」，原作「二」，今據阮刻本《春秋左傳正義》改。

公，而衣食其一。公聚朽蠹，而三老凍餒，國之諸市，屨賤踊貴。民人痛疾，而或燠休之。其愛之如父母，而歸之如流水。欲無獲民，將焉辟之？箕伯、直柄、虞遂、伯戲，其相胡公、大姬已在齊矣。」叔向曰：「然。雖吾公室，今亦季世也。戎馬不駕，卿無軍行，公乘無人，卒列無長。庶民罷敝，而宮室滋侈。道殣相望，而女富溢尤。民聞公命，如逃寇讎。欒、郤、胥、原、狐、續、慶、伯降在皂隸，政在家門，民無所依。君日不悛，以樂慆憂。公室之卑，其何日之有？《讒鼎之銘》曰：『昧旦丕顯，後世猶怠。』況日不悛，其能久乎？」晏子曰：『子將若何？」叔向曰：『晉之公族盡矣。肸聞之，公室將卑，其宗族枝葉先落，則公從之。肸之宗十一族，唯羊舌氏在而已。肸又無子，公室無度，幸而得死，豈其獲祀？」初，景公欲更晏子之宅，曰：『子之宅近市，湫隘囂塵，不可以居，請更諸爽塏者。」辭曰：❶『君之先臣容焉，臣不足以嗣之，於臣侈矣。且小人近市，朝夕得所求，小人之利也，敢煩里旅？」公笑曰：『子近市，識貴賤乎？」對曰：『既利之，敢不識乎？」公曰：『何貴？何賤？」於是景公繁於刑，有鬻踊者，故對曰：『踊貴屨賤。」既已告於君，故與叔向語而稱之。景公為是省於刑。君子曰：『仁人之言，其利博哉！晏子一言，而齊侯省刑。《詩》曰：「君子如祉，亂庶遄已。」其是之謂乎！』及晏子如晉，公更其宅。反，則成矣。既拜，乃毀之，而為里室，皆如其舊，則使宅人反之，且謗曰：『非宅是卜，唯鄰是卜。』二三子先卜鄰矣。違卜不祥。君子不犯非禮，小人不犯不祥，古之制也。吾敢違諸乎？」卒復其舊宅，公弗許；因陳桓子以請，乃許之。」

❶「辭」，原脫，今據阮刻本《春秋左傳正義》補。

○「夏四月，鄭伯如晉，公孫段相，甚敬而卑，禮無違者。晉侯嘉焉，授之以策，曰：『子豐有勞於晉國，余聞而弗忘。賜女州田，以胙乃舊勳。』伯石再拜稽首，受策以出。君子曰：『禮，其人之急也乎！伯石之汰也，一爲禮於晉，猶荷其祿，況以禮終始乎！』《詩》曰：『人而無禮，胡不遄死。』其是之謂乎！」初，州縣，欒豹之邑也。及欒氏亡，范宣子、趙文子、韓宣子皆欲之。文子曰：『溫，吾縣也。』二宣子曰：『自郤稱以別，三傳矣。晉之別縣不唯州，誰獲治之？』文子病之，乃舍之也。」及文子爲政，趙獲曰：『可以取州矣。』文子曰：『退！二子之言，義也。違義，禍也。余不能治余縣，又焉用州，其以徼禍也。』主韓氏，伯石之獲州也，韓宣子爲之請之，爲其復取之之故。

夏，叔弓如滕。五月，葬滕成公。 滕始書葬。《左傳》：「五月，叔弓如滕，葬滕成公，子服椒爲介。及郊，遇懿伯之忌，敬子不入。惠伯曰：『公事有公利，無私忌。』椒請先入。」乃先受館。敬子從之。」杜氏曰：「卿共小國之葬，禮過厚。葬襄公，滕子來會，故魯厚報之。」高氏曰：「與二十二年葬景王無辨矣。」

附錄《左傳》：「晉韓起如齊逆女。公孫蠆爲少姜之有寵也，以其子更公女，而嫁公子。人謂宣子：『子尾欺晉，晉胡受之？』宣子曰：『我欲得齊而遠其寵，寵將來乎？』」○「秋七月，鄭罕虎如晉，賀夫人，且告曰：『楚人日徵敝邑，以不朝立王之故。』❶ 敝邑之往，則畏執事其謂寡君而固有外心；其不往，則宋之盟

❶ 「王」，原作「五」，今據阮刻本《春秋左傳正義》改。

云。進退，罪也。寡君使虎布之。』宣子使叔向對曰：『君若辱有寡君，在楚何害？修宋盟也。君苟思盟，寡君乃知免於戾矣。君若不有寡君，雖朝夕辱於敝邑，寡君猜焉，何辱命焉。君其往也！苟有寡君，在楚猶在晉也。』張趯使謂大叔曰：『自子之歸也，小人糞除先人之敝廬，曰：「子其將來。」今子皮實來，小人失望。』大叔曰：『吉賤，不獲來，畏大國，尊夫人也。且孟曰「而將無事」，吉庶幾焉。』

秋，小邾子來朝。《左傳》：「小邾穆公來朝，季武子欲卑之。穆叔曰：『不可。曹、滕，二邾實不忘我好，敬以逆之，猶懼其貳，又卑一睦，焉逆群好也？其如舊而加敬焉。《志》曰：「能敬無災。」又曰：「敬逆來者，天所福也。」』季孫從之。」高氏曰：「公即位之初，大國來聘，小國來朝，非不可爲之國也，而終之以流播《詩》曰：『靡不有初，鮮克有終。』可不戒哉！」〇八月，大雩。《左傳》：「旱也。」汪氏曰：「《春秋》書雩二十有一，而昭公之世有七焉：此年及六年、八年、十六年、二十四年、二十五年再雩是也。《左氏》唯八年無傳，餘皆云『旱也』，於再雩則曰『旱甚也』，亦可見災變之數見矣。是年既遭旱暵，未幾而連月雨雹。昭公昏懦，略無遇災而懼之意，終及於難。吁，可嘆哉！」

附錄《左傳》：「齊侯田於莒，盧蒲嫳見，泣且請曰：『余髮如此種種，余奚能爲？』公曰：『諾。吾告二子。』歸而告之。子尾欲復之，子雅不可，曰：『彼其髮短而心甚長，其或寢處我矣。』九月，子雅放盧蒲嫳于北燕。」

冬，大雨雹。《左傳》：「燕簡公多嬖寵，欲去諸大夫而立其寵人。冬，燕大夫比以殺公之外嬖。公懼，奔齊。書曰
奔齊。」杜氏曰：「記災。」張氏曰：「雹，戾氣也，此中國不振，夷狄會諸侯之兆也。」〇北燕伯款出

「北燕伯款出奔齊」，罪之也。」《穀梁傳》：「其曰北燕，從史文也。」

按《左氏》，燕簡公多嬖寵，欲去諸大夫而立其寵人。燕大夫比以殺公之外嬖。公懼，奔齊。書曰「北燕伯款出奔齊」，罪之也。杜氏曰：「不書大夫逐之而言奔，罪之也。」啖氏曰：「出君之罪，史氏知之也。《春秋》舉王綱，正君則，治道興矣。書名者，罪其失地，非復諸侯也。」君雖不君，臣不可以不臣。燕伯欲去諸大夫，固不君矣。而大夫相與比以殺其主而出之也，與鬻拳之以兵諫無異。而獨罪燕伯，何哉？大夫，國君之陪貳，以公心選之而不可私也，以誠意委之而不可疑也，以隆禮待之而不可輕也，以直道馭之而不可辱也。否，則是忽其陪貳以自危矣。晉厲公殺三郄，立胥童，而弒於麗氏。事見成公十七年、十八年。漢隱帝殺楊、史，立郭允明，而弒於趙村。《五代史》：「漢隱帝乾祐三年，同平章事楊邠、侍中史弘肇、樞密使郭儀輔政專權。上厭爲大臣所制，左右嬖幸浸用事，郭允明、聶文進、閻晉卿等皆有寵，因乘間言邠等終當爲亂，上信之，遂與允明等謀誅之。邠、弘肇入朝，伏甲士殺之於東廡。遣使齎密詔殺郭威。威將兵入朝，上出兵拒之，至趙村，爲亂兵所弒，允明等皆自殺。」衛獻公蔑家卿而信其左右，亦奔夷儀，久而後復也。事見《左傳》襄公十四年、二十六年。故人主不尊陪貳而與賤臣圖柄臣者，事成則失身而見弒，事不成則失國而出奔，此有國之大戒也。《春秋》凡見逐於臣者，皆以自奔爲文，正其本之意也，而垂戒遠矣。家氏曰：「所貴乎國君者，選賢拔能，布在有位，信之任

附錄

《左傳》：「十月，鄭伯如楚，子產相。楚子享之，賦《吉日》。既享，子產乃具田備，王以田江南之夢。」○「齊公孫竈卒。司馬竈見晏子，曰：『又喪子雅矣。』晏子曰：『惜也！子旗不免，殆哉！姜族弱矣，而嬀將始昌。二惠競爽猶可，又弱一个焉，姜其危哉！』」

癸亥景王七年。 **四年**晉平二十。秦景三十九。楚靈三。吳夷末六。**春，王正月，大雨雹。** 雹，《公》《穀》作「雪」。衛襄六。蔡靈五。鄭簡二十八。曹武十七。陳哀三十一。杞文十二。宋平三十八。齊景十。

《左傳》：「季武子問於申豐曰：『雹可禦乎？』對曰：『聖人在上，無雹，雖有不爲災。古者日在北陸而藏冰，西陸朝覿而出之。其藏冰也，深山窮谷，固陰沍寒，於是乎取之。其出之也，朝之祿位，賓、食、喪、祭，於是乎用之。其藏之也，黑牡、秬黍以享司寒。其出之也，桃弧、棘矢以除其災。❷其出入也時。食肉之祿，❸冰皆與焉。大之命婦喪浴用冰。祭寒而藏之，獻羔而啓之，公始用之，火出而畢賦，自命夫命婦至于老疾，無不受冰。山人取之，縣人傳之，輿人納之，隸人藏之。夫冰以風壯，而以風出。其藏之也周，其用之也徧，則冬無愆陽，夏無伏陰，春無淒風，秋無苦雨，雷出不震，無菑霜雹，厲疾不降，民不夭札。今藏川池之冰棄

---

❶ 「牡」，原作「桂」，今據阮刻本《春秋左傳正義》改。
❷ 「桃」，原作「逃」，今據阮刻本《春秋左傳正義》改。
❸ 「之」，原作「走」，今據阮刻本《春秋左傳正義》改。

陰陽之氣和而散，則為霜雪雨露；不和而散，則為戾氣曀霾。雹，戾氣也。陰脅陽、臣侵君之象。宋氏曰：「凡陽侵陰，不入為霰；陰侵陽，不入為雹。周之正月，夏之十一月，是陰極陽復之時，以極陰而侵微陽，乃季氏爭權脅公專制之象也。」當是時，季孫宿襲位世卿，將毀中軍專執兵權，以弱公室。故數月之間，再有大變。申豐者，季氏之孚也。何氏曰：「孚，信也。季氏所信任臣。」不肯端言其事，故暴揚於朝，歸咎藏冰之失。劉氏曰：「夫申豐言『聖王在上，無雹』，可也；言『雹之為災，由藏冰故』，非也。魯雖藏川池之冰，未為不藏冰如五帝以前，未有藏冰之時，豈長雨雹乎？且豐之為人，姦佞人也，黨於季氏，不敢端言其罪，故推雹災，歸之藏冰，欲以諂媚強臣，抹撒災異。此與張禹、谷永何異哉？所以使昭公死於外者，未必非此人也。」夫山谷之冰，藏之也周，用之也徧，亦古者本末備舉燮調之一事耳。謂能使四時無愆伏淒苦之變，雷出不震，無菑霜雹，則亦誣矣。意者昭公遇災而懼，以禮為國，行其政令，無失其民，雹之災也庶可禦也。不然，雖得藏冰之道，合於《豳風‧七月》之詩，其將能乎？高氏曰：「自去年冬至今年春正月，連大雨雹。❶故前以時紀，此以月紀。夫天道如此，人事可知。」

❶「連」，原作「速」，今據四庫本改。

附錄

《左傳》：「春，王正月，許男如楚，楚子止之，遂止鄭伯，復田江南，許男與焉。使椒舉如晉求諸侯，二君待之。椒舉致命曰：『寡君使舉曰：日君有惠，賜盟于宋，曰：「晉、楚之從交相見也。」以歲之不易，寡君願結驩於二三君，❶使舉請間。君若苟無四方之虞，則願假寵以請於諸侯。』晉侯欲勿許。司馬侯曰：『不可。楚王方侈，天或者欲逞其心，以厚其毒，而降之罰，未可知也。其使能終，亦未可知也。晉、楚唯天所相，不可與爭。君其許之，而脩德以待其歸。若歸於德，吾猶將事之，況諸侯乎？若適淫虐，楚將棄之，吾又誰與爭？』曰：『晉有三不殆，其何敵之有？國險而多馬，齊、楚多難，有是三者，何鄉而不濟？』對曰：『恃險與馬，而虞鄰國之難，❷是三殆也。四嶽、三塗、陽城、大室、荊山、中南、九州之險也，是不一姓。冀之北土，馬之所生，無興國焉。恃險與馬，不可以固也，從古以然。是以先王務脩德音以亨神、人，不聞其務險與馬也。鄰國之難，不可虞也。或多難以固其國，啓其疆土；或無難以喪其國，失其守宇，若何虞難？齊有仲孫之難而獲桓公，至今賴之。晉有里丕之難，而獲文公，是以爲盟主。衛、邢無難，敵亦喪之。故人之難，不可虞也。恃此三者，而不脩政德，亡於不暇，又何能濟？君其許之！紂作淫虐，文王惠和，殷是以隕，周是以興，夫豈爭諸侯？』乃許楚使。使叔向對曰：『寡君有社稷之事，是以不獲春秋時見。諸侯君實有之，何辱命焉？』椒舉遂請昏，晉侯許之。

楚子問於子產曰：『晉其許我諸

❶「而虞鄰國之難」，原脫，今據阮刻本《春秋左傳正義》補。

❷「三」，原作「二」，今據阮刻本《春秋左傳正義》改。

夏，楚子、蔡侯、陳侯、鄭伯、許男、徐子、滕子、頓子、胡子、沈子、小邾子、宋世子佐、淮夷會于申。楚子專會諸侯始此。《左傳》：「夏，諸侯如楚，魯、衛、曹、邾不會。曹、邾辭以難，公辭以時祭，衛侯辭以疾。鄭伯先待于申。六月丙午，楚子合諸侯于申。椒舉言於楚子曰：『臣聞諸侯無歸，禮以爲歸。今君始得諸侯，其慎禮矣。霸之濟否，在此會也。夏啓有鈞臺之享，商湯有景亳之命，周武有孟津之誓，成有岐陽之蒐，康有酆宮之朝，穆有塗山之會，齊桓有召陵之師，❶晉文有踐土之盟。君其何用？宋向戌、鄭公孫僑在諸侯之良也，❷君其選焉。』王曰：『吾用齊桓。』王使問禮於左師與子產。左師曰：『小國習之，大國用之，敢不薦聞？』獻伯子男會公之禮六。子產曰：『小國共職，敢不薦守？』獻公合諸侯之禮六。王使椒舉侍於後以規過，卒事不規。王問其故，對曰：『禮，吾所未見者有六焉，又何以規？』宋大子佐後至，王田於武城，久而弗見。椒舉請辭焉。王使往，曰：『屬有宗祧之事於

侯乎？』對曰：『許君。晉君少安，不在諸侯。其大夫多求，莫厭其君。在宋之盟又曰：將焉用之？』王曰：『諸侯其來乎？』對曰：『必來。從宋之盟，承君之歡，不畏大國，何故不來？不來者，其魯、衛、曹、邾乎？曹畏宋，邾畏魯，魯、衛偪於齊而親於晉，唯是不來。其餘，君之所及也，誰敢不至？』王曰：『然則吾所求者無不可乎？』對曰：『求逞於人，不可；與人同欲，盡濟。』」

❶「齊」，原作「濟」，今據阮刻本《春秋左傳正義》改。
❷「在」，原作「有」，今據阮刻本《春秋左傳正義》改。

武城，寡君將墮幣焉，敢謝後見。」徐子，吳出也。以爲貳焉，故執諸申，楚子示諸侯侈。椒舉曰：『夫六王、二公之事，皆所以示諸侯禮也，諸侯所由用命也。夏桀爲仍之會，有緡叛之。商紂爲黎之蒐，東夷叛之。周幽爲大室之盟，戎狄叛之。皆所以示諸侯汰也，諸侯所由棄命也。今君以汰，無乃不濟乎！』王弗聽。子產見左師曰：『吾不患楚矣。汏而愎諫，不過十年。』左師曰：『然。不十年侈，其惡不遠。遠惡而後棄。善亦如之，德遠而後興。』」程子曰：「晉平公不在諸侯，楚於是強爲霸者之事。」高氏曰：「春秋以來，蔡常在陳、衛上。莊十六年後，以服屬于楚，未嘗先陳、衛。今楚大合諸侯，故復居陳上。」

申之會，楚子爲主，而不殊淮夷，是在會之諸侯皆狄也。何氏曰：「不殊淮夷者，楚子主會，故君子不殊其類，所以病中國。」王氏曰：「晉嘗與吳爲會，而殊會之者，不使中國變於夷狄也。此申之會，十二國諸侯在會，而楚虔實主之。晉雖不在會，亦許之會矣。故淮夷與會，累數而不殊之者，徧刺天下之諸侯，以中國之君，而共爲夷狄之行也。」家氏曰：「宋之盟、虢之會，晉、楚同之，猶以紊夷夏內外之辨，《春秋》譏焉。今楚虔新立，遑其狂悖，從晉人求諸侯，晉之君臣不知爲中國惜，輕以許之，楚遂合夷夏預於夷會有三國而爲此會，夷主之，是之謂夷會，中國諸侯者，辱也。」其意也何？楚虔弑糜以立，而求諸侯於晉，晉人許之，中國從之，執徐子，圍朱方，遷賴於鄢，城竟莫校。杜氏曰：「謂築城於外竟，諸侯無與爭。」畏其強盛，則曰：「晉、楚唯天所相，不可與爭。」滅陳不能救，則曰：「陳亡而楚克有之，天道也。」事見《左傳》九年。滅蔡而又不能救，則曰：「天將棄蔡以壅楚盈，而降之罰也。」事見《左傳》十一年。至使窮凶極

惡，師潰於訾梁，身竄於棘里，而縊於申亥。人不致討，而天自討之，是責命于天，而以人事爲無益而弗爲也，而可乎？弒君之賊，在春秋時有臣子討之於內，四鄰不能討之於外，有與之會以定其位，則齊侯及魯宣公會于平州是也。臣子不能討之於內，四鄰不能討之於外，有與之會以定其位，則齊侯及魯宣公會于平州是也。四鄰討之，則蔡人殺陳佗是也。弒君之賊，在春秋時有臣子討之於內，四鄰不能討之於外，有與之會以定其位，則晉侯及諸國會于扈是也。然至此極矣，則未有不以爲賊而又推爲盟主，相與朝事之，以聽順其所爲，而不敢忤者也。故申之會不殊淮夷者，以在會諸侯皆爲夷狄之行，皆王法之所當斥，而不使夏變於夷之意也。或曰：「晉叔向、鄭子産、宋向戌，皆諸侯之良也，謀其國至變於夷而不校，何哉？」「聖人以天自處，賢者聽天所命。《春秋》之法，以人合天，不任於天，以義立命，不委於命，而宇宙在其手者也。故楚虞書卒，不革其僞赴於前，諸侯會申，與淮夷累數於後。此以恕待人，而責備賢者之意。其垂訓之義大矣！」問：「申之會，諸侯從靈王者不貶，豈以靈王爲可從乎？豈以楚國天下莫強焉，從之者乃不得已，其情可恕歟？抑從之者衆，誅之則不可勝誅歟？不然，聖人之深意安在？」茅堂胡氏曰：「申之會，不殊淮夷者，在會諸侯皆狄也。其臣舉六王、二公之事，其君用齊桓召陵之禮，於是天下之政，中國之事，制在蠻夷。聖人哀人倫之滅，傷中夏之衰，故其詞變。而楚虆書卒，略其弒而不見，此變者，道之中，惟可與權者其知之矣。」張氏曰：「《春秋》不書楚子虔之弒君者，爲會于申而中國諸侯皆宗之，故用魯君見弒之法，而楚子虆書卒，爲中國諱也。然淮夷不

殊會，以見其類之同，則在會諸侯之胥變於夷，亦不可掩矣。『志而晦，微而顯，婉而成章』，其斯之謂歟？」陳氏曰：「楚初專合諸侯也。齊桓卒，楚、宋嘗爭長矣，敗于城濮，楚師不出者八年。晉志不在諸侯，而後楚莊盟于辰陵，以莊王之賢，從之者陳、鄭焉耳。申之會，合十有二國，楚之得志於中國，未有盛於此時者也。」孫氏曰：「中國自宋之會，政在大夫，諸侯不見者十年。楚子得大合諸侯于此者，中國不振，幅裂橫潰，不足道也。」高氏曰：「楚子會諸侯，尋宋之盟，謀吳也，圖伯也。蓋中國自晉平始衰，齊靈、莊背之，平公屢合諸侯以討焉。襄二十五年莊公遇弒，始與晉平，晉侯自是不復出與盟會，其大夫趙武爲政，不在諸侯，故諸侯少安。然而晉日以衰，政在六卿，楚子始求合諸侯，問於子產，曰：『晉其許我乎？』又曰：『諸侯其來乎？』則固自以爲不足服諸侯，而懼其未必從也。使晉稍自强，其誰敢與爭？晉强而諸侯從之，則楚亦不能肆其志也。而晉方且溺於嬖寵，故楚偃然得專諸侯，諸侯舍晉無所附，亦不得已而從楚。此書楚子、諸侯、淮夷會于申者，夷狄爲主而合諸侯也。雖然，楚之會諸侯也，非與國則小國耳。魯、齊、衛、曹、薛、邾、杞不會也。宋、鄭、滕、小邾雖會而不終與也。是以知夷狄必不能主中國也」汪氏曰：「楚虔弒君篡國，僭王猾夏，靡攸不爲。然大合諸侯不敢用六王之禮而用齊桓，非有所畏也，蓋其羞惡之本心未敢遽擬古聖王之事，猶盜賊之不敢比君子也。」○廬陵李氏曰：「胡氏不殊淮夷之説，本何休。但何休以爲楚子主會，能行義以誅慶封，故君子不殊其類，所以順楚而病中國，其不殊之義與胡氏異矣。故張氏削其行義之說，而止曰『楚子主會』，故君子不殊其類，然後與胡氏合。」

楚人執徐子。高氏曰：「執之非道也。蓋欲效桓、文之舉，以示威諸侯爾。不言以歸者，申，楚地，且因以伐吳故也。」陳氏曰：「以夷狄執夷狄，如文十二年楚執舒子平、昭三十年吳執鍾吾子，皆不書。書執徐子，危會申之諸侯也。自宋之盟，中國無大會。越九年而十二國之君皆受命于楚，楚於是執徐子，將以威中國也。是故夷狄相執不志，爲中國危之，故志之也。」汪氏曰：「僖十九年傳稱人，『不得爲伯討』。」**秋，七月，楚子、蔡侯、陳侯、許男、頓子、胡子、沈子、淮夷伐吳。** ❶ 《左傳》：「秋七月，楚子以諸侯伐吳，宋大子、鄭伯先歸，宋華費遂、鄭大夫從。」徐氏曰：「諸侯復序，有不與伐者也。」或問：「伐吳之役，諸侯從靈王者不貶？」茅堂胡氏曰：「欲見諸侯之善，著楚虐之惡。爲討弒君之賊，故曰欲見諸侯之善；書執齊慶封殺之，故曰著楚虐之惡。」其旨微矣。」高氏曰：「諸侯畏楚之彊，守宋之盟而從之。然猶不能致魯、衛、曹、薛、邾、杞。至伐吳之役，則中國之諸侯皆去，唯屬楚者從之爾。人心之嚮背可知也。」**執齊慶封殺之。**《左傳》：「使屈申圍朱方，八月甲申克之，執齊慶封而盡滅其族。將戮慶封，椒舉曰：『臣聞無瑕者可以戮人。慶封唯逆命，是以在此，其肯從於戮乎？播於諸侯，焉用之？』王弗聽，負之斧鉞，以面於諸侯。使言曰：『無或如齊慶封，弒其君，弱其孤，以盟其大夫。』慶封曰：『無或如楚共王之庶子圍，弒其君兄之子麇而代之，以盟諸侯。』」《公羊傳》：「此伐吳也，其言執齊慶封何？爲齊誅也。其爲齊誅奈何？慶封走之吳，吳封之於防。然則曷爲不言伐防？不與諸侯專封也。慶封之罪何？脅齊君而亂齊國也。」《穀梁》

❶「吳」，原作「侯」，今據阮刻本《春秋左傳正義》改。

傳》：「此入而殺，其不言入，何也？慶封封乎吳鍾離。其不言伐鍾離，何也？不與吳封也。慶封其以齊氏，何也？為齊討也。靈王使人以慶封令於軍中曰：『有若齊慶封弑其君者乎？』慶封曰：『子一息，我亦且一言，』曰：『有若楚公子圍弑其兄之子而代之為君者乎？』軍人粲然皆笑。慶封弑其君而不以弑君之罪罪之者，慶封不為靈王服也，不與楚討也。《春秋》之義，用貴治賤，用賢治不肖，不以亂治亂也。孔子曰：『懷惡而討，雖死不服。』其斯之謂歟？」趙氏曰：「《春秋》書殺他國大夫之法有二：凡有罪而當誅者，曰某人殺某，若『楚人殺陳夏徵舒』是也；無罪而不服者，書執而殺之，若『執蔡世子有以歸用之』、『楚人執陳行人干徵師殺之』者，楚有諸己而非諸人，是以慶封不服，君之罪，楚子殺之，宜也。不曰殺齊慶封，而曰『執齊慶封，殺之』者，楚靈有諸己而非諸人，是以慶封不服，而《春秋》亦不得純以討賊之法書之也。」陳氏曰：「此執有罪，曷為不再言楚子？不予楚以討齊慶封之辭也，猶曰諸侯執之焉耳。申之會，夷夏之大變也。宋、虢之事，猶曰二伯，至是楚專合諸侯，訖于厥憖，諸夏無會同者十年。而楚執齊慶封，放陳招，殺蔡般，假討賊之義以號于天下，由是而滅賴、滅陳、滅蔡矣。」汪氏曰：「執宋公而不書楚執，分其惡於諸侯也。討齊慶封而不書楚討，移其善於諸侯也。若曰不使楚虐得以竊討賊之名也。」**遂滅賴。**賴，《公》《穀》作「厲」。《左傳》：「遂以諸侯滅賴。賴子面縛銜璧，士袒，輿櫬從之，造於中軍。王問諸椒舉，對曰：『成王克許，許僖公如是。王親釋其縛，受其璧，焚其櫬。』王從之。遷賴於鄢。楚子欲遷許於賴，使鬬韋龜與公子棄疾城之而還。申無宇曰：『楚禍之首將在此矣。召諸侯而來，伐國而克，城竟莫校，王心不違，民其居乎？民之不處，其誰堪之？不堪王命，乃禍亂也。』」《穀梁傳》：

「遂,繼事也。」襄陵許氏曰:「惡其因義而爲利,以惡終也。齊桓侵蔡,遂伐楚,爲中國攘夷狄,遂事之正也。楚虔怙其強橫,劫中國之諸侯,而滅無罪之國。書遂,所以誅也。義,要當隨事以求經意,執一例則拘矣。」高氏曰:「夷狄會中國之諸侯,又帥之以伐吳,專殺中國之大夫,遂以諸侯之兵滅人之國,流毒如此,蓋出於向戌弭兵之謀也。」○啖氏曰:「《左氏》云,賴子面縛銜璧,楚子焚櫬。按經但言滅,是死位也。他年賴降而舍之,故誤耳。」○九月,取鄫。《左傳》:「言易也。莒亂,著丘公立而不撫鄫,鄫叛而來,故曰取。凡克邑,不用師徒曰取。」《公羊傳》:「其言取之何?滅之也。滅之則其言取之何?內大惡,諱也。」家氏曰:「前此莒人滅鄫,鄫之廟社猶存。今爲魯所取,而鄫於是始滅。《春秋》書取鄫,責魯也。」王氏曰:「鄫立莒公子爲後,今來歸魯,魯能請於天子,復立其社稷則爲善,因而兼之則惡矣。故變文書取,而從內諱之例。」孫氏曰:「蓋莒滅鄫,以爲附庸。今魯取之也。」楊士勛曰:「襄六年莒滅鄫,今又云取者,彼以立莒公子爲後,故以滅言之。其實非滅也,故今魯得取之,不言滅者,諱,故以易言之。」

附録《左傳》:「鄭子產作丘賦,國人謗之,曰:『其父死於路,己爲蠆尾,以令於國,國將若之何?』子寬以告。子產曰:『何害?苟利社稷,死生以之。且吾聞爲善者不改其度,故能有濟也。民不可逞,度不可改。《詩》曰:「禮義不愆,何恤於人言?」吾不遷矣。』渾罕曰:『國氏其先亡乎!君子作法於涼,其敝猶貪。作法於貪,敝將若之何?姬在列者,蔡及曹、滕,其先亡乎,偪而無禮。鄭先衛亡,偪而無法。政不率法,而制於心。民各有心,何上之有?』」○「冬,吳伐楚,入棘、櫟、麻,以報朱方之役。楚沈尹射奔命於

夏汭，葳尹宜咎城鍾離，薳啓彊城巢，然丹城州來，東國水，不可以城。彭生罷賴之師。」

冬，十有二月乙卯，叔孫豹卒。《左傳》：「初，穆子去叔孫氏，及庚宗，遇婦人，使私爲食而宿焉。問其行，告之故，哭而送之。適齊，娶於國氏，生孟丙、仲壬。夢天壓己，弗勝，顧而見人，黑而上僂，深目而豭喙，號之曰：『牛！助余！』乃勝之。旦而皆召其徒，無之。且曰：『志之！』及宣伯奔齊，饋之。宣伯曰：『魯以先子之故，將存吾宗，必召女，召女何如？』對曰：『願之久矣。』魯人召之，不告而歸。既立，所宿庚宗之婦人獻以雉。問其姓，對曰：『余子長矣，能奉雉而從我矣。』召而見之，則所夢也。未聞其名，號之曰：『牛！』曰：『唯。』皆召其徒使視之，遂使爲竪。有寵，長使爲政。公孫明知叔孫於齊，歸，未逆國姜，子明取之，故怒，其子長而後使逆之。田於丘蕕，遂遇疾焉。竪牛欲亂其室而有之，強與孟盟，不可。叔孫爲孟鍾，曰：『爾未際，享大夫以落之。』既具，使竪牛請曰：『見仲而何？』叔孫曰：『何爲？』曰：『不見，既自見矣。』使仲與公御萊書觀於公，公與之環，使牛入示之。入，弗謁；出，命佩之。牛謂叔孫：『見仲而何？』叔孫曰：『何爲？』『不見，既自見矣，公與之環而佩之矣。』遂逐之，奔齊。疾急，命召仲，牛許而不召。杜洩見，告之飢渴，授之戈。對曰：『夫子疾病，不欲見人。』使寘饋于個而退。牛弗進，則置虛命徹。十二月癸丑，叔孫不食；乙卯，卒。牛立昭子而相之。公使杜洩葬叔孫，竪牛賂叔仲昭子與南遺，使惡杜洩於季孫而去之。杜洩將以路葬，且盡卿禮。南遺謂季孫曰：『叔孫未乘路，葬焉用之？且家臣無路，介卿以葬，不亦左乎？』季孫曰：『然。』使杜洩舍路。不可，曰：『夫子受命於朝而聘于王，王思舊勳而賜之路，復命而致

之君。君不敢逆王命而復賜之，使三官書之。吾子爲司徒，實書名；夫子爲司馬，與工正書服；孟孫爲司空以書勳。今死而弗以，是棄君命也。書在公府而弗以，是廢三官也。若命服，生弗敢服，死又不以，將焉用之？』乃使以葬。季孫謀去中軍，豎牛曰：『夫子固欲去之。』」襄陵許氏曰：「豹卒而毀中軍，則公若寄矣。以是知豹之有力於公室，所謂剝之無咎者歟？」

甲子 景王八年。**五年** 晉平二十一。齊景十一。衛襄七。蔡靈六。鄭簡二十九。曹武十八。陳哀三十二。杞文十三。宋平三十九。秦景四十，卒。楚靈四。吳夷末七。**春，王正月，舍中軍。**《左傳》：「卑公室也。毀中軍於施氏，成諸臧氏。初，作中軍，三分公室而各有其一。季氏盡征之，叔孫氏臣其子弟，孟氏取其半焉。及其舍之也，四分公室，季氏擇二，二子各一，皆盡征之，而貢于公。以書使杜洩告於殯，曰：『子固欲毀中軍，既毀之矣，敢告。』受其書而投之，帥士而哭之。叔仲子謂季孫曰：『帶受命於子叔孫：「葬鮮者自西門。」』季孫命杜洩。杜洩曰：『卿喪自朝，魯禮也。吾子爲國政，未改禮而又遷之。群臣懼死，不敢自也。』既葬而行。仲至自齊，季孫欲立之。南遺曰：『叔孫氏厚，則季氏薄。彼實家亂，子勿與知不亦可乎？』南遺使國人助豎牛以攻諸大庫之庭，司宮射之，中目而死。豎牛取東鄙三十邑以與南遺。」昭子即位，朝其家衆，曰：『豎牛禍叔孫氏，使亂大從，殺適立庶，又披其邑，將以赦罪，罪莫大焉。必速殺之！』豎牛懼，奔齊。孟、仲之子殺諸塞關之外。投其首於寧風之棘上。仲尼曰：『叔孫昭子之不勞，不可能也。周任有言曰：「爲政者不賞私勞，不罰私怨。」《詩》云：「有覺德行，四國順之。」』初，穆子之生也，莊叔以《周易》筮之，遇明夷䷣之謙䷎，以示卜楚丘。曰：『是將

行，而歸爲子祀。以讒人入，其名曰牛，卒以餒死。明夷，日也。日之數十，故有十時，亦當十位。自王已下，其二爲公，其三爲卿。日上其中，食日爲二，旦日爲三。明夷之謙，明而未融，其當旦乎，故曰「爲子祀」。日之謙當鳥，故曰「明夷于飛」。明而未融，故曰「垂其翼」。象日之動，故曰「君子于行」。當三在旦，故曰「三日不食」。離，火也；艮，山也。離爲火，火焚山，山敗。於人爲言。敗言爲讒。飛不翔，垂不峻，翼不廣。主人有言」。言必讒也。純離爲牛，世亂讒勝，勝將適離，故曰「其名曰牛」。謙不足，飛不翔，垂不峻，翼不廣。主人有言曰「其爲子後乎」。吾子，亞卿也，抑少不終。』」《公羊傳》：「舍中軍者何？復古也。然則曷爲不言三卿？五亦有中，三亦有中。」《穀梁傳》：「貴復正也。」

按《左氏》，舍中軍，卑公室也。初作三軍，三分公室而各有其一。及其舍之也，四分公室，季氏擇二，二子各一，皆盡征之，而貢于公。孔氏曰：「初作三軍，季氏盡征之，並不入公室也。叔孫氏臣其子弟，以一家之內，有父子兄弟四品，以父兄之稅入公，子弟之稅入己，大率半屬公、半入己。孟氏則於子弟中取其半，或取子、或取弟，大率三分歸公，一分入己。十二分其國民，三家得七，公得五，國民不盡屬公，公室已卑矣。今舍中軍，四分公室，三家自取其乘，足成三軍。今此唯舍中軍之衆，屬上、下二軍。三家，國民不盡屬公，公室已卑矣。今不云舍三軍者，初作時，三家各毀其乘，爲專已甚。又擇取善者，是專之極。故傳言擇二以見之。」高氏曰：「自是公室有貢而已，無復有民矣。」然則三軍作舍皆自三家，公不與焉，公室益卑，而魯國之兵權，悉歸于季氏矣。家氏曰：「前作三軍者，非公作也，三家之作也。此言舍中軍者，非公舍也，三家

舍也。作之非公，舍之又非公，國人盡屬於三家，公室其貧乎？」兵權，有國之司命；三綱，兵政之本原。書其作舍，而公孫于齊，薨于乾侯；定公無正，必至之理也。己則不臣，三綱淪替，南蒯叛，事見《左傳》十二年。陽虎專、季斯囚，事見《左傳》定公五年。而三桓之子孫微矣，亦能免乎？家氏曰：「當是時，諸侯、大夫狂恣犯上，未有若季氏之甚者。使非家臣內叛，有以掣其篡弑之肘，則田常所爲不在齊而在魯，禍不止於乾侯之出也。」書曰「舍中軍」，微詞以著其罪也。張氏曰：「季宿自承行父爲政，即城費以保障私家。爲竊兵權之計，自作三軍之初，叔孫豹已知其必改，而以盟詛要之。今叔孫死未期年，而改更前制，蔑公室以歸私家，利公之猶有童心，而穆叔既卒，魯遂無人。《春秋》舍中軍之書，殆著堅冰之已成也。」○蜀杜氏曰：「魯之軍法，或作或舍，皆出于季氏。而淆亂舊制，安可謂復古復正乎？作與舍，其實皆譏。」汪氏曰：「襄二十九年享范獻子，公臣不能具三耦，則公室已無民矣。今季孫復舍中軍，以國民四分之，而己取其半，非獨欲弱公室，亦欲乘叔孫婼之未定其位，弱仲、叔二家而強己也。經書『舍中軍』而不言其故，至十年伐莒，列書三卿，則季孫意如、叔弓、仲孫貜帥師伐莒，及哀二年季孫斯、叔孫州仇、仲孫何忌帥師伐邾，何以三卿並將，而三軍並出耶？荀悅云『《春秋》之義，舍中軍則善之』，皆惑於《公》、《穀》之說，而未之考也。」

楚殺其大夫屈申。《左傳》：「楚子以屈申爲貳於吳，乃殺之。以屈生爲莫敖，使與令尹子蕩如晉逆女。過鄭，鄭伯勞子蕩于氾，勞屈生于菟氏。晉侯送女于邢丘。子產相鄭伯會晉侯于邢丘。」劉氏曰：「稱國以

殺大夫者，罪累上也。屈申之累上奈何？楚人仇吳而疑屈申，謂屈申貳於吳也，而殺之。然屈申之為人臣也，君弒而不能討，國亂而不能去，北面而事寇讎，足以殺其身而已矣。○公如晉。《左傳》：「公如晉，自郊勞至于贈賄，無失禮。晉侯謂女叔齊曰：『魯侯不亦善於禮乎？』對曰：『魯侯焉知禮！』公曰：『何為自郊勞至于贈賄，禮無違者，何故不知？』對曰：『是儀也，不可謂禮。禮，所以守其國，行其政令，無失其民者也。今政令在家，不能取也；有子家羈，弗能用也；奸大國之盟，陵虐小國；利人之難，不知其私。公室四分，民食於他。思莫在公，不圖其終。為國君，難將及身，不恤其所。禮之本末將於此乎在，而屑屑焉習儀以亟，言善於禮，不亦遠乎？』君子謂叔侯於是乎知禮。」然以莒人之愬，幾不免於辱。蓋昭公習於威儀之節，而不知禮之本，是以平雖稱其善於禮，猶欲止而討之也。」

附錄《左傳》：「晉韓宣子如楚送女，叔向為介。鄭子皮、子大叔勞諸索氏。大叔謂叔向曰：『楚王汰侈已甚，子其戒之！』叔向曰：『汰侈已甚，身之災也，焉能及人？若奉吾幣帛，慎吾威儀，守之以信，行之以禮，敬始而思終，終無不復。從而不失儀，敬而不失威，道之以訓辭，奉之以舊法，考之以先王，度之以二國，雖汰侈，若我何？』及楚。楚子朝其大夫，曰：『晉，吾仇敵也。苟得志焉，無恤其他。今其來者，上卿，上大夫也。若吾以韓起為閽，以羊舌肸為司宮，足以辱晉，吾亦得志矣。可乎？』大夫莫對。蒍啓彊曰：『可。苟有其備，何故不可？恥匹夫不可以無備，況恥國乎？是以聖王務行禮，不求恥人。朝聘有珪，享覿有璋，小有述職，大有巡功。設机而不倚，爵盈而不飲；宴有好貨，殷有陪鼎，入有郊勞，出有贈

賄，禮之至也。國家之敗，失之道也，則禍亂興。城濮之役，晉無楚備，以敗於邲。邲之役，楚無晉備，以敗於鄢。自鄢以來，晉不失備，而加之以禮，重之以睦，是以楚弗能報，而求親焉。既獲姻親，又欲耻之以召寇讎，備之若何，誰其重此？若有其人，耻之可也。若其未有，君亦圖之。晉之事君，臣曰可矣：求諸侯而麋至，求昏而薦女，君親送之，上卿及上大夫致之。猶欲耻之，君其亦有備矣。不然，奈何？韓起之下，趙成、中行吳、魏舒、范鞅、知盈；羊舌肸之下，祁午、張趯、籍談、女齊、梁丙、張骼、輔躒、苗賁皇，皆諸侯之選也。韓襄為公族大夫，韓須受命而使矣；箕襄、邢帶、叔禽、叔椒、子羽，皆大家也。韓賦七邑，皆成縣也。羊舌四族，皆彊家也。晉人若喪韓起、楊肸，五卿、八大夫輔韓須、楊石，因其十家九縣，長轂九百，其餘四十縣，遺守四千，奮其武怒，以報其大耻。伯華謀之，中行伯、魏舒帥之，其蔑不濟矣。君將以親易怨，實無禮以速寇，使群臣往遺之禽，以逞君心，何不可之有？』王曰：『不穀之過也，大夫無辱。』厚為韓子禮。王欲敖叔向以其所不知，而不能，亦厚其禮。韓起反，鄭伯勞諸辭不敢見。禮也。」○「鄭罕虎如齊，娶於子尾氏。晏子驟見之。陳桓子問其故。對曰：『能用善人，民之主也。』」

夏，莒牟夷以牟婁及防、茲來奔。《左傳》：「牟夷非卿而書，尊地也。」《公羊傳》：「莒牟夷者何？莒大夫也。莒無大夫，此何以書？重地也。其言及防、茲來奔何？不以私邑累公邑也。」《穀梁傳》：「以者，不以者也。來奔者不言出。及防、茲，以大及小也。莒無大夫，其曰牟夷，何也？以其地來也。以地來，則何以書也？重地也。」

邾、莒之大夫，名姓不登於史策，微也。牟夷，莒大夫，曷爲以姓氏通？重地也。以地叛，雖賤必書地，以名其人，終爲不義，弗可滅矣。其書來奔，是接我以利，而我入其利，兩譏之也。汪氏曰：「書以，書奔，貶牟夷；書來，責魯。」爲國以義不以利，如以利，則上下交征，而國必危矣，爲己以義不以利，如以利，則患得患失，亦無所不至矣。《春秋》於三叛人，雖賤特書其名，以懲不義、懼淫人，爲後戒也。邑而言及者，《公羊》所謂不以私邑累公邑，是也。何氏曰：「公邑，君邑也；私邑，臣邑也。義不可使臣邑與君邑相次序，故言及。」襄陵許氏曰：「卿會號方盟而伐莒取鄆，公如晉未返，而受莒牟婁及防、兹，惡季氏之專也。」家氏曰：「庶其、牟夷、邾、莒之盜也。季孫宿，魯之盜也。襄二十一年，公如晉，庶其以地來奔，季氏納之。今公如晉在行，牟夷復以地來奔，還及方城，季孫宿取卞，使人以告。公懼，不敢入，幾欲適諸侯。今公在晉，而宿所爲復爾。蓋置其君於陷穽窘攓之地，將使晉人執之，而己得以遂其竊國之計，意如逐君之謀，實兆於宿矣。」汪氏曰：「三叛之受，皆非魯君之意。黑肱之來，乃昭公巳孫，定公未立之時。蓋水流濕、火就燥，季孫有叛君之心，是以納叛人也。」

秋，七月，公至自晉。《左傳》：「莒人愬于晉，晉侯欲止公。范獻子曰：『不可。人朝而執之，誘也；討不以師，而誘以成之，惰也。爲盟主而犯此二者，無乃不可乎！請歸之，間而以師討焉。』乃歸公。秋七月，公至自晉。」汪氏曰：「歷三時乃得歸，書至，危之也。」○戊辰，叔弓帥師敗莒師于蚡泉。蚡，扶粉反，

《公》作「漬」，《穀》作「貢」。《左傳》：「莒人來討，不設備。戊辰，❶叔弓敗諸蚡泉，莒未陳也。」《公羊傳》：「漬泉者何？直泉也。直泉者何？涌泉也。」《穀梁傳》：「狄人謂貴泉失台，號從中國，名從主人。」杜氏曰：「蚡泉，魯地。」張氏曰：「晉人方欲止公，而受牟夷，敗莒人，不顧伯討君辱。此書而罪大夫之專可見矣。」高氏曰：「書敗莒師，幸魯之勝，乃所以罪之也。」○劉氏曰：「《公羊》云：『漬泉者，直泉也。』此地名爾，豈謂戰而泉涌乎？」○秦伯卒。《公羊傳》：「何以不名？秦者，夷也。匿嫡之名也。」《公羊》又云『嫡得之』，則秦未盡用夷禮，安知彼不名者，與中國諸侯不名同哉？」○冬，楚子、蔡侯、陳侯、許男、頓子、沈子、徐人、越人伐吳。越始見經。《左傳》：「冬十月，楚子以諸侯及東夷伐吳，以報棘、櫟、麻之役。薳射以繁揚之師會於夏汭。越大夫常壽過帥師會楚子于瑣。聞吳師出，薳啟彊帥師從之，邊不設備，吳人敗諸鵲岸。楚子以馹至于羅汭。吳子使其弟蹶由犒師，楚人執之，將以釁鼓。王使問焉，曰：『女卜來吉乎？』對曰：『吉。寡君聞君將治兵於敝邑，卜之以守龜，曰：「余亟使人犒師，請行以觀王怒之疾徐，而爲之備，尚克知之！」龜兆告吉，曰：「克可知也。」君若驩焉好逆使臣，滋敝邑休殆，而忘其死，亡無日矣。今君奮焉震電馮怒，虐執使臣，將以釁鼓，則吳知所備矣。敝邑雖羸，若早脩完，其可以息

---

❶「戊辰」，原脫，今據阮刻本《春秋左傳正義》補。

師，難易有備，可謂吉矣。且吳社稷是卜，豈爲一人？使臣獲釁軍鼓，而敝邑知備，以禦不虞，其爲吉孰大焉？國之守龜，其何事不卜？一臧一否，其誰能常之？城濮之兆，其報在邲。今此行也，其庸有報志？』乃弗殺。楚師濟於羅汭，沈尹赤會楚子，次於萊山，薳射帥繁揚之師先入南懷，楚師從之，及汝清。吳不可入。楚子遂觀兵於坻箕之山。是行也，吳早設備，楚無功而還，以蹶由歸。楚子懼吳，使沈尹射待命于巢，薳啓彊待命于雩婁，禮也。」

越始見經，而與徐皆得稱人，何也？吳以朱方處齊慶封而富於其舊，崇惡也。楚於是以諸侯執齊慶封殺之，討罪也。吳不顧義，入棘、櫟、麻，以報朱方之役，狄道也。楚圍朱方伐吳，則比吳爲善而師亦有名。其從之者，進而稱人可也。或者以詞爲主，而謂不可云沈子、徐、越伐吳，誤矣。以不可爲文詞而進人於越，一字褒貶，義安在乎？且吳、楚、徐、越雖比於夷狄，故特稱人，徐，大伯之後也，楚，祝融之後也；徐，伯益之後也，越，大禹之後也。其上世皆爲元德顯功，通于周室，與中國冠帶之君無以異。徐始稱王，《史記・秦紀》：「顓頊之苗裔曰大費，與禹平水土，是爲栢翳。舜賜姓嬴氏。栢翳二子，大廉後爲秦，若木爲徐。」《穆天子傳》：「徐夷作亂，伐宗周。」穆王畏其方熾，乃分東方諸侯，命徐子主之。徐子處潢池東，地方五百里，行仁義，通溝陳、蔡之間，欲舟行上國，得朱弓赤矢，以爲天瑞，乃稱偃王。」楚後稱王，《史記・楚世家》：「帝高陽之曾孫吳回，爲火正。祝融生陸終，陸終少子季連之苗裔曰

鬻熊，封於楚。夷王時，熊渠甚得江漢間民和，乃立三子爲王。吳、越因遂稱王。《史記·吳越世家》：「大伯犇荆蠻，荆蠻義而歸之，立爲吳大伯。至壽夢立，始大，稱王。夏少康之庶子封於越，二十餘世，至句踐，稱王。」王非諸侯所當稱也，故《春秋》比諸夷、狄。雖然，猶不欲絕其類，是以上不使與中國等，下不使與夷、狄均，推之可遠，引之可來。此聖人慎絕人，亦《春秋》之意也。陳氏曰：「初書越而常壽過得稱人，越驟強也。通吳以制楚者，晉謀之失也；通越以制吳者，楚謀之失也。」汪氏曰：「楚虔乃蠻夷篡弑之賊，其從之者有黨惡之罪，《春秋》所以深責蔡、陳、許諸君之從夷也。」廬陵李氏曰：「此爲楚通越制吳之始。昭三十二年書吳伐越，定五年書於越入吳，十四年書於越敗吳于檇李，哀元年吳夫差敗越於夫椒，句踐行成。既歸國，十年生聚，十年教訓，至黃池之後，又書於越入吳，至哀二十年而越滅吳矣。越惟此條書人。」

附錄 《左傳》：「秦后子復歸於秦，景公卒故也。」

乙丑景王九年。六年晉平二十二。齊景十二。衛襄八。蔡靈七。鄭簡三十。曹武十九。陳哀三十三。杞文十四，卒。宋平四十。秦哀公元年。楚靈五。吳夷末八。**春，王正月，杞伯益姑卒。**《左傳》：「杞文公卒，吊，如同盟，禮也。」杜氏曰：「魯怨杞，因晉取其田，而不廢喪紀，禮也。」○**葬秦景公。**秦始書葬。

《左傳》：「大夫如秦，葬景公，禮也。」

《左傳》：「三月，鄭人鑄刑書。叔向使詒子產書曰：『始吾有虞於子，今則已矣。昔先王議事以制，

不爲刑辟，懼民之有爭心也。猶不可禁禦，是故閑之以義，糾之以政，行之以禮，守之以信，奉之以仁，制爲祿位，以勸其從；嚴斷刑罰，以威其淫。懼其未也，故誨之以忠，聳之以行，教之以務，使之以和，臨之以敬，涖之以強，斷之以剛；猶求聖哲之上、明察之官、忠信之長、慈惠之師，民於是乎可任使也，而不生禍亂。民知有辟，則不忌於上。並有爭心，以徵於書，而徼倖以成之，弗可爲矣。夏有亂政，而作禹刑；商有亂政，而作湯刑；周有亂政，而作九刑。三辟之興，皆叔世也。今吾子相鄭國，作封洫，立謗政，制參辟，鑄刑書，將以靖民，不亦難乎？《詩》曰：『儀式刑文王之德，日靖四方。』又曰：『儀刑文王，萬邦作孚。』如是，何辟之有？民知爭端矣，將棄禮而徵於書，錐刀之末，將盡爭之。亂獄滋豐，賄賂並行。終子之世，鄭其敗乎？肸聞之，『國將亡，必多制』，其此之謂乎？」復書曰：『若吾子之言，僑不才，不能及子孫，吾以救世也。既不承命，敢忘大惠！』士文伯曰：『火見，鄭其火乎！火未出，而作火以鑄刑器，藏爭辟焉。火如象之，不火何爲？』」

夏，季孫宿如晉。《左傳》：「拜莒田也。晉侯享之，有加籩。武子退，使行人告曰：『小國之事大國也，苟免於討，不敢求貺。得貺不過三獻。今豆有加，下臣弗堪，無乃戾也？』韓宣子曰：『寡君以爲驩也。』對曰：『寡君猶未敢，況下臣，君之隸也，敢聞加貺？』固請徹加，而後卒事。晉人以爲知禮，重其好貨。」高氏曰：「謝前年取莒。牟夷叛邑，❶蓋莒既伐魯，則魯有辭，是以晉受季孫之聘，而不見討也。」○葬杞文公。○

❶「牟」原作「牛」，今據四庫本改。

宋華合比出奔衞。《左傳》：「宋寺人柳有寵，大子佐惡之。華合比曰：『我殺之。』柳聞之，乃坎用牲、埋書，而告公曰：『合比將納亡人之族，既盟于北郭矣。』公使視之，有焉，遂逐華合比。合比奔衞。於是華亥欲代右師，乃與寺人柳比從爲之徵，曰：『聞之久矣。』公使代之。見於左師，左師曰：『女夫也必亡。女喪而宗室，於人何有？人亦於女何有？』《詩》曰：『宗子維城，毋俾城壞，毋獨斯畏。』女其畏哉！」

《左氏》曰，宋寺人柳有寵，大子佐惡之。華合比請殺之。柳聞，坎用牲、埋書，而告公曰：「合比將納亡人之族，杜氏曰：「亡人，華臣也，襄十七年奔陳。」既盟于北郭矣。」公使視之，有焉，遂逐合比。於是華亥欲代爲右師，乃與柳比從爲之徵，公使代之。宋公寵信閽寺，殺世適瘞而父子之恩絶，事見《左傳》襄公二十六年。逐華合比而君臣之義睽，刑人之能敗國亡家，亦可畏矣！猶有任趙高以亡秦，汪氏曰：「《史記·李斯傳》：『始皇出遊會稽，宦者趙高爲中車府令兼行符璽事，始皇至沙丘，病甚，賜長子扶蘇書，未授使者，崩。趙高與丞相李斯及幸宦者五六人，秘不發喪。高謂公子胡亥曰：「天下之權，存亡在子與高及丞相耳。」胡亥曰：「廢兄而立弟，是不義也。」高與李斯謀，斯不可，強之，乃相詐爲詔，立胡亥爲二世皇帝。高爲郎中令，用事。教二世嚴法峻刑，誅罰日益刻深。陳勝等作亂，及沛公屠武關，高懼，弑二世於望夷宮，立子嬰爲王。嬰刺殺高，遂降漢。』」信恭、顯、十常侍以亡漢，汪氏曰：「《前漢書·石顯傳》：『宣帝任宦官弘恭爲中書令，顯爲僕射。元帝時，恭死，顯代爲中書令，委以政事。蕭望之以顯專權，言罷中書宦官，被譖自殺。』自是姦邪並進，卒移漢

祚。《後漢書・宦者傳》：『明帝以後，置中常侍十人。和帝時，竇憲專權，帝用鄭衆謀，誅憲，遂超官卿之位。』其後孫程定立順之功，曹騰參建桓之策，騰養子嵩位至太尉，嵩子操遂遷龜鼎。」**寵王守澄、田令孜以亡唐**，汪氏曰：「《唐書・宦者傳》：『玄宗增宦官衣朱紫千餘人。稱旨者輒拜三品，肅、代庸弱，倚爲扞衛，李輔國以尚父顯，程元振以援立奮，魚朝恩以軍容重。其後陳弘志、劉克明弑憲、敬，而穆、文之立，皆王守澄專之。文宗欲誅宦官不克，遂以憂殂。武、宣、懿、僖，皆宦官所立。僖宗童孺，政事一委田令孜。令孜畏藩鎮之誅，劫帝奔蜀，極於天祐。凶慝參會，黨類殲滅，而王室亡矣。』**而不知鑒覆車之轍者，不亦悲夫？凡此類，直書而義自見矣。**襄陵許氏曰：「經書『宋公殺其世子痤』、『宋華合比出奔衛』，皆著寺人讒慝敗國，以爲世戒。而秦、漢以來，庸君衰季，溺心嬖習，遠去忠良，亂亡相屬，若出一軌。《春秋》之義，惡可一日而不明哉？」家氏曰：「伊戾與柳所以譖太子與右師，皆坎用牲、埋書以售其憸謀，後先如出一轍，而華亥之比柳，與向戌之比伊戾，適以相似，而平公不知悟也。嗟夫，閹官禍人國家，必外廷臣與之合，而其譖乃售。伊、柳、戌、亥之事，後世往往有之，可不戒哉！」

附録《左傳》：「六月丙戌，鄭災。」○「楚公子棄疾如晉，報韓子也。過鄭，鄭罕虎、公孫僑、游吉從鄭伯以勞諸柤，辭不敢見。固請，見之。見如見王。以其乘馬八匹私面。見子皮如上卿，以馬六匹；見子產，以馬四匹；禁芻牧採樵，不入田，不樵樹，不採蓺，不抽屋，不強匄。誓曰：『有犯命者，君子廢，小人降！』舍不爲暴，主不慁賓。往來如是，鄭三卿皆知其將爲王也。韓宣子之適楚也，楚人弗逆。公子棄疾及晉境，晉侯將亦弗逆。叔向曰：『楚辟，我衷，若何效辟？《詩》曰：爾之教矣，民胥

秋，九月，大雩。《左傳》：「旱也。」○楚薳罷帥師伐吳。罷音皮。《左傳》：「徐儀楚聘于楚，楚子執之，逃歸。懼其叛也，使薳洩伐徐。吳人救之。令尹子蕩帥師伐吳，師于豫章，而次于乾谿。吳人敗其師于房鍾，獲宮廄尹棄疾。子蕩歸罪於薳洩而殺之。」襄陵許氏曰：「敗楚師者，非薳洩也。而洩伏其誅，故書薳罷伐吳以正之。楚再不競於吳，乃移兵有事陳、蔡，至復伐徐而國亂矣。」○冬，叔弓如楚。《左傳》：「聘，且吊敗也。」張氏曰：「楚與吳仇敵之國，而昭公婚吳遠楚，故申之會，魯不與焉。今楚復伐吳，其惡益遠。昭公非能以中國自尊而遠夷狄者，今始通好于楚，不待薳啓彊之召，已服楚而將朝之矣。」王氏曰：「昭公內見迫於強臣，外見絕於盟主，區區求附於不信之蠻夷，宜其終見逐也。」高氏曰：「《左氏》以爲吊敗，非也。楚恃強暴，❶雖敗猶諱之，魯豈敢吊乎？蓋四年公不會申，已而震楚兵威，將朝楚而不能，故以叔弓先聘，而明年躬繼之也。」○齊侯伐北燕。《左傳》：「十一月，齊侯如晉，請伐北燕也。士匄相，士鞅逆諸河，禮也。晉侯許之。十二月，❷齊侯遂伐北燕，將納簡公。晏子曰：『不入。燕有君矣，民不貳。吾君賄，左右諂諛，作大事不以信，未嘗可也。』」汪氏曰：「晉人納捷菑于

❶「恃」，原作「侍」，今據阮刻本《春秋左傳正義》改。
❷「十二月」，原脫，今據阮刻本《春秋左傳正義》補。

郱，則書弗克納，此不書齊侯納北燕伯。弗克納者，諸侯失國，諸侯納之，正也，非奉少奪長之比也。但齊景受賂而退，故止書伐北燕，❶若以強陵弱，而非納燕君耳。」

❶ 「北」，原作「比」，今據阮刻本《春秋左傳正義》改。

昭公 二

丙寅景王十年。七年晉平二十三。齊景十三。衛襄九，卒。蔡靈八。鄭簡三十一。曹武二十。陳哀三十四。杞平公郁釐元年。宋平四十一。秦哀二。楚靈六。吳夷末九。

春，王正月，暨齊平。《左傳》：「齊求之也。癸巳，齊侯次于虢。燕人行成，曰：『敝邑知罪，敢不聽命？先君之敝器請以謝罪。』公孫皙曰：『受服而退，俟釁而動，可也。』二月戊午，盟于濡上。燕人歸燕姬，賂以瑤甕、玉櫝、斝耳。不克而還。」《穀梁傳》：「平者，成也。暨，猶暨暨也。暨者，不得已也，以外及內曰暨。」

我所欲曰及，不得已曰暨。當是時，昭公結婚強吳，外附荊楚。其與齊平，無汲汲之意，何氏曰：「時魯方結昏於吳，外慕強楚，故不汲汲於齊。」乃齊求於魯而許之平也。故曰暨。陸氏曰：「《爾雅》云：『暨，不及也。』齊及魯平，非魯欲之，不可言會。齊平又不可言齊及我平，故書曰『暨』以明非魯志也。」至定公八年，魯再侵齊，結大國之怨，見復必矣。其與齊平，非不得已，乃魯求於齊而欲其平也，故曰及平者，聖人之所貴。《周禮·調人》：「掌司萬民之難而諧和之。」然或

以賄賂而結平，或以臣下而擅平，或以附夷狄而得平，或以侵犯大國而急於平，則皆罪也。考其事而輕重見矣。何氏曰：「不出主名者，君相與平，國中皆安，故以舉國言之。」劉氏曰：「凡平者，舉國而已，故不稱其人。於時昭公外娶於吳，而朝聘於楚，深得其威，因此以強逼齊為平。夫齊大魯小，魯為齊弱久矣，不自計德之厚薄，勢之利害，而借人之威以憑諸侯，是以遠者不服，近者不親。昭公棄其國死於外，諸侯莫之救也。從此生矣。」襄陵許氏曰：「襄公之世，齊數伐魯。至齊景公一使慶封來聘，而不書魯報，至是乃暨齊平。」汪氏曰：「書及者，我汲汲而從他；書暨者，他人不得已而從我，而我遂暨之也。若宋辰暨佗、彊出奔，是佗、彊不得已也。蓋魯倚強夷之勢，是以齊不敢軋魯，而反求平於魯也。或疑《春秋》書及齊平、及鄭平，皆舉其國而不言君臣，與衛人及狄盟書法不異，若狄之者。吁！是不然。凡會盟則目其人，平則但以國言之。鄭人來輸平，鄭使微者納平於齊，及齊平、及鄭平，魯使微者納成於齊、鄭，故書及某國平，若及平於某國耳。下書叔孫婼叔還涖盟，諸稱國以殺大夫之類，會于夾谷，所以結成也。苟以齊、鄭號為貶，則平莒及鄆、邢、衛、許、蔡之遷于某氏」云『齊求之者』指齊求與魯為平也。杜云『燕從齊求平』，無緣更進次于號，而燕乃行成也。自昭公即位，未嘗與齊通好，此年三月，叔孫婼如齊涖盟，此則魯與齊平之驗矣。」襄公之世，齊數伐魯。景公初立，使慶封來聘，而不書魯報，則魯蓋無汲汲於齊可知矣。《春秋》書暨二，又見定十年，但諸家皆以暨為己之不得已，而劉氏獨以為人之不得已。齊以莒故，與魯構怨，果毅貌也。」襄公之世，鄭數伐魯。亦猶定十一年及鄭平，叔還如鄭涖盟，章灼不疑。」盧陵李氏曰：「《禮記》曰：『戎容暨暨，

魯挾吳、楚之威，強齊以平耳。據此説，似與宋辰強仲佗、石彄之暨合，然胡氏蓋用其説，而不用其暨字之義。又曰：『按《左氏》注，暨齊平者，齊求於燕而與之平，間無異事，故不重言燕。』蓋杜氏從許惠卿之説也。趙子、陳氏亦從之。陳氏曰：『平不書，必關於天下之故然後書。』齊侯伐北燕，納簡公，庶幾乎天下之大義也。而取燕姬與其寶玉而還，不書平，是予齊以定燕也。靈公以來，齊首敗伯主之約，納晉欒盈，叛人也，納北燕伯，猶庶幾乎天下之大義。而卒與之平，是黨亂臣逆子也。是故昭、定而下，《春秋》多罪齊。書『伐衛，遂伐晉』、『同圍齊』、『襲莒』、『暨齊平』、『盟于鹹』、『次于五氏』，皆特筆也。夫子曰：『齊景公有馬千駟，死之日，民無德而稱焉。』蓋不與齊也，此説固善，但推之經例，則暨齊平之文，正與及齊平、及鄭平句法相似，而下文又有叔孫婼盟，正與叔還涖盟之事相類。且《左氏》下文明説燕人行成，而上文又以爲齊求之，文法自相背，故服虔亦疑之。今若截『齊求之也』四字，正解齊、魯之平，而以癸巳以下方終齊、燕之事，則兩得之矣。蓋《左氏》本無誤，而許惠卿之誤也。五年傳有齊、燕平之月，則謂濡上之盟耳。疏強增暨字以實之，非。」

附録　《左傳》：「楚子之爲令尹也，爲王旌以田。芋尹無宇斷之，曰：『一國兩君，其誰堪之？』及即位，爲章華之宮，納亡人以實之。無宇之閽入焉。無宇執之，有司弗與，曰：『執人於王宮，其罪大矣。』執而謁諸王。王將飲酒，無宇辭曰：『天子經略，諸侯正封，古之制也。封略之内，何非君土？食土之毛，誰非君臣？

❶「臣」，原作「民」，今據四庫本及阮刻本《春秋左傳正義》改。

故《詩》曰：「普天之下，莫非王土；率土之濱，莫非王臣。」天有十日，人有十等。下所以事上，上所以共神也。故王臣公，公臣大夫，大夫臣士，士臣皂，皂臣輿，輿臣隸，隸臣僚，僚臣僕，僕臣臺。馬有圉，牛有牧，以待百事。今有司曰：「女胡執人於王宮？」將焉執之？周文王之法曰「有亡荒閱」，所以得天下也。吾先君文王作僕區之法曰「盜所隱器，與盜同罪」，所以封汝也。若從有司，是無所執逃臣也。逃而舍之，是無陪臺也。王事無乃闕乎？昔武王數紂之罪以告諸侯曰：「紂為天下逋逃主，萃淵藪。」故夫致死焉。君王始求諸侯而則紂，無乃不可乎？若以二文之法取之，盜有所在矣。」王曰：「取而臣以往。盜有寵，未可得也。」遂赦之。」

三月，公如楚。《左傳》：「楚子成章華之臺，願與諸侯落之。太宰薳啟彊曰：『臣能得魯侯。』薳啟彊來召公，辭曰：『昔先君成公命我先大夫嬰齊曰：「吾不忘先君之好，將使衡父照臨楚國，鎮撫其社稷，以輯寧爾民。」要齊受命于蜀。奉承以來，弗敢失隕，而致諸宗祧。日我先君共王引領北望，日月以冀，傳序相授，於今四王矣。嘉惠未至，唯襄公之辱臨我喪。孤與其二三臣悼心失圖，社稷之不皇，況能懷思君德，今君若步玉趾，辱見寡君，寵臨楚國，以信蜀之役，致君之嘉惠，是寡君既受貺矣，何蜀之敢望？其先君鬼神實嘉賴之，豈唯寡君？君若不來，使臣請問行期，寡君將承質幣而見於蜀，以請先君之貺。』公將往，夢襄公祖。子服惠伯曰：『行！先君未嘗適楚，故周公祖以道之；襄公適楚矣，而祖以道君。不行何之？』三月，公如楚。鄭伯勞于師之梁。孟僖子為介，不能相儀。及楚，不能答郊勞。」高氏曰：「楚靈非強君也。數會諸侯皆微國，又且多叛，而吳人之闚

未艾也，亦冤庸必朝哉！蓋晉平不能修文公之業，使我不能自安，而玉帛駢馳，以是知王室不綱，而霸主猶有功於諸夏也。」汪氏曰：「昭公屢朝于晉而不納，又迫於強令而朝楚，歲不遑暇，其卑辱亦甚矣！義并見襄二十八年。」○叔孫舍如齊涖盟。舍，《左》、《穀》作「婼」，後同。《穀梁傳》：「涖，位也。內之前定之辭謂之涖，外之前定之辭謂之來。」襄陵許氏曰：「始暨齊平，故盟以結好。」○夏四月甲辰朔，日有食之。《左傳》：「晉侯問於士文伯曰：『誰將當日食？』對曰：『魯、衛惡之。衛大，魯小。』公曰：『何故？』對曰：『去衛地如魯地，於是有災，魯實受之。其大咎其衛君乎！魯將上卿。』公曰：『《詩》所謂「彼日而食，于何不臧」者，何也？』對曰：『不善政之謂也。國無政，不用善，則自取謫于日月之災，故政不可不慎也。務三而已：一曰擇人，二曰因民，三曰從時。』」

附錄 《左傳》：「晉人來治杞田。季孫將以成與之。謝息為孟孫守，不可，曰：『人有言曰：「雖有挈缾之知，守不假器，禮也。」夫子從君，而守臣喪邑，雖吾子亦有猜焉。』季孫曰：『君之在楚，於晉罪也。又不聽晉，魯罪重矣，晉師必至。吾無以待之，不如與之。間晉而取諸杞。吾與子桃，成反，誰敢有之？是得二成也。魯無憂，而孟孫益邑，子何病焉？』辭以無山，與之萊、柞。乃遷于桃。晉人為杞取成。」○楚子享公于新臺，使長鬣者相，好以大屈，既而悔之。薳啓彊聞之，見公。公語之，拜賀。公曰：『何賀？』對曰：『齊與晉、越，欲此久矣。寡君無適與也，而傳諸君。君其備禦三鄰，慎守寶矣，敢不賀乎？』公懼，乃反之。」○「鄭子產聘於晉。晉侯有疾，韓宣子逆客，私焉，曰：『寡君寢疾，於今三月矣，並走群望，有加而無瘳，今夢黃熊入于寢門，其何厲鬼也？』對曰：『以君之明，子為大政，其何厲之有？昔堯殛鯀于羽山，

其神化爲黃熊，以入于羽淵，實爲夏郊，三代祀之。晉爲盟主，其或者未之祀也乎！」韓子祀夏郊。晉侯有間，賜子産莒之二方鼎。子産爲豐施歸州田於韓宣子，曰：「日君以夫公孫段爲能任其事，而賜之州田。今無禄早世，不獲久享君德。其子弗敢有，不敢以聞於君，私致諸子。」宣子辭。子産曰：「古人有言曰：『其父析薪，其子弗克負荷。』施將懼不能任其先人之禄，其況能任大國之賜？縱吾子爲政而可，後之人若屬有疆埸之欲，敝邑獲戾，而豐氏受其大討。吾子取州，是免敝邑於戾，而建置豐氏也。敢以爲請。」宣子受之，以告晉侯。晉侯以與宣子，宣子爲初言，病有之，以易原縣於樂大心。」○「鄭人相驚以伯有，曰：『伯有至矣！』則皆走，不知所往。鑄刑書之歲二月，或夢伯有介而行，曰：『壬子，余將殺帶也。其明月，壬寅，余又將殺段也。』及壬子，駟帶卒，國人益懼。齊、燕平之月，壬寅，公孫段卒，國人愈懼。其明月，子産立公孫洩及良止以撫之，乃止。子大叔問其故。子産曰：『鬼有所歸，乃不爲厲，吾爲之歸也。』太叔曰：『公孫洩何爲？』子産曰：『説也。爲身無義而圖説，從政有所反之，以取媚也。不媚不信。不信，民不從也。』及子産適晉，趙景子問焉，曰：『伯有猶能爲鬼乎？』子産曰：『能。人生始化曰魄，既生魄，陽曰魂。用物精多，則魂魄强，是以有精爽至於神明。匹夫匹婦强死，其魂魄猶能馮依於人以爲淫厲，況良霄，我先君穆公之胄，子良之孫，子耳之子，敝邑之卿，從政三世矣。鄭雖無腆，抑諺曰「蕞爾國」，而三世執其政柄，其用物也弘矣，其取精也多矣，其族又大，所馮厚矣，而强死，能爲鬼，不亦宜乎！』」○「子皮之族飲酒無度，故師氏與子皮氏有惡。齊師還自燕之月，罕朔殺罕魋。罕朔奔晉。韓宣子問其位於子産。子産曰：『君之羈臣，苟得容以逃死，何位之敢擇，卿違，從大夫之位；罪人以其罪降，古之

秋，八月戊辰，衛侯惡卒。《左傳》：「衛襄公卒。晉大夫言於范獻子曰：『衛事晉爲睦，晉不禮焉，庇其賊人而取其地，故諸侯貳。《詩》曰：「鶺鴒在原，兄弟急難。」又曰：「死喪之威，兄弟孔懷。」兄弟之不睦，於是乎不弔；況遠人，誰敢歸之？今又不禮於衛之嗣，衛必叛我，是絕諸侯也。』獻子以告韓宣子。宣子説，使獻子如衛弔，且反戚田。衛齊惡告喪于周，且請命。王使成簡公如衛弔，且追命襄公曰：『叔父陟恪，在我先王之左右，以佐事上帝，余敢忘高圉、亞圉？』」《穀梁傳》：「鄉曰衛齊惡，今曰衛侯惡，此何爲君臣同名也？君子不奪人名，不奪人親之所名，重其所以來也，王父名子也。」○九月，公至自楚。《左傳》：「孟僖子病不能相禮，乃講學之，苟能禮者從之。及其將死也，召其大夫曰：『禮，人之幹也。無禮無以立。吾聞將有達者曰孔丘，聖人之後也，而滅於宋。其祖弗父何以有宋而授厲公。及正考父佐戴、武、宣，三命茲益共，故其鼎銘云：「一命而僂，再命而傴，三命而俯，循牆而走，亦莫余敢侮。饘於是，鬻於是，以餬余口。」其共也如是。臧孫紇有言曰：「聖人有明德者，若不當世，其後必有達人。」今其將在孔丘乎！我若獲没，必屬説與何忌於夫子，使事之，而學禮焉，以定其位。』故孟懿子與南宮敬叔師事仲尼。仲尼曰：『能補過者，君子也。《詩》曰「君子是則是效」，孟僖子可則效已矣。』」汪氏曰：「自如楚，今七越月，危公之意可

❶ 「爲」，原作「和」，今據四庫本改。

見矣。」

附録《左傳》:「單獻公棄親用羈。冬十月辛酉,襄、頃之族殺獻公而立成公。」

冬,十有一月癸未,季孫宿卒。《左傳》:「十一月,季武子卒。晉侯謂伯瑕曰:『吾所問日食,從矣。可常乎?』對曰:『不可,六物不同,民心不一,事序不類,官職不則,同始異終,胡可常也?』《詩》曰:『或燕燕居息,或憔悴事國。』其異終也如是。』公曰:『何謂六物?』對曰:『歲、時、日、月、星、辰,是謂也。』公曰:『多語寡人辰而莫同,何謂辰?』對曰:『日月之會是謂辰,故以配日。』」汪氏曰:「此季文子之子武子也。」子紇嗣,是爲悼子。」○十有二月癸亥,葬衛襄公。《左傳》:「衛襄公夫人姜氏無子,嬖人婤姶生子孟縶。孔成子夢康叔謂己:『立元,余使羈之孫圉與史苟相之。』史朝亦夢康叔謂己:『余將命而子苟與孔烝鉏之曾孫圉相元。』史朝見成子,告之夢,夢協。晉韓宣子爲政聘于諸侯之歲,婤姶生子,名之曰元。孟縶之足不良能行。孔成子以《周易》筮之,曰:『元尚享衛國,主其社稷。』遇屯䷂。又曰:『余尚立縶,尚克嘉之。』遇屯䷂之比䷇。以示史朝。史朝曰:『元亨。』又何疑焉?』成子曰:『非長之謂乎?』對曰:『康叔名之,可謂長矣。孟非人也,將不列於宗,不可謂長。且其繇曰:「利建侯。」嗣吉,何建?建非嗣也。二卦皆云,子其建之!康叔命之,二卦告之,筮襲於夢。武王所用也,弗從何爲?弱足者居。侯主社稷,臨祭祀,奉民人❷,事鬼

❶「䷂」,原脱,今據四庫本及阮刻本《春秋左傳正義》補。

❷「民人」,原倒文,今據四庫本及阮刻本《春秋左傳正義》乙正。

丁卯景王十一年。八年晉平二十四。齊景十四。衛靈公元年。蔡靈九。鄭簡三十二。曹武二十一。陳哀三十五，卒。杞平二。宋平四十二。秦哀三。楚靈七。吳夷末十。春，陳侯之弟招殺陳世子偃師。

附錄《左傳》：「石言于晉魏榆。晉侯問於師曠曰：『石何故言？』對曰：『石不能言，或馮焉。不然，民聽濫也。抑臣又聞之曰：「作事不時，怨讟動于民，則有非言之物而言。」今宮室崇侈，民力彫盡，怨讟並作，莫保其性，石言，不亦宜乎？』於是晉侯方築虒祁之宮，叔向曰：『子野之言君子哉！君子之言，信而有徵，故怨遠於其身。小人之言，僭而無徵，故怨咎及之。《詩》曰：「哀哉不能言，匪舌是出，唯躬是瘁。」哿矣能言，巧言如流，俾躬處休。』其是之謂乎！」是宮也成，諸侯必叛，君必有咎，夫子知之矣。」

陳侯之弟招殺陳世子偃師。《左傳》：「陳哀公元妃鄭姬生悼太子偃師，二妃生公子留，下妃生公子勝。二妃嬖，留有寵，屬諸司徒招與公子過。哀公有廢疾，三月甲申，公子招、公子過殺悼太子偃師而立公子留。」《穀梁傳》：「鄉曰陳公子招，今日陳侯之弟招，何也？曰盡其親，所以惡招也。兩下相殺，不志乎《春秋》，此其志，何也？世子云者，唯君之貳也，云可以重之，存焉志之也。諸侯之尊，兄弟不得以屬通。其弟云者，親之也。親而殺之，惡也。」

此公子招特以弟稱者，著招憑寵稔惡而陳侯失親親之道也。陸氏曰：「稱弟以殺世子，既罪其逆，且言骨肉相殘。又譏陳侯失教也。」招以公子爲司徒，乃貴戚之卿。親則介弟，尊則叔父，號令廢立自己而出，莫敢干之者也。不能援立嫡冢，安靖國家，而逢君之惡，戕殺偃師以

致大寇，宗社覆没，罪固大矣。孫氏曰：「招以叔父之親，不顧宗社之重，殞家嗣以立庶孽，致楚滅陳，招之由也。其曰陳侯之弟，親之者，所以甚招之惡也。」陳侯信愛其弟，何以爲失親親乎？尊賢者親親之本，不能擇親之賢者，厚加尊寵以表儀公族，而徇其私愛，施於不令之人，以至亡國敗家，豈不失親親之道乎？今按此書殺世子，亦罪其寵任之私也。」王氏曰：「隱七年傳書盟、書帥師而稱弟者，罪其有寵愛之私。陳氏曰：「哀有世子矣，又屬其嬖子於二公子，爲是殺世子，則譏不但其人也。書曰陳侯，斥君之辭也。」襄陵許氏曰：「陳哀寵其庶子，資以強輔，而濟之權以軋太子，使之失職，至於亂作，躬受其禍。惟其溺愛，法不勝私也，悲夫！」汪氏曰：「經書殺世子者三，晉獻嬖奚齊卓子而殺申生，宋平嬖佐而殺痤，陳哀嬖留而殺偃師，皆嬖子匹嫡之禍也。然申生、痤之誅，權在於晉、宋之君，故雖亂國而不至於亡。陳哀基怨造禍，勢不兩全，遂至寵弟戕其國本，而且以憂殞其身，唯偃師之殺目陳侯之弟招。夫以弟招之弑陳侯，則陳哀之罪章章明矣。不曰殺其世子而重舉國者，偃師非招之世子也。下書楚滅陳，執招放之，以見楚之滅陳，託於討招，而公子留之嬖，實亡陳之本也歟？」

夏，四月辛丑，陳侯溺卒。《左傳》：「夏四月辛亥，哀公縊。」杜氏曰：「憂恚自殺。」高氏曰：「楚觀從納公子比而靈王縊，《春秋》謂比弑其君。陳侯之弟招立公子留而哀公縊，不書留弑君，何也？比之立，無君者也。靈雖不縊，亦不與比並存，是靈王之死由比也。招之立留，由君之廢也。見君有命，哀雖不縊，亦不

可以君國，是哀之死不以留也。君臣之間，死生之際，善惡之嫌，賞罰之別，大矣！聖人所以正其名也。」○

叔弓如晉。《左傳》：「賀虒祁也。游吉相鄭伯以如晉，亦賀虒祁也。史趙見子大叔，曰：『甚哉其相蒙也！可弔也，而又賀。』子大叔曰：『若何弔也？其非唯我賀，將天下實賀。』」襄陵許氏曰：「財費則國貧，役煩則民叛，締搆琱輪奐之功盛，則恭儉純茂之德衰矣，此之謂可弔。當楚之隆，勢專諸夏，而晉弗慮圖，唯宮室之崇以爲安榮，平公可謂志卑矣。」高氏曰：「前年楚成章華之臺，召諸侯落之；至是晉成虒祁之宮，而諸侯皆往賀之。晉之效尤如此，霸業之不振，宜哉！」○楚人執陳行人干徵師，殺之。《左傳》：「干徵師赴于楚，且告有立君。公子勝愬之于楚，楚人執而殺之，公子留奔鄭。書曰『陳侯之弟招殺陳世子偃師』，罪在招也，『楚人執陳行人干徵師殺之』，罪不在行人也。」《穀梁傳》：「稱人以執大夫，執有罪也。稱行人，怨接於上也。」茅堂胡氏曰：「干徵師稱行人，殺非其罪也。」劉氏曰：「稱人以執者，非伯討也。此其爲非伯討何？楚靈因陳亂以爲利，賊殺不辜，欲以震怖陳國，而墟其宗社。殺人以行其詐者也。」○汪氏曰：「《穀梁》云：『稱人以執大夫，執有罪也。』非也。書曰行人，則非有罪矣。苟曰有罪，何爲不以殺夏徵舒之例書之乎？」○陳公子留出奔鄭。杜氏曰：「留爲招所立，未成君而出奔。」茅堂胡氏曰：「留既爲君矣，而曰公子，其意不當也。」蘇氏曰：「楚將討陳，故留出奔。留既爲君，

❶「因」，原作「固」，今據四庫本改。

不曰陳留，何也？留立於招爾，未成為君也。」高氏曰：「偃師曰世子，留曰公子，別嫡庶也。」○秋，蒐于紅。蒐，所求反。書蒐始此。《左傳》：「秋，大蒐于紅，自根牟至于商、衛，革車千乘。」《公羊傳》：「蒐者何？簡車徒也。何以書？蓋以罕書見也。」《穀梁傳》：「正也。因蒐狩以習用武事，禮之大者也。艾蘭以為防，置旃以為轅門，以葛覆質以為槷，流旁握[1]御擊者不得入。車軌塵，馬候蹄，揜禽旅，御者不失其馳，然後射者能中。過防弗逐，不從奔之道也。面傷不獻，不成禽不獻。禽雖多，天子取三十焉，其餘與士眾，以習射於射宮。射而中，田不得禽，則得禽。田得禽而射不中，則不得禽。是以知古之貴仁義，而賤勇力也。」

杜氏曰：「紅，魯地，沛國蕭縣西有紅亭。」

蒐，春事也，秋興之，則違天時。有常所矣，其于紅，則易地利。三家專行，公不與焉，而兵權在臣下，則悖人理。薛氏曰：「春田而夏行之于紅，非常處也。非時之狩，不于其常地，見三家之擅也。舍中軍、變蒐禮，見兵權之移于下，且奪民時也。」此亦直書其事，不待貶絕而自見者也。凡亂臣之欲竊國命，必先為非禮以動民，而後上及於君父。昭公至是，民食於他，不恤其所，昧於履霜之戒，甚矣！劉氏曰：「蒐，春事也。秋興之，非正也。蒐有常地矣，于紅，亦非正也。奸臣之將蔽其君而奪之也，未嘗不先為非禮而動民也。紅之蒐，吾見其反天時矣，吾見其易地利矣，吾見其悖人倫矣，而昭公猶未之悟

曷為不言公，公不得與於蒐爾。三家專魯而分之，政令出焉，公寄食焉爾。

[1] 「旁」，原作「房」，今據四庫本改。

也，至於奔走失其社稷以死，豈不哀哉？」茅堂胡氏曰：「昭、定之蒐，皆不言公，權在三家也。」陳氏曰：「蒐狩不書，必違禮而後書。於是舍中軍，四分公室，季氏擇二，二子各一，皆盡征之而貢于公。蒐于紅也，革車千乘，皆三家之師也。自是而屢蒐，三家所以耀武焉爾。是故桓、莊之狩必言公，昭、定之蒐不言公矣。」高氏曰：「蒐非秋事也，紅非蒐地也，況當旱歲乎？按傳紅亦大蒐，而不言大者，以無君，故微之。首一見也。」王氏曰：「根牟，魯東界，商，宋地，魯西界，與宋、衞接竟，則其地亦廣矣。四蒐皆書大，而此獨不稱大者，首著公不得與，而歸惡於三家也。」盧陵李氏曰：「經書蒐五，昭十一年夏比蒲，二十二年春昌間，定十三年夏比蒲，十四年秋比蒲，皆書大者，用天子大蒐之禮也。此年不書大者，杜氏以爲經闕者，或然。至謂時史闕略，仲尼略而從之者，非也。蒐狩合禮者，常事，不書，非時，非地及越禮，則書之。而《穀梁》以秋蒐爲正，《公羊》以爲以罕書，以亟書者，皆非也。其胡氏、陳氏詳矣。胡氏本劉質夫《公羊說》，見定十四年。」

附録《左傳》：「七月甲戌，齊子尾卒。子旗欲治其室。丁丑，殺梁嬰。八月庚戌，逐子成、子工、子車，皆來奔，而立子良氏之宰。其臣曰：『孺子長矣，而相吾室，欲兼我也。』授甲，將攻之。陳桓子善於子尾，亦授甲，將助之。或告子旗，子旗不信，則數人告。將往，又數人告於道，遂如陳氏。桓子將出矣，聞之而還，游服而逆之，請命。對曰：『聞彊氏授甲將攻子，子聞諸？』曰：『弗聞。』『子盍亦授甲，無宇請從。』子旗曰：『子胡然？彼，孺子也。吾誨之，猶懼其不濟，吾又寵秩之，其若先人何？子盍謂之。《周書》

陳人殺其大夫公子過。過，古禾反。《左傳》：「陳公子招歸罪於公子過而殺之。」茅堂胡氏曰：「稱人以殺而不去其官，國亂無政。眾人擅殺，非討賊之詞也。蓋殺世子偃師，招實主謀，孔奐行之，而非過之所欲爲爾。過不欲爲，招於是歸罪於過而殺之，故稱人以殺而不去其官也。《春秋》坐招殺偃師於前，又書楚師殺陳孔奐於後，而過稱大夫，其不與殺世子明矣。」孫氏曰：「其言陳人殺其大夫，不與公子招殺也，故以陳人殺之爲文。」臨川吳氏曰：「按哀公屬留於招與過，故招、過同殺太子，二人之罪均也。招懼國人公論，懼楚人來討，故歸罪於過而欲免己，人其可欺乎？」○大雩。雩，《公》作「雩」。《左傳》：「九月，楚公子棄疾師奉師滅陳。執陳公子招，放之于越。殺陳孔奐。孫吳圍陳，宋戴惡會之。冬十一月壬午，滅陳。興壁袁克殺馬毀玉以葬。楚人將殺之，請實之，既又請私之及此，及經於穎而逃。使穿封戌爲陳公，曰：『城麇之役不諂。』侍飲酒於王，王曰：『城麇之役，女知寡人之及此，女其辟寡人乎！』對曰：『若知君之及此，臣必致死禮以息楚。』」●晉侯問於史趙曰：『陳其遂亡乎！』對曰：『未也。』公曰：『何故？』對曰：『陳，顓頊之族也，歲在鶉火，是以卒滅。陳將如之，今在析木之津，猶將復由。且陳氏得政于齊而後陳卒亡。自幕至于瞽瞍無違命，舜重之以明德，寘德于遂。遂世守之及胡公不淫，故周賜之姓，使祀虞帝。臣聞盛德必百世祀。虞之世數未也，繼守將在齊，其兆既存矣。』《穀

❶「楚」下，原衍「國」字，今據阮刻本《春秋左傳正義》刪。

梁傳》：「惡楚子也。」徐氏曰：「楚莊入陳先書殺者，彼乃楚子行義，故先書其殺。今楚子託義討賊，書在滅後，見其本懷滅心也。齊侯使國佐，及國佐盟，不重舉齊。此重舉陳者，已滅陳也。」杜氏曰：「孔奐，招之黨。」茅堂胡氏曰：「楚師滅陳，曷爲不以號舉而稱師？見挾衆恃強，肆行暴虐，莫之較也。覆人邦國爲至不仁，宥人亂賊爲至不義，又討其逆黨而禮葬其君，是猶斧鉞加人，而以手撫之也，而惡可掩乎？其所執陳，皆繫於陳者，深著其滅國之罪也。公子招固有罪矣，當莊王之殺徵舒，置其君而反焉。今執招而遂滅陳，聖人不與夷狄滅中國，故雖招有罪，而猶以公子書之。見楚子懷惡而執招，不與其執也，故書公子招也。孔奐嘗與楚子通謀以滅陳者，旋以不忠見戮。奐，陳之賊臣也，蓋殺世子偃師之子吳圍陳，招實主謀，而孔奐行之，故書曰『殺陳孔奐』，不言大夫，非陳之大夫也。」汪氏曰：「楚棄疾奉世子偃師之子吳圍陳，宥而放之，奐，招之黨也，執而殺之。楚子滅人之國，又爲淫刑，蓋討其殺偃師之罪也。」陸氏曰：「招，殺楚子之賊也。《春秋》書殺他國之大夫者四，皆楚人殺之。而中國未有書殺之者。書法皆不同，《春秋》之權度審矣！」〇葬陳哀公。《穀梁傳》：「不與楚滅，閔公也。」孫氏曰：誘蔡侯般也。」高氏曰：「書葬陳哀公，楚子葬之也；不言楚子滅陳葬陳哀公，故「十月壬午，楚師滅陳，葬陳哀公。如不滅之辭者，楚子葬之也」；不言楚子葬之者，不與楚子滅陳葬陳哀公，故以陳人自葬爲文，所以存陳也。」黎氏曰：「書葬陳哀公，非謂我往會而書，時陳已滅矣。國爲楚師所據，魯豈於其葬而使臣往會之？蓋楚入陳，自以其君在殯，因取而葬之，與莊四年齊侯葬紀伯姬同。彼曰齊者，蓋上文無齊滅紀之文，故下文云爾。今已書楚師滅陳，則下云執公子招，殺孔奐，葬哀公，皆蒙上文云。」家

氏曰：「自春徂冬，凡九見皆陳事，言之重，辭之複，閔陳而罪楚也。責中國諸侯不能治陳之亂，使夷得以行詐而墟人之國也。」○趙氏曰：「《左傳》云：『袁克葬之。』按國已滅矣，克又非大臣，何能辦葬死君，又何能告諸侯使會葬乎？」

戊辰景王十二年。晉平二十五。齊景十五。衛靈二。蔡靈十。鄭簡三十三。曹武二十二。陳滅。杞平三。宋平四十三。秦哀四。楚靈八。吳夷末十一。**春，叔弓會楚子于陳。**《左傳》：「春，叔弓、宋華亥、鄭游吉、衛趙黶會楚子于陳。」杜氏曰：「楚子在陳，故四國大夫往。不行會禮，故不總書。」襄陵許氏曰：「楚既滅陳，威震諸夏，是以無所號召而諸國之大夫會之。」陳氏曰：「諸夏之大旅見於楚於是始，舉魯以見其餘也。」高氏曰：「中國諸侯為夷狄所滅，中國既不能救，亦宜同心疾之，奈何反使大夫往聘耶？書會于陳，與宣十五年會于宋同義。觀去年叔弓如晉之事，有以使天下之宗楚矣。」王氏《箋義》曰：「內朝聘皆言如。今楚子在陳，不可言如陳，故以會為文。」或問：「楚子于陳，皆以存陳也。」

許遷于夷。《左傳》：「三月庚申，楚公子棄疾遷許于夷，實城父。取州來淮北之田以益之，伍舉授許男田。然丹遷城父人於陳，以夷濮西田益之，遷方城外人於許。」杜氏曰：「譙國，城父縣。許畏鄭欲遷，故以自遷為文。」或問：「許四遷、葉、夷、白羽皆楚遷之，而以自遷書，何也？」茅堂胡氏曰：「許遷于夷。」襄十六年許請遷于晉，其大夫不可，諸侯再伐許，許男如楚請伐鄭，至是鄭子產為政，四鄰畏之，而楚方滅陳，故欲遷于夷以遠楚。楚為之伐鄭之後，專意事楚。許畏鄭而後葬靈公，其仇怨深矣。至是鄭之伐鄭而後葬靈公，皆中國無伯之故也。」汪氏曰：「夷，一名城父，本陳地。楚滅鄭，而楚使棄疾遷之也。」

陳,遂遷許于此。」蜀杜氏曰:「許自成十五年遷于葉,至此又遷于夷。《春秋》詳錄以見許之危弱不能自守矣。」廬陵李氏曰:「《穀梁》疏曰:『邢、衛之遷皆書月,今許遷略而不月者,許比遷徙,所都無常,居處淺薄,如一邑之移,故略之,不得從國遷常例。』」

附錄《左傳》:「周甘人與晉閻嘉爭閻田。晉梁丙、張趯率陰戎伐潁。王使詹桓伯辭於晉,曰:『我自夏以后稷、魏、駘、芮、岐、畢,吾西土也。及武王克商,蒲姑、商奄,吾東土也;巴、濮、楚、鄧,吾南土也;肅慎、燕、亳,吾北土也。吾何邇封之有?文、武、成、康之建母弟,以藩屏周,亦其廢隊是為,豈如弁髦,而因以敝之。先王居檮杌于四裔,以禦螭魅,故允姓之姦居于瓜州。伯父惠公歸自秦,而誘以來,使偪我諸姬,入我郊甸,則戎焉取之。戎有中國,誰之咎也?后稷封殖天下,今戎制之,不亦難乎?伯父圖之!我在伯父,猶衣服之有冠冕,木水之有本原,民人之有謀主也。伯父若裂冠毀冕,拔本塞原,專棄謀主,雖戎狄,其何有予一人?』叔向謂宣子曰:『文之伯也,豈能改物?翼戴天子,而加之以共。自文以來,世有衰德,而暴滅宗周,以宣示其侈,諸侯之貳,不亦宜乎!且王辭直,子其圖之。』宣子說。王有姻喪,使趙成如周弔,且致閻田與襚,反潁俘。王亦使賓滑執甘大夫襄以說於晉,晉人禮而歸之。」

夏,四月,陳災。災,《公》《穀》作「火」。《左傳》:「陳災。鄭裨竈曰:『五年陳將復封,封五十二年而遂亡。』子產問其故。對曰:『陳,水屬也;火,水妃也。❶而楚所相也。今火出而火陳,逐楚而建陳也。妃以

❶ 「火水」,原作「水火」,今據阮刻本《春秋左傳正義》乙正。

凡外災告則書。今楚已滅陳夷於屬縣，使穿封戌爲公矣，必不遣使告於諸侯，言亡國之有天災也。何以書於魯國之策乎？當是時，叔弓與楚子會于陳，則目擊其事矣。雖彼不來告，此不往弔，叔弓使畢而歸語陳故也，魯史遂書之耳。告，豈有憑使人之言而載之於史者？曰：「周景王崩，有尹單猛朝之變，固無赴告矣。叔鞅至自京師，言王室之亂也。《春秋》承其言，遂書於策，亦此類耳。」或曰：「國史所書，必承赴者，蓋興滅國、繼絕世，以堯、舜、三代公天下之心爲心，異於孤秦罷侯置守，欲私一人以自奉者，所以歸民心，合天德也。《穀梁》以爲存陳，得其旨矣。」高氏曰：「陳雖爲楚所滅，而土地、居民猶在焉。聖人不與楚滅之也，故還係之陳，如邢、鄘二國，既爲衛所并，聖人還存邢國、鄘國之風，亦不與楚得并諸侯，而存天子之建國也」家氏曰：「陳已爲楚所縣，俾其臣僭爵以居之，而猶書陳災者，以盛德之後見窮於夷，特著義存之耳。不與楚得陳也。」朱子曰：「漢建安二十五年之初，漢尚未亡，《通鑑》便作魏黃初元年，奪漢太速，與魏太遽，大非《春秋》存陳之意。」○趙氏曰：「《左氏》作災，《公》、《穀》皆爲火。」按前後未有書外火也，小事若一一書之，不可勝記，且諸侯亦不當告也。災是天火，事大，故書之。」廬陵李氏曰：「此條《公》、《穀》説本可通，但《穀梁》以爲國曰災，邑曰火；《公羊》以爲天意存陳者，

五成，故曰五年。歲五及鶉火，而後陳卒亡，楚克有之，天之道也，故曰五十二年。」《公羊傳》：「陳已滅矣，其言陳火何？存陳也。曰存陳悕矣。曷爲存陳？滅人之國，執人之罪人，殺人之賊，葬人之君，若是則陳存悕矣。」《穀梁傳》：「國曰災，邑曰火。火不志，此何以志？閔陳而存之也。」

皆非也。」

附錄 《左傳》：「晉荀盈如齊逆女，還，六月，卒于戲陽。殯于絳，未葬。晉侯飲酒，樂。膳宰屠蒯趨入，請佐公使尊，許之。而遂酌以飲工，曰：『女爲君耳，將司聰也。辰在子、卯，謂之疾日，君徹宴樂，學人舍業，爲疾故也。君之卿佐，是爲股肱。股肱或虧，何痛如之？女弗聞而樂，是不聰也。』又飲外嬖嬖叔，曰：『女爲君目，將司明也。服以旌禮，禮以行事，事有其物，物有其容。今君之容，非其物也，而女不見，是不明也。』亦自飲也，曰：『味以行氣，氣以實志，志以定言，言以出令。臣實司味，二御失官，而君弗命，臣之罪也。』公說，徹酒。初，公欲廢知氏而立其外嬖，爲是悛而止。秋八月，使荀躒佐下軍以說焉。」

秋，仲孫貜如齊。 貜，俱縛反。《左傳》：「孟僖子如齊。殷聘，禮也。」杜氏曰：「自叔老聘齊，至今二十年，禮意久曠。今修盛聘，以無忘舊好。」高氏曰：「此暨齊平之故也。齊平而不來聘，則著齊輕公，非特居鄆時也，其來久矣。」○**冬，築郎囿。** 《左傳》：「書，時也。季平子欲其速成也，叔孫昭子曰：『《詩》曰：「經始勿亟，庶民子來。」焉用速成，其以勤民也？無囿猶可，無民，其可乎？」襄陵許氏曰：「公內制於強臣，外輕於大國，亂亡危辱兆矣。是之弗慮，而築郎囿，知公之志日以荒也。」家氏曰：「以《左傳》觀之，有以見意如逢其君以耳目之娛，而竊其權，昭公安之而不悟也。人君於此，可不戒哉！」張氏曰：「桓四年，公狩于郎。莊三十一年築臺于郎。今復築郎以爲囿，非以爲講武之處，特以爲游觀之地耳。是時三家用事，魯君擁虛器，而猶興築囿之役，其爲季氏敺民乎？」

己巳 景王十三年。十年晉平二十六，卒。齊景十六。衛靈三。蔡靈十一。鄭簡三十四。曹武二十三。陳

滅。杞平四。宋平四十四，卒。秦哀五。楚靈九。吳夷末十二。春，王正月。

附錄《左傳》：「春，王正月，有星出於婺女。鄭裨竈言於子產曰：『七月戊子，晉君將死。今茲歲在顓頊之虛，姜氏、任氏實守其地，居其維首，而有妖星焉，告邑姜也。邑姜，晉之妣也。天以七紀，戊子逢公以登，星斯於是乎出，吾是以譏之。』」

夏，齊欒施來奔。齊，《公》作「晉」。《左傳》：「齊惠欒、高氏皆嗜酒，信內多怨，彊於陳鮑氏而惡之。夏，有告陳桓子曰：『子旗、子良將攻陳鮑。』亦告鮑氏。桓子授甲而如鮑氏，遭子良醉而騁，遂見文子，則亦授甲矣。使視二子，則皆將飲酒。桓子曰：『彼雖不信，聞我授甲，則必逐我。及其飲酒也，盍伐諸？』陳、鮑方睦，遂伐欒、高氏。子良曰：『先得公，陳、鮑焉往？』遂伐虎門。晏平仲端委立于虎門之外。四族召之，無所往。其徒曰：『助陳、鮑乎？』曰：『何善焉？』『助欒、高乎？』曰：『庸愈乎？』『然則歸乎？』曰：『君伐焉歸？』公召之，而後入。公卜使王黑以靈姑銔率，吉，請斷三尺焉而用之。五月庚辰，戰于稷，欒、高敗，又敗諸莊。國人追之，又敗諸鹿門。欒施、高彊來奔。陳、鮑分其室。晏子謂桓子：『必致諸公！讓，德之主也。讓之謂懿德。凡有血氣，皆有爭心，故利不可強，思義爲愈。義，利之本也。蘊利生孽。姑使無蘊乎！可以滋長。』桓子盡致諸公，而請老于莒。桓子召子山，私具幄幕、器用、從者之衣屨，而反棘焉。子商亦如之，而反其邑。子周亦如之，而與之夫于。反子城、子公、公孫捷，而皆益其祿。凡公子、公孫之無祿者，私分之邑。國之貧約孤寡者，私與之粟。曰：『《詩》云「陳錫載周」，能施也。桓公是以霸。』公與桓子莒之旁邑，辭。穆孟姬爲之請高唐，陳氏始大。」高氏曰：「欒施與高彊以兵攻君宮，欲伐君以伐陳、鮑，遂與君戰，

不勝而來奔，此罪大矣。不書高強，非卿故也。魯方通聘而受其奔亡之臣，非義也。○王氏曰：「《公羊》以爲晉臣，蓋見晉有欒氏而誤爾。」○秋，七月，季孫意如、叔弓、仲孫貜帥師伐莒。意，《公》作「隱」，後同。《左傳》：「秋七月，平子伐莒，取鄆。獻俘，始用人於亳社。臧武仲在齊，聞之，曰：『周公其不饗魯祭乎！周公饗義，魯無義。《詩》曰：「德音孔昭，視民不佻。」佻之謂甚矣，而壹用之，將誰福哉？』」家氏曰：「叔弓，非叔孫氏，乃臨事所置之帥。」項氏曰：「經書三卿，而傳止書平子，則季孫主兵而叔仲副之也。」家氏曰：「叔弓，非叔孫氏，乃臨事所置之帥。」王氏曰：「經書三卿，而傳止書平子，則季孫主兵而叔仲副之也。」項氏曰：「既舍中軍，公室無兵。每有征役，三家各將其兵以行。經皆據實並書。伐莒之役，三家並將，獨叔孫氏之兵使叔弓帥之，此可見叔孫舍之賢，雖曰家徒，然猶使公臣帥之也。」則三軍固在。其曰舍之者，特欲中分魯國之衆爲己私耳。以爲復古，則誤矣。襄公以來，既作三軍，地皆三家之土，民皆三家之兵，每一軍出，各將其所屬，而公室無與焉。是知雖舍中軍，而三卿並將，舊額固存矣。王氏《箋義》曰：「三子伐莒皆書者，惡其專國，而公不得爲政也。」高氏曰：「是時魯間晉之衰，故三卿帥師同伐莒，欲一舉滅之，而三卿擅以爲己功也。」杜氏曰：「取鄆不書，公見討於平丘，故諱之。」陳氏曰：「内取邑悉書，『鞍之戰，書季孫不足詳也。由是定六年取鄭匡不書，哀元年取晉棘蒲不書。」○廬陵李氏曰：「陳氏云：『鞍之戰，書季孫行父、臧孫許、叔孫僑如、公孫嬰齊，蓋二卿之將佐也。今舍中軍矣，曷爲書三卿帥師？蓋四分公室，季氏擇二，叔弓佐意如，序於仲孫貜之上，而叔孫婼居守也。自是迄春秋，魯有四卿，而權歸三家。』此說得

戊子，晉侯彪卒。《左傳》：「戊子，晉平公卒。鄭伯如晉，及河，晉人辭之。」九月，叔孫舍如晉，葬晉平公。《左傳》：「九月，鄭孫婼、齊國弱、宋華定、衛北宮喜、鄭罕虎、許人、曹人、莒人、邾人、滕人、薛人、杞人、小邾人如晉，葬平公也。鄭子皮將以幣行，子產曰：『喪焉用幣？用幣必百兩，百兩必千人。千人至，將不行。不行，必盡用之。幾千人而國不亡？』子皮固請以行。既葬，諸侯之大夫欲因見新君。叔孫昭子曰：『非禮也。』弗聽，叔向辭之，曰：『大夫之事畢矣，而又命孤。孤斬焉在衰絰之中，其以嘉服見，則喪禮未畢，其以喪服見，是重受弔也，大夫將若之何？』皆無辭以見。子皮盡用其幣。歸，謂子羽曰：『非知之實難，將在行之。夫子知之矣，我則不足。《書》曰：欲敗度，縱敗禮。我之謂矣。夫子知度與禮矣。我實縱欲，而不能自克也。』昭子至自晉，大夫皆見，高彊見而退。昭子語諸大夫曰：『爲人子不可不慎也哉！昔慶封亡，子尾多受邑，而稍致諸君，君以爲忠，而甚寵之。將死，疾于公宮，輦而歸，君親推之。其子弗能任，罪猶及之，難不慎也？喪夫人之力，棄德、曠宗，以及其身，不亦害乎？《詩》曰：不自我先，不自我後。其是之謂乎？』廬陵李氏曰：「平公在位二十五年，有溴梁、祝柯、澶淵、商任、沙隨、夷儀、重丘、澶淵、于宋、澶淵、于虢之會盟，是時承悼公之後，諸侯亦和，但除祝柯圍齊無貶之外，其餘皆無足取也。」○十有二月甲子，宋公成卒。成，《公》作「戌」。《左傳》：「冬十二月，宋平公卒。初，元公惡寺人柳，欲殺之。及喪，柳熾炭于位，將至，則去之。比葬，又有寵。」杜氏曰：「無冬，闕文。」○汪氏曰：「何休謂：『昭公取吳孟子之年，故貶之。』非也。桓公四年、七年，削秋、冬而貶之，則

皆不書事與月。此年書「十二月，宋公卒」，而脫「冬」一字，則傳受承誤而漏之耳。況經無取孟子之文，安得妄説耶？」

庚午景王十四年。**十有一年**晉昭公夷元年。齊景十七。衞靈十二，弑。鄭簡三十五。曹武二十四。陳滅。杞平五。宋元公佐元年。秦哀六。楚靈十。吳夷末十三。蔡靈十二，弑。**春，王二月，叔弓如宋。○夏，四月丁巳，楚子虔誘蔡侯般，殺之于申。**虔，《穀》或作「乾」。般音班。《左傳》：「景王問於萇弘曰：『今茲諸侯何實吉？何實凶？』對曰：『蔡凶。此蔡侯般弑其君之歲也，歲在豕韋，弗過此矣。楚將有之，然壅也。歲及大梁，蔡復，楚凶，天之道也。』楚子在申，召蔡靈侯。靈侯將往，蔡大夫曰：『王貪而無信，唯蔡於感。今幣重而言甘，誘我也，不如無往。』蔡侯不可。三月丙申，楚子伏甲而饗蔡侯於申，醉而執之。夏四月丁巳，殺之。刑其士七十人。」《公羊傳》：「楚子虔何以名？絕。曷為絕之？為其誘討也。此討賊也，雖誘之，則曷為絕之？懷惡而討不義，君子不與也。」《穀梁傳》：「何為名之也？誘討也。稱時，稱月，稱日，稱地，謹之也。」**楚公子棄疾帥師圍蔡。**《左傳》：「公子棄疾帥師圍蔡。韓宣子問於叔向曰：『楚其克乎？』對曰：『克哉！蔡侯獲罪於君，而不能其民，天將假手於楚以斃之，何故不克？然肸聞之，不信以幸，不可再也。楚王奉孫吳以討於陳，曰：「將定而國。」陳人聽命，而遂縣之。今又誘蔡而殺其君，以圍其國，雖幸而克，必受其咎，弗能久矣。桀克有緡，以喪其國。紂克東夷，以隕其身。楚小，位下，而亟暴於二王，能無咎乎？天之假助不善，非祚之也，厚其凶惡而降之罰也。且譬之

如天其有五材，而將用之，力盡而敝之，是以無拯，不可没振。」陳氏曰：「滅不言圍。此言圍，所以病晉也。前年棄疾奉孫吳圍陳，已而滅陳，曷不於此焉病晉？合八國于厥慭，而不能師，甚矣！」

《左氏》曰，楚子在申，召蔡侯，其大夫曰：「王貪而無信，幣重言甘，誘我也，不如無往。」蔡侯不可。楚子伏甲饗般於申，執而殺之。此討賊也，雖誘殺之，疑若無罪。《春秋》深惡楚子，貶而稱名，何也？世子般弑其君，諸侯與通會盟十有三年矣。汪氏曰：「襄三十年，般弑景公而立。昭元年，使大夫會虢。四年，同楚子諸侯會申。又會伐吳。五年，再會伐吳。今按曹人請負芻於晉，曰：『若以爲有罪，則君列諸會矣。』雖大逆之罪，萬世不貸，然楚虔屢寵之以會禮，今利其國，顧用詭謀詐計，醉以酒而戕之，烏在其爲討賊哉？楚莊殺徵舒，猶曰假討賊之義；今此直誘殺蔡侯，弑父之罪，而在宮者無赦焉；討其弑君之罪，而在官者無赦焉。」是中國變爲夷狄而莫之覺也。楚子若以大義唱天下，奉詞致討，執般於蔡，討其弑父之人，凡聞乎故者，皆誅之而不赦，非謂在官、在宮者盡誅之也。

汪氏曰：「謂討其與弑君、父之去，雖古之征暴亂者不越此矣，又何惡乎？今虔本心欲圖其國，不爲討賊舉也。而又殘其身，潴其宮室，謀於蔡衆，置君挾欺毀信，重幣甘言，詐誘其君，執而殺之，肆行無道，貪得一時，流毒於後，棄疾以是殺戎蠻，商鞅以是紿徒亥反。魏將，《史記‧商君傳》：「秦孝公使鞅將兵伐魏，魏公子卬將而禦之。軍

既相拒，鞅遺印書曰：『吾始與公子驣，今俱爲兩國將，不忍相攻，欲與公子面相見盟，歃血而罷兵。』印以爲然，乃與會盟而飲，鞅伏甲襲印，虜之，大破魏師。」秦人以是劫懷王，《史記·楚世家》：「秦昭王遺楚懷王書曰：『願與君王會武關，面相約結盟而去。』乃詐令將軍伏兵武關，號秦王。楚王至則閉關，遂與西至咸陽。」傾危成俗，天下大亂。劉、項之際，死者十九。聖人深惡楚虔而名之也，其慮遠矣。後世誅討亂臣者，或畏其強，或幸其弱，不以大義興師，至用詭謀詐力，徼倖勝之。若事之捷，反側皆懼；苟其不捷，適足長亂，如代宗之圖思明，《通鑑》：「乾元元年，史思明既降，李光弼以其終當叛亂，勸上以烏承恩爲范陽節度副使，令圖思明。承恩至范陽，謀泄，思明殺承恩及其黨。」憲宗之給王弁，《通鑑》：「元和十四年，沂州役卒王弁作亂。朝廷議興兵討之，恐青、鄆相扇繼變，乃用曹華爲沂海觀察使，除弁開州刺史，賜告身。中使給之，弁即日發，所在減其導從，遂械繫斬東市。華至，詐圍沂卒千二百，盡殺之。司馬公曰：『楚子虔誘殺蔡侯般，彼列國也，孔子猶深貶之，惡其誘討也，況爲天子而誘匹夫乎？』」昧於《春秋》垂戒之旨矣。陸氏曰：「般，弑君，父之賊也，誘而殺之，何爲其不可乎？楚子內利其國，外託討罪，故不許其誘，而責其詐也。」夫以大國之力而討小國之逆，聲其罪而伐之，倡大義於天下。今乃誘而殺之，雖曰討賊，實取其國。蔡般之罪自不容誅，楚子之惡亦已甚矣。棄疾不能諫止，又帥師圍蔡，此不待貶絕而惡見者也。」高氏曰：「蔡般弑逆之罪，雖義當討，而楚子亦弑逆之賊也，以賊討賊，何辨曲直？況楚子非真治般，志在滅蔡也。故《春秋》書楚子虔，蔡侯般，同斥其名，以見其罪同。」又曰：「楚滅陳易，滅蔡難。此書圍蔡者，般出會而世子有守，尚能有拒，且望中國

諸侯之救也。」陳氏曰：「諸侯之罪，非滅同姓不名。邾文公用鄫子，未嘗名之，楚虔何以名？以夷狄殺中國，甚矣！蔡般，夫人之所得討也，曷爲謂之夷狄殺中國？楚子假大義以號于天下，放陳公子，殺蔡侯，於是滅陳、蔡，是之謂討賊歟？殺中國之君，大夫歟？國君見殺者，如鄫子、戎蠻子恒不名，蔡侯何以名？自楚商臣而下，弑父無討者，必若蔡般殺以他故而後見焉爾，故名之。」

五月甲申，夫人歸氏薨。《左傳》：「五月，齊歸薨。」杜氏曰：「胡女，歸姓。」汪氏曰：「襄三十一年《左傳》『敬歸之娣齊歸』，則襄公之妾也。妾母稱夫人，義見成風薨葬。」大蒐于比蒲。比音毗。《左傳》：「非禮也。」《公羊傳》：「大蒐者，簡車徒也。何以書？蓋以罕書也。」

其曰「大蒐」，越禮也。高氏曰：「大云者，僭天子之制也。八年書蒐，此書大蒐，見三家益強，車徒日衆也。夫蒐雖素定，然公以夫人之喪不自臨也。而大蒐不廢，則是三家者以馳騁田獵，間君喪也。」王氏《箋義》曰：「蒐于紅，夫子黜三家之盛，故不言大。今君有大喪，三家復大蒐于比蒲，故書曰大蒐。」君有重喪，國不廢蒐，不忌君也。劉氏曰：「何以書？譏。何譏爾？夫人薨而大蒐，非禮也。」三綱，軍政之本，君執此以馭其下，臣執此以事其上，政之大本於是乎在。君有三年之感，而國不廢一日之蒐，家氏曰：「歸氏雖非嫡母，魯君既尊以夫人之禮，則當從大喪之制。今也蒐不爲輟，是強家之不忌君，故智者知公室之將卑，乾侯之禍不旋踵而作。《春秋》繼夫人薨而書大蒐，以其同在此一月之內也。」則無本矣。然則君有重喪，喪不貳事，以簡車徒爲非禮也，乃有身從金革而無避

者，《禮記·曾子問》：「子夏曰：『三年之喪，卒哭，金革之事無辟也者，非與？』子曰：『昔者魯公伯禽，有爲爲之也。今以三年之喪從其利者，吾弗知也。』獨何歟？」曰：「喪不貳事，大比而簡車徒，則廢其常可也。有門庭之寇，而宗廟社稷之存亡繫焉，必從權制而無避矣。伯禽服喪，臨川吳氏曰：「服武王之喪。」徐夷並興，至于東郊，出戰之師，與築城之役同日並舉，度緩急輕重，蓋有不得已焉者矣。晉王克用薨，梁兵壓境，而莊宗決勝於夾寨，《五代史·唐紀》：「天祐五年，克用卒，長子存勖即王位。梁夾城兵聞晉有大喪，頗懈。王乃出兵上黨，直抵夾寨，分兵爲三道，鼓譟而入。梁軍大敗。」周太祖殂，契丹入寇，而世宗接戰於高平，《五代史·東漢世家》：「顯德元年，太祖崩。世宗即位。劉旻聞太祖晏駕，請兵于契丹。契丹以十萬助旻，旻自將兵三萬趨潞州。世宗親征，與旻戰于高平，漢兵敗績。」若此者，君行爲顯親，非不顧也；臣行爲愛君，非不忌也。惟審於緩急輕重之宜，斯可矣。」汪氏曰：「君有喪，既葬卒哭而服王事，大夫、士有喪，既葬卒哭弁経帶從金革之事。惡有小君之喪未葬而不廢講武之常事乎？」

仲孫貜會邾子，盟于祲祥。祲，子鴆反，又七林反。祲祥，《公》作「侵羊」。《左傳》：「孟僖子會邾莊公，盟于祲祥，脩好，禮也。泉丘人有女，夢以其帷幕孟氏之廟，遂奔僖子，其僚從之。反自祲祥，宿于薳氏，生懿子及南宫敬叔於泉丘人。其僚無子，使字敬叔。」王氏曰：「季孫當昭公有喪而講蒐禮，仲孫背齊歸之殯而從會盟，魯之臣子於君親盡矣。」高氏曰：「有子，無相棄也！」僖子使助薳氏之簉。

「始也盟葳盟趑,是魯君親與之盟。今公雖以夫人之喪,使獲會盟,自是何忌盟拔州仇,何忌盟句繹,是吾大夫與君盟,魯、邾之強弱,斷可知矣。雖與邾盟以脩好,然魯人之志,必欲滅邾而後已。此盟豈可信邪?」汪氏曰:「自邾倚齊靈,屢致兵於魯,魯藉晉霸之力,溴梁、祝柯兩執邾子,又取其田。既而魯納庶其、畀我之奔,邾受臧紇之奔,仇隙益深。至同盟重丘,齊、晉既睦。襄二十八年,邾君來朝。昭元年,魯會悼公之葬。是以此盟祲祥以脩好也。」○趙氏曰:「《左氏》云『禮也』。按《春秋》盟會是常,何獨於有喪之時而稱得禮?」○秋,季孫意如會晉韓起、齊國弱、宋華亥、衛北宮佗、鄭罕虎、曹人、杞人于厥憖。厥憖,《公》作「屈銀」。《左傳》:「楚師在蔡,晉荀吳謂韓宣子曰:『不能救陳,又不能救蔡,物以無親。晉之不能亦可知也。已為盟主而不恤亡國,將焉用之?』秋,會于厥憖,謀救蔡也。使狐父請蔡于楚,弗許。」杜氏曰:「不書救蔡,不果救。」文十五年,晉靈公帥八國之諸侯盟于扈,《春秋》略而不序者,謀伐齊而不克定其亂也。襄公三十年,叔孫豹會十二國之大夫于澶淵,諸國之大夫皆稱人,魯卿諱而不書者,視蔡亂而不能討其賊也。今楚將滅蔡,請于楚而弗許,晉之不能亦可知矣,曷為諸國猶序而大夫無貶乎?扈之盟,晉侯受賂弗克而還。音旋。諸侯略而不序,亡義利之分也;
按《左氏》,楚師在蔡,晉荀吳曰:『不能救陳,又不救蔡,物無以親。已為盟主而不恤亡國,將焉用之?』會于厥憖,謀救蔡也。使狐父請蔡于楚,弗許。」晉人使狐父請蔡于楚,弗許。」美惡周必復,王惡周矣。」蔡小而不順,楚大而弗德,天將棄蔡以壅楚,盈而罰之,蔡必亡矣。且喪君而能守者鮮矣。三年,王其有咎乎!遠,不能救也。已為盟主而不恤亡國,將焉用之?」秋,會于厥憖,謀救蔡也。鄭子皮將行。子產曰:『行不

澶淵之會，謀救宋災而不討蔡罪，大夫貶而稱人，魯卿諱而不書，失重輕之別也。亡義利之分為不仁，失重輕之別為不智。今晉與諸侯心欲救蔡而力弗加焉，則無惡也。凡此，見《春秋》明義利，審重輕，以恕待人而不求其備矣。襄陵許氏曰：「蔡能嬰城堅不下楚，此易助也。厥愁合天下之兵畏不敢救，遣使請命，示之不能，使楚益驕，有以量中國之力而卒取之，此韓起之罪也。」汪氏曰：「《春秋》書八國大夫會厥愁於楚師圍蔡之後，滅蔡之前，則中國失救患之義，雖微傳，其事著矣。夫恃強并弱，春秋之常也。故厥愁之大夫不能救蔡，不待貶絕而罪惡見。臣弒君，子弒父，非常之變也。故于扈之諸侯、澶淵之大夫，不能討賊，必待貶絕以見罪惡。」

附錄《左傳》：「單子會韓宣子于戚，視下，言徐。叔向曰：『單子其將死乎！朝有著定，會有表，衣有繪，帶有結。會朝之言必聞于表著之位，所以昭事序也；視不過結繪之中，所以道容貌也。言以命之，容貌以明之，失則有闕。今單子為王官伯，而命事於會，視不登帶，言不過步，貌不道容，而言不昭矣。不道，不共；不昭，不從。無守氣矣。』」

九月己亥，葬我小君齊歸。《左傳》：「葬齊歸，公不慼。晉士之送葬者，歸以語史趙。史趙曰：『必為魯郊。』侍者曰：『何故？』曰：『歸，姓也，不思親，祖不歸也。』叔向曰：『魯公室其卑乎！君有大喪，國不廢蒐；有三年之喪，無一日之慼。國不恤喪，不忌君也；君無慼容，不顧親也。殆其失國。』」《公羊傳》：「齊歸者何？昭公之母也。」○**冬，十有一月丁酉，楚師滅蔡，執蔡世子有以歸，用之。**有，《穀》作「友」。《左傳》：「冬十一月，楚子滅蔡，用隱大子于岡山。申無宇曰：『不

祥。五牲不相爲用,況用諸侯乎!王必悔之!」《公羊傳》:「此未踰年之君也,其稱世子何?不君靈公,不成其子也。不君靈公,則曷爲不成其子?誅君之子不立。非怒也,無繼也,惡乎用之。用之防奈何?蓋以築防也。」《穀梁傳》:「此子也,其曰世子,何也?不與楚殺也。一事注乎志,所以惡楚子也。」

內入國而以其君來,外滅國而以其君歸,皆服而以之,易詞也。既書滅蔡矣,又書執蔡世子有者,世子無降服之狀,強執以歸而虐用之也。陳氏曰:「滅而以歸,未有言執者。言執,弗臣之之辭也。是故均之爲滅國也,嘗臣之矣。書曰『以沈子嘉歸』,殺之,未嘗臣之也。書曰:『執蔡世子有以歸,用之。』或以爲「未踰年之君,其稱世子者,不君靈公,故不成其子」,非也。楚虔殺蔡般,棄疾圍其國,凡八月而見滅。世子在窮迫危懼之中,固未暇立乎其位,孫氏曰:「言世子有者,有未立也。公殺國圍,有窮迫危懼以至于死。此未立可知也。」安得以爲未踰年之君而稱子也!假使立乎其位,而般死於楚,其喪未至,不斂不葬,世子亦不成乎爲君矣。然世子繼世有國之稱,必以此稱蔡有者,父母之仇不與共天下,與民守國,效死不降,至於力屈就擒,虐用其身而不顧也。則有之爲世子之道,得矣! 劉氏曰:「世子,猶世子也。楚子虔誘蔡侯般其君,其子非正也,曷爲與之繼世?《春秋》之設辭也,非其人之謂也,蓋其道之謂也。楚子虔誘蔡侯般殺之,世子友守國,楚師圍之,八月而克之,不能服,於是乎虐用之。古者父母之仇,不與共天下,寢苫枕

戈終身，則友之爲者，盡於世子矣。」高氏曰：「楚子滅陳、蔡，皆稱師者，著其無道，恃衆彊滅之也。四月圍而十一月方滅者，世子有之力也。滅國而用世子者，怒其拒師之久也。用之者，以爲牲也。夫蔡本中國之諸侯，乃背中國而即夷狄，必以夷狄爲可恃也。今蔡侯既爲夷狄所誘而殺之，又從而滅其國，其世子又爲所執而虐用之以絶其世，然則夷狄何補於蔡哉？此萬世人君之戒也。楚子誘人君而殺之，乘人之喪而滅之，執其嫡嗣而歸用之，此不道之甚。聖人所以詳錄之者，非專罪夷狄也，乃所以罪吾中國既墜，伯統又絶，諸侯莫敢救，致夷狄之自恣，一至於此也。聖人所以詳錄之者，非專罪夷狄也，實何利於中國哉！」師氏曰：「《春秋》書滅國多矣，未有如此其暴者。」汪氏曰：「申無宇稱用諸侯，則世子有已嗣君位矣。特以其父誘死於外，其國被圍於内，狼狽憂虞，未能備爲君之禮。其書世子者，又以著世嫡之正也。」○劉氏曰：「其稱世子何？不君靈公，不成其子也。」廬陵李氏曰：「有之稱世子，《公羊》以爲此未踰年之君，宜稱子，今不君靈公，故不成其子也。誅君之子不立，非怒也，無繼也。此說胡氏已辨之矣。《穀梁》以爲不與楚殺也，其注尤無意義。獨胡氏主劉氏之言爲得之。其用之之義，《左氏》以爲祭山，范氏以爲祭社，《公羊》以爲用之築防。何氏曰『持其足以頭築防也』，《左氏》是。」

附録 《左傳》：「十二月，單成公卒。」○「楚子城陳、蔡、不羹。使棄疾爲蔡公。王問於申無宇曰：『棄疾在蔡何如？』對曰：『擇子莫如父，擇臣莫如君。鄭莊公城櫟而寘子元焉，使昭公不立。齊桓公城穀而寘管

仲焉,至于今賴之。臣聞五大不在邊,五細不在庭。親不在外,羈不在內,今棄疾在外,鄭丹在內,君其少戒!」王曰:『國有大城,何如?』對曰:『鄭京、櫟,實殺曼伯;宋蕭、亳,實殺子游;齊渠丘,實殺無知;衛蒲、戚,實出獻公。若由是觀之,則害於國。末大必折,尾大不掉,君所知也。』」

辛未景王十五年。**十有二年**晉昭二。齊景十八。衛靈五。蔡滅。鄭簡三十六,卒。曹武二十五。陳滅。杞平六。宋元二。秦哀七。楚靈十一。吳夷末十四。**春,齊高偃帥師納北燕伯于陽。**《左傳》:「春,齊高偃納北燕伯欵于唐,因其衆也。」《公羊傳》:「伯于陽者何?公子陽生也。子曰:『我乃知之矣。』在側者曰:『子苟知之,何以不革?』曰:『如爾所不知何?《春秋》之信史也。其序,則齊桓、晉文;其會,則主會者爲之也;其詞,則丘有罪焉爾。』《穀梁傳》:「納者,內不受也。燕伯之不名,何也?不言于燕,未得國都也。偃,高傒玄孫。不以高偃挈燕伯也。」杜氏曰:「三年,燕伯出奔齊。今因唐衆欲納之,故得先入唐。不言于燕,即唐,燕別邑,中山有唐縣。」茅堂胡氏曰:「諸侯失國,諸侯納之,正也;大夫納之,非也。」高氏曰:「三年北燕伯出奔齊,六年齊將納之而不果,歀播越在外,蓋十年矣。失國之難反如此。」張氏曰:「燕伯出奔名,而納之不名。其罪未至如衛朔、鄭突。」陳氏曰:「燕伯入陽,與衛獻入夷儀,皆以亂臣迫逐而出,因大國之力以入於其邑而已。衛侯朔入衛,不言納;納頓子,不言奔。奔且言納者,北燕伯歀,所以正君臣之分。」○劉氏曰:「《公羊》云:『伯于陽者,公子陽生也。』非也。《公羊》謂孔子作《春秋》,用百二十國寶書,辭也。」豈悉如此殘缺乎?」○**三月壬申,鄭伯嘉卒。**《左傳》:「三月,鄭簡公卒。將爲葬除,及游氏之廟,將毀

焉。子大叔使其除徒執用以立,而無庸毀,曰:『子產過女,而問何故不毀,乃曰:「不忍廟也。」諾,將毀矣。』既如是,子產乃使辟之。司墓之室有當道者,毀之,則朝而堋;弗毀,則日中而堋。子大叔請毀之,曰:『無若諸侯之賓何?』子產曰:『諸侯之賓能來會吾喪,豈憚日中?無損於賓,而民不害,何故不爲?』遂弗毀,日中而葬。君子謂子產於是乎知禮。禮,無毀人以自成也。」高氏曰:「鄭去中國即楚久矣。至於簡公,乘晉悼之方興,以國反正,遂息諸侯之兵。子產相之,薰然慈仁,民蒙其惠,蔚爲春秋之賢諸侯。」○

夏,宋公使華定來聘。《左傳》:「夏,宋華定來聘,通嗣君也。享之,爲賦《蓼蕭》,弗知,又不答賦。昭子曰:『必亡。宴語之不懷,寵光之不宣,令德之不知,同福之不受,將何以在?』」高氏曰:「公始以卿共平公之葬,故宋元公嗣位,而即使來聘也。」

附録《左傳》:「齊侯、衛侯、鄭伯如晉,朝嗣君也。」

公如晉,至河乃復。《左傳》:「取鄆之役,莒人愬于晉,晉有平公之喪,未之治也,故辭公。公子憖遂如晉。」《穀梁傳》:「季孫氏不使遂乎晉也。」茅堂胡氏曰:「《穀梁》曰:『季孫氏不使遂乎晉也。』然公有夫人齊歸之喪,未及練祥而出行朝禮,已不立矣。雖微季孫氏,其能遂乎?」家氏曰:「魯受莒之叛臣、叛邑,敗其師,伐其國,又取其地,然皆季氏之所爲。明年晉人執意如,亦知罪之所在,而公每至晉,輒爲所卻,豈晉之諸臣,曲爲季氏之地,公有辭而不能以自伸歟?」

附録《左傳》:「晉侯享諸侯,子產相鄭伯,辭於享,請免喪而後聽命。晉人許之,禮也。晉侯以齊侯宴,中行穆子相。投壺,晉侯先,穆子曰:『有酒如淮,有肉如坻。寡君中此,爲諸侯師。』中之。齊侯舉矢,

曰：「有酒如澠，有肉如陵。寡人中此，與君代興。」亦中之。伯瑕謂穆子曰：「子失辭。吾固師諸侯矣，壺何爲焉，其以中儁乎？齊君弱吾君，歸不來矣。」穆子曰：「吾軍帥強禦，卒，乘競勸，今猶古也，齊將何事？」公孫傁趨進，曰：「日旰君勤，可以出矣！」以齊侯出。」

五月，葬鄭簡公。《左傳》：「六月，葬鄭簡公。」杜氏曰：「三月而葬，速。」○楚殺其大夫成熊。熊，《公》作「然」，《穀》作「虎」。《左傳》：「楚子謂成虎，若敖之餘也，遂殺之。或譖成虎於楚子，成虎知之，而不能行。書曰『楚殺其大夫成虎』，懷寵也。」家氏曰：「虞以猜忌信讒，殺無罪之大夫，故以累上之辭書之。」

附録 《左傳》：「晉荀吳偽會齊師者，假道於鮮虞，遂入昔陽。秋八月壬午，滅肥，以肥子緜皋歸。」○「周原伯絞虐，其輿臣使曹逃。冬十月壬申朔，原輿人逐絞，而立公子跪尋。絞奔郊。」○「甘簡公無子，立其弟過。過將去成、景公之族。成、景之族賂劉獻公，丙申，殺甘悼公，而立成公之孫鰌。丁酉，殺獻太子之傅庚皮之子過，殺瑕辛于市，及宮嬖綽、王孫沒、劉州鳩、陰忌、老陽子。」

秋，七月。○冬，十月，公子憖出奔齊。憖，《公》作「慭」。《左傳》：「季平子立，而不禮於南蒯。南蒯謂子仲：『吾出季氏，而歸其室於公，子更其位，我以費爲公臣。』子仲許之。南蒯語叔仲穆子，且告之故。叔仲子欲構二家，謂平子曰：『三命踰父兄，非禮也。』平子曰：『然。』故使昭子。昭子曰：『叔孫氏有家禍，❶殺適立庶，故婼也及此。若因禍以斃

❶「氏」，原脱，今據阮刻本《春秋左傳正義》補。

之，則命固有著矣。若不廢君命，則固有著矣。」昭子朝，而命吏曰：「婼將與季氏訟，書辭無頗」。季孫懼，而歸罪於叔仲子。故叔仲小、南蒯、公子憖謀季氏。憖告公，而遂從公如晉。南蒯之將叛也，其鄉人或知之，過之而歎，且言曰：「恤恤乎，湫乎攸乎！深思而淺謀，邇身而遠志，家臣而君圖，有人矣哉！」南蒯枚筮之，遇坤䷁之比䷇，曰『黃裳元吉』，以爲大吉也。示子服惠伯，曰：「即欲有事，何如？」惠伯曰：「吾嘗學此矣，忠信之事則可，不然必敗。外強內溫，忠也。和以率貞，信也，故曰「黃裳元吉」。黃，中之色也；裳，下之飾也；元，善之長也。中不忠，不得其色，下不共，不得其飾。事不善，不得其極。外內倡和爲忠，率事以信爲共，供養三德爲善，非此三者弗當。且夫《易》，不可以占險，將何事也？且可飾乎？中美能黃，上美爲元，下美則裳，參成可筮。猶有闕也，筮雖吉，未也。」將適費，飲鄉人酒。鄉人或歌之曰：「我有圃，生之杞乎！從我者子乎，去我者鄙乎，倍其鄰者恥乎！已乎已乎！非吾黨之士乎！」平子欲使昭子逐叔仲小，小聞之，不敢朝。昭子命吏謂小待政於朝，曰：『吾不爲怨府。」陳氏曰：「奔辭有三，公孫敖如京師，不至而復；丙戌奔莒，未將命之辭也；公孫歸父如晉，還自晉，至笙，遂奔齊，復命之辭也。憖與南蒯謀季氏，告公而遂從公如晉，南蒯以費叛，憖還及郊，未復命，聞亂，遂奔齊。季氏之出其君有以也。則憖有奔焉耳。」高氏曰：「季氏之臣南蒯，將去季氏而立憖，不克而以費叛，憖遂奔齊。是以君子譏其妄而哀其志也。」〇**楚子伐徐。**《左傳》：「楚子狩于州來，次于潁尾，使蕩侯、潘子、司馬督、囂尹午、陵尹喜帥師圍徐以懼吳。楚子次于乾谿，以爲之援。雨雪，王皮冠，秦復陶，翠被，豹舄，執鞭以出。僕析父從。右尹子革夕，王見之，去冠、被，舍鞭，與之語，

曰：「昔我先王熊繹與呂級、王孫牟、燮父、禽父並事康王，四國皆有分，我獨無有。今吾使人於周，求鼎以為分，王其與我乎？」對曰：「與君王哉！昔我先王熊繹辟在荊山，篳路藍縷以處草莽，跋涉山林以事天子，唯是桃弧、棘矢以共禦王事。齊，王舅也；晉及魯、衛，王母弟也。楚是以無分，而彼皆有。今周與四國服事君王，將唯命是從，豈其愛鼎？」王曰：「昔我皇祖伯父昆吾，舊許是宅。今鄭人貪賴其田，而不我與。我若求之，其與我乎？」對曰：「與君王哉！周不愛鼎，鄭敢愛田？」王曰：「昔諸侯遠我而畏晉，今我大城陳、蔡、不羹，賦皆千乘，子與有勞焉，諸侯其畏我乎！」對曰：「畏君王哉！是四國者，專足畏也。又加之以楚，敢不畏君王哉！」工尹路請曰：「君王命剝圭以為鏚柲，敢請命。」王入視之。析父謂子革：「吾子，楚國之望也。今與王言如響，國其若之何？」子革曰：「摩厲以須，王出，吾刃將斬矣。」王出，復語。左史倚相趨過，王曰：「是良史也，子善視之！是能讀《三墳》、《五典》、《八索》、《九丘》。」對曰：「臣嘗問焉，昔穆王欲肆其心❶，周行天下，將皆必有車轍馬跡焉。祭公謀父作《祈招》之詩以止王心，王是以獲沒於祇宮。臣問其詩而不知也，若問遠焉，其焉能知之？」王曰：「子能乎？」對曰：「能。其詩曰：『祈招之愔愔，式昭德音。思我王度，式如玉，式如金。形民之力，而無醉飽之心。』」王揖而入，饋不食，寢不寐，數日，不能自克，以及於難。仲尼曰：「古也有志：『克己復禮，仁也。』信善哉！楚靈王若能如是，豈其辱於乾谿？」盧陵李氏曰：「僖十五年書『楚人伐徐，吳之姻國也。楚人疾吳，故遷怒於徐。既執其君，又伐其國也。」

❶「心」，原作「志」，今據阮刻本《春秋左傳正義》改。

徐」。敗徐之後，徐世從楚，至是再伐，則以吳故也。」不正其與夷狄交伐中國，故狄稱之也。」程子曰：「晉假道於鮮虞而遂伐之，見利忘義，夷狄之道也。」

「其曰晉，狄之也，其狄之何也？

○晉伐鮮虞。《左傳》：「因肥之役也。」《穀梁傳》：

《左氏》曰，晉荀吳僞會齊師者，假道鮮虞，遂入昔陽。冬，書「晉伐鮮虞」，狄之也。獻公假道於虞以滅虢，因執虞公，則以師與人稱之。今晉雖爲諼，固可罪也。而狄之，不亦過乎？楚奉孫吳討陳，因以滅陳，誘蔡般殺之，因以滅蔡。晉人視其殘虐莫能救，則亦已矣。而效其所爲以伐人國，是中國居而夷狄行也。特書『晉師』，其執虞公也，書『晉人』，今伐鮮虞，書人若師可也。能伐虞而不救陳、蔡，非力不足也，棄諸侯也。故以夷書之。」蘇氏曰：「晉獻公假道於虞以滅虢也。楚滅陳、蔡，而晉不救，力誠不能，君子不罪也。今伐鮮虞，書人若師可也。書『晉人』深罪之也。」

中國之所以爲中國，信、義而已矣。一失則爲夷、狄，再失則爲禽獸。禽獸逼人，人將相食。自春秋末世至于六國亡秦，變詐並興，傾危成俗，河決魚爛，不可壅而收之，皆失信棄義之明驗也。《春秋》謹嚴於此，制治未亂，拔本塞源之意，豈曰過乎？」劉氏曰：「僞會齊師而假道，因不備而伐之，非夷狄而何？」薛氏曰：「以夷狄之道攻夷狄，亦狄道爾。」常山劉氏曰：「夫信明義，中國之道也；懷利尚詐，夷狄之道也。晉悖中國之道，反行夷狄之事，故書『晉』以狄之。噫，人之所以遠於夷狄者，惟在於義利誠僞之間耳！中國一失則遂入於夷狄，可

不慎哉！」陳氏曰：「狄，晉也。晉主諸侯之盟，《春秋》之狄秦，以晉故也；狄鄭，亦以晉故也。則其狄晉何？晉之君卿，無中國之志也。楚虔，弑君之賊也，而執齊慶封，放陳孔奐，殺蔡侯般，假討賊之名以盟諸夏，而晉連年有事，於狄鮮虞，吳入郢，於越入吳，晉猶圍鮮虞也。是故自成、襄之《春秋》，晉雖或競於楚，略之不書也。詳於狄事而不詳於楚，則晉無中國之志也，於是故狄晉。而敗狄于交剛，于大鹵，滅赤狄、潞氏、甲氏及留吁，則詳志之。而滅肥不書，滅鼓不書，莫重於狄晉。苟狄晉矣，餘不足書也。」

壬申 景王十六年。十有三年晉昭三。齊景十九。衛靈六。蔡平公廬元年。鄭定公寧元年。曹武二十六。陳惠公吳元年。杞平七。宋元三。秦哀八。楚靈十二，弑。吳夷末十五。

春，叔弓帥師圍費。《左傳》：「春，叔弓圍費，弗克，敗焉。平子怒，令見費人，執之以爲囚俘。冶區夫曰：『非也。若見費人，寒者衣之，飢者食之，爲之令主而共其乏困，費來如歸，南氏亡矣。民將叛之，誰與居邑？若憚之以威，懼之以怒，民疾而叛，爲之聚也。若諸侯皆然，費人無歸，不親南氏，將焉入矣？』平子從之，費人叛南氏。」費，內邑也。命正卿爲主將，舉大衆圍其城，若敵國然者，家臣強、大夫弱也。語不云乎，「有一言可以終身行之者，其恕矣夫。己所不欲，勿施於人」「所惡於下者，毋以事上也；所惡於上者，毋以使下也」。然後家齊而國治矣。季孫意如以所惡於其臣，出乎爾者反乎爾，宜南蒯之及此也。其書圍費，欲著其實，不沒之也。陸氏曰：「凡《春秋》之法，不書內叛，反求諸己而已矣。臣以邑叛，悉不書叛，但書大夫圍之，則邑叛可知矣。且罪大夫無政，而使家臣得專邑以叛也。克之不臣以邑叛，悉不書叛，

書，本非他國之邑也。」高氏曰：「費，季氏邑也。叔弓帥師圍之，見家臣之強、季氏之無君也。家臣以邑叛，不以君命，而使大夫討之，如是則大夫非魯之大夫也，季氏之大夫也；師非魯之師也，季氏之師也。如是而欲討叛，不思之甚也。」○劉氏曰：「使周之王必無廢文、武之法，無過失之道，諸侯雖大，國敢慢？諸侯必無僭天子，其大夫執叛？大夫必無脅其君，其陪臣執叛？故南蒯雖以費入齊，而《春秋》未以叛誅蒯，非寬蒯弗誅也，事有本末，法有原告，季氏未得以叛名蒯，其不正相乘，非一日之積。正其本，此之謂王者之術。」汪氏曰：「經書帥師圍內邑者五，圍棘者，復汶陽田而棘不服也，圍費、圍鄆、兩圍邱者，家臣強而以邑叛也。復本國之邑，而書之如攻他國之邑者，譏不能修德以服其民也；討本邑之叛，而書之如復舊邑者，譏不能正己以馭其臣也。故曰『治人不治，反其智』，其身正，而天下歸之。」

夏，四月，楚公子比自晉歸于楚，弒其君虔于乾谿。谿，《穀》作「溪」。《左傳》：「楚子之爲令尹也，殺大司馬蔿掩而取其室。及即位，奪蔿居田，遷許而質許圍。蔡洧有寵於王，王之滅蔡也，其父死焉，王使與於守而行。申之會，越大夫戮焉。王奪鬬韋龜中犫，又奪成然邑，而使爲郊尹。蔓成然故事蔡公、鬬氏之族及蔿居、許圍、蔡洧、蔓成然，皆王所不禮也，因群喪職之族啓越大夫常壽過作亂，圍固城，克息舟，城而居之。觀起之死也，其子從在蔡，事朝吳，曰：『今不封蔡，蔡不封矣。我請試之。』蔡人聚，將執之。辭曰：『失賊成軍，而殺於蔡，及郊，而告之情，強與之盟，入襲蔡。蔡公將食，見之而逃。觀從使子干食，坎用牲，加書而速行。己徇於蔡，曰：『蔡公召二子，將納之，與之盟而遣之矣，將師而從之。』蔡人聚，將執之。辭曰：『失賊成軍，而殺予，何益？』乃釋之。朝吳曰：『二三子若能死亡，則如違之，以待所濟。若求安定，則如與之，以濟所欲。

且違上，何適而可？」衆曰：「與之！」乃奉蔡公，召二子而盟于鄧，依陳、蔡人以國。楚公子比、公子黑肱、公子棄疾，蔓成然、蔡朝吳帥陳、蔡不羹、許、葉之師，因四族之徒，以入楚。及郊，陳、蔡欲爲名，故請爲武軍。蔡公知之，曰：「欲速，且役病矣，請藩而已。」乃藩爲軍。蔡公使須務牟與史猈先入，因正僕人殺太子禄及公子罷敵。公子比爲王，公子黑肱爲令尹，次于魚陂。公子棄疾爲司馬，先除王宮，使觀從從師于乾谿，而遂告之，且曰：「先歸復所，後者劓。」師及訾梁而潰。王聞群公子之死也，自投于車下，曰：「人之愛其子也，亦如余乎？」侍者曰：「甚焉，小人老而無子，知擠于溝壑矣。」王曰：「余殺人子多矣，能無及此乎？」右尹子革曰：「請待于郊，以聽國人。」王曰：「衆怒不可犯也。」曰：「若入於大都，而乞師於諸侯。」王曰：「皆叛矣。」曰：「若亡於諸侯，以聽大國之圖君也。」王曰：「大福不再，祇取辱焉。」然丹乃歸于楚。王沿夏，將欲入鄢。芋尹無宇之子申亥曰：「吾父再奸王命，王弗誅，惠孰大焉？君不可忍，惠不可棄，吾其從王。」乃求王，遇諸棘闈以歸。夏五月癸亥，王縊於芋尹申亥氏。申亥以其二女殉而葬之。」《公羊傳》：「此弒其君，其言歸何？歸無惡於弒立者何？靈王爲無道，作乾谿之臺，三年不成，楚公子棄疾脅比而立之。然後令于乾谿之役曰：『比已立矣，後歸者不得復其田里。』衆罷而去之，靈王經而死。」《穀梁傳》：「自晉，晉有奉焉爾。歸而弒，不言歸，非弒也。歸一事也，弒一事也，而遂言之，以比之歸弒，比不弒也。弒君者曰：不曰，比不弒也。」杜氏曰：「乾谿在譙國城父縣南。」

❶「其」，原脱，今據四庫本及阮刻本《春秋左傳正義》補。

楚師伐徐，楚子虔次于乾谿爲之援。公子棄疾君陳、蔡主方城之外，有觀從者，率群失職。以棄疾命召比于晉。既至，脅比而立之，令于乾谿曰：「先至者復其田里。」師潰而歸。楚子經而死。或曰：「昭元年楚虔弑立，比出奔晉。十三年比歸，而虔縊于棘圍。則比未嘗一日北面事虔爲之臣，虔又弑立，固非比之君矣。而書曰比弑其君虔，何也？」曰：「凡去國出奔，而君不以爲臣，則晉於欒盈，固非比之君，則公子鱄於衛是也。事見《左傳》襄公二十七年。若去國雖久，而爵祿有列於朝，出入有詔於國，《禮記·曲禮》注：「君不絕其祖祀，復立其族，卿、大夫吉凶往來相赴告。」不掃其墳墓，不收其田里，不繫纍其宗族，即君臣之分猶在也。比雖奔晉，而晉人以羈待比，以國底音旨。禄，固楚之亡公子也。楚又未嘗錮之，如晉之於欒盈；比又未嘗不向楚而坐，如子鮮之於衛，安得以爲比非楚臣，而虔非比之君乎？《春秋》書比弑其君虔，明於君臣之義也。」資中黃氏曰：「比立時，靈王未死。使靈王若得復國，則比自是首惡無疑。」或曰：「虔弑郟敖以立，比之獲罪，豈其無討賊之心，而徒貪夫位歟？」曰：「《春秋》罪比不明乎君臣之義，不責其無討賊之心。夫比雖當次及之序，以取國言之，比具五難而棄疾有五利，此事之變也。爲比者宜乎效死不立。若國有所歸，爲曹子臧、魯叔肸，不亦善乎？不然，身居令尹，都貴戚之卿，爲社稷鎮，亂不自己亦可也。今乃脅於勢而忘其守，怵於

利而忘其義,被之大惡,欲辭而不可得矣。爲人臣而不知《春秋》,守經事而不知其宜,遭變事而不知其權者,若此類是也。悲夫,聖人垂戒之意明矣!」蘇氏曰:「比將爲君,不曰楚比,而曰公子比,何也?比之歸,非其謀也。亂始於觀從,而成於棄疾,以比爲名而已。比迫於觀從而以身許之,以致虔死,則比雖不弑,而弑君之名,比尸之矣。比之歸也,虔猶在楚,其不曰入何也?觀從召之,蔡人與之,楚人不拒,則比之歸無難矣。」高氏曰:「先書比歸者,明在外,本無弑君之心也。及其以棄疾之請,遂有得位之心。故復言弑者,正比之首惡也。既曰歸于楚,又曰弑于乾谿者,非比親弑之也,加之罪耳。比奔晉十三年矣,其能一旦自外歸而弑其君乎?然棄疾脅比而立,虔自縊而死,若比不從棄疾之脅,則虔疾未必死。棄疾不得立,則無以濟其亂。比見利而動,遽欲爲君,則成虔之縊者,比也。比效死不立則可矣,既立,又焉得避是名哉!若使人之受其名也,己享其利,則後世姦人之禍也。」家氏曰:「虔雖篡弑之賊,然賊可討而不可代也,代之則與之俱爲篡弑之人,《春秋》之義必有所不容矣。故聖人正名比之弑君,所以絕後世姦人之禍也。」○汪氏者,莫不皆實力焉。故聖人正名比之弑君,所以絕後世姦人之禍也。比之則殺者爲義,篡者爲賊,從討州吁、無知之例可也。及今而後殺之,又代居其位,不得謂之討賊矣。比雖未嘗事虔,然虔兄也,比弟也,虔君楚國,比自外歸爲君而虔死,不曰弑君,可乎?《穀梁》曰:『言歸,非弑也。』然里克、商人、陳乞之弑,皆不日,豈皆不弑乎?《穀梁》於許買之弑,則曰:『日弑,正卒也。』正卒則正不弑也。或曰或不日,皆曰不弑,若何而明之哉?今考之

經，齊連稱、管至父弒諸兒而立無知為君，則書曰「無知弒君」晉夷臯、州蒲既弒，而後公子黑臀、公孫周歸于晉以為君，則不書黑臀與周為弒君也。《春秋》以弒虔之罪歸獄於比者，蓋楚共之子，長則康王，次虔，次比，次黑肱，次棄疾。棄疾因虔無道而謀代其位，以己次居幼，不足以服國人，故脅比而君之。而虔之殞，實在比立之後。叔向謂比涉五難以弒舊君，當時蓋亦以比為首惡矣。雖化及聞謀變色流汗，迎入朝堂，戰慄不能言，而邵子《經世》書、朱子《綱目》皆書化及弒君，且不以煬帝為弒君父之賊而末減也。其得《春秋》書楚比之義矣。」

楚公子棄疾殺公子比。

殺，《公》作「弒」。《左傳》：「觀從謂子干曰：『不殺棄疾，雖得國，猶受禍也。』子干曰：『余不忍也。』子玉曰：『人將忍子，吾不忍俟也。』乃行。國每夜駭曰：『王入矣！』乙卯夜，棄疾使周走而呼曰：『王至矣！』國人大驚，使蔓成然走告子干、子晳曰：『王至矣，國人殺君，司馬將來矣。君若早自圖也，可以無辱。眾怒如水火焉，不可為謀。』又有呼而走至者，曰：『眾至矣！』二子皆自殺。丙辰，棄疾即位，名曰熊居。葬子干于訾，實訾敖。殺囚，衣之王服，而流諸漢，乃取而葬之，以靖國人。使子旗為令尹。楚師還自徐，吳人敗諸豫章，獲其五帥。平王封陳、蔡，復遷邑，致群賂，施舍、寬民、宥罪、舉職。召觀從，王曰：『唯爾所欲。』對曰：『臣之先佐開卜。』乃使為卜尹。使枝如子躬聘于鄭，且致蠻、櫟之田。事畢弗致。鄭人請曰：『聞諸道路，將命寡君以蠻、櫟，敢請命。』對曰：『臣未聞命。』既復，王問蠻、櫟，降服而對曰：『臣過失命，未之致也。』王執其手，曰：『子毋勤！姑歸，不穀有事，其告子也。』他年，芋尹申亥以王柩告，

乃改葬之。初，靈王卜曰：『余尚得天下！』不吉。投龜，詬天而呼曰：『是區區者而不余畀，余必自取之。』民患王之無厭也，故從亂如歸。初，共王無冢適，有寵子五人，無適立焉。乃大有事于群望，而祈曰：『請神擇於五人者，使主社稷。』乃徧以璧見於群望，曰：『當璧而拜者，神所立也，誰敢違之？』既，乃與巴姬密埋璧于大室之庭，使五人齊，而長入拜。康王跨之，靈王肘加焉，子干、子皙皆遠之。平王弱，抱而入，再拜，皆厭紐。鬭韋龜屬成然焉，且曰：『棄禮違命，楚其危哉！』子干歸，韓宣子問於叔向曰：『子干其濟乎！』對曰：『難。』宣子曰：『同惡相求，如市賈焉，何難？』對曰：『無與同好，誰與同惡？取國有五難：有寵而無人，一也；有人而無主，二也；有主而無謀，三也；有謀而無民，四也；有民而無德，五也。子干在晉，十三年矣。晉、楚之從，不聞達者，可謂無人。族盡親叛，可謂無主。無釁而動，可謂無謀。亡無愛徵，可謂無民。王虐而不忌，楚君子干，涉五難以弒舊君，誰能濟之？有楚國者，其棄疾乎！君陳、蔡，城外屬焉。苟慝不作，盜賊伏隱，私欲不違，民無怨心。先神命之，國民信之。羋姓有亂，必季實立，楚之常也。獲神，一也；有民，二也；令德，三也；寵貴，四也；居常，五也。有五利以去五難，誰能害之？子干之官，則右尹也；數其貴寵，則庶子也；以神所命，則又遠之。其貴亡矣，其寵棄矣。民無懷焉，國無與焉，將何以立？』宣子曰：『齊桓、晉文不亦是乎？』對曰：『齊桓、衛姬之子也，有寵於僖；有鮑叔牙、賓須無、隰朋以為輔佐，有莒、衛以為外主，有國、高以為內主；從善如流，下善齊肅，不藏賄，不從欲，施舍不倦，求善不厭。是以有國，不亦宜乎？我先君文公，狐季姬之子也，有寵於獻；好學而不貳，生十七年，有士五人。有先大夫子餘、子犯以為腹心，有魏犫、賈佗以為股肱，有齊、宋、秦、楚以為外主，有欒、郤、

狐、先以爲內主，亡十九年，守志彌篤。惠、懷棄民，民從而與之。獻無異親，民無異望。天方相晉，將何以代文？」此二君者，異於子干。共有寵子，國有奧主；無施於民，無援於外，去晉而不送，歸楚而不逆，何以冀國？』《公羊傳》：「比已立矣，其稱公子何？其意不當也。其意不當，曷爲加弒焉爾？比之義宜乎效死不立。大夫相殺稱人，此其稱名氏以弒何？言將自是爲君也。」《穀梁傳》：「當上之辭也。當上之辭，謂不稱人以殺，乃以君殺之也。討賊以當上之辭，殺非弒也。比之不弒有四，取國者稱國以弒，楚公子棄疾殺公子比，比不嫌也。《春秋》不以嫌代嫌，棄疾主其事，故嫌也。」

棄疾立比爲王，而己爲司馬，固君比矣，而又殺之，則宜書曰「殺公子比」，何也？初，子干歸自晉，觀從假棄疾命而召之來，則來，坎牲、加書而強之盟，帥四族衆而使之入楚，則入；殺太子祿而立之爲王，則王；周走而呼於國中，謂衆怒如水火而逼之自殺，則自殺。其行止遲速、去就死生，皆觀從與國人所爲，而比未嘗可否之也，安得爲棄疾之君乎？汪氏曰：「比未能君楚，故不爲棄疾之君也。」然比，兄也；黑肱，弟也；棄疾，其季弟也。立比爲王，肱爲令尹，疾爲司馬，蓋國人以長幼之序立之也，則宜書曰楚人殺比，而《春秋》變文歸獄棄疾者，誅其本意在於代比，而非討之也。雖微傳，其事著矣。所謂輕重之權衡，曲直之繩墨，而懷惡者亦無所隱其情矣。趙氏曰：「棄疾假立爲君，國人心亦未服。比雖立，亦未如君，故以立爲君，而棄疾不以賊討比，則是殺比而奪之位。

兩下相殺之辭言之也。不言棄疾之殺其兄，比亦殺兄，俱無骨肉之愛也。」張氏曰：「公子比已爲王，棄疾爲司馬，則君臣若已定矣。及棄疾殺比，乃不以弒君書者，君臣之分未定，而棄疾譎殺之也。比貪爲君之利，不能效死不立，不得不伏首惡之罪。若夫分未正而以譎殺之於曖昧之中，目之以兩下相殺可矣，未可稱弒君也。」高氏曰：「比復稱公子，不以討賊之辭加之者，非討賊也，殺而代之也，憫比墮棄疾之謀以深罪棄疾也。棄疾本圖位而脅立比，比既立，遂殺而篡之，改名曰居，蓋弒君之人，名在諸侯之策，故公子圍改名虔，公子棄疾改名居。」陳氏曰：「比蒙首惡之名，則殺之宜稱人。其曰『楚公子棄疾殺公子比』何？靈王之弒，棄疾爲之也，則是以公子殺公子耳，非討賊也。書弒其君比，書比疑於齊舍；書楚人殺比，則棄疾疑於石碏、雍廩。不然，是兩下之獄，勿書可也。《春秋》之修辭謹矣！」廬陵李氏曰：「比若實弒君，則不當仍書公子；棄疾若真討賊，則不當不書人；楚國若實君比，則不當不書其君。書公子，則比異於州吁、無知；不書人，則棄疾異於石碏、雍廩；不書其君，則楚人視比異於商人、蔡般。此《春秋》之變文也。」○汪氏曰：「《公羊》作『弒公子比』。夫弒者，下殺上之辭，故雖里克弒君之子，猶書曰殺，安有書公子某弒公子某之文哉！」

秋，公會劉子、晉侯、齊侯、宋公、衛侯、鄭伯、曹伯、莒子、邾子、滕子、薛伯、杞伯、小邾子于平丘。

《左傳》：「晉成虒祁，諸侯朝而歸者皆有貳心，爲取鄶故，晉將以諸侯來討。叔向曰：『諸侯不可不示威。』乃並徵會，告于吳。秋，晉侯會吳子于良，水道不可，吳子辭，乃還。七月丙寅，治兵於邲南，甲車四千乘。羊舌鮒攝司馬，遂合諸侯于平丘。子產、子大叔相鄭伯以會，子產以幄幕九張行，子大叔以四十，

既而悔之,每舍損焉,及會亦如之。次於衛地,叔鮒求貨於衛,淫芻蕘者。衛人使屠伯饋叔向羹與一篋錦,曰:「諸侯事晉,未敢攜貳;況衛在君之宇下,而敢有異志?芻蕘者異於他日,敢請之。」叔向受羹反錦,曰:「晉有羊舌鮒者,瀆貨無厭,亦將及矣。為此役也,子若以君命賜之,其已。」客從之,未退而禁之。杜氏曰:「劉子、獻公,王卿士。平丘,在陳留長垣縣南。」

按《左氏》晉成虒祁,諸侯朝而歸者皆有貳心。齊侯往朝于晉,燕而投壺,曰:「寡人中此,與君代興。」晉人知其亦將貳也。叔向曰:「諸侯不可以不示威。」乃並徵會,治兵于邾南,甲車四千乘,遂合諸侯于平丘。方是時,楚人暴橫,陵蔑中華。在宋之盟,爭晉先歃。及虢之會,仍讀舊書,遂召諸侯為申之舉,遷賴於鄢,縣陳滅蔡,此乃敵國外患,臨深履薄、恐懼省戒之時,其君當倚於法家拂音弼士,以德修國政;其臣當急於責難陳善,以禮格君心。內結夏盟,外攘夷狄,復悼公之業,若弗暇也。今乃施施然安於不競,無憤恥自強之志,惟宮室臺榭是崇是飾,及諸侯皆貳,顧欲示威徵會,而以兵甲耀之,不亦末乎?《春秋》之法,制治于未亂,保邦于未危,貴事之預,恥以苟成而不要諸道者也。是以深惡此會,如下文所貶云。明其義者,然後知仲尼作經,於一臺囿之築,一宮室門觀之作,必謹而書,以重民力。其弭亂持危、固結人心之慮遠矣。張氏曰:「晉平主盟,內惑於寵嬖,以女色蠱其心;外崇建宮室,以侈麗誇諸侯。故楚虔盡召諸侯,而肆為宗主,吞滅親姻,坐視不救。及平公

卒，昭公立，而楚虔斃，乃幸楚亂，欲立威以服諸侯，而不知大勢已去。徒治親暱，本末倒置，內外離心，諸侯益貳。此平丘之會，所以益曆霸業也。」陳氏曰：「晉之不自強於主盟，自重丘而後，皆大夫爾。於是復合諸侯，叔向請之，劉子臨之，諸夏猶有屬焉。而齊人不可，鄭人爭承，魯不預盟。列國之君、大夫旅見於楚。晉之合諸侯由是止。鄢陵之後，參盟復作，晉非盟主矣。」汪氏曰：「晉主夏盟，不競於楚久矣。以諸侯皆貳而會平丘，然不能修德以感人心，而徒示甲兵之威，不能辨分以服人心，乃盟天子之老。是以雖大合十三國之君，而臨之以劉獻公。文、悼之會盟，未有如斯之盛，而卒失霸業者，無其本而專事其末故也。晉昭在位僅六年，始會八國之大夫而不能救蔡，繼會十三國之諸侯而不能振霸業，其亦不足稱矣。」

八月甲戌，同盟于平丘。《左傳》：「晉人將尋盟，齊人不可。晉侯使叔向告劉獻公曰：『抑齊人不盟，若之何？』對曰：『盟以底信，君苟有信，諸侯不貳，何患焉？告之以文辭，董之以武師，雖齊不許，君庸多矣。天子之老請帥王賦，元戎十乘，以先啟行，遲速唯君。』叔向告于齊，曰：『諸侯求盟已在此矣。今君弗利，寡君以爲請。』對曰：『諸侯討貳，則有尋盟。若皆用命，何盟之尋？』叔向曰：『國家之敗，有事而無業，事則不經；有業而無禮，經則不序；有禮而無威，序則不共；有威而不昭，共則不明。不明棄共，百事不終，所由傾覆也。是故明王之制，使諸侯歲聘以志業，間朝以講禮，再朝而會以示威，再會而盟以顯昭明。志業於好，講禮於等，示威於衆，昭明於神，自古以來，未之或失也。存亡之道，恆由是興。晉禮主盟，懼有不治；奉承齊犧，而布諸君，求終事也。君曰「余必廢之」，何齊之有？唯君圖之。寡君聞命矣。』齊人懼，對曰：『小國

言之，大國制之，敢不聽從？既聞命矣，敬共以往，遲速唯君。」八月辛未，治兵，建而不旆。壬申，復旆之。諸侯畏之。邾人、莒人愬于晉曰：❶『魯朝夕伐我，幾亡矣。我之不共，魯故之以。』晉侯不見公。使叔向來辭曰：『諸侯將以甲戌盟，寡君知不得事君矣，請君無勤。』子服惠伯對曰：『君信蠻夷之訴，以絕兄弟之國，棄周公之後，亦唯君。寡君聞命矣。』叔向曰：『寡君有甲車四千乘在，雖以無道行之，必可畏也。況其率道，其何敵之有？牛雖瘠，僨於豚上，其畏不死？南蒯、子仲之憂，其庸可棄乎？若奉晉之衆，用諸侯之師，因邾、莒、杞、鄫之怒，以討魯罪，間其二憂，何求而弗克？』魯人懼，聽命。甲戌，同盟于平丘，齊服也。令諸侯日中造于除，癸酉，退朝。子產命外僕速張於除，子大叔止之，使待明日。及夕，子產聞其未張也，使速往，乃無所張矣。及盟，子產爭承，曰：『昔天子班貢輕重以列，列尊貢重，周之制也。卑而貢重者，甸服也。鄭伯，男也，而使從公侯之貢，懼弗給也，敢以爲請。諸侯靖兵，好以爲事。行理之命，無月不至，貢之無藝，小國有闕，所以得罪也。諸侯修盟，存小國也。貢獻無極，亡可待也。存亡之制，將在今矣。』自日中以爭，至于昏，晉人許之。既盟，子大叔咎之曰：『諸侯若討，其可瀆乎？』子產曰：『晉政多門，貳偷之不暇，何暇討？國不競亦陵，何國之爲？』程子曰：「楚棄疾立，諸侯懼之，故同盟。」

按《左氏》，晉將尋盟，齊人不可。叔向曰：「諸侯有間矣，不可以不示衆。」辛未，治兵，建

❶ 「邾人」，原作「邾以」，今據四庫本及阮刻本《春秋左傳正義》改。

而不斾。汪氏曰：「建，立旌旗，不曳其斾。斾，游也。」壬申，復斾，諸侯畏之。汪氏曰：「軍將戰則斾，故曳斾以恐之。」辭諸魯曰：「寡君有甲車四千乘在，雖以無道行之，猶必可畏。牛雖瘠，償於豚上，其畏不死？南蒯、子仲之憂，庸可棄乎？若奉晉之眾，問其二憂，何求而弗克？請君無勤。」魯人聽命。甲戌，同盟于平丘。其書同盟者，劉子與盟，同懼楚也。汪氏曰：「首止、葵丘、王世子、宰周公不與盟，則劉子亦與是盟也。此不書諸侯而但言同盟，則劉子亦與是盟也。楚棄疾立，復封陳、蔡，而中國恐，諸侯同有懼楚之心，故書同盟。」會與盟同地，再書平丘者，書之重，詞之複，其中必有美惡焉，見行事之深切著明，故詞繁而不殺也。是盟蓋或善之，而以爲惡，何哉？汪氏曰：「劉氏《意林》謂平丘興滅繼絕，推其美，殆與葵丘明王禁無以異，故皆會盟同地而再言之。今考陳、蔡之復國，實由於楚，而晉昭未嘗有懿德美行超絕卓異非常之迹也，謂《春秋》美平丘，過矣。」盟雖衰世之事，然有定人道之大倫者矣，有備天子之明禁者矣，有束牲不敢命而信自喻者矣，有納斥侯，禁侵掠，誠格而不復叛者矣。其次猶以載書詞命，相争約於大神而不敢越者，則未聞主盟中國，奉承齊犧，而矜其威力恐迫諸侯，又信蠻夷之訴，絕兄弟之歡，求逞私憤，間其憂疑如此盟者。流及戰國，強衆相誇，恫疑恐喝，恣行陵暴，死者十九，積習所致，有自來矣。《春秋》禮義之大宗也，曾是以爲善乎？詞繁而不殺，則惡其競力不道，爲後世鑒也。家氏曰：「自晉、楚爲成，晉之君臣自謂天下無事，媮惰苟安，無復自強

之志，楚由是竊霸權，虎視中夏，晉君臣鼠伏而不敢出，幾二十年。今楚虔罪盈惡稔，自底覆亡，齊不肯受盟，晉爲會于平丘，號召諸夏，如病痱沉痼之人，強自支柱，人之見之者知其無能有爲。是會也，晉人治兵邲南，大陳戎馬，脅而與之盟，晉亦可鄙甚矣。書同盟，譏王臣不當下同列國之盟，且譏晉人不當以兵脅諸侯而與之同盟，是所謂一書再譏也。」高氏曰：「晉若果能與劉子大合諸侯，以討楚平弒逆之罪，亦足以強中國之威矣。今但同盟於此，何所爲哉？雖然楚人自是不入寇，而中國爲之少安，亦由此盟有可爲之機矣。惜乎叔向以晉之賢大夫，會盟皆大夫。至此而再合諸侯，蓋晉昭即位，乘楚之亂，中國又將也。」○廬陵李氏曰：「晉自重丘之後，不能以義匡其君，而乃導之以威力，是以諸侯不服，而晉之合諸侯遂止於此。《穀梁》以爲善其因楚有難而反陳、蔡之君，《公羊》注又以爲諸侯欲討棄疾，是皆不得其傳而臆度之言也。陳氏則又幸晉之能合諸侯，而罪諸侯之不能崇晉，亦是一說。」

公不與盟。與音預。《穀梁傳》：「同者，有同也，同外楚也。公不與盟者，可以與而不與，譏在公也。其日，善是盟也。」程子曰：「晉罪公，不使與盟，雖欲辱公，然得不與同盟之罪，實爲幸也。」

臣子之於君父，隱諱其恥，禮也。十二國會于平丘，公獨見辭不得與盟，斯亦可恥矣。曷爲直書其事而不隱也？晉主此盟，德則不競，而矜兵甲之威，肆脅持之術，以諸侯上要天子之老而歃血，《禮記·曲禮》：「五官之長曰伯，自稱於諸侯曰天子之老。」以中國同憾夷狄篡立之主而結盟，無禮義忠信誠慤之心，而以威詐涖之，具此五不韙者，得不與焉，幸也。聖人筆削《春秋》，凡魯君可恥者，必爲之隱諱。至會于沙隨而公不得見，盟于平丘而公

不得與，自衆人常情，必深沮喪，以爲辱矣。仲尼推明其故，自反而縮，雖晉國之嚴不可及也，彼以其威，我以其理，彼以其勢，我以其義，夫何慊乎哉？直書其事，示後世立身行己之道也。其垂訓之用大矣。茅堂胡氏曰：「叔向之言，北宫勳也；魯人之言，曾子守約者也。」高氏曰：「此晉魯人能言而不能信，故恐而不敢與盟，聖人信其義以訓後世，故直書其事而不以爲諱也。夫晉侯與公同體，當同心同力，以攘夷狄。而諸侯咸會，乃聽邾、莒之妄訴，與衆棄公，不以比數。」孫氏曰：「與公同事而不同盟，非所以宗諸侯也。天下孰不解體？故侯聽邾、莒之訴，而辱公使不得與盟也。自是訖會召陵，諸侯復不出者二十四年，如郫陵之會，晉自不出，其不足以宗諸侯矣。」○劉氏曰：「《穀梁》云：『可以與而不與，譏在公也。』非也。公於晉唯令之從，豈其獨能違衆不盟乎？推《穀梁》之意，以與爲『相與』之與，推《春秋》之意，以與爲『與及』之與體也。苟曰魯昭不肯與盟，則其會諸侯于平丘，果何爲乎？」公不得與於同盟之罪，實爲幸也。」胡氏全本此。之，故同盟。沙隨之不見公，不可言公不見，而平丘之不與盟，不可言諸侯不盟公，此屬辭之公矣。《公羊》以爲晉疑公與楚，故不與公盟，而《春秋》諱公，若《穀梁》以平丘爲善，則固宜以不與爲譏公矣。《公羊》以爲晉疑公與楚，故不與公盟，而《春秋》諱公，若自公不肯與盟然，此說亦通。至陳氏說又不然，蓋如胡氏，則以沙隨不見、平公不與作一例，而與黑壤相對爲曲直之辭。竊嘗考之，不見公與公不與，文意誠若小不同，而陳氏說亦精公、與平丘之公不與，自相對爲曲直之詞。如陳氏，則以沙隨之不見究事理，胡氏則全無貶魯之文，恐亦小偏。故參校二家論之，黑壤之曲全在魯，故諱而不書。沙隨、平丘

之曲雖在晉，然沙隨以僑如之譖，魯實無罪；而平丘以邾、莒之訴，魯亦不能無責焉，故於曲之中，又分曲直也。如此則書法兩通矣。」

晉人執季孫意如以歸。《左傳》：「公不與盟。晉人執季孫意如，以幕蒙之，使狄人守之。司鐸射懷錦，奉壺飲冰，以蒲伏焉。守者御之，乃與之錦而入。晉人以平子歸，子服湫從。」

稱人以執，非伯討也。自文以來，公室微弱，三家專魯，而季氏罪之首也。宿及意如，尤為強逼。元年伐莒疆鄆，十年伐莒取鄆，中分魯國以自封殖，而使其君民食於家，其不臣甚矣！何以為非伯討乎？晉人若按邾、莒所訴有無之狀，究南蒯、子仲奔叛之因，告于諸侯，以其罪執之，請於天子，以大義廢之，選於魯卿，更意如之位，收斂私邑，為公室之民，使政令在君，三家臣順，則方伯之職修矣。今魯與邾通好，亦不朝夕伐莒，而鄆、鄭之故，又非昭公意也。徒以邾、莒之言曰我之不共，汪氏曰：「謂不供晉貢。」魯故之以。遂辭魯君而執意如，則是意在貨財而不責其無君臣之義也，何得為伯討乎？稱人以執，罪晉之偷也。汪氏曰：「沙隨不見公，則執行父；平丘公不得與盟，則執意如，晉人固知季氏之專魯政矣。惜乎泪於私欲，但知以霸令威魯，而不能以霸政治季氏，是以徒能辱魯君，而季孫得逞其討，由晉之諸卿專權而芘強家故也。」

附錄《左傳》：「子產歸，未至，聞子皮卒，哭，且曰：『吾已，無為為善矣。唯夫子知我。』仲尼謂子產：『於

公至自會。《公羊傳》：「公不與盟者何？公不見與盟也。公不見與盟，大夫執，何以致會？不耻也。曷爲不耻？諸侯遂亂，反陳、蔡，君子不耻不與焉。」臨川吳氏曰：「《公羊》以公與二國以上出會盟，不得意不致爲例，故此條致會，以爲不會致。」○廬陵李氏曰：「《公羊》以公與二國以上出會盟，得意不致會，不得意致會，以爲不耻也。此說似然矣，但其下文以爲諸侯遂亂反陳、蔡，君子不耻不與焉。注云：『時諸侯將征棄疾，棄疾封陳、蔡以說諸侯，諸侯不復討楚，楚亂遂成。故公直不與也』其說無據，故不取。」

附録 《左傳》：「鮮虞人聞晉師之悉起也，而不警邊，且不修備。晉荀吳自著雍以上軍侵鮮虞，及中人，驅衝競，大獲而歸。」

蔡侯廬歸于蔡。陳侯吳歸于陳。《左傳》：「楚之滅蔡也，靈王遷許、胡、沈、道、房、申於荆焉。平王即位，既封陳、蔡，而皆復之，禮也。隱太子之子廬歸于蔡，悼太子之子吳歸于陳，禮也。」《公羊傳》：「此皆滅國也，其言歸何？不與諸侯專封也。」《穀梁傳》：「善其成之會而歸之，故謹而日之。此未嘗有國也，使如失國辭然者，不與楚滅也。」

楚虔遷六小國於荆山，汪氏曰：「許、胡、沈、道、房、申。」又滅陳、蔡而縣之。及棄疾即位，復諸遷國，封蔡及陳，蔡隱太子有之子廬歸于蔡，悼太子偃師之子吳歸于陳。曰歸者，順詞也。陳、蔡昔皆滅矣，不稱復歸者，不與楚虔之得滅也。其稱歸于者，國其所宜歸也。何

氏曰：「使若有國自歸者也。」廬與吳，皆亡世子之子也，而棄疾封之，可謂有奉矣。不言自楚者，不與楚子之得封也。其稱侯者，位其所固有也。常山劉氏曰：「陳、蔡者，先王之封國，非楚可滅，非楚可復也，故書爵、書歸，言二君之嗣，位其所固有，國其所宜歸也。二君名者，素非諸侯，至此始立也。」高氏曰：「楚靈不道，暴滅陳、蔡。而平王始依陳、蔡之國，藉以發難。今既得位，遂復陳、蔡，以報其功，暴靈之惡，而歸恩於己，以說中國。《春秋》不言歸自楚者，見二國之復乃自當復，非夷狄得滅而復之也。」陳，列聖之後，蔡，王室之親，見滅於楚虔，而諸侯不能救；復封於棄疾，而諸侯不能與，是以夷狄制諸夏也。聖人至是懼之甚，蓋有不得已焉。制《春秋》爲後法，大要皆天子之事也。其義則以公天下爲心，興滅國、繼絕世，異於自私其身，欲擅而有之者也，故書法如此。爲天下國家而不封建，欲望先王之治難矣。以說中國也。然則善歟？非善也。聖人不作，諸侯不振，二國之命，制在夷狄。孫氏曰：「楚平既立，將矯楚靈之惡爲文，所以抑強楚而存中國也。」臨川吳氏曰：「楚虔滅陳、蔡，而棄疾復其國，書國、書爵、書名，如失國之君歸其國然。突、赤歸而篡國者也，不當爲君歸其國而爲君也。故其復國也，書國、書爵，猶不沒其救患之美，故書城楚丘、城緣陵，而不書城衛杞也。」○汪氏曰：「齊桓之存亡國，《春秋》雖不予以專封之權，猶不沒其救患之美，故書城楚丘、城緣陵，而不書城衛杞也。楚虔滅陳、蔡，而棄疾復其國，《春秋》既不予以擅權而專封，亦不予其悔過而繼絕，故止書蔡平、陳惠之歸其國，不言自楚歸，若二國之自能興復焉爾。《公》《穀》以爲二國之復，出於平丘之諸侯，夫厥愁之大夫欲救蔡而不能救，豈以陳、蔡之地既入于楚，中國諸侯不興兵伐楚，而遽

能復之耶？」資中黃氏曰：「二君歸國，是已入國來告之詞，則楚之復二君在盟以前矣。若以二君歸爲晉盟之功，則其歸當在九月、十月，今盟後便書歸，未聞盟之功如此神速也。」盧陵李氏曰：「二君書法與衛侯鄭歸于衛同，所謂同於舊有國之例也，諸説皆通。胡氏此條不稱復歸之例，似與『不書復，絶之也』之例不同。夫既不與楚虔之得滅，當書復以見其未絶，何得反不書復乎？《穀》疏曰：『不言復歸者，雖同失國之辭，實未嘗有國，故不得言復歸。』其説似可通。」

冬，十月，葬蔡靈公。《左傳》：「禮也。」《穀梁傳》：「變之不葬有三：失德，不葬；弒君，不葬；滅國，不葬。然且葬之，不與楚滅，且成諸侯之事也。」陸氏曰：「國復乃葬，凡三十有一月。」○劉氏曰：「《穀梁》云：『不與楚滅，且成諸侯之事也。』非也。楚本不當滅蔡，則蔡雖滅，非滅也，靈公者，即世子般之也。」茅堂胡氏曰：「夫不與楚滅，使蔡侯得以禮葬其祖，信矣。葬自内録，我有往則書，而靈公者，不爲諸侯而成之也。前葬其父，今葬其身，於此見恩意之施於般厚矣，不以其有罪明矣。乃以此爲成諸侯之事，殆非《春秋》之意乎？」○公如晉，至河乃復。《左傳》：「公如晉，荀吳謂韓宣子曰：『諸侯相朝，講舊好也。執其卿而朝其君，有不好焉，不如辭之。』乃使士景伯辭公于河。」汪氏曰：「公之如晉，蓋以請季孫也。既不得與平丘之同盟，而猶欲託躬朝之禮以請其臣，其失進退之義亦甚矣，宜其見辭於晉而不得入也。」○吳滅州來。《左傳》：「令尹子旗請伐吳。王弗許，曰：『吾未撫民人，未事鬼神，未脩守備，未定國家，而用民力，敗不可悔。州來在吳，猶在楚也。子姑待之。』」高氏曰：「成六年吳入州來，蓋本楚屬也，至是取之。《春秋》詳楚伐吳，略吳伐楚，而志其甚者，滅州來是也。吳人以州來封季子之後，又以遷蔡焉。」王氏曰：「州來本近楚小國，楚嘗取以爲

附錄

《左傳》：「季孫猶在晉，子服惠伯私於中行穆子曰：『魯事晉，何以不如夷之小國？魯，兄弟也，土地猶大，所命能具。若為夷棄之，使事齊、楚，其何瘳於晉？親親、與大、賞共、罰否，所以為盟主也。子其圖之！』諺曰：『臣一主二。』吾豈無大國？」穆子告韓宣子，且曰：「楚滅陳、蔡，不能救，而為夷執親，將焉用之？」乃歸季孫。惠伯曰：『寡君未知其罪，合諸侯而執其老。若猶有罪，死命可也。若曰無罪而惠免之，諸侯不聞，是逃命也，何免之為？請從君惠於會。』宣子患之，謂叔向曰：『子能歸季孫乎？』對曰：『不能。鮒也能。』乃使叔魚。叔魚見季孫，曰：『昔鮒也得罪於晉君，自歸於魯君，微武子之賜，不至於今。雖獲歸骨於晉，猶子則肉之，敢不盡情？歸子而不歸，鮒也聞諸吏，將為子除館於西河，其若之何？』且泣。平子懼，先歸。惠伯待禮。」

附庸，及茲楚亂，吳遂出其不意而滅之。不書帥師，不書侵伐，以見其滅之之易也。」

春秋集傳大全卷之三十一

昭公 三

癸酉景王十七年。十有四年晉昭四。齊景二十。衛靈七。蔡平二。鄭定二。曹武二十七，卒。陳惠二。杞平八。宋元四。秦哀九。楚平王居元年。吳夷末十六。春，意如至自晉。《左傳》：「尊晉罪己也。尊晉罪己，禮也。」《穀梁傳》：「大夫執則致，致則名。意如惡，然而致，見君臣之禮也。」

按《左氏》：「季孫猶在晉，子服惠伯私於中行穆子，曰：『魯事晉，何以不如夷之小國？土地猶大，所命能具。若爲夷棄之，使事齊、楚，何瘠於晉？』乃歸季孫。」其始執之，爲乏邾、莒之供，而非有扶弱擊強之義也。其終歸之，爲土地猶大，所命能具，而非有不能救蔡。爲夷執親之悔也。然則晉人喜怒皆以利發，其勸沮皆以利行，違道甚矣。故平丘之會深加貶斥，自是而後諸侯不合二十餘年。至于召陵，又以賄敗，十有八國之諸侯，而書侵楚以譏之。於是晉日益衰，外攜內叛，不復振矣。利之能敗人國家乃如此，《春秋》深戒也。陳氏曰：「大夫不致，必見執也而後致，亦危之也。」孫氏曰：「至名不稱氏，前見也。」○劉氏

曰：『《左氏》以舍族爲尊晉罪己，非也。一事再見，卒名爾。魯本無罪，何罪己之有？』

附錄《左傳》：「南蒯之將叛也，盟費人。司徒老祁、慮癸僞廢疾，使請於南蒯，曰：『臣願受盟而疾興，若以君靈不死，請待間而盟。』許之。二子因民之欲叛也，請朝衆而盟。遂劫南蒯曰：『羣臣不忘其君，畏子以及今，三年聽命矣。子若弗圖，費人不忍其君，將不能畏子矣。子何所不逞欲？請期五日。』遂奔齊。侍飲酒於景公。公曰：『叛夫！』對曰：『臣欲張公室也。』子韓晳曰：『家臣而欲張公室，罪莫大焉。』司徒老祁、慮癸來歸費，齊侯使鮑文子致之。」

三月，曹伯滕卒。○夏，四月。

附錄《左傳》：「夏，楚子使然丹簡上國之兵於宗丘，且撫其民。分貧振窮，長孤幼，養老疾，收介特，救災患，宥孤寡，赦罪戾，詰姦慝，舉淹滯。禮新敘舊，祿勳合親，任良物官。使屈罷簡東國之兵於召陵，亦如之。好於邊疆，息民五年，而後用師，禮也。」

秋，葬曹武公。○八月，莒子去疾卒。在位十四年，子郊公嗣。《左傳》：「秋，八月，莒著丘公卒，郊公不慼。國人弗順，欲立著丘公之弟庚輿。蒲餘侯惡公子意恢，而善於庚輿；郊公惡公子鐸，而善於意恢。公子鐸因蒲餘侯而與之謀，曰：『爾殺意恢，我出君而納庚輿。』許之。」

卒自外錄者也，莒人來赴，故《魯史》書其卒。葬自內錄者也，魯人不往，是以闕其葬。自昭公以來，雖薛、杞微國，無不會其葬者，汪氏曰：「六年葬杞文公，二十四年葬杞平公，三十一年葬薛獻公。」何獨於莒則不往乎？方是時意如專政，而莒嘗訴其疆鄆取鄫之罪於方伯而見

執矣;爲是怒莒,故獨不會其葬也。夫怨不棄義,惡不忘親,怒不廢禮。在桓公時雖與衛戰,而宣公卒則往葬之,汪氏曰:「襄十八年同圍齊,十九年猶葬靈公。」不以私故絶吉凶慶弔往來,施報之常禮也,以此見意如之專恣矣。若意如者,其傲狠修怨,敢施於昭公與莒子,及其在晉,聞除舘西河則恐懼逃歸,如一匹夫,何也?小人無禮,喜怒勇怯不中節,皆若是耳。苟不遠之,其能國乎?襄陵許氏曰:「昭公以來,微國皆葬,而莒著丘公不葬者,莒卒無諡,其號夷也,《春秋》不以夷亂華也。」

附録《左傳》:「楚令尹子旗有德於王,不知度,與養氏比,而求無厭。王患之。九月甲午,楚子殺鬬成然,而滅養氏之族。使鬬辛居鄖,以無忘舊勳。」

冬,莒殺其公子意恢。《左傳》:「冬,十二月,蒲餘侯兹夫殺公子意恢,郊公奔齊。公子鐸逆庚輿於齊隰黨、公子鉏送之,有賂田。」《穀梁傳》:「言公子而不言大夫,莒無大夫也。」高郵孫氏曰:「《公》《穀》皆以爲曹、莒無大夫,蓋曹、莒小國,其大夫無大夫者,其義異也。」曹、莒皆無大夫,其所以無大夫者,其義異也。曹、莒小國,其大夫之位,纔當大國之士,《春秋》諸侯之士皆不書名,故曹、莒大夫之名不見於經。其有事繫懲勸,法當書者,則雖賤而名之。郏庶其、黑肱,莒牟夷、意恢是也。」陳氏曰:「書殺意恢,以非其罪也。」襄陵許氏曰:「公子鐸首亂而無見焉者,韓氏曰:『意恢之死,罪累上也,故以國殺爲文,而不去其族。』此類皆所以表見王道,若鐸不書者多矣。」

附録《左傳》:「晉邢侯與雍子争鄐田,久而無成。士景伯如楚,叔魚攝理。韓宣子命斷舊獄,罪在雍子。

雍子納其女於叔魚，叔魚蔽罪邢侯。宣子問其罪於叔向。叔向曰：『三人同罪，施生戮死可也。雍子自知其罪，而賂以買直，鮒也鬻獄，邢侯專殺，其罪一也。己惡而掠美爲昏，貪以敗官爲墨，殺人不忌爲賊。《夏書》曰：「昏、墨、賊，殺。」皋陶之刑也。請從之。』乃施邢侯，而尸雍子與叔魚於市。仲尼曰：『叔向，古之遺直也。治國制刑，不隱於親，三數叔魚之惡，不爲末減。曰義也夫，可謂直矣。平丘之會，數其賄也，以寬衛國，晉不爲暴。歸魯季孫，稱其詐也，以寬魯國，晉不爲虐。邢侯之獄，言其貪也，以正刑書，晉不爲頗。』❶ 三言而除三惡，加三利，殺親益榮，猶義也夫！」

甲戌 景王十八年。十有五年晉昭五。杞平九。宋元五。秦哀十。楚平二。吳夷末十七，卒。齊景二十一。衛靈八。蔡平三。鄭定三。曹平公須元年。陳惠三。

二月癸酉，有事于武宮。籥入，叔弓卒，去樂卒事。春，王正月，吳子夷末卒。《公》作「夷昧」。○《左傳》：「春，將禘于武公，戒百官。梓慎曰：『禘之日，其有咎乎！吾見赤黑之祲，非祭祥也，喪氛也。其在涖事乎？』二月癸酉，禘，叔弓涖事，籥入而卒，去樂卒事，禮也。」《公羊傳》：「其言去樂卒事何？禮也。君有事于廟，聞大夫之喪，去樂卒事。大夫聞君之喪，攝主而往。」❷ 尸事畢而往。《穀梁傳》：「君在祭樂之中，聞大夫之喪，則去樂卒事，禮也。君在祭樂之中，大夫有變，以聞，可乎？大夫，國體也。古之人重死，君命無所不通。

---

❶ 「不爲」，原倒文，今據阮刻本《春秋左傳正義》乙正。
❷ 「聞」，原作「間」，今據四庫本及阮刻本《春秋左傳正義》改。

《左氏》曰：禘于武宮，杜氏曰：「武宮，魯武公廟，成六年復立。」叔弓涖事，籥入而卒，去樂卒事。有事於宗廟，聞大夫之喪，則去樂而祭可乎？按《曾子問》：「君在祭不得成禮者，夫子語之詳矣。《禮記·曾子問》：「諸侯祭社稷，俎豆既陳，聞天子崩，后之喪，君薨，夫人之喪。孔子曰『廢』。」而無有及大臣者，是知祭而去樂不可也。有事於宗廟，遭大夫之變，則以聞可乎？按《禮》：「衛有大史柳莊，寢疾。君曰：『若疾革，雖當祭必告。』」是知祭而以聞不可也。禮莫重於當祭，大夫有變而不以聞，則內全盡其誠敬之心於宗廟，外全隱恤之意於大臣，是兩得之也。然則有事於宗廟，大夫涖事，籥入而卒於其所，去樂卒事，其可也。禮雖未之有，可以義起也。有事於宗廟，大夫涖事，籥入而卒於其所，則如之何？緣先祖之心，見大臣之卒，必聞樂不樂，緣孝子之心，視已設之饌，必不忍輕徹，故去樂而卒事，其可也。宗廟合禮者常事不書，苟以爲可，則《春秋》何書乎？此記禮之變而書之者也。家氏曰：「祭者主於誠愨，不貳事者也，故當祭。雖大夫之喪不得以聞，衛臣柳莊疾革，其君必使以告，爲之變其常也。叔弓預於祭，猝有疾而死，則君爲之撤樂卒事可也。若叔弓自殁於其家，如柳莊之比，則當待祭畢而後告，不當以卑而廢尊。《春秋》書之，記禮之變卒事耳。此與襄仲之卒去籥，其禮不同，不可引以爲證也。」高氏曰：「成六年立武宮，非禮也。此有事于武宮，則知自立宮之後，祭之如親廟。方其祭也，而叔弓涖事，籥入而卒，此豈雉鼎之變而已哉！」○啖氏曰：「《穀梁》言大夫之卒，雖當祭禮，皆告于君。

按宗廟大事，大夫卒小事，以理言之，應待祭畢。」趙氏曰：「《左氏》云禘于武宮，僖宮、襄宮，蓋見經中；禘于莊公，以爲諸廟合行之，故妄云爾！」汪氏曰：「有事武宮，乃春祠之祭，而不書祭名者，以叔弓之卒，去樂卒事，變禮而書之。非時祭之失，故止曰有事，而不曰祠也。《左氏》以禘爲四時之祭，遂誤以爲禘耳。」

夏，蔡朝吳出奔鄭。朝，《公》作「昭」，無「出」字。《左傳》：「楚費無極害朝吳之在蔡也，欲去之。乃謂之曰：『王唯信子，故處子於蔡。子亦長矣，而在下位，辱。必求之，吾助子請。』又謂其上之人曰：『王唯信吳，故處諸蔡，二三子莫之如也。而在其上，不亦難乎？弗圖，必及於難。』夏，蔡人逐朝吳，朝吳出奔鄭。王怒曰：『余唯信吳，故寘諸蔡。且微吳，吾不及此。女何故去之？』無極對曰：『臣豈不欲吳？然而前知其爲人之異也。吳在蔡，蔡必速飛。去吳，所以翦其翼也。』」杜氏曰：「朝吳，故蔡大夫公孫聲子歸生之子。」

朝吳，蔡之忠臣，雖不能存蔡而能復蔡，其從於棄疾者，謂蔡滅而棄疾必能封之也。棄疾以其忠於舊君而信之，使居舊國，可謂知所信矣。則曷爲出奔？費無極害其寵也。無極楚之讒人，去朝吳，出蔡侯朱，喪太子建，殺連尹奢，屏王耳目，使不聰明，卒使吳師入郢，辱及宗廟。讒人爲亂，可不畏乎！爲國有九經而尊賢爲上，勸賢有四事而去讒爲首。志朝吳出奔，而入郢之師兆矣。然朝吳身居舊國，處危疑之地，苟有譖之者，則王不能無動也。能以忠信自任而杜讒諂之謀，則善矣。而費無極乃語之曰：「子亦長矣，而在下位，辱也。」欲爲之請，以名利累其心而莫之覺，不智亦甚矣。故特書其出奔以罪吳，爲

後戒也。

六月丁巳朔，日有食之。

附錄《左傳》：「六月乙丑，王大子壽卒。」○「秋，八月戊寅，王穆后崩。」

秋，晉荀吳帥師伐鮮虞。《左傳》：「晉荀吳帥師伐鮮虞，圍鼓。鼓人或請以城叛，穆子弗許。左右曰：『師徒不勤，而可以獲城，何故不爲？』穆子曰：『吾聞諸叔向曰：「好惡不愆，民知所適，事無不濟。」或以吾城叛，吾所甚惡也。人以城來，吾獨何好焉？賞所甚惡，若所好何？若其弗賞，是失信也，何以庇民？力能則進，否則退，量力而行。吾不可以欲城而邇姦，所喪滋多。』使鼓人殺叛人，而繕守備，圍鼓三月，鼓人或請降，使其民見，曰：『猶有食色，姑脩而城。』軍吏曰：『獲城而不取，勤民而頓兵，何以事君？』穆子曰：『吾以事君也。獲一邑而教民怠，將焉用邑？邑以賈怠，不如完舊。賈怠無卒，棄舊不祥。鼓人能事其君，我亦能事吾君。率義不爽，好惡不愆，城可獲而民知義所，有死命而無二心，不亦可乎！』鼓人告食竭力盡，而後取之。克鼓而反，不戮一人，以鼓子鳶鞮歸。」

晉滅潞氏、甲氏及再伐鮮虞，皆用大夫爲主將，而或稱人，或稱國，或稱其名氏，何也？汪氏曰：「宣十五年，荀林父滅潞稱晉師；宣十六年，士會滅甲氏留吁稱晉人；此年及定四年、五年，荀躒伐圍鮮虞，哀六年，趙鞅伐鮮虞皆稱將、稱帥師。」昭十二年，荀吳伐鮮虞稱晉；以殄滅爲期而無矜惻之意則稱人，見利忘義而以狄道欺詐行之則稱國，以正兵加敵而不納其叛臣則稱名氏。夫稱其名氏，非褒之也，纔免於貶爾，而《春秋》用兵禦狄之略咸見矣。蜀杜氏曰：「前

既狄之，今不復貶者，《春秋》擇其重者而爲之辭。」陳氏曰：「嘗狄晉矣，則荀吳何以無貶？於初伐貶，餘實録而已爾。」

冬，公如晉。《左傳》：「平丘之會故也。」臨川吳氏曰：「平丘之會，公不與盟。大夫被執，公既往朝而不見納，辱亦甚矣。至此又往朝焉，蓋畏大國，不敢以辱爲恥也。」

附録《左傳》：「十二月，晉荀躒如周葬穆后，籍談爲介。既葬除喪，以文伯宴，樽以魯壺。王曰：『伯氏，諸侯皆有以鎮撫王室，晉獨無有，何也？』文伯揖籍談，對曰：『諸侯之封也，皆受明器於王室，以鎮撫其社稷，故能薦彝器於王。晉居深山，戎狄之與鄰，而遠於王室。王靈不及，拜戎不暇，其何以獻器？』王曰：『叔氏，而忘諸乎？叔父唐叔，成王之母弟也，其反無分乎？密須之鼓，與其大路，文所以大蒐也。闕鞏之甲，武所以克商也，唐叔受之，以處參虛，匡有戎狄。其襄之二路，鏚鉞秬鬯，彤弓虎賁，文公受之，以有南陽之田，鎮撫東夏，非分而何？夫有勳而不廢，有績而載，奉之以土田❶，撫之以彝器，旌之以車服，明之以文章，子孫不忘，所謂福也。及辛有之二子董之晉，於是乎有董史。女，司典之後也，何故忘之？』籍談不能對。賓出，王曰：『籍父其無後乎！數典而忘其祖。』籍談歸，以告叔向。叔向曰：『王其不終乎！吾聞之，所樂必卒焉。今王樂憂，若卒以憂，不可謂終。王一歲而有三年之喪二焉，於是乎以喪賓宴，又求彝器，

---

❶ 「土」，原作「上」，今據阮刻本《春秋左傳正義》改。

樂憂甚矣，且非禮也。彝器之來，嘉功之由，非由喪也。三年之喪，雖貴遂服，禮也。王雖弗遂，宴樂以早，亦非禮也。禮，王之大經也。一動而失二禮，無大經矣。言以考典，典以志經，忘經而多言舉典，將焉用之？」

乙亥景王十九年。**十有六年**晉昭六，卒。齊景二十二。衛靈九。蔡平四。鄭定四。曹平二。陳惠四。杞平十。宋元六。秦哀十一。楚平三。吳僚元年。**春，**

附錄《左傳》：「春，王正月，公在晉，晉人止公。不書，諱之也。」

齊侯伐徐。《左傳》：「二月丙申，齊師至于蒲隧。徐人行成。徐子及郯人、莒人會齊侯，盟于蒲隧，賂以甲父之鼎。叔孫昭子曰：『諸侯之無伯，害哉！齊君之無道也，興師而伐遠方，會之，有成而還，莫之亢也。無伯也夫！』《詩》曰：『宗周既滅，靡所止戾。正大夫離居，莫知我肄。』其是之謂乎！」襄陵許氏曰：「景公之時，吳、楚方爭，晉既不能遠略，以齊之強，務德修政以通天下之志，糾合諸侯，復霸可也。而區區爭徐伐莒之利，志亦卑矣。」家氏曰：「徐之封在齊南鄙。桓公之霸，楚成伐徐，桓公躬率諸侯盟于牡丘，次于匡以救之。又出偏師伐厲以攻其所必救，非但爲徐計，亦自爲齊計。今齊景睥睨晉霸而不能志其遠者，乃伐徐以爲左右望之計。視桓公之保徐，有愧多矣。」汪氏曰：「楚虔之立，徐屢從楚伐莒。昭十二年以爲貳吳而圍之，蓋徐實楚之與國也。此年盟蒲隧而遂與齊，踰十五年吳卒滅徐，則甲父之鼎，固不足以保徐之社稷也。」廬陵李氏曰：「此爲晉伯既衰，齊景公爭伯之始事，盟而不書，《春秋》不忍絶晉也。齊景即位於襄二十五年，今二十餘年矣。自崔、慶相殘之後，委政二惠，及欒高敗，乃始親政。不能明政刑以強其國，委任陳

氏，觀晏子之言，乃景公之自治踈矣。乃欲以無政之國，爭強圖霸，宜其不遂振也。晉自重丘以賄故，不克有功於齊，於是亦坐視而莫校矣。」○楚子誘戎蠻子，殺之。《公》作「戎曼」。《左傳》：「楚子聞蠻氏之亂也，與蠻子之無質也，使然丹誘戎蠻子嘉，殺之，遂取蠻氏。既而復立其子焉，禮也。」《公羊傳》：「楚子何以不名？夷狄相誘，君子不疾也。曷爲不疾？若不疾，乃疾之也。」

楚子之誘一也，或名或不名者，虔欲滅中國，而棄疾討蠻氏，謹華夷之辨也。范氏曰：「楚子不名，戎蠻子非中國故。」蔡侯與蠻子之見殺一也，或名或不名者，蔡般弑父與君，蠻氏亂而無質，其罪之輕重亦差矣。蘇氏曰：「楚子誘蔡侯殺之，書月、書日、書名、書地，以夷狄害中國，疾之也。誘殺戎蠻皆不書，夷狄相殘，略之也。」家氏曰：「楚大蠻小，皆以子稱，以見四夷雖有大小強弱之不同，而於周班皆爲子，不得擅相侵陵，況誘而殺之乎！」

附録《左傳》：「二月，❶晉韓起聘于鄭，鄭伯享之。子産戒曰：『苟有位于朝，無有不共恪。』孔張後至，立於客間，執政禦之；適客後，又禦之；適縣間，客從而笑之。事畢，富子諫曰：『夫大國之人，不可不慎也，幾爲之笑而不陵我？我皆有禮，夫猶鄙我。國而無禮，何以求榮？孔張失位，吾子之恥也。』子産怒曰：『發命之不衷，出令之不信，刑之頗類，獄之放紛，會朝之不敬，使命之不聽，取陵於大國，罷民而無功，罪及而弗知，僑之恥也。孔張，君之昆孫，子孔之後也，執政之嗣也。爲嗣大夫，承命以使，周於諸侯，

❶ 「二」，原作「三」，今據阮刻本《春秋左傳正義》改。

國人所尊，諸侯所知。立於朝而祀於家，有禄於國，有賦於軍，喪祭有職，受脤歸脤，其祭在廟，已有著位，在位數世，世守其業，而忘其所，僑焉得恥之？辟邪之人而皆及執政，是先王無刑罰也。子寧以他規我。』○「宣子有環，其一在鄭商。宣子謁諸鄭伯，子產弗與，曰：『非官府之守器也，寡君不知。』子大叔、子羽謂子產曰：『韓子亦無幾求，晉國亦未可貳，晉國、韓子不可偷也。若屬有讒人交鬬其間，鬼神而助之，以興其凶怒，悔之何及？吾子何愛於一環，其以取憎於大國也，盍求而與之？』子產曰：『吾非偷晉而有二心，將終事之，是以弗與，忠信故也。僑聞君子非無賄之難，立而無令名之患。僑聞爲國，非不能事大、字小之難，無禮以定其位之患。夫大國之人，令於小國，而皆獲其求，將何以給之？一共一否，爲罪滋大。大國之求，無禮以斥之，何饜之有？吾且爲鄙邑，則失位矣。若韓子奉命以使，而求玉焉，貪淫甚矣，獨非罪乎？出一玉以起二罪，吾又失位，韓子成貪，將焉用之？且吾以玉賈罪，不亦銳乎？』韓子買諸賈人，既成賈矣，商人曰：『必告君大夫。』韓子請諸子產曰：『日起請夫環，執政弗義，弗敢復也。今買諸商人，商人曰：「必以聞，敢以爲請。」』子產對曰：『昔我先君桓公，與商人皆出自周。庸次比耦，以艾殺此地，斬之蓬蒿藜藿，而共處之。世有盟誓，以相信也，曰：「爾無我叛，我無強賈，毋或匄奪。爾有利市寶賄，我勿與知。」恃此質誓，故能相保，以至于今。今大國令而求玉焉，是教敝邑強奪商人，是教敝邑背盟誓也，毋乃不可乎！吾子得玉而失諸侯，必不爲也。若大國令而共無藝，鄭，鄙邑也，亦弗爲也。僑若獻玉，不知所成，敢私布之。』韓子辭玉，曰：『起不敏，敢求玉以徼二罪，敢辭之。』」○「夏四月，鄭六卿餞宣子于郊。宣子曰：『二三君子請皆賦，起亦以知鄭志。』子齹賦《野有蔓草》。宣子曰：『孺子善哉，吾有望

矣。」子產賦鄭之《羔裘》。宣子曰:「起不堪也。」子大叔賦《褰裳》。宣子曰:『善哉,子之言是。不有是事,其能終乎?』子游賦《風雨》,子旗賦《有女同車》,子柳賦《蘀兮》。宣子喜曰:『鄭其庶乎!二三君子以君命貺起,賦不出鄭志,皆昵燕好也。二三君子,數世之主也,可以無懼矣。」宣子皆獻馬焉,而賦《我將》。子產拜,使五卿皆拜,曰:『吾子靖亂,敢不拜德?』宣子私覲於子產,以玉與馬,曰:『子命起舍夫玉,是賜我玉而免吾死也,敢不藉手以拜?』

夏,公至自晉。《左傳》:「子服昭伯語季平子曰:『晉之公室,其將遂卑矣。君幼弱,六卿強而奢傲,將因是以習。』習實爲常,能無卑乎?』平子曰:『爾幼,惡識國?』」

《左氏》曰:「公如晉,平丘之會故也。」至是始歸者,晉人止公,其不書,諱之也。昭公數朝于晉,三至于河而不得入,汪氏曰:「十二年莒人愬取鄆,十三年平丘不與盟,執意如,士文伯辭公,二十一年辭將伐鮮虞,惟二十三年有疾乃復,又二十年辭弔少姜,非朝。」朱子曰:「五年如晉,莒人愬受牟夷欲止公,范獻子諫,乃歸公。」其困辱亦甚矣。在《易》之困曰:「困亨者,因困窮而致亨也。」汪氏曰:「夏少康事,見《左傳》哀公元年。衛文公事,見《左傳》閔公二年。《史記》勾踐保棲於會稽,嘗膽報吳。燕昭王於破燕之後,卑身厚幣以招賢者,用樂於心,衡於慮,而後得。徵於色,發於聲,而後喻。此正憤悱自強之時,而夏少康、衛文公、越勾踐、燕昭王四君子者,由此其選也。

昭公三

一四四九

毅以敗齊。」今昭公安於危辱，無激昂勉勵之志，即所謂自暴自棄，不可與有爲，而人亦莫之告矣。諱而不書，深貶之也。汪氏曰：「公行一百七十有六，惟僖公二十七年十二月會淮，明年九月書至。襄公二十八年十一月如楚，明年五月書至。昭公去年冬如晉，今夏書至，皆受制於大國，踰三時而始返，雖不書晉人止公，考其時，則微傳而事著矣。」

秋，八月己亥，晉侯夷卒。《左傳》：「秋，八月，晉昭公卒。」盧陵李氏曰：「晉昭立於昭公之十年，在位日淺，僅有厥憖、平丘之會，其餘則再伐鮮虞而已。」李氏曰：「晉至平、昭，伯事陵遲隳廢，《春秋》所書錄變之大者也。孟子曰：『晉平公之於亥唐，弗與共天位也，弗與治天職也。』政在侈家，賢者壅棄，此其所以削弱不亢歟？平公五盟六會，服齊狄，寧東夏，平秦亂，城淳于，晉祁午數當時之功如此，然內有變而不知，外有患而不悟，尚何有功足云哉？方桓公之初，每患伯權大強而王政弱。文、襄以後，王政不必論矣，惟恐伯權之不能強也。權者大物也，上不能制而授之下，則下強而上弱。中國不能制而授之夷狄，則夷狄強而中國弱。家有千金之利，已弗能受，呼庸人而分之，雖三尺之童弗爲，豈有尊爲邦君而授權於大夫之會，平公所謂『內有變而不知』者也。人欲自毀藩籬，揖仇讎於廡下而與之干櫓，此不待智者而知其不可，豈有身主夏盟而授權於夷狄？此宋之盟，平公所謂『外有患而不悟』者也。蓋世有苟道自便者，媮於及身之謀，而忘乎後日之害。平公則謀出於身而害見乎身，何其謬歟！溴梁之事，諸侯在會而大夫實主載書，是委權以與之也。荀偃一怒而十二國興戎，後五年樂盈之變作，曲沃之民惟主樂氏，不知公室，晉幾分國而並立矣。宋之盟，晉主夏盟而挈諸侯以界楚，是棄權以假之也。虢之會，再讀舊書。後八年楚靈會于申，實

用齊桓召陵之典，晉蓋十年無與國之事矣。此皆身致之也。至於昭公之政，則又微矣。僅一會大夫，一盟諸侯，方楚虔辱於乾谿，諸夏庶幾復伯。爲晉君臣者，改物厲志，憤悱警懼以率舊烈，猶恐不逮。今也四方未覿德，而虎祁崇侈以啓貳。列國未聞信，而邾南盛兵以示汰。平丘雖曰同盟，齊敢拒令，鄭敢爭承，衛病芻蕘之擾，魯困蠻夷之訴，坐視諸侯之去而不之顧，況能駕敵國哉？宜乎晉之卑也。」〇九月，大雩。《左傳》：「旱也。」

附録

《左傳》：「鄭大旱，使屠擊、祝款、豎柎有事於桑山。斬其木，不雨。子産曰：『有事於山，蓺山林也。而斬其木，其罪大矣。』奪之官邑。」

季孫意如如晉。臨川吳氏曰：「卿共葬事，畏晉也。」**冬十月，葬晉昭公。**

丙子景王二十年。平子曰：『子服回之言猶信，子服氏有子哉。』」晉，葬昭公。平子曰：『子服回之言猶信，子服氏有子哉。』」

五。杞平十一。宋元七。秦哀十二。楚平四。吳僚二。齊景二十三。衛靈十。蔡平五。鄭定五。曹平三。陳惠公與之燕。季平子賦《采菽》，穆公賦《菁菁者莪》。昭子曰：『不有以國，其能久乎？』」汪氏曰：「三年，小邾穆公來朝，至是十有五年再朝于昭公也。」〇夏，六月甲戌朔，日有食之。《左傳》：「祝史請所用幣。昭子曰：『日有食之，天子不舉，伐鼓於社。諸侯用幣于社，伐鼓於朝，禮也。』平子禦之，曰：『止也。唯正月朔，慝未作，日有食之，於是乎有伐鼓用幣，禮也。其餘則否。』太史曰：『在此月也。日過分而未至，三辰有災，於是乎百官降物，君不舉，辟移時，樂奏鼓，祝用幣，史用辭。故《夏書》曰：「辰不集于房，瞽奏鼓，嗇夫

馳，庶人走。」此月朔之謂也。當夏四月，是謂孟夏。」平子弗從。昭子退曰：「夫子將有異志，不君君矣。」

杜氏曰：「正月，建巳正陽之月，於周爲六月，於夏爲四月。」○秋，郯子來朝。《左傳》：「公與之宴。昭子問焉，曰：『少皥氏鳥名官，何故也？』郯子曰：『吾祖也，我知之。昔者黃帝氏以雲紀，故爲雲師而雲名。炎帝氏以火紀，故爲火師而火名。共工氏以水紀，故爲水師而水名。太皥氏以龍紀，故爲龍師而龍名。我高祖少皥摯之立也，鳳鳥適至，故紀於鳥，爲鳥師而鳥名。鳳鳥氏，歷正也。玄鳥氏，司分者也。伯趙氏，司至者也。青鳥氏，司啓者也。丹鳥氏，司閉者也。祝鳩氏，司徒也。鴡鳩氏，司馬也。鳲鳩氏，司空也。爽鳩氏，司寇也。鶻鳩氏，司事也。五鳩，鳩民者也。五雉，爲五工正，利器用，正度量，夷民者也。九扈，爲九農正，扈民無淫者也。自顓頊以來，不能紀遠，乃紀於近。爲民師而命以民事，則不能故也。』仲尼聞之，見於郯子而學之。既而告人曰：『吾聞之，天子失官，學在四夷，猶信。』」王氏曰：「世亂禮廢，而博學多識之士猶有存者。有王者作，皆可用爲政，故仲尼嘆中國寡陋，不若夷狄之有人也」。○八月，晉荀吳帥師滅陸渾之戎。《公》作「貢渾戎」，《穀》無「之」字。《左傳》：「晉侯使屠蒯如周，請有事於雒與三塗。萇弘謂劉子曰：『客容猛，非祭也。其伐戎乎？陸渾氏甚睦於楚，必是故也。君其備之！』乃警戎備。九月丁卯，晉荀吳帥師涉自棘津，使祭史先用牲于雒。陸渾人弗知，師從之。庚午，遂滅陸渾，數之以其貳於楚也。陸渾子奔楚，其衆奔甘鹿。周大獲。宣子夢文公攜荀吳而授之陸渾，故使穆子帥師，獻俘于文宮。」

林父之於潞氏，士會之於甲氏，荀吳之於陸渾戎，皆滅之也。而林父、士會稱師稱人，荀

吳舉其名氏，何哉？夷不亂華。陸渾之戎密邇王室，而縱之雜處，則非膺戎狄別內外之義也，與闢土服遠以圖强霸則異耳。然舉其名氏，非褒詞也，纔得無貶耳。則窮兵於遠，虛內事外者，可知矣。高氏曰：「宣三年楚子伐陸渾之戎，自是陸渾睦於楚，而爲中國之害，至是荀吳滅之。」汪氏曰：「戎居諸夏之區，固中國之大害也。晉武不能徙戎，卒至於神州陸沉，則中行穆子之滅陸渾，疑可褒矣。然陸渾之戎本居秦、晉之西北，在荒服之外，自僖之二十二年，晉乃與秦遷之於伊川，侵逼王畿，則是晉人始謀不臧之過也。今也與楚爭强，掩其不備而滅之，蓋不足以贖前過矣。奚可褒之有哉？」陳氏曰：「自是凡滅稱大夫矣。滅不書大夫者，吳也。吳無大夫也。」

冬，有星孛于大辰。《左傳》：「有星孛于大辰，西及漢。申須曰：『彗所以除舊布新也。天事恆象，今除於火，火出必布焉。諸侯其有火災乎？』梓慎曰：『往年吾見之，是其徵也，火出而見。今兹火出而章，必火入而伏。其居火也久矣，其與不然乎？火出，於夏爲三月，於商爲四月，於周爲五月。夏數得天，若火作，其四國當之，在宋、衛、陳、鄭乎？宋，大辰之虛也；陳，太皥之虛也。鄭，祝融之虛也，皆火房也。星孛及漢，漢，水祥也。衛，顓頊之虛也，故爲帝丘。其星爲大水，水，火之牡也。其以丙子若壬午作乎？水火所以合也。若火入而伏，必以壬午，不過其見之月。』鄭裨竈言於子產曰：『宋、衛、陳、鄭將同日火，若我用瓘斝玉瓉，鄭必不火。』子產弗與。」《公羊傳》：「孛者何？彗星也。其言于大辰何？在大辰也。大辰者何？大火也。大火爲大辰，伐爲大辰，北辰亦爲大辰，何以書？記異也。」《穀梁傳》：「一有一亡曰有。于大辰者，濫于大辰也。」

大辰，心也。《爾雅》：「大火謂之大辰。」孔氏曰：「大火，蒼龍宿心以候四時，故曰辰。」心爲明堂，天子之象，其前星太子，後星庶子。《春秋元命包》：「心三星五度，有天子明堂布政之宫。」《前漢書·五行志》：「心，天子之象也。」《天文志》：「心三星，天王正位也。中星曰明堂，天子位爲大辰。前星爲太子，後星爲庶子。」何氏曰：「心者，天子明堂。孛彗者，邪亂之氣，掃故置新之象。是後周分爲二，天下兩主。」後五年，景王崩，王室亂。劉子、單子立王猛，尹氏、召伯立子朝，歷數載而後定。事見《左傳》二十二年、二十六年、三十二年。至哀十三年，有星孛于東方，不言宿名者，不加宿也。當是時，吳人僭亂憑陵上國，日敝於兵，暴骨如莽。其戾氣所感，固將雍吳而降之罰也。故氛祲所指在於東方，假手越人，吳國遂滅，天之示人顯矣。史之有占明矣。宋氏曰：「大辰，大火，周木德，火將出，木將焚，掃舊布新之象。天人之際，此其見乎。」襄陵許氏曰：「星孛大辰，火災應之，天地之符也。大辰明堂，當宋之分，故王室亂，宋亦亂。衛、陳、鄭災，氣所溢也。衛亂君奔，陳敗卿獲，唯鄭有令政而無後災，是知禍福之可轉也。」

楚人及吳戰于長岸。《左傳》：「吳伐楚。陽匄爲令尹，卜戰，不吉。司馬子魚曰：『我得上流，何故不吉？且楚故，司馬令龜，我請改卜，令曰，鮒也以其屬死之，楚師繼之，尚大克之！』吉。戰于長岸。子魚先

❶「匄」，原作「句」，今據四庫本及阮刻本《春秋左傳正義》改。

死，楚師繼之，大敗吳師，獲其乘舟餘皇。使隨人與後至者守之，環而塹之，及泉，盈其隧炭，陳以待命。吳公子光請於其衆曰：『喪先王之乘舟，豈唯光之罪，衆亦有焉。請藉取之以救死。』衆許之。使長鬣者三人，潛伏於舟側，曰：『我呼餘皇，則對。』師夜從之。三呼，皆迭對。楚人從而殺之。楚師亂，吳人大敗之。取餘皇以歸。」《公羊傳》：「詐戰不言戰，此其言戰何？敵也。」《穀梁傳》：「兩夷狄曰敗，中國與夷狄亦曰敗。楚人及吳戰于長岸，進楚子，故曰戰。」杜氏曰：「長岸，楚地。」張氏曰：「水戰也。」

言戰不言敗，勝負敵也。汪氏曰：「楚先勝吳，吳後復勝楚。」楚地五千里，帶甲數十萬，戰勝諸侯，威服天下，本非吳敵也。惟不能去讒賤貨，使費無極以讒勝，囊瓦以貨行，而策士奇才爲敵國用，汪氏曰：「如屈巫、伍員之類。」故曰以侵削。至雞父之師，七國皆敗。柏舉之戰，國破君奔幾於亡滅，吳曰益強而楚削矣。是故爲國必以得賢爲本，勸賢必以去讒賤貨爲先。不然，雖廣土衆民，不足恃也。考其所書本末強弱之由，其爲後世戒明矣。陳氏曰：「此楚令尹陽匄也書人，吳公子光也書國，略之也。楚之君大夫不見於《春秋》者十八年，而吳入鄖矣。五年吳嘗敗楚于鵲岸不書，六年敗楚于房鍾不書，書伐吳而已。於是始書戰，則以吳、楚敵之也。」○劉氏曰：「《穀梁》云進楚子，故曰戰，非也。戰則云戰，敗則云敗，豈擇於吳、楚哉？且楚與中國並久矣，豈至此而進之哉？」

丁丑景王二十一年。**十有八年**晉頃二。齊景二十四。衛靈十一。蔡平六。鄭定六。曹平四，卒。陳惠六。杞平十二。宋元八。秦哀十三。楚平五。吳僚三。**春，**

附録 《左傳》：「春，王二月乙卯，周毛得殺毛伯過，而代之。萇弘曰：『毛得必亡，是昆吾稔之日也，侈故之以。而毛得以濟侈於王都，不亡何待！』」

王三月，曹伯須卒。《左傳》：「曹平公卒。」〇夏，五月壬午，宋、衛、陳、鄭災。《左傳》：「五月，火始昏見。丙子，風。梓慎曰：『是謂融風，火之始也。七日，其火作乎？』戊寅，風甚。壬午，大甚。宋、衛、陳、鄭皆火。梓慎登大庭氏之庫以望之，曰：『宋、衛、陳、鄭也。』數日，皆來告火。裨竈曰：『不用吾言，鄭又將火。』鄭人請用之。子產不可。子大叔曰：『寶以保民也。若有火，國幾亡。可以救亡，子何愛焉？』子產曰：『天道遠，人道邇，非所及也，何以知之？竈焉知天道？是亦多言耳，豈不或信？』遂不與，亦不復火。鄭之未災也，里析告子產曰：『將有大祥，民震動，國幾亡。吾身泯焉，弗良及也。國遷，其可乎？』子產曰：『雖可，吾不足以定遷矣。』及火，里析死矣，未葬，子產使輿三十人遷其柩。火作，子產辭晉公子、公孫于東門。使司寇出新客，禁舊客勿出於宮。使子寬、子上巡群屏攝，至于大宮。使公孫登徙大龜，使祝史徙主祐於周廟，告于先君。使府人、庫人各儆其事。商成公儆司宮，出舊宮人，寘諸火所不及。司馬、司寇列居火道，行火所焮。城下之人，伍列登城。明日，使野司寇各保其徵。郊人助祝史除於國北，禳火于玄冥、回祿，祈于四鄘。書焚室而寬其征，與之材。三日哭，國不市。使行人告於諸侯，宋、衛皆如是。陳不救火，許不弔災，君子是以知陳、許之先亡也。」《公羊傳》：「何以書？記異也。何異耳？異其同日而俱災也。外異不書，此何以書？為天下記異也。」《穀梁傳》：「其志，以同日也。其日，亦以同日也。或曰：人有謂鄭子產曰：『某日有災。』子產曰：『天者神，子惡知之。』是人也，同日為四國災也。」

按《左氏》：鄭災，子產臨事而備。至于書焚室而寬其征，杜氏曰：「記所焚之戶數，而寬其賦稅。」與之材。三日哭，國不市。使行人告於諸侯，宋、衛皆如是。陳不救火，許不弔災，君子以是知陳、許之先亡也。初，裨竈言於子產：「宋、衛、陳、鄭將同日火，若我用瓘斝玉瓚，杜氏曰：「瓘，珪也。斝，玉爵也。瓚，勺也。欲以禳火。」鄭必不火。」鄭既災，竈曰：「不用吾言，鄭又將火。」鄭人請用之。子產不可。曰：「天道遠，人道邇，非所及也，何以知之？」亦不復火。裨竈所言，蓋以象推，非妄也。而鄭不復火者，子產當國，方有令政，此以德消變之驗矣。是知吉凶禍福固有可移之理，古人所以必先人事而後言命也。劉氏曰：「四國同日而災，非人所能爲也。其序宋、衛、陳、鄭，《春秋》之正也。同德則尚爵，同爵則尚親。」

六月，邾人入鄅。《左傳》：「邾人籍稻。鄅人籍也。鄅子曰：『余無歸矣。』從帑于邾。」邾莊公反鄅夫人，而舍其女。

秋，葬曹平公。《左傳》：「葬曹平公。往者見周原伯魯焉，與之語，不說學。歸以語閔子馬。閔子馬曰：『周其亂乎！夫必多有是說，而後及其大人。大人患失而惑，又曰可以無學，無學不害。不害而不學，則苟而可。於是乎下陵上替，能無亂乎？夫學，殖也，不學將落，原氏其亡乎！』」

附錄《左傳》：「七月，鄭子產爲火故，大爲社，祓禳於四方，振除火災，禮也。乃簡兵大蒐，將爲蒐除。子

大叔之廟在道南，其寢在道北，其庭小。過期三日，使除徒陳於道南廟北，曰：『子產過女而命速除，乃毀於而鄉。』子產朝，過而怒之，除者南毀。子產及衝，使從者止之曰：『吾聞之，小國忘守則危，況有災乎！國之不可小，有備故也。』既，晉之邊吏讓鄭曰：『鄭國有災，晉君大夫不敢寧居，卜筮走望，不愛牲玉。鄭之有災，寡君之憂也。今執事撊然授兵登陴，將以誰罪？邊人恐懼，不敢不告。』子產對曰：『若吾子之言，敝邑之災，君之憂也。敝邑失政，天降之災，又懼讒慝之間謀之，以啓貪人，薦爲敝邑不利，以重君之憂。幸而不亡，猶可說也。不幸而亡，君雖憂之，亦無及也。鄭有他竟，望走在晉。既事晉矣，其敢有二心？』」

冬，許遷于白羽。《左傳》：「楚左尹王子勝言於楚子曰：『許於鄭，仇敵也，而居楚地，以不禮於鄭。晉、鄭方睦，鄭若伐許，而晉助之，楚喪地矣。君盍遷許？許不專於楚，鄭方有令政，許曰「余舊國也」，鄭曰「余俘邑也」，葉在楚國，方城外之蔽也。土不可易，國不可小，許不可俘，讎不可啓。君其圖之！』楚子說。冬，楚子使王子勝遷許於析，實白羽。」張氏曰：「白羽一名析，楚邑。」杜氏曰：「自葉遷也，畏鄭而樂遷，許至是三遷矣。」茅堂胡氏曰：「本所以存許，非強之也。」汪氏曰：「復封陳、蔡，而許亦遷葉，故今自葉而遷，許至是三遷矣。」

戊寅景王二十二年。十有九年晉頃三。❶齊景二十五。衛靈十二。蔡平七。鄭定七。曹悼公午元年。陳惠七。杞平十三。宋元九。秦哀十四。楚平六。吳僚四。春，

---

❶「三」，原作「二」，今據四庫本改。

附録《左傳》：「春，楚工尹赤遷陰于下陰，令尹子瑕城郟。叔孫昭子曰：『楚不在諸侯矣！其僅自完也，以持其世而已。』」○楚子之在蔡也，郟陽封人之女奔之，生太子建。及即位，使伍奢爲之師。費無極爲少師，無寵焉，欲譖諸王曰：『建可室矣。』王爲之聘於秦，無極與逆，勸王取之。正月，楚夫人嬴氏至自秦。」

宋公伐邾。《左傳》：「郳夫人，宋向戌之女也，故向寧請師。二月，宋公伐邾，圍蟲。三月，取之。乃盡歸郟俘。邾人、郳人、徐人會宋公。乙亥，同盟于蟲。」

按《左氏》：「宋公伐邾，圍蟲，取之。」而經不書圍與取，何也？初郳人藉稻，邾人襲鄅，盡俘之。鄅子曰：「余無歸矣。」從帑於邾，邾子反其夫人而舍其女。夫人，宋向戌之女也，故向寧請師。圍蟲取之，盡歸鄅俘，此所謂聲罪執言之兵。歸鄅之俘，其善意也。故書伐邾而釋其取邑之罪，此亦善善長、惡惡短之義。高氏曰：「天下無霸，而宋元於此一正入鄅之亂，是以《春秋》錄而進之。」家氏曰：「凡書爵而書侵伐者多貶，此繼邾人入鄅而書宋公伐邾，則與宋公之討有罪也。」王氏曰：「因其臣之私請而興師伐國，當時列國之政，大夫專之故也。」

夏，五月戊辰，許世子止弒其君買。《左傳》：「夏，許悼公瘧。五月戊辰，飲大子止之藥，卒。大子奔晉，書曰：『弒其君。』君子曰：『盡心力以事君，舍藥物可也。』」《穀梁傳》：「日弒，正卒也。正卒，則止不弒也。不弒而日弒，責止也。止曰：『我與夫弒者，不立乎其位』以與其弟虺。哭泣，歠飦粥，嗌不容粒。未踰年而死，故君子即止自責而責之也」汪氏曰：「悼公在位二十四年，世子止之弟斯立，是爲元公。」

按《左氏》：「許悼公瘧，戊辰，飲世子止之藥，卒。」書曰「弑其君」者，止不嘗藥也。《禮記·文王世子》：「疾之藥，必親嘗之。」古者醫不三世，不服其藥。夫子之所慎者三，疾居其一。朱子曰：「疾，吾身之所以死生存亡者，不可以不謹也。」季康子饋藥，曰：「丘未達，不敢嘗。」楊氏曰：「謹疾也。」敬慎其身如此也，而於君父可忽乎？君有疾飲藥，臣先嘗之；父有疾飲藥，子先嘗之。蓋言慎也。止不擇醫而輕用其藥，藥不先嘗而誤進於君，是有忽君父之心而不慎矣。茅堂胡氏曰：「悼公不起，是飲非其藥而致卒也。止不嘗藥，是有忽君父之心而不敬也。」樂正子下堂傷足而有憂色，跬步之間猶不敢忘父母，況父母之疾而可輕之乎？」自小人之情度之，世子弑君欲速得其位，而止無此心，故曰我與夫弑者，不立乎其位。哭泣歠飦粥，嗌不容粒。嗌音益，咽喉也。未逾年而卒，無此心，故被以大惡而不受。自君子聽之，止不嘗藥，是忽君父之尊而不慎也。有此心，故加以大惡而不得辭。忽君父之尊而不慎，此篡弑之萌，堅冰之漸也。而《春秋》之所謹也。書許世子止弑君，乃除惡於微之意也。而或者顧以操刃而殺，與不躬進藥，及進藥而不嘗，三者罪當殊科，疑於三傳之說，則誤矣。汪氏曰：「歐陽公辨三傳，論止爲真弑。」必若此言，夫人而能爲《春秋》，奚待於聖筆乎？墨翟兼愛，豈其無父？楊朱爲我，豈其無君？孟軻氏辭而闢之，以爲禽獸逼人，人將相食，後世推明其功不在禹下，未有譏其過者。知此說，則知止不嘗藥，《春秋》以爲弑君之意矣。

陸氏曰：「世子，君之貳也。許其進藥，則亂臣賊子得容其姦矣。故聖人罪止一人，以絕萬世之禍也。」張氏曰：「藥劑所以致人之死者非一端，姑以癉言之。今之治癉，以砒煅而餌之多愈，然煅不得法而反殺人者多矣。悼公之死必此類也，然止以弒書，何也？進藥而藥殺，可不謂之弒哉。其所以異於商臣、蔡般者，過與故不同耳。心雖不同，而《春秋》之文一施之者。以臣子之於君父，不可過也。」番陽萬氏曰：「許止之事雖可恕，萬一後世臣子幸君父之疾，進藥以斃之，而自附於不嘗藥之義，是啓之爲亂原也。」陳氏曰：「哀姜、慶父弒閔公，書曰公薨。夫人姜氏孫于邾，公子慶父出奔莒，則罪人斯得矣。許悼公飲世子止之藥而卒，世子奔晉，世子止誠不嘗藥爾。《春秋》將爲後人戒，書曰世子止弒其君，不言奔可也。」○劉氏曰：「《穀梁》云：『日弒，正卒也。』非也。州吁、無知、督、萬、商臣、趙盾、歸生、夏徵舒、崔杼、甯喜弒君皆書日，可云皆正卒乎？《春秋》襃貶豈不明，恃日月而後見之，此泥而不通也。」廬陵李氏曰：「《春秋》加趙盾弒君，訓人以臣道也；加許止弒君，訓人以子道也，二事相類。然晉靈公不書葬，而許悼公書葬者。許止自責逾年而卒，其心可知矣。趙盾力能討賊而不討，《春秋》不得不終誅之也。若陳氏因《左氏》止奔晉之説，而疑止真弒父，則又恐未可以一家一句，而盡廢諸傳之文也。」

己卯，地震。汪氏曰：「經書地震者五，昭公之世再見，此年及二十三年是也。夫地道安靜，以震動爲反常之異。臣道恭順，以悖逆爲犯上之惡。是時季孫強僭已甚，天之示變，欲人君之有所警而以德銷之也。昭公漫不知省，遘及於難，悲夫！」

附録《左傳》：「楚子爲舟師以伐濮。費無極言於楚子曰：『晉之伯也，邇於諸夏，而楚辟陋，故弗能與爭。若大城城父，而寘太子焉，以通北方，王收南方，是得天下也』王説，從之。故太子建居于城父。令尹子瑕聘于秦，拜夫人也。」

秋，齊高發帥師伐莒。《左傳》：「齊高發伐莒。莒子奔紀鄣。使孫書伐之。初，莒有婦人，莒子殺其夫，已爲嫠婦。及老，託於紀鄣，紡焉以度而去之。及師至，則投諸外。或獻諸子占。子占使師夜縋而登。登者六十人，縋絶，師鼓譟。城上之人亦譟。莒共公懼，啓西門而出。七月丙子，齊師入紀。」高氏曰：「莒不事齊故。」汪氏曰：「齊景爭伯之心不下於僖、桓，而徒計近功。汲汲焉有事於徐、莒，以晏子之賢爲之輔佐，而亦不能有所匡正，則所謂以其君顯者，何足稱哉？」○冬，葬許悼公。《公羊傳》：「賊未討，何以書葬？不成于弑也。曷爲不成于弑？止進藥而藥殺也。止進藥而藥殺，則曷爲加弑焉爾？譏子道之不盡也。其譏子道之不盡奈何？曰：『樂正子春之視疾也，復加一飯，則脱然愈；復損一飯，則脱然愈；復加一衣，則脱然愈；復損一衣，則脱然愈。』止進藥而藥殺，是以君子加弑焉爾。曰許世子止弑其君買，是君子之聽止也。葬許悼公，是君子之赦止也。赦止者，免止之罪辭也。」《穀梁傳》：「日卒時葬，不使止爲弑父也。何以書葬？穀梁子曰：「不使止爲弑父也。」其説曰：「子既生，不免乎水火，母之罪也；羈貫成童，不就師傅，父之罪也；就師學問無方，心志不通，身之罪也；心志既通，而名譽不聞，友之罪也；名譽既聞，有司不舉，有司之罪也；有司舉之，王者不用，王者之過也。許世子不知嘗藥，累及許君也。」程子曰：「蔡般、許止疑同，故書葬。」

羈貫成童，范氏曰：「羈貫，謂交午剪髮以爲飾。成童，八歲以上。」不就師傅，父之罪也；就師學問無方，心志不通，身之罪也；心志既通，而名譽不聞，友之罪也；名譽既聞，有司不舉，有司之罪也；有司舉之，王者不用，王者之過也。許世子止不知嘗藥，累及許君也。」范氏曰：「許君不授子以師傅，使不識嘗藥之義，故累及之。」觀止自責，可謂有過人之質矣。乃至弑君獲罪，此爲人臣子而不知《春秋》之義者也。古者太子，自其初生固舉以禮，有司端冕見之南郊，過闕則下，過廟則趨，爲赤子而其教已有齊肅敬慎之端矣。此《春秋》訓臣子除惡於微，積善於早之意也。家氏曰：「或問蔡般之弑景，許止之弑悼，皆書葬。同乎？否乎？曰：『其弑異，其葬烏得而同？』」

附録《左傳》：「是歲也，鄭駟偃卒。子游娶於晉大夫，生絲，弱。其父兄立子瑕，子産憎其爲人也，且以爲不順，弗許，亦弗止。駟氏聳。他日，絲以告其舅。冬，晉人使以幣如鄭，問駟乞之立故。駟氏懼，駟乞欲逃。子産弗遣。請龜以卜，亦弗予。大夫謀對，子産不待而對客曰：『鄭國不天，寡君之二三臣，札瘥夭昏。今又喪我先大夫偃，其子幼弱，其一二父兄懼隊宗主，私族於謀而立長親。寡君與其二三老曰：「抑天實剥亂是，吾何知焉？」諺曰：「無過亂門。」民有亂兵，猶憚過之，而況敢知天之所亂？今大夫將問其故，抑寡君實不敢知，其誰實知之？平丘之會，君尋舊盟，曰：「無或失職。」若寡君之二三臣，其即世者，晉大夫而專制其位，是晉之縣鄙也，何國之爲？』辭客幣而報其使，晉人舍之。○楚人城州來。沈

尹戌曰：「楚人必敗。昔吳滅州來，子旗請伐之。王曰：『吾未撫吾民。』今亦如之，而城州來以挑吳，能無敗乎？」侍者曰：「王施舍不倦，息民五年，可謂撫之矣。」戌曰：「吾聞撫民者，節用於內，而樹德於外，民樂其性，而無寇讎。今宮室無量，民人日駭，勞罷死轉，忘寢與食，非撫之也。」○「鄭大水，龍鬭于時門之外洧淵。國人請爲禜焉，子產弗許，曰：『我鬭，龍弗我覿也。龍鬭，我獨何覿焉？禳之，則彼其室也。吾無求於龍，龍亦無求於我。』乃止也。」○「令尹子瑕言蹶由於楚子，曰：『彼何罪？諺所謂「室於怒，市於色」者，楚之謂矣。舍前之忿可也。』乃歸蹶由。」

己卯 景王二十三年。二十年 晉頃四。齊景二十六。衛靈十三。蔡平八，卒。鄭定八。曹悼二。陳惠八。杞平十四。宋元十。秦哀十五。楚平七。吳僚五。**春，王正月。**

附錄 《左傳》：「春，王二月己丑，日南至。梓慎望氛曰：『今茲宋有亂，國幾亡，三年而後弭。蔡有大喪。』」○「費無極言於楚子曰：『建與伍奢將以方城之外叛，自以爲猶宋、鄭也。齊、晉又交輔之，將以害楚，其事集矣。』王信之，問伍奢。伍奢對曰：『君一過多矣，何信於讒？』王執伍奢，使城父司馬奮揚殺太子。未至，而使遣之。三月，太子建奔宋。王召奮揚，奮揚使城父人執己以至。王曰：『言出於余口，入於爾耳，誰告建也？』對曰：『臣告之。君王命臣曰：「事建如事余。」臣不佞，不能苟貳。奉初以還，不忍後命，故遣之。既而悔之，亦無及已。』王曰：『而敢來，何也？』對曰：『使而失命，召而不來，是再奸也。逃無所入。』王曰：『歸，從政如他日。』」○「無極曰：『奢之子材，若在吳，必憂楚國，盍以免其父召之。彼仁，必來。不然，將爲患。』王使召之，曰：『來，吾免

而父。』棠君尚謂其弟員曰:『爾適吳,我將歸死。吾知不逮,我能死,爾能報。聞免父之命,不可以莫之奔也;親戚為戮,不可以莫之報也。奔死免父,孝也;度功而行,仁也;擇任而往,知也;知死不辟,勇也。父不可棄,名不可廢,爾其勉之!相從為愈。』伍尚歸,奢聞員不來,曰:『楚君、大夫其旴食乎!』楚人皆殺之。員如吳,言伐楚之利於州于。」吳公子光曰:『是宗為戮,而欲反其讎,不可從也。』員曰:『彼將有他志,余姑為之求士,而鄙以待之。』乃見鱄設諸焉,而耕於鄙。」

夏,曹公孫會自鄸出奔宋。鄭,莫公反,《穀》作「夢」。《公羊傳》:「奔未有言自者,此其言自何?畔也。畔則曷為不言其畔?為公子喜時之後諱也。《春秋》為賢者諱,何賢乎公子喜時?讓國也。其讓國奈何?曹伯廬卒于師,則未知公子喜時從與?公子負芻從與?或為主于國,或為主于師,公子喜時見公子負芻之當主也,逡巡而退。賢公子喜時,則曷為為會諱?君子之善善也長,惡惡也短;惡惡止其身,善善及子孫。賢者子孫,故君子為之諱也。」《穀梁傳》:「自夢者,專乎夢也。曹無大夫,其曰公孫,何也?言其以貴取之,而不以叛也。」高氏曰:「會,子臧之子。鄭,子臧之采邑也。」

奔未有言自者,此其言自何?劉氏曰:「大夫之奔,未有言其自者,獨此言自鄭,是變例也。」劉敞曰:「待放也。古者大夫有罪,待放於其境。三年,君賜之環則復,賜之玦則去。《荀子·大略篇》:『絕人以玦,反絕以環。』注:『肉好如一謂之環,❶玦如環而缺。』逾境則為位向國而哭,素

❶「肉」,四庫本作「内」。

衣裳冠，不說人以無罪，此去國之禮。曹無大夫，其曰公孫，賢之也。」范氏曰：「會以公孫之貴而得鄭，既而不以之叛，明曹君無道，致令其奔，非會之罪，故書公孫以善之。」常禮，免於貶足矣。而何以賢之？爲公子喜時之後，賢之也。喜時者曹之社稷鎮公子，能以國讓不取乎爲諸侯，所謂子臧是也。《春秋》之義，善善也長，惡惡也短。善善及子孫，惡惡止其身。以其賢者之後，苟可善焉，斯進之矣。此《舜典》罰弗及嗣，賞延于世之意也。後世議者有乞錄用賢者之後，功臣之世，汪氏曰：「鄭，公孫會之邑也。」言自鄭出奔宋，以別從國都而去也。」○劉氏曰：「《公羊》云：『不言其畔，爲公子喜時之後諱也。』非也。所以諱高祖功臣子孫失侯者，封蕭何子孫之類。」蓋得《春秋》之旨矣。孫氏曰：「如漢武帝封姬嘉，成帝封孔吉，宣帝求賢者之過者，謂小不足以妨大，短不足以毀長，而可以成人之美者也。若乃大惡，至叛君專地，反臣子之義，亂人倫之常矣，而猶爲之諱乎？」汪氏曰：「《春秋》書大夫自其叛邑出奔者，皆先書叛，故宋華亥，向寧、華定自南里出奔楚，先書入南里以叛。宋公弟辰自蕭來奔，先書入蕭以叛。此書自鄭出奔而先不書叛，則非叛也。蓋鄭乃公孫會繼其父之食邑，而得專制之者，如《穀梁》之說爾。得罪待放，君無赦命，是以自其所食之邑而奔他國也。」盧陵李氏曰：「此條書法與華向自宋南里出奔同。《左氏》、杜預無傳，已不可考。賈逵及《公羊》皆以爲叛，然經既不書叛，且既叛則不應書公孫，故《公羊》有爲喜時諱之說。夫叛逆而以其祖父故諱之，是管、蔡不當誅於周也，大傷教矣。惟劉氏《意林》曰：『春秋之時，臣能專其邑，無不叛其國者；能使其衆，無不要其君者。臧武仲之智，猶據防以求後，是以孔子譏之，以謂其罪與

不孝非聖者均也。故深察公孫歸父之至樨奔齊，公孫會之自鄆奔宋，其賢於臧武仲遠矣。降而無憾，憾而能眕，惟知命而好禮者能之。」此説蓋本《穀梁》，而胡氏亦取之，然公孫會之書，例之公子未可矣。❶胡氏亦以爲賢者之後諱之，似鑿。

附録《左傳》：「宋元公無信多私，而惡華、向。華定、華亥與向寧謀曰：『亡愈於死，先諸？』華亥僞有疾，以誘群公子。公子問之，則執之。夏六月丙申，殺公子寅、公子御戎、公子朱、公子固、公孫援、公孫丁，拘向勝、向行於其廩。公如華氏請焉，弗許，遂劫之。癸卯，取太子欒與母弟辰、公子地爲質。公亦取華亥之子無慼、向寧之子羅、華定之子啟與華氏盟，以爲質。」

秋，盜殺衛侯之兄縶。《公》、《穀》作「輒」。《左傳》：「衛公孟縶狎齊豹，奪之司寇與鄄。有役則反之，無則取之。公孟惡北宮喜、褚師圃，欲去之。公子朝通于襄夫人宣姜，懼，而欲以作亂。故齊豹、北宮喜、褚師圃、公子朝作亂。初，齊豹見宗魯於公孟，爲驂乘焉。將作亂，而謂之曰：『公孟之不善，子所知也，勿與乘，吾將殺之。』對曰：『吾由子事公孟，子假吾名焉，故不吾遠也。雖其不善，吾亦知之；抑以利故，不能去，是吾過也。今聞難而逃，是僭子也。子行事乎，吾將死之，❷以周事子；而歸死於公孟，其可也。』丙辰，衛侯在平壽。公孟有事於蓋獲之門外，齊子氏帷於門外，而伏甲焉。使祝鼃寘戈於車薪以當門，使一乘從公孟以

❶「未」，原作「手」，今據四庫本改。
❷「之」，原作「矣」，今據四庫本及阮刻本《春秋左傳正義》改。

出，使華齊御公孟，宗魯驂乘。及閎中，齊氏用戈擊公孟，宗魯以背蔽之，斷肱，以中公孟之肩。皆殺之。公聞亂，乘驅自閱門入。慶比御公，公南楚驂乘。使華寅乘貳車。及公宮，鴻駵魋駟乘于公。公載寶以出。褚師子申遇公于馬路之衢，遂從。過齊氏，使華寅肉袒，執蓋以當其闕，齊氏射公，中南楚之背，公遂出。寅閉郭門，踰而從公。公如死鳥。析朱鉏宵從竇出，徒行從公。齊侯使公孫青聘于衛。既出，聞衛亂，使請所聘。公曰：『猶在境內，則衛君也。』乃將事焉遂從諸死鳥。請將事。辭曰：『亡人不佞，失守社稷，越在草莽，吾子無所辱君命。』賓曰：『寡君命下臣於朝曰：「阿下執事。」臣不敢貳。』主人曰：『君若惠顧先君之好，照臨敝邑，鎮撫其社稷，則有宗祧在。』乃止。衛侯固請見之。不獲命，以其良馬見，為未致使故也。衛侯以為乘馬。賓將掫，主人辭曰：『亡人之憂，不可以及吾子；草莽之中，不足以辱從者。』敢辭。』賓曰：『寡君之下臣，君之牧圉也。若不獲扞外役，是不有寡君也。臣懼不免於戾，請以除死。』親執鐸，終夕與於燎。齊氏之宰渠子召北宮子，北宮氏之宰不與聞謀，殺渠子，遂伐齊氏，滅之。丁巳晦，公人，與北宮喜盟于彭水之上。秋七月戊午朔，遂盟國人。八月辛亥，公子朝、褚師圃、子玉霄、子高魴出奔晉。閏月戊辰，殺宣姜。衛侯賜北宮喜諡曰貞子，賜析朱鉏諡曰成子，而以齊氏之墓予之。衛侯告寧于齊，且言子石。齊侯將飲酒，徧賜大夫曰：『二三子之教也。』苑何忌辭，曰：『與於青之賞，必及於其罰。在《康誥》曰父子兄弟，罪不相及，況在群臣？臣敢貪君賜以干先王？』琴張聞宗魯死，將往弔之。仲尼曰：『齊豹之盜，而孟縶之賊，女何弔焉？君子不食姦，不受亂，不為利疚於回，不以回待人，不蓋不義，不犯非禮。』《公羊傳》：「母兄稱兄，兄何以不立？有疾也。何疾爾？惡疾也。」《穀梁傳》：「盜，賤也。其曰兄，母兄也。目衛侯，衛侯累也。然

則何爲不爲君也？曰，有天疾者，不得入乎宗廟。輒者何也？曰，兩足不能相過，齊謂之綦，楚謂之踣，衛謂之輒。」

《左氏》以爲齊豹殺之也。齊豹爲衛司寇，守嗣大夫，其書爲盜，所謂求名而不得者也。若艱難其身，以險危大人，攻難之士將奔走之。臣竊以爲仲尼書斷此獄，罪在宗魯。宗魯孟縶之驂乘也。於法應書曰「盜」，非求名而不得者也。天下豈有欲求險危大人之惡名？而聖人又斷此名而與之哉！然則齊豹首謀作亂，宗魯雖與聞行事，又以身死之矣。今乃釋豹不誅，而歸獄於宗魯，不亦頗乎？曰：「豹之不義，夫人皆知之也。」若宗魯欲事豹而死於公孟，蓋未有知其罪者，故琴張聞其死，將往弔之。仲尼曰：「齊豹之盜，孟縶之賊，汝何弔焉？」非聖人發其食姦受亂，蓋不義犯非禮之罪書於《春秋》，則齊豹所畜養之盜，孟縶所見殺之賊，其大惡隱矣。家氏曰：「宗魯始因齊豹而事公孟，豹將作亂，語宗魯使之先去，宗魯不能去，亦不以告其主，既而乃與公孟俱死於齊豹之難。彼自謂忠於縶，信於豹，而於二者皆失之。知公孟之惡而事之不能早去，耽祿也。聞齊豹將作亂不以告其主，不忠也。雖與公孟俱死，而死不足錄，所謂求名而不得者也。文定之說，有得於聖人之意。」臨川吳氏曰：「凡稱盜，蓋皆賤者。但當稱人，以其所作不義，故不稱人而稱盜。」范氏曰：「諸侯之尊，弟兄不得以屬通。經不書衛公子而斥言衛侯之兄者，惡其不能保護其兄。乃爲盜所殺，故稱至賤殺至貴。」孫

氏曰：「以衛侯之母兄，盜得殺之，衛侯之無刑政也若此，故書以著其惡。」張氏曰：「縶以有疾不得列於宗而廢，是以靈公得立，則所以事其兄使全其身者，必無所不用其至，親愛之而使不得有爲於其國，此舜所以盡其恩於兄弟也。靈公受國於有疾之兄，乃聽其無禮於大夫，且俾之預於政，而又不能防閑其母，以預制其禍亂，使盜賊竊發，兄死身危，幾亡其國，故書盜殺衛侯之兄縶，以深罪之也。」○劉氏曰：「《左氏》云齊豹殺之，求名而亡，非也。豹挾怨除憤，發泄爲亂耳。意豹作亂，不能不心愧，此正欲蓋，非求名者。本無不畏強禦之名，不畏強禦之名，亦非豹所求也。人亦未肯奔走其名也。」廬陵李氏曰：「《左氏》說見昭三十一年，胡氏不取。然《春秋》書『盜』者四：尉止也，齊豹也，公孫翩也，陽虎也，皆大夫也。故任公輔以爲豹非卿故曰盜，而陳氏亦曰既奪之司寇則非卿矣，恐其說亦是。其罪衛侯之說，《公》《穀》得之，諸家皆同。」

冬，十月，宋華亥、向寧、華定出奔陳。寧，《公》作「甯」。《左傳》：「宋華、向之亂，公子城、公孫忌、樂舍、司馬彊、向宜、向鄭、楚建、郳申出奔鄭。其徒與華氏戰于鬼閻，敗子城。子城適晉。華亥與其妻，必盟而食所質公子者而後食。公與夫人每日必適華氏，食公子而後歸。華亥患之，欲歸公子。向寧曰：『唯不信，故質其子。若又歸之，死無日矣。』公請於華費遂，將攻華氏。對曰：『臣不敢愛死，無乃求去憂而滋長乎！臣是以懼，敢不聽命？』公曰：『子死亡有命，余不忍其詢。』冬十月，公殺華、向之質而攻之。戊辰，華、向奔陳，華登奔吳。向寧欲殺太子，華亥曰：『干君而出，又殺其子，其誰納我？且歸之有庸。』使少司

寇輕以歸，曰：『子之齒長矣，不能事人。以三公子爲質，必免其手。』曰：『余知而無罪也，復而所。』公子既入，華翟將自門行。公遽見之，❶執其手，曰：『余知而無罪也，復而所。』陳氏曰：『於是公子城、公孫忌八子奔鄭，華亥、向寧、華定奔陳。其但書三子何？』家氏曰：『《春秋》書三卿同日而奔，不惟誅華、向，其君亦有責焉爾？』陳氏曰：『於是公子城、公孫忌八子奔鄭，華亥、向寧、華定奔陳。其但書三子何？凡奔，罪也。衆不可勝罪，則罪其甚者，入南里以叛，乞師于楚，爲宋患之日久，是以甚三子也。』○十有一月辛卯，蔡侯盧卒。盧，《左》作「廬」。

附錄《左傳》：「齊侯疥，遂痁，期而不瘳。諸侯之賓問疾者多在。梁丘據與裔欵言於公曰：『吾事鬼神豐，於先君有加矣。今君疾病，爲諸侯憂，是祝、史之罪也。諸侯不知，其謂我不敬，君盍誅於祝固、史嚚以辭賓？』公説，告晏子。晏子曰：『日宋之盟，屈建問范會之德於趙武。趙武曰：「夫子之家事治，言於晉國，竭情無私。其祝、史祭祀，陳信不愧，其家事無猜，其祝、史不祈。」建以語康王。康王曰：「神，人無怨，宜夫子之光輔五君以爲諸侯主也。」』公曰：『據與欵謂寡人能事鬼神，故欲誅於祝、史，子稱是語，何故？』對曰：『若有德之君，外内不廢，上下無怨，動無違事，其祝、史薦信，無愧心矣。是以鬼神用饗，國受其福，祝、史與焉。其所以蕃祉老壽者，爲信君使也，其言忠信於鬼神。其適遇於淫君，外内頗邪，上下怨疾，動作辟違，從欲厭私，高臺深池，撞鐘舞女。斬刈民力，輸掠其聚，以成其違，不恤後人。暴虐淫從，肆行非度，無所還忌，不思謗讟，不憚鬼神。神怒民痛，無悛於心。其祝、史薦信，是言罪也；其蓋失

---

❶「遽」，原作「遂」，今據四庫本及阮刻本《春秋左傳正義》改。

數美，是矯誣也。進退無辭，則虛以求媚。是以鬼神不饗其國以禍之，祝、史與焉。所以夭昏孤疾者，爲暴君使也，其言僭嫚於鬼神。」公曰：「然則若之何？」對曰：「不可爲也：山林之木，衡鹿守之；澤之萑蒲，舟鮫守之；藪之薪烝，虞候守之；海之鹽、蜃，祈望守之。縣鄙之人，入從其政；偪介之關，暴征其私；承嗣大夫，彊易其賄。布常無藝，徵斂無度，宮室日更，淫樂不違。內寵之妾，肆奪於市，外寵之臣，僭令於鄙。私欲養求，不給則應。民人苦病，夫婦皆詛。祝有益也，詛亦有損。聊、攝以東，姑、尤以西，其爲人也多矣。雖其善祝，豈能勝億兆人之詛？君若欲誅於祝、史，脩德而後可。」公說，使有司寬政，毀關，去禁，薄斂，已責。」○「十二月，齊侯田于沛，招虞人以弓，不進。公使執之。辭曰：『昔我先君之田也，旃以招大夫，弓以招士，皮冠以招虞人。臣不見皮冠，故不敢進。』乃舍之。仲尼曰：『守道不如守官。』君子韙之。」○「齊侯至自田，晏子侍於遄臺❶，子猶馳而造焉。公曰：『唯據與我和夫！』晏子對曰：『據亦同也，焉得爲和？』公曰：『和與同異乎？』對曰：『異。和如羹焉，水、火、醯、醢、鹽、梅，以烹魚肉，燀之以薪，宰夫和之，齊之以味，濟其不及，以洩其過。君子食之，以平其心。君臣亦然。君所謂可而有否焉，臣獻其否，以成其可；君所謂否而有可焉，臣獻其可，以去其否。是以政平而不干，民無爭心。故《詩》曰：「亦有和羹，既戒既平。鬷嘏無言，時靡有爭。」先王之濟五味，和五聲，以平其心，成其政也。聲亦如味，一氣，二體，三類，四物，五聲，六律，七音，八風，九歌，以相成也；清濁、大小、短長、疾徐、哀樂、

❶「侍」，原作「待」，今據四庫本及阮刻本《春秋左傳正義》改。

剛柔、遲速、高下、出入、周疏，以相濟也。君子聽之，以平其心。心平，德和，故《詩》曰：「德音不瑕。」今據不然。君所謂可，據亦曰可，君所謂否，據亦曰否。若以水濟水，誰能食之？同之不可如是。」飲酒樂。公曰：『古而無死，其樂若何！』晏子對曰：『古而無死，則古之樂也，君何得焉？昔爽鳩氏始居此地，季蒍因之，有逢伯陵因之，蒲姑氏因之，而後太公因之。古者無死，爽鳩氏之樂，非君所願也。」○「鄭子產有疾，謂子大叔曰：『我死，子必爲政。唯有德者能以寬服民，其次莫如猛。夫火烈，民望而畏之，故鮮死焉；水懦弱，民狎而翫之，則多死焉，故寬難。』疾數月而卒，太叔爲政，不忍猛而寬。鄭國多盜，取人於萑苻之澤。太叔悔之，曰：『吾早從夫子，不及此。』興徒兵以攻萑苻之盜，盡殺之。盜少止。仲尼曰：『善哉！政寬則民慢，慢則糾之以猛。猛則民殘，殘則施之以寬。寬以濟猛，猛以濟寬，政是以和。《詩》曰：「民亦勞止，迄可小康，惠此中國，以綏四方。」施之以寬也。「毋從詭隨，以謹無良，式遏寇虐，慘不畏明。」糾之以猛也。「柔遠能邇，以定我王。」平之以和也。又曰：「不競不絿，不剛不柔，布政優優，百祿是遒。」和之至也。』及子產卒，仲尼聞之，出涕曰：『古之遺愛也。』」

庚辰 景王二十四年。二十有一年晉頃五。齊景二十七。衛靈十四。蔡悼公東國元年。鄭定九。曹悼三。陳惠九。杞平十五。宋元十一。秦哀十六。楚平八。吳僚六。**春，**

附錄 《左傳》：「春，天王將鑄無射，泠州鳩曰：『王其以心疾死乎！夫樂，天子之職也。夫音，樂之輿也；而鍾，音之器也。天子省風以作樂，器以鍾之，輿以行之。小者不窕，大者不槬，則和於物，物和則嘉成。故和聲入於耳而藏於心，心億則樂。窕則不咸，槬則不容，心是以感，感實生疾。今鍾槬矣，王心弗

王三月，葬蔡平公。《左傳》：「三月，葬蔡平公。蔡太子朱失位，位在卑。大夫送葬者，歸見昭子。昭子問蔡故，以告。昭子歎曰：『蔡其亡乎！若不亡，是君也必不終。始即位，而適卑，身將從之。』」○夏，晉侯使士鞅來聘。書聘止此。《詩》曰：「不解于位，民之攸墍。」今蔡侯始即位，而適卑，身將從之。」昭子歎曰：『蔡其亡乎！若不亡，是君也必不終。』《左傳》：「夏，晉士鞅來聘，叔孫為政。季孫欲惡諸晉，使有司以齊鮑國歸費之禮為士鞅。士鞅怒曰：『鮑國位下，其國小，而使鞅從其牢禮，是卑敝邑也，將復諸寡君。』魯人恐，加四牢焉，為十一牢。」杜氏曰：「晉頃公即位通嗣君。」襄陵許氏曰：「禮好不結而財求無度，則聘義亡矣，蓋自是聘不復志。」汪氏曰：❶「二十三年晉執舍，蓋原於士鞅之怒也。晉之聘魯者十有一，始於荀庚，而終於士鞅。始則伉而要盟，終則怒而責禮。霸者之臣所以修聘於望國之魯，其非邦交之舊亦甚矣。」○宋華亥、向寧、華定自陳入于宋南里以叛。叛，《公》作「畔」。《左傳》：「宋華費遂生華貙、華多僚、華登。貙為少司馬，多僚為御士，與貙相惡，乃譖諸公曰：『貙將納亡人。』亟言之。公曰：『司馬以吾故，亡其良子。死亡有命，吾不可以再亡之。』對曰：『君若愛司馬，則如亡。死如可逃，何遠之有？』公懼，使侍人召司馬之侍人宜僚，飲之酒，而使告司馬。司馬歎曰：『必多僚也。吾有讒子，而弗能殺；吾又不死。抑君有命，可若何？』乃與公謀逐華貙，將使田孟諸而遣之。公飲之酒，厚酬之，賜及從者。司馬亦如之。張匄尤之，曰：『必有故。』使子皮承宜僚以劍而訊之。宜僚盡以告。張匄欲殺多僚，子

---

❶「汪」，原作「江」，今據四庫本及《纂疏》改。

皮曰：「司馬老矣，登之謂甚，吾又重之，不如亡也。」五月丙申，子皮將見司馬而行，則遇多僚禦司馬而朝。張匄不勝其怒，遂與子皮曰任、鄭翩殺多僚，劫司馬以叛，而召亡人。壬寅，華、向入。樂大心、豐愆、華牼禦諸橫。華氏居盧門，以南里叛。六月庚午，宋城舊鄘及桑林之門而守之。」《公羊傳》：「宋南里者何？若曰因諸者然。」《穀梁傳》：「自陳，陳有奉焉爾。入者，內弗受也。其曰宋南里，宋之南鄙也。以者，不以者也。叛，直叛也。」

按《左氏》：「初，宋公無信多私，而惡華、向。三大夫謀曰：『亡愈於死，先諸？』乃誘群公子殺之。公如華氏請焉，弗許，遂劫公取太子及其母弟以為質。公怒攻之，華、向奔陳，至是入于南里以叛。」凡書叛，有入于宋，有入于蕭者，而不言宋。見定公十一年。此獨言「宋南里」，何也？戚與朝歌及蕭見其所食私邑也，若南里，則宋國城內之里名也。傳稱華氏居盧門南里以叛，而宋城舊鄘及桑林門以守，是華氏與宋分國而居矣。故其入其出，皆以南里繫之宋，此深罪叛臣逼脅其君已甚之詞也。孫氏曰：「前年出奔當絕，復見者，以入宋南里叛，犯君當誅。」○劉氏曰：「《公羊》云：『南里者何？若曰因諸者然。』非也。入宋而居南里也。」汪氏曰：「《穀梁》云南里宋之南鄙，非也。凡書叛不言四鄙，必書其邑。此不言邑而繫之宋，則為宋城內之里名無
者，而不言晉，見定公十三年。有入于蕭者，而不言宋。見定公十一年。有入于朝歌者，而不言衛，見襄公二十六年。

❶「南」原作「衛」，今據四庫本改。

春秋集傳大全卷之三十一　昭公三

一四七五

疑矣。又曰叛直叛也，謂直叛而不作亂耶。其書自陳，陳亦有罪矣。以奔亡之臣，而能入國以爲亂，非陳助之兵力，則未見其可也。晉荀吳會齊、衛、曹之師以救宋，而不書圍宋南里者。悼公圍彭城則以五大夫歸，荀吳救宋而逸賊，使華、向得道不臣之誅，故不以討叛予之也。」

秋，七月壬午朔，日有食之。《左傳》：「公問於梓慎曰：『是何物也？禍福何爲？』對曰：『二至二分，日有食之，不爲災。日月之行也，分，同道也；至，相過也。其他月則爲災，陽不克也，故常爲水。』」汪氏曰：「日食三十六，昭公之世凡七見，比之他公災異最數。自即位至是年，四書日有食之矣。梓慎不能因公之問，告以遇災而懼之意，乃云不爲災，使公怠於修政，遂致失國。蓋黨於季氏，而姑爲詔諛以悅君也。」〇八月乙亥，叔輒卒。輒，《公》作「痤」。《左傳》：「於是救輒哭日食。昭子曰：『子叔將死，非所哭也。』八月，叔輒卒。」杜氏曰：「叔弓之子伯張。」

附錄《左傳》：「冬十月，華登以吳師救華氏。齊烏枝鳴戍宋。廚人濮曰：『軍志有之：「先人有奪人之心，後人有待其衰。」盍及其勞且未定也伐諸！若入而固，則華氏衆矣，悔無及也。』從之。丙寅，齊師、宋師敗吳師于鴻口，獲其二帥公子苦雂、偃州員。華登帥其餘，以敗宋師。公欲出，廚人濮曰：『吾小人，可藉死，而不能送亡，君請待之。』乃徇曰：『楊徽者公徒也。』衆從之。公自揚門見之，下而巡之，曰：『國亡君死，二三子之恥也，豈專孤之罪也？』齊烏枝鳴曰：『用少莫如齊致死，齊致死莫如去備。彼多兵矣，請皆用劍。』從之。華氏北，復即之。廚人濮以裳裹首，而荷以走，曰：『得華登矣！』遂敗華氏于新里。翟

僂新居于新里，既戰，説甲于公而歸。華姓居于公里，亦如之。十一月癸未，公子城以晉師至。曹翰胡會晉荀吳，齊苑何忌，衛公子朝救宋。丙戌，與華氏戰于赭丘。鄭翩願爲鸛，其御願爲鵝。子祿御公子城，莊堇爲右。干犨御呂封人華豹，張匄爲右。相遇，城還。華豹曰：「城也！」城怒，而反之。將注，豹則關矣。曰：「平公之靈，尚輔相余！」豹射，出其間。將注，則又關矣。張匄抽殳而下，射之，折股。扶伏而擊之，折軫。干犨請一矢，城曰：「余言女於君。」對曰：「不死伍乘，軍之大刑也。」❶ 干刑而從子，君焉用之？子速諸！」乃射之，殪。大敗華氏，圍諸南里。華亥搏膺而呼，見華貙，曰：「吾爲樂氏矣！」貙曰：「子無我迂，不幸而後亡。」楚薳越帥師將逆華氏，大宰犯諫曰：「諸侯唯宋事其君，今又爭國，釋君而臣是助，無乃不可乎！」王曰：「而告我也後，既許之矣。」

冬，蔡侯朱出奔楚。 朱，《穀》作「東」。《左傳》：「費無極取貨於東國。而謂蔡人曰：『朱不用命於楚，君王將立東國。若不先從王欲，楚必圍蔡。』蔡人懼，出朱而立東國。」朱愬於楚，楚子將討蔡。無極曰：「平侯與楚有盟，故封。其子有二心，故廢之。靈王殺隱太子，其子與君同惡，德君必甚。又使立之，不亦可乎！且廢置在君，蔡無他矣。」《穀梁傳》：「東者，東國也。何爲謂之東也？王父誘而殺焉，父執而用焉，奔而又奔之。曰東，惡之而貶之也。」○劉氏曰：「《穀梁》云：『東者，東國也。曰東，惡而貶之。』非也。如貶之書

❶「大」，原作「天」，今據四庫本及阮刻本《春秋左傳正義》改。

東國,不亦足乎!即貶其半名爲法者,使蔡侯止名東,當復貶去其上下,而云蔡侯田乎!」汪氏曰:「或疑此書朱出奔楚,後書東國卒于楚。朱無歸入葬之文,東國無出奔之事,疑只是一事。東即東國,而誤爲朱也。然《左傳》昭二十七年記沈尹戌之言,亦曰出蔡侯朱。而《史記·蔡世家》亦曰隱大子東國攻平侯子而代立,則朱、東國固兩人也。豈《穀梁》經文因後書東國而誤也歟。」○公如晉,至河,乃復。《左傳》:「公如晉,及河。鼓叛晉,晉將伐鮮虞,故辭公。」襄陵許氏曰:「公失其重久矣,故晉得輕進退之。」汪氏曰:「晉之伐鮮虞,豈妨於邦交之禮。如文三年晉將伐楚以救江,而公如晉。成三年晉將伐廧咎如,而公亦如晉。未聞辭公也。況是年晉實未嘗有事于鮮虞,蓋托辭以拒公耳!」高氏曰:「魯衰而朝於齊、晉,晉愈強則其往也愈數。及魯之益衰也,則往而辭焉。《春秋》蓋傷魯之削也滋甚,而不能以義自強耳。」

春秋集傳大全卷之三十二

昭公 四

辛巳景王二十五年，崩。二十有二年晉頃六。齊景二十八。衛靈十五。蔡悼二。鄭定十。曹悼四。陳惠十。杞平十六。宋元十二。秦哀十七。楚平九。吳僚七。

春，齊侯伐莒。《左傳》：「春，王二月甲子，齊北郭啟帥師伐莒。莒子將戰，苑羊牧之諫曰：『齊帥賤，其求不多，不如下之。大國不可怒也。』弗聽，敗齊師于壽餘。齊侯伐莒，莒子行成。司馬竈如莒涖盟。莒子如齊涖盟，盟于稷門之外，莒於是乎大惡其君。」高氏曰：「齊景矜而自功如此，安能及遠哉？」

○**宋華亥、向寧、華定自宋南里出奔楚。**《左傳》：「楚薳越使告于宋曰：『寡君聞君有不令之臣為君憂，無寧以為宗羞，寡君請受而戮之。』對曰：『孤不佞，不能媚於父兄，以為君憂，拜命之辱。抑君臣日戰，君曰「余必臣是助」，亦唯命。人有言曰：「唯亂門之無過。」君若惠保敝邑，無亢不衷，以獎亂人，孤之望也。唯君圖之！』楚人患之。諸侯之戍謀曰：『若華氏知困而致死，楚恥無功而疾戰，非吾利也。不如出之，以為楚功，其亦無能為也已。救宋而除其害，又何求？』乃固請出之，宋人從之。己巳，宋華亥、向寧、華定、華貙、華登、皇奄傷、省臧、士平出奔楚。宋公使公孫忌

爲大司馬,邊卬爲大司徒,樂祁爲司城。❶仲幾爲左師,樂大心爲右師,樂輓爲大司寇,以靖國人。」《穀梁傳》:「自宋南里者,專也。」

華、向誘殺群公子,又劫其君,取其太子母弟爲質;又求助於吳、楚蠻夷,入披其國都以叛,此必誅不赦之賊也,宋宜竭力必討之於內,諸侯宜協心必救之於外,楚子宜執叛臣之使而戮之於境。今楚人釋君而臣是助,諸侯之成急於救患,固請逸賊;而宋又從之,則皆罪也,故晉荀吳、齊苑何忌、衛公子朝、曹大夫皆略而不書。縱釋有罪不能致討。出奔楚者,不待貶絕,而亢不衷獎亂人之惡自見矣。其曰「自宋南里」者,譏宋之封,衛公孟彄再奔皆不書,必嘗入叛也而後書。晉欒盈、鄭良霄猶及殺之矣,書奔,譏佚賊也。書奔猶可也,書歸若晉趙鞅甚矣。」家氏曰:「晉、楚交兵,百有餘年,宋人爲之弭兵,使楚得以竊霸權,號召天下。今宋大夫爲亂於內,楚乃從而羽翼之,利人之難,而欲伐取其國,謂楚非夷不可也。先書叛,繼書奔楚,罪楚之納叛臣也。」陳氏曰:「齊慶

大蒐于昌閒。閒,《公》作「姦」。《穀梁傳》:「秋而曰蒐,此春也,其曰蒐何也?以蒐事也。」唊氏曰:「昌閒,魯地。」

❶ 「城」,阮刻本《春秋左傳正義》作「馬」。

昭公之時,凡三書蒐,或以非其時,汪氏曰:「八年秋蒐于紅,十二年夏大蒐于比蒲。」或以非其

地，汪氏曰：「紅、比蒲、昌間皆非蒐田之常所。」而大意在權臣專行，公不與也。劉氏曰：「何以書？譏，何譏爾？公不與，非禮也。蓋不得與爾。」三綱，軍政之本，茅堂胡氏曰：「三綱，軍政之本。《春秋》寓軍政於三綱，以辨上下，定民志。孔子曰『我戰則克』，於《春秋》見之矣。兵家上策先自治，凡居於天地之間者，有夫婦然後有父子，有父子然後有君臣，有君臣然後有上下，有上下然後禮義有所錯，此戡亂除殘，百戰百勝之幾也。古者春蒐、夏苗、秋獮、冬狩，皆於農隙以講事，而所主者明貴賤、辨等列、順少長、習威儀，則皆納民於軌物，而非馳射擊刺之末矣。《禮記·仲尼燕居》：『田獵有禮，故戎事閑也。』是故觀于有莘，少長有禮，知可用也，而文公遂霸。見《左傳》僖公二十八年。臨于洛陽，臨，力鴆反。衆哭曰「臨」。祖而發喪，爲義帝也，而漢祖遂王。見《前漢書》高祖二年本紀。今魯國其君則設兩觀、乘大輅，其臣則八佾舞於庭，旅泰山，以雍徹；其宰則據大都，汪氏曰：「南蒯、侯犯、公山不狃」。執國命，汪氏曰：「陽虎」。而軍政之本亡矣。何以蒐爲？此《春秋》所書，爲後戒之意也。襄陵許氏曰：「八年秋蒐，十一年夏蒐，以爲書不時也，今此春蒐時矣而書，則凡昭公書蒐，主刺大夫盛強，公失其政，兵戎是講，而禮防不興也。文王之時，人倫既正而後軍旅以律，朝廷既治而後田野即功，是以《詩》歌庶類蕃殖而蒐田以時，當魯昭之季，朝廷人倫逆亂極矣，而惟蒐田之是務，是以屢書以刺之。」

夏，四月乙丑，天王崩。《左傳》：「王子朝、賓起有寵於景王，王與賓孟說之，欲立之。」劉獻公之庶子伯

盆事單穆公,惡賓孟之爲人也,願殺之;又惡王子朝之言,以爲亂,願去之。賓孟適郊,見雄雞自斷其尾。問之,侍者曰:『自憚其犧也。』遽歸告王,且曰:『雞其憚爲人用乎!人異於是。犧者實用人,人犧實難,己犧何害?』王弗應。夏四月,王田北山,使公卿皆從,將殺單子、劉子。王有心疾,乙丑,崩于榮錡氏。戊辰,劉子摯卒,無子,單子立劉蚠。五月庚辰,見王,遂攻賓起,殺之。盟群王子于單氏。

附錄《左傳》:「晉之取鼓也,既獻而反鼓子焉。又叛於鮮虞。六月,荀吳略東陽,使師偽羅者負甲以息於昔陽之門外,遂襲鼓,滅之,以鼓子鳶鞮歸,使涉佗守之。」

六月,叔鞅如京師,如京師止此。葬景王。高氏曰:「天子崩,天下諸侯、九夷八蠻莫不奔其喪。故七月而葬者,盡天下臣子之心,使遠近得會其葬也。今天王崩,諸侯無一奔喪者,昭公但使叔鞅往會之,又以三月而葬,是天子而用大夫之禮也。」王室亂。《左傳》:「丁巳,葬景王。王子朝因舊官、百工之喪職秩者與靈、景之族以作亂。帥郊、要、餞之甲,以逐劉子。壬戌,劉子奔揚。單子逆悼王于莊宮以歸。王子還,夜取王以如莊宮。癸亥,單子出。王子還與召莊公謀,曰:『不殺單旗,不捷。與之重盟,必來。背盟而克者多矣。』從之。樊頃子曰:『非言也,必不克。』遂奉王以追單子,及領,大盟而復。殺摯荒以說。劉子如劉,單子亡。乙丑,奔于平時,群王子追之,單子殺還、姑、發、弱、鬷、延、定、稠,子朝奔京。丙寅,伐之。京人奔山。劉子入于王城。辛未,鞏簡公敗績于京。乙亥,甘平公亦敗焉。叔鞅至自京師,言王室之亂也。閔馬父曰:『子朝必不克。其所與者,天所廢也。』」《公羊傳》:「何言乎王室亂?言不及外也。」《穀梁傳》:「亂之爲言,事未有所成也。」

何言乎王室亂？王者以天下爲家，京師爲室，京師者本也。周公作《立政》曰：「迪惟有夏，乃有室大競。」蔡氏曰：「古之人行此道者，惟有夏之君，當王室大強之時。」其作《鴟鴞》詩以遺成王，亦曰：「既取我子，無毀我室。」朱子曰：「鴟鴞，惡鳥，攫鳥子而食。室，鳥自名其巢也。以比武庚既敗，管、蔡不可更毀我王室也。」皆指京師言之也。以京師爲室，王畿爲堂，諸夏爲庭戶，四夷爲藩籬，治外者先自内，治遠者先自近，本亂而末治者否矣。景王寵愛子朝，使孽子配嫡以本亂者，其言王室，譏國本之不正也。本正而天下定矣。茅堂胡氏曰：「《易》曰：『正家而天下定矣。』書王室亂，譏景王任情溺愛不明庶嫡之分，以致爭亂，失正家之道也。不日京師亂者，京師衆大之稱。」吕氏曰：「言京師則通乎上下，言王室則其父子兄弟自亂之耳。」劉氏曰：「言王室亂，亂自内作者也。」唐、虞公天下，則相禪而與賢；三代家天下，則相繼而與子。《禮記·禮運》：「大道之行，天下爲公。選賢與能，不獨親其親，子其子。大道既隱，天下爲家。各親其親，各子其子。大人世及以爲禮。」《春秋》兼帝王之道，可公也，則以達節爲權，故季札辭國貶而稱名。可家也，則以居正爲大，故莊公始生即書于策。鄭突歸而不氏以國，陽生入而得係於齊，此皆正本以及天下之義也。其義苟行，無易樹子，王室豈有亂離之禍乎？《春秋》書子同生於前，而記王室亂於後，其爲來世法戒明矣。高氏曰：「《春秋》記事必指其實，下書王猛、子朝之事，自足見王室之亂。聖人乃於此不隱其辭，何哉？前此者，王室衰微，猶未至於亂也，故聖人每扶

而尊之，言王則曰天王，不混稱於吳、楚也；言周則曰京師，不下同於列國也。王敗於鄭，而曰蔡、衛、陳人從王伐鄭，以諸侯不可敵王，故明君臣之大義也。王與戎戰，而書王師敗績于茅戎，以夷狄不可抗王，故以自敗爲文也。以至襄王出奔而書天王出居于鄭，晉侯召王而書天王狩于河陽，王臣雖微者，亦序諸侯之上，則所以嚴其名分者至矣。故凡王室可譏、可貶者，皆遷就其辭而爲之隱避。今景王不能正其家，而致諸子之爭立，於是劉、單立朝，尹氏立朝，遂以干戈相向，迭勝迭負，五年之間，國無定主，王室之亂莫此爲甚，故特書之。子頽、子帶之亂不書，景王之亂，乃自取之，是王室自亂有甚於惠、襄也。」陳氏曰：「周亂不書，書王室亂。於是景王崩，悼王即位，既葬矣。子朝欲篡悼王而立，天子皆可居之。然一家之内，自門而堂，自堂而室，室者，所常居之所也。故《春秋》書王猛居于皇，天王居于狄泉，言天子之所當居也。書王室亂，則著其禍起於所不當居之地也。惠、襄之世，不書王室亂者，頽、帶之亂，周有君，天下有王，未足以言亂也。景王崩，王猛未能定其位，子朝爭國，故特書王室亂，成周亂，王城亂耳。」

○劉氏曰：《公羊》云『言不及外也』，非也。謂王室亂者，嫡庶並爭，亂在宗室者也。本不得言京師亂，不書，猶有臣子焉耳。於是景王崩，悼王即位，既葬矣。子朝欲篡悼王而立，天子皆可居之。凡歷悼五年而後定，而訖於弒賊，則天下無人紀矣。」汪氏曰：「天子以四海爲家，故普天之下，天子皆可居之。然一家之内，自門而堂，自堂而室，室者，所常居之所也。

劉子、單子以王猛居于皇。

《左傳》：「單子欲告急於晉。秋七月戊寅，以王如平時，遂如圉車，次于皇。」

《公羊傳》：「其稱王猛何？當國也。」《穀梁傳》：「以者，不以者也。王猛嫌也。」

凡稱以者，不以者也。范氏曰：「不以者，本非所得制，今得以之也。」師而曰「以」，能左右之也；地而曰「以」，能取與之也；人而曰「以」，能死生之也。尊不以乎卑，貴不以乎賤，大不以乎小。劉蚠、單旗，臣也。曷為能以王猛乎？猛無寵於景王，不能自定其位，制在劉、單，其曰「以」者，能廢立之也。孫氏曰：「言劉、單以王猛者，猛位未定，進退在二子。」安定胡氏曰：「奉王，正也。以王，非正。臣不宜以君也。」劉氏曰：「大不以乎小，貴不以乎賤，君顧可以乎臣哉！夫臣者，治煩去惑，以道事君，不可則止，不挾君之勢而以崇黨者也。今劉、單之為天子臣也，君昏則不諫，國危則不憂，禍已成矣。然後挾天子以令諸侯，此則姦雄之所以冀非望者也。上下舛逆，是以謂之以王猛居于皇也。有君命存焉。劉、單以王猛，則專之爾。」陳氏曰：「凡以，非順辭也。以號公、鄭伯、晉侯不書以，則非予二子也。非予二子，是單旗、劉蚠以大夫專廢置君也。以大夫專廢置君，則曷為無貶？前言二子以王猛居于皇，入于王城，則二子有不得已焉者，而非其罪也。是故殺子朝於楚，儋翩率子朝之徒以作亂，敬王嘗處于姑蕕，逾年克之。子朝不書殺，天王不書出，是予單、劉以復辟之義也。」按《左氏》：景王太子壽以昭十五年卒，至是八年矣。猛與匄皆其母弟，杜氏曰：「太子壽卒，王立子猛，後復立子朝。單、劉以王子猛次正，故立之。王子匄，猛母弟。」《史記》：「景王愛子朝，欲立之，會崩，國人立長子猛，子朝攻殺猛。晉人攻朝立匄，是為敬王。」孔氏曰：「杜

❶「蚠」，原作「狄」，今據四庫本改。

説猛爲次正，蓋太子壽之母弟，或穆后姪娣之子。」汪氏曰：「傳注皆不明言王猛爲太子壽之母弟，然《春秋》於猛直稱王而不書立，於匄則書立而稱天王，則猛、匄與朝嫡庶之分明矣。故文定謂猛、匄皆太子母弟，而安定先生則曰太子有母弟者，王猛是也。敬王又猛弟也，吳興沈文伯亦云：以意推之，太子猛、敬王，皆后所生。子猛適子之長，子朝庶子之長，猛當立而朝不當立也。」禮無疑於當立，然久而未立者，王愛庶子朝欲立以爲嗣，未果而王崩，故諸大臣競立君，諸王子爭欲立。以正則有猛，以寵則有朝。猛雖正而無寵，其威不足以懾羣下，朝雖寵而不正，其分不足以服人心。二子廢立，皆恃大臣強弱而後定者也，故特稱曰「以」。而景王之弱其後嗣、輕其宗社之罪，亦著矣。李氏瑾曰：「景王立子而不能定，寵不正而不能辨，賤宗社之本，啟禍亂之原，莫此爲大。然則王室之亂，非子朝之亂，景王自亂之也。」《易》曰「王居无咎」，渙九五象。程子曰：「王居，謂正位，人君之尊位也。」○劉氏曰：「《穀梁》云『王猛嫌也』，非也。其稱王猛，未即位也。《顧命》康王當喪書王，而悼王以名繫之者，書志事，《春秋》書法也。」稱「居于皇」者，明其有土，當得位之稱也。襄陵許氏曰：「《易》曰『王居无咎』，曰『居于皇』者，《春秋》所正也。若王猛嫌，豈得云居乎？」

秋，劉子、單子以王猛入于王城。《左傳》：「劉子如劉。單子使王子處守于王城。盟百工于平宮。辛卯，鄩肸伐皇，大敗，獲鄩肸。壬辰，焚諸王城之市。八月辛酉，司徒醜以王師敗績于前城。百工叛。己巳，

伐單氏之宮，敗焉。庚午，反伐之。辛未，伐東圉。冬十月丁巳，晉籍談、荀躒帥九州之戎及焦、瑕、溫、原之師，以納王于王城。庚申，單子、劉蚠以王師敗績于郊，前城人敗陸渾于社。《公羊傳》：「王城者何？西周也。其言入何？篡辭也。」《穀梁傳》：「以者，不以者也。入者，內弗受也。」高氏曰：「王城，天子都，而子朝之黨在焉，故言入。」

猛未踰年，何以稱王？示當立也。陳氏曰：「武氏子毛伯不稱使，則王在喪，雖踰年猶未稱王也，此爭立也。其遂稱王，成猛之爲王也，猛宜立者也。」既當立矣，何以稱名？明嗣君也。曰「王猛」者，見居尊得正，又以別乎諸王子也。茅堂胡氏曰：「王猛在喪不稱子而稱王，明正也。書名者，別子朝也。」劉氏曰：「王猛乃王矣，未踰年，是以不可稱天王，又不可以諸侯例稱子也。獨言子，則似魯之子。冠王於子，又與他王子相亂，故稱王繁猛。」張氏曰：「以經書魯之法推之，天王之喪未葬，當稱王子某，既葬當稱王子，逾年稱王，今王猛當稱王子者也。適當子朝爭立之際，猛雖正而位未定，不可以不名，故書王猛焉，以別嫌而明其正也。」君前臣名，劉、單不名而王名，不嫌於倒置乎？曰君前臣名，常禮也。禮當其變，臣有不名，名其君而不嫌者矣。王不當稱，未踰年而稱王，名不當稱，立爲君而稱猛，安定胡氏曰：「王不當稱，非王無以定尊位。猛不當顯，非猛無以明嗣君。」皆禮之變也。惟可與權者能知其變而不越乎道之中。再書劉子、單子之以王，何也？《春秋》詞繁而不殺者，必有美惡焉。劉子、單子蓋挾天子以

令諸侯而專國柄者也，書而未足，故再書于策，以著上下舛逆，爲後世之深戒也。張氏曰：「劉、單輔猛，苟能如諸葛亮輔後主，則必不如是書矣」陳氏曰：「居于皇，言失京師也。入于王城，言始得京師也。」汪氏曰：「劉、單當艱難之秋，任託孤之寄，擁悼立敬，其功亦不細矣。劉原父及文定公所以責二者，蓋猶霍光駿乘之戒，罪其太專，無人臣之禮耳。」茅堂胡氏曰：「入者，難詞也。」○劉氏曰：《公羊》云：『其言入何？篡辭也。』若以入爲篡，下有天王入于成周，亦可謂篡乎？《穀梁》云：『入者，内弗受也。』亦非也。必以入爲內弗受，則天王入于成周，亦弗受乎？」

冬，十月，王子猛卒。《左傳》：「十一月乙酉，王子猛卒。不成喪也。己丑，敬王即位。館于子旅氏。❶十二月庚戌，晉籍談、荀躒、賈辛、司馬督帥師軍于陰，于侯氏，于谿泉，次于社。王師軍于氾，于解，次于任人。閏月，晉箕遺、樂徵、右行詭濟師，取前城。❷軍其東南。王師軍于京楚。辛丑，伐京，毁其西南。」《公羊傳》：「此未踰年之君也，其稱王子猛卒何？不與當也。不與當者，不與當父死子繼，兄死弟及之辭也。」《穀梁傳》：「此未踰年之君也。其曰卒，失嫌也。」杜氏曰：「未即位，故不言崩，周人謚曰悼王。」孫氏曰：「言王，所以明當嗣之人也；言子，所以見未踰年之君也；言猛，所以別群王子也。不崩不葬，降成君也。」安定胡氏曰：「生則書王，明實爲嗣。死乃稱子，正未踰年不崩不葬，卒而加子者，正名也。」茅堂胡氏曰：「未踰年不崩不葬，卒而加子者，正名也。」

❶ 「旅」，原作「施」，今據四庫本及阮刻本《春秋左傳正義》改。
❷ 「取」，原作「于」，今據四庫本及阮刻本《春秋左傳正義》改。

年未成天子之至尊。」臨川吳氏曰：「子上加『王』字者，表其爲天王未踰年之子，以別於諸侯未踰年之子也。」劉氏曰：「未踰年，則以王繫名，通謂之小子王。生名之，死亦名之，明尊未成也。前書王子猛，是生名之也。此書王子猛，是死亦名之也。」王氏曰：「其稱卒，雖與王子虎同，然書居于皇，入于王城，則見其正而當立矣。」陳氏曰：「未踰年之君，雖有諡，猶不列於廟次，是故衛侯申諡曰戴公，猛雖諡曰悼王，均之爲不成君也。王猛矣，則稱王子猛何？於其卒，從其恒稱爾。《春秋》之誼，苟廢立也，足以亂名實，則不弗辨；苟非廢立也，無亂於名實，則弗辨也。是故成之爲君，則稱王猛。於其卒也，從其恒稱爲世子忽。義不在焉，則不沒其實而已矣。」○劉氏曰：「《公羊》謂：『不與當父死子繼，兄死弟及之辭。』非也。向言王猛者，以文不可繫子。今言王子猛者，死當以子禮治之。言卒者，未踰年之君，猶子赤、子般皆言卒也。言卒則可，言薨則不可。不必未踰年之諸侯則稱卒，未踰年之王則當稱薨也。《穀梁》云：『其日卒，失嫌也。』亦非也。謂之小子王，卒固當告于諸侯，又不可言薨，是以通言卒耳。何嫌之失？」盧陵李氏曰：「《公》、《穀》皆以子猛爲篡，故『卒』義不可從。」○

十有二月癸酉朔，日有食之。

壬午 敬王元年。二十有三年晉頃七。齊景二十九。衛靈十六。蔡悼三，卒。鄭定十一。曹悼五。陳惠十一。杞平十七。宋元十三。秦哀十八。楚平十。吳僚八。

春，王正月，叔孫舍如晉。❶ ○癸丑，叔

❶ 「舍」，阮刻本《春秋左傳正義》作「婼」，下同。

鞌卒。汪氏曰：「叔弓之子，輒之弟也，子詣嗣爲大夫。」○晉人執我行人叔孫舍。《左傳》：「邾人城翼還，將自離姑。公孫鉏曰：『魯將御我。』欲自武城還，❶循山而南。徐鉏、丘弱、茅地曰：『道下，遇雨，將不出，是不歸也。』遂自離姑。武城人塞其前，斷其後之木而弗殊，邾師過之，乃推而蹷之，遂取邾師，獲鉏、弱、地。邾人愬于晉，晉人來討。叔孫婼如晉，晉人執之。書曰『晉人執我行人叔孫婼』，言使人也。晉使與邾大夫坐，叔孫曰：『列國之卿當小國之君，固周制也。邾又夷也。寡君之命介子服回在，請使當之，不敢廢周制故也。』乃不果坐。韓宣子使邾人聚其衆，將以叔孫與之。叔孫聞之，去衆與兵而朝。士彌牟謂韓宣子曰：『子弗良圖，而以叔孫與其讎，叔孫必死之。邾君亡國，將焉歸？子雖悔之，何及？所謂盟主，討違命也。若皆相執，焉用盟主？』乃弗與。使各居一館。士伯聽其辭，而愬諸宣子，乃皆執之。士伯御叔孫，從者四人，過邾館以如吏。先歸邾子。士伯曰：『以芻蕘之難，從者之病，將館子於都。』叔孫旦而立，期焉。乃館諸箕，舍子服昭伯於他邑。范獻子求貨於叔孫，使請冠焉。取其冠法，而與之兩冠，曰：『盡矣。』爲叔孫故，申豐以貨如晉。叔孫曰：『見我，吾告女所行貨。』見，而不出。吏人之與叔孫居於箕者，請其吠狗，弗與。及將歸，殺而與之食之。叔孫所館者，雖一日必葺其牆屋，去之如始至。」高氏曰：「晉雖以取邾師爲罪而執行人，其實則爲士鞅來聘，以魯爲卑已故也。」胡氏曰：「晉聽邾人之愬而執叔孫，使與邾大夫坐，婼以周禮爭之，乃不果坐。又欲以叔孫與邾人，婼去衆與兵而朝，示必死之，乃不果與。

❶「城」，原作「成」，今據四庫本及阮刻本《春秋左傳正義》改，下同。

又卻范獻子而拘申豐，書執我行人，則不以其罪也。稱晉人，則非伯討也。」家氏曰：「叔孫豹會于虢，莒人訴取鄆，將戮之。樂王鮒求貨於叔孫，使請帶焉。豹召使者裂裳帛而與之，卒弗與賄。婼，豹之子也。今為晉所執，范鞅求貨，亦弗與，父子所守如此，亦可嘉矣。魯有賢大夫如此，而昭公不與共圖國事，坐視強臣之脅制以至於亡，悲夫！」○晉人圍郊。《左傳》：「春，王正月壬寅朔，二師圍郊。癸卯，郊、鄩潰。丁未，晉師在平陰，王師在澤邑。王使告間，庚戌還。」《公羊傳》：「郊者何？天子之邑也。曷為不繫于周？不與伐天子也。」杜氏曰：「討子朝也。郊，周邑。」

按《左氏》：「晉籍談、荀躒帥師軍于侯氏，箕遺、樂徵濟師軍其東南，正月二師圍郊。」郊，子朝邑也。高氏曰：「郊，王畿之邑。不繫之國者，天下皆王土也。蓋土無二王，所以別異於諸侯也。春秋諸侯更相侵伐，未嘗敢及於周，其心實無王而不敢犯王室者，懼天下諸侯執言而政已也。此圍郊者，子朝在焉故也。」既不書大夫之名氏，又不稱師，而曰晉人，微之也，所謂以其事而微之者也。當是時，天子蒙塵，晉為方伯，不奔問官守，省視器具，徐遣大夫往焉。勤王尊主之義若是乎？書晉人圍郊，而罪自見矣。茅堂胡氏曰：「按傳乃助天王攻子朝也，然不書救王，又無他褒異之辭，與伐天子何別？故《公羊》直以為伐天子也，意者王室危亂之急，伸臣子之義，徒以微者帥偏師薄為之援，亂不早定，職此之由，故不足美也。」薛氏曰：「著晉人之不急勤王也。」東萊呂氏曰：「當是時，王必自以為無假於晉師，故使之間，而晉因此遂還。然晉師還而子朝之勢復熾，若因郊潰，遂取子朝，不至如後日之難也。」汪氏曰：「明年，晉侯使士景伯涖問周故，然後辭王子

朝，不納其使，則是時雖遣師圍郊，尚未察於嫡庶是非之辨，是以助敬王之不力也。」○趙氏曰：「《公羊》云『不與伐天子也』，此實非伐天子也。若實伐周，豈爲其掩惡哉？」盧陵李氏曰：「《公羊》注以郊爲天子間田，有大夫主之，《春秋》不與伐天子，故不係于周，此不知事實者也。陳氏曰：『向者子帶之亂，晉文嘗圍溫矣，不書以其討亂也。今敬王即位逾年而後圍郊，則討亂非晉志也，是故貶人之。』此說極是，但圍溫不見經，亦未知果與之否？」

夏，六月，蔡侯東國卒于楚。茅堂胡氏曰：「失德不葬，若蔡侯東國是也。王父殺，父見用，又奔之，失德也。」高氏曰：「因朝于楚而卒。」○秋，七月，莒子庚輿來奔。《左傳》：「莒子庚輿虐而好劍。苟鑄劍，必試諸人。國人患之。又將叛齊。烏存帥國人以逐之。庚輿將出，聞烏存執殳而立於道左，懼將止死。苑羊牧之曰：『君過之！烏存以力聞可矣，何必以弒君成名？』遂來奔。齊人納郊公。」

《左氏》曰：「庚輿虐而好劍。苟鑄劍，必試諸人。國人患之。又將叛齊。烏存帥國人逐之。庚輿來奔，齊人納郊公。」杜氏曰：「庚輿，著丘公之弟。郊公，著丘公子，十四年奔齊。」三代之得失天下，仁與不仁而已矣。苟無仁心，甚則身弒國亡，不甚則身危國削。庚輿免死道左而出奔於魯，幸耳！入國不書，而書其出奔，惡之也。高氏曰：「庚輿不正而立，又不安其國而出奔，與鄭突同。」郊公出入皆不書，微之也，所謂以其人而微之者也。家氏曰：「郊公在喪不感，亂臣持以爲過而逐之，不能君而可微者也。」微之爲義，或以位，或以人，或以事，《春秋》書法

達王事，名氏不登於史策，若此類亦衆矣。

戊辰，吳敗頓、胡、沈、蔡、陳、許之師于雞父。胡子髡、沈子逞滅，獲陳夏齧。父，《穀》作「甫」。髡，苦門反。逞，《公》作「楹」，《穀》作「盈」。齧，五結反。《左傳》：「吳人伐州來，楚薳越帥師及諸侯之師奔命救州來。」吳人禦諸鍾離。子瑕卒，楚師熸。吳公子光曰：『諸侯從於楚者衆，而皆小國也，畏楚而不獲已，是以來。吾聞之曰：「作事威克其愛，雖小，必濟。」胡、沈之君幼而狂，陳大夫齧壯而頑，頓與許、蔡疾楚政。楚令尹死，其師熸。帥賤多寵，政令不壹。七國同役而不同心，帥賤而不能整，無大威命，楚可敗也。若分師先以犯胡、沈與陳，必先奔。三國敗，諸侯之師乃搖心矣。諸侯乖亂，楚必大奔。請先者去備薄威，後者敦陳整旅。』吳子從之。戊辰晦，戰于雞父。吳子以罪人三千先犯胡、沈與陳，三國爭之。吳爲三軍以繫於後，中軍從王，光帥右，掩餘帥左。吳之罪人或奔或止，三國亂，吳師擊之，三國敗，獲胡、沈之君及陳大夫。舍胡、沈之囚，使奔許與蔡、頓，曰：『吾君死矣！』師譟而從之，三國奔，楚師大奔。書曰：『胡子髡、沈子逞滅，獲陳夏齧。』君臣之辭也。」《公羊傳》：「此偏戰也，曷爲以詐戰之辭言之？不與夷狄之主中國也。然則曷爲不使中國主之？中國亦新夷狄也。其言滅獲何？別君臣也。」《穀梁傳》：「中國不言敗，胡子髡、沈子盈其滅乎？其言敗，釋其滅也。獲者，非與之辭也，上下之稱也。」

吳伐州來，楚令尹帥師及諸侯之師與吳戰，曷爲不書楚？令尹既喪，楚師已熸。子潛反。

杜氏曰：「火滅爲熸，軍之重主喪亡，故其軍人無復氣勢。」六國先敗，楚師遂奔，是以不書楚也。劉氏曰：「疑楚本與諸侯同救州來，既而令尹卒，楚軍留，而諸侯之師先至，吳以詭計勝之，楚師實未與吳相接，故經不書楚也。」汪氏曰：「《左傳》記令尹卒，楚師熸。吳光設詐先犯胡、沈與陳，三國既敗，又縱其囚使奔許與蔡、頓，而許、蔡、頓之師亦奔。六國敗奔之後，然後楚師大奔，則楚師未嘗與吳師相接明矣。」高氏曰：「此見吳之彊，而楚人益弱。夫頓、胡、沈、蔡、陳、許，皆楚與國也。吳伐州來，楚人帥六國之師以救之，於是吳人禦之，盡敗其師於雞父也。」諸侯之師，曷爲略而不序？蔡、陳、許則大夫帥師。言戰，則未陳也。言敗績，則或書滅或獲，其事亦不同也。故總言吳人以詐取勝於前，而以君與大夫序六國於後。胡、沈、蔡、陳、許，皆楚與國也。其曰胡子髠、沈子逞而狂，不能以禮自守，役屬于楚，悉師以出，一敗而身與衆俱亡也。滅者，若曰非有能滅之者，咸其自取焉耳，亦猶梁亡自亡也，鄭棄其師自棄也，齊人殲于遂自殲也。或曰滅，或曰獲，別君臣也。杜氏曰：「國君，社稷之主，與宗廟共其存亡者，故稱『滅』。大夫輕，故曰『獲』。獲，得也。」君死曰滅，胡子髠、沈子逞是也。大夫生死皆曰『獲』，鄭獲宋華元，生也，吳獲陳夏齧，死也。」唉氏曰：「凡戰而死者，君曰『滅』，言與國滅同也，生禽曰『獲』。大夫生死皆曰『獲』。諸侯滅則書名，以其死也。」書其敗，不以國分而以君大夫爲序。書其死，不以事同而以君臣爲別。皆所以辨上

下，定民志，雖顛沛必於是也，其義行而亂自熄矣。孫氏曰：「春秋之戰，書敗者多矣，未有諸侯之師略而不序者。此六國之師略而不序者，皆夷狄之也。賤其舍中國而與夷狄，故皆夷狄之。胡子髡、沈子逞滅者，深惡二國之君不得其死，皆以自滅爲文也。」陳氏曰：「夷狄交相敗不書，必敗中國而後書。吳敗六國，自入春秋未之有也，是故吳子貶稱國。」

天王居于狄泉，尹氏立王子朝。朝，如字。《左傳》：「夏四月乙酉，單子取訾，劉子取牆人、直人。六月壬午，王子朝入于尹。癸未，尹圉誘劉佗殺之。丙戌，單子從阪道、劉子從尹道伐尹。還。己丑，召伯奐、南宮極以成周人戌尹。庚寅，單子、劉子、樊齊以王如劉。甲午，王子朝入于王城，次于左巷。秋七月戊申，鄩羅納諸莊宮。尹辛敗劉師于唐。丙辰，又敗諸鄩。甲子，尹辛取西闈。丙寅，攻蒯，蒯潰。」《公羊傳》：「此未三年，其稱天王何？著有天子也。」《穀梁傳》：「始王也。其曰天王，因其居而王之也。立者，不宜立也。朝之不名，何也？別嫌乎尹氏之朝也。」

立者，不宜立也。王猛當立而未能立，故稱大臣以之而不言立。敬王當立又能立矣，故直稱居于狄泉而不言立。茅堂胡氏曰：「《春秋》與敬王者，以其爲王猛之母弟，得繼正統也。稱天王者，既葬已踰年矣。《春秋》之法，未葬、未踰年則不稱王，已葬而未踰年亦不稱王，既葬又踰年則稱王。」高氏曰：「敬王始立，而遽稱天王者，景王崩已踰年矣。不可曠年無王，故稱之，且明正也。著天下已有王，而子朝不得以亂之也。」陳氏曰：「敬王居狄泉，在王城之東，謂之東王。子朝在王城，謂之西王。書曰『天王居于狄泉』，黜子朝也。」薛氏曰：「狄泉不書出，在王畿之內也。」子

朝庶孽奪嫡正，以賤妨貴，基亂周室，不當立者也，故特稱立而目尹氏。杜氏曰：「尹氏，周世卿也。書尹氏立王子朝，明非周人所欲立也。」劉氏曰：「衛人立晉，衆人所欲立也。已僭位號，猶稱王子，言莫之君也。」孫氏曰：「嗣子有常位，不言立，立者篡辭。」高氏曰：「衛人立晉，衆人同欲立，猶且不可。今尹氏一己之私而立之，以亂周室，罪尹氏也。尹氏立王子朝，獨尹氏所欲立也。」劉氏曰：「尹氏，周世卿也。書尹氏立王子朝，明非周人所欲立也。尹氏即尹子，此稱氏者，著其世執國柄也。」尹氏，天子之卿也。王朝公卿書爵而變文稱氏者，見世卿之擅權亂國為後戒也。或曰稱氏者，時以氏稱之也。《詩》云「王謂尹氏」，此《大雅》美宣王詩也，亦譏世卿歟，為此説者誤矣。詩人主文而不以害意，有美而或過，有刺而或深，以意逆之可也。《春秋》所書，或稱爵，或稱字，或稱名，或稱氏，或稱子，或稱人，名分所由立，是非所由定，禮義所由出，皆斷自聖心，游、夏不能與也。徇時之所稱而稱之，豈其然乎？　陸氏曰：「大夫稱氏者，皆譏世卿也。」言氏，則世卿之意可見矣。時世卿既多，不可勝譏。因宣王詩也，亦譏世卿歟，為此説者誤矣。○陳氏曰：「書居，黜子朝也。言尹氏，獨尹氏所立也，將以王天下。獨尹氏立之，則莫之與也。」盧陵李氏曰：「衛晉之立書衛人，衆立之詞也。子朝之立書尹氏，篡立之詞也。書衛人而復書公子，則嫌於當立。書尹氏而不書王子，則嫌於外姓。此《春秋》之精意也。」○劉氏曰：「《公羊》意謂未三年不當言天王，非也。王者雖諒闇三年，然踰年之後，臣子可以天王稱之矣。毛伯求金不稱天王，明命自上下不合稱之也。『天王居于狄泉』，臣子稱之，理自得稱天王也。《穀梁》云：『朝之不名，別嫌乎尹氏之

八月乙未，地震。《左傳》：「八月丁酉，南宮極震。萇弘謂劉文公曰：『君其勉之！先君之力可濟也。周之亡也，其三川震。今西王之大臣亦震，天棄之矣。東王必大克。』」杜氏曰：「經書地震，魯地也。南宮極爲屋所壓而死，周地亦震也。」汪氏曰：「王城地震而有子朝之奔，魯地震而有陽州之孫，天之示人顯矣。」

附錄 《左傳》：「楚大子建之母在鄖。召吳人而啓之。冬十月甲申，吳大子諸樊入鄖，取楚夫人與其寶器以歸。楚司馬薳越追之，不及。將死，眾曰：『請遂伐吳以徼之。』薳越曰：『再敗君師，死且有罪。亡君夫人，不可以莫之死也。』乃縊于薳澨。」

冬，公如晉，至河，有疾，乃復。「至河」下，《公》、《穀》又有「公」字。《左傳》：「公爲叔孫故如晉，及河，有疾，而復。」《公羊傳》：「何言乎公有疾乃復？殺耻也。」《穀梁傳》：「疾不志，此其志，何也？釋不得入乎晉也。」

昭公兩朝于晉，而一見止。汪氏曰：「五年晉欲止公不果，十五年晉人止公。」五如晉，而四不得入焉。汪氏曰：「二年，十二年，十三年，二十一年。」今此書有疾乃復，殺耻也。汪氏曰：「殺，猶滅也。」何氏曰：「因有疾，以殺畏晉之耻。」楊士勛曰：「公之如晉，四不得入，假言有疾，實由季孫之不入。

朝也。」亦非也。《春秋》豈嫌於尹氏之朝哉？」茅堂胡氏曰：「《穀梁》曰：『朝之不名，別嫌乎尹氏之朝也。』釋者謂據衛人立晉不稱公子，切恐未然。衛人既討弒君之賊，國無君矣。眾奉晉而立之，疑其可也。不去其公子，則無以明其不當立，子朝則異乎是。既書天王居于狄泉，又書尹氏立之，則其爲簒可知矣，固不待去其王子而後明也。書王子，乃所以見景王寵庶間嫡之失爾。」

今實有疾,別於無疾而反也。」以周公之胄、千乘之君,執幣帛脩兩君之好而不見納,斯亦可恥矣。有恥而後能知憤,知憤而後能自強,自強而後能爲善,爲善而後能立身,身立而後能行其政令、保其國家矣。昭公內則受制於權臣,外則見陵於方伯,此正憂患疢疾,有德慧術智保生免死之時也。而安於屈辱,甘處微弱,無憤恥自強之心。其失國出奔,死於境外,其自取之哉!

汪氏曰:「是時,叔孫婼拘囚於晉,未有赦命。昭公是行,本以請婼,而中懼晉之不見納,故托疾而返。《春秋》因其托疾而書之,以免其不得至晉之恥也。人臣將命以脩聘,雖有疾亦不當復,不可壅君命也。人君脩鄰國之好,有疾則不可不復,既有疾,則不得成禮故也。」

附録《左傳》:「楚囊瓦爲令尹,城郢。沈尹戌曰:『子常必亡郢。苟不能衛,城無益也。古者,天子守在四夷;天子卑,守在諸侯。諸侯守在四鄰;諸侯卑,守在四竟。慎其四竟,結其四援,民狎其野,三務成功。民無內憂,而又無外懼,國焉用城?今吳是懼,而城於郢,守已小矣。卑之不獲,能無亡乎?昔梁伯溝其公宮而民潰,民棄其上,不亡何待?夫正其疆場,修其土田,險其走集,親其民人,明其伍候,信其鄰國,慎其官守,守其交禮,不僭不貪,不懦不耆,完其守備,以待不虞,又何畏乎?《詩》曰:「無念爾祖,聿修厥德。」無亦監乎若敖、蚡冒至于武、文,土不過同,慎其四竟,猶不城郢。今土數圻,而郢是城,不亦難乎?』」

癸未敬王二年。**二十有四年**晉頃八。齊景三十。衛靈十七。蔡昭公申元年。鄭定十二。曹悼六。陳惠十二。杞平十八,卒。宋元十四。秦哀十九。楚平十一。吳僚九。**春,**

王二月丙戌，仲孫貜卒。貜，俱縛反。汪氏曰：「孟僖子也，子何忌嗣爲大夫，是謂懿子。」○叔孫舍至自晉。《左》、《穀》無「叔孫」字。《左傳》：「晉士彌牟逆叔孫于箕。叔孫使梁其踁待于門內，曰：『余左顧而欬，乃殺之。右顧而笑，乃止。』叔孫見士伯。士伯曰：『寡君以爲盟主之故，是以久子。不腆敝邑之禮，將致諸從者，使彌牟逆吾子。』叔孫受禮而歸。二月，婼至自晉，尊晉也。」《穀梁傳》：「大夫執則致，致則挚，由上致之也。」

大夫執而致則名，汪氏曰：「據十四年意如至自晉，不書氏。」此獨書其姓氏何？賢之也。叔孫舍以禮立身而不屈於强國，以忠事主而不順於强臣，此社稷之衛，魯之良大夫也。使公稍有動心忍性，强於爲善之意，舉國以聽，豈其死於乾侯。觀意如之稽顙於昭子，叔孫之逐君責意如，事見《左傳》二十五年。其事可見矣。及意如有異志，而昭子使祝宗祈死所謂知其無可奈何安之若命者，故舍至自晉，特以姓氏書；其死也，公雖在外而特書日以卒之，所以表其節爲後世勸也。劉氏曰：「婼不忍自同於季氏，而謀納公，正也。不忍見欺於季氏，而反自殺，忠也。故因其可褒而褒之。三傳皆無叔孫，《公羊》獨有，此似聖人本意，所謂『辭繁而不殺』者

附錄《左傳》：「春王正月辛丑，召簡公、南宮嚚以甘桓公見王子朝。劉子謂萇弘曰：『甘氏又往矣。』對曰：『何害？同德度義。《大誓》曰：「紂有億兆夷人，亦有離德；余有亂臣十人，同心同德。」此周所以興也。君其務德，無患無人。』戊午，王子朝入于鄔。」

也。」廬陵李氏曰：「此條胡氏獨取《公羊》，而《公羊》又無傳，疏者以爲意如有罪，故去其氏。叔孫無罪，故無貶文。其説似是。胡氏蓋用臨江劉氏，因其可襃而襃之之意。」

附録《左傳》：「三月庚戌，晉侯使士景伯涖問周故。士伯立于乾祭，而問於介衆。晉人乃辭王子朝，不納其使。」

夏，五月乙未朔，日有食之。《左傳》：「梓慎曰：『將水。』昭子曰：『旱也。日過分而陽猶不克，克必甚，能無旱乎？陽不克莫，將積聚也。』」

附録《左傳》：「六月壬申，王子朝之師攻瑕及杏，皆潰。」○「鄭伯如晉，子大叔相，見范獻子。獻子曰：『若王室何？』對曰：『老夫其國家不能恤，敢及王室？抑人亦有言曰：「嫠不恤其緯，而憂宗周之隕，爲將及焉。」今王室實蠢蠢焉，吾小國懼矣，然大國之憂也。吾儕何知焉？吾子其早圖之！《詩》曰：「缾之罄矣，惟罍之恥。」王室之不寧，晉之恥也。』獻子懼，而與宣子圖之。乃徵會於諸侯，期以明年。」

秋，八月，大雩。《左傳》：「旱也。」○丁酉，杞伯郁釐卒。郁，《公》作「鬱」。

附録《左傳》：「冬十月癸酉，王子朝用成周之寶珪于河。甲戌，津人得諸河上。陰不佞以温人南侵，拘得玉者，❶取其玉。將賣之，則爲石。王定而獻之，與之東訾。」

冬，吳滅巢。《左傳》：「楚子爲舟師以略吳疆，沈尹戌曰：『此行也，楚必亡邑。不撫民而勞之，吳不動而

❶「玉」，原作「王」，今據四庫本及阮刻本《春秋左傳正義》改。

葬杞平公。

甲申敬王三年。二十有五年晉頃九。齊景三十一。衛靈十八。蔡昭二。鄭定十三。曹悼七。陳惠十三。杞悼公成元年。宋元十五，卒。秦哀二十。楚平十二。吳僚十。春，叔孫舍如宋。《左傳》：「春，叔孫婼聘于宋，桐門右師見之。語，卑宋大夫而賤司城氏。昭子告其人曰：『右師其亡乎！君子貴其身，而後能及人，是以有禮。今夫子卑其大夫而賤其宗，是賤其身也，能有禮乎？無禮，必亡！』宋公享昭子，賦

巢，楚之附庸，實邑之也。劉氏曰：「書曰『巢伯來朝』，巢爲諸侯審矣。」王氏曰：「巢，吳、楚間小國，楚取之以爲附庸。」汪氏曰：「文十二年，楚人圍巢，則巢猶自爲國。至襄二十五年，吳伐楚，門于巢，則巢服屬於楚矣。」書吳入州來，著陵楚之漸。書吳滅巢，著入郢之漸。《春秋》內失地不書，汪氏曰：「如曹取濟西，齊取汶陽、鄆、讙、龜陰，皆不書。」外取滅皆書，明見取滅者之不能有其土地人民，則不君矣。故諸侯之寶三，以土地爲首。家氏曰：「吳之滅巢，能復諸樊門矢之仇，故錄之也。」

速之，吳踵楚，而疆場無備，邑能無亡乎？」越大夫胥犴勞王於豫章之汭，越公子倉歸王乘舟。倉及壽夢帥師從王，王及圉陽而還。吳人踵楚，而邊人不備，遂滅巢及鍾離而還。沈尹戌曰：『亡郢之始於此在矣。王壹動而亡二姓之帥，幾如是而不及郢？《詩》曰：「誰生厲階？至今爲梗。」其王之謂乎！』」制，則封境震矣。四境，國都之守，既不能保，則國都危矣。故沈尹戌以此爲亡郢之始也。」《春秋》內失地不書，外取滅皆書，明見取滅者之不能有其土地人民，則不君矣。故諸侯之寶三，以土地爲首。

《新宮》。昭子賦《車轄》。明日宴，飲酒，樂，宋公使昭子右坐，語相泣也。樂祁佐，退而告人曰：「今茲君與叔孫其皆死乎！吾聞之：『哀樂而樂哀，皆喪心也。』心之精爽，是謂魂魄。魂魄去之，何以能久？」季公若之姊爲小邾夫人，生宋元夫人，生子，以妻季平子。昭子如宋聘，且逆之。公若從，謂曹氏勿與，魯將逐之。曹氏告公。公告樂祁。樂祁曰：「與之。如是，魯君必出。政在季氏三世矣，魯君喪政四公矣。無民而能逞其志者，未之有也。」國君是以鎮撫其民。《詩》曰：「人之云亡，心之憂矣。」魯君失民矣，焉得逞其志？以待命猶可，動必憂。」汪氏曰：「季孫行父之如陳，公孫茲之如牟，嬰齊之如莒，皆因聘而娶，託公命以濟其私，然皆自逆其妻也。今意如遣公室之正卿爲己逆婦，專恣甚矣。昔也討私邑，使公室之卿圍之。今也娶己妻，使公室之卿逆之，則名雖爲臣，而實行魯君之事，尚何待昭公孫齊而後專魯哉！」○夏，叔詣會晉趙鞅、宋樂大心、衛北宮喜、鄭游吉、曹人、邾人、滕人、薛人、小邾人于黃父。詣，五計反，《公》、《穀》作「倪」，音詣，後同。大心，《公》作「世心」，後同。父音甫。《左傳》：「夏，會于黃父，謀王室也。」趙簡子令諸侯之大夫輸王粟，具戍人，曰：「明年將納王。」子大叔見趙簡子，簡子問揖讓周旋之禮焉。對曰：「是儀也，非禮也。」簡子曰：「敢問何謂禮？」對曰：「吉也聞諸先大夫子產曰：『夫禮，天之經也，地之義也，民之行也。』天地之經，而民實則之。則天之明，因地之性，生其六氣，用其五行。氣爲五味，發爲五色，章爲五聲，淫則昏亂，民失其性。是故爲禮以奉之：爲六畜、五牲、三犧，以奉五味；爲九文、六采、五章，以奉五色；爲九歌、八風、七音、六律，以奉五聲；爲君臣上下，以則地義；爲夫婦外內，以經二物；爲父子、兄弟、姑姊、甥舅、昏媾姻亞，以象天明；爲政事、庸力、行務，以從四時；爲刑罰威獄，使民畏忌，以類其震曜殺

戮；爲溫慈惠和，以效天之生殖長育。民有好惡、喜怒、哀樂，生于六氣，是故審行信令，禍福賞罰，以制死生。生，好物也；死，惡物也。好物，樂也；惡物，哀也。哀樂不失，乃能協于天地之性，是以長久。」簡子曰：「甚哉，禮之大也！」對曰：「禮，上下之紀、天地之經緯也，民之所以生也，是以先王尚之。故人之能自曲直以赴禮者，謂之成人。大，不亦宜乎！」簡子曰：「鞅也，請終身守此言也。」宋樂大心曰：『我不輸粟。我於周爲客，若之何使客？』晉士伯曰：『自踐土以來，宋何役之不會，而盟之不同？』曰「同恤王室」，子焉得辟之？子奉君命，以會大事，而宋背盟，無乃不可乎？』右師不敢對，受牒而退。士伯告簡子曰：『宋右師必亡。奉君命以使，而欲背盟以干盟主，無不祥大焉。』」張氏曰：「黃父，即黑壤，晉地。」

按《左氏》：「鄭子大叔如晉，范獻子曰：『若王室何？』對曰：『王室之不寧，大國之憂，晉之恥也。』吾子其早圖之，獻子懼，乃徵會於諸侯，會于黃父，謀王室也。」趙簡子令諸侯之大夫輸王粟，具戍人，將納王。夫以王猛之無寵，單旗、劉蚠之屢敗，敬王初立，子朝之衆，召伯奐、南宮嚚、甘桓公之黨，疑若多助之在朝也。然會于黃父凡十國，而諸侯之大夫無異議焉，是知邪不勝正久矣。猶有寵愛庶孽，配適奪正，至於滅亡而不寤者，不知幽王、晉獻之父子，亦何足效哉！汪氏曰：「幽王愛伯服，立爲太子，而黜宜曰。晉獻公寵奚齊卓子，而殺申生。」然則黃父之會，王事也，而無美辭何也？王室不靖，亦惟友邦家君，克修厥職，以綏定王都，非異人任，亦何美之有？免於譏貶足矣。此《春秋》以正待人之體也。後

世以濫賞報臣子所當爲之事，爲臣子者，亦受而不辭，汪氏曰：「如漢以宦官誅外戚而封列侯，唐以藩鎮平亂而進爵爲王之類。」**失此義矣**。高氏曰：「自二十二年景王崩，王室亂，天王播越諸侯皆莫奔救。四年之後，晉始爲此會，而諸侯不至，但合諸大夫以謀之，曰『明年將納王』。夫王室之急如此，豈可坐待明年哉？有霸者作，如齊桓公盟首止以定王世子鄭。晉文公誅叔帶以逆襄王，豈不美哉！桓、文不作，猛、朝相競，王室世臣不能明先王一定之制，順非而廢適，使頃公而爲桓、文，果至是乎？是以聖人傷王室之亂，而又於此著諸侯之無霸也。」汪氏曰：「晉頃承世霸之業，昏庸怠惰，略弗克振，在位四年，僅能兩合大夫。至于扈之役欲納昭公于魯，而蔽於權臣，反却宋、衛之請。蓋是時晉之政權全在六卿，頃若贅旒而已，尚奚責哉？」

有鸜鵒來巢。鸜，其俱反，又作「鴝」。《公》作「鸛」，音權。鵒音欲。《左傳》：「書所無也。」師己曰：「異哉！吾聞文、武之世，童謠有之，曰：『鸜之鵒之，公出辱之。鸜鵒之羽，公在外野，往饋之馬。鸜鵒跦跦，公在乾侯，徵褰與襦。鸜鵒之巢，遠哉遙遙，裯父喪勞，宋父以驕。鸜鵒鸜鵒，往歌來哭。』童謠有是，今鸜鵒來巢，其將及乎！」《公羊傳》：「何以書？記異也。何異爾？非中國之禽也，宜穴又巢也。」《穀梁傳》：

傳曰：「鸜鵒不踰濟。」《周禮‧考工記》注：「不踰濟，無妨中國有。」鸜鵒穴者而曰巢。或曰，增之也。」

濟水東北會于汶，《書‧禹貢》蔡氏傳：「濟水出絳州垣曲縣王屋山東南。汶，北汶也。濟水東北至東平府壽張縣安民亭，合汶水，至青

州博興縣入海。」魯在汶南，其所無也，故書曰「有」。顏師古曰：「《公羊》云夷狄禽。今之鸜鵒，中國皆有，但不踰濟水耳，故《左氏》以爲魯所常無，異而書之。」「巢」者，去穴而巢，陰居陽位，臣逐君象也。劉向曰：「象季氏將逐昭公，言來者，氣所致，所謂祥也。」何氏曰：「此權臣欲國，自下居上之徵。」鸜鵒宜穴處於下，而巢居於上，季孫宜臣順於家，而主祭於國，反常爲異之祥也。汪氏曰：「劉歆云：『羽蟲之孽，其色黑，乃視不明、聽不聰之罰。』蓋人反德爲亂，物反常爲妖，天地之氣，以類相應。譴告人君，甚微而著。宋有雀生鸇，康王用兵暴虐，射天笞地，尋至殞滅。高宗有雊雉之異，謀於忠賢，修德正事，能禳其災。」張氏曰：「邵子曰：『天下將治，則天地之氣自北而南，天下將亂，則天地之氣自南而北。』禽鳥之類，得氣之先者也。鸜鵒不踰濟而至魯，豈非氣自南而北之驗哉！當此之先，楚雖爲中國患，而齊、晉猶足以抑之。自此之後，晉霸不競，吳、楚、越皆以南夷迭主夏盟，諸侯斂衽事之，馴至大亂。則知鸜鵒來巢之祥，不特昭公出奔之兆而已。」

秋，七月上辛，大雩。季辛，又雩。《左傳》：「秋，書再雩，旱甚也。」《公羊傳》：「又雩者何？又雩者，非雩也，聚衆以逐季氏也。」《穀梁傳》：「季者，有中之辭也。又，有繼之辭也。」杜氏曰：「季辛，下旬之辛，言又重上事。」啖氏曰：「季辛不言大，承上可知。」

《左氏》以再雩爲旱甚。聖人書此者，以志禦災之非道，而區區於禱祠之末也。昭公之時，雨雹地震，四見於經。三年、四年，大雨雹。十九年、二十三年，地震。旱乾爲虐，相繼而起。

三年、六年、八年、十六年、二十四年及此年，七書雩。有鸜鵒來巢，異之甚也。季辛又雩，災之甚也。考諸列位，則國有人焉。觀諸天時，則猶有眷顧之心，未終棄也。若反身修德，信用忠賢，災異之來，必可禦矣。昔高宗肜<small>音融</small>。日，雉升鼎耳，異亦甚矣。聽於祖己，克正厥事，故能嘉靖殷邦，享國長久。劉歆曰：「野鳥自外來登於宗廟器，是繼嗣將易也。高宗恐駭，謀於忠賢，修德正事，能攘其妖，致百年之壽。」宣王之時，旱魃蘊隆，災亦甚矣。側身修行，遇災而懼，故能興衰撥亂，王化復行。此皆以人勝天，以德消變之驗也。昭公至是猶不知畏，罔克自省，而求於禱祠之末，將能勝乎？故特書此以爲後世鑒。盧陵李氏曰：「《春秋》書一歲而二雩，一月而再雩，皆黷祀也。」○啖氏曰：「《公羊》云『聚徒以攻季氏』，按雩但禮官與女巫而已。何足以攻季氏乎？」劉氏曰：「若七月聚衆，則何至九月公乃出奔乎？」

九月己亥，公孫于齊，次于陽州。己亥，《穀》作「乙亥」。孫，音遜。陽，《公》作「揚」。《左傳》：「初，季公鳥娶妻於齊鮑文子，生甲❶。公鳥死，季公亥與公思展與公鳥之臣申夜姑相其室。及季姒與饔人檀通，而懼，乃使其妾抶己，以示秦遄之妻曰：『公若欲使余，余不可而抶余。』又訴於公甫曰：『展與夜姑將要余。』秦姬以告公之，公之與公甫告平子，平子拘展於下，而執夜姑，將殺之。公若泣而哀之，曰：『殺是，是殺余

---

❶「甲」，原作「申」，今據阮刻本《春秋左傳正義》改。

也。」將爲之請,平子使豎勿內,日中,不得請。有司逆命,公之使速殺之。故公若怨平子。季、郈之雞鬬,季氏介其雞,郈氏爲之金距。平子怒,益宮於郈氏,且讓之。故郈昭伯亦怨平子。臧昭伯之從弟會爲讒於臧氏,而逃於季氏。臧氏執旃。平子怒,拘臧氏老。將禘於襄公,萬者二人,其衆萬於季氏。臧孫曰:『此之謂不能庸先君之廟。』大夫遂怨平子。公若獻弓於公爲,且與之出射於外,而謀去季氏。公爲告公果、公賁。公賁使待人僚柤告公。公寢,將以戈擊之,乃走。又使言,公曰:『執之!』亦無命也。懼而不出,數月不見。公果又使言,公執戈以懼之,乃走。公賁使侍人僚柤告公。公果自言,公以告臧孫,臧孫以難。告郈孫,郈孫以可,勸。告子家懿伯,懿伯曰:『讒人以君徼幸,事若不克,君受其名,不可爲也。舍民數世,以求克事,不可必也。』且政在焉,其難圖也。」公退之。辭曰:『臣與聞命矣,言若洩,臣不獲死。』乃舍於公。叔孫昭子如闞,公居於長府。九月戊戌,伐季氏,殺公之于門,遂入之。平子登臺而請曰:『君不察臣之罪,使有司討臣以干戈,臣請待於沂上以察罪。』弗許。請囚於費,弗許。請以五乘亡,弗許。子家子曰:『君其許之!政自之出久矣,隱民多取食焉,爲之徒者衆矣。日入慝作,弗可知也。衆怒不可蓄也,蓄而弗治,將蘊。蘊蓄,民將生心。生心,同求將合。君必悔之!』弗聽。郈孫曰:『必殺之。』公使郈孫逆孟懿子。叔孫氏之司馬鬷戾言於其衆曰:『若之何?』莫對。又曰:『我,家臣也,不敢知國。凡有季氏與無,於我孰利?』皆曰:『無季氏,是無叔孫氏也。』鬷戾曰:『然則救諸!』帥徒以往,陷西北隅以入。公徒釋甲執冰而踞,遂逐之。孟氏使登西北隅,以望季氏,見叔孫氏之旌,以告。孟氏執郈昭伯,殺之于南門之西,遂伐公徒。子家子曰:『諸臣僞劫君者,而負罪以出,君止。意如之事君也,不敢不改。』公曰:

「余不忍也。」與臧孫如墓謀，遂行。己亥，公孫于齊，次于陽州。」《穀梁傳》：「孫之為言猶孫也，諱奔也。次，止也。」

內出奔稱孫，隱也。家氏曰：「季氏逐君，而以自孫、自次為文者，譏公有以自取也。」次于陽州，待齊命也。杜氏曰：「陽州，齊、魯竟上邑。未敢直前，故次于竟。」陳氏曰：「公行書次，自莊以來，未之有也。於是再見，以昭公之失國，不可不詳其所如往也。」昭公欲伐季氏，子家子曰：「季氏得民久，君無多辱。」公不從。意如登臺而請待於沂上以察罪，弗許。請囚于費，弗許。請以五乘亡，弗許。子家子曰：「君其許之！政自之出久矣，隱民多取食焉，為之徒者衆矣。日入慝作，弗可知也。」弗聽。叔孫氏之司馬鬷戾言於其衆曰：「若之何？」莫對。又曰：「我，家臣也，不敢知國。凡有季氏與無，於我孰利？」皆曰：「無季氏，是無叔孫氏也。」鬷戾曰：「然則救諸！」帥徒以往，陷西北隅以入。公徒釋甲執冰而踞，遂逐之。孟氏使登西北隅以望季氏，見叔孫氏之旌，以告。孟氏執郈昭伯，殺之于南門之西，遂伐公徒。子家子曰：「諸臣偽劫君者，而負罪以出，君止。意如之事君也，不敢不改。」公曰：「余不忍也。」與臧孫如墓謀，遂行。

叔孫氏之司馬陷西北隅以入。以君伐臣，曷為不勝？魯自東門遂殺適立庶，魯君於是乎失政。禄去公室，政在季氏，於此君也四公矣。作三軍盡征其一，舍中軍兼有其二，民賦入於其家半矣。受命救台也遂入郓，帥師取下也不以聞，軍政在其手矣。行父片言而東門氏逐，南蒯一動而公子愁奔。魯之羣臣亦無敢忠於公室而獻謀者，所謂屯難之時也。在《易》屯之六五，曰：「屯其膏，小貞吉，大貞凶。」程子曰：「人君之尊，雖屯難之世，於其名位非有損也。唯其施為有所不行，德澤有所不下，是屯其膏。既膏澤有所不下，威權去己而欲驟正之，求凶之道，魯昭公、高貴鄉公之事是也。故小貞則吉。小貞，則漸正之，不在己也。威權去己而欲驟正之，求凶之道，

也。若盤庚、周宣修德用賢，以道馴致，爲之不暴也。」《象》曰：「屯其膏，施未光也。」程子曰：「膏澤不下，是其德施未能光大也。」東萊呂氏曰：「使叔孫昭子而在，則昭公必不至孫也。」汪氏曰：「秦之趙高專政權者三世，廢置其君，在其掌握，而子嬰庸弱，尚能討之，而夷其三族。昭公君千乘之國二十有五年，討一季氏，不克而出奔者，何哉？即位雖久而民不見德，則無德也。以叔孫舍、子家駒之賢而不能專任以聽其言，則無人也。臧孫及子家子皆以爲不可，不能修政蓄備，而遽信群小之言以圖之，則無謀也。公徒釋甲執冰而踞，莫有鬭心，則無兵也。四者無一焉，而奮然怒螳蜋之臂以當車轍，其不爲曹髦之刃出於背者，幸而免爾。使昭公果能修德用賢，俟其信孚於人，而援之者衆，然後審謀治兵，一舉而戮巨姦，其誰曰不濟。苟恬然不爲而終於亡，亦何足取哉！」

齊侯唁公于野井。 唁音彦。《左傳》：「齊侯將唁公于平陰，公先至于野井。齊侯曰：『是寡人之罪也。使有司待于平陰，爲近故也。』書曰：『公孫于齊，次于陽州。齊侯唁公于野井。』禮也。將求於人，則先下之，禮之善物也。」齊侯曰：『自莒疆以西，請致千社，以待君命。寡人將帥敝賦以從執事，唯命是聽。君之憂，寡人之憂也。』公喜。子家子曰：『天禄不再。天若胙君，不過周公。以魯足矣。失魯而以千社爲臣，誰與之立？』且齊君無信，不如早之晉。』弗從。臧昭伯率從者將盟，載書曰：『戮力壹心，好惡同之。信罪之有無，繾綣從公，無通外内！』以公命示子家子。子家子曰：『如此，吾不可以盟。羈也不佞，不能與二三子同心，而以爲皆有罪。或欲通外内，且欲去君。二三子好亡而惡定，焉可同也？陷君於難，罪孰大焉？通

外内而去君，君將速入，弗通何爲？」乃不與盟。」《公羊傳》：「啍公者何？昭公將弒季氏，告子家駒曰：「季氏爲無道，僭於公室久矣。吾欲弒之，何如？」子家駒曰：「諸侯僭於天子，大夫僭於諸侯久矣。」昭公曰：「吾何僭矣哉？」子家駒曰：「設兩觀，乘大路，朱干、玉戚以舞《大夏》；八佾以舞《大武》，此皆天子之禮也。且夫牛馬維婁，委己者也，而柔焉。季氏得民衆久矣，君無多辱焉。」昭公不從其言，終弒而敗焉，走之齊。齊侯唁公于野井，曰：「奈何君去魯國之社稷？」昭公曰：「喪人不佞，失守魯國之社稷，執事以羞。」再拜顙。慶子家駒曰：「慶子免君於大難矣。」子家駒曰：「臣不佞，陷君於大難，君不忍加之以鈇鑕，賜之以死。」再拜顙。高子執篚食，與四脡脯，國子執壺漿，曰：「吾寡君聞君在外，餕饔未就，敢致糗于從者。」昭公曰：「君不忘吾先君，延及喪人，錫之以大禮。」再拜稽首，以袵受。高子曰：「有夫不祥，君無所辱于先君之禮。」昭公蓋祭而不嘗。❶景公曰：「寡人有不腆先君之服，未之敢服，有不腆先君之器，未之敢用，請以饗乎從者。」昭公曰：「喪人其何稱？」景公曰：「孰君而無稱？」昭公於是噭然而哭，諸大夫皆哭。既哭，以人爲菑，以帟爲席，以韍爲几，以遇禮相見。孔子曰：「其禮與其辭足觀矣。」《穀梁傳》：「吊失國曰

❶「嘗」，原作「當」，今據四庫本改。

唁，唁公不得入於魯也。」孫氏曰：「野井，齊地。」

唁者，弔也。生事曰唁，趙氏曰：「弔生曰唁。」

高氏曰：「凡唁，皆造其所居，其曰『于野井』者，齊侯將唁公，公自陽州逆之。蓋爲恭也。」以遇禮相

見。汪氏曰：「遇者，草次之禮，若道路偶相邂逅。齊景以昭公失國，故簡其禮，不以會禮相見。」孔子

曰：「其禮與其辭足觀矣。」然則何以失國而不反乎？禮有本末，正身治人，禮之本也；

威儀文辭，禮之末也。昭公喪齊歸無感容而不顧，見《左傳》十一年。娶孟子爲夫人而不命，有

《禮記‧雜記》：「夫人之不命於天子，自昭公始。」注：「娶同姓，不敢告天子。」政令在家而不能取，

子家子之賢而不能用，而屑屑焉習儀以亟，能有國乎？雖齊侯來唁，其禮與辭是矣，而

方伯連帥之職則未修也，又豈所以爲禮哉！其言曰：「自莒疆以西，請致千社，杜氏曰：

「二十五家爲社。千社，二萬五千家，欲以給公。」將率敝賦以從。」而子家子曰：「失魯而以千社

爲臣，誰與之立？且齊君無信，不如早之晉。」書曰「唁公」，亦明其無納公之實，譏之也。

孫氏曰：「唁，慰安之辭。齊，大國也。不能討意如於魯國，徒能唁昭公于野井，此齊侯之惡，亦可見矣。」

石氏曰：「觀齊侯致餼饔之禮與昭公喪人之稱，則其爲禮不誠，其辭不哀，可見矣。」任氏曰：「公孫于齊，

求齊之援也。『次于陽州』，俟齊之命也。齊侯唁公于野井，以唁爲名，拒公之適己也。昭公微弱，季氏盛

強，迫脅而出，欲求救拯，以齊大國之力伐季氏，至易也。爲君而伐臣，至順也。行至易以成至順，速若發

春秋集傳大全

釐。❶惜乎齊景不知爲此,野井之唁,豈弔失國之禮乎?拒公而已。」家氏曰:「書齊侯唁者再,非與其能唁也,譏其無救災恤患之實也。徒行虛禮,而誠不在焉。」廬陵李氏曰:「經書唁者三,皆所以罪齊、晉忘大義,而崇微禮也。」

冬,十月戊辰,叔孫舍卒。《左傳》:「昭子自闞歸,見平子。平子稽顙,曰:『子若我何?』昭子曰:『人誰不死?子以逐君成名,子孫不忘,不亦傷乎?將若子何?』平子曰:『苟使意如得改事君,所謂生死而肉骨也。』昭子從公于齊,與公言。子家子命適公館者執之。公與昭子言於幄内,曰:『將安衆而納公。』公徒將殺昭子,伏諸道。左師展告公,公使昭子自鑄歸。平子有異志。冬十月辛酉,昭子齊於其寢,使祝宗祈死。戊辰,卒。左師展將以公乘馬而歸,公徒執之。」家氏曰:「繼公孫而書舍卒,言舍之爲公死也。」王氏曰:「《春秋》賢臣憂國而祈死者二。晉范文子以厲公無道,慮國難之將作,魯叔孫舍以昭公失國,憤意如之見欺,皆愛君憂國之至,因禱以自裁也。是時昭公在外,特書日以卒之,所以錄君臣之恩,表其節爲後世勸。」盧陵李氏曰:「舍子不敢嗣爲大夫,是爲叔孫成子。」然顏子曰:『子在,回何敢死?』昭公在外,婼可以無死,此公,正也。不忍見欺於季氏,而反自殺,忠也。」『劉氏曰:『婼不忍同於季氏,而謀納公』,正也。『不忍見欺於季氏,而反自殺,忠也。』婼之死雖不可以當襃,而其忠也不可忘矣,故於其至自晉而襃之。《春秋》所由不以死襃婼也。夫昭公之禍,原於叔孫氏之司馬志於仁矣,無惡也,此之謂也。」胡氏主此說。昭子既歸,倘正鬷戾之罪而

❶「釐」,四庫本作「麴」,《纂疏》作「矢」,元刻本元吴澄《春秋纂言》作「壇」。

誅之，亦庶足以翦季氏之羽翼，而徐爲之圖。今乃付之無可奈何之命，不及甯俞遠矣。此《意林》所爲不滿也。然祈死之說本不可信，此年春昭子在宋與元公對語而泣，樂祁已知其魂魄去矣，何待於祈哉？」

附錄 《左傳》：「壬申，尹文公涉于鞏，焚東訾，弗克。」

十有一月己亥，宋公佐卒于曲棘。《左傳》：「十一月，宋元公將爲公故如晉，夢大子欒即位於廟，己與平公服而相之。旦，召六卿。公曰：『寡人不佞，不能事父兄，以爲二三子憂，寡人之罪也。若以羣子之靈，獲保首領以沒，唯是楄柎所以藉幹者，請無及先君。』仲幾對曰：『君若以社稷之故，私降昵宴，羣臣弗敢知。若夫宋國之法，死生之度，先君有命矣。羣臣以死守之，弗敢失隊。臣之失職，常刑不赦。臣不忍其死，君命祗辱。』宋公遂行。己亥，卒于曲棘。」《公羊傳》：「曲棘者何？宋之邑也。諸侯卒其封內不地，此何以地？憂內也。」《穀梁傳》：「邱公也。」杜氏曰：「曲棘，宋地。陳留外黃縣城中有曲棘里。」

按《左氏》：「宋元公爲公故如晉，卒于曲棘。」曲棘，宋地。宋元之夫人曹氏，生子，妻意如，或謂曹氏勿與，魯將逐之，曹氏告元公，公告樂祁，祁曰：「與之。如是，魯君必出，無民而能逞其志者，未之有也。」魯君失民久矣。」然則宋元，意如之外舅也，不此之顧而求欲納公，是以正倫恤患爲心，而不匿其私親之惡者也。其賢於當時諸侯遠矣。故雖卒于封內，而特書其地以別之也。劉氏曰：「諸侯有方伯連帥分災救患，扶傾濟弱，誅叛討亂，王政之所急，仁義之本也。諸侯卒其竟內，猶大夫之卒其家，未有言其地者，而佐卒獨見，以其有親附鄰國憂諸侯之心也。」家氏曰：「齊、晉二大國坐視季氏逐君，恬不加省，而宋元特爲此行，將以其前日逐華向者而討

十有二月，齊侯取鄆。《左傳》：「十二月庚辰，齊侯圍鄆。」《春秋》書其卒，于行錄之也。」

鄆，魯邑也。直書齊侯取之，何也？齊不自取而為公取鄆，使居之也。昭公出奔，經書齊侯取鄆，則見公已絕於魯，而逐於季氏為不君。

《穀梁傳》：「取，易辭也。內不言取，以其為公取之，故易言之也。」

《公羊傳》：「外取邑不書，此何以書？為公取之也。」

次于陽州，見公於魯未絕，而季氏逐君為不臣。

汪氏曰：「經書諸侯失國出奔，皆不言次，獨昭公之孫特言次于陽州，是昭公雖為季氏所逐，而未見絕於國人，故次止于齊、魯之境，而謀獲國也。」

及書齊侯取鄆，則見公已絕於魯，而逐於季氏為不君。

汪氏曰：「晉平公使魏舒逆衛獻公，使衛與之夷儀，則書衛侯入于夷儀，不言晉取夷儀也。齊高偃納北燕伯于陽，亦不言齊取陽也。今書齊侯取鄆於公，至自齊居于鄆之上，則是國內之人皆叛，無有愛念之者，非假鄰國之力以取邑，則鄆人不受命而無所於居矣。」

君者，有其土地人民，以奉宗廟之典籍者也。己不能有而他人是保，則不君矣。《春秋》之義，欲為君盡君道，為臣盡臣道，各守其職而不渝也。昭公失君道，季氏為亂臣，各渝其職而不守矣。其為後世戒深切著明矣。❶

陳氏曰：「外取邑不書，雖取諸我不書，取鄆以居公，則何以以處公，其無意於善而忽遠略可知矣。

呂氏曰：「齊侯不能討季氏，以正君臣大義，而獨取鄆

❶ 「知」，原作「則」，今據四庫本改。

書？病齊侯也。齊侯將納公,以梁丘據一言而遂不果。鄆陵之盟,合諸侯,徒曰納公,三年而無成,則是取鄆而已矣。是故取鄆則書齊,圍成則書公。」家氏曰:「是時晉政已衰,霸權未有所屬,齊景有志修桓公之業,當請命天王,號召與國,納昭公于魯,戮意如以示天下,而霸政舉矣。乃以取鄆爲首務,姑塞己責,勇於義者不爾。或謂嘉其取鄆,故爵之。此目其人以貶之爾,奚其爵?」汪氏曰:「不書齊侯伐圍以討逐君之臣,呂氏以爲譏齊侯之忽遠略者,亦得之。謝氏曰:「啥之矣而不能爲之討賊,居之矣而不能爲之復國,氏,但志取鄆,與外取田邑同文而不異其辭,則齊景仗義之功末矣。」廬陵李氏曰:「胡氏之說本程齊侯之罪也。然書齊侯,則異乎濟西、讙、闡之取書人矣。故《意林》以爲齊侯有修伯討,不登叛人之意。」」

附錄《左傳》:「初,臧昭伯如晉,臧會竊其寶龜僂句,以卜爲信與僭,僭吉。臧氏老將如晉問,會請往。昭伯問家故,盡對。及內子與母弟叔孫,則不對。再三問,不對。歸,及郊,會逆。問,又如初。至,次於外而察之,皆無之。執而戮之,奔郈。郈魴假使爲賈正焉。計於季氏,臧氏使五人以戈楯伏諸桐汝之間,會出,逐之,反奔,執諸季氏中門之外。平子怒,曰:『何故以兵入吾門?』拘臧氏老。季,臧有惡。及昭伯從公,平子立臧會。會曰:『僂句不余欺也。』」○「楚子使薳射城州屈,復茄人焉;城丘皇,遷訾人焉。使熊相禖郭巢,季然郭卷。子大叔聞之,曰:『楚王將死矣。使民不安其土,民必憂,憂將及王,弗能久矣。』」

春秋集傳大全卷之三十三

昭公 五

乙酉敬王四年。二十有六年晉頃十。齊景三十二。衛靈十九。蔡昭三。鄭定十四。曹悼八。陳惠十四。杞悼二。宋景公欒元年。秦哀二十一。楚平十三，卒。吳僚十一。**春，王正月，葬宋元公。**《左傳》：「葬宋元公，如先君，禮也。」汪氏曰：「昭公在外，而魯於宋、晉、鄭、曹、滕、薛每遣使會葬，不廢喪紀，則意如之專魯，與君無異矣。」

附錄《左傳》：「春王正月庚申，齊侯取鄆。」

三月，公至自齊，居于鄆。《左傳》：「三月，公至自齊，處于鄆，言魯地也。」《穀梁傳》：「公次于陽州，其曰至自齊何？以齊侯之見公，可以言至自齊也。」居于鄆者，公在外也。至自齊，道義不外公也。」范氏曰：「至自齊者，臣子喜君父得反致宗廟之辭。今君雖在外，猶以在國之禮錄，是崇君之道。」杜氏曰：「入魯境，故書至。猶在外，故書地。」王氏曰：「公自野井來居于鄆，初未及齊國都，而曰『至自齊』者，野井，齊地故也。」

居者，有其土地人民之稱也。汪氏曰：「居猶處也，處己所有之地也。衛侯出居于襄牛，楚子入居于申，皆在國也。此已失國而書居，使之如未失國然，若曰魯地非意如之所得有也。鄭伯突失國，而取櫟以居之；衛侯衎失國，而取夷儀以居之，皆書曰入。此不言入而言居者，內辭也。為尊者諱，為親者諱，若適他國而返居于是也。」昭公失國出奔而稱居于鄆者，存一國之防也。襄王已出而稱居于鄭，敬王未入而稱居于狄泉者，存天下之防也。天子之於天下，率土之濱莫非其臣，非諸侯所敢擅也。諸侯之於封國，四境之內莫非其土，非大夫所得專也。《禮記·坊記》：「君適其臣，升自阼階，即位於堂，示民不敢有其室也。」故諸侯避舍以待巡守，《禮記·祭義》：「天子巡守，諸侯待于竟。」❶而大夫專邑，是謂叛君。啖氏曰：「凡據土背君曰叛，如衛孫林父、晉趙鞅、荀寅、士吉射之類。」曰「居于鄆」，其為防也至矣。汪氏曰：「王者至尊，雖在外皆曰居，諸侯奔在境內亦曰居，皆言猶居其所耳。」劉氏曰：「有天下者固家天下，有一國者固家一國，上雖失之，下莫敢有也。天子棄天下而不守，諸侯失其國而不保，是以天子有曰『出居于鄭』，諸侯有曰『居于鄆』。」高郵孫氏曰：「凡公行，反而告廟則書至，在外雖不告而書至，所以存公也。」家氏曰：「居于鄆，志公之失位也。失位矣，而猶書至、書居，凡五見焉。自是每歲書至、書居，乾侯，晉地，故書在。」臨川吳氏曰：「曰居，雖侯，亦所以存公而繫魯國臣民之望也。鄆，魯境，故書居。乾侯，晉地，故書在。」

春秋集傳大全卷之三十三　昭公五

❶「待」，原作「侍」，今據四庫本改。

非所宜居，然猶吾土也。曰在者，非吾土矣。」蜀杜氏曰：「《春秋》書『王猛居于皇』，『天王居于狄泉』，志天王之失政，而尹氏專之也。書『公次于陽州』，『居于鄆』，『公圍成』志魯君失政，而季氏專之也。」

夏，公圍成。

《左傳》：「夏，齊侯將納公，命無受魯貨。申豐從女賈，以幣錦二兩，縛一如瑱，適齊師，謂子猶之人高齮：『能貨子猶，爲高氏後，粟五千庾。』子猶受之，言於齊侯曰：『群臣不盡力于魯君者，非不能事君也。然據有異焉。宋元公爲魯君如晉，卒于曲棘，叔孫昭子求納其君，無疾而死。不知天之棄魯耶，抑魯君有罪於鬼神，故及此也？君若待于曲棘，使群臣從魯君以卜焉。若可，師有濟也，君而繼之，兹無敵矣。若其無成，君無辱焉。』齊侯從之，使公子鉏帥師從公。成大夫公孫朝謂平子曰：❷『有都以衛國也，請我受師。』許之。請納質，弗許。曰：『信女足矣。』告於齊師曰：『孟氏，魯之敝室也。用成已甚，弗能忍也，請息肩于齊。』齊師圍成。成人伐齊師之飲馬于淄者，曰：『將以厭衆。』魯成備而後告曰：『不勝衆。』師及齊師戰于炊鼻。齊子淵捷從洩聲子，射之，中楯瓦，繇胸汏輈，匕入者三寸。聲子射其馬，斬鞅，殪。其御曰：『又之。』子車曰：『衆可懼也，而不可怒也。』子囊帶從野洩，叱之。洩曰：『軍無私怒，報乃私也，將亢子。』又叱之，亦叱之。冉豎射陳武子，中手，失弓而罵。從洩聲子，射之。子車曰：『齊人也。』將擊子車，子車射之，殪。

❶「齮」，原脫，今據四庫本及阮刻本《春秋左傳正義》補。
❷「孫」，原作「子」，今據四庫本及阮刻本《春秋左傳正義》改。

以告平子，曰：「有君子，白皙鬒鬚眉，甚口。」平子曰：「必子彊也，無乃亢諸？」對曰：「謂之君子，何敢亢之？」林雍羞爲顔鳴右，下。苑何忌取其耳。顔鳴去之。苑子之御曰：『視下！』顧。苑子剌林雍，斷其足，鬘而乘於他車以歸。顔鳴三入齊師，呼曰：『林雍乘！』《榖梁傳》：「非國不言圍，所以言圍者，以大公也。」

成者，孟氏之邑。《左氏》曰：「齊侯將納公，命無受魯貨。」申豐適齊，言於齊侯曰：「羣臣不盡力于魯君者，非不能事君也。據有異焉。宋元公爲魯君如晉，卒于曲棘，叔孫昭子求納其君，無疾而死。不知天之棄魯邪，抑魯君有罪於鬼神，故及此也。若使羣臣從魯君以卜，師有濟也而繼焉，茲無敵矣。齊侯從之，使公子鉏帥師從公圍成。」不書齊師者，景公怵於邪説，爲義不終，故微之也。王氏《箋義》曰：「齊侯謀納公，若齊侯自行，當書曰公及齊侯圍成。侯伐叛也。反惑幸臣之説，使公子鉏帥師圍成。公失國之君，無師衆，亦當書曰公以齊師圍成，今直書曰公圍成，惡齊受季氏之賂，雖得其師不足以也。」書公圍成，則季氏之不臣，昭公之不君，齊侯之不能修方伯連帥之職，其罪咸具矣。茅堂胡氏曰：「書公圍成，猶言成非昭公所有矣。」孫氏曰：「公圍成書者，見國內皆叛也。」陳氏曰：「齊侯將納公，以梁丘據一言而止。鄆陵之盟，將以合諸侯云爾。而徒曰『納公』，三年而無成，則是取鄆而已矣。故取鄆則書齊，圍成則書公。」汪氏曰：「書取鄆圍成，以見意如據有魯國之土，脅制魯國之民，而使昭公不得入國也。取鄆不書公，而圍成不言取，又以見昭公無德於國，無恩於民，而魯人皆不附也。既不書公以齊師圍成，又不言公，而圍成不言取，又以見昭公無德於國，無恩於民，而魯人皆不附也。

及齊師圍成，圍成不服，而昭公終居于鄆，則齊景救患之功不足乎揚❶而昭公之主齊失所因矣。《春秋》凡公出，在竟内而返不書至，定公在國而致圍成者，所以著公之危弱，攻私邑如敵國也。❷昭公已去國而不致圍成者，所以存公，如公之在國也。或謂昭公當討意如，不當急近利而圍孟氏之成。夫當是時，舉魯國之民皆聽順於季氏，成近於齊，故能圍之，猶不能取，況能入竟而討季氏邪？盧陵李氏曰：「經書公圍成二：昭公圍成，見季氏之彊也，定公圍成，見家臣之彊也。昭公圍成，不能得夫人心也。定公圍成，不能侯夫聖化也。」〇劉氏曰：「《穀梁》云：『言圍，大公也。』非也。公失國而圍成，此小之甚者，不可謂大。」

附録《左傳》：「四月，單子如晉告急。五月戊午，劉人敗王城之師于尸氏。戊辰，王城人、劉人戰于施谷，劉師敗績。」

秋，公會齊侯、莒子、邾子、杞伯，盟于鄟陵。鄟音專，又市轉反。《左傳》：「秋，盟于鄟陵，謀納公也。」孫氏曰：「盟于鄟陵，謀納公而不能也。」高氏曰：「公失國而會諸侯者，求入也。求入不主晉而主齊，故齊侯矯爲此盟，以莒、邾、杞皆魯之與國也。」王氏曰：「齊盟諸侯于鄟陵，謀納公也，而公止居于鄆。晉會諸侯之大夫于扈，亦謀納公也，而公終薨于乾侯。蓋是時，諸侯之權不足以制大夫，而梁丘據、士鞅之姦與季

❶「揚」，原作「楊」，今據四庫本及《纂疏》改。
❷「攻」，原作「政」，今據四庫本及《纂疏》改。

氏表裏故也。」陳氏曰:「此參盟也。參盟自齊桓以來,未之有也。於是再見,其再見何? 晉不復主盟也。十六年齊、徐、郯、莒嘗盟於蒲隧,十九年宋、邾、郳嘗盟于蟲,則諸侯有不待伯主而自盟會久矣。於是始書以晉之不復主盟也。晉不復主盟,而後齊專盟矣。」廬陵李氏曰:「鄢陵之盟,乃齊侯假納公之大義,以爲糾合之謀,此于鹹、于沙之漸也。使能充此志,則復北杏之業何難哉? 既而卒不能納公,則叛伯而已矣。故陳氏得之,《春秋》無貶詞,亦望之也。」公至自會,居于鄆。《穀梁傳》:「公在外也。至自會,義不外公也。」汪氏曰:「君行而返,返必告廟,告廟則書至。《召誥》稱『王朝步自周至于豐』,豐去鎬京二十五里,而文、武廟在焉,故告于文、武也。昭公之居鄆,則非宗廟之所在矣。而昭公會鄢陵,如齊,如乾侯,無不書至。若公之在國,《春秋》大義所以存君,而屬臣子忠義之心,銷亂賊悖逆之惡也。雖然,《曾子問》云:『君去其國,太宰取群廟之主以從。』則昭公之去鄆而返,亦或告于祖禰矣。顧季氏彊悖,專有魯國,當時史官阿附,必不書公至,吾聖人以所見之世而特志耳。五書至,必繫以居于鄆,不言居鄆,則疑於復國。」

附錄 《左傳》:「七月己巳,劉子以王出。庚午,次于渠。王城人焚劉。丙子,王宿于褚氏。丁丑,王次于萑谷。庚辰,王入于胥靡。辛巳,王次于滑。晉知躒、趙鞅帥師納王,使女寬守闕塞。」

九月庚申,楚子居卒。《左傳》:「九月,楚平王卒。令尹子常欲立子西,曰:『太子壬弱,其母非適也,王子建實聘之。子西長而好善。立長則順,建善則治。王順、國治,可不務乎?』子西怒曰:『是亂國而惡君

① 「子」,原作「午」,今據四庫本及阮刻本《春秋左傳正義》改。

王也。國有外援，不可瀆也；王有適嗣，不可亂也。敗親、速讎、亂嗣，不祥。我受其名，賂以天下，吾滋不從也，楚國何爲？必殺令尹！」令尹懼，乃立昭王。」○冬，十月，天王入于成周。《公羊傳》：「成周者何？東周也。其言入何？不嫌也。」《穀梁傳》：「周有入無出也。」

《左氏》曰：「晉知躒、趙鞅帥師納王入于成周，使成公般戍成周而還。」李氏瑾曰：「晉人納王之善，無一言及之，何也？罪晉不臣，而哀周之衰也。晉爲同姓大國，爵爲侯伯，主盟於時，不能即逐子朝之黨而安定之。二十三年一圍郊而嘔還，坐視成敗。踰五年然後興師納王，原情責實，不忠不臣之甚者也。若以納王之功而善之，則藏姦觀釁，不忠不臣者勝矣。踰入于京師者，京師衆大之稱，不可繫之入也。其曰成周者，《黍離》而次，不列于雅，降爲國風之意，而景王寵愛庶孽、弱其世適之罪著矣。安定胡氏曰：「因狄泉，故稱入。」孫氏曰：「子朝之亂甚矣。悼王既死，敬王即位于外四年，始反正于宗廟，不言歸而言入者。言歸，嫌與即位于内者同，故變文言入，以著即位于外也。」陳氏曰：「惠王出入皆不書，襄王雖書出猶不書入也。於是悼王自皇，敬王自狄泉，則曷爲皆書入？王室亂矣，人無足諱焉爾。」東萊呂氏曰：「漢河南縣即郟鄏，周武王遷九鼎，周公營以爲都，是爲王城，《洛誥》所謂『卜澗水東、瀍水西』者也。漢洛陽縣，周公營下都以遷殷頑民，是爲成周，《洛誥》所謂『卜瀍水東，亦惟洛食』者也。平王東遷，定都于王城。子朝之亂，其餘黨多在王城，敬王畏之，徙都成周。」臨川吳氏曰：「王城曰東都，蓋以鎬京爲周之西都，東對西而言也。成周曰下都，蓋以王城爲洛之上都，下對上而言也。時子朝據王城，故王入於成周而居。《左氏》敘事，以王入成周在子朝之後，合依經

正之。」汪氏曰:「成周在王城之東,故《公羊》以爲東周。萇弘謂敬王爲東王,子朝爲西王也。然《左傳》記王入于莊宮,杜氏注:莊宮在王城,則敬王亦入王城矣。三十二年書城成周,蓋敬王畏子朝黨,入王城而弗居,遂定都成周也。天子之都,必稱之曰『京師』,故襄二十四年齊人城郟,而叔孫豹賀城,書曰『如京師』。三十二年城成周,晉人執宋仲幾,亦曰『執之于京師』。京師衆大之統會,天子之居必以衆大言之也。悼王入王城,敬王入成周,皆不稱京師,而以地名書之,著其衰弱不能自振,與列國之諸侯無以異耳。其不稱京師者,見天王之失尊也。其稱京師者,示天下之當尊也。不嫌也。」何休云:「不嫌爲篡。」然則於王猛,何以惜此義?」

尹氏、召伯、毛伯以王子朝奔楚。《左傳》:「冬十月丙申,王起師于滑。辛丑,在郊,遂次于尸。十一月辛酉,晉師克鞏。召伯盈逐王子朝,王子朝及召氏之族、毛伯得、尹氏固、南宮嚚奉周之典籍以奔楚。陰忌奔莒以叛。召伯逆王于尸,及劉子、單子盟。遂軍圉澤,次于隄上。癸酉,王入于成周。甲戌,盟于襄宮。晉師使成公般戍周而還。十二月癸未,王入于莊宮。王子朝使告于諸侯曰:『昔武王克殷,成王靖四方,康王息民,並建母弟,以蕃屏周,亦曰:「吾無專享文、武之功。且爲後人之迷敗顛覆而溺入于難,❶則振救之。」至于夷王,王愆于厥身,諸侯莫不並走其望,以祈王身。至于厲王,王心戾虐,萬民弗忍,居王于彘。諸侯釋位,以間王政。宣王有志,而後效官。至于幽王,天不弔周,王昏不若,用愆厥位。攜王奸命,諸侯替

❶「且」,原脱,今據四庫本及阮刻本《春秋左傳正義》補。

之，而建王嗣，用遷郟鄏，則是兄弟之能用力於王室也。至于惠王，天不靖周，生頽禍心，施于叔帶。惠、襄辟難，越去王都。則有晉、鄭，咸黜不端，以綏定王家。在定王六年，秦人降妖，曰：『周其有頽王，亦克能脩其職，諸侯服享，二世共職。王室其有間王位，諸侯不圖，而受其亂災。』至于靈王，生而有頽。王甚神聖，無惡於諸侯。靈王、景王克終其世。今王室亂，單旗、劉狄剝亂天下，壹行不若，窺謂：『先王何常之有，唯余心所命，其誰敢討之。』帥群不弔之人，以行亂于王室。侵欲無厭，規求無度，貫瀆鬼神，慢棄刑法，倍奸齊盟，傲狠威儀，矯誣先王。晉為不道，是攝是贊，思肆其罔極。茲不穀震盪播越，竄在荊蠻，未有攸底。若我一二兄弟甥舅獎順天法，無助狡猾，以從先王之命，毋速天罰，赦圖不穀，則所願也。敢盡布其腹心及先王之經，而諸侯實深圖之。昔先王之命曰：『王后無適，則擇立長。年鈞以德，德鈞以卜。』王不立愛，公卿無私，古之制也。穆后及大子壽早夭即世，單、劉贊私立少，以間先王。亦唯伯仲叔季圖之！』閔馬父聞子朝之辭，曰：『文辭以行禮也，子朝干景之命，遠晉之大，以專其志，無禮甚矣，文辭何為？』」《穀梁傳》：「尹氏、召伯、毛伯以王子朝奔楚。遠矣，非也。奔，直奔也。」

取國有五利，寵居一焉。子朝有寵於景王，為之黨者衆矣。卒不能立至於奔楚，何也？是非有出於人之本心者，不可以私愛是，亦不可以私惡非，卒歸於公而止矣。景王寵愛子朝，將蘄於見是，而天下不以為是；疎薄子猛，將蘄於見非，而天下卒不以為非。徒設此心，兩棄之也。庶孽憑寵，為羣小之所宗，而人心不附；適子怫正，人心之所向，而羣小不從。故伯服雖殺，而平王亦不能復宗周之盛；申生已死，而奚齊、卓子亦不能勝里克之

兵，是兩棄之也。景王不鑒覆軍，王猛、子朝之際，危亦甚矣。《春秋》詳書爲後世戒，可謂深切著明也哉！何氏曰：「立子朝獨舉尹氏。出奔并舉召、毛者，明本在尹氏，當先誅首惡，後治其黨。」陳氏曰：「尹氏獨欲立子朝耳。兼言召伯、毛伯者。敬王在外四年而後入，則二子爲之也。然則曷爲不以二子首惡？以二子首惡，則有奉子朝者矣，皆卿士也。單、劉奉猛，毛、召奉朝，將又莫知誰宜也。是故終始乎尹氏，以二子序尹氏之下，則從之者而已。」王氏《箋義》曰：「子朝謀亂王室，兵敗而奔夷狄，其罪不容誅矣。然由三卿序尹氏之能反正，然後罪人咸服也。」以者不以之者言子朝之罪，由三子所致也。先書天王入于成周，後書子朝奔楚，大天子之能反正，然後罪人咸服也。」汪氏曰：「尹氏世卿，秉政擅權，書立朝。書以朝奔楚，著始終黨惡而不悛也。奔不言出者，篡賊逃竄以逭天討，無所出也。故比於國滅之君，與在境外之臣，但書奔爾。書曰『奔楚』，則楚受篡賊之罪亦見矣。」○劉氏曰：『《左傳》云：『召伯當言召氏，經誤。』非也。召伯既逐子朝而歸敬王矣，又何爲以子朝奔乎？若云『召伯盈逐王子朝』。』杜云：『召伯盈逐王子朝。』非也。召伯既逐子朝而歸敬王矣，又何爲以子朝奔乎？若云『召伯盈逐王子朝』，則又不與經合，且召伯既自歸周，則其族亦必隨之，何故猶奉子朝爲亂乎？且召伯尊也，召族卑也，今召伯不奔，召族自出，法不當書於經，而敘毛伯之上也。又不得以尹氏爲比，尹氏所以書者，以有尹固也。召族無盈則卑，何以得書乎？」

附錄 《左傳》：「齊有彗星，齊侯使禳之。」晏子曰：「無益也，祇取誣焉。天道不諂，不貳其命，若之何禳之？且天之有彗也，以除穢也。君無穢德，又何禳焉？若德之穢，禳之何損？《詩》曰：『惟此文王，小心翼翼。昭事上帝，聿懷多福。厥德不回，以受方國。』君無違德，方國將至，何患於彗？《詩》曰：『我無

所監,夏后及商。用亂之故,民卒流亡。」若德回亂,民將流亡,祝史之爲,無能補也。」公說,乃止。」○「齊侯與晏子坐于路寢。公歎曰:『美哉室!其誰有此乎?』晏子曰:『敢問,何謂也?』曰:『吾以爲在德。』對曰:『如君之言,其陳氏乎!陳氏雖無大德,而有施於民。豆、區、釜、鍾之數,其取之公也薄,其施之民也厚。公厚斂焉,陳氏厚施焉,民歸之矣。《詩》曰:「雖無德與女,式歌且舞。」陳氏之施,民歌舞之矣。後世若少惰,陳氏而不亡,則國其國也已。』公曰:『善哉!是可若何?』對曰:『唯禮可以已之。在禮,家施不及國,民不遷,農不移,工賈不變,士不濫,官不滔,大夫不收公利。』公曰:『善哉!我不能矣。吾今而後知禮之可以爲國也久矣,與天地並。君令、臣共、父慈、子孝、兄愛、弟恭、夫和、妻柔、姑慈、婦聽,禮也。君令而不違,臣共而不貳,父慈而教,子孝而箴;兄愛而友、弟敬而順;夫和而義,妻柔而正;姑慈而從,婦聽而婉,禮之善物也。』公曰:『善哉,寡人今而後聞此禮之上也!』對曰:『先王所稟於天地以爲其民也,是以先王上之。』」

丙戌 敬王五年。二十有七年晉頃十一。齊景三十三。衛靈二十。蔡昭四。鄭定十五。曹悼九,卒。陳惠十五。杞悼三。宋景二。秦哀二十二。楚昭王軫元年。吳僚十二,弒。

春,公如齊。公至自齊,居于鄆。

《左傳》:「公至自齊,處于鄆,言在外也。」《穀梁傳》:「公在外也。」高氏曰:「書公至自齊居于鄆者三,至自會居于鄆者一,至自乾侯居于鄆者一,書至、書居,我君故也。君播越于外,不得其所,而魯國臣子之義可絕乎。《春秋》之作,明君臣也。」○**夏,四月,吳弒其君僚。**

《左傳》:「吳子欲因楚喪而伐之,使公子掩餘、公子燭庸帥師圍潛,使延州來季子聘于上國,遂聘于晉,以觀諸侯。楚莠尹然、工尹麋帥師救潛,左

司馬沈尹戌帥都君子與王馬之屬以濟師，與吳師遇于窮，令尹子常以舟師及沙汭而還。左尹郤宛、工尹壽帥師至于潛，吳師不能退。吳公子光曰：「此時也，弗可失也。」告鱄設諸曰：「上國有言曰：『不索，何獲？』我，王嗣也，吾欲求之。事若克，季子雖至，不吾廢也。」鱄設諸曰：「王可弒也。母老，子弱，是無若我何？」光曰：「我，爾身也。」夏四月，光伏甲於堀室而享王。王使甲坐於道及其門、門、階、戶、席皆王親也，夾之以鈹。羞者獻體改服於門外。執羞者坐行而入，執鈹者夾承之，及體，以相授也。光偽足疾，入于堀室。鱄設諸寘劍於魚中以進，抽劍刺王，鈹交於胷，遂弒王。闔廬以其子爲卿。季子至，曰：『苟先君無廢祀，民人無廢主，社稷有奉，國家無傾，乃吾君也，吾誰敢怨？哀死事生，以待天命。非我生亂，立者從之，先人之道也。』復命哭墓，復位而待。吳公子掩餘奔徐，公子燭庸奔鍾吾。楚帥聞吳亂而還。」

此公子光使專諸弒之，而稱國，何也？吳子壽夢有四子：長諸樊，次餘祭，次夷末，次季札。光，諸樊之子也。僚，夷末之子也。諸樊兄弟以次相及，必欲致國於季子，而季子終不受，則國宜之光者也。僚烏得爲君，故稱國以弒，而不歸獄於光。其稱國以弒者，吳大臣之罪也。大臣任大事，事莫大於置君矣。故君存而國本定，君終而嗣子立，社稷嘉靖，人無間言，此秉政大臣之任也。伊、召之所以安商、周，汪氏曰：「伊尹相太甲，召公立康王」孔明之所以定劉漢也。《三國志・諸葛亮傳》：「先主病篤，召亮曰：『君才十倍曹丕，若嗣子可輔，則輔之，如其不才，君可自取！』亮涕泣曰：『臣竭股肱之力，效忠貞之節，繼之以死。』」若廢立進退出於群小閹寺，而當國大臣不預焉，汪氏曰：「如齊豎刁、易牙立武孟，秦趙高立胡亥，漢中常侍立順帝，唐

宦官立穆、文、武、宣、懿、僖、昭七君之類。」**則將焉用彼相矣。此《春秋》歸罪大臣，稱國弑君之意，其經世之慮深矣。** 問：「公子光嘗曰：『事若克，季子雖至，不吾廢也。』季子當如何？」茅堂胡氏曰：「光當立，罪在僚，故猶稱國以弑。之美，必討弑君之賊，正僭竊之名，奉周正朔，以治吳國，爲萬邦之憲矣。使札有周公之才國人莫說，故謂之衆弑其君」。陳氏曰：「僚越光而代札，是自禍也，故賊不書主名。」劉氏曰：「僚廢讓而毀義，篡也。」大臣及臣民皆欲弑僚而還國於光也，故稱國弑。」汪氏曰：「光者，諸樊之家嗣，壽夢之嫡孫也。壽夢父子，諸樊兄弟欲致國季札而不可，則當立光以爲君。吳之大臣不立光而立僚，故僚之弑不以光首惡，而歸罪於吳國之大臣也。」《史記》以僚爲札之庶兄，《公羊傳》及《史記》皆以光爲諸樊子，而《世本》以光爲夷昧之子，竊詳事勢，《史記》爲是。」

楚殺其大夫郤宛。 郤，《穀》作「郄」。宛，於阮反，又於元反。《左傳》：「郤宛直而和，國人說之。鄢將師爲右領，與費無極比而惡之。令尹子常賄而信讒，無極譖郤宛焉，謂子常曰：『子惡欲飲子酒。』又謂子惡：『令尹欲飲酒於子氏。』子惡曰：『我，賤人也，不足以辱令尹。令尹將必來辱，爲惠已甚，吾無以酬之，若何？』無極曰：『令尹好甲兵，子出之，吾擇焉。』取五甲五兵，曰：『寘諸門。令尹至，必觀之，而從以酬之。』及饗日，帷諸門左。無極謂令尹曰：『吾幾禍子。子惡將爲子不利，甲在門矣。』子惡不可！且此役也，吳可以得志。帷諸門，又誤群帥，使退其師，曰「乘亂不祥」。吳乘我喪，我乘其亂，不亦可乎？』令尹使視郤氏，則有甲焉。不往，召鄢將師而告之。將師退，遂令攻郤氏，且熱之。子惡聞之，遂自殺也。國人

弗藝，令曰：『不藝郤氏，與之同罪。』或取一編菅焉，或取一秉稈焉，國人投之，遂弗藝也。令尹炮之，盡滅郤氏之族黨，殺陽令終與其弟完及佗，與晉陳及其子弟。晉陳之族呼於國曰：『鄢氏、費氏自以為王，專禍楚國，弱寡王室，蒙王與令尹以自利也，令尹盡信之矣，國將如何？』令尹病之。」劉氏曰：「君不明，故臣得專其威，殺其大夫而莫之止也，不亦甚乎？然而郤宛則有以取也。有以取之者，辟嫌不審也。辟嫌不審，罪也。《詩》云：『哆兮侈兮，成是南箕。』」張氏曰：「恃國人之悅己，而無見幾知人之明，以立於無道之朝。至於見殺，宜矣。」○秋，晉士鞅、宋樂祁犁、衛北宮喜、曹人、邾人、滕人會于扈。《左傳》：「秋，會于扈，令戍周，且謀納公也。宋、衛皆利納公，固請之。范獻子取貨於季孫，謂司城子梁與北宮貞子曰：『季孫未知其罪，而君伐之。請囚、請亡，於是乎不獲，君又弗克，而自出也。夫豈無備而能出君乎？季氏之復，天救之也。休公徒之怒，啟叔孫氏之心。不然，豈其伐人而說甲執冰以游？叔孫氏懼禍之濫，而自同於季氏，天之道也。魯君守齊，三年而無成。季氏甚得其民，淮夷與之，有十年之備，有齊、楚之援，有天之贊，有民之助，有堅守之心，有列國之權，而弗敢宣也，事君如在國。故鞅以為難。二子皆圖國者也，而欲納魯君，鞅之願也，請從二子以圍魯。無成，死之。』二子懼，皆辭。乃辭小國，而以難復。」

按《左氏》：「扈之會，令戍周，且謀納公也。宋、衛皆利納公，固請之。士鞅取貨於季孫，謂樂祁、北宮喜曰：『魯君守齊，三年而無成。季氏甚得其民，淮夷與之，有十年之備，有齊、楚之援，有堅守之心，有列國之權，而弗敢宣也，事君如在國。鞅以為難。二子皆圖國者也，而欲納魯君，請從二子以圍魯。無成，死之。』二子懼，皆辭。乃辭小國，而以難

復。」文十五年諸侯盟于扈,將爲魯討齊,齊侯賂之而不克討,故在會諸侯略而不序。今此謀納公,亦以賂故不克納,而國之大夫皆序,何也?曰利於納公者,宋、衛之大夫也。受賂而不欲納公者,獨范鞅主之耳。又況成周之令行乎?所以列序而不略也。以此見聖人取舍之大情,而輕重審矣。襄陵許氏曰:「士鞅謀納公,而以貨解,無貶辭者,以令成周故也。霸圖不競,苟有一善,則爲之匡諸慝而存之,此《春秋》所以扶衰亂也。」家氏曰:「齊景爲鄟陵之盟,而梁丘據入季氏之錦,晉頃爲扈之會,而士鞅納季氏之貨,二君憒然無知,以爲魯之休戚無關於己,孰知田常韜禍於齊,厎火積薪而不悟,使二君能爲魯討賊,亦足以謷內盜之膽也。」汪氏曰:「文十五年之盟扈,謀討齊商人弒舍之罪,晉靈受其賂而弗討。此年之會扈,本非謀討意如,但謀納公耳。士鞅受意如之賄而弗辭,蓋以籍秦致諸侯之成于周,猶能踐成周之言故也。抑亦聖人於所見之世,直書見義,主人習其讀而問其傳,未知己之有罪焉爾!」

冬,十月,曹伯午卒。○邾快來奔。《公羊傳》:「邾婁快者何?邾婁之大夫也。邾婁無大夫,此何以書?以近書也。」范氏曰:「自此已前,邾畀我、庶其並來奔,今邾快又至,三叛之人俱以魯爲主。邾、魯鄰國,而聚其逋逃,爲過之甚,故悉書之以示譏也。」徐逸曰:「小國無大夫,故但舉名而略其氏。」高氏曰:「快亦三叛人之黨,魯爲逋逃淵藪而受之。魯之疆臣逐君,而邾快來奔,從其類也。」家氏曰:「庶其、畀我來奔,季孫宿始納之。今邾快又來奔,意如復納之。宿,意如世濟其兇,不君其君,又誘人之臣使之叛其君,而已亦三叛人之黨,魯爲逋逃,爲過之甚,故悉書之以示譏也。」

爲之逋逃主,罪可勝誅乎?快郲之賤者,不足錄也。《春秋》所以錄之而無所遺,誅季氏之無君也。三十一年黑肱以濫來,復受之而不疑,推其無忌憚之心,亦何所不至?《春秋》詳書之,非誅叛人,實譏季氏也。」

附錄《左傳》:「孟懿子、陽虎伐鄆,鄆人將戰。子家子曰:『天命不慆久矣,使君亡者,必此衆也。天既禍之,而自福也,不亦難乎!猶有鬼神,此必敗也。』嗚呼!爲無望也夫,其死於此乎!」公使子家子如晉。公徒敗于且知。」○「楚郤宛之難,國言未已,進胙者莫不謗令尹。沈尹戌言於子常曰:『夫左尹與中廐尹,莫知其罪,而子殺之,以興謗讟,至于今不已。戌也惑之。仁者殺人以掩謗,猶弗爲也。今吾子殺人以興謗,而弗圖,不亦異乎!夫無極,楚之讒人也,民莫不知。去朝吳,出蔡侯朱,喪大子建,殺連尹奢,屏王之耳目,使不聰明。不然,平王之溫惠共儉,有過成、莊,無不及焉。夫鄢將師矯子之命,以滅三族。國之良也,而不愆位。吳新有君,疆埸日駭,楚國若有大事,子其危哉!知者除讒以自安也,今子愛讒以自危也,甚矣,其惑也!』子常曰:『是瓦之罪,敢不良圖!』九月己未,子常殺費無極與鄢將師,盡滅其族,以說于國,謗言乃止。」

公如齊。《左傳》:「齊侯請饗之。子家子曰:『朝夕立於其朝,又何饗焉?其飲酒也。』乃飲酒,使宰獻,而請安。子仲之子曰重,爲齊侯夫人,曰:『請使重見。』子家子乃以君出。」杜氏曰:「禮,君宴大夫,使宰爲獻,主,比公於大夫也。齊侯請自安,不在坐也。子仲,魯公子憖。十二年,謀逐季氏,不能而奔齊。今行飲酒禮,而欲使重見,從宴媵也。」**公至自齊,居于鄆。**高氏曰:「公以齊之卑我也,遂歸,而明年如晉。據范獻

子之言曰『季氏有齊、楚之援』，然則齊固助季氏，安肯納公？」汪氏曰：「孟懿子、陽虎伐鄆，公徒敗于且知。《春秋》不書，皆所以存公也。上之於下，有征而無戰，而況敗乎？以君而伐臣，已褻其威，而況見伐於其臣乎？陽虎逆儔，不足責。仲孫何忌嘗學於聖人者也，何乃昧於君臣之大義❶亦至於此極乎？噫！可歎也。」

附錄《左傳》：「十二月，晉籍秦致諸侯之戍于周，魯人辭以難。」

丁亥敬王六年。二十有八年晉頃十二。齊景三十四。衛靈二十一。蔡昭五。鄭定十六，卒。曹聲公野元年。陳惠十六。杞悼四。宋景三。秦哀二十三。楚昭二。吳闔廬元年。**春，王三月，葬曹悼公。**○

公如晉，次于乾侯。《左傳》：「春，公如晉，將如乾侯。子家子曰：『有求於人，而即其安，人孰矜之？其造於竟。』弗聽，使請逆於晉。晉人曰：『天禍魯國，君淹恤在外，君亦不使一介辱在寡人，其亦使逆君？』使公復于竟，而後逆之。」《穀梁傳》：「公在外也。」杜氏曰：「乾侯，晉竟內邑。」孫氏曰：「公一年如齊者再，皆不見禮，故如晉也。公既不見禮於齊，又不得入于晉，其窮辱如此。」任氏曰：「齊、晉，大國也，皆與季氏不恤昭公，中國主盟所以在夷狄乎？或問：『公孫于齊，次于陽州也，昭公自不欲進乎，抑齊、晉之君阻之而不使之前乎，筆之之意安在？』茅堂胡氏曰：『次者，止于遠境乎？止而有待之意。于陽州者，不得入于齊也。于乾侯者，不得見于晉也。人君失國出奔，而詳書其所在，見臣

❶「臣」，原作「巨」，今據四庫本改。

子不可頃刻忘君父，必欲知其所居之安與否也。而進退去就之是非亦自見矣。季氏逐君，不待貶而惡自見。聖人至此，全罪昭公之不君也。」汪氏曰：「昭公之《春秋》，五書『如晉，至河乃復』，傷其見拒於晉，不得入而徒返也。兩書『如晉，次于乾侯』，傷其既不得入于晉，亦不得返其國也。書至、書復、外雖見辱，而內猶不失其國也。書次，則止於是而已矣，無可復之道矣。次于陽州，猶曰齊，魯之竟也。次于乾侯，進退維谷，則羈旅之人耳。書次于乾侯而後書在乾侯，是僅存際息而已矣。公之在齊，猶有齊侯取鄆、圍成之事，晉頃拒而弗受，略無兄弟孔懷，同惡相恤之義，豈不重可歎哉！」○劉氏曰：「《左傳》記晉人云：『魯不告于晉。』去年謀納公，是魯告晉矣。豈得誣其不告哉！」○夏，四月丙戌，鄭伯寧卒。寧，《公》作「甯」。六月，葬鄭定公。

附録《左傳》：「晉祁勝與鄔臧通室。祁盈將執之，訪於司馬叔游。叔游曰：『《鄭書》有之：「惡直醜正，實蕃有徒。」無道立矣，子懼不免。《詩》曰：「民之多辟，無自立辟。」姑已，若何？』盈曰：『祁氏私有討，國何有焉？』遂執之。」祁勝賂荀躒，荀躒為之言於晉侯。晉侯執祁盈。祁盈之臣曰：『鈞將皆死，愁使吾君聞勝與臧之死也以為快。』乃殺之。夏六月，晉殺祁盈及楊食我。食我，祁盈之黨也，而助亂，故殺之。遂滅祁氏、羊舌氏。初，叔向欲娶於申公巫臣氏，其母欲娶其黨。叔向曰：『吾母多而庶鮮，吾懲舅氏矣。』其母曰：『子靈之妻殺三夫，一君，一子，而亡一國、兩卿矣，可無懲乎？吾聞之：「甚美必有甚惡。」是鄭穆少妃姚子之子，子貉之妹也。子貉早死，無後，而天鍾美於是，將必以是有大敗也。昔有仍氏生女，黰黑，而甚美，光可以鑑，名曰玄妻。樂正后夔取之，生伯封，實有豕心，貪惏無饜，忿纇無期，謂之封

豕。有窮后羿滅之,夔是以不祀。且三代之亡、共子之廢,皆是物也,女何以爲哉?夫有尤物,足以移人。苟非德義,則必有禍。」叔向懼,不敢取。平公彊使取之,生伯石。伯石始生,子容之母走謁諸姑,曰:「長叔姒生男。」姑視之。及堂,聞其聲而還,曰:「是豺狼之聲也,狼子野心。非是,莫喪羊舌氏矣。」遂弗視。」

秋,七月癸巳,滕子寧卒。寧,《公》作「甯」。

附録《左傳》:「秋,晉韓宣子卒,魏獻子爲政,分祁氏之田以爲七縣,分羊舌氏之田以爲三縣。司馬彌牟爲鄔大夫,賈辛爲祁大夫,司馬烏爲平陵大夫,魏戊爲梗陽大夫,知徐吾爲塗水大夫,韓固爲馬首大夫,孟丙爲盂大夫,樂霄爲銅鞮大夫,趙朝爲平陽大夫,僚安爲楊氏大夫。謂賈辛、司馬烏爲有力於王室,故舉之;謂知徐吾、趙朝、韓固、魏戊、餘子之不失職,能守業者也;其四人者,皆受縣而後見於魏子,以賢舉也。魏子謂成鱄:『吾與戊也縣,人其以我爲黨乎?』對曰:『何也!戊之爲人也,遠不忘君,近不偪同;居利思義,在約思純,有守心而無淫行,雖與之縣,不亦可乎!昔武王克商,光有天下,其兄弟之國者十有五人,姬姓之國者四十人,皆舉親也。夫舉無他,唯善所在,親疎一也。《詩》曰:「唯此文王,帝度其心。」莫其德音,其德克明。克明克類,克長克君。王此大國,克順克比。比于文王,其德靡悔。既受帝祉,施于孫子。」德正應和曰莫,照臨四方曰明,勤施無私曰類,教誨不倦曰長,賞慶刑威曰君,慈和徧服曰順,擇善而從之曰比,經緯天地曰文。九德不愆,作事無悔,故襲天禄,子孫賴之。主之舉也,近文德矣,所及其遠哉!』賈辛將適其縣,見於魏子。魏子曰:『辛來!昔叔向適鄭,鬷蔑惡,欲觀叔

向,從使之收器者,而往,立於堂下,一言而善。叔向將飲酒,聞之曰:「必彊明也!」下,執其手以上。曰:「昔賈大夫惡,娶妻而美,三年不言不笑,御以如皋,射雉,獲之,其妻始笑而言。賈大夫曰:『才之不可以已。我不能射,女遂不言不笑夫!』今子少不颺,子若無言,吾幾失子矣。言之不可以已也如是!」遂如故知。今女有力於王室,吾是以舉女。行乎!敬之哉!毋墮乃力!」仲尼聞魏子之舉也,以爲義。❶又聞其命賈辛也,以爲忠。『《詩》曰:「永言配命,自求多福。」忠也。魏子之舉也義,其命也忠,其長有後於晉國乎!」

冬,葬滕悼公。高氏曰:「公不在國,凡喪葬之禮皆季氏專之也。」王氏曰:「諸侯之葬,魯往會之,則書。昭公在外,季氏使人會諸侯之葬,以結外援也。」

附錄《左傳》:「冬,梗陽人有獄,魏戊不能斷,以獄上。其大宗賂以女樂,魏子將受之。魏戊謂閻沒、女寬曰:『主以不賄聞於諸侯,若受梗陽人,賄莫甚焉。吾子必諫!』皆許諾。退朝,待於庭。饋入,召之。比置,三歎。既食,使坐。魏子曰:『吾聞諸伯叔,諺曰:「唯食忘憂。」吾子置食之間三歎,何也?』同辭而對曰:『或賜二小人酒,不夕食。饋之始至,❷恐其不足,是以歎。中置,自咎曰:「豈將軍食之而有不足?」是以再歎。及饋之畢,願以小人之腹爲君子之心,屬厭而已。』獻子辭梗陽人。」

❶ 「義」下,四庫本及阮刻本《春秋左傳正義》有「曰近不失親遠不失舉可謂義矣」十三字。
❷ 「饋」,原作「食」,今據四庫本及阮刻本《春秋左傳正義》改。

戊子敬王七年。二十有九年晉頃十三。齊景三十五。衛靈二十二。蔡昭六。鄭獻公蠆元年。曹聲二。陳惠十七。杞悼五。宋景四。秦哀二十四。楚昭三。吳闔廬二。**春，公至自乾侯，居于鄆。**杜氏曰：「以乾侯至，不得見晉侯故。」何氏曰：「不致以晉者，未至晉。」**齊侯使高張來唁公。**《左傳》：「春，公至自乾侯，處于鄆。齊侯使高張來唁公，稱主君。子家子曰：『齊卑君矣，君祇辱焉。』公如乾侯。」《穀梁傳》：「唁公不得入於魯也。」杜氏曰：「張，高偃子，唁公至晉不見受。」何氏曰：「言來者，居鄆從國。」

遣使來唁，襄陵許氏曰：「荀躒唁公地，高張不地，以公居鄆，猶以魯志也，故稱來焉。」高氏曰：「唁于野井，齊地也，唁于乾侯，晉地也；今在鄆乃魯地，故但書來而已。」淺事也，亦書于經者，罪齊侯不能脩方伯連帥之職也。其一章曰微君之故者，以事求人。而人不有其事，是謂微君之故矣。其二章曰微君之躬者，以身下人。而人不有其身，是謂微君之躬矣。若齊侯設禮以享而使宰獻，《儀禮·聘禮》：「大夫聘，公拜送醴，宰夫薦籩豆脯醢。」遣使來唁而稱主君，杜氏曰：「比公於大夫。」微君之躬矣。諸侯失國，託於諸侯，禮也。諸侯納之，正也。齊之先世嘗主夏盟，而太公受先王五侯九伯之命矣。魯爲鄰境，甥舅之國也。昭公朝夕立於其朝，曾不能陳師境上，討意如逐君之罪，而遣使唁公，豈得禮乎？家氏曰：「唁，虛禮也。」茅堂胡氏曰：「歸唁衛侯，婦人之事

也。齊、晉大國亦止唁公,而不能討意如之罪,《春秋》書唁,譏之也。」汪氏曰:「衛獻公出奔齊,臧紇如齊唁衛侯,《春秋》不書,以是爲不足書也。而昭公之孫,齊侯野井之唁,高張之唁,晉荀躒之唁,莫不悉書,所以譏齊、晉之徒能唁公而不能納公也。齊侯始親唁,猶有恤患之意,今使高張來,而弔其至晉不見受,且比公於大夫,適以恥公而已。奚益哉!」

附錄 《左傳》:「三月己卯,京師殺召伯盈、尹氏固及原伯魯之子。尹氏之復也,有婦人遇之周郊,陰不佞敗之。」

公如晉,次于乾侯。 《左傳》:「平子每歲賈馬,具從者之衣屨,而歸之于乾侯。公執歸馬者,賣之,乃不歸馬。衛侯來獻其乘馬曰啟服,塹而死。公將爲之檟。子家子曰:『從者病矣,請以食之。』乃以幦襄之。公賜公衍羔裘,使獻龍輔於齊侯,遂入羔裘。齊侯喜,與之陽穀。公衍、公爲之生也,其母偕出。公爲之母曰:『相與偕出,請相與偕告。』三日,公爲生。其母先以告,公爲爲兄。公私喜於陽穀,而思於魯,曰:『務人爲此禍也。』且後生而爲兄,其誣也久矣。」乃黜之,而以公衍爲太子。」襄陵許氏曰:「書次于乾侯,復不見受也。」高氏曰:「齊侯比公于大夫,故復如晉,冀晉見恤也。而晉復不受,故次于乾侯。諸侯出奔狼狽,未有如公之甚者。」○汪氏曰:「竊疑意如剛忍兇孛,必無歸馬之事。昭公居鄆四年,始適乾侯。鄆猶未潰,而《左氏》云『每歲歸馬于乾侯』,不亦謬乎? 脫有是事,亦鄭莊射王中肩,使祭足勞王,且問左右之類耳。加刃於人而以手撫之,此小人之欲掩其惡者也。又云:『昭公黜公子務人,而以公衍爲太子。』是時,昭

公在外，無宗廟朝廷，何暇易太子乎？」○夏，四月庚子，叔詣卒。《穀梁傳》：「季孫意如曰：『叔倪無病而死，此皆無公也。是天命也，非我罪也。』高氏曰：「叔詣欲納公而卒。」○秋，七月。

附録《左傳》：「秋，龍見于絳郊。魏獻子問於蔡墨曰：『吾聞之，蟲莫知於龍，以其不生得也，謂之知，信乎？』對曰：『人實不知，非龍實知。古者畜龍，故國有豢龍氏，有御龍氏。』獻子曰：『是二氏者，吾亦聞之，而不知其故，是何謂也？』對曰：『昔有飂叔安，有裔子曰董父，實甚好龍，能求其耆欲以飲食之，龍多歸之，乃擾畜龍，以服事帝舜。帝賜之姓曰董，氏曰豢龍，封諸鬷川，鬷夷氏其後也。及有夏孔甲，擾于有帝，帝賜之乘龍，河、漢各二，各有雌雄。孔甲不能食，而未獲豢龍氏。有陶唐氏既衰，其後有劉累，學擾龍于豢龍氏，以事孔甲，能飲食之。夏后饗之，既而使求之。懼而遷于魯縣，范氏其後也。』獻子曰：『今何故無之？』對曰：『夫物，物有其官，官修其方，朝夕思之。一日失職，則死及之，失官不食。官宿其業，其物乃至。若泯棄之，物乃坻伏，鬱湮不育。故有五行之官，是謂五官，實列受氏姓，封爲上公，祀爲貴神。社稷五祀，是尊是奉。木正曰句芒，火正曰祝融，金正曰蓐收，水正曰玄冥，土正曰后土。龍，水物也，水官棄矣，故龍不生得。不然，《周易》有之，在《乾》☰之《姤》☴曰「潛龍勿用」，其《同人》☲曰「見龍在田」，其《大有》☲曰「飛龍在天」，其《夬》☱曰「亢龍有悔」，其《坤》☷曰「見群龍無首，吉」，《坤》之《剥》☶曰「龍戰于野」。若不朝夕見，誰能物之？』獻子曰：『社稷五祀，誰氏之五祀也？』對曰：『少皡氏有四叔，曰重，曰該，曰脩、曰熙，實能金、木及水。使重爲句芒，該爲蓐收，修及熙爲玄冥，世不失職，遂濟窮桑，此其三祀也。顓頊

冬，十月，鄆潰。《公羊傳》：「邑不言潰，此其言潰何？鄆之也。曷爲鄆之？君存焉爾。」《穀梁傳》：「潰之爲言，上下不相得也。上下不相得則惡矣，亦譏公也。昭公出奔，民如釋重負。」

氏有子曰犂，爲祝融；共工氏有子曰句龍，爲后土，此其二祀也。后土爲社；稷，田正也。有烈山氏之子曰柱，爲稷，自夏以上祀之。周棄亦爲稷，自商以來祀之。」

民逃其上曰潰。汪氏曰：「上失民也。」孫氏曰：「季氏專魯，民不輔公，故鄆潰。」自是昭公削迹於魯，尺地一民，皆非其有矣。公之出奔，處鄆四年，民不見德，亡無愛徵，至於潰散，豈非昏迷不返。自納於罟擭陷穽之中，其從者又皆艾與「刈」同。殺其民，視如土芥，其下不堪，所以潰歟？范氏曰：「公既出奔，不能改德脩行，居鄆小邑，復使潰散，德之不建，如此之甚。」然則宗廟社稷出奔，而猶不惕然恐懼，蘄改過以補前行之愆也，自棄甚矣，欲不亡，得乎？噫！故書以爲後世戒。茅堂胡氏曰：「鄆本魯邑，書齊人取鄆而居昭公，言鄆非魯地也。又書鄆潰，則民之不與昭公可知，皆深罪昭公之意。」高氏曰：「昭公居於國而國人逐之，出居於鄆而鄆潰，見魯民皆叛，但知畏季氏也。」汪氏曰：「或謂意如間公如乾侯，誘其民而使之潰。夫苟昭公之德澤足以固結其民，而民心不忘昭公，則雖誘之使叛，其民亦必深思遠念而不忍叛去也。燕樂毅以秦、魏、韓、趙之師破齊，與楚淖齒共殺齊湣王，分其地；未期年而王孫賈一呼，齊人皆祖右攻賊。以季氏之彊孰與六國，而魯人之思昭公不若齊人之思念其君，何也？豈非昭公失民既久而若是耶。然則鄆民之見誘於季氏，實以耳濡目染之有素，而非一朝一夕之故也。」

附錄

《左傳》：「冬，晉趙鞅、荀寅帥師城汝濱，遂賦晉國一鼓鐵，以鑄刑鼎，著范宣子所爲刑書焉。仲尼曰：『晉其亡乎！失其度矣。夫晉國將守唐叔之所受法度，以經緯其民，卿大夫以序守之，民是以能尊其貴，貴是以能守業。貴賤不愆，所謂度也。文公是以作執秩之官，爲被廬之法，以爲盟主。今棄是度也，而爲刑鼎，民在鼎矣。何以尊貴？貴何業之守？貴賤無序，何以爲國？且夫宣子之刑，夷之蒐也，晉國之亂制也，若之何以爲法？』蔡史墨曰：『范氏、中行氏其亡乎！中行寅爲下卿，而干上令，擅作刑器，以爲國法，是法姦也。又加范氏焉，易之亡也。其及趙氏，趙孟與焉。然不得已，若德可以免。』」

己丑敬王八年。三十年晉頃十四，卒。齊景三十六。衛靈二十三。蔡昭七。鄭獻二。曹聲三。陳惠十八。杞悼六。宋景五。秦哀二十五。楚昭四。吳闔廬三。

春，王正月，公在乾侯。《左傳》：「不先書鄆與乾侯，非公，且徵過也。」《穀梁傳》：「中國不存公，存公故也。」何氏曰：「閔公鄆潰，無尺土之居，遠在乾侯，客寄乾侯，非其所矣。歲首必書公之所在者，蓋以存君，不與季氏之專國也」陸氏曰：「此時鄆潰，公無所容，寄在乾侯，既非其地，不得書居，故每歲首皆書所在。」劉氏曰：「其言公在乾侯何？正月以存公也。曷爲存公？公在外也，公在外久矣。曷爲於此乎存公？居于鄆，有魯也。在乾侯，無魯也。公雖無魯，魯不可以無公。向曰『居』，今曰『在』。向也魯，而今也晉。一民莫得使焉，尺地莫得有焉，人故曰乾侯之君耳，而《春秋》則以爲吾君也」薛氏曰：「鄆潰而遂不反，故書公在乾侯。鄆之

公去社稷，于今五年。每歲首月不書公者，在魯四封之內，則無適而非其所也。至是鄆潰，客寄乾侯，非其所矣。歲首必書公之所在者，蓋以存君，故以存君。」

書居，乾侯書在，内外之别也。」王氏曰：「天子所在稱居，王者以天下爲家，示無外也，故襄王奔鄭曰『出居于鄭』。諸侯在其國稱居，寄他國稱在，示有尊也，故昭公於鄆稱居，於乾侯稱在。」而罪臣子譏諸侯之意具矣。常山劉氏曰：「君失其居，在乾侯而不得歸，故因朝正之時而書公所在，則存君父、罪臣子、譏諸侯之意皆可具見也。」唐武后廢遷中宗，革命自立，史臣列于本紀，欲著其罪，而君子以爲非《春秋》之法。其言曰：「天下者唐之天下，中宗受之於其父，武后安得絕先君之世？」復繫嗣君之年，黜武氏之號，自以爲竊取《春秋》之義，信矣。范氏祖禹曰：「季氏出其君，魯無君者八年，《春秋》每歲必書公之所在，不與季氏之專國也。《唐史》列武后于本紀，欲不没其實以著其惡，竊以爲不然。中宗之有天下，受之於高宗，天下者唐之天下也，武氏安得而間之？復繫嗣聖之年，黜武氏之號，竊取《春秋》之義，雖獲罪於君子而不辭也。」廬陵李氏曰：「經書公在楚一，公在乾侯三，皆於正月，以存公也。」○劉氏曰：「《左傳》云：『不先書鄆與乾侯，非公，且徵過也。』非也。向者公雖去國，猶居鄆，古人所謂君在竟內，則猶君也，是以不歲首書公在乾侯也。今鄆又潰散，公無所入，羈旅他國，國非其有，故書公在。以繫一國之事，是聖人至意，深淺各有所出，豈但徵過哉！公雖有過，不若季氏之悖也，其寧縱釋季氏，專攻公身以鄆爲居，自然不得書公在竟内，是以不歲首書鄆耳。去年公如晉次于乾侯，但是暫時止之名，猶而已。」汪氏曰：「《釋不朝正于廟》。夫魯之諸君不朝正者多矣，惟襄公之留于楚，昭公之次乾侯。則書公所在者，蓋襄公爲季宿擅其國而不得入，昭公爲季氏逐越在他竟，故特志所在，以繫公之望也。或謂《春秋》不與季氏以頒朔。夫昭公自二十五年奔竄在外，不朝正頒朔于今五年。意如攝祭專

夏，六月庚辰，晉侯去疾卒。秋，八月，葬晉頃公。頃音傾。《左傳》：「夏六月，晉頃公卒。秋八月，葬。鄭游吉弔，且送葬。魏獻子使士景伯詰之，曰：『悼公之喪，子西弔，子蟜送葬。今吾子無貳，何故？』對曰：『諸侯所以歸晉君，禮也。禮也者，小事大，大字小之謂。事大在共其時命，字小在恤其所無。以敝邑居大國之間，共其職貢，與其備御不虞之患，豈忘共命？先王之制：諸侯之喪，士弔，大夫送葬；唯嘉好、聘饗、三軍之事，於是乎使卿。晉之喪事，敝邑之間，先君有所助執紼矣。若其不間，雖士、大夫有所不獲數矣。大國之惠，亦慶其加，而不討其乏，明底其情，取備而已，以爲禮也。靈王之喪，我先君簡公在楚，我先大夫印段實往，敝邑之少卿也。王吏不討，恤所無也。今大夫曰：「女盍從舊？」舊有豐有省，不知所從。從其豐，則寡君幼弱，是以不共。從其省，則吉在此矣。唯大夫圖之！』晉人不能詰。」汪氏曰：「是時公在晉地，不弔其喪，不送其葬者，晉不受公，公亦淹恤在外，不能備其禮也。」○冬，十有二月，吳滅徐，徐子章羽奔楚。羽，《公》作「禹」。《左傳》：「吳子使徐人執掩餘，使鍾吾人執燭庸，二公子奔楚。楚子大封，而定其徙，使監馬尹大心逆吳公子，使居養，莠尹然、左司馬沈尹戌城之；取於城父與胡田以與之，將以害吳也。子西諫曰：『吳光新得國，而親其民，視民如子，辛苦同之，將用之也。若好吳邊疆，使柔服焉，猶懼其至。吾又彊其讎，以重怒之，無乃不可乎！吳，周之胄裔也，而棄在海濱，不與姬通，今而始大，

❶ 「秋」，原脫，今據四庫本及阮刻本《春秋左傳正義》補。

比于諸華。光又甚文,將自同於先王。不知天將以爲虐乎,使蔫喪吳國而封大異姓乎,其抑亦將卒以祚吳乎,其終不遠矣。我盍姑億吾鬼神,而寧吾族姓,以待其歸,將焉用自播揚焉?」王弗聽。吳子怒。冬十二月,❶吳子執鍾吾子。遂伐徐,防山以水之。己卯,滅徐。徐子章禹斷其髮,攜其夫人以逆吳子。吳子唁而送之,使其邇臣從之,遂奔楚。楚沈尹戍帥師救徐,弗及。遂城夷,使徐子處之。」常山劉氏曰:「齊滅譚,楚滅弦,狄滅溫,君奔皆不名者,彊暴加於小弱,力不能勝而奔,義未絕也。訴於天子方伯,則理可伸而國可復,豈可遽絕之哉?章羽既已服吳而後奔楚,則既降矣。安有興復之志哉?故名之,以著其絕也。」陳氏曰:「奔非其罪,莫甚於被兵者也。雖不死社稷,猶不名也。其名徐子,臣吳而後奔也。滅國有三辭:以歸,則疑於譚子、弦子、溫子矣。若奔,死之之辭也。是故奔者不必名,以歸而後名之。徐子不名,則疑於譚子、弦子、溫子矣。奔,猶弗臣之之辭也;不言歸若奔,死之之辭也。其名徐子,臣吳而後奔也。

附録《左傳》:「吳子問於伍員曰:『初而言伐楚,余知其可也,而恐其使余往也,又惡人之有余之功也。今余將自有之矣。伐楚何如?』對曰:『楚執政衆而乖,莫適任患。若爲三師以肄焉,一師至,彼必皆出。彼出則歸,彼歸則出,楚必道敝。亟肄以罷之,多方以誤之。既罷而後以三軍繼之,必大克之。』闔廬從之,楚於是乎始病。」

庚寅敬王九年。三十有一年晉定公午元年。齊景三十七。衛靈二十四。蔡昭八。鄭獻三。曹聲四。陳

❶ 「二」,原作「三」,今據四庫本改。

惠十九。杞悼七。宋景六。秦哀二十六。楚昭五。吴闔廬四。**春，王正月，公在乾侯。**《左傳》：「言不能内外也。」杜氏曰：「公内不容於臣子，外不容於齊、晉，所以久在乾侯。」**季孫意如會晉荀躒于適歷。**《公》、《穀》作「櫟」，後同。《左傳》：「晉侯將以師納公。范獻子曰：『若召季孫而不來，則信不臣矣，然後伐之，若何？』晉人召季孫。獻子使私焉，曰：『子必來，我受其無咎。』」季孫意如會晉荀躒于適歷。荀躒曰：『寡君使躒謂吾子：「何故出君？有君不事，周有常刑。子其圖之！」』季孫練冠、麻衣、跣行，伏而對曰：『事君，臣之所不得也，敢逃刑命？君若以臣爲有罪，請囚于費，以待君之察也，亦唯君。若以先臣之故，不絕季氏，而賜之死。若弗殺弗亡，君之惠也，死且不朽。若得從君而歸，則固臣之願也，敢有異心？』」杜氏曰：「適歷，晉地。」

《左氏》曰：「晉侯將以師納公。士鞅曰：『若召季孫而不來，則信不臣矣，然後伐之，若何？』晉人召季孫。鞅使私焉，曰：『子必來，我受其無咎。』」意如出君不事，專有魯國。晉實主盟，不能致討，而寵以會禮，不亦悖哉！或曰：「季孫事君如在國，未知其罪而君伐之，是昭公之過也。」則非矣。行貨齊、晉使不納公，禱於煬宮求君不入，及其復也，猶欲絕其兆域，加之惡謚，安在乎事君如在國？猶曰未知其罪乎？齊、晉不能誅亂禁姦，悖君臣之義，不知其從自及也。陸淳以謂逐君之臣，晉不之罪，而反與爲會，書曰「意如會晉荀躒于適歷」，晉侯之爲盟主可見矣，荀躒之爲人臣可知矣。此不待貶絕而罪惡見會晉荀躒于適歷」，晉侯之爲盟主可見矣，荀躒之爲人臣可知矣。

者也，得《春秋》所書之意矣。陳氏曰：「季氏出其君，而納邾快、黑肱，卒大夫，會葬宋、滕、薛、晏然如二君矣。君在外，雖卿有事不書，必有諸侯之事而後書。故文公在晉，敖會垂隴；襄公在晉，宿會邢丘，皆伯令也。昭公在乾侯，意如會適歷，非諸侯之事也，則何以書？以晉之釋君而助臣也。士鞅會諸侯之大夫于扈，將以納公，取貨于季孫而遂不果。荀躒復爲此會，昭公所以死于外也。襄、昭之際，大夫無君之禍，晉人爲之也。書公如晉次于乾侯，公在乾侯，意如會晉荀躒于適歷，公蒐于乾侯，皆罪晉之辭也。」永嘉吕氏曰：「昭公在外，託於齊、晉而皆不果納，未嘗不欺世道之薄，而亂賊之無所懼也。夫以臣逐君，意如之罪易見也。昭公奔愬二國，其情亦可矜也。苟有人心者，孰不憤意如而感昭公，而況齊、晉乎？齊，大國也。鄢陵之會，四國同之，伐季氏以納昭公，何不可之有？而所以不克納者，以士鞅之據之受賂也。晉，盟主也。扈之會，六國同之，伐季氏以納昭公，尤易爲力。而所以不克納公者，則以梁丘取貨也。自其爲義之心，不勝其貪利之心，而其爲義者不勇矣。此齊、晉納公之謀，所以姑爲之名，而卒之無功歟，抑不但其貨利之行而已。觀晉侯欲以師納公，而士鞅使人私於意如，則其互爲唇齒久矣。當是時，晉之六卿猶意如也；晉君猶昭公也，其肯并心一意，以誅其臣而納其君哉！晉定既惑於范鞅之巧言，而知躒亦隋其計而不悟，非惟奉命與之好會，又導之叛逆，而不恤魯君有汲汲求哀之請，不亦甚乎？千載而下説《春秋》者，如何休、杜預猶謂意如負摧謝過，以示憂感，則其姦譎之志不惟可以欺當年，而且可以欺後世也。」

夏，四月丁巳，薛伯穀卒。《左傳》：「同盟，故書。」○晉侯使荀躒唁公于乾侯。《左傳》：「夏四月，

季孫從知伯如乾侯。子家子曰：『君與之歸。一慚之不忍，而終身慚乎？』公曰：『諾。』衆曰：『在一言矣，君必逐之！』荀躒以晉侯之命唁公，且曰：『寡君使躒以君命討於意如❶意如不敢逃死，君其入也！』公曰：『君惠顧先君之好，施及亡人，將使歸糞除宗祧以事君，則不能見夫人。己所能見夫人者，有如河！』荀躒掩耳而走，曰：『寡君其罪之恐，敢與知魯國之難！臣請復於寡君。』退而謂季孫歸祭。』子家子曰：『君以一乘入于魯師，季孫必與君歸。』公欲從之。衆從者脅公，不得歸。』《穀梁傳》：『唁公不得入於魯也。』曰：『既爲君言之矣，不可者意如也。』陸氏曰：『在晉地，故不言來。』高氏曰：『荀躒會季孫于野井，晉侯使荀躒唁公于乾侯，言大國盟主，皆不能討亂，無助順向正之意也。』呂氏曰：『荀躒既會季孫于適歷，復于晉侯之命唁公于乾侯，蓋季孫有不納公之言，故荀躒唁公之不得入，必使荀躒，然後意如之意得通乎君矣。夫不恤見逐之君，而信不臣者之言，陰交其臣，陽唁其君，空言無實，卒使六卿之彊，遂分晉國而有之，則晉侯亦魯侯而已。』〇秋，葬薛獻公。

附録《左傳》：『秋，吳人侵楚，伐夷，侵潛、六。楚沈尹戌帥師救潛，吳師還。楚師遷潛于南岡而還。吳師圍弦，左司馬戌、右司馬稽帥師救弦，及豫章，吳師還。始用子胥之謀也。』

冬，黑肱以濫來奔。肱，《公》作『弓』。《左傳》：『冬，邾黑肱以濫來奔。賤而書名，重地故也。君子曰：『名之不可不慎也如是，夫有所有名而不如其已。以地叛，雖賤，必書。地以名其人，終爲不義，弗可滅已。

❶ 「於」，原脱，今據四庫本及阮刻本《春秋左傳正義》補。

是故君子動則思禮，行則思義；不爲利回，不爲義疚。或求名而不得，或欲蓋而名章，懲不義也。齊豹爲衛司寇，守嗣大夫，作而不義，其書爲盜。邾庶其、莒牟夷、邾黑肱以土地出，求食而已，不求其名，賤而必書。此二物者，所以懲肆而去貪也。若艱難其身，以險危大人，而有名章徹，攻難之士將奔走之。若竊邑叛君以徼大利而無名，貪冒之民將實力焉。是以《春秋》書齊豹曰盜，三叛人名，以懲不義，數惡無禮，其善志也。故曰《春秋》之稱微而顯，婉而辨。上之人能使昭明，善人勸焉，淫人懼焉，是以君子貴之』。」《公羊傳》：「文何以無邾婁？通濫也。曷爲通濫？賢者子孫，宜有地也。賢者孰謂？謂叔術也。何賢乎叔術？讓國也。其讓國奈何？當邾婁顏之時，邾婁女有爲魯夫人者，則未知其爲武公與？懿公與？孝公幼，顏淫九公子于宮中，因以納賊，則未知其爲魯公子與？邾婁公子與？臧氏之母，養公者也。君幼則宜有養者，大夫之妾，士之妻，則未知其爲臧氏之母者，曷爲者也？養公者必以其子入養。臧氏之母聞有賊，以其子易公，公以逃。賊至，湊公寢而弑之。臣有鮑廣父與梁買子者，聞有賊，趨而至。顏夫人者，嫗盈女也，國色也，其言曰：『有能爲我殺殺顏者，吾爲其妻。』叔術爲之殺殺顏者，而以爲妻。有子焉，謂之盱。夏父者，其所爲有於顏者也。盱幼而皆愛之，食必坐二子於其側而食之。有珍怪之食，盱必先取足焉。夏父曰：『以來，人未足，而盱有餘。』叔術覺焉，曰：『嘻！此誠爾國也夫！』起而致國于夏父，夏父受而中分之。叔術曰：『不可。』三分之，叔術曰：『不可。』四分之，叔術曰：『不可。』五分之，然後受之。公扈子者，邾婁之父兄也。習乎邾婁之故，其言曰：『惡有言人之國賢若此者乎？』誅顏之時天子死，叔術起而致國于夏父。當

此之時，邾婁人常被兵于周，曰：『何故死吾天子？』通濫，則其言以無邾婁也。天下未有濫，則其言以濫來奔何？叔術者，賢大夫也。絕之則爲叔術不欲絕，不絕則世大夫，故於是推而通之也。」《穀梁傳》：「其不言邾黑肱，何也？別乎邾也。其不言濫子，何也？非天子所封也。濫，東海昌慮縣。不書邾，史闕文。以叔術爲賢，賢既不足，又懸隔數十世之外，而通叛君之黑弓，使當有國誰能信之乎？」○劉氏曰：「《公羊》云『通濫』，非也。有習於《公》《穀》而不得其義者，或以爲通濫爲國，或以爲挾地以歸他國乎？惟《左氏》所引經文，則曰『邾黑肱』，故啖趙《纂例》從之，亦加『邾』字。今《左傳》所附之經，則杜預別以經文攙入，而亦闕『邾』字，不可以爲非齊之高厚也。或者又謂濫乃天下之地，而黑肱乃天子之命吏，此尤穿鑿之臆說。夫王吏守土，則得自專其地矣，何爲奔於諸侯邪？豈以二百四十二年之久，而天子守土之吏僅一見也，二傳又何以皆稱濫爲邾地邪？」廬陵李氏曰：「此條大例本只與庶其、牟夷書法同，《左氏》得之，但《左氏》於齊豹書盜之說，先儒多不取。已見衛縶下注，獨黑肱不繫邾，杜氏謂闕文亦是。《公羊》通濫之事，出於傳聞，不可信。然《穀梁》亦曰『別乎邾也』，注曰『邾以濫邑封黑肱，故別之若國』。陳氏亦曰：『不繫邾，濫嘗自別於邾也。』二家又本《公羊》，蓋未可據。」○十有二月辛亥朔，日有食之。《左傳》：「是夜

也，趙簡子夢童子臝而轉以歌。旦占諸史墨，曰：『吾夢如是，今而日食，何也？』對曰：『六年及此月也，吳其入郢乎，終亦弗克。入郢必以庚辰，日月在辰尾。庚午之日，日始有謫。火勝金，故弗克。』

辛卯 敬王十年。宋景七。秦哀二十七。楚昭六。吳闔廬五。齊景三十八。衛靈二十五。蔡昭九。鄭獻四。曹聲五。陳惠二十。杞悼八。

三十有二年晉定二。

春，王正月，公在乾侯。《左傳》：「言不能外內，又不能用其人也。」薛氏曰：「公居乾侯，而大夫出會城成周，晉侯之令固行於魯也。公之不入，晉之罪也。」○劉氏曰：「《左傳》之說，非也。以三十年始居乾侯，《春秋》歲歲書之，傳亦歲歲爲説，説之盡異，此不知《春秋》之本意也。設公今歲未死，明年正月亦書之，復以何事爲解乎？」

取闞。《公羊傳》：「闞者？邾婁之邑也。曷爲不繫乎邾婁？諱亟也。」杜氏曰：「闞，魯地，在東平須昌縣東南。公居乾侯，遣人誘闞而取之。」張氏曰：「昭公之難，叔孫如闞，定元年季孫使役如闞，公氏將溝焉，此魯地而公取之也。」蜀杜氏曰：「志公在外而得邑於季氏，如取諸外也。」臨川吳氏曰：「昭公爲魯國之君，四封之内皆其土地。今公爲季氏所逐，而書取鄆、取闞，以見季氏據國，公無尺土矣，雖得魯邑猶取之於外云爾。」家氏曰：「闞者，魯群公墓之所在，公不得奉宗廟祭祀，而先君墳墓所在，特以取書，著賊臣據國拒君之罪。屢書特書，致討於季氏也。」○杜氏曰：「《公羊》云：『不繫邾婁，諱亟也。』凡《春秋》書取地而不繫國，《公羊》皆以爲邾邑，而諱亟，抑何謬邪！」廬陵李氏曰：「謝氏曰：『公旅寄乾侯久矣，非有兵力可以得邑也。所以取闞者，魯人以闞與公而公取之也。』書取闞，著其微弱也。闞，魯微邑。此說疑得之，《公羊》以爲邾邑者非。」○

夏，吳伐越。《左傳》：「始用師於越也。史墨曰：『不及四十年，越其有吳乎！越得歲而吳伐之，必受其

凶。」薛氏曰:「越自楚虔伐吳一見,今年而吳伐之,夷狄相攻,本不足道,見吳、越之事始也。」○秋,七月。

○冬,仲孫何忌會晉韓不信、齊高張、宋仲幾、衛世叔申、鄭國參、曹人、莒人、薛人、杞人、小邾人城成周。世叔,《穀》作「大叔」。「莒人」下,《公》有「邾婁人」,《穀》有「邾人」。《左傳》:「秋八月,王使富辛與石張如晉,請城成周。天子曰:『天降禍於周,俾我兄弟並有亂心,以爲伯父憂。我一二親暱甥舅不皇啓處,於今十年。勤戍五年。余一人無日忘之,閔閔焉如農夫之望歲,懼以待時。伯父若肆大惠,復二文之業,弛周室之憂,徼文、武之福,以固盟主,宣昭令名,則余一人有大願矣。昔成王合諸侯城成周,以爲東都,崇文德焉。今我欲徼福假靈于成王,修成周之城,俾戍人無勤,諸侯用寧,蠻貊遠屏,晉之力也。其委諸伯父,使伯父實重圖之,俾我一人無徵怨于百姓,而伯父有榮施,先王庸之。』范獻子謂魏獻子曰:『與其戍周,不如城之。天子實云,雖有後事,晉勿與知可也。從王命以紓諸侯,晉國無憂,是之不務,而又焉事?』魏獻子曰:『善。』使伯音對曰:『天子有命,敢不奉承以奔告於諸侯,遲速衰序,於是焉在』冬十一月,晉魏舒、韓不信如京師,合諸侯之大夫於狄泉,尋盟,且令城成周。魏子南面。衛彪傒曰:『魏子必有大咎。干位以令大事,非其任也。《詩》曰:「敬天之怒,不敢戲豫;敬天之渝,不敢馳驅。」況敢干位以作大事乎?』己丑,士彌牟營成周,計丈數,揣高卑,度厚薄,仞溝洫,物土方,議遠邇,量事期,計徒庸,慮財用,書餱糧,以令役於諸侯。屬役賦丈,書以授帥,而效諸劉子。韓簡子臨之,以爲成命。」《穀梁傳》:「天子微,諸侯不享覲。天子之在者,惟祭與號。故諸侯之大夫相帥以城之,此變之正也。」

天子有道,守在四夷。杜氏曰:「德及遠。」今至於城王都,可以不書乎? 汪氏曰:「子常城郢,

沈尹戌曰：『天子卑，守在諸侯；諸侯卑，守在四竟。』今吳是懼而城於郟，守已小矣。卑之不獲，能無亡乎？夫諸侯而城其國都，其守已小，況天子以四海爲家，而動天下之衆，以築千雉之城，不務其遠者大者，而僅守至近之地，亦可歎也。故不貶大夫而但曰『城成周』，正其本也。會于狄泉尋盟不書，諱之也。」茅堂胡氏曰：「諸侯大夫承天子之命而往城焉，無所貶也，故大夫不稱人。未有可與者，故其辭平而不複。」呂氏曰：「周室雖衰，諸侯猶勤之如此，先王之德澤猶有存者也。」**不曰城京師，而曰城成周者。京師，衆大之稱。成周，地名也，與列國等矣。**張氏曰：「此敬王徙都成周，自王城而遷，故因諸大夫之城而書成周以紀實也。」高郵孫氏曰：「不書京師，所以見王室之衰。同於列國，《黍離》降爲國風之意。」臨川吳氏曰：「王城，自平王東遷以來，天子世世居之，故其城完固。子朝據王城，敬王居狄泉，晉師納王，然後王入于成周，子朝棄王城奔楚，王畏子朝餘黨尚多，故不居王城而留居成周。殷頑民之地，其城圮惡，故諸侯以兵戍之。至此晉率諸侯城成周之後，始徹諸侯之戍。」陳氏曰：「諸侯有事於京師，如隱六年歸粟，宣十五年、成二年、十六年獻捷，皆不書。二十四年城之，猶不書也，以是爲常事也。書城成周，王使請而後城之，是非常也。僖十三年、十六年戍之，襄二十四年城之，宋仲幾不受功，齊高張後，大夫之無王甚矣。」薛氏曰：「成周，京師之所在也。魏舒南面，韓不信專執于京師，其地日成周，諸侯謂之王室，其實皆京師也。事之大者，莫若城京師。而諸侯不至，大夫于役，可見天王之失政，諸侯之不臣，而大夫之專恣也。」陸氏曰：「公爲旅人，何忌不能從，季氏逐君，何忌不能去，罪大矣。雖受晉命而城成周，亦無補於過也。此實覘文知罪，不待貶絕而惡見者也。」廬陵李氏曰：「晉自

城虎牢以來，有城杞、城成周，書法雖若無異，然城杞之下，書子鞅來聘、杞子來盟，則私親之意已著。今書城成周於天王入成周之下，則雖非盛時之美事，終是情出於公，亦衰世之幸也。胡氏但傷成周之等於列國，而未嘗譏列國之城成周，蓋與公朝于王所意同，得之矣。若薛氏、陳氏重貶諸大夫，則已甚之責也。惟謝氏曰：「諸侯不勤王事久矣。」當王室危弱之時，列國乃能從王命以安王室，善之大者也。書城成周，善之也。可從。」

十有二月己未，公薨于乾侯。《左傳》：「十二月，公疾，徧賜大夫，大夫不受。賜子家子雙琥、一環、一璧、輕服，受之。大夫皆受其賜。己未，公薨。子家子反賜於府人，曰：『吾不敢逆君命也』。大夫皆反其賜。書曰：『公薨于乾侯』。」言失其所也。趙簡子問於史墨曰：『季氏出其君，而民服焉，諸侯與之；君死於外，而莫之或罪也。』對曰：『物生有兩，有三，有五，有陪貳。故天有三辰，地有五行，體有左右，各有妃耦，王有公，諸侯有卿，皆有貳也。天生季氏，以貳魯侯，為日久矣。民之服焉，不亦宜乎！魯君世從其失，季氏世脩其勤，民忘君矣。雖死於外，其誰矜之？社稷無常奉，君臣無常位，自古以然。故《詩》曰：「高岸為谷，深谷為陵。」三后之姓於今為庶，主所知也。在《易》卦，雷乘乾曰《大壯》☰，天之道也。昔成季友，桓之季也，文姜之愛子也。始震而卜，卜人謁之，曰：「生有嘉聞，其名曰友，為公室輔。」及生，如卜人之言，有文在其手曰「友」，遂以名之。既而有大功於魯，受費以為上卿。至於文子、武子，世增其業，不廢舊績。魯文公薨，而東門遂殺適立庶，魯君於是乎失國，政在季氏，於此君也四公矣。民不知君，何以得國？是以為君慎器與名，不可以假人。』」

諸侯失國出奔者衆矣。鄭伯突爲祭仲所逐而出奔，入于櫟而復國；衛侯衎爲孫甯所逐而出奔，入于夷儀而復國。昭公在外八年，終以客死，爲天下笑，何也？祭仲雖專，而世權不重於季氏。衛侯失國，猶夫人也而有推挽之者，所以雖失而復得也。魯自季友受費以爲上卿，至於意如，專執國命四世矣，其臣皆季氏之孚也，其民皆季氏之獲也。而昭公有一子家駒，言不見聽，計不行也，不能復國，宜矣。汪氏曰：「孚，信也，季氏所信任。」其詳録其所因，爲後世之戒。公雖失國，然每歲之首月必書公所在，不敢萌跋扈不臣之心；書齊侯取鄆，公圍成，鄆潰，絶昭公也。爲人臣者觀每歲必書公所在，必不敢萌跋扈不臣之心。書齊侯取鄆，公圍成，鄆潰，絶昭公也。

汪氏曰：「跋扈，猶彊梁也。」《詩》疏：「凶橫自恣之貌。」爲人君者觀《春秋》所書圍成、鄆潰，知社稷之無常奉也，《孟子》：「諸侯危社稷，則變置。」亦必少警矣。嗚呼！可謂深切著明者矣。

劉本曰：「昭公七年於外，齊、晉不能討意如而納之者，豈非諸侯之政柄各授於大夫，黨同伐異，皆爲季氏之所爲，其君畏偪而不敢歟！然意如攝祭而不敢篡，亦由周公忠義之澤流入人心，猶未忘耳！」汪氏曰：「鄭祭仲逐昭公，而昭公復入；衛公子洩、公子職逐惠公，而惠公奔齊，則立公子黔牟，衛孫林父、甯殖逐獻公，而獻公奔齊，則立公孫剽，意如逐昭公，魯國八年無君，意如非惟不敢如田和三晉之篡立，亦不敢別立君者，良以魯秉周禮，理義之在人者深，是以猶懼公義之或見討，而未敢肆無忌憚也。然史墨之言謂魯民忘君，而君臣無常位，專於責昭公，而略無一語責意如，與師曠之所以論衛獻者無異，

此可以儆乎人君,而非所以告爲臣者也。率天下之彊臣而爲篡奪之謀者,未必非此言啓之。且慎器與名,此可以責魯之先君,而非所以責昭公也。或曰:「桓公薨于齊,昭公薨于乾侯,皆没於外。或弑或非弑,何以辨歟?」經書公與夫人如齊,公薨于齊,喪至自齊;夫人孫于齊,則桓公之弑可知。書公在乾侯,薨于乾侯,喪至自乾侯,葬我君昭公,則非意如弑公可見矣。内弑君則不書葬矣。廬陵李氏曰:「昭公在位二十四年,居鄆五年,客乾侯三年,❶乃魯國衰惰不振之君也。當其初年,居喪無感容,而父子之親喪,娶妻以同姓,而夫婦之倫乖,立國、立身之本皆無矣。季氏之禍,雖積習於成、襄之世,然取鄆而不能正;舍中軍蒐于紅,軍政盡失而不能收。卒之得罪於伯主,則五如晉而不得入;十三國同盟而不得與,昭公果何以保其國哉?當是時,齊有陳氏,晉有六卿與三家,蓋聲勢相倚,迭爲輔車,宜昭公之不入也。史墨之言,其論魯事則善矣,毋乃速三晉爲諸侯之勢乎!」

❶ 「三」,原作「二」,今據四庫本改。

定　公

一公名宋，襄公庶子，昭公弟，在位十五年。謚法：「安民大慮曰定。」

周詳見昭公元年。

鄭定九年，獻公卒，子聲公勝立。

齊魯定公七年，齊、鄭盟于鹹，叛晉圖霸。

宋詳見昭公元年。

晉魯定公元年，魏舒卒，范鞅爲政。定十四年，晉逐范、中行氏，趙鞅歸于晉。自是，晉知氏、韓氏、魏氏、趙氏並強，分晉之勢成矣。

衛詳見昭公元年。

蔡魯定公四年，蔡昭侯以吳子及楚人戰于柏舉。

曹魯定公四年，聲公弟露弒隱公代立，是爲靖公。定八年，靖公卒，子陽立。

滕頃公五年。

陳魯定公四年，惠公卒，子懷公柳立。定八年，懷公卒，子閔公越立。

杞魯定公四年，悼公卒，子隱公乞立。是年七月，隱公弟過弒隱公自立，❶是爲僖公。

薛襄公二年，魯定公十二年，襄公卒，比立。定十三年，比弒，惠公夷立，又名寅。

莒郊公。

邾莊公三十三年、魯定公三年，莊公卒，隱公益立。

許魯定公六年，鄭滅許，以許男斯歸。元公成立。

小邾詳見昭公元年。

楚魯定公四年，吳入楚，楚令尹子常奔鄭，昭王復國，子西爲令尹。

秦魯定公九年，哀公卒，孫惠公立。

吳魯定公四年，吳入楚，於越入吳。定十四年，於越敗吳于檇李，闔廬傷而卒，子夫差立。

越魯定公四年，越入吳。定十四年，允常卒，勾踐立。吳闔廬聞允常死，吳師伐越，越勾踐襲敗吳于檇李，射殺闔廬。

壬辰敬王十一年。**元年**晉定三年。齊景三十九年。衛靈二十六年。蔡昭十年。鄭獻五年。曹隱公通元

❶「過」，原作「遇」，今據下文所引改。

年。陳惠二十一年。杞悼九年。宋景八年。秦哀二十八年。楚昭七年。吳闔廬六年。春，王《公羊傳》：「定何以無正月？正月者，正即位也。定無正月者，即位後也。即位何以後？昭公在外，得入不得入，未可知也。曷爲未可知？在季氏也。定、哀多微辭。主人習其讀而問其傳，則未知己之有罪焉爾。」《穀梁傳》：「不言正月，定無正也。定之無正，何也？昭公之終，非正終也。定之始，非正始也。昭無正終，故定無正始。不言即位，喪在外也。」

元年必書正月，謹始也。何氏曰：「本有正月者，正諸侯之即位。」定何以無正月？昭公薨於乾侯，不得正其終，定公制在權臣，不得正其始。唐陳氏曰：「《春秋》諸公即位之歲，有書即位者，有不書即位者，然皆備五始以謹其始[1]唯定公即位，第書元年春王而不書正月。」劉氏曰：「其非正始奈何？定公者，公子宋也，昭公之弟也。昭薨於乾侯，季孫逆其喪，廢太子衍及務人而立公子宋。喪至于壞隤，公子宋先入以主社稷，蓋受之季氏也，非受之先君者也。定無正，不言正月，微辭也。」魯於是曠年無君，《春秋》欲謹之而不可也。季氏廢太子衍及務人而立公子宋，其主社稷，非先君所命，而專受之於意如者也。故不書正月，見魯國無君，定公無正，主人習其讀而問其傳，則未知己之有罪焉耳。何氏曰：「主人謂定、哀，讀謂經，傳謂訓詁。設使定、哀習其經而讀之，問其傳解詁，則不知己之有罪。」孫氏曰：「不書正月者，定公未立，不與季氏承其正

---

[1] 「五」，四庫本作「正」。

朔，所以黜强臣而存公室也。」張氏曰：「昭公自去年十二月薨于乾侯，魯國之政聽命强臣，不書正月，見一國之無主而正朔之無所承也。」家氏曰：「子惡之弒，宣公之立，襄仲立之也，《春秋》猶書正月。今昭薨定立，季氏立之而不書正月者，天王以頒朔於諸侯，諸侯受之而頒之國中者也。惡弒宣篡，是雖爲篡而魯猶有君。今昭公之喪未返，公子宋未立，魯無君也。魯無君而季氏自以爲君，頒朔於廟如常禮，是《春秋》黜之，故書王不書正。正月，明王法以治季氏也。今公已卒於外，嗣子爲賊臣所得而頒也。是故不書在外而歲首必書公在，存公也。書王，正朔非季氏所得而頒也。是故不書正月，見魯國無正，王朝在廟，非賊臣所得頒也。」蜀杜氏曰：「定公元年之正月，政無所繫，故不書正月。然必書王者，《春秋》樹王法，不可不書王以端本也。且王者所以正天下，天下不可無王，故不可以不存也。正者所以繫一國，今國之政無所稟，故不復出正月之文，以見魯國無正，而不與季氏之專也。」薛氏曰：「元年書正以正其始。昭公已卒，定公未克踐阼，是昭公之末世，未得爲定公之始年也。」沙隨程氏曰：「定公未立，先書元年春者，追書之也。」汪氏曰：「秦以前皆踰年即位，漢惠以後即位於先君即世之年，然猶踰年改元。自漢帝禪即位改元于昭烈崩之次月，厥後皆一年二君，而兩建元矣。然朱子《綱目》必大書先君之年，分注嗣君之改元，以爲君臣、父子之教所關甚大，不可不書元年春，亦猶晉建武元年愍帝雖定公未即位，而追書元年春，以昭公已薨則是年實嗣君之年也。」廬陵李氏曰：「隱元年事在三月，而《綱目》追書建武元年春正月也。」既廢，元帝始於三月即晉王位，而《綱目》追書建武元年春正月，則定公之無正始可知矣。蓋隱、莊雖無正始而即年亦事在三月，定元年亦事在三月，然隱、莊皆書正月，則定公之無正始可知矣。

位皆在正月，定即位在六月故也。」又曰：「定、哀多微辭。」《公羊》之言是也。然何氏指定定公無正，新作雉門，喪失國寶，黃池之會，獲麟五事以當之，則非本旨矣。」

三月，晉人執宋仲幾于京師。大夫專執於是始。《左傳》：「春王正月辛巳，晉魏舒合諸侯之大夫于狄泉，將以城成周。魏子涖政。衛彪傒曰：『將建天子，而易位以令，非義也。大事奸義，必有大咎，晉不失諸侯，魏子其不免乎？』是行也，魏獻子屬役於韓簡子及原壽過，而田於大陸，焚焉。還，卒於甯。范獻子去其柏椁，以其未復命而田也。孟懿子會城成周。庚寅，栽。宋仲幾不受功，曰：『滕、薛、郳，吾役也。』薛宰曰：『宋為無道，絕我小國於周，以我適楚，故我常從宋。晉文公為踐土之盟，曰：「凡我同盟，各復舊職。」若從踐土，若從宋，亦唯命。』仲幾曰：『踐土固然。』薛宰曰：『薛之皇祖奚仲，居薛，以為夏車正。奚仲遷于邳，仲虺居薛，以為湯左相。若復舊職，將承王官，何故以役諸侯？』仲幾曰：『三代各異物，薛焉得有舊？為宋役，亦其職也。』士彌牟曰：『晉之從政者新，子姑受功。歸，吾視諸故府。』仲幾曰：『縱子忘之，山川鬼神其忘諸乎？』士伯怒，謂韓簡子曰：『薛徵於人，宋徵於鬼，宋罪大矣。且已無辭而抑我以神，誣我也。啓寵納侮，其此之謂矣。』乃執仲幾以歸。三月，歸諸京師。城三旬而畢，乃歸諸侯之戍。齊高張後，不從諸侯。晉女叔寬曰：『周萇弘、齊高張，皆將不免。萇叔違天，高子違人。天之所壞，不可支也；衆之所為，不可奸也。」《公羊傳》：「仲幾之罪何？不蓑城也。其言于京師何？伯討也。伯討則其稱人

❶「此」原作「比」，今據四庫本及阮刻本《春秋左傳正義》改。

按《左氏》：「諸侯會城成周，宋仲幾不受功。曰：『滕、薛、郳，吾役也。』」杜氏曰：「欲使三國代宋受功役。」為是執之，則有罪矣。書晉人執仲幾于京師，則貶詞也。以王事討有罪，何貶乎？按《周官》司隸掌凡囚執人之事，❶屬於司寇。汪氏曰：「《周禮》：司隸乃大司寇刑官之屬。」凡諸侯之獄訟，定以邦典；凡卿大夫之獄訟，斷以邦法，則大司寇之職也。不告諸司寇，而執人於天子之側，故雖以王事討有罪，猶貶。執而書其地，汪氏曰：「《春秋》書執三十有一，皆不書地。」謹之也，每謹於初，而禍亂熄矣。孫氏曰：「《春秋》之義，諸侯不得專執，況大夫乎？宋仲幾會城成周，韓不信，陪臣也。非天子命，執仲幾于天子之側，甚矣。故曰『晉人執于京師』，疾之也。」高郵孫氏曰：「諸國之大夫相率而城天子之都，義也。既不請命，則歸于王可也。既不請命，而歸命而後執可也。然而在尊者之側，請命不歸于王，其無王甚矣。其稱人，以為雖仲幾不受命，不義也。以義而討不義，當也。在尊者之側，猶以為不可。諸侯執人而自治之，不與其專也。」汪氏曰：「《左傳》云『會城成周而執仲幾』，是執之于成周也。不曰成周而曰京

何？貶。曷為貶？不與大夫專執也。曷為不與？實與而文不與。文曷為不與？大夫之義不得專執也。」《穀梁傳》：「此其大夫，其曰人，何也？微之也。何為微之？不正其執人於尊者之所也，不與大夫之伯討也。」

❶「凡」，原作「几」，今據四庫本改。

執得其罪，不與其專也。」

師，所以尊王室而正晉大夫無王之罪也。城成周不稱京師者，所以見周室下同於列國，無自尊之實也。執仲幾于成周特稱京師者，所以誅晉人視周室比於小國，失常尊之分也。地非兩地，而或曰『成周』、或曰『京師』，聖人之意蓋有在矣。」○啖氏曰：「前年冬十月城成周，《左氏》云『會于狄泉』，此年正月又言『合諸侯之大夫于狄泉』，按此說重也。一用夏正，一用周正，以此誤也。」廬陵李氏曰：「此條以事言之，則以王事討有罪；以義言之，則大夫專執人於王側而不歸之王吏，故《春秋》亦不與以伯討，《穀梁》、胡氏是矣。《公羊》以爲大夫不得專執則是，以于京師爲伯討則非。《左氏》序仲幾不受功之事則實，以爲執以歸晉復歸諸京師，則恐非事實矣。楊士勛曰：『不書所歸，唯舉其地者，此晉自治之效，是也。』」

夏，六月癸亥，公之喪至自乾侯。戊辰，公即位。 《左傳》：「叔孫成子逆公之喪于乾侯。季孫曰：『子家子亟言於我，未嘗不中吾志也。吾欲與之從政，子必止之，且聽命焉。』子家子不見叔孫，易幾而哭。叔孫請見子家子，子家子辭曰：『羈未得見，而從君以出。君不命而薨，羈不敢見。』叔孫使告之曰：『公衍、公爲實使群臣不得事君。若公子宋主社稷，則群臣之願也。凡從君出而可以入者，將唯子是聽。子家氏未有後，季孫願與子從政。』對曰：『若立君，則有卿士大夫與守龜在，羈弗敢知。若從君者，則貌而出者，入可也；寇而出者，行可也。若羈也，則君知其出也，而未知其入也，羈將逃也。』喪及壞隤，公子宋先入，從公者皆自壞隤反。六月癸亥，公之喪至自乾侯。戊辰，公即位。」《公羊傳》：「癸亥，公之喪至自乾侯，則曷爲以戊辰之日然後即位？正棺於兩楹之間，然後即位。子沈子曰：『定乎

國,然後即位。」即位不日,此何以日?錄乎內也。」《穀梁傳》:「殯然後即位也。定無正,見無以正也。踰年不言即位,是有故公也。言即位,是無故公也。先君無正終,則後君無正始也。先君有正終,則後君有正始也。戊辰,公即位,謹之也。即位,授受之道也。先君無正終,則後君無正始也。戊辰之日,然後即位也。癸亥,公之喪至自乾侯,何爲戊辰之日,然後即位也?正君乎國,然後即位也。沈子曰:『正棺乎兩楹之間,然後即位也。』內之大事,日。即位,君之大事也,其不日何也?以年決者,不以日決也。此則其日,何也?著之也。何著焉?踰年即位,厲也。於厲之中,又有義焉。未殯,雖有天子之命猶不敢,況臨諸臣乎?著之也。」周人有喪,魯人有喪。踰年即位,日。周人弔,魯人不弔。周人曰:『固吾臣也,使人可也。』魯人曰:『吾君也,親之者也,使大夫則不可也。』故周人弔,魯人不弔,以其下成、康爲未久也。往弔猶不敢,況未殯而臨諸臣乎?」范氏曰:「諸侯五日而殯,今以君始死之禮治之,故六日而後即位。」趙氏曰:「即位皆於朔日,故不書日。定公待昭公喪至,既殯而即位,故書日。」

昭公之薨,已越葬期,猶未得返,至于六月癸亥然後喪至,汪氏曰:「桓公薨于齊,二十有二月而喪至。昭公薨,七月喪始至,已踰五月而葬之期,故《春秋》詳書日以誅季氏也。」而定之即位乃在是月之戊辰,蓋遲速進退爲意如所制,不得專也。孫氏曰:「定公繼奔亡之後,制在季氏,故昭公之喪至六日而始得即位,此制在季氏可知也,故書以著其惡。」程子曰:「定公至六月方即位,以見季氏之制也。」以周書《顧命》考之,成王之崩在四月乙丑,宰臣太保即於是日命仲桓、南宮毛、俾爰、齊侯呂伋以二干戈、虎賁百人逆王世子釗音昭。于南門之外。延入翼室,宅憂爲天下主,

呂氏曰：「成王方崩，太保以冢宰命桓、毛二臣，使齊侯呂伋逆太子釗入自端門。延入翼室爲憂居之宗，示天下不可一日無統也。」不待崇朝而後定也。今昭公喪至，在葬期之後，公子宋自壞隤先入，猶未得立，是知爲意如所制，不得以時定，非謂正棺乎兩楹之間，《禮記·檀弓》：「殷人殯于兩楹之間。」注：「兩楹之間，南面向明，人君聽治正坐之處。」故定之即位不可不察也。夫即位，大事也。宗嗣先定，則變故不生。蓋代君享國而主其祭，宜戚宜懼，《三國志·魏志》：「辛毗女憲英曰：『太子，代君主宗廟社稷者也。代君不可以不戚，主國不可以不懼，宜戚宜懼。』」一失幾會或萌窺伺之心。至於生變，則爲不孝矣，古人所以貴於早定國家之本也。今昭公之薨，定公之即位，《春秋》詳書于策，非爲後法，乃見諸行事爲永鑒耳！張氏曰：「意如親逐其君，之喪而緫小功之察乎？《春秋》詳書以見亂臣擅國，定公不正，三綱淪斁。至於喪歸君立，定公欲辯區區之禮文而行之，豈非所謂不能三年既薨，暴露七月而後返國，黜適而立不正。魯之君臣岡不盡傷心之時，昭公薨至本既失，而進舉措，尚何禮之足言哉！此所謂爲永鑒者也。」高氏曰：「國不可一日無君。昭公薨今，統紀之絕若是其久也，故日以謹之。季氏既逐其君，君薨，又不即以國君喪禮迎之，今又廢其嫡嗣而專立其弟，宋不擇所處，汙於僞，誘於利，昭公喪至五日而殯，此非受之先君而專受之意如者也。既爲意如所立，故不復討意如之罪。」家氏曰：「定公之立不書即位，正也。今書即位，以其篡君之子，受位于賊，特書即位以正之也。定公而能執子臧、季札之讓，逃而去之，夫然後於義爲盡。今也受位於賊臣，曾不曰：『先君有嫡子在，我不當立。』偃然自以爲己之所當得，是與篡何遠哉？《春秋》書即位，

從桓、宣之例。夫豈與之，亦以誅之也。」汪氏曰：「定公爲逐君者所立，受之而不討賊，幸於禍而忘其讎，訧於利而忘其辱，故雖内無所承，上不稟命，亦如其意而書即位，以著其自立之罪。比於文、成、襄、昭、哀而無貶者，美惡不嫌同詞。」○廬陵李氏曰：「《公》、《穀》所謂定君乎國然後即位者，謂諸侯五日而殯，今以君始死之禮治之，故須殯而後即位也。胡氏之説得其大情，但所引康王延入翼室之事，則此乃柩前之定位，而非告廟臨群臣之即位也。」

秋，七月癸巳，葬我君昭公。《左傳》：「季孫使役如闞公氏，將溝焉。榮駕鵝曰：『生不能事，死又離之，以自旌也。縱子忍之，後必或耻之。』乃止。季孫問於榮駕鵝曰：『吾欲爲君諡，使子孫知之。』對曰：『生弗能事，死又惡之，以自信也。將焉用之？』乃止。秋七月癸巳，葬昭公于墓道南。孔子之爲司寇也，溝而合諸墓。」高氏曰：「昭公薨半載餘，始以喪歸，歸及踰月而邊葬，見魯之臣子無恩於先君如此。」吕氏曰：「葬必曰我君，所以隆君父之恩，盡忠愛之義。至於此時詳味書法，然後有以大警動於其臣下者。」廬陵李氏曰：「昭公書葬，罪魯不以季氏爲逆也。」○**九月，大雩。**《穀梁傳》：「雩月，雩之正也。秋，大雩，非正也。毛澤未盡，人力未竭，未可以雩也。雩月，雩之正也。月之爲雩之正，何也？其時窮人力盡，然後雩。雩之正也，何謂其時窮人力盡？是月不雨，則無及矣；是年不艾，則無食矣；是謂其時窮人力盡也。雩之必待其時窮人力盡何也？雩者，爲旱求者也。求者，請也。古之人重請。何重乎請？人之所以爲人者，讓也。請道去讓也，則是舍其所以爲人者，是以重之。焉請哉？請乎應上公。古之神人有應上公者，通乎陰陽，君親帥諸大夫道之而以請焉。夫請者，非可詒託而往也，必

親之者也，是以重之。」薛氏曰：「有三年之喪而行大雩之禮，見三桓之無上也。」○啖氏曰：《公》《穀》言月雩正，秋冬大雩，皆非正也。毛澤未盡，人力未竭，未可雩。若待毛澤盡，人力竭，雖雨何救哉？蓋傳以日月爲例，故有此分別。」○立煬宮。煬，羊讓反。《左傳》：「昭公出故，季平子禱于煬公。九月，立煬宮。」《公羊傳》：「煬宮者何？煬公之宮也。立者何？立煬宮，非禮也。」《穀梁傳》：「立者，不宜立者也。」

煬公，伯禽之子，其曰：「立者，不宜立也。」喪事即遠，有進而無退，宮廟即遠，有毀而無立。張氏曰：「季氏妄禱而踰祀典以立久祧之宮，聖人特書，必有曾謂煬公不如林放之嘆乎！」番陽萬氏曰：「煬公，考公之弟也。魯之以弟繼兄而立，蓋始乎此。昭公之在魯，已立公爲爲太子，及其居鄆，又黜公爲而立公衍，則國固有適嗣矣。季孫舍適嗣不立而立定公，定公乃昭公之弟，季孫恐人之議己，於是而立煬宮。其意若曰：『煬公以弟而繼考公者也。則舍公衍，公爲而立定公，非吾之私意，蓋魯國之舊制爾。』今定公以弟而繼昭公，則亦煬公之弟而立繼考公之者也。」汪氏曰：「季孫行父立武宮已爲非禮，翅煬公至昭公已二十世，廟毀已久而復立，意如得罪於魯之先祖，擢髮不足數，而猶欲詔事煬宮以徼福，吾知煬公之不享其祭也。」

附錄 《左傳》：「周鞏簡公棄其子弟，而好用遠人。」

冬，十月，隕霜殺菽。《公羊傳》：「何以書？記異也。此災菽也，曷爲以異書？異大乎災也。」《穀梁傳》：「未可以殺而殺，舉重。可殺而不殺，舉輕。其日菽，舉重也。」

穀梁子曰：「菽，舉重也。未可以殺而殺，舉重。殺豆，則殺草可知。」可殺而不殺，舉輕。」其象則刑罰不中之應。范氏曰：「建酉之月，隕霜殺菽，非常之災。舉未至君位而殺，誅罰不由君出，在臣下之象。」劉氏曰：「周十月，今八月，陰氣黜逐之恥，故天示以當早誅季氏。」蘇氏曰：「於其不殺而言草，言其廣也。於其殺而言菽，言其所害也。」何氏曰：「八月微陽用事，未可殺菽。定公得位，不念先君高氏曰：「菽，草之難殺者也。言殺菽，則草皆死矣。言不殺草，則知菽亦不死也。」○汪氏曰：「或言《春秋》用夏正，引孔氏《正義》謂耐霜之菽爲霜所摧，是以爲異。若十月隕霜，不應專殺豆苗不及餘穀。今考僖三十三年隕霜不殺草，亦但舉易殺者而言，非霜殺他苗也。此年殺菽，則舉難殺者而言，他苗亦傷可知矣。苟禾稼已收，則耐霜晚熟之菽爲霜所殺，又何足以煩聖人之筆乎？王莽地皇二年，秋隕霜殺菽，亦謂其獨殺耐霜之菽可乎？」廬陵李氏曰：「此條《穀梁》得之，疏曰：『傳嫌獨殺菽，不害餘物，故以輕重別之。菽易長而難殺，故以殺之爲重』重者殺，則輕者死矣。輕而不死，重者不殺，居然可知。蘇氏之說亦近之。若何氏以爲止殺菽而不及他物，恐非。又且以菽爲五穀第三，以比季氏，其說亦鑿。」

癸巳敬王十二年。二年晉定四。齊景四十。衛靈二十七。蔡昭十一。鄭獻六。曹隱二。陳惠二十二。杞悼十。宋景九。秦哀二十九。楚昭八。吳闔廬七。春，王正月。

附錄《左傳》：「夏四月辛酉，鞏氏之群子弟賊簡公。」

夏五月壬辰，雉門及兩觀災。觀，工喚反。《公羊傳》：「其言雉門及兩觀災何？兩觀微也。然則曷爲

不言雉門災及兩觀？主災者兩觀也。主災者兩觀，則曷爲後言之？不以微及大也。何以書？記災也。」《穀梁傳》：「其不曰雉門災及兩觀，何也？災自兩觀始也，不以尊者親災也。先言雉門，尊尊也。」杜氏曰：「雉門，公宮之南門。兩觀，闕也。天火曰災。」何氏曰：「天子諸侯臺門，天子外闕兩觀，諸侯外闕一觀。」孔氏曰：「雉門，公宮南門之中門。觀謂之闕，闕在門兩旁，中央闕然爲道也。其上縣法象，其狀魏然高大，謂之象魏。使之觀之，謂之觀。兩觀，象魏也，闕也，一物而三名也。觀與雉門俱災，則兩觀在雉門之兩旁矣。」崔氏豹曰：「蓋爲二臺於門外，作樓觀於上，兩觀雙植，中不爲門。」蜀杜氏曰：「魯以周公之故立雉門兩觀，僭天子也。魯之僭禮，聖人譏之，必因其事而託義焉。此雉門兩觀，其僭久矣。若不災，則不可得而錄之。今災及而書，實譏其僭也。」○劉氏曰：「《公羊》云：『兩觀微也，主災者兩觀也。』非也。災有先後，據見而書。又云：『曷不言雉門災及兩觀？』其意以下新作雉門及兩觀爲比，亦非也。新作不可序下，災不可序上，亦常理爾。《穀梁》云：『災自兩觀始。』亦非也。『春秋』中猶不書。」今考延廄、南門之新作皆書，而郊禘僭禮皆不諱，則雉門兩觀之作，蓋在《春秋》之前，故不見耳。抑豈所謂新作南門者，即雉門之新作歟。盧陵李氏曰：「此條《公》、《穀》惑於僖宮、桓宮災不言及之説，遂以爲此兩觀先災。《春秋》不以微及大，不以卑及尊，故先言雉門尊之也。此説非。大概桓宮、僖宮二廟分明，故不必言及。此若不言及，則嫌於雉門之兩觀獨災耳。文法合如此，何疑？」○秋，楚人伐吳。《左傳》：「桐叛楚。吳子使舒鳩氏誘楚人，曰：『以師臨我，我伐桐，爲我使之無忌。』秋，楚囊瓦伐吳師于豫章。吳人見舟于豫章而潛師于巢。冬，十月，吳軍楚師于豫章，敗之。遂圍巢，克之，獲楚公子繁。」襄陵許氏

曰：「自襄三年書楚伐吳，終於入之，❶則楚力竭矣，於是有吳入郢。自昭三十二年書吳伐越，終於越再入吳，於是吳亡。吳、楚介在南荒，蠻夷相攻，不可殫錄，故刪取其要如此，以爲伐國之戒。七書楚伐，僅能一克於朱方，他役皆敗無功。書伐而不書敗者，積其陵暴首兵之咎，將至於禍敗失國也。」陳氏曰：「此囊瓦也，貶人之。」廬陵李氏曰：「經書楚伐吳七，止此。」

附錄 《左傳》：「邾莊公與夷射姑飲酒，私出。閽乞肉焉，奪之杖以敲之。」

冬，十月，新作雉門及兩觀。《公羊傳》：「其言新作之何？修大也。修舊不書，此何以書？譏。何譏爾？不務乎公室也。」《穀梁傳》：「言新，有舊也。作，爲也，有加其度也。此不正，其以尊者親之，何也？雖不正也，於美猶可也。」

書新作者，譏僭王制而不能革也。雉門，象魏之門，《周禮》：「縣治象之法于象魏。」其外爲庫門，而皋門在庫門之外，其內爲應門，而路門在應門之內，是天子之五門也。《禮記·明堂位》注：「天子五門，皋、庫、雉、應、路。魯有庫、雉、路，庫門制似天子皋門，雉門制似天子應門，謂制度高大如天子，不必事事皆同。」僖公嘗修泮宮復閟宮，非不用民力也，而《春秋》不書。新作南門則獨書者，南非一門也，必有不當爲者，子家駒以設兩觀爲僭天子，是非諸侯之制明矣。

何氏曰：「御廩、桓宫、僖宫、西宫、新宫、亳社災，太室屋壞，皆不言別莗，獨雉門兩觀僭王者法度。天災

❶ 「入」，原作「人」，今據四庫本改。

示變，宜有所革，而復大其規模，故經云『新作』，以見非正也。」夫撥亂反正者，必本諸身，身正者物必正。《春秋》於僭君必書者，必正之意也。使定公遇災而懼，革其僭禮，三家陪臣雖欲僭諸侯、執國命，其敢乎？習舊而不知以爲非，何以禁季氏之脅其主矣，故特書新作以譏之也。

孫氏曰：「《公》不知僭之惡也。」劉氏曰：「魯用王禮，是以其庫門天子皋門，雉門天子應門，而設兩觀，僭君甚矣。習舊而不知以爲非，覿變而不知以爲戒，無怪於季氏之脅其主矣，此《春秋》之微辭至意也。」高氏曰：「莊二十九年，新延厩不言作。書新作，侈而大之也。」劉氏曰：「魯僭天子之禮，天示變以警之，遇災而不知以爲戒，乃更作而新之，反加其度焉，是魯之僭終無已也。特書新作，罪在定公也。」家氏曰：「定公受位於賊臣，舉國以聽賊臣之所爲，君不能君者也。天示之異，災及雉門兩觀。諸侯所以臨涖其臣民者，一朝化爲煨燼，變亦駭矣。乃又從而新之，有加於其舊，是謂天變爲不足畏也。」○劉氏曰：「其以尊者親之，何也？雖不正也，於美猶可也。」非正也。雉門先災，不得不曰：『雉門及兩觀災。』既災之後，魯人修舊，理當先門。而書之耳。」廬陵李氏曰：「經書新作南門，胡氏曰：『言新，有故也；言作，創始也。』新作雉門及兩觀。胡氏曰：『譏僭王制而不能革，彼以本有而改作之。其高大過常，故曰「新」。南門、雉門兩觀則去舊而爲之，故曰「新作」。』」其説亦是。謝氏曰：「延厩因舊而葺之，故曰『新』。南門者，五門之外別有一門也。」

甲午敬王十三年。三年晉定五。齊景四十一。衛靈二十八。蔡昭十二。鄭獻七。曹隱三。陳惠二十三。

雉門者，五門之中門；南門者，五門之外別有一門也。

杞悼十一。宋景十。秦哀三十。楚昭九。吳闔廬八。

春，王正月，公如晉，至河乃復。程子曰：「季孫意如上不請於天子，下不告於方伯，而立定公，故晉怒而公往朝焉。晉辭公而復，故明年因會而請盟于皋鼬。」何氏曰：「內有強臣之讎，外不見答於晉，故危而月之。」作「三月」。《左傳》：「春二月辛卯，邾子在門臺，臨廷。閽以缾水沃廷。邾子望見之，怒。閽曰：『夷射姑旋焉。』命執之。弗得，滋怒，自投于牀，廢于鑪炭，爛，遂卒。先葬以車五乘，殉五人。莊公卞急而好潔，故及是。」汪氏曰：「莊公也，在位三十三年。子益嗣，是爲隱公。」○**夏，四月。**○**秋，葬邾莊公。**

附錄《左傳》：「秋九月，鮮虞人敗晉師于平中，獲晉觀虎，恃其勇也。」

冬，仲孫何忌及邾子盟于拔。拔，《公》作「枝」。《左傳》：「冬，盟于郯。修邾好也。」高氏曰：「邾子居喪而以吉禮與魯大夫盟，其微弱可知。」薛氏曰：「魯大夫而盟諸侯，邾喪未期而爲盟會，交失之也。」襄陵許氏曰：「公至河乃復，晉之輕魯也。仲孫及邾子盟，魯之輕邾也。當昭公時，裌祥之會，猶未爾也。」汪氏曰：「魯以大夫而盟邾君，紊君臣之分也。邾隱公父喪纔九月而出會盟，薄父子之親也。哀二年取漷沂田，州仇、何忌並書二卿及邾子盟句繹，既奪其地，而二大夫脅勢以盟其君，則又甚矣。」

附錄《左傳》：「蔡昭侯爲兩佩與兩裘，以如楚，獻一佩一裘於昭王。昭王服之，以享蔡侯。蔡侯亦服其一，子常欲之，弗與。三年止之。唐成公如楚，有兩肅爽馬，子常欲之，弗與，亦三年止之。唐人或相與謀，請代先從者，許之。飲先從者酒，醉之，竊馬而獻之子常。子常歸唐侯。自拘於司敗，曰：『君以弄馬之故，隱君身，棄國家。群臣請相夫人以償馬，必如之。』唐侯曰：『寡人之過也。二三子無辱。』皆賞之。

蔡人聞之，固請而獻佩于子常。子常朝，見蔡侯之徒，命有司曰：『蔡君之久也，官不共也。明日禮不畢，將死。』蔡侯歸及漢，執玉而沈，曰：『余所有濟漢而南者，有若大川！』蔡侯如晉，以其子元與其大夫之子爲質焉，而請伐楚。」

己未敬王十四年。四年晉定六。齊景四十二。衛靈二十九。蔡昭十三。鄭獻八。曹隱四，弒。陳惠二十四，卒。杞悼十二，卒。宋景十一。秦哀三十一。楚昭十。吳闔廬九。

○三月，公會劉子、晉侯、宋公、蔡侯、衛侯、陳子、鄭伯、許男、曹伯、莒子、邾子、頓子、胡子、滕子、薛伯、杞伯、小邾子、齊國夏于召陵，侵楚。晉、楚兵交止此。《左傳》：「三月，劉文公合諸侯于召陵，謀伐楚也。晉荀寅求貨於蔡侯，弗得。言於范獻子曰：『國家方危，諸侯方貳，將以襲敵，不亦難乎！水潦方降，疾瘧方起，中山不服，棄盟取怨，無損於楚，而失中山，不如辭蔡侯。吾自方城以來，楚未可以得志，祇取勤焉。』乃辭蔡侯。晉人假羽旄於鄭，鄭人與之。❶明日，或旆以會，晉於是乎失諸侯。」程子曰：「楚恃其強侵陵諸侯，晉上請于天子，大合諸侯以伐之，而不能明暴其罪，以行天討，無功而還，故書侵。」

按《左氏傳》書「伐」，而經書「侵楚」者，楚爲無道，憑陵諸夏，爲一裘一馬，拘唐、蔡二君三年而後遣。蔡侯既歸，請師于晉，晉人請命于周，大合諸侯，天子之元老在焉。若能暴明

❶「鄭人與之」，原脫，今據四庫本及阮刻本《春秋左傳正義》補。

其罪，恭行天討，庶幾哉王者之師，齊桓、晉文之功褊矣。」汪氏曰：「據齊桓伐楚，晉文戰楚，皆未嘗請命于周。」有荀寅者，求貨於蔡侯，弗得，遂辭蔡人，晉由是失諸侯，無功而還。書曰「侵楚」，陋之也。杜氏曰：「入楚境，故書侵。」孫氏曰：「蔡人病楚，使告于晉，故晉合諸侯于此，此救蔡伐楚也。書會于召陵侵楚者，諸侯不振，不能救蔡伐楚也，故使救之以無能爲也，而晉蔡伐楚之衆，所以見其勢之足以有爲也，而終之以侵楚，深以罪其志卑而義不勝，顧使吳乘其釁，中國不振國諸侯之衆，所以見其勢之足以有爲也，而終之以侵楚，深以罪其志卑而義不勝，顧使吳乘其釁，中國不振自此微矣。」劉氏曰：「楚之不義甚矣。晉以霸主之勢，憑王命之重而不能討，終之以無能爲也，而晉旅，功近而禍遠矣，不亦病乎？」高氏曰：「入春秋來，蔡人首叛中國而附楚，至是蔡人不勝楚之陵虐，乃告于諸侯而請伐楚。晉爲盟主，大合諸侯十八國之衆，天子使大夫臨之，可謂盛矣。乃不能攘夷狄之患，而吳以一國之師敗之，晉是以失諸侯。中國遂大亂，吳子主黃池之會自此始也。」王氏《箋義》曰：「楚爲不道，晉率諸侯爲蔡伐之，晉是以失諸侯，正也。反以不得貨而止，故經以無名譏之。」襄陵許氏曰：「召陵之會，晉可以復伯而失其機公不復，囊瓦志於佩裘使蔡侯自絕。晉士鞅以賂罷扈之盟，荀寅求貨沮召陵之謀。故正勝於明時，而賄流於衰世，此晉霸之所以衰，而吳所以橫行於上國也。」永嘉吕氏曰：「召陵之會，晉可以復伯而昭也。夫蔡、陳、鄭、許、頓、胡，蓋服役於楚者也，而皆與於會，則病楚而歸晉也。晉自平丘以來，不能會諸侯者二十四年矣。今而上致劉子，下合十七國之君以爲此會，齊桓之師，不如是之盛也。然齊桓之師，書曰：『伐楚盟于召陵。』晉定之師，書曰：『會于召陵侵楚。』侵，淺事也。晉合十七國之君以會于召陵，徒能侵楚而已，是不足與有爲也，晉自是無復宗諸侯之望矣。」家氏曰：「《春秋》有以書侵、書伐見褒貶者，

兩召陵是也。齊桓以八國伐楚而書伐,大桓公攘夷之功也。晉定以十八國之師伐楚而書侵,鄐晉定之無能爲也。蓋奉辭伐罪,仗義必往,然後稱其爲伐。師雖衆,義雖直,而逗撓因循無以副衆人之望,是雖伐而不足言伐,故書侵以微之。蔡侯以吳師入郢,成攘夷之大功,《春秋》貴之。昭侯乃隱太子之子,明於復讎之義,故爲《春秋》所與,是會也,序之宋公之次,諸侯以吳子,學者知柏舉之爲襃,則知召陵之爲貶也。」陳氏曰:「晉之合諸侯,至平丘而止,是役劉子爲之也。劉子定內難,復辟于周,而楚納子朝,於是合十有八國之師伐楚,雖五伯未有盛於此時者也。以周之不競而能合諸侯盛於五伯,俄而劉子卒,君子蓋深悲之也。」○廬陵李氏曰:「二召陵書法,詳見僖四年。三地會書法,詳見桓十五年。此條陳氏說亦佳,然直以爲子朝,則夫子當有美辭。又明年王人殺子朝于楚,不可謂之無功,不應書侵。故胡氏止從《左氏》、程子,而上以能請命爲幸。❶下以不能討楚爲譏。」

夏,四月庚辰,蔡公孫姓帥師滅沈,以沈子嘉歸,殺之。姓,《公》作「歸」。姓音生,後同。《左傳》:

沈人不會于召陵,晉人使蔡伐之。夏,蔡滅沈。

「沈人不會于召陵,晉人使蔡伐之。夏,蔡滅沈。」項氏曰:「齊桓先侵蔡而後伐楚,故小者懷,大者畏。今此先侵楚而後滅沈,故大者不服,而小者不懷。」呂氏曰:「公孫姓不能正其君之失,而遂滅沈。至以沈子歸,殺之,其罪極矣。」書以歸,罪沈子嘉也;書殺之,罪蔡侯也。陸氏曰:「書滅沈,罪公孫姓也;

❶ 「而」,四庫本作「云」。

滅，罪蔡也；書以歸，罪沈子不死于位也；言殺之，又譏蔡侯也。」奉詞致討而覆其邦家，為敵所執不死于位，皆不仁矣。所惡於前，無以先後，出乎爾者反乎爾者也。蔡侯視楚，猶沈視蔡也。昭公拘於郯三年而後反，非以國小而弱乎？沈雖不會召陵，未有大罪惡也，而恃強殺之，甚矣。能無公孫翩之及哉？ 高氏曰：「沈不與於召陵者，與楚故也。晉定不能恢弘霸業，求所以服楚而保蔡，一故晉使蔡逞其忿焉。夫蔡屢為楚所滅，今而舍楚，不易矣。蔡雖有齊桓之世，不深即中國，非不即中國也，國近沈不能容而殺之，歸惡於蔡，是重楚人怒蔡而易晉爾。楚有畏焉，不能保其無他也。昭公毅然棄之，計則失而意則可嘉，乃復為此舉，其亦不思之甚矣哉！」薛氏曰：「侵楚無功，而僅能加誅於沈也。」家氏曰：「《春秋》書滅沈於會召陵之後，盟皋鼬之前，責蔡也，亦責晉也。晉大合諸侯，辭曰伐楚，不能損楚之毫毛，乃以沈子不會命蔡伐之。伐之猶可，而蔡為不道，乘其未及設守襲而滅之，慘矣哉！故書滅，書殺，以正其罪。」 汪氏曰：「沈子嘉微弱近楚，其不會晉，勢使之然，非其罪也。特貶其不能死位耳，故書殺，以著蔡昭之罪。曹伯陽田弋荒淫，自取滅亡，故賤而略之，不書宋人殺之也。」

五月，公及諸侯盟于皋鼬。 鼬，由又反。皋鼬，《公》作「浩油」。《左傳》：「將會，衛子行敬子言於靈公，曰：『會同難，嘖有煩言，莫之治也。其使祝佗從。』公曰：『善。』乃使子魚。子魚辭曰：『臣展四體，以率舊職，猶懼不給，而煩刑書。若又共二，徹大罪也。且夫祝，社稷之常隸也。社稷不動，祝不出竟，官之制也。

宋以曹伯陽歸，蔡以沈子嘉歸，皆殺之也，而或書或不書。其不書者，賤而略之也。

君以軍行，祓社釁鼓，祝奉以從，於是乎出竟。若嘉好之事，君行師從，卿行旅從，臣無事焉。」公曰：「行也！」及皋鼬，將長蔡於衛。衛侯使祝佗私於萇弘曰：「聞諸道路，不知信否。若聞蔡將先衛，信乎？」萇弘曰：「信。蔡叔，康叔之兄也，先衛，不亦可乎？」子魚曰：「以先王觀之，則尚德也。昔武王克商，成王定之，選建明德，以藩屏周。故周公相王室，以尹天下，於周為睦。分魯公以大路、大旂，夏后氏之璜，封父之繁弱，殷民六族，條氏、徐氏、蕭氏、索氏、長勺氏、尾勺氏，使帥其宗氏，輯其分族，將其類醜❶，以法則周公，用即命于周。是使之職事于魯，以昭周公之明德。分之土田陪敦、祝、宗、卜、史，備物、典策，官司、彝器；因商奄之民，命以伯禽而封於少皞之虛。分康叔以大路、少帛、綪茷、旃旌、大呂，殷民七族，陶氏、施氏、繁氏、錡氏、樊氏、饑氏、終葵氏，封畛土略，自武父以南，及圃田之北竟，取於有閻之土，以共王職。取於相土之東都，以會王之東蒐。聘季授土，陶叔授民，命以《康誥》，而封於殷虛，皆啓以商政，疆以周索。分唐叔以大路、密須之鼓、闕鞏、姑洗、懷姓九宗，職官五正。命以《唐誥》，而封於夏虛，啓以夏政，疆以戎索。三者皆叔也，而有令德，故昭之以分物。不然，文、武、成、康之伯猶多，而不獲是分也，唯不尚年也。管、蔡啓商，惎間王室，王於是乎殺管叔而蔡蔡叔，以車七乘，徒七十人。其子蔡仲，改行帥德，周公舉之，以為己卿士，見諸王，而命之以蔡。其命書云：『王曰：胡！無若爾考之違王命也！』若之何其使蔡先衛也？武王之母弟八人，周公為太宰，康叔為司寇，聃季為司空，五叔無官，豈尚年哉？曹，文之昭也；晉，武之穆也。曹為伯

❶「類醜」，原倒文，今據四庫本及阮刻本《春秋左傳正義》乙正。

甸，非尚年也。今將尚之，是反先王也。晉文公爲踐土之盟，衛成公不在，夷叔，其母弟也，猶先蔡。其載書云：「王若曰：晉重、魯申、衛武、蔡甲午、鄭捷、齊潘、宋王臣、莒期。」藏在周府，可覆視也。吾子欲復文、武之略，而不正其德，將如之何？』萇弘説，告劉子，與范獻子謀之，乃長衛侯於盟。反自召陵，鄭子大叔未至而卒。晉趙簡子爲之臨，甚哀，曰：『黃父之會，夫子語我九言，曰：「無始亂，無怙富，無恃寵，無違同，無敖禮，無驕能，無復怒，無謀非德，無犯非義。」』《穀梁傳》：「後而再會，公志於後會也。後，志疑也。」程子曰：「公以不獲見於晉，故因會而求盟焉，則此盟公意也，故書公及。」杜氏曰：「召陵會劉子諸侯，總言之也。復稱公者，會盟異處故也。」何氏曰：「再言公者，昭公數如晉，不見答，卒爲季氏所逐，定公初即位，得與諸侯盟，故喜録之。」鄭氏曰：「皋鼬，鄭地成皋也。」

定公之立，上不請於天王，下不告於方伯，而受國於季孫意如，故三年朝晉，至河而復。今會諸侯求爲此盟，書公及者，内爲志也。召陵之會必序，不序十有八國之諸侯，則無以見侵楚之陋。皋鼬之盟，序與不序，非義所繫，則以凡舉可矣。陸氏曰：「重言諸侯，劉子不與盟也。」陳氏曰：「書公及諸侯盟，非晉主盟也。自是諸侯無會同，有特相盟者矣。」汪氏曰：「首止、葵丘之盟，王世子、宰周公不與盟，則會盟同地而書諸侯。柯陵、雞澤、平丘之盟，尹子、單子、劉子與盟，則不書諸侯。此言諸侯，則劉文公不與也。薄之盟，公不與盟而與於盟，則書公會盂而與於盟，則書公會諸侯盟于薄。宋之盟，公不與圍宋而與於盟，則書公會諸侯盟于宋。扈之盟，公後至，則書公會諸侯晉大夫盟于扈。此年公與於召陵之會，又與於皋鼬之盟，則非後至也。會與盟公皆與焉，而劉子不與，則但當書曰諸侯盟于皋

鼬，如祝柯、重丘會盟殊地之例。而又書公及者，所以著定公汲汲於後會，求爲此盟也。蜀之盟，《春秋》不與楚主盟，故書公及。此書公及，亦以著晉之不復能主盟也。」○陸氏曰：「《左氏》云：『將長蔡於衛，祝鮀私於萇弘，言踐土之盟，衛先於蔡。』按踐土先書蔡盟，此傳妄也。」劉氏曰：「杜云：『復稱公者，會盟異處故。』非也。襄二十五年會于夷儀，盟于重丘，亦會盟異處矣，何不別出公及耶？何休注：定公『得與諸侯盟，故喜錄之。』亦非也。《春秋》諸侯之會常事耳，非王道之正也，《春秋》何喜哉？」盧陵李氏曰：「王官與會不與盟之説，詳首止下，雖杜氏、范氏皆以爲諸侯總會，劉子亦與，然考之於經，未見此例，合從陸氏爲是。公及之説，胡氏主程子，蓋亦從《公羊》注意發之而微不同矣。陳氏説亦佳。」

杞伯成卒于會。成，《公》作「戊」。汪氏曰：「世子乞嗣，是爲隱公。七月，其弟過弒隱公自立，是爲僖公。」高氏曰：「不言卒于師者，以不成乎伐楚也。」○六月，葬陳惠公。高氏曰：「此見陳侯背殯出會也。」

許遷于容城。張氏曰：「容城，任公輔以爲華容縣，亦析之近地。」高氏曰：「許至是蓋四遷矣。」王氏曰：「許四遷皆受楚令，經悉以自遷爲文，蓋違害就利而願遷也。然不能修德固圉，而遷徙無常，亦何益乎？聖人詳書以爲後鑒。」○秋，七月，公至自會。襄陵許氏曰：「不致侵楚，譏無功也。」高氏曰：「不致以侵楚者，公以得盟爲幸，危不在侵也。」○盧陵李氏曰：「晉以伐楚召諸侯，而以會致者，不成乎伐楚也。」張氏曰：「致後事之説，已見僖四年至伐楚下，此條何休以爲得意致會，故以上文侵楚書召陵爲詳義兵，臯鼬不日爲與辭，又再言公爲喜文，似若近之。然於書侵，書及之義不通矣。大抵侵楚既淺事不足乎揚，故以臯鼬爲重而致之。啖子所謂夫子擇其重者而志之者

是也。張氏說亦發明上文公及之義。」○劉卷卒。卷音權。《公羊傳》：「劉卷者何？天子之大夫也。外大夫不卒，此何以卒？我主之也。」《穀梁》：「此不卒而卒者，賢之也。寰內諸侯也，非列土諸侯，此何以卒也？天王崩，為諸侯主也。」杜氏曰：「即劉蚠。」趙氏曰：「畿內諸侯不同列國，故不言劉子卷卒。亦譏來赴，故書之。」劉氏曰：「王者之制，內諸侯祿，外諸侯嗣，故生稱爵，其祿也。卒稱名，從正也。葬稱公，主人之事也。」高氏曰：「召陵會罷而卒，則知皋鼬之盟以疾不與也。」陳氏曰：「王卿士不卒，有關於天下之故，則卒之。」於襄王之難，有王子虎焉；於敬王之難，有劉子焉。君子曰：『王室其庶幾乎？』而無救於周，是故特卒之。司馬遷於諸國世家多卒孔子，蓋知此者也。」○劉氏曰：『王猛士不卒，有關於王室，故特書卒本正也。《穀梁》謂其篡，何哉？」汪氏曰：「諸儒之說，謂劉子定內難，復辟於周，有大功於王室，故特書卒崩，為諸侯主也。」所謂天王崩，則昭二十二年景王矣。為諸侯主，則劉子、單子以王猛居于皇是矣。是王猛陳氏之說亦得《春秋》意外之旨，不可不取也。」○葬杞悼公。○楚人圍蔡。《左傳》：「秋，楚為沈故，圍葬。然單旗不書卒，而尹氏專權亦書卒，故知其從赴告云爾。」盧陵李氏曰：「胡氏無傳，義同尹氏子虎，而蔡。」何氏曰：「囊瓦稱人者，罪重，異於凡圍也。」襄陵許氏曰：「圍國自襄公七年書楚公子貞後，凡圍蔡書棄疾，圍鮮虞書士軼，圍衛書趙軼，獨此囊瓦將而書人，故何氏、許氏之說如此。」○晉士軼、衛孔圉帥師伐鮮虞。圍，《公》作「圉」。襄陵許氏曰：「謀楚而不能討，盟蔡而不能救，唯中山是伐，書卿與師，著威勝不行於強暴而行於寡弱也。」蘇氏曰：「昭十二年楚滅陳、蔡，晉人不救而伐鮮虞，稱晉以夷之。今晉既不為蔡伐楚，楚人

圍蔡亦弗之救，而於其伐鮮虞也，稱晉士鞅、衛孔圉，何也？晉雖有棄諸侯之罪，而蔡無國滅之禍，輕重之異也。」汪氏曰：「荀吳首伐鮮虞，以其挾詐，故夷之。此非詐襲，故稱將，稱師，以著其暴耳。」○葬劉文公。

《公羊傳》：「外大夫不書葬，此何以書？錄我主也。」趙氏曰：「劉文公，天子畿內諸侯，列國不當與行交往之禮，今會其葬，非禮也。」高氏曰：「尹氏、王子虎皆不書葬，此書葬，以魯特往會之也。」○廬陵李氏曰：「天子三公稱公，曾爲三公而有土爲畿內諸侯者亦曰公，皆以其地配公字言之，若祭公、周公、州公是也。天子卿大夫有封爲畿內諸侯者皆曰『子』，溫子、劉子、單子、尹子之類是也。然周末畿內諸侯卒皆謚公，如成肅公、單平公皆然。《春秋》因劉文公之葬特書，以志其僭耳。生稱劉子，卒稱劉卷，葬稱劉文公，皆聖人謹嚴之筆也。」而何氏注《公羊》乃以其稱公之故，而謂劉子本外諸侯，故上係采邑，下係本爵，其説無據，不可從。」○冬，十有一月庚午，蔡侯以吳子及楚人戰于柏舉，楚師敗績，楚囊瓦出奔鄭。柏舉，《公》作「伯莒」，《穀》作「伯舉」。吳始書子書戰。《左傳》：「伍員爲吳行人以謀楚。楚之殺郤宛也，伯氏之族出。伯州犂之孫嚭爲吳太宰以謀楚。楚自昭王即位，無歲不有吳師，蔡侯因之，以其子乾與其大夫之子爲質於吳。冬，蔡侯、吳子、唐侯伐楚。舍舟于淮汭，自豫章與楚夾漢。左司馬戌謂子常曰：『子沿漢而與之上下，我悉方城外以毀其舟，還塞大隧、直轅、冥阨。子濟漢而伐之，我自後擊之，必大敗之。』既謀而行。武城黑謂子常曰：『吳用木也，我用革也，不可久也。不如速戰。』史皇謂子常：『楚人惡子而好司馬。若司馬毀吳舟于淮，塞城口而入，是獨克吳也。子必速戰，不然不免。』乃濟漢而陳，自小別至于大別。三戰，子常知不可，欲奔。史皇曰：『安求其事，難而逃之，將何所入？子必死之，初罪必盡說。』十一

月庚午，二師陳于柏舉。闔廬之弟夫概王晨請於闔廬曰：「楚瓦不仁，其臣莫有死志。先伐之，其卒必奔。而後大師繼之，必克。」弗許。夫概王曰：「所謂『臣義而行，不待命』者，其此之謂也。今日我死，楚可入也。」以其屬五千先擊子常之卒，子常奔，楚師亂，吳師大敗之。子常奔鄭。史皇以其乘廣死。」《公羊傳》：「吳何以稱子？夷狄也，而憂中國。其憂中國奈何？伍子胥父誅乎楚，挾弓而去楚，以干闔廬。闔廬曰：『士之甚！勇之甚！將爲之興師而復讎于楚。』伍子胥復曰：『諸侯不爲匹夫興師，且臣聞之：事君猶事父也。虧君之義，復父之讎，臣不爲也。』於是止。蔡昭公朝乎楚，有美裘焉，囊瓦求之，昭公不與，爲是拘昭公於南郢，數年然後歸焉。歸乃用事乎河，曰：『天下諸侯苟有能伐楚者，寡人請爲之前列。』楚人聞之而怒。爲是興師，使囊瓦將而伐蔡。蔡請救于吳，伍子胥復曰：『蔡非有罪也，楚人爲無道，君如有憂中國之心，則若時可矣。』於是興師而救蔡。曰：父不受誅，子復讎可也；父受誅，子復讎，推刃之道也。復讎不除害，朋友相衛，而不相迿，古之道也。」《穀梁傳》：「吳其稱子何也？以蔡侯之以之，舉其貴者也。蔡侯之以之，則其舉貴者何也？以蔡侯之信中國而攘夷狄奈何？子胥父誅乎楚也，挾弓持矢而干闔廬。闔廬曰：『士之甚！勇之甚！』爲是欲興師而伐楚，子胥諫曰：『臣聞之：君不爲匹夫興師。且事君猶事父也。虧君之義，復父之讎，臣弗爲也。』於是止。蔡昭公朝于楚，有美裘，正是日囊瓦求之，昭公不與。爲是拘昭公於南郢，數年然後得歸。歸乃用事乎漢，曰：『苟諸侯有欲伐楚者，寡人請爲前列焉！』楚人聞之而怒，爲是興師而伐蔡。蔡請救于吳。子胥曰：『蔡非有罪，楚無道也。君若有憂中國之心，則若此時可矣！』爲是興師而伐楚。何以不言救也？救

大也。」杜氏曰：「柏舉，楚地。」

吳何以稱子？善伐楚解蔡圍也。荊楚暴橫，盟主不能致其討，天王不能達其命，長惡不悛，復興師而圍蔡，王法所當討而不赦也。吳能自卑，聽蔡侯之義以達天子之命，興師救蔡，戰于柏舉，大敗楚師，成伯討之功，善矣。晉主夏盟，中國所仰，若嘉穀之望雨也。故召陵之會，大合諸侯而書侵楚。吳國天下莫強焉，非諸侯所能以也。有請于晉，如彼其難。吳為蔡討楚，從蔡計謀，故書蔡侯以吳子，言能左右之也。」杜氏曰「師能左右之曰『以』，吳為蔡討楚，從蔡計謀，故書蔡侯以吳子，言能左右之也。」深罪晉人保利棄義，難於救蔡也。

然則何以不言救乎？救大矣。闔閭、子胥、宰嚭皆懷謀楚之心，蔡人往請，會逢其適，汪氏曰：「適，猶偶然也，謂適逢其偶然之幾會也。」非有救災恤鄰，從簡書，憂中國之實也。聖人道吳始稱子，書進吳也。」王氏曰：「吳進而書子，所以罪中國盟主之不振，諸侯之不君也」陳氏曰：「吳稱子，大救蔡也，自是諸侯大小皆宗于吳。」

大德宏，樂與人為善，故因其從蔡，特進而書爵。孫氏曰：「吳稱子，大救蔡也，自是諸侯大小皆宗于吳。」

囊瓦貪以敗國，又不能死，故記其出奔，特貶而稱人，杜氏曰：「囊瓦稱人，貪以致敗，不能死難，罪賤之。」家氏曰：「自楚昭繼世，舉國事付之囊瓦，黷貨無厭，殺人不忌，以至內外離叛，莫有鬬心，由是有入郢之禍，國破君逃，瓦不能死，又不能與君俱行，奉頭鼠竄，以為偷生之計，罪不可勝誅矣。《春秋》繼柏舉之敗，書瓦出奔，誅大臣之敗國而以身免也。」《春

《秋》之情見矣。汪氏曰：「《春秋》書以師者三：桓十四年宋以齊、蔡、衛、陳伐鄭，以中國而陵中國也；僖二十六年魯以楚師伐齊，以夷狄而虐中國也；此年蔡以楚師伐吳子戰楚，以夷狄攘夷狄而救中國也。三書以，唯柏舉爲善，故蔡侯、吳子皆書爵以美之。」廬陵李氏曰：「用兵以例三，詳見桓十四年。此條戰書楚人、敗書師、奔書名，與城濮戰書人、敗書師，殺其大夫書名，同一書法。蓋子玉、子常之罪固同，而楚之輕於任人，以至敗師亡衆，前後一轍矣。」

庚辰，吳入郢。郢，《公》、《穀》作「楚」。《左傳》：「吳從楚師及清發，將擊之，夫概王曰：『困獸猶鬥，況人乎？若知不免而致死，必敗我。若使先濟者知免，後者慕之，蔑有鬥心矣。半濟而後可擊也。』從之，又敗之。楚人爲食，吳人及之，奔，食而從之，敗諸雍澨。五戰，及郢。己卯，楚子取其妹季芈、畀我以出，涉睢。鍼尹固與王同舟，王使執燧象以奔吳師。庚辰，吳入郢，以班處宮。子山處令尹之宮，夫概王欲攻之，懼而去之，夫概王入之。左司馬戌及息而還，敗吳師于雍澨，傷。初，司馬臣闔廬，故恥爲禽焉。謂其臣：『誰能免吾首？』吳句卑曰：『臣賤，可乎？』司馬曰：『我實失子，可哉！』三戰皆傷，曰：『吾不可用也已。』句卑布裳，到而裹之，藏其身，而以其首免。楚子涉睢，濟江，入于雲中。王寢，盜攻之，以戈擊王，王孫由于以背受之，中肩。王奔鄖。鍾建負季芈以從。由于徐蘇而從，鄖公辛之弟懷將弒王，曰：『平王殺吾父，我殺其子，不亦可乎？』辛曰：『君討臣，誰敢讎之？君命，天也。若死天命，將誰讎？』《詩》曰：『柔亦不茹，剛亦不吐。不侮矜寡，不畏強禦。』唯仁者能之。違彊陵弱，非勇也；乘人之約，非仁也；滅宗廢祀，非孝也；動無令名，非知也。必犯是，余將殺女。』鬬辛與其弟巢以王奔隨。吳人從之，謂隨人曰：『周之子孫在漢川

者，楚實盡之。天誘其衷，致罰於楚，而君又竄之，周室何罪？君若顧報周室，施及寡人，以獎天衷，君之惠也。漢陽之田，君實有之。」楚子在公宮之北，吳人在其南。子期似王，逃王，而己爲王，曰：「以我與之，王必免。」隨人卜與之，不吉，乃辭吳曰：「以隨之辟小，而密邇於楚，楚實存之。世有盟誓，至于今未改。若難而棄之，何以事君？執事之患，不惟一人。若鳩楚竟，敢不聽命？」吳乃退。鑪金初宦於子期氏，實與隨人要言。王使見，辭曰：「不敢以約爲利。」王割子期之心，以與隨人盟。初，伍員與申包胥友，其亡也，謂申包胥曰：『我必復楚國。』申包胥曰：『勉之！子能復之，我必能興之。』及昭王在隨，申包胥如秦乞師，曰：『吳爲封豕，長蛇，以荐食上國，虐始於楚。寡君失守社稷，越在草莽，使下臣告急，曰：「夷德無厭，若鄰於君，疆場之患也。逮吳之未定，君其取分焉。若楚之遂亡，君之土也。若以君靈撫之，世以事君。」』秦伯使辭焉，曰：『寡人聞命矣。子姑就舘，將圖而告。』對曰：『寡君越在草莽，未獲所伏，下臣何敢即安？』立依於庭墻而哭，日夜不絕聲，勺飲不入口七日。秦哀公爲之賦《無衣》，九頓首而坐。秦師乃出。」《公羊傳》：「吳何以不稱子？反夷狄也。其反夷狄奈何？君舍于君室，大夫舍于大夫室，蓋妻楚王之母也。」《穀梁傳》：「日入，易無楚也。易無楚者，壞宗廟，徙陳器，撻平王之墓。何以不言滅也？欲存楚也，其欲存楚奈何？昭王軍敗而逃，父老送之，曰：『寡人不肖，亡先君之邑。父老反矣，何憂無君？寡人且用此入海矣。』父老曰：『有君如此其賢也，以衆不如吳，以必死不如楚。』相與擊之，一夜而三敗吳人，復立楚王之母者。不正乘敗人之績而深爲利，居人之國，故反其狄道也。」汪氏曰：「郢，楚都。文王遷郢。」

君居其君之寢，而妻其君之妻；大夫居其大夫之寢，而妻其大夫之妻，蓋有欲妻楚王之母者。何謂狄之也？狄之也。何謂狄之也？

及楚人戰則稱爵，入郢則舉其號，何也？君舍于其君之室，大夫舍于大夫之室，狄道也。聖人誰毀誰譽，救災卹鄰，則進而書爵，非有心於與之，順天命也。乘約肆淫，則黜而舉號，非有心於貶之，奉天討也。伐國者，固將拯民於水火之中而鳩集之耳，殺其父兄，係其子弟，毀其宗廟，遷其重器，而亂男女之配也。如水益深，如火益熱，則善小而惡大，功不足以掩之矣。

孫氏曰：「吳子救蔡伐楚，善也。乘囊瓦之敗，長驅入郢，夷其宗廟，壞其宮室，則甚矣，故反狄之也。」聖人心無毀譽，如鏡之無妍醜也。因事物善惡而施褒貶焉，不期公而自公爾。明此義，然後可以司賞罰之權，得《春秋》之法矣。

薛氏曰：「楚不書楚而書郢，見楚之大其都，猶不能守也。」陳氏曰：「入國不言邑，入楚也，而曰入郢，非得國之辭也。」家氏曰：「前書吳子，褒之也。此書吳，貶之也。夫吳乃太伯之裔，不與楚同，使其入郢之後，止兵休掠。命蔡昭、子胥之徒，分定楚地，撫輯其民人，請命于周，明正楚莊、共、靈以來，憑陵諸夏之罪，削而奪之。以其地封有功諸侯，而吳不自以爲有，則霸業可成，雖以繼齊桓、晉文可也。而夷狄之人志不在大，驕心易生，故敗不旋踵，良可惜夫。」○趙氏曰：「楚君尋反國，國不絕祀，故不言滅。」非也。《穀梁》妄爲義說，不足取也。」劉氏曰：「《穀梁》云：『何以不言滅？欲存楚也。』非也。楚實未滅，當言入而已矣。凡滅國，《春秋》未嘗不存也，豈於楚獨存之耶？」汪氏曰：「僖二十八年晉侯侵曹，丙午入曹。文十五年晉郤缺伐蔡，戊申入蔡。皆書國而不書地，獨此年不書吳入楚，而以楚之國都地名書之，恐因昭三十一年吳入郢之文而誤也。《左傳》於是後十五年楚滅胡，亦稱吳之入楚也，而不曰『入郢』，當從《公》《穀》作入楚，於義頗通。」廬陵李氏曰：「此條

狄吳之説，《公》、《穀》、胡氏皆同，獨杜氏以爲史略文者，非也。書郊之説，《左氏》、胡氏同，陳氏得之，《公》、《穀》作入楚者，非也。書日之説，《穀梁》注曰「易無楚者」，若曰「楚無人也」，夫以赫赫楚國而浹辰之間，吳得以入其國都，無人可知矣。故書法與公子嬰齊伐莒人鄆同，《穀梁》精矣。至於存楚之説，則非也。吳本未滅楚，何得書滅乎？

三月，《公》作「正月」。

丙申敬王十五年。五年晉定七。齊景四十三。衛靈三十。蔡昭十四。鄭獻九。曹靖公露元年。陳懷公柳元年。杞僖公過元年。宋景十二。秦哀三十二。楚昭十一。吳闔廬十。**春，王三月辛亥朔，日有食之。**

附録《左傳》：「春，王人殺子朝于楚。」

夏，歸粟于蔡。

《左傳》：「以周亟，矜無資。」《穀梁傳》：「諸侯無粟，諸侯相歸粟，正也。」《公羊傳》：「孰歸之？諸侯歸之。曷爲不言諸侯歸之？離至不可得而序，故言我也。」杜氏曰：「蔡爲楚所圍，飢乏，故歸之。」范氏曰：「此邇近之事，不足具列諸侯。不言歸之者，專義逓也。」義逓也。」杜氏曰：「蔡爲楚所困，則環視而不得救。吳既破楚入郢，解蔡圍矣。然後相率而歸之粟，非救災恤鄰，從簡書之道也。故特書魯而不序諸侯，見其事之末矣。」汪氏曰：「昭二十五年輸王粟不書，以諸侯歸粟于王，常事也。襄三十年會澶淵，謀更宋之所喪而歸其財，則書曰『宋災故』，以宋災歸財，非所當急也。此年諸侯歸粟于蔡而不書諸侯，以不能救蔡之難，徒歸粟于蔡耳，故略言之，與城楚丘、戍陳同義。或以爲諸侯歸粟，合先王之制，而《春秋》書歸以美之，過矣。苟以書歸皆爲美辭，

則歸舍且賵，亦可以爲美乎？」○廬陵李氏曰：「此條爲《春秋》特筆，所以罪中國之忘大義而事小惠。《公》、《穀》之旨甚精，《左氏》得其事實，而不知聖人之意也。」○於越入吳。《左傳》：「越入吳，吳在楚也。」

《公羊傳》：「於越者何？越者何？於越者，未能以其名通也。越者，能以其名通也。」杜氏曰：「於，發聲也。」范氏曰：「於越，夷言也。《春秋》即其所以自稱者書之，見其不能慕中國，故以本俗自通。」劉氏曰：「於越者，其自稱者也。越者，中國稱之者也。」陳氏曰：「向曰『越人』，今曰『於越』，復從其舊號也。吳之伐楚，有安中國之意焉。越乃乘其士卒罷敝，掩入其國，至十四年又敗吳，哀十三年再入吳，若爲楚復讐者，是以君子惡後越入中國，昭五年壽過始見於經而亟稱人，後三十年而入吳，不復稱人矣。」高氏曰：「於越者，其自稱者也。越者，中國稱之者也。」考之經文，入吳、敗吳皆越人來告，故書於越。吳伐越，則吳來告也，故止書越。劉說爲之。嗟夫！闔廬爭入郢，而於越入吳。夫差取盟晉之功，而於越又入吳，意有所逐而愛有所忘矣。」王氏曰：「夷狄相攻，俱不以中國之號目之，蓋交譏之。」汪氏曰：「《汲冢周書・王會》篇有東越、於越，則『於越』或當時之所稱歟？」○廬陵李氏曰：「於越入吳，胡氏說見哀十三年，劉氏曰：『於越者，其自稱者也。越者，中國稱之者也。』」○六月丙申，季孫意如卒。《左傳》：「六月，季平子行東野。還，未至，丙申，卒于房。陽虎將以璵璠斂，仲梁懷弗與，曰：『改步改玉。』陽虎欲逐之，告公山不狃。不狃曰：『彼爲君也，子何怨焉？』既葬，桓子行東野，及費。子洩爲費宰，逆勞於郊，桓子敬之。勞仲梁懷，仲梁懷弗敬。子洩怒，謂陽虎：『子行之乎？』」

內大夫有罪見討則不書卒，公子翬是也。仲遂殺惡及視，罪與翬同。而書卒者，以事之變卒之也。汪氏曰：「因事之變，以明卿卒不繹之禮。」意如何以書卒？見定公不討逐君之賊，

以爲大夫，全始終之禮也。定雖受國於季氏，苟有叔孫婼之見，不賞私勞，事見《左傳》昭公五年。致辟意如以明君臣之義，則三綱可正，公室強矣。今苟於利而忘其讎，三綱滅，公室益侵，陪臣執命，宜矣，故意如書卒。主人習其讀而問其傳，則未知己之有罪焉爾。劉氏曰：「意如親逐其君而卒之，其異於羣，何也？曰：以定公爲君，則不得不以意如書大夫。孰有大夫卒而君不爲之變乎？夫意如之逐昭公也明，蓋遂之弒君也隱，而叔仲惠伯之蔽惡也未形，《春秋》固有不待貶絕而罪惡見，此之謂也。且夫意如之罪固著矣，及其卒也而絕之，則其著不亦彌信乎？而《春秋》弗爲也，以謂定不書正月，適足以見定之非正，而猶未足以見其受國於季氏，故於是復明意如爲定之大夫也，使定公誠能明君臣之義，不賞私勞，討先君之賊，致季氏之誅，則意如不免矣。今一不然，苟於利而忘其辱，幸於禍而忘其讎，謂意如定之大夫，不亦宜乎？」家氏曰：「《春秋》卒意如，不貶之貶，乃所以深貶之也。」蜀杜氏曰：「於桓公之年書公子翬，所以貶桓公也。於宣公之年書公子遂，所以譏宣公也。於此年書季孫意如卒，所以疾定公也。」

秋，七月壬子，叔孫不敢卒。婼之子，成子也。子州仇嗣爲大夫，是爲武叔。

附録 《左傳》：「申包胥以秦師至。秦子蒲、子虎帥車五百乘以救楚。子蒲曰：『吾未知吳道。』使楚人先與吳人戰，而自稷會之，大敗夫概王于沂。吳人獲薳射于柏舉，其子帥徒以從子西，敗吳師於軍祥。秋七月，子期、子蒲滅唐。九月，夫概王歸，自立也，以與王戰，而敗，奔楚，爲堂谿氏。吳師敗楚師于雍澨，秦師又敗吳師。吳師居麇，子期將焚之，子西曰：『父兄親暴骨焉，不能收，又焚之，不可。』子期曰：『國

亡矣，死者若有知也，可以歆舊祀，豈憚焚之？」焚之而又戰，吳師敗。又戰于公壻之谿，吳師大敗，吳子乃歸。囚闉輿罷。闉輿罷請先，遂逃歸。葉公諸梁之弟后臧從其母於吳，不待而歸。葉公終不正視。」

○「乙亥，陽虎囚季桓子及公父文伯，而逐仲梁懷。冬十月丁亥，殺公何藐。己丑，❶盟桓子于稷門之內。庚寅，大詛。逐公父歜及秦遄，皆奔齊。」○「楚子入于郢。初，鬭辛聞吳人之爭宮也，曰：『吾聞之，「不讓，則不和，不和，不可以遠征」吳爭於楚，必有亂，有亂，則必歸，焉能定楚？』王之奔隨也，將涉於成臼。藍尹亹涉其帑，不與王舟。及寧，王欲殺之。子西曰：『子常唯思舊怨以敗，君何效焉？』王曰：『善。使復其所，吾以志前惡。』王賞鬭辛、王孫由于、王孫圉、鍾建、鬭巢、申包胥、王孫賈、宋木、鬭懷。子西曰：『請舍懷也。』王曰：『大德滅小怨，道也。』申包胥曰：『吾爲君也，非爲身也。君既定矣，又何求？且吾尤子旗，其又爲諸？』遂逃賞。王將嫁季羋，季羋辭曰：『所以爲女子，遠丈夫也。鍾建負我矣。』以妻鍾建，以爲樂尹。王之在隨也，子西爲王輿服以保路，國于脾洩。聞王所在，而後從王。王使由于城麇，復命，子西問高厚焉，弗知。子西曰：『不能，如辭。城不知高厚小大，何知？』對曰：『固辭不能，子使余也。人各有能有不能。王遇盜於雲中，余受其戈，其所猶在。』袒而示之背，曰：『此余所能也。脾洩之事，余亦弗能也。』」

冬，晉士鞅帥師圍鮮虞。《左傳》：「晉士鞅圍鮮虞，報觀虎之役也。」襄陵許氏曰：「晉以土地之故，縱兵

❶「己」，原作「乙」，今據四庫本及阮刻本《春秋左傳正義》改。

丁酉敬王十六年。六年晉定八。齊景四十四。衛靈三十一。蔡昭十五。鄭獻十。曹靖二。陳懷二。杞僖二。宋景十三。秦哀三十三。楚昭十二。吳闔廬十一。

春，王正月癸亥，鄭游速帥師滅許，以許男斯歸。 速，《公》作「遨」，後同。《左傳》：「春，鄭滅許，因楚敗也。」高氏曰：「許恃楚以固其國，至于四遷。鄭游速偏師一出，滅其國而俘其君。楚雖不能保許，而鄭之肆暴亦甚矣，故謹而曰之。」張氏曰：「許自隱十一年齊、魯、鄭之入，大抵困於與鄭為鄰。至成十五年畏鄭而遷葉，昭九年遷夷，十八年遷析，定四年又自析遷容城以依楚，不三年楚困於吳，鄭遂滅之。然哀元年以後許復見者，楚又存之也。大岳之後，其亡一見害於鄭，其存一恃於楚。不過百年，韓遂滅鄭，亦有由矣。」王氏曰：「伐國而滅之，《春秋》所惡也，況以人臣而專兵滅國乎？前此晉荀吳嘗滅陸渾之戎，然以中國而滅夷狄，則罪猶可恕。今游速因楚之敗，興兵滅許，無晉之命，非攘外安內之師，是弱晉而間楚耳，此皆鄭國君臣之罪也。若夫以其君歸，則游速、許男均有罪焉。蔡公孫姓嘗滅沈矣，然受晉令而伐沈，則事無專命。自定六年，鄭滅許而齊、鄭之黨又合，天下遂無王。此鄭叛伯之始也。自隱十一年，鄭入許而甘心向楚，其亡固宜。獨至是而晉、楚俱弱。春秋以終，則世變亦可感也夫！」○**二月，公侵鄭。**《左傳》：「二月，公侵鄭，取匡，為晉討鄭之伐胥靡也。往不假道於衛。及還，陽虎使季、孟自南門入，出自東門，舍於豚澤。衛侯怒，使彌子瑕追之。公叔文子老矣，輦而如公，曰：『尤人而效之，非禮也。昭公之難，君將以文之舒鼎，成之昭兆，定之鞶鑑，苟可以納之，擇用一焉。諸侯苟憂之，將

以爲之質。此群臣之所聞也。今將以小忿蒙舊德，無乃不可乎？大姒之子，唯周公、康叔爲相睦也，而做小人以棄之，不亦誣乎？天將多陽虎之罪以斃之，君姑待之，若何？』乃止。」高氏曰：「召陵之盟，口血未乾，而鄭保囊瓦滅許，故晉命公興師而討之。是時季孫斯初嗣卿位，陪臣陽虎執國命，又迫於晉令，進退皆不由公也。」汪氏曰：「定公親帥師以討鄭之黨亂人，固有獎王室之義，然不能聲罪致武，僅爲潛師以掠境，故不書伐而書侵。觀季孫獻俘於晉，則實迫於霸令而非有獎王之實矣。」盧陵李氏曰：「自宣公十八年書公伐杞之後，魯無君將者八十年。至是而後一侵鄭，再侵齊，一圍成，皆書公，則三桓既微之徵也。然本非公室能張，實以陪臣公山不狃、侯犯、陽虎之專，故託公以出師耳。當是時伯已失，諸侯皆離，惟魯未叛，故侵鄭、侵衛之師雖出晉令，而陽虎之徒黨於勇，齒於禍，以逞其欲。《春秋》皆書侵以志其無名行師，而輔伯之非其道也，此與成六年二侵宋同一書法。不然奉伯令而討伐周之國，何不書伐哉？」**公至自侵鄭。** 高氏曰：「公內有強臣不能討，乃爲晉討鄭，內外結怨，危之道也。」張氏曰：「陽虎專政，欲徼釁於鄰國，使衛侯不聽公叔發之言，魯師危矣，故致之。」**夏，季孫斯、仲孫何忌如晉。** 《左傳》：「夏，季桓子如晉，獻鄭俘也。陽虎強使孟懿子往報夫人之幣。晉人兼享之。孟孫立于房外，謂范獻子曰：『陽虎若不能居魯，而息肩於晉，所不以爲中軍司馬者，有如先君！』獻子曰：『寡君有官，將使其人，鞅何知焉？』獻子謂簡子曰：『魯人患陽虎矣。孟孫知其釁，以爲必適晉，故強爲之請，以取入焉。』」劉氏曰：「陽虎陪臣也，而執國命，欲蕩覆公室以自封，而陽虎能制之，進云則進，止云則止，猶僕隸也。乃復其禍之所構，自二子之使，夫以二子之力，專國擅君，而陽虎能制之，進云則進，止云則止，猶僕隸也。

爲之請於霸主之國，此其無所忌，必爲亂之效也。子惡之卒，陽虎之盜，皆篡君亡國之禍，故錄之必自其禍之所起矣。」高氏曰：「一卿將命可兼他事，豈可每事一卿乎？故累數之。見二卿爲陽虎所制也。嗚呼！天子微，諸侯僭，諸侯微，大夫陵，大夫微，陪臣脅，理勢然爾。」○廬陵李氏曰：「《春秋》書內卿並使者，唯文十八年公子遂、叔孫得臣，及此年斯、何忌耳。胡氏於公子遂之事，以爲變文書介副者見事情也，此獨無所起乎？蓋遂、得臣之並使，乃仲遂邪謀之所起，而斯、何忌之並使，亦陽虎陪臣也。夫陽虎陪臣也，而執國命，二子俛焉爲其所使，猶爲國有人乎？劉氏謂《春秋》本其禍之所構自二子之使者是矣，故特書以見焉。杜氏以爲晉不備禮，故經不備書，此未爲知聖人之旨也。」

附錄《左傳》：「四月己丑，吳大子終纍敗楚舟師，獲潘子臣、小惟子及大夫七人。楚國大惕，懼亡。子期又以陵師敗于繁楊。令尹子西喜曰：『乃今可爲矣。』於是乎遷郢於鄀，而改紀其政，以定楚國。」○「周儋翩率王子朝之徒，因鄭人將以作亂于周，鄭於是乎伐馮、滑、胥靡、負黍、狐人、闕外。六月，晉閻沒戍周，且城胥靡。」

秋，晉人執宋行人樂祁犂。

《左傳》：「秋八月，宋樂祁言於景公曰：『諸侯唯我事晉，令使不往，晉其憾矣。』樂祁告其宰陳寅。陳寅曰：『必使子往。』他日，公謂樂祁曰：『唯寡人說子之言，子必往。』陳寅曰：『子立後而行，吾室亦不亡，唯君亦以我爲知難而行也。』見溷而行。趙簡子逆而飲之酒於緜上，獻楊楯六十於簡子。陳寅曰：『昔吾主范氏，今子主趙氏，又有納焉，以楊楯賈禍，弗可爲也已。』然子死晉國，子孫必得志

於宋。』范獻子言於晉侯曰：『以君命越疆而使，未致使而私飲酒，不敬二君，不可以不討也。』乃執樂祁」杜氏曰：「稱行人，非其罪。」

稱人以執，非伯討也。祁犁聘于晉，主趙簡子。飲酒焉，獻楊楯六十。范、趙方惡，其宰曰：「昔吾主范氏，今子主趙氏，是賈禍也。」范獻子果怒，言於晉侯曰：「以君命越疆，未致使而私飲酒，不敬二君，不可不討也。」乃執樂祁。執非無名，何以非伯討也？使范、趙方睦，皆有獻焉，則弗執之矣。執異國行人出於列卿私意，威福之柄移矣。三家分晉而靖公廢為家人，《通鑑》索隱曰：「家人，居家之人，無官職也。」豈一朝一夕之故哉？張氏曰：「諸侯唯宋事晉，懼討而遣使，善逆以懷之，猶懼不來，而大夫瀆貨賄，爭權利，卒使來者見執，叛者得志，晉之亂政亟行，霸統所由絕也。」盧陵李氏曰：「經書執行人六，詳見襄十一年。此為晉三卿内叛之始，亦宋叛伯之始也。」

冬，城中城。《穀梁傳》：「城中城者，三家張也。或曰，非外民也。」范氏曰：「三家侈張，故公懼而修内城，譏公不務德政，恃城以自固也。」杜氏曰：「公為晉侵鄭，故懼而城焉。」汪氏曰：「是時政在三家，公室無民，定公豈已，成九年城之矣。此復城者，外有齊、鄭之怨，故懼而城之。」高氏曰：「三家張，公之所有中城而能役衆修城以備外患哉？蓋陽虎欲去三家，故託於懼齊、鄭而城中城，將挾公以自固耳。」○季孫斯、

❶「三」，原作「二」，今據四庫本改。

仲孫忌帥師圍鄆。《公羊傳》：「此仲孫何忌也，曷爲謂之仲孫忌？譏二名。二名，非禮也。」杜氏曰：「鄆貳於齊，故圍之，何忌不言何？闕文。」高氏曰：「鄆自昭二十五年齊侯取之以居昭公，三十年鄆潰遂貳於齊，至是二卿圍而欲復取之，蓋陽虎欲傾季氏以謀政也。季仲圍而曰陽虎取之，虎專季氏，季氏專魯也，仲何爲哉？」家氏曰：「齊之取鄆固非，而二子之圍亦非也。爲定公者，當以善辭告之齊曰：『我先君失守宗祧，君取鄆以居之，魯國實受君賜，今鄆潰矣。寡人欲復舊疆，敢以請之執事。』以景公之賢必將歸之，不應邊用師也。明年國夏伐西鄙，自是連歲交兵，蓋始於此役也。」○劉氏曰：「《公羊》云『仲孫忌譏二名』，意謂二名難諱也。古者君之名，臣不諱，父之名，子不諱。至周臣諱君名，子諱父名，然猶諱其死不諱其生，諱其同不諱其嫌。仲尼不能諱二名，況其他乎？」廬陵李氏曰：「何忌不言何？杜氏是，《公羊》説無據。」

附録《左傳》：「陽虎又盟公及三桓於周社，盟國人于亳社，詛于五父之衢。」○「冬，十二月，天王處于姑蕕，辟儋翩之亂也。」

戊戌敬王十七年。**七年**晉定九。齊景四十五。衞靈三十二。蔡昭十六。鄭獻十一。曹靖三。陳懷三。杞僖三。宋景十四。秦哀三十四。楚昭十三。吳闔廬十二。**春，王正月。**

附録《左傳》：「春二月，周儋翩入于儀栗以叛。」○「齊人歸鄆、陽關，陽虎居之以爲政。」

夏，四月。

附録《左傳》：「夏四月，單武公、劉桓公敗尹氏于窮谷。」

秋，齊侯、鄭伯盟于鹹。諸侯始復特盟。《左傳》：「齊侯、鄭伯盟于鹹，徵會于衛。」杜氏曰：「鹹，衛地。」襄陵許氏曰：「齊、鄭之盟，叛晉也。霸道隳，諸侯散，離盟始復。志此，蓋自是中國無殷會矣。」陳氏曰：「特相盟，自齊桓以來未之有也，於是再見諸侯無主盟矣。是故石門，志諸侯之合也；于鹹，志諸侯之散也。」家氏曰：「于鹹，于沙，齊景圖霸之始事也。是時天王辟儋翩之難，出居姑蕕，景公不能伸勤王之義，乃今日求之鄭，盟于鹹；明日求之衛，盟于沙，皆強人之從我，非心悦而誠服，豈能小大翕然不期而俱至乎？」廬陵李氏曰：「此爲齊景公圖復伯之始，而鄭實左右之。自是以後，有盟沙、盟曲濮、會安甫、盟黃、會牽、會洮，皆齊、鄭糾合之事，可與隱公初年對看。」齊人執衛行人北宫結以侵衛。《穀梁傳》：「以，重辭也。衛人重北宫結。」杜氏曰：「稱行人，非使人之罪。」劉氏曰：「善爲國者，親近而遠信之，附内而外歸之。衛侯欺其群臣以給晉，殘其百姓以奉齊，齊之執結也，固非伯討矣，而衛之無良又甚焉。從此觀之，孟子曰：『今之諸侯，五霸之罪人也。』不亦信乎？」汪氏曰：「齊侯稱人而又書侵，所以重貶之也。挾詐特力，夫豈圖霸之道乎？書執結以侵衛，與楚成執宋公以伐宋書法正同，聖人之意見矣。」○劉氏曰：「執其使，伐其國，文加以，乃其理然，豈爲重乎？《穀梁》之説非也。」齊侯、衛侯盟于沙。《公》作「沙澤」。《左傳》：「衛侯欲叛晉，諸大夫不可。使北宫結如齊，而私於齊侯曰：『執結以侵我。』齊侯從之，乃盟于瑣。」杜氏曰：「結叛晉也。瑣即沙，陽平元城縣東南有沙亭。」襄陵許氏曰：「齊、衛之盟，叛晉也。晉定之季，鄭獻、衛靈叛而從齊。齊可以霸，而景不足望也。」臨川吳氏曰：「執其行人而與其君結盟以叛晉，齊、衛之罪均矣。」高氏曰：「執其使，侵其國，以求盟焉，是劫盟也，何有於信哉？」廬陵李氏曰：「此齊、衛合黨之始，自此以後，次五

氏，次垂葭，次渠蒢，至哀元年而伐晉矣。夫當晉、楚皆衰弱之餘，吳、越之禍未至於中國，使齊景公果能撫伯國之餘業，尊事王室，輯寧中夏，則桓公之功獨不可復乎？奈何今日之會，明日之次，無非包藏禍心以圖晉爲事。子言衛靈公之無道也，又曰齊景公有馬千駟，死之日，民無得而稱焉。《春秋》屢書而不削，二君之罪見矣。」〇大雩。〇齊國夏帥師伐我西鄙。《左傳》：「齊國夏伐我。陽虎御季桓子，公斂處父御孟懿子，將宵軍齊師。齊師聞之，墮，伏而待之。處父曰：『虎不圖禍，而必死。』苦夷曰：『虎陷二子於難，不待有司，余必殺女。』虎懼，乃還，不敗。」高氏曰：「齊叛晉與鄭盟，故爲鄭伐我，❶且報二卿之圍鄆。」襄陵許氏曰：「東夏諸侯唯魯事晉，故齊伐之。景公乘晉之衰，不思惟德之務以懷諸侯，而欲力征經營以定霸統，是知時之或可，而不知己之不可者也。」家氏曰：「昭公流離顛沛，惟齊景是依，如是五六年，卒不能爲之出師向魯鄆，問意如之罪。今乃興無名之師而加于魯，當爲而不爲，與不必伐而伐，失其所以爲方伯之道矣。《春秋》繼鹹、沙二盟而書國夏伐我，皆貶也。」盧陵李氏曰：「齊自襄二十五年崔杼伐我之後，四十餘年兵不至魯，至是再見，則以晉伯之不復振也。國夏兩伐，晉救無功，於是而及齊平矣。」〇九月，大雩。薛氏曰：「一秋而兩大雩，憯瘄之甚也。」汪氏曰：「《左氏》以再雩爲旱甚，經書雩祭二十有一，惟昭二十五年及此年書再雩，災之甚而變之大者也。昭公不克自省而有陽州之孫，定公又不知儆而有寶玉之竊，世卿之逆，陪臣之橫，其致一也，故比事書之，以爲後鑒。」〇冬，十月。

---

❶「我」，原作「爲」，今據四庫本改。

附録《左傳》:「冬十一月戊午,單子、劉子逆王于慶氏。晉籍秦送王。己巳,王入于王城,館于公族黨氏,而後朝于莊宮。」

春秋集傳大全卷之三十五

定公 二

己亥敬王十八年。八年晉定十。齊景四十六。衛靈三十三。蔡昭十七。鄭獻十二。曹靖四,卒。陳懷四,卒。杞僖四。宋景十五。秦哀三十五。楚昭十四。吳闔廬十三。**春,王正月,公侵齊。**《左傳》:「門于陽州。士皆坐列,曰:『顏高之弓六鈞。』皆取而傳觀之。陽州人出,顏高奪人弱弓,籍丘子鉏擊之,與一人俱斃。偃且射子鉏,中頰,殪。顏息射人中眉,退曰:『我無勇,吾志其目也。』師退,冉猛偽傷足而先。其兄會乃呼曰:『猛也殿!』」杜氏曰:「報國夏之伐也。傳言魯無軍政,士無鬭志。」高氏曰:「去年齊伐我西鄙,有辭於我也。今公復加兵于齊,則無名矣。」**公至自侵齊。**高氏曰:「侵齊本出於三家,而三家欲歸怨於公,故未逾月而致之,且為下復侵齊起也。」張氏曰:「魯陽虎用事、用兵無法,故以侵書之。軍政不立而公親行,故書致以危之。」○「趙軼

附錄《左傳》:「二月己丑,單子伐穀城,劉子伐儀栗。辛卯,單子伐簡城,劉子伐盂,以定王室。」○「趙軼言於晉侯曰:『諸侯唯宋事晉,好逆其使,猶懼不至;今又執之,是絕諸侯也。』將歸樂祁,士鞅曰:『三年

止之，無故而歸之，宋必叛晉。」獻子私謂子梁，曰：「寡君懼不得事宋君，是以止子梁以告陳寅。陳寅曰：「宋將叛晉，是棄溴也，不如待之。」樂祁歸，卒于大行。士鞅曰：「宋必叛，不如止其尸以求成焉。」乃止諸州。

二月，公侵齊。《左傳》：「攻廩丘之郛。主人焚衝，或濡馬褐以救之，遂毀之。主人出，師奔。陽虎偽不見冉猛者，曰：『猛在此，必敗。』猛逐之，顧而無繼，偽顛。虎曰：『盡客氣也。』苦越生子，將待事而名之。陽州之役獲焉，名之曰陽州。」杜氏曰：「未得志故。」孫氏曰：「公再侵齊以重其怨，甚矣。」三月，公至自侵齊。《穀梁傳》：「公如，往時致月，危致也。往月致時，危往也。往月致月，惡之也。」高氏曰：「公逾月之間再出侵齊，雖三家者之為然，乍往乍來，不得休息，見公之進退益不自專矣，故兩書侵至以見之。」○劉氏曰：「文公十三年冬公如晉，十四年正月公至自晉，是時公一出而三國附，六月同盟于斷道，秋公至自會，是時諸侯協心而同外楚，中國為一，無有他變，最榮矣。僖公四年正月侵蔡遂伐楚，八月公至自伐楚，是時齊桓主諸侯，《穀梁》以為大伐楚，何以惡之也？《穀梁》之說非也。」○曹伯露卒。汪氏曰：「自聲公立五年，其弟通弒之代立，是為隱公。隱公立四年卒，子陽嗣。」○夏，齊國夏帥師伐我西鄙。《左傳》：「夏，齊國夏、高張伐我西鄙。」高氏曰：「以公不與鹹，沙之盟，且報此春之再侵也。觀《春秋》書齊伐公侵，齊雖不克納，而有意存之矣。定公即位，未嘗修好於齊，齊比年伐我，而我亦再侵齊。」襄陵許氏曰：「《春秋》書內伐十六，宣以後七；內侵七，宣以後六；伐我二十一，宣以後十七；侵我五，宣以後一。用兵則侵多而伐少，被兵則

伐多而侵少，蓋魯自中世衰矣。而欲與齊構怨，以侵易伐，其能久乎？」公會晉師于瓦。《左傳》：「晉士鞅、趙鞅、荀寅救我。公會晉師于瓦，范獻子執羔，趙簡子、中行文子皆執鴈。魯於是始尚羔。」杜氏曰：「將來救魯，公逆會之，救不書齊師已去。瓦，衛地，東郡燕縣東北有瓦亭。」

按《左氏》「晉士鞅、荀寅救魯」，則其書公會晉師，何也？《春秋》大法，雖師次于君而與大夫敵，至用大衆，則君與大夫皆以師爲重而不敢輕也。汪氏曰：「莊八年圍郕，慶父請伐齊師，公曰：『不可。』九年戰乾時，公喪戎路，則皆公親帥師，而經皆止書師，不書公」故裴林之會不言趙盾而言晉師，瓦之會言晉師而不書士鞅，汪氏曰：「僖三年里克、荀息滅下陽書晉師，宣十五年荀林父滅潞亦書晉師。」於以見人臣不可取民有衆專主兵權之意。陳氏厚施於齊以移其國，季孫盡征於魯以奪其民，皆王法所禁也。《春秋》之義行，則不得爲爾矣。陳氏曰：「不曰會士鞅曰會晉師，重師也。」鞌之戰，齊師伐我，晉士鞅、趙鞅、荀寅救我，公會晉師，勿諱可也。」劉氏曰：「晉人興師救魯，《春秋》不以救書，何哉？夫所謂救者，仗大義以拯人之急者也。魯昭栖遲乾侯之境，困亦甚矣。晉之諸卿惟賄是徇，黨臣而抑君。今齊師之來，初非危急之會，而晉三卿驅以兵赴之，此與齊爭霸而非爲魯國宗社計也，故《春秋》不與之以救。」何氏曰：「此趙鞅之師也。不言大夫者，君不會大夫之辭也。」

公至自瓦。高氏曰：「不以會至者，公非出會也。」汪氏曰：「此亦特相會往來稱地之例。」廬陵李氏曰：

「會師之說，胡氏於棐林全主《公羊》，而此條又發重師之義與前說微異，蓋二義互相發明也。要之《春秋》之旨，不以公會大夫，特因此又以見師之爲重耳。」○秋，七月戊辰，陳侯柳卒。○晉士鞅帥師侵鄭，遂侵衛。士，《公》作「趙」。《左傳》：「晉師將盟衛侯于鄟澤，趙簡子曰：『群臣誰敢盟衛君者？』涉佗、成何曰：『我能盟之。』衛人請執牛耳。成何曰：『衛，吾溫、原也。焉得視諸侯？』將歃，涉佗捘衛侯之手，及捥。衛侯怒，王孫賈趨進曰：『盟以信禮也。有如衛君，其敢不唯禮是事，而受此盟也？』衛侯欲叛晉，而患諸大夫。王孫賈使次于郊，大夫問故。公以晉詬語之，且曰：『寡人辱社稷，其改卜嗣，寡人從焉。』大夫曰：『是衛之禍，豈君之過也？』公曰：『又有患焉，謂寡人「必以而子與大夫之子爲質」。』大夫曰：『苟有益也，公子則往，群臣之子敢不皆負羈絏以從？』將行，王孫賈曰：『苟衛國有難，工商未嘗不爲患，使皆行而後可。』公以告大夫，乃皆將行之。行有日。公朝國人，使賈問焉，曰：『若衛叛晉，晉五伐我，病何如矣？』皆曰：『五伐我，猶可以能戰。』賈曰：『然則如叛之，病而後質焉，何遲之有？』乃叛晉。晉人請改盟，弗許。秋，晉士鞅會成桓公侵鄭，圍蟲牢，報伊闕也。遂侵衛。」高氏曰：「鄭伯與齊爲鹹之盟，衛侯與齊爲沙之盟，二國皆爲齊而叛晉，晉以是侵鄭、侵衛，所以絕齊之與國也。晉不聲其罪，不能取服，故兩書侵。」襄陵許氏曰：「招攜以禮，懷遠以德。鹹、沙之盟，諸侯已貳晉，不思德禮之是務，而欲恃力擴服，則失霸何日之有？」陳氏曰：「其言遂，晉始伐鄭也。」汪氏曰：「齊之始伐盟主，則書伐衛遂伐晉。晉之始討與國，則書侵鄭及齊平，魯亦叛晉矣，故悉書之也。襄之二十三年，齊始叛晉取朝歌。去年鄭、衛迭叛晉，於是侵鄭、衛。又明年遂侵衛。齊書伐而晉書侵，於此見晉霸之衰之甚也。然成二年楚師、鄭師侵衛，不書遂侵我。十五年楚子

侵鄭，不書遂侵衛。雖十六年知武子以諸侯之師侵陳遂侵蔡，亦不書也。必若鄭、衛叛晉，晉以師兩侵之而後書焉，以著諸侯之不復從晉也。」廬陵李氏曰：「晉自召陵之後，苟有事於諸侯皆書侵。今年士鞅侵鄭、衛，哀七年魏曼多侵衛，十年趙鞅侵齊，十三年曼多侵衛，豈果潛師掠境歟。蓋義不足以服人，故《春秋》例之以無名之師也。」○葬曹靖公。○九月，葬陳懷公。○季孫斯、仲孫何忌帥師侵衛。《左傳》：「九月，師侵衛，晉故也。」高氏曰：「以其爲晉興師，故書侵。」臨川吳氏曰：「魯於衛無可聲之罪，故其師之出爲無名。」汪氏曰：「成六年蔑僑如侵宋，傳云：『晉命也。』今斯，何忌侵衛，傳亦云：『晉故也。』二卿並將以虐婚姻之國，陵兄弟之邦，非出已意，而迫於霸國之威，故《春秋》皆書侵以譏之。」○冬，衛侯、鄭伯盟于曲濮。汪氏曰：「結叛晉。曲濮，衛地。」高氏曰：「去年公侵鄭，今年二卿侵衛，皆爲晉故，魯於衛無可聲之罪，故其師之出侵之，故二君同爲此盟以固其謀。」○從祀先公。《左傳》：「季寤、公鉏極、公山不狃皆不得志於季氏，叔孫輒無寵於叔孫氏，叔仲志不得志於魯，故五人因陽虎。陽虎欲去三桓，以季寤更季氏，以叔孫輒更叔孫氏，己更孟氏。冬十月，順祀先公而祈焉。辛卯，禘于僖公。」《公羊傳》：「從祀者何？順祀也。文公逆祀，去者三人。定公順祀，叛者五人。」《穀梁傳》：「貴復正也。」杜氏曰：「從順也。先公，閔、僖也。將正二公之位次，所順非一，故通言先公。
蜀人馮山曰：「山，字允南，普州人，著《春秋通解》十二卷。」「昭公至是，始得從祀於太廟。」其說是也。季氏逐君而制其死生之命，公薨乾侯，不得終於正寢，既薨七月，又不以時歸葬，既葬絕其兆域，又不得同於先君，杜氏曰：「溝絕其兆域，不使與先君同。」而在墓道

之南。至孔子爲司寇，然後溝而合諸墓，則其主雖久，未得從昭穆而祔祭宜矣。及意如已卒，陽虎專季氏，將殺季孫斯而亂魯國，託於正以售其不正，始以昭公之主從祀太廟。蓋欲著季氏之罪，以取媚於國人，然其事雖順，其情則逆。《春秋》原情制法，故不書禘事與曰，王氏《箋義》曰：「從祀先公，大事也。其非正奈何？季氏專魯，陽虎專季氏，欲去三桓而代之，從祀先公，正也。所以從祀先公，則非正矣。從祀爲祫邪，宜曰『大事于太廟』；爲禘邪，宜曰『禘于大廟』；爲時享邪，宜曰『有事于某宮』。所以不正言之者，其事可醜出於陽虎故也。陽虎將作亂，而惡不得民心，故於是爲小正以售其大不正，立小義以遂其大不義。從祀先公，其事則順矣，其情則逆。《春秋》原情，情誠善而功惡，弗誅也；情誠惡而功善，弗與也。」特曰：「從祀先公於盜竊寶玉、大弓之上。」李氏瑾曰：「此二事也。問無他文，同辭而書之。」見事出陽虎而不可詳也，其亦深切著明矣。薛氏曰：「從祀者何？順祀也，魯之祭也，躋僖公，外昭公。」高氏曰：「從祀之祀，始正其禮也。夫魯祀之不順多矣。武公、煬公在所當祧，僖公、閔公在所當正，昭公則又當祀而不祀者也。今但稱先公，則盡從典禮，不止爲一公設也。然不舉所祀之名，不指所祀之所者，非時妄祀，其事可醜。出於陽虎之矯舉，故雖禮之復正者，而聖人實書之在盜竊寶玉、大弓之上，所以誅陽虎之亂也。所謂定、哀多微辭者，意在言外也。嗚呼！千載之下，姦僞之迹，禍亂之變，彼假託以濟其私者，豈特一陽虎而已哉！」○汪氏曰：「三傳皆以從祔爲順祀閔、僖二公，惟馮氏謂祔祭昭公，而文定引其說，薛

氏、高氏兩用之。今考之經，昭公之葬稱謚，疑已祔祭祖廟，而從祀不稱昭公，與祔于莊公書法不侔，則三傳似亦可通。或者謂升閟降僖，非當時之急務，然陽虎雖祔祭昭公，而道南之墓猶待孔子爲司寇而合乎先君之兆域，則又何也？劉原父云：『陽虎惡季氏以臣而陵君，猶僖公以子而先父，故先正逆祀以微諭其意。』其說亦佳，姑記以俟來哲。」廬陵李氏曰：「從祀之說，三傳及諸家皆以爲正閟，僖之位，夏父弗忌所爲，而非季氏之惡也。蓋陽虎之意，正欲暴明季氏之罪，故從祀昭公以說於國人。若文公逆祀，則臧文仲爲政之時，獨胡氏不取。且《春秋》每書宫廟必舉其謚，此則不書閟、僖而直云『先公』，故以爲昭公無疑也。」

盜竊寶玉、大弓。《左傳》：「壬辰，將享季氏于蒲圃而殺之，戒都車曰：『癸巳至。』成宰公斂處父告孟孫曰：『季氏戒都車，何故？』孟孫曰：『吾弗聞。』處父曰：『然則亂也，必及於子，先備諸。』與孟孫以壬辰爲期。陽虎前驅，林楚御桓子，虞人以鈹、盾夾之，陽越殿。將如蒲圃，桓子咋謂林楚曰：『而先皆季氏之良也，爾以是繼之。』對曰：『臣聞命後。陽虎爲政，魯國服焉，違之徵死，死無益於主。』桓子曰：『何後之有？而能以我適孟氏乎？』對曰：『不敢愛死，懼不免主。』桓子曰：『往也！』孟氏選圉人之壯者三百人，以爲公期築室於門外。林楚怒馬，及衢而騁。陽越射之，不中。築者闔門。有自門間射陽越，殺之。陽虎劫公與武叔，以伐孟氏。公斂處父帥成人自上東門入，與陽氏戰于南門之內，弗勝；又戰于棘下，陽氏敗。陽虎說甲如公宫，取寶玉、大弓以出，舍于五父之衢，寢而爲食。其徒曰：『追其將至。』虎曰：『魯人聞余出，喜於徵死，何暇追余？』從者曰：『嘻！速駕，公斂陽在。』公斂陽請追之，孟孫弗許。陽欲殺桓子，孟孫懼而歸之。

子言辨舍爵於季氏之廟而出。陽虎入于讙、陽關以叛。」《公羊傳》：「盜者孰謂？謂陽虎也。陽虎者，曷爲者也？季氏之宰也。季氏之宰，則微者也，惡乎得國寶而竊之？陽虎專季氏，季氏專魯國。陽虎拘季孫，孟氏與叔孫氏迭而食之，睋而銳其板，曰：『某月某日，將殺我于蒲圃，力能救我則於是。』至乎日若時而出。臨南者，陽虎之出也，御之。於其乘焉，季孫謂臨南曰：『以季氏之世世有子，子可以不免我死乎？』臨南曰：『有力不足，臣何敢不勉？』陽越下取策，臨南騕馬，而由乎孟氏，陽虎從而射之，矢著于莊門。然而甲起於琴如，弒不成，臨南投策而墜之，陽越下取策，臨南騕馬，而由乎孟氏，陽虎從而射之，矢著于莊門。然而甲起於琴如，弒不成，臨南投策舍于郊，皆說然息。或曰：『弒千乘之主而不克，舍此可乎？』陽虎曰：『夫孺子得國而已，如丈夫何？』睋而曰：『彼哉！彼哉！趣駕。』既駕，公斂處父帥師而至。懂然後得免，自是走之晉。寶者何？璋判白，弓繡質，龜青純。」《穀梁傳》：「寶玉者，封圭也。大弓者，武王之戎弓也。周公受賜，藏之魯。非其所以與人而與人，謂之亡。非其所取而取之，謂之盜。」杜氏曰：「盜，謂陽虎也。家臣賤，名氏不見，故曰盜。」孫氏曰：「盜，微賤之稱。」何氏曰：「寶玉，世世寶用之辭。此皆魯始封之錫，不言取而言竊者，國慢無政可知矣。」常山劉氏曰：「寶玉、大弓，天子所錫先君之分器，藏之於國，子孫世世保之不可失墜，而爲盜所竊，則定公爲國可知也。」蘇氏曰：「陽虎將殺季孫斯，不勝而出，取寶玉、大弓於公宮以行，其稱盜，陪臣也。寶玉、大弓，魯之分器也。是時陽虎以鄆、讙、龜陰叛奔齊。十年侯犯以郈叛，及昭十二年南蒯以費叛，皆以賤不書，其書竊寶玉、大弓何也？分器重於地也。分器重於地者，賤貨而貴命也。」茅堂胡氏曰：「先王分器不能謹守，而盜得竊諸公

宮，此無政之驗也，故失地則謹，失寶玉、大弓則書。失之書，得之書，重其事也。」陳氏曰：「虎，陪臣也，取周公之分器以出，魯莫之禁，書曰：『盜竊寶玉、大弓。』魯無人之辭也。是故陪臣皆不書，書陽虎爲盜，是治陪臣也。君子之作《春秋》，治至於陪臣，斯極矣。」廬陵李氏曰：「謝氏云：『寶玉象德，大弓象武。』先公以文德武功受此寶玉，歷世守而傳之，以爲國之寶鎮。國之寶鎮，盜得而竊焉，則人君不能守其國，子孫不能保其鎮可知矣。」〇汪氏曰：「何休謂：『季氏逐昭公，取寶玉藏於其家。陽虎拘季孫，奪其寶玉。』然昭公之經不書失寶玉，而此書盜竊，則陽虎竊取於公宮，而非取之於季氏也。」

附錄 《左傳》：「鄭駟歂嗣子大叔爲政。」

庚子 敬王十九年。**九年** 晉定十一。齊景四十七。衛靈三十四。蔡昭十八。鄭獻十三，卒。曹伯陽元年。陳閔公越元年。杞僖五。宋景十六。秦哀三十六，卒。楚昭十五。吳闔廬十四。**春，王正月。**

附錄 《左傳》：「春，宋公使樂大心盟于晉，且逆樂祁之尸。辭，僞有疾。乃使向巢如晉盟，且逆子梁之尸。子明謂桐門右師出，曰：『吾猶衰絰，而子擊鍾，何也？』右師曰：『喪不在此故也。』既而告人曰：『已衰絰而生子，余何故舍鍾？』子明聞之，怒，言於公曰：『右師將不利戴氏，不肯適晉，將作亂。不然無疾。』乃逐桐門右師。」〇「鄭駟歂殺鄧析，而用其《竹刑》。君子謂：『子然於是不忠。苟有可以加於國家者，棄其邪可也。《靜女》之三章，取彤管焉。《竿旄》「何以告之」，取其忠也。故用其道，不棄其人。《詩》云：「蔽芾甘棠，勿剪勿伐，召伯所茇。」思其人，猶愛其樹，況用其道而不恤其人乎！子然無以勸能矣。』」

夏，四月戊申，鄭伯蠆卒。蠆，敕邁反，《公》作「囆」。○得寶玉、大弓。《左傳》：「夏，陽虎歸寶玉、大弓。書曰『得』，器用也。凡獲器用曰得，用焉曰獲。六月，伐陽關，陽虎使焚萊門。師驚，犯之而出。奔齊，請師以伐魯，曰：『三加，必取之。』齊侯將許之。鮑文子諫曰：『臣嘗為隸於施氏矣，魯未可取也。上下猶和，衆庶猶睦，能事大國，而無天菑，若之何取之？陽虎欲勤齊師也，齊師罷，大臣必多死亡，己於是乎奮其詐謀。夫陽虎有寵於季氏，而將殺季孫，以不利魯國，而求容焉。親富不親仁，君焉用之？君富於季氏，而大於魯國，茲陽虎所欲傾覆也。魯免其疾，而君又收之，無乃害乎？』齊侯執陽虎，將東之。陽虎願東，乃囚諸西鄙。盡借邑人之車，鍥其軸，麻約而歸之。載蔥靈，寢於其中而逃。逃，奔宋，遂奔晉，適趙氏。仲尼曰：『趙氏其世有亂乎！』」《公羊傳》：「何以書？記有寶玉、大弓。」《穀梁傳》：「其不地何也？寶玉，大弓，在家則羞，不目羞也。惡得之？得之堤下。或曰，陽虎以解衆也。」

穀梁子曰：「寶玉，封圭。大弓，武王之戎弓。」范氏曰：「封圭，始封之圭。戎弓，武王征伐之弓。」

周公受賜，藏之魯。」或曰：「夏后氏之璜，封父之繁弱也。」杜氏曰：「璜，美玉名。封父，古諸侯。繁弱，大弓名。」「子孫世守，罔敢失墜，以昭先祖之德，存肅敬之心耳。」古者告終易代，弘璧琬琰，天球夷玉，兌之戈，和之弓，垂之竹矢，蔡氏曰：「皆先王所寶物。弘璧，大璧也。琬琰，圭名。球，鳴球也。夷，常也。兌、和，皆古之巧工，堯、舜時共工，制作精巧，中法度，故歷代傳寶之。」繁弱，大弓名。」

莫不陳列，非直為美觀也。先王所寶，傳及其身能全而歸之，則可以免矣。魯失其政，陪

臣擅權，汪氏曰：「陪，重也。大夫爲諸侯之臣，家臣又爲大夫之臣，故曰『陪臣』。」雖先公分器猶不能守，而盜得竊諸公宮，其能國乎？故失之書，得之書，所以譏公與執政之臣，見不恭之大也。此義行，則有天下國家者各知所守之職，不敢忽矣。蜀杜氏曰：「魯不能保守國器以致失，今得而復書之，不正其得之於盜也。直書曰『得』，以明其失而復得也。」孫氏曰：「不曰盜歸寶玉、大弓者，盜微者不可再見。」番陽萬氏曰：「寶玉、大弓，三傳之說不同，然聖經之大法不在乎是，所以謹其盜竊與得之而已。夫先王分寶玉於伯叔之國，宜世守勿失，而定公見竊於陪臣，迨夫陽虎以爲無益於近用，祇以爲名而自歸之。魯有四封而詰其盜，不得其盜以正國之典刑，僅得寶玉、大弓，政刑之失一至於此，豈不重可憐邪？噫！納莒僕之寶玉，曷若不失此分器之寶？反楚靈之大屈，曷若不失此分器之大弓？始也貪人之所有，今不能保己之所有，故《春秋》譏之。」○趙氏曰：「《左氏》云：『凡獲器用曰得，得用焉曰獲。』按：得者，對失也。器用皆合居得，❶則宋大鼎何不言得乎？《穀梁》云：『不地，羞也。』按：杜預謂：『國之分器，得之足以爲榮。』故重而書之。按：失之固足以爲辱。然得之於盜，不能討其罪。❷未足爲榮，適以彰其失之之耻緣未出境而得故但以得爲名，且書竊猶不羞，書地有何羞乎？」汪氏曰：「謝氏曰：『謂之得者，以明既失而復得也。』先王所賜，非盛德不能受而傳之。竊之爲榮。」盧陵李氏曰：

❶「居」，四庫本作「言」。
❷「不」上，四庫本有「而」字。

書，得之書，尊之也。此說得之。陸列曰：『用力禽之曰獲，獲人、獲獸是也。非用力禽之曰得，得寶玉是也。』故疑《穀梁》得其實，若《左氏》以爲陽虎歸之，恐無此理。杜氏又以爲無益近用，而衹爲名，故歸之。夫虎豈憚竊寶之爲惡名哉，蓋虎既奔而追者獲之耳。又曰：『是年孔子年五十，定公以孔子爲中都宰。』一年，四方則之。』

六月，葬鄭獻公。○秋，齊侯、衛侯次于五氏[1]。《左傳》：『秋，齊侯伐晉夷儀。敝無存之父將室之，辭，以與其弟，曰：「此役也，不死，反，必娶於高、國。」先登，求自門出，死於霤下。東郭書讓登，犂彌從之，曰：「子讓而左，我讓而右，使登者絶而後下。」書左，彌先下。書與王猛息。猛曰：「我先登。」書斂甲曰：「曩者之難，今又難焉。」猛笑曰：「吾從子，如驂之靳。」晉車千乘在中牟。衛侯將如五氏，卜過之，龜焦。衛侯曰：「可也！衛車當其半，寡人當其半，敵矣。」乃過中牟。中牟人欲伐之，衛褚師圃亡在中牟，曰：「衛雖小，其君在焉，未可勝也。齊師克城而驕，其帥又賤，遇，必敗之。」不如從齊。」乃伐齊師，敗之。齊侯致禚、媚、杏於衛。齊侯賞犂彌，犂彌辭曰：「有先登者，臣從之，皙幘而衣貍製。」公使視東郭書，曰：「乃夫子也，吾貺子？」公賞東郭書，辭曰：「彼賓旅也。」乃賞犂彌。齊師之在夷儀也，齊侯謂夷儀人曰：「得敝無存者，以五家免。」乃得其尸。公三襚之，與之犀軒與直蓋，而先歸之。坐引者，以師哭之，親推之三。』杜氏曰：「五氏，晉地。齊侯在五氏，衛侯往助之。」任氏曰：「此伐晉也，不書伐而書次者，晉實大國，未敢輕伐。始盟于

---

[1]「玊」，原作「王」，今據四庫本改。

沙,中次于五氏,又次于垂葭,又次于藁萊。至哀元年而後伐,其欲有所逞也久矣。」陳氏曰:「外會書次,自厥貊以來未之有也。於是再見。其再見何?中國無伯也。齊、衛伐盟主,則其不書伐,《春秋》重絕晉也;衛叛晉,盟齊于沙。明年及齊平,魯亦叛晉,諸侯無盟主矣。齊始叛晉,諸侯猶有盟主也。前年鄭叛晉,盟齊于鹹;衛叛於襄之二十三年嘗書齊伐晉,至是而不書何?有盟主,非美事也,無盟主,非細故也,是故《春秋》重絕晉也。」○汪氏曰:「杜預云:『諱伐盟主,故不書伐。』然襄二十三年書齊侯遂伐晉,何以不諱乎?或謂:『中國無霸,《春秋》重絕晉,故不言伐。』然文元年書衛人伐晉,何以不重絕晉乎?」盧陵李氏曰:「齊、衛三次而後伐,胡氏無傳,蓋同前次而後伐,罪其包藏禍心之義也。謝氏以爲罪其無事而出,故書次,則又與無名妄動之例同矣。要之二例皆可通。而陳氏說又得聖人之微意,大抵齊、衛雖有玩晉之心,而晉力尚強,二國不過侵尋犯其境內,不敢誦言伐之也。杜氏從告之說或然,而聖人亦因其告而書之,以示貶齊存晉之意矣。」○秦伯卒。冬,葬秦哀公。襄陵許氏曰:「秦自晉悼以後,寢不見於《春秋》,則知秦益退保西戎,軍旅禮聘之事不交於中國矣。」

辛丑敬王二十年。十年晉定十二。齊景四十八。衛靈三十五。蔡昭十九。鄭聲公勝元年。曹陽二。陳閔二。杞僖六。宋景十七。秦惠公元年。楚昭十六。吳闔廬十五。春,王三月,及齊平。杜氏曰:「平前八年再侵齊之怨。」張氏曰:「及齊平,我志也。」盧陵李氏曰:「謝氏云:『前此魯數侵齊,齊數伐魯,至孔子爲相,與齊釋怨相平,而齊受之,故及齊平。』平一國所願,故不稱公。暨齊平者,彼欲平而我與之平也;及齊平者,我欲平而彼從我平也。孔子之相魯也,以德親懷鄰國,講信脩睦,而二國於此平焉。能循其

道，則雖天下之大可得而平也，豈獨一齊國哉！宋、楚其平起於下，故書人。齊、魯其平起於上，故書國。此說固佳。然汲汲而平，恐亦非聖人之意。胡氏說見暨平下，詳見隱六年。」夏，公會齊侯于夾谷。公至自夾谷。夾，《公》、《穀》作「頰」。《左傳》：「夏，公會齊侯于祝其，實夾谷。孔丘相，犂彌言於齊侯曰：『孔丘知禮而無勇，若使萊人以兵劫魯侯，必得志焉。』齊侯從之。孔丘以公退，曰：『士兵之！兩君合好，而裔夷之俘以兵亂之，非齊君所以命諸侯也。裔不謀夏，夷不亂華，俘不干盟，兵不偪好，於神爲不祥，於德爲愆義，於人爲失禮，君必不然。』齊侯聞之，遽辟之。將盟，齊人加於載書曰：『齊師出境，而不以甲車三百乘從我者，有如此盟！』孔丘使兹無還揖對，曰：『而不反我汶陽之田，吾以共命者，亦如之。』齊侯將享公，孔丘謂梁丘據曰：『齊、魯之故，吾子何不聞焉？事既成矣，而又享之，是勤執事也。且犧、象不出門，嘉樂不野合。饗而既具，是棄禮也；若其不具，用秕稗也。用秕稗，君辱；棄禮，名惡。子盍圖之？夫享，所以昭德也。不昭，不如其已也。』乃不果享。齊人來歸鄆、讙、龜陰之田。」《穀梁傳》：「離會不致，何爲致也？危之也。危之，則以地致何也？爲危之也。其危奈何？曰頰谷之會，孔子相焉。兩君就壇，兩相相揖。齊人鼓譟而起，欲以執魯君。孔子歷階而上，不盡一等，而視歸乎齊侯，曰：『兩君合好，夷狄之民何爲來？』爲命司馬止之。齊侯逡巡而謝曰：『寡人之過也。』退而屬其二三大夫曰：『夫人率其君與之行古人之道，二三子獨率我而入夷狄之俗，何爲？』罷會，齊人使優施舞於魯君之幕下。孔子曰：『笑君者罪當死！』

❶ 「下」，原作「干」，今據四庫本改。

使司馬行法焉，首足異門而出。」齊人來歸鄆、讙、龜陰之田者，蓋爲此也。因是以見雖有文事，必有武備。
孔子於夾谷之會見之矣。」何氏曰：「致地者，頰谷之會。齊侯作侏儒之樂，欲以執定公，孔子曰：『匹夫而熒惑諸侯者誅』於是誅侏儒，首足異處，齊侯大懼。曲節從教，得意故致也。」張氏曰：「夾谷，魯地，漢東海祝其縣有夾山。」

夾谷之會，孔子相，犁彌言於齊侯曰：「孔丘知禮而無勇，若使萊人以兵劫魯侯，必得志焉。」齊侯從之。兩君就壇，兩相相揖。齊人鼓譟而起，欲以執魯君。孔子歷階而升，不盡一等，而視歸乎齊侯，曰：「兩君合好，而裔夷之俘以兵亂之，非齊君所以命諸侯也。裔不謀夏，夷不亂華，俘不干盟，兵不偪好，於神爲不祥，於德爲愆義，於人爲失禮。」齊侯遽止之。而屬其臣曰：「夫人率其君與行古人之道」，《史記·孔子世家》。劉氏曰：「使魯多其車徒，衆二三子獨率我入夷狄之俗，使寡人獲罪於魯侯，如之何？」晏子曰：「小人之謝過也以文，君子之謝過也以質，君已知過，則謝之以質爾。」於是歸鄆、讙、龜陰之田。仲尼一言，威重於三軍，亦順於理而已。故天下莫大於理，而彊衆不與焉。其兵革，構怨連禍，以攻齊爲事，未必能得其故土地也。厚其幣帛，重其使介，繁禮巧辭，以請齊爲事，亦未必能得其故土地也。仲尼一言爾，威重於三軍，利加於萬乘，豈有他哉？順於理故也。天下之事，常服於順而違於逆，故齊雖彊，以其逆而奪；魯雖弱，以其順而得。得失非彊弱也，在道而已。不動而至，

不言而信，不疾而速，此之謂也。」或問：「夾谷之會，孔子數語，何以能却萊人之兵？」朱子曰：「畢竟齊常常欺魯，魯常常不能與之爭，却忽然被一箇人來以禮問他，他如何不動！如藺相如，秦王擊缶，亦是秦常常得趙過，忽然被一箇人恁地硬梗，他如何不動！」家氏曰：「犁彌之奸，萊夷之劫，使非吾聖人相禮，動容貌，出辭氣，有以格齊人之彊暴，則定公幾不獲免，而魯之危甚矣。其致，危之也。」○劉氏曰：「《穀梁》謂：『以地致，危之也。』非也。兩國會盟，致皆以地，此常例爾。」

晉趙鞅帥師圍衛。 《左傳》：「晉趙鞅圍衛，報夷儀也。初，衛侯伐邯鄲午於寒氏，城其西北而守之，宵熸。及晉圍衛，午以徒七十人門於衛西門，殺人於門中，曰：『請報寒氏之役。』涉佗曰：『夫子則勇矣，然我往，必不敢啟門。』亦以徒七十人，旦門焉，步左右，皆至而立，如植。日中不啟門，乃退。反役，晉人討衛之叛故，曰：『由涉佗，成何。』於是執涉佗以求成于衛。衛人不許。晉人遂殺涉佗。成何奔燕。君子曰：『此之謂棄禮，必不鈞。《詩》曰：「人而無禮，胡不遄死？」涉佗亦遄矣哉！』襄陵許氏曰：「使晉有以報齊，則衛可無用兵而服也。今圍衛而不能服，則徒足以堅齊之從而已矣。」家氏曰：「書圍不書伐，不與其伐也。」廬陵李氏曰：「以伯主而圍與國者，惟宋襄圍曹、趙鞅圍衛而已。晉自召陵以後，凡用兵書侵，以義之不足以服人也。此役書圍，以力之不足以服人也。」

齊人來歸鄆、讙、龜陰田。 田上，《穀》有「之」字。《公羊傳》：「齊人曷爲來歸運、讙、龜陰田？孔子行乎季孫，三月不違，齊人爲是來歸之。」程子曰：「齊服義而求歸之，故書來歸。」杜氏曰：「三邑皆汶陽田也，泰山博縣北有龜山，陰田在其北也。」任公輔曰：「桓三年讙，杜氏以爲魯地，濟北蛇丘縣有讙亭，而汶水經濟北至東平須昌入濟，鄆，即昭公時齊取以

齊人前此嘗歸濟西田矣，後此嘗歸讙及闡矣，而此獨書來歸，何也？曰「歸」者，魯請而得之也。曰「來歸」者，齊人心服而歸之也。杜氏曰：「齊人服義而歸魯田。」茅堂胡氏曰：「言來，言歸者，彼自來也。不言來者，請而得之耳。」汪氏曰：「自來曰『來』，猶來聘、來朝之類。齊人感夫子之義而歸侵田，此綏之斯來之效也。」定公、齊侯會于夾谷，孔子攝相事，具左右司馬以從，至于會所，以禮相見。《史記・孔子世家》：「會于夾谷，孔子攝相事，曰：『臣聞有文事者必有武備，有武事者必有文備。古者諸侯出疆，必具官以從，請具左右司馬以會遇之禮相見。』」卻裔俘，拒兵車之命，而罷享禮之設于野，由是齊侯歸三邑以謝過。故《揚子法言》曰：「仲尼用於魯，齊人章章，歸其侵疆。」《揚子・寡見》篇：「仲尼用於魯，齊人章章，歸其侵疆。魯不用真儒故也。如用真儒，無敵於天下。」桓公以義責楚而楚人求盟，夫子以禮責齊而齊人歸地，皆書曰「來」，序績也。《春秋》夫子之筆削，自序其績可乎？聖人會人物於一身，萬象異形而同體，通古今於一息，百王異世而同神。於土皆安而無所避也，於我皆真而無所忘也。其曰：「天之將喪斯文也，後死者不得與於斯文也；天之未喪斯文也，匡人其如予何？」是以天自處矣，而亦何嫌之有？陳氏曰：「未有言來歸田者。言來歸，必自外至，如鄭來歸祊及齊來歸衛寶是也。濟西言取，讙、闡言取，鄆、讙、龜陰不言取，以是為齊人之願也。鄆、讙、龜陰田言來歸，以是為齊人之願也，則猶齊田

也，故從外來常文，與歸衛寶同。謂《春秋》之諸侯不足用為善者，是不即人心之論也。故曰如有用我者，期月而已可也。」高氏曰：「孔子夾谷之事，人可能也。而使大國失守，悔過効順，所不可能也。此修誠之至，崇德之素，感于其人之天，譬如干羽格有苗，非任智者所能測也。」歸濟西，歸讙及闡，歸疆也。言歸不言來歸，以其請之而後得，非彼自以歸也。惟鄆、讙、龜陰之歸，書齊人來歸，言齊人自以故疆來歸，非假兵力智計而得之，是之謂自歸，視其他歸疆來歸者之不同也。聖人道化所感，彊暴為之革心，有莫知其然而然者，可以信聖人之道不為空言，儒者之學果非無實也。《左氏》所載茲無還之對，陋矣。」廬陵李氏曰：「孔子是年為大司寇，十二年使仲由為季氏宰，墮三都，蓋聖人以王道化齊而齊景服義，以王道用魯而三家墮邑，所謂變齊、變魯之幾略見於此。謝氏曰：『書來者，非我求之於齊，齊人至魯歸之，德之悦服人心久矣。』參諸家當以《穀梁》及《史記》謝過之説為正，其《左氏》所載夫子請齊歸汶陽之語失之。」

叔孫州仇、仲孫何忌帥師圍郈。 郈音后，《字林》下溝反。《左傳》：「初，叔孫成子欲立武叔，公若藐固諫曰：『不可。』成子立之而卒。公南使賊射之，不能殺。公南為馬正，使公若為郈宰。武叔既定，使郈馬正侯犯殺公若，弗能。其圉人曰：『吾以劍過朝，公若必曰：「誰之劍也？」吾稱子以告，必觀之。吾偽固而授之，則可殺也。』使如之。公若曰：『爾欲吳王我乎？』遂殺公若。侯犯以郈叛，武叔懿子圍郈，弗克。」杜氏曰：「犯以不能副武叔之命，故叛。」任公輔曰：「東平無鹽縣東南有郈鄉。」

秋，叔孫州仇、仲孫何忌帥

師圍郈。郈，《公》作「費」。《左傳》：「秋，二子及齊師復圍郈，弗克。叔孫謂郈工師駟赤曰：『郈非惟叔孫氏之憂，社稷之患也，將若之何？』對曰：『臣之業，在《揚水》卒章之四言矣。』叔孫稽首。駟赤謂侯犯曰：『居齊、魯之際而無事，必不可矣。子盍求事於齊以臨民？不然，將叛。』侯犯從之。齊使至，駟赤言異矣。駟赤謂侯犯曰：『衆言異矣。子不如易之宣言於郈中，曰：「侯犯將以郈易于齊，齊人將遷郈民。」』衆兇懼。侯犯請易於齊，齊有司觀郈，將至，駟赤使周走呼曰：『齊師至矣！』郈人大駭，介侯犯之門，以入備不虞？』侯犯曰：『諾。』乃多舍甲焉。侯犯請易於齊，齊有司觀郈，將至，駟赤使周走呼曰：『齊師至矣！』郈人大駭，介侯犯之門，以圍侯犯，侯犯殿。每出一門，郈人閉之。及郭門，止之曰：『子以叔孫氏之甲出，有司誅之，群臣懼死。』犯謂駟赤曰：『子止而與之數。』駟赤止而納魯人。侯犯奔齊，齊人乃致郈。」

郈，叔孫氏之邑也。侯犯以郈叛，不書于策，書圍郈，則叛可知矣。再書二卿帥師圍郈，則彊亦可知矣。天子失道，征伐自諸侯出，而後大夫彊，諸侯失道，征伐自大夫出，而後家臣彊。其逆彌甚，則其失彌速，故自諸侯出，十世希不失矣，自大夫出，五世希不失矣；陪臣執國命，三世希不失矣。朱子曰：「《論語》孔子曰『天下有道』、『并禄去公室』二章，疑皆定公時語。」三家專魯爲日已久，至是家臣爭叛，亦其理宜矣。《春秋》制法本忠恕，施諸己而不願，亦勿施諸人，故所惡於上，不以使下，所惡於下，不以事上。二三子知傾公室以自張，

而不知家隸之擬其後也。凡此類，皆據事直書，深切著明矣。蜀杜氏曰：「大夫攻叛邑，自夏至秋，再圍以兵，《春秋》離其文而書之，不待貶而著也。」朱子曰：「春秋之初，只是諸侯抗衡，後來諸侯纔不奈何，便被大夫專權。及大夫稍沒奈何，又被陪臣擅命。如唐之藩鎮，其初是節度抗衡，後來牙將、孔目官、虞候之屬，皆殺了節度亦來握權。夫子說『禮樂征伐，自天子出』一章，極分曉。」汪氏曰：「魯以諸侯而僭天子，三桓以大夫而專魯，侯犯以家臣而叛叔孫，皆上行而下效也。叔孫不知改過遷善，退守臣職，使家隸感化，而帥重師以圍其邑，又不能暴明其罪，討而誅之，乃使犯之僚屬馴赤，多方為詐諼之謀，誘之出走，是教通國之人，習為罔上之舉也。失政刑矣。諒詭欺詐，誣偽不誠，下執此以叛其上，上執此以危其下，雖幸勝之，其何以保有國家乎？」

宋樂大心出奔曹。 高氏曰：「辭，使非大譴，而讒言乘之，罪累上矣。」王氏曰：「宋公信讒而刑罰無章，固可罪矣。然大心不能任家國之難，而進退無據，且挾詐以避事，豈能自安乎？故經亦直書以志其過。」○

宋公子地出奔陳。 地，《公》作「池」，後同。《左傳》：「宋公子地嬖蘧富獵，十一分其室，而以其五與之。公子地有白馬四，公嬖向魋，魋欲之。地取而朱其尾、鬣以與之。地怒，使其徒抶魋而奪之。魋懼，將走，公閉門而泣之，目盡腫。母弟辰曰：『子分室以與獵也，而獨卑魋，亦有頗焉。子為君禮，不過出竟，君必止子。』公子地出奔陳，公弗止。」王氏曰：「君雖不君，臣不可以不臣，若地者亦驕伉矣，❶故《春秋》以自奔為

❶ 「驕」，原作「僑」，今據四庫本改。

文。」廬陵李氏曰：「經書公子地，宋公之弟辰，《左氏》亦止稱公子地，母弟稱辰，是未嘗直指地為景公弟也。杜氏因辰有迓吾兄之說，遂直指地為景公之弟，辰之兄。於是以公子地為景公之弟。《左氏》亦止稱公子地為庶弟，而先儒不主母弟稱弟之說，則又難通矣。且胡氏亦曰宋公以孽魋故而失二弟何耶？故竊疑公子地以輩行，雖為景之弟，而其實非同父之弟也。」○冬，齊侯、衛侯、鄭游速會于安甫。安甫，《公》作「窐」。張氏曰：「安甫，齊地。」家氏曰：「前此齊與鄭、衛盟鹹、盟沙矣，今而三國復為此會，無所憚於晉矣。前此魯受命於晉而以兵加衛，今而盟夾谷，棄晉不復顧矣。然諸侯雖叛晉，而齊亦不能因諸侯之從而復霸也。」廬陵李氏曰：「謝氏云『會于安甫』，以衛有晉難也。」○叔孫州仇如齊。《左傳》：「武叔聘于齊。齊侯享之，曰：『子叔孫！若使郈在君之他竟，寡人何知焉？屬與敝邑際，故敢助君憂之。』對曰：『非寡君之望也。所以事君，封疆社稷是以，敢以家隸勤君之執事？夫不令之臣，天下之所惡也，君豈以為寡君賜？』」杜氏曰：「謝致郈也，齊以致郈德叔孫，叔孫言義在討惡，非所以賜寡君。」高氏曰：「夾谷之會，歸我鄆、讙、龜陰田。侯犯以郈奔齊，齊人又致郈，是以叔孫如齊謝焉。」○宋公之弟辰暨仲佗、石彄出奔陳。「暨」字下，《公》、《穀》有「宋」字。彄，苦侯反。《左傳》：「辰為之請，弗聽。辰曰：『是我迓吾兄也。吾以國人出，君誰與處？』冬，母弟辰暨仲佗、石彄出奔陳。」杜氏曰：「暨，與也。宋公寵向魋，不聽辰請，辰忿而將大臣出奔。虛請自忿，稱弟，示首惡也。仲佗、石彄皆為國卿，不能匡君靜難，而為辰所率出奔，稱名，亦罪之也。」

按《左氏》：「宋公子地有白馬四，公以與桓魋。地怒，抶魋奪之。魋懼，將走，公泣之，母

弟辰曰：「子爲君禮，不過出境，君必止子。」地出奔陳，公弗止。辰曰：「是我迂吾兄也。吾以國人出，君誰與處？」書曰：「宋公之弟辰暨仲佗、石彄出奔陳。」其弟云者，罪宋公以嬖離故以失二弟，無親親之恩；暨云者，罪辰以兄故帥其大夫出奔，無尊君之義。家氏曰：「辰於君爲同母弟，而地則衆公子也。景公以嬖臣之故而奔其二弟，兄不友，弟不悌，臣不忠，此一書而並貶也。」夫暨者，不得已之詞，又以見仲佗、石彄見脅於辰，不能自立，無大臣之節也。孫氏曰：「佗、彄爲宋大臣，不能以道事君，爲辰彄牽而去，故曰『暨』，交譏之也。」○劉氏曰：「何休云：『辰言暨者，明佗、彄彄與俱出。』非也。若然，辰罪爲輕，何故反序上乎？又何爲入蕭書及乎？《公羊》云：『暨猶暨暨也，不得已也，未知謂己不得乎？謂他人不得已乎？』以吾觀之，則暨使他人不得已是也。暨之意，彄也、親也，故曰『暨暨』。以暨之故，人不得已從之，此可知矣。」廬陵李氏曰：「暨字之義，如《公》、《榖》說則是辰爲仲佗、石彄所脅；於《公》、《榖》說，則與暨齊平字義稍合，然又以《左氏》事迹考之，則辰、胡、劉之說得之，但於暨字字義不通；如杜氏、胡氏、劉氏說，則是仲佗、石彄爲辰所脅，以事迹相左；獨謝氏曰，仲佗、石彄首惡搆亂，公子辰不能拒絕而從之，故書暨。辰緣母弟之寵，權勢隆盛，以至二卿挾之以亂。暨者，彼爲之首而我與之。及者，我爲之主而彼從我入。出奔書暨者，以逆首歸仲佗、石彄而罪之也；入蕭書及者，以逆首歸宋公之弟辰而罪之也。似主《公》、《榖》，疑得經意。」

壬寅 敬王三十一年。十有一年 晉定十三。齊景四十九。衛靈三十六。蔡昭二十。鄭聲二。曹陽三。陳

閔三。杞僖七。宋景十八。秦惠二。楚昭十七。吳闔廬十六。

春，宋公之弟辰及仲佗、石彄、公子地自陳入于蕭以叛。《穀梁傳》：「宋公之弟辰，未失其弟也。及仲佗、石彄、公子地，以尊及卑也。自陳，陳有奉焉耳。入于蕭以叛。入者，內弗受也。以者，不以也。叛，直叛也。」○劉氏曰：《穀梁》云：『辰未失其弟也。』非也。公子不去國，而辰棄親出奔，挾黨爲亂，以謂未失其弟，何妄甚也？』

秋，宋樂大心自曹入于蕭。《左傳》：「宋公母弟辰暨仲佗、石彄、公子地入于蕭以叛。秋，樂大心從之，大爲宋患，寵向魋故也。」杜氏曰：「蕭，宋邑。」

出奔陳則稱暨，入于蕭以叛則稱及。及非不得已之詞，得已而不已者也。夫事君者，可貧可賤可殺，而不可使爲亂。今不得已而輕於去國，猶之可也。得已不已而果於叛君，則無首從之別，其罪一施之，故不稱暨而稱及。劉氏曰：「暨非欲之也，有不得已焉。不得已，非貧可賤可殺，而不已者乎？其出也謂之暨，其入也謂之及，及非不得已之言也，得已而不已也。事君者，可貧可賤可殺，而不可使爲亂。君親無將，將而誅焉，況據邑以伐其君者乎？其罪一施之。」何氏曰：「辰言及者，後汲汲當坐重。」

四卿在蕭以叛，而大心自曹從之，其叛可知矣，故不書叛而曰入于蕭。杜氏曰：「入蕭，從叛人叛可知，故不書叛。」范氏曰：「自陳，陳以力助。」廬陵李氏曰：「此條及字，《公羊》註鄰國以入叛，陳與曹之罪亦著矣。」入，逆詞也。書自陳、自曹者，結得之。胡氏說本劉氏，詳其意，蓋以前暨字，爲辰不得已而脅二卿以出；後及字，爲辰得已不已而脅二卿

以叛也。然語意不明，終若上暨字屬仲佗、石彄，下及字屬宋辰爲可疑耳。」

冬，及鄭平。叔還如鄭涖盟。還音旋。涖，《公》《穀》作「莅」。《左傳》：「始叛晉也。」杜氏曰：「平六年侵鄭取匡之怨。魯自僖公以來，世服於晉，至今始叛。」家氏曰：「自文公之霸，魯常事晉，中間雖即楚、即齊，而不敢顯然與晉絕，去年及齊平，今又及鄭平，既背晉，不得不樹黨以自固焉耳。」臨川吳氏曰：「及鄭平者，我欲之，故鄭卿不來盟，而我卿往涖盟也。」陳氏曰：「書輸平以志諸侯之合，書及鄭平以志諸侯之散，此《春秋》之所以始終也。」襄陵許氏曰：「夫晉之爲晉自若也。定亦未有他惡，而諸侯離心者，政在多門，貨賄讒慝汨昏其間，極於執樂祁犂也。」廬陵李氏曰：「晉伯至此，諸侯皆叛矣。然魯叛晉，本始於平齊之時，不於平齊言叛晉者，蓋《春秋》之間魯於齊、晉本兩事之也。此條當與鄭輸平同看。」

癸卯 敬王二十二年。十有二年晉定十四。齊景五十。宋景十九。秦惠三。楚昭十八。吳闔廬十七。衛靈三十七。蔡昭二十一。鄭聲三。曹陽四。陳閔四。杞僖八。

子比嗣。」夏，葬薛襄公。高氏曰：「《春秋》書薛卒者三，葬者不日不月，史文略也。」○叔孫州仇帥師墮郈。墮，許規反，後同。《穀梁傳》：「墮，猶取也。」高郵孫氏曰：「墮，毀也。是時三桓之邑，皆爲城以自固，故其家臣因之以叛，於是墮毀之。」家氏曰：「此及十三年再書衛彄伐曹者，著中國之無盟主也。」○季孫斯、仲孫何忌帥師墮費。費音祕，下同。《左傳》：「仲由爲季氏宰，將墮三都。於是叔孫氏墮郈。季氏將墮費，

曹，克郊。還，滑羅殿。未出，不退於列。其御曰：『殿而在列，其爲無勇乎？』羅曰：『與其素厲，寧爲無勇。』」杜氏曰：「彄，孟縶子。」

子比嗣。」夏，衛公孟彄帥師伐曹。彄，苦侯反。《左傳》：「夏，衛公孟彄伐

公山不狃、叔孫輒帥費人以襲魯。公與三子入于季氏之宮，登武子之臺。費人攻之，弗克，入及公側。仲尼命申句須、樂頎下伐之，費人北，國人追之，敗諸姑蔑。二子奔齊。遂墮費。」《公羊傳》：「曷爲帥師墮郈？帥師墮費？」孔子行乎季孫，三月不違，曰：『家不藏甲，邑無百雉之城，復古制，強國勢也。』於是帥師墮郈，帥師墮費。雉者何？五板而堵，五堵而雉，百雉而城。」何氏曰：「書者，善定公任大聖，復古制，強國勢也。」又曰：「八尺曰板，百雉凡二萬尺，周十里三十三步二尺，公侯之制也。」

按《左氏》：「仲由爲季氏宰，將墮三都。於是叔孫氏墮郈。季氏將墮費，公山不狃、叔孫輒帥費人襲魯。公與三子入季氏之宮，登武子之臺。費人攻之，入及公側。仲尼命申句須、樂頎音祈。下伐之，二子奔齊。遂墮費。」《禮》曰：「制國不過千乘，都城不過百雉，家富不過百乘。」以此坊民，坊與防同。諸侯猶有叛者。」故家不藏甲，邑無百雉之城，禮所當謹也。郈、費、成者，三家之邑。政在大夫，三卿越禮各固其城，公室欲張而不得也。三桓既微，陪臣擅命，憑倚其城，數有叛者，三家亦不能制也。屢圍而不克，帥師而後墮，成強而不服，公圍而不克，有天下而不謹於禮，末流之患可勝言哉！常山劉氏曰：「三家不能制，至仲尼，遂墮三都。何氏曰：「郈、費，叔季所食邑。」二大夫宰吏數叛，患之，以問孔子，孔子曰：『陪臣執國命，采長數叛者，坐邑有城池之固，家有甲兵之藏故也。』季氏説其言而墮之。」是謂以禮爲國，可以爲之兆也。推而行諸魯國而準，則地方五百里，凡侵小而得者，必有興滅國、繼絶世之

義。諸侯、大夫各謹於禮，不以所惡於上者使其下，亦不以所惡於下者事其上，上下交相順而王政行矣，故曰：「苟有用我者，期月而可，三年有成。」朱子曰：「墮邑之事，孔子因其機而為之。若漸漸將除得去，其勢亦自削弱，可復正也。後來被公斂處父一說破了，桓子便不信也。」又曰：「他合下只說得季桓子透，桓子事信之，所以做得。」

王氏曰：「墮郈以一卿，墮費以二卿者，費強於郈故也。」陳氏曰：「書叔孫墮郈，季孫墮費，以是為二家之願也。三家專魯，出藏甲，出昭公矣。於是願墮其都，則以孔子之相魯也。謂《春秋》之大夫不足用為善者，是不即人心之論也。」蘇氏曰：「此孔子之所以聖也。孔子以羈旅之臣得政期月，而能以治世之禮律衰世之臣，墮名都，出藏甲，而三桓不疑其害己，此有不言而信、不怒而威者矣。夫孔子之聖，見於行事，至此為無疑也。」張氏曰：「毀其所恃以為固者，所以制陪臣，抑私家，而復強幹弱枝之勢也。仲由之舉此議，蓋因南蒯、侯犯之叛，而為三家忠謀，使強臣不敢恃強以叛君，陪臣不能負固以跋扈，而上下皆順。然南蒯、侯犯皆以叛為季孫、叔孫之害，故費、郈皆墮，獨公斂處父方恃強以敗陽虎，而孟孫用之，故成獨不服，定公圍之而卒弗克也。聖人雖用於魯，而季孫受女樂而違孔子，孟孫惑於偽不知之說，陰與公斂處父比，成既方命，而聖人去魯豈非天哉！」永嘉呂氏曰：「三家之城其邑者，將以自利也。而家臣據邑以叛，亦豈三家之利哉！聖人去魯豈非天哉！」永嘉呂氏曰：「南蒯叛，侯犯叛，公山不狃叛，叛者相踵，豈惟魯國惡之，三家亦惡之矣。孔子順天理而言之，而適有動乎三家之心，故其墮郈、墮費者，三家之自墮也。成邑不墮而至於圍，則孟氏之不欲墮爾。夫三家聞夫子之言而墮其邑者，是其天理之萌也；孟氏聞處父之言而不肯墮者，是其人欲之蔽也。天理

之萌，不足以勝其人欲之蔽，然後不肯墮也。使聖人得志以行乎魯國，則將有不待兵革而自墮者，如魯之不終用孔子。何，胡氏以爲圍成之後，然後孔子攝相事，理或然也。」廬陵李氏曰：「《公羊》於『齊歸田』之下曰：『孔子行乎季孫，三月不違。』於『墮都』之下又云然。疏曰：『不違有二。』按《家語》：定十年孔子自邑宰爲司空，十一年又從司空爲司寇，然則爲司空之時，能別五土之宜，咸得其所，是以三月不違，齊人遂懼，來歸四邑矣；及作司寇之時，攝行相事，國無姦民，七日誅少正卯，爲季孫所重，是以三月不違，於是有墮郈之事。」朱子曰：「史傳所載亦多可疑，如魯國司徒、司馬、司空之官，乃是三家世爲之，不知聖人如何做得？」考之於傳，如臧武仲爲司寇，公鉏出爲公馬正，想元別設官，無其人則三家兼之也。」又曰：「孔子於季桓子，見行可之仕。」孔子仕於定公而言桓子，何也？朱子曰：「孔子之相，皆由桓子，及桓子受女樂，孔子便行矣。然孔子亦因其機而爲之，季氏是時自不奈何？故假孔子之力以去之。」又呂氏曰：「聖人爲政，所謂立之斯立，綏之斯來，動之斯和。聖人作而萬物覩，同此心者孰不懷？同此氣者孰不感？」仲由以勇銳兼人之資，感於氣最先者，首爲墮都之議。夫叔、季二人亦非仲由所能令，蓋聖人在上，自有感動，仲由特發之耳。」汪氏曰：「《史記》、《家語》云：『孔子言於定公，而使季氏宰仲由墮三都。』《公羊》云：『孔子行乎季孫，告季孫而墮二邑。』《左氏》又云：『仲由爲季氏宰，將墮三都。叔孫自墮郈。季氏將墮費，費人襲魯。仲尼命伐之，遂墮費。』竊疑是時定公

❶「行」，原作「有」，今據四庫本及阮刻本《春秋公羊傳注疏》改。

失政，豈能命大夫墮邑，蓋孔子以禮制感化季孫，且使子路爲之宰而後墮之耳。所紀雖不同，而以爲聖人過化之功則一而已。或謂叔、季自墮其私邑，於聖人無與，然昭十三年南蒯以費叛，前此十年侯犯以郈叛，曷不以此時墮之而必待聖人之用於魯而後墮之邪？」

秋，大雩。○冬，十月癸亥，公會齊侯盟于黃。齊，《公》作「晉」。杜氏曰：「結叛晉也。」張氏曰：「黃，齊地，《公羊》作『晉侯』，誤。」汪氏曰：「隱六年盟于艾，齊、魯爲盟之始也。繼而有瓦屋之參盟，于幽之同盟，而齊霸遂成。此盟于黃，齊、魯爲盟之終也。固叛晉之交，而晉不復能霸矣。」○十有一月丙寅朔，日有食之。○公至自黃。○十有二月，公圍成。公至自圍成。《左傳》：「將墮成，公斂處父謂孟孫」：『墮成，齊人必至于北門。且成，孟氏之保障也。無成，是無孟氏也。子僞不知，我將不墮。』」冬十二月，公圍成，弗克。」《穀梁傳》：「非國言圍。圍成，大公也，何以致？危之也。何危爾？邊乎齊也。」

按《左氏》：「將墮成，公斂處父謂孟孫曰：『墮成，齊人必至於北門。且成，孟氏之保障。無成，是無孟氏也。子僞不知，我將不墮。』」書公圍成，彊也。高氏曰：「天子令行乎天下，諸侯令行乎一國，故天子未嘗有伐諸侯者，諸侯亦未嘗有伐其國之邑者，以其令之則從也。天下無王而諸侯擅命，故有王伐鄭之事；陪臣擅國而權在私家，故有公圍成之事，叔、季既墮郈、費矣。將墮成，而孟氏之臣不服，公親圍之。經書三子墮郈、費而獨書公圍成，著公之弱不能墮成也。」其致，危之也。何氏曰：「諸侯不親征叛邑，公親圍成不能服，不能以一國爲家，甚危。若從他國來，故危錄之。」襄陵許氏

曰：「竟内不致，致圍成者，魯與之如列國矣。」杜氏曰：「國内而書至者，成彊若列國，興動大衆，故出入皆告于廟也。」仲由爲季氏宰，孔子爲魯司寇，而不能墮成，何也？按：是冬公圍成不克，越明年孔子由大司寇攝相事，然後誅少正卯，與聞國政。三月，而商賈信於市，男女行者別於途。及齊人饋女樂，孔子遂行。《史記·孔子世家》：「定公十三年十二月，公圍成，不克。十四年，孔子由大司寇行攝相事，於是誅魯大夫亂政者少正卯，與聞國政。三月，粥羔豚弗飾賈，男女行者別於塗，道不拾遺。齊人聞而懼，於是選女子好者八十人，皆衣文衣，舞康樂，以遺魯君。魯君怠於政，孔子遂行。」然則圍成之時，仲尼雖用事，未能專得魯國之政也。而辯言亂政如少正卯等，必肆疑沮於其間矣。成雖未墮，無與爲比，毗志反。亦不能爲患。陳氏曰：「成，孟孫之邑。雖其不從，不能爲患。」使聖人得志行乎魯國以及期月，則不待兵革而自墮矣。蘇氏曰：「成，孟孫之邑。雖其不從，不能爲患。」公行不越竟、不書至。至圍成，危之也。初作三軍也，三分公室而各有其一，季氏盡征之，叔孫氏臣其子弟，孟氏取其半焉。三家之彊，孟氏爲猶有君也，莫難於墮郈、費，成墮易耳。而公自將圍成，弗克，是不足與有爲也。可堂吳氏曰：「叔孫、武孫，毀聖人者也。」孟懿子學於聖人者人歸女樂，三日不朝，故孔子以微罪行也。」夫子用於魯，而叔孫首墮郈，孟氏乃不肯墮成，能行於其所難者未爲喜，而不得行於其所易者爲可惜耳。」五峰胡氏曰：「孔子爲魯司寇墮三都，及成不墮，三家之慮變矣，故經文不言二家也。

「二」，四庫本作「三」。

直書公。」江陰陸氏曰：「聖人之化既行，成雖未墮，於魯何有？遲之期年，公斂陽情見勢屈，墮之易爾。定公何乃狙於速克？躬駕以攻之，輕於一出，無功而返。此一役也，吾知其未訪於仲尼，抑季路亦未必在此行也。」廬陵李氏曰：「按《朱子語錄》：『三家孟氏最弱，季叔爲強。❶ 強者墮之，而弱者反不可墮者，強者不覺，而弱者覺之故也。』或問墮三都事，費、郈已墮而成不可墮，是不用夫子至於此否？曰：『既不用，卻何故圍成？』當時夫子行乎季孫，三月不違，則費、郈之墮出於不意。及公斂處父不肯墮成，次第喚醒了叔、季二家，便做這事不成。又齊人以女樂歸之遂行。不然，當別有處置也。今按如《公》、《穀》說，則圍成非孔子意，故叔、季自欲墮之。公斂在成，方有功於孟氏，則孟氏之不肯墮宜矣。夫負弗服，雖舜、禹、文王有所不免，如三苗逆命，有崇弗降，始皆伐之。但仲尼不終用於魯，故聖人之化不遂行，而公室之威徒襲耳。至胡氏所引《史記》，明年孔子由大司寇攝相事。至十四年然後行，則恐未必然。故胡氏宏曰：『夫聖人所以大過人者無他焉，如天之生物，隨其分限，爲委吏則必會計當，爲乘田則必畜養蕃。爲宰而親民，則制爲養生送死之節，爲司空而正封域，則溝合昭公之墓；爲司寇而治姦亂，則誅少正卯而墮三都。及成不墮，三家慮變矣。』故經文不言三家直書曰『公』，聖人色斯舉矣，安有明年由大司寇攝相之事？所以必知其無者。考按經文，明年無更敗

❶「爲」，四庫本作「最」。

起廢之事，而築囿大蒐，絕與墮都之意不侔故也。此説似得其實，故《魯世家》亦以攝相、誅少正卯、與聞國政、歸女樂、孔子行等，皆爲十二年事也。」高氏曰：「《春秋》書公行凡一百七十六，而書至者八十有二，皆危之也。隱公當春秋之始，天下之亂未甚，故雖有會盟侵伐，未嘗致也。至桓二年及戎盟于唐，十有六年會諸侯伐鄭，始於此致焉。蓋桓公弑君自立，敢外交夷狄，又助篡伐鄭，踰年始還，故危之也。莊、僖之盟會最數而無致者，時齊桓外攘夷狄，内安諸夏，屢合諸侯，不以兵車，故魯君之出無他虞也。唯牡丘之盟過三時，淮之會踰年，故致爾。成、襄之間，齊、楚争伯，諸侯日尋干戈，故盟會侵伐鮮不至焉。及會于蕭魚之後，楚雖稍息，然中國皆大夫專政，魯亦有三桓之患。至有敢逐其君而自廢置者，故終春秋之世，公出罕有不致者。此雖伐邑亦致焉，可謂危亂之世矣。」○汪氏曰：「《穀梁》云：『圍成，大公也。』夫屈千乘之尊，而親圍國中之一邑，可謂危之甚矣。其危之者，定公沮辱於陪臣，以得返爲幸耳。」

黃、齊、魯交好，不足危也。乃反以爲大之乎？又云：『何危爾？邊乎齊也。』是時會夾谷，盟

<u>甲辰</u>敬王二十三年。**十有三年**晉定十五。齊景五十一。衛靈三十八。蔡昭二十二。鄭聲四。曹陽五。陳閔五。杞僖九。宋景二十。秦惠四。楚昭十九。吳闔廬十八。**春，齊侯、衛侯次于垂葭。**《穀》無「衛侯」字。葭，《公》作「瑕」。《左傳》：「春，齊侯、衛侯次于垂葭，實郹氏。使師伐晉，將濟河。諸大夫皆曰：『不可。』邴意兹曰：『可。鋭師伐河内，傳必數日而後及絳。絳不三月，不能出河，則我既濟水矣。』乃伐河内。齊侯欲與衛侯乘，與之宴，而駕乘廣，載甲焉。使告曰：『晉師至矣。』齊侯曰：『比君之駕也，寡人請攝。』乃介而與之乘，驅之。或告曰：『無晉師。』乃止。」杜氏曰：「二

君將使師伐晉，次垂葭以爲援。垂葭一名鄖氏，高平鉅野縣西南有鄖亭。」高氏曰：「書次垂葭，與九年次五氏同。」○夏，築蛇淵囿。杜氏曰：「書不時也。」汪氏曰：「昭九年郎囿之築，雖當水星昏正農隙之時，且書于策以示戒。況盛夏耘耔，農事方殷而役民以興苑囿，不待貶絕而罪著矣。昔叔孫昭子曰：『無囿猶可，無民可乎？』于以見魯之無人益甚也。」襄陵許氏曰：「魯政不脩，而非時勤民築囿，奉己而已，志不及國也。夫圍成不克，歸而力此，何振之有？」高氏曰：「魯國之囿一而已。成築鹿囿，昭築郎囿，定築蛇淵囿，何囿之多也？」廬陵李氏曰：「此正與受女樂事相類。可以般樂乎？此決非孔子爲政時。」○大蒐于比蒲。比音毗。高氏曰：「囿所以養禽獸待敗獵也，築囿蛇淵。今乃蒐于比蒲，則囿何爲哉？魯既叛晉，而三桓日懼人之圖己，故數蒐焉。」○衛公孟彄帥師伐曹。高氏曰：「衛比伐曹，曹不叛晉故也。」《左傳》：「晉趙鞅謂邯鄲午曰：『歸我衛貢五百家，吾舍諸晉陽。』午許諾。歸告其父兄，父兄皆曰：『不可。衛是以爲邯鄲，而實諸晉陽，絕衛之道也。不如侵齊而謀之。』乃如之，而歸之于晉陽。趙孟怒，召午，而囚諸晉陽，使其從者說劍而入，涉賓不可。乃使告邯鄲人曰：『吾私有討於午也，二三子唯所欲立。』遂殺午。趙稷、涉賓以邯鄲叛。夏六月，上軍司馬籍秦圍邯鄲，邯鄲午，荀寅之甥也；荀寅，范吉射之姻也，而相與睦，故不與圍邯鄲，將作亂。董安于聞之，告趙孟曰：『先備諸？』趙孟不可。安于曰：『與其害於民，寧我獨死。請以我說。』趙孟曰：『晉國有命，始禍者死，爲後可也。』《穀梁傳》：「以者，不以者也。叛，直叛也。」汪氏曰：「晉陽，即太原別名。」秋七月，范氏、中行氏伐趙氏之宮，趙鞅奔晉陽，晉人圍之。

按《左氏》：「趙鞅謂邯鄲午曰：『歸我衛貢五百家，吾舍諸晉陽。』午許諾。歸告其父兄，皆不可。趙孟怒，遂殺午。圍邯鄲。午，荀寅之甥，荀寅，士吉射之姻也，而相與睦，遂伐趙氏，鞅奔晉陽，晉人圍之。」趙鞅之入，拒范中行也，而直書曰『叛』，何也？劉氏曰：「范氏、中行氏伐趙氏之宮，趙鞅奔晉陽，然則鞅之入，范中行逼之耳。經何以言叛？《春秋》原情定罪固如此。」人臣專土，與君為市，則是篡弒之階，堅冰之戒，豈無以有己之義乎？《孔子家語》：「無以有己為人子者，無以惡己為人臣者。」後世大臣有困於讒間，遷延居外，不敢釋兵，卒以憂死者，《唐書·李光弼傳》：「相州、北邙之敗，魚朝恩羞其策謬，深忌光弼切骨，而程元振尤疾之。二人用事，日謀有以中傷者。吐蕃寇京師，詔入援，光弼畏禍，遷延不敢行。其在徐州，擁兵不朝，憂恨成疾而卒。」亦未明人臣之義故爾，故直書入于晉陽以叛。入者，不順之辭。叛者，不赦之罪。高氏曰：「據土背君曰『叛』。鞅入晉陽，以拒范中行，而不知投鼠忌器之義，故聖人直名曰『叛』，以著其不由君命、專土興兵之罪。」陳氏曰：「鞅非始禍，曷為皆以叛書之？春秋之季，家有藏甲，都邑皆百雉之城矣。鞅必奔晉陽，寅、吉射必奔朝歌，則是皆叛也。」

冬，晉荀寅、士吉射入于朝歌以叛。「荀寅」下，《公》有「及」字。朝，如字。《左傳》：「范皋夷無寵於范吉射，而欲為亂於范氏。梁嬰父嬖於知文子，文子欲以為卿。韓簡子與中行文子相惡，魏襄子亦與范昭子相惡。故五子謀，將逐荀寅，而以梁嬰父代之；逐范吉射，而以范皋夷代之。荀躒言於晉侯曰：『君命大臣，

始禍者死，載書在河。今三臣始禍，而獨逐鞅，刑已不鈞矣。請皆逐之。」冬十一月，荀躒、韓不信、魏曼多奉公以伐范氏、中行氏，弗克。二子將伐公。齊高彊曰：『三折肱知爲良醫。唯伐君爲不可，民弗與也。我以伐君在此矣。三家未睦，可盡克也。克之，君將誰與？若先伐君，是使睦也。』弗聽。遂伐公。國人助公，二子敗，從而伐之。丁未，荀寅、士吉射奔朝歌。」杜氏曰：「朝歌屬汲郡。」汪氏曰：「朝歌，衛之舊都。衛徙楚丘，朝歌後屬晉。」

按《左氏》：「知文、韓簡、魏襄子與荀寅、范吉射相惡，將逐荀、范。言於晉侯曰：『君命大臣，始禍者死，載書在河。今三臣始禍，而獨逐鞅，刑不均矣。請皆逐之。』遂奉公以伐二子。二子敗，奔朝歌。」晉主夏盟威服天下，及大夫專政，賄賂公行，內外離析。示威平丘而齊叛，辭請召陵而蔡叛，盟于沙、鹹而鄭叛，次于五氏而衛叛，涖于鄭，會于夾谷，歃于黃而魯叛，諸侯叛于外，大夫叛於內，故奔于晉陽而趙鞅叛。以晉國之大，天下莫彊焉，邦分崩而不能守也。《春秋》於晉事，或略而不序，汪氏曰：「文九年『文十五、十七年盟會于扈，不序諸侯。襄十六年盟溴梁，不序大夫。」或賤而稱人，汪氏曰：「文九年救鄭，十四年納捷菑，十七年伐宋，宣元年伐鄭，二年伐鄭，十六年滅甲氏，成十六年執季孫，襄十六年執莒，邾子，十八年執石買，十九年執邾子，二十六年執甯喜，三十年會澶淵，昭十三年執意如，二十三年執叔孫，定元年執仲幾，六年執樂祁，哀四年執戎蠻，皆貶稱人。」或書侵以陋之，汪氏曰：「定四

年書侵楚，八年書侵鄭、侵衛。」責亦備矣。至是三卿內叛，直書于策，見其效也。故臧哀伯曰：「國家之敗，由官邪也。官之失德，寵賂章也。」晉卿始禍，緣衛貢也；樂祁見執，獻楊楯也；蔡侯從吳，荀寅貨也；范鞅賂也，而晉室自是不復能主盟矣。故為國以義不以利，《春秋》之大法在焉。見諸行事，亦可謂深切著明矣。王氏曰：「鞅入晉陽，私邑也；昭公弗納，范鞅賂也，而晉室自是不復能主盟矣。故為國以義不以利，《春秋》之大法在焉。見諸行事，亦可謂深切著明矣。王氏曰：「鞅入晉陽，私邑也。據其私邑，則專祿以周旋矣。趙鞅貪憤專戮，其罪宜逐。寅、吉射入午之故，與兵首禍，則又為無君。故三臣之奔，《春秋》俱以叛書之。」家氏曰：「人臣不忌其君，未有不終於為亂者也。晉大夫不忌其君，為日久矣。衛孫林父逐君，晉大夫從而羽翼之。魯季孫意如逐君，晉大夫又從而羽翼之。羽翼他國之亂臣者，皆有欲為亂之心也。而其君冥然無所悟，一聽其所為，及是而三卿俱叛，夫豈一朝夕之故哉！」廬陵李氏曰：「晉六卿，二荀氏，荀寅，中行氏也，荀躒，知氏也。士氏，即范氏也。韓氏、魏氏、趙氏、荀、士二家自此亡，知氏春秋後亡，故止韓、趙、魏三家分晉。」

晉趙鞅歸于晉。 《左傳》：「韓、魏以趙氏為請。十二月辛未，趙鞅入于絳，盟于公宮。」《公羊傳》：「此叛也，其言歸何？以地正國也。其以地正國奈何？晉趙鞅取晉陽之甲，以逐荀寅與士吉射。荀寅與士吉射者曷為者也？君側之惡人也。此逐君側之惡人，曷為以叛言之？無君命也。」《穀梁傳》：「此叛也，其以歸言之，何也？貴其以地反也。貴其以地反，則是大利也？非大利也，許悔過也。許悔過，則何以言叛也？以地正國也。以地正國，則何以言叛？其人無君命也。」

按《左氏》：「荀、范奔朝歌，韓、魏以趙氏爲請。鞅入于絳，盟于公宫。」然則書歸者，易詞也。韓、魏爲之請，晉侯許之復，而寅與吉射去國出奔，則無有難之者，故其歸爲易矣。三子之叛，其罪一也。鞅以有援故得復，寅、吉射以無助故終叛，《春秋》書鞅歸于晉，非與之也，以罪晉侯縱失有罪、無政刑耳。叛逆，人臣之大惡，始禍晉國之無政刑矣，其能國乎？既不能致辟於鞅，奉行天討以警亂臣；又亢不衷，徇韓、魏之請而許之復，無政刑矣，其能國乎？

陳氏曰：「欒盈、魚石猶書入，至鞅而後書歸。」永嘉吕氏曰：「亂臣以叛出，而其歸也無異於善復，以是爲晉國之載書。叛臣至於書歸，則佚賊不足録矣，此韓、趙、魏分晉之本也。」

日：「《春秋》先書鞅叛，繼書鞅歸，言已叛之人，非所得歸而歸也，非謂鞅無罪而歸於晉也。」家氏曰：「鞅取晉陽之甲以逐君側之惡人，則其説誤矣。以地正國而可，是人主可得而脅，人臣擅興無罪，以兵諫者，真愛其君也。使後世賊臣稱兵向闕，以誅君側爲名，而實欲脅君取國者，《後漢書·董卓傳》：『卓將兵詣京師，上書曰：「中常侍張讓等竊佞承寵，濁亂四海。臣聞昔趙鞅興晉陽之甲，以逐君側之惡。今臣輒鳴鍾鼓如雒陽，請收讓等❶以清姦穢。」』則此説啓之也，大失《春秋》之意矣。汪氏曰：「《春秋》書趙盾弑君，而又書趙盾侵陳；書趙鞅叛，而

❶「請收」，四庫本作「請取」。

又書趙鞅歸，皆所以責晉君之不討罪也。朱子於《通鑑綱目》書漢梁冀弑帝，帝即位，益封鞅叛與歸萬三千戶，唐李輔國殺皇后，以李輔國爲司空兼中書令，皆以譏天子之無政刑。此得《春秋》書鞅叛與歸之意矣。」○趙氏曰：「《公羊》云『以地正國』，據《禮》：『臣無專土藏兵之義。』今乃欲以私邑之彊，而正國朝，是末大而本小也。又云晉陽之甲以逐君側惡人，無君命，故書叛。若無君命，則是君與范、中行同心也。君與之同心，而輒興兵伐之，是逆亂也。但以君宥而召之，故書歸。《穀梁》云『貴其以地反也』，豈有身歸而地不歸乎？此至鄙近矣。先儒以歸爲善辭，遂謂鞅有叛迹而無叛心。故許之歸。」高氏曰：「二子既出，晉侯自謂趙鞅保其邑以違荀、范之難，實非叛是不然，脱使鞅初入晉陽，本拒荀、范而非有叛君之心。然人臣無君命，輒據土興兵，此豈可赦乎？況衛孫林父亦書歸，何善之有？」盧陵李氏曰：「按以地正國之説出《公》、《穀》，大傷教，故不敢取，胡氏已辨之矣。要之此條歸字之義，陳氏説得好，而胡氏亦曰使趙鞅以無罪歸國，晉之國法不行於叛逆之人矣。前書叛，後書歸，罪其赦逆臣也。説亦好，當與曹伯歸自京師書法同看。」又曰：「書大夫歸者九，餘皆書自，惟趙鞅不言自。季子書來，元咺書復，特筆也。」

薛弑其君比。比，如字。汪氏曰：「比弑，惠公夷立。」

稱國以弑者，當國大臣之罪也。孫復以爲舉國之衆皆可誅，非矣。三晉有國半天下，若皆可誅，刀鋸不亦濫乎？潁川常秩曰：汪氏曰：「秩，字夷甫，宋嘉祐、熙寧間人。」「孫復之於《春秋》，動輒有罪，蓋商鞅之法耳。棄灰於道者有誅，步過六尺者有罰，《説苑》《新序》：

「孫卿曰:『衛輒內刻刀鋸之刑,外深鈇鉞之誅,步過六尺者有罰,棄灰於道者被刑。』其不即人心遠矣。」王回以是尚秩,此善議復者。家氏曰:「泰山孫氏言舉國之人皆可誅,此求經之過也。儒者辦理未詳,立論失中,將如秦、漢之用法。一人爲非,流毒一州一道者,非獨法家之罪,亦學者用意刻深,有以濟其爲惡,不可不謹也。」〇盧陵李氏曰:「《春秋》稱國以弒者四:莒弒庶其,晉弒州蒲,吳弒僚,薛弒比也。啖子曰:『稱國以弒,自大臣也。』胡氏本此。」

附錄《左傳》:「初,衛公叔文子朝,而請享靈公。退,見史鰌而告之。史鰌曰:『子必禍矣!子富而君貪,罪其及子乎!』文子曰:『然吾不先告子,是吾罪也。君既許我矣,其若之何!』史鰌曰:『無害。子臣,可以免。富而能臣,必免於難。上下同之。戌也驕,其亡乎!富而不驕者鮮,吾唯子之見。驕而不亡者,未之有也。戌必與焉。』及文子卒,衛侯始惡於公叔戌,以其富也。公叔戌又將去夫人之黨,夫人愬之曰:『戌將爲亂。』」

乙巳 敬王二十四年。**十有四年** 晉定十六。齊景五十二。衛靈三十九。蔡昭二十三。鄭聲五。曹陽六。陳閔六。杞僖十。宋景二十一。秦惠五。楚昭二十。吳闔廬十九,卒。

春,衛公叔戌來奔。 戌,式樹反。衛趙陽,《公》《穀》作「晉趙陽」。《左傳》:「春,衛侯逐公叔戌與其黨,故趙陽奔宋,戌來奔。」

衛趙陽出奔宋。

公叔戌將去南子之黨,夫人愬曰:「戌將爲亂。」故公叔來奔。趙陽、北宮結,皆戌黨也,故亦出奔。而靈公無道,不能正家,以喪其大臣之罪著矣。戌又以富見惡於衛侯。夫富者,

怨之府也。使戍積而能散，以財發身，不爲貪人之所怨，於以保其爵位，倘庶幾乎？家氏曰：「衛靈不君，南子不婦，比而爲惡，亦既稔矣。公叔戍以宗國之老起而正之，乃戍之所得爲，而非戍之所能爲也。人臣欲正其君者，必先自正其身，其身既正，而後可以格君心之非，而措之於善。今戍也怙富而驕，素無國中之譽，乃欲以正君自任，事不克而速禍，宜也。《春秋》書三大夫之奔，所以著衛亂之所從始。」

附錄 《左傳》：「梁嬰父惡董安于，謂知文子曰：『不殺安于，使終爲政於趙氏，趙氏必得晉國。盍以其先發難也，討於趙氏？』文子使告於趙孟曰：『范、中行氏雖信爲亂，安于則發之，是安于與謀亂也。晉國有命，始禍者死。二子既伏其罪矣，敢以告。』趙孟患之。安于曰：『我死而晉國寧，趙氏定，將焉用生？人誰不死，吾死莫矣。』乃縊而死。趙孟尸諸市，而告於知氏曰：『主命戮罪人安于，❶既伏其罪矣，敢以告。』知伯從趙孟盟，而後趙氏定，祀安于于廟。」

二月，《公》作「三月」。辛巳，楚公子結、陳公孫佗人帥師滅頓，以頓子牂歸。孫，《公》作「子」。佗，徒河反。牂，子郎反。《公》作「牄」，七良反。《左傳》：「頓子牂欲事晉，背楚而絕陳好。二月，楚滅頓。」何氏曰：「不別以歸何國者，明楚、陳以滅人爲重，頓子以不死位爲重。」高氏曰：「陳佗人專兵以助夷狄，滅諸侯之國，又執其國君歸，縱或歸于楚，其罪等耳。」家氏曰：「楚爲中國患百有餘年，至是始戢，諸侯無從楚者，而陳之從之不替，頓本楚之與國，嘗與夏盟召陵之會，頓子在焉，去夷而即華，正也。陳以盛德之後，當夷楚

❶ 「主」，原作「在」，今據四庫本及阮刻本《春秋左傳正義》改。

既衰，猶比而從之滅國，是亦夷而已矣。《春秋》書楚結陳佗人連兵滅頓，誅楚而罪陳也。」薛氏曰：「陳不思輔車之勢，助彊大而滅鄰國，不思將自斃也，危哉！」啖氏曰：「凡書滅，又書以歸及名者，罪重於奔者也。既責其不死位，又責其無興復之志也。」○夏，衛北宮結來奔。《左傳》：「公叔戍之故也。」高氏曰：「衛靈沈耳于閨，以奔其世臣，又及其所與，是以其國聽之也。」○五月，於越敗吳于檇李。吳子光卒。檇音醉，《公》作「醉」。《左傳》：「吳伐越，越子句踐禦之，陳于檇李。句踐患吳之整也，使死士再禽焉，不動。使罪人三行，屬劍於頸，而辭曰：『二君有治，臣奸旗鼓，不敏於君之行前，不敢逃刑，敢歸死。』遂自剄也。師屬之目，越子因而伐之，大敗之。靈姑浮以戈擊闔廬，闔廬傷將指，取其屨。還，卒於陘，去檇李七里。夫差使人立於庭，苟出入，必謂己曰：『夫差，而忘越王之殺而父乎？』則對曰：『唯。不敢忘！』三年，乃報越。」杜氏曰：「吳郡嘉興縣南醉李城。」

按《左氏》：「吳伐越，句踐禦之，患其整也。使罪人三行，屬劍于頸。吳師屬目，因伐之，闔閭傷而卒。」書敗者，詐戰也。定公五年於越入吳，至是敗吳于檇李。會黃池之歲越又入吳，悉書于史，以其告也。哀之元年，吳子敗越，棲句踐於會稽之上，豈獨不告，而史策不書，疑仲尼削之也。吳子光卒，夫差使人立於庭，苟出入，必謂己曰：「而忘越王之殺而父乎？」則對曰：「唯。不敢忘！」三年，乃報越。然則夫椒之戰，復父讎也，非報怨也。

❶「其」下，阮刻本《春秋左傳正義》有「一」字。

《春秋》削而不書,以為常事也,其旨微矣。襄陵許氏曰:「書檇李之敗,用見光玩兵滅身以殘民伐國之戒。」家氏曰:「書於越,卑之也。吳雖用夷禮,而太伯之後,且有攘楚之功,《春秋》於柏舉之戰,固嘗褒之矣。越乃襲吳而入之,吳不能竟攘楚之功者,越議其後也。至入吳而書於越,賤其援楚也。」或曰:柏舉之戰,吳固爵也。今其敗而以國書,何歟?曰:勝而驕,驕而敗,敗而遂亡。是故夷之耳。」

公會齊侯、衛侯于牽。牽,《公》作「堅」,又作「擎」。齊、魯為會止此。《左傳》:「晉人圍朝歌,公會齊侯、衛侯于脾、上梁之間,謀救范、中行氏。析成鮒、小王桃甲率狄師以襲晉,戰于絳中,不克而還。士鮒奔周,小王桃甲入于朝歌。」杜氏曰:「魏郡黎陽縣東北有牽城。」廬陵李氏曰:「謝氏云:『是時衛有公叔戍之難,牽之會,著齊不能定衛難也。』」公至自會。張氏曰:「齊景公欲求霸,誅晉之亂臣以正其國,可也。當是時,孔子已去魯,故會齊、衛,合謀救范、中行氏,三國之君同為會而助不衷,故致公以危之也。」○秋,齊侯、宋公會于洮。洮,《公》作「垗」。杜氏曰:「洮,曹地。」襄陵許氏曰:「齊、宋、魯、衛崇獎亂逆,謀動干戈,大義亡矣。」家氏曰:「自齊景圖伯、衛、鄭、魯既與之同盟,宋猶未忍絕晉,至是始及齊為此會,蓋始從於齊也。傳謂牽、洮二會,皆謀救范、中行,若爾,四國相率而預於亂也。今齊欲復祖業,而率三國之君往助叛人。彼三國之君,冥然與之俱,之霸,明分義以示天下,此風頓革。世道至是一變,春秋降為戰國,景公亦有責焉。聯書二會,皆貶也。」廬陵李氏而不知黨叛輔逆之為不可。曰:『謝氏云:「是時宋有公子辰之難,洮之會著齊不能靖宋難也。」蓋時宋、衛方多事,而宋辰之患為尤,豈能舍其國而謀救范氏哉?』○天王使石尚來歸脤。脤,市軫反。周、魯之交止此,書天王止此。《公羊》

傳》：「石尚者何？天子之士也。脤者何？俎實也。腥曰脤，熟曰膰。」《穀梁傳》：「脤者，何也？俎實也。祭肉也。生曰脤，熟曰膰。其辭石尚，士也。何以知其士也？天子之大夫不名，石尚欲書《春秋》諫曰：『久矣！周之不行禮於魯也。請行脤。』貴復正也。」杜氏曰：「石尚，天子之士。石，氏，尚，名。脤，祭社之肉，盛以脤器，❶以賜同姓諸侯。親兄弟之國，與之共福。」茅堂胡氏曰：「祭肉曰脤，諸侯朝天子，助祭於宗廟，然後受俎實。時魯不助祭而歸脤，非禮也。」劉氏曰：「受脤，禮也。歸脤，非禮也。」高氏曰：「周自王季子來聘之後，王命不復加於諸侯矣。今敬王有事於社，魯未嘗有敵愾之功，而天王特使石尚忽爲此舉，雖天子損禮之甚，而聖人於周眷眷如此，蓋曰：『天子之在，惟祭與號而已。』」汪氏曰：「成肅公受脤于社，是助祭而受俎實也。襄王使宰孔賜齊侯胙，是齊桓有獎王之功而加以殊禮也。今定公受國意如，即位十有四年，既不朝王，又不遣使往聘，而千里賜宜社之肉，非緣助祭於京師，曾是以爲禮乎？春秋之初，宰咺歸賵於仲子，寵妾媵而瀆三綱。春秋之終，石尚歸脤於定公，輕宗社而褻五禮。蓋夫婦爲三綱，本，祭祀爲五禮之首，故書以示貶焉。然歸賵爲禮之變，故書以冢宰而稱名；歸脤乃禮之常，故石尚以天子之士而書名氏，直書而義自見也。苟以石尚爲貶，則劉夏以官師而書名氏，蓋非貶矣。」盧陵李氏曰：「王使自宣十年王季子之後，至此始見，蓋晉伯已衰，中國無統，而孔子相魯之餘，魯勢稍振，故王室借此以親望國，亦一王伯消長之幾會也。奈何孔子以爲膰肉不至而行，則魯之禮又蕩盡，歸脤之意，何足以感諷魯哉？故以常禮言

❶ 「脤」，原作「蜄」，今據四庫本改。

之。古者諸侯入朝，朝則各以其職來祭，故天子祭宗廟，有與諸侯共福之禮，與之同其事，必與之同其樂也。周衰，諸侯職貢不脩，祀事不相久矣。廟中之賜，諸侯何與於此哉？敬王乃以脤肉親魯而歸，失禮之大者也。以時事言之，則典禮廢壞之餘猶能舉而行之，諸侯苟知尊事，是王室可以有爲之秋，惜乎魯之不能奉順此意也。《春秋》書此，亦有感矣。」又曰：「《周禮·行人》：『歸脤以交諸侯之福。』謝氏曰：「《穀梁》云：『王受神福，賴諸侯所致，則神福宜與諸侯共之。』故天子分俎實不曰賜而謂之歸。」○劉氏曰：「石尚欲書《春秋》，請行脤於魯。」不知石尚欲書孔子之《春秋》乎？魯國之《春秋》乎？若孔子之《春秋》，是時未作，石尚安得書？如魯國之《春秋》，王人至則書之，何足爲榮耶？」○衛世子蒯聵出奔宋。蒯，苦怪反。

《左傳》：「衛侯爲夫人南子召宋朝。會于洮，太子蒯聵獻盂于齊，過宋野。野人歌之曰：『既定爾婁豬，盍歸吾艾豭？』太子羞之，謂戲陽速曰：『從我而朝少君，少君見我，我顧，乃殺之。』速曰：『諾。』乃朝夫人。夫人見太子，太子三顧，速不進。夫人見其色，啼而走，曰：『蒯聵將殺余。』公執其手以登臺。太子奔宋，盡逐其黨。故公孟彄出奔鄭，自鄭奔齊。太子告人曰：『戲陽速禍余。』戲陽速告人曰：『太子則禍余。太子無道，使余殺其母。余不許，將戕於余；若殺夫人，將以余說。余是故許而弗爲，以紓余死。諺曰「民保於信」，吾以信義也。』」

世子，國本也。以寵南子，故不能保世子而使之去國；以欲殺南子，故不能安其身至於出奔，是輕宗廟社稷之所付託而恣行矣。《春秋》兩著其罪，故特書世子，其義不繫於與蒯聵之世其國也。而靈公無道，不能正家以危其國本，至使父子相殘，毀滅天理之所由著

矣。徐氏曰：「父子天倫，無相去之義。今太子以小小無道，衛侯惡而逐之，又無殺己之意，太子懟而去之，一則譏衛侯之無恩，一則甚太子之不孝。」胡氏曰：「書衛世子奔宋，則以罪輒公也；書趙鞅納衛世子蒯聵于戚，則以罪蒯聵也；書齊夏、衛石曼姑帥師圍戚，則以罪輒也。」○張氏曰：「臨江劉氏曰：『《左傳》敘蒯聵事，曰蒯聵欲殺夫人。予謂蒯聵雖不善謀，安有此事哉？且殺夫人，蒯聵獨得全乎？彼所羞者，以夫人名惡也。如殺其母，為惡愈大，反不知可羞乎？蓋蒯聵聞野人之歌，其心慚焉，則謂夫人夫人惡其斥己之淫，則啼而走，言太子將殺予以誣之。靈公惑於南子，所言必聽從，故外則召宋朝，內則逐公叔戍、趙陽。』使真有其事者，宋南子家也。蒯聵負殺南子之名，又走入其家，敢乎哉？此其真也，不當如《左氏》所記。又蒯聵出，乃奔宋。《春秋》不去其世子者，宋南子之罪也。南子之惡亦已甚矣，其欲去世子之意亦已明矣，如哀姜亂魯、驪姬亂晉，若此比者不鮮矣。而靈公聽南子之譖，謂蒯聵欲弒其母，不能為辨明以致其出奔，豈非靈公之罪乎？自古讒婦之誣其子多矣。』考二劉之言，足以知《左氏》所記乃南子之譖，而非當時之實錄也。」汪氏曰：「二劉、張氏之說固善，然皆泥於書世子之義，故疑《左氏》之說。然楚商臣、蔡般弒君而書世子，豈亦與之乎？竊考蒯聵忘父之喪，而致他人使之絻；忘子之親，至迫以兵而必奪之位。其於人倫天理，泯滅幾盡，則其恥南子之淫行而欲殺之，固有是事。朱子《集註》於《論語》二章皆以蒯聵欲殺母，得罪於父，則

❶「逐」，原作「遂」，今據四庫本改。

《左傳》未可盡廢也。詳觀經文書趙鞅帥師納衛世子于戚，不曰「世子復歸」而書納，則蒯聵有罪明矣。何休乃云：「子雖見逐，無去父之義，舍其大而論其細。」盧陵李氏曰：「此條《公》《穀》亦無殺母之事，張氏取二劉之說，極得事情。謝氏亦曰：『驪姬害晉，南子害衛，其情一也。』然則申生、蒯聵之賢否雖異，而晉獻、衛靈之聽讒則同，故皆書世子。」

衛公孟彄出奔鄭。高氏曰：「比年志公孟帥師，此衛國用事之卿，靈公疑其爲蒯聵之黨而逐之。屢書大夫之奔，著靈公之無道也。」○宋公之弟辰自蕭來奔。高氏曰：「宋公不能容一弟，既使爲奔亡之臣，又使爲叛逆之臣，奔而入叛，叛而復奔，三書宋公之弟，皆以罪宋公也。」汪氏曰：「鄭莊公之弟段出奔共，則書鄭伯克段而不言弟，奔而入叛，所以責鄭莊志殺其弟，無親親之恩也。宋辰出奔屢書弟者，又以責宋景之寵嬖臣而乖兄弟之義也。其不曰宋公逐辰者，辰勢窮力屈而卒於奔亡，非宋公之能逐之也。」○大蒐于比蒲。比音毗。書蒐止此。何氏曰：「書大蒐，譏亟也。大蒐之禮，五年一爲。若數于此，則書而譏亟；若緩於此，則書而譏罕。」張氏曰：「蒐而邾子來會，則公親蒐矣。而不書公，以軍政不屬公而專於三家，所爲也。」高郵孫氏曰：「《春秋》田狩之事，公行者必書公。公觀魚于棠，公狩于郎。隱、桓之時，政猶自公出也。自昭之蒐紅，政在三桓，蒐田之禮，雖公自行，皆曰『大蒐』而不曰『公』焉，所以見公之不得爲政，而大夫專國也。」汪氏曰：「哀二年三卿並將伐邾，兵權仍在三家，且不念邾子會公，來朝、奔喪之勤，而取漷沂之田，則公不得與兵政可知矣。」番陽萬氏曰：「大蒐，天子之禮也。三家始也僭諸侯之禮以爲蒐，終也僭天子之禮而爲大蒐，是尚忍言之哉！」邾子來會公。杜氏曰：「會公于比蒲，來而不用朝禮，故曰『會』。」何氏

曰：「書者，非邾子會人于都，如入人都，當修朝禮，言公不受于廟。」高氏曰：「比蒲之蒐，三家之事，故特言會公以別之，此與莊二十三年蕭叔朝公同，蓋未嘗期約因來朝而偶與公爲會爾。」薛氏曰：「大蒐，天子所以會諸侯也。儹蒐而諸侯來會，毋乃大逼乎？」陳氏曰：「會公于比蒲也。自舍中軍，公不與兵政者四十年矣。於是在比蒲，則以季孫斯、叔孫州仇之墮費、郈也，故曰：『政逮於大夫四世矣，故夫三桓之子孫微矣。』」汪氏曰：「文十三年衛侯會公于沓，鄭伯會公于棐，皆書地。此不書地，則知來會于比蒲無疑也。」廬陵李氏曰：「公及齊侯遇穀而蕭叔朝公，大蒐于比蒲而邾子來會公，皆非其所也。」○城莒父及霄。杜氏曰：「公叛晉，助范氏，故懼而城二邑。」家氏曰：「譏勞民，城諸防、城諸郓同例。」廬陵李氏曰：「謝氏曰：『方墮費、郈，又城莒、霄，苟不擇忠良，適足爲叛人之資而已。』」家氏曰：「是歲無冬，闕文耳。何休云：『是年孔子以大司寇攝相事，齊人餽女樂令聖人去，不書冬者，貶也。』此牽合之說，夫聖人豈以去位之故而削冬不紀乎？」汪氏曰：「蒐比蒲、城莒父及霄，其事蓋皆在冬，但脫冬一字耳。」

附録《左傳》：「冬十二月，晉人敗范中行氏之師於潞，獲籍秦、高彊。又敗鄭師及范氏之師于百泉。」

丙午敬王二十五年。十有五年晉定十七。齊景五十三。衛靈四十。蔡昭二十四。鄭聲六。曹陽七。陳閔七。杞僖十一。宋景二十二。秦惠六。楚昭二十一。吳夫差元年。春，王正月，邾子來朝。邾朝止此。《左傳》：「邾隱公來朝。子貢觀焉。邾子執玉高，其容仰；公受玉卑，其容俯。子貢曰：『以禮觀之，二君者，皆有死亡焉。夫禮，死生存亡之體也，將左右周旋，進退俯仰，於是乎取之。朝祀喪戎，於是乎觀之。今正月相朝，而皆不度，心已亡矣。嘉事不體，何以能久？高仰，驕也；卑俯，替也。驕近亂，替近疾。君

為主，其先亡乎？」汪氏曰：「邾子以去年來會，爲未成禮，未幾奔魯之喪，其卑屈亦甚矣。」○鼷鼠食郊牛，牛死，改卜牛。《公羊傳》：「曷爲不言其所食？」《穀梁傳》：「不敬莫大焉。」何氏曰：「偏食其身，災不敬也。」范氏曰：「不言所食，食非一處以至死。」趙氏曰：「常怪鼷鼠食郊牛致死，上元二年因避地旅於會稽，時牛災，小鼠噬牛，纔傷皮膚，無有不死者。」

《左傳》：「吳之入楚也，胡子盡俘楚邑之近胡者。楚既定，胡子豹又不事楚，曰：『存亡有命，事楚何爲？多取費焉。』二月，楚滅胡。」

按《左氏》：「吳之入楚，胡子盡俘楚邑之近胡者。」楚既定，又不事楚，曰：『存亡有命，事楚何爲？」爲是楚滅之。夫滅人之國，其罪大矣。然胡子豹乘楚之約，盡俘其邑之近胡者，所謂國必自滅而後人滅之，非滅之者獨有罪也。國君造命，不可委命者，既以爲有命，而又貪生忍辱，不死于社稷，則是不知命矣。書以歸，罪豹之不能死位而與歸也。故楚子書爵，而胡子豹名。家氏曰：「召陵之會，頓、胡之君皆在，曰：『以侵楚也。』是後楚有吳患不能報，去年滅頓，今年滅胡，所以報召陵之怨，蓋不能報之於中國，而吞噬小國以快其宿憾也。」

夏，五月辛亥，郊。《公羊傳》：「曷爲以夏五月郊？三卜之運也。」高氏曰：「魯郊當在孟春，今以改卜牛在滁三月，故至五月乃郊。」汪氏曰：「不書卜郊，徐彥疏云：『言郊，則知卜吉可知。』夫正月改卜牛，若在滁三月，則當以四月郊，今郊於五月，蓋卜以四月郊而不吉。又卜五月，必龜從而後郊也，故但書改卜牛，不書

卜郊。經於卜郊不從,則書之以譏瀆卜;卜而從,則但書郊之過時以譏其慢耳。嘗考《史記》云:『定公十四年,魯郊,不致膰俎于大夫。』今《春秋》不書十四年郊,則郊之不見於經者多矣。惟因其失禮之中又失禮者,則書以示貶,而因見魯郊之僭也。」盧陵李氏曰:「此以牛死改卜而致失時也,郊說詳見僖三十一年。」○壬申,公薨于高寢。《左傳》:「夏五月壬申,公薨。仲尼曰:『賜不幸言而中,是使賜多言者也。』」《穀梁傳》:「高寢,非正也。」杜氏曰:「高寢,宮名,不於路寢,失其所。」襄陵許氏曰:「内卒凡十四公,得正而薨者,惟莊、宣、成。」盧陵李氏曰:「定公在位十有五年,當其初立,受國於季孫意如而不能正其罪,其異於桓、宣者無幾矣。故《春秋》於元年即不書正月,以示正始之義;而於意如之卒特書日,以著定公尊獎亂臣之惡,其辭嚴矣。然當其初年,陪臣執命,國事分崩,固無足言。但陽虎既奔之後,三桓亦微。孔子為政,綱紀齱立,正當可以有為之時,然竟不能使夫子得遂行其道,則魯何賴哉? 李氏曰:『會于夾谷而致侵田之歸,行乎季孫而有墮都之謀,雖僅能明禮義之教,雉門兩觀之作,而僭禮莫之改,寳玉、大弓之竊,而分器莫之保。惛於女樂,政歸彊家,此定公有聖人而不能用也。』其言得之矣。至其末年,會牽、會洮、城莒父、城霄之無非助亂勞民之舉,魯之益弱宜哉!」○鄭罕達帥師伐宋。罕,《公》作「軒」。《左傳》:「鄭罕達敗宋師于老丘。」杜氏曰:「老丘,宋地。宋公子地奔鄭,鄭人為之伐宋,欲取地以處之。」襄陵許氏曰:「宋大國也,至於景公而鄭能困之,則桓魋之為也。無競維人,豈不信哉?」王氏曰:「鄭納宋叛人,已可罪矣。又伐大國以居叛人,此不待貶黜而罪惡見。」盧陵李氏曰:「自罕達伐宋之後,有哀七年皇瑗之侵,九年雍丘之取,其秋宋公伐鄭,十年夏宋人伐鄭,十二年宋向巢伐鄭,卒至十三年罕達取于喦之師而後已焉。二國之搆怨

如此，正與隱公初年公子馮之事相類。」○齊侯、衛侯次于渠蒢。渠蒢，《公》作「籧篨」。《左傳》：「齊侯、衛侯次于蘧挐，謀救宋也。」杜氏曰：「不果救，故書次。」襄陵許氏曰：「伐而後次，其次爲善，次而後伐，其次爲譏，救而出請，爲鄭次止。其不言救，爲其不誠於救也。」汪氏曰：「伐而後次，其次爲善，次而後伐，其次爲譏，救而次，亦譏也。然書次、書救，則譏其急於救患；書次不書救，則譏無名妄動而非救也。齊、衛五氏之次，傳云伐夷儀。垂葭之次，傳云伐河内。皆遣兵伐晉，而二君次止爲之援。此云救宋而復不成救，齊、衛之三次皆貶爾。楚、蔡次厥貉，而後有伐麇之事；齊、衛次五氏、垂葭、渠蒢，而明年有伐晉之事，皆謀爲不善也。比事以觀，而義自見矣。」○廬陵李氏曰：「五氏、垂葭之次，皆爲伐晉，此次疑亦謀晉而出，故明年有伐晉之舉。鄭於此從齊救宋以仇鄭。許氏説雖善，恐非事實。」○邾子來奔喪。諸侯始奔喪。《公羊傳》：「其言來奔喪何？奔喪，非禮也。」《穀梁傳》：「喪急，故以奔言之。」茅堂胡氏曰：「諸侯爲天王服斬衰，崩則奔喪而會其葬。若諸侯或同盟、或同位、或外姻，告終易代，弔賵贈禭固不可緩，而奔其喪則非禮也。直書于策，失自明矣。」常山劉氏曰：「當周之衰，天子崩葬，諸侯皆無奔喪會葬之事，而邾滕反行於彊大之國，非禮明矣。」○秋，七月壬申，姒氏卒。姒，《穀》作「弋」。《左傳》：「不稱夫人，不赴，且不祔也。」《公羊傳》：「姒氏者何？哀公之母也。何以不稱夫人？哀未君也。」《穀梁傳》：「弋氏卒，姒辭也。哀公之母也。」啖氏曰：「自成風之後，姜母皆僭用夫人禮，故書薨、書夫人，著其非禮也。哀公母定姒卒時，子既未成君，故不稱夫人也。」茅堂胡氏曰：「姒氏不稱夫人爲正名，孟子不稱夫人爲隱惡。姒氏，定公妾也，《公羊》據魯失禮言之爾。論《春秋》之法，哀雖已君，豈得稱子未踰年，雖行喪禮，不可加於母，故書卒。

夫人乎？來賵仲子，會葬成風，深貶天王而名冢宰，則知哀雖已君，亦不得稱夫人矣。陳氏曰：「自成風訖于宣、襄，子苟爲君，則其母爲夫人。書葬定姒，則是哀公以夫人葬其母，猶宣、襄也，則何以卒不稱夫葬不稱小君，徒以喪在殯，不及尊其母爲耳。」○汪氏曰：「成風、敬嬴、齊歸，尚以妾母稱夫人小君，豈以定公正夫人，而反不稱夫人小君乎？蓋僖、宣、昭即位久，遂尊妾母爲夫人。哀初立未踰年，故仍其本號也。」劉氏曰：「《左氏》不稱夫人小君之説，非也。安有夫人薨而不書夫人者？凡夫人始卒，則史書之，書之固云夫人矣，不待赴祔而書其夫人也。姒氏要爲妾母，哀未成君，故亦未敢謂其母夫人爾。」○八月庚辰朔，日有食之。○九月，滕子來會葬。杜氏曰：「諸侯會葬，非禮也。」范氏曰：「邾、滕，魯之與國。近則來奔喪，遠則來會葬，同之王者，書非禮。」薛氏曰：「魯至弱也，而二君爲非禮之會，況疆大乎？」家氏曰：「周衰，小國以事王者之禮事大國。魯君嘗奔齊、晉之喪，會楚之葬，《春秋》不書，諱之也。邾、滕二君來奔喪會葬而皆書者，非嘉其來，志其禮之僭也。」丁巳，葬我君定公，雨，不克葬。戊午，日下昃，乃克葬。昃，《穀》作「稷」。《左傳》：「葬定公，雨，不克襄事，禮也。」《穀梁傳》：「葬既有日，不爲雨止，禮也。雨不克葬，喪不以制也。乃，急辭也。」《左傳》：「葬定公，不足乎日之辭也。」茅堂胡氏曰：「葬速則不懷，踰則僭，雨經月不止者有矣，及期而遇，將止以俟之，是僭也。」孫氏曰：「雨不克葬，譏不能葬也。」高氏曰：「雨不克葬，無備之甚也。葬敬嬴而遇，乃，急辭也，不足乎日之辭也。」按：凡緩稱乃，不得云急，詳經意，譏臣言日中而克葬，此言日下昃乃克葬，日中則裕於日昃矣。君子之於親，不忍一日離也，故雨不急，所以寧親也。日下昃，則失虞之時矣。」○趙氏曰：「乃，急辭也。」《穀梁》云：「乃，急辭也。」○《公羊傳》：「定姒何以書葬？未子緩慢耳。」○辛巳，葬定姒。《左傳》：「葬定姒，不稱小君，不成喪也。」

踰年之君也。有子則廟，廟則書葬。」

《公羊》曰：「有子則廟，廟則書葬。」《曾子問》：「並有喪則如之何？」子曰：「葬，先輕而後重，其奠也，其虞也，先重而後輕。」《禮記·曾子問》篇註：「同時有父母或祖父母之喪，葬則先母而後父，奠則先父而後母。葬是奪情之事，故先輕；奠是奉養之事，故先重。虞祭，亦奠之類也。」○劉氏曰：「《左氏》云：『不稱小君，不成喪也。』非也。若姒氏實夫人，固當書夫人姒氏薨，已而曰葬定姒，不稱小君，明不成喪，以責臣子可也。今日姒氏卒，非夫人也，何足以見不成喪乎？欲責不成喪而不稱夫人，適足貶小君之尊，而不見臣子之罪也。」廬陵李氏曰：「諸家皆以爲哀未踰年成君，故止書卒、書葬，而不書夫人、不書薨、不書小君，此皆因諸僭禮而爲之辭。其實子雖踰年成君，亦不可備夫人之禮也。其備之者，非禮之常耳，故胡氏取《公羊》而削其未踰年之說。」

冬，城漆。《左傳》：「書不時告也。」余氏曰：「前年冬城莒父及霄，此年秋葬定公，又葬定姒，冬城漆，其勞民也甚矣。」張氏曰：「城漆，謀伐邾也。定公之喪，邾子來奔，事魯謹矣。哀公初立，不務善鄰，而以土地之故，勞民力，啓民怨。二年取其田，七年俘其君，卒使吳人乘間以伐其國，齊人問罪而取讙、闡，利未得而害隨之，謀國如此，其不終也宜哉！」○汪氏曰：「《左氏》云：『書不時告。』夫他國有事，或過時而告於魯，豈有魯國城邑！過時而告于廟，可以揜其罪乎？此非人情也。」❶

❶「此」，原作「比」，今據四庫本改。

春秋集傳大全卷之三十六

哀　公

一公名蔣，定公子，母定姒，四歲即位，在位二十七年。其十四年春，《春秋》絕筆。謚法：「折仁短恭曰哀。」

周敬王四十一年，孔子卒。魯哀公十九年，敬王崩，子元王立，此據《左傳》載敬王崩故也。按諸本，敬王崩皆不同，或作十七年、十八年，或作哀二十年，未詳孰正。

鄭聲公二十二年，孔子卒。

齊魯哀公五年，景公卒，安孺子荼立。是年弒，悼公陽生立。哀公十年悼公弒，子簡公壬立。哀十四年田常弒簡公，立其弟驁爲平公而相之，專其國權，齊自是爲田氏矣。

宋景公三十八年，孔子卒。

晉晉霸衰微。魯哀公十三年，會吳黃池，吳始稱伯。定三十三年，孔子卒。

衛魯哀公二年，靈公卒，孫出公輒立。是年六月，晉納衛太子蒯聵于戚，父子爭國。哀十五年，父蒯聵入，是爲莊公，輒出奔。哀十七年，莊公出，立公孫般師。十二月，齊伐衛，立公子起，執般師以歸。哀十八年，

衛逐起，衛侯輒復入。

蔡魯哀公四年，昭公弒，子成公立。成公十二年，孔子卒。

曹魯哀公八年，宋滅曹。

滕魯哀公四年，頃公卒，隱公虞母立。哀十一年，隱公卒。

陳魯哀公十六年，楚滅陳，殺閔公。

杞魯哀公八年，僖公卒，子閔公維立。

薛魯哀公十年，惠公卒。

莒郊公。

邾魯哀公七年，魯入邾，執邾子益，哀公八年歸。吳又討邾子，囚諸樓臺，栫之以棘，使諸大夫奉子革以爲政。哀十年，邾子益來奔。

許魯哀公十三年，元公卒。

小邾詳見昭公元年。

楚魯哀公六年，昭王卒，子惠王章立。哀十六年，楚白公勝殺令尹子西，攻惠王。葉公攻白公，白公自殺，惠王復國。哀十八年，惠王卒。

秦魯哀公三年，惠公卒，悼公立。魯哀公十八年，悼公卒，子厲共公立。

丁未敬王二十六年。元年晉定十八年。齊景五十四年。衛靈四十一年。蔡昭二十五年。鄭聲七年。曹陽八年。陳閔八年。杞僖十二年。宋景二十三年。秦惠七年。楚昭二十二年。吳夫差二年。**春，王正月，公即位。○楚子、陳侯、隨侯、許男圍蔡。**《左傳》：「春，楚子圍蔡，報柏舉也。里而栽，廣丈，高倍。夫屯晝夜九日，如子西之素。蔡人男女以辨，使疆于江、汝之間而還。蔡於是乎請遷于吳。」杜氏曰：「隨國，義陽隨縣。隨世服於楚，不通中國。吳之入楚，昭王奔隨，隨人免之，卒復楚國。楚人德之，列於諸侯，故見經。定六年，鄭滅許，此復見者，蓋楚封之。」汪氏曰：「楚復封許，《春秋》不與楚之得封，故但以自復爲文，亦猶蔡平、陳惠之封於楚，而以自歸爲文也。」

按《左氏》曰：「報柏舉也。**蔡人男女以辨，**」杜氏曰：「男女各別，係纍而出降。」**使疆于江、汝之間。**」杜氏曰：「楚欲使蔡徙國於江水之北，汝水之南，求田以自安。蔡聽命，故楚師還。」夫男女以辨，則是降也。疆于江、汝，則遷其國也。而獨書圍蔡何也？蔡嘗以吳師入郢，昭王奔隨，

壞宗廟，徙陳器，鄭嗣曰：「陳器，樂縣也。禮：諸侯軒縣也。」撻平王之墓矣。至是楚國復寧，帥師圍蔡，降其衆，遷其國，而《春秋》書之略者，見蔡宜得報，而楚子復讎之事可恕也。王氏曰：「是年吳敗越于夫椒，《春秋》亦削而不書，猶是意也。」聖人本無怨，而怨出於不怨，汪氏曰：「謂聖人本心無怨，因其事之當怨而怨之，非有心於怨，猶不怨也。」語意與程子所言『舜之誅四凶也，可怒在彼，己何預焉』略相似，非若莊子云『出怒不怒，則怒出於不怒』，乃異端之說也。」故議讎之輕重，有至于不與共戴天者。今楚人禍及宗廟，辱逮父母，若包羞忍耻而不能一洒之，則不可以有立而天理滅矣。故特書圍蔡而稱爵，恕楚之罪詞也。襄陵許氏曰：「蔡侯怨楚，不思務本修德以俟時，而輕謀兵革以得志於大國，是益禍也，故蔡昭之志愧於句踐矣。」盧陵李氏曰：「楚、蔡之交兵止於此。」○家氏曰：「入郢者，吳也。撻平王之墓者，亦吳也。楚不能報之於強吳，而乘中國無霸，摟二三小國以釋憾於蔡，謂之復讎，而讎卒不能復也。前年滅頓，去年滅胡，今又以兵加蔡，其志在於蠶食小國以爲利，《春秋》奚取哉？」汪氏曰：「楚昭圍蔡未足以爲善。文定以來，高宗不復金國之讎，故拳拳以讎爲說。此朱子所謂以義理穿鑿者也。」

附録《左傳》：「吳王夫差敗越于夫椒，報檇李也。遂入越。越子以甲楯五千保于會稽，使大夫種因吳大宰嚭以行成。吳子將許之。伍員曰：『不可。臣聞之：「樹德莫如滋，去疾莫如盡。」昔有過澆殺斟灌以伐斟鄩，滅夏后相。后緡方娠，逃出自竇，歸于有仍，生少康焉。爲仍牧正，惎澆能戒之。澆使椒求之，逃奔有虞，爲之庖正，以除其害。虞思於是妻之以二姚，邑諸綸。有田一成，有衆一旅。能布其德，而兆其

謀，以收夏衆，撫其官職。使女艾諜澆，使季杼誘豷，遂滅過、戈，復禹之績。祀夏配天，不失舊物。今吳不如過，而越大於少康，或將豐之，不亦難乎！句踐能親而務施，施不失人，親不棄勞。與我同壤，而世爲仇讎。於是乎克而弗取，將又存之，違天而長寇讎，後雖悔之，不可食已。姬之衰也，日可俟也。介在蠻夷，而長寇讎，以是求伯，必不行矣。』弗聽。退而告人曰：『越十年生聚，而十年教訓，二十年之外，吳其爲沼乎！』三月，越及吳平。吳入越，不書，吳不告慶，越不告敗也。」

鼷鼠食郊牛，改卜牛。夏，四月辛巳，郊。「郊牛」下，《穀》有「角」字。《穀梁傳》：「此該郊之變而道之也。於變之中，又有言焉。鼷鼠食郊牛角，改卜牛，志不敬也。郊牛日展觓角而知傷，展道盡矣。郊，自正月至于三月，郊之時也。夏四月郊，不時也。五月郊，不時也。夏之始可以承春，以秋之末，承春之始，蓋不可矣。九月用郊，用者不宜用也。郊三卜，禮也。四卜，非禮也。五卜，強也。卜免牲者，吉則免之，不吉則否。牛傷，不言傷之者，傷自牛作也，故其辭緩。全曰牲，傷曰牛，未牲曰牛，其牛一也，其所以爲牛者異。有變而不郊，故卜免牛也。已牛矣，其尚卜免之，何也？禮，與其亡也寧有，嘗置之上帝矣，故卜而後免之，不敢專也。卜之不吉，則如之何？不免。安置之？繫而待，六月上甲，始庀牲，然後左右之。子之所言者，牲之變也，而曰我一該郊之變而道之，何也？我以六月上甲始庀牲，十月上甲始繫牲，十一月、十

❶ 「壞」，原作「懷」，今據四庫本及阮刻本《春秋左傳正義》改。
❷ 「必」，原作「心」，今據四庫本及阮刻本《春秋左傳正義》改。

二月牲雖有變，不道也。待正月，然後言牲之變，此乃所以該郊。郊，享道也。貴其時，大其禮。其養牲，雖小不備可也。子不志三月卜郊，何也？郊自正月至于三月，郊之時也。我以十二月下辛卜正月上辛，如不從，則以正月下辛卜二月上辛。如不從，則以二月下辛卜三月上辛。如不從，則不郊矣。」

鼷鼠食郊牛，改卜牛，志不敬也。夏四月郊，書不時也。四卜非禮，五卜強也。全曰牲，傷曰牛，已牛矣。其尚卜免之，何也？嘗置之上帝矣，故卜而後免之，不敢專也。范氏曰：「嘗置之滌宮，名之為上帝牲矣，故不敢擅施也。」昔者周公郊祀后稷以配天，此成王亮陰之時，位冢宰，攝國政，行天子之事也。成王追念周公有大勳勞於天下而欲尊魯，故賜以重祭，得郊禘大雩。欲尊魯而賜以人臣不得用之禮樂，豈所以康周公也哉？孔子曰：「魯之郊禘非禮也，周公其衰矣。」注：「康，猶襃大也。」天子祭天地，諸侯祭社稷，大夫祭五祀，庶人祭先祖，此定理也。今魯得郊以為常事，《春秋》欲削而不書，則無以見其失禮。盡書之乎，則有不勝書者。故聖人因事而書，以誌其失，為後世戒，其垂訓之義大矣。高氏曰：「魯不當郊，故天示變以警之。而改卜牛，猶非郊時，況公斬然在衰絰之中，輒行天子之禮以見上帝，可乎？」汪氏曰：「定公之薨未及小祥，而僭行天子之郊禮，釋凶服而從吉，則為不孝於親。刜郊之祭也，喪者不敢哭，凶服不敢入國門。

《祭統》：「康周公，故以賜魯。」
然則可乎？魯何以得郊？

今在喪而蔵事，則爲不敬於天，一舉而犯三不韙焉。《春秋》書郊之失禮，未有甚於此者也。宣三年匡王未葬而不郊，猶三望，雖曰廢郊，其罪與哀公等爾。」〇廬陵李氏曰：「《春秋》書郊止此，故《穀梁》於此備言之，其義有得有失。」

附錄《左傳》：「夏四月，齊侯、衛侯救邯鄲，圍五鹿。」〇「吳之入楚也，使召陳懷公。懷公朝國人而問焉，曰：『欲與楚者右，欲與吳者左。』陳人從田，無田從黨。」逢滑當公而進曰：『臣聞國之興也以福，其亡也以禍。今吳未有福，楚未有禍，楚不可棄，吳未可從。而晉盟主也，若以晉辭吳，若何？』公曰：『國勝君亡，非禍而何？』對曰：『國之有是多矣，何必不復？小國猶復，況大國乎？臣聞國之興也，視民如傷，是其福也。其亡也，以民爲土芥，是其禍也。楚雖無德，亦不艾殺其民。吳日敝於兵，暴骨如莽，而未見德焉。天其或者正訓楚也，禍之適吳，其何日之有？』陳侯從之。及夫差克越，乃脩先君之怨。秋八月，吳侵陳，脩舊怨也。」

秋，齊侯、衛侯伐晉。《左傳》：「秋，齊侯、衛侯會于乾侯，救范氏也。師及齊師、衛孔圉、鮮虞人伐晉，取棘蒲。」襄陵許氏曰：「晉爲霸主，而諸侯至于合從以伐之，《春秋》特書以著中國之無霸也。楚得專封，王道盡矣。晉受衆伐，霸統亡矣。王道既盡，霸統復亡，春秋之變，至是而窮矣。」高氏曰：「五氏、垂葭之役，聖人書次以存晉，晉至是益衰，聖人不復以盟主待之矣。以傳考之，魯及鮮虞之師在焉。《春秋》以齊、衛人書次，則魯及鮮虞之師在焉。蓋晉自召陵之役不能得楚，而蔡昭公以吳子勝，於是齊、衛、鄭背之。已而我睦齊、惡，故没魯而略鮮虞也。至于黃池之會，吳人爭長，雖欲爲成、景、悼、厲之世，且不鄭、宋人効之，俱叛晉者也，文公之業掃地盡矣。

可得矣。悲夫！」汪氏曰：「前此齊、衛五氏之次伐夷儀，垂葭之次伐河內，蓋皆遣偏師伐晉，而二君次止爲之援，《春秋》皆不書伐，非諱之也。二君實未嘗親帥師以攻晉，但頓兵次止以觀其可攻與否，故書次止以著其無名妄動之罪。今此並書齊侯、衛侯而以伐晉爲文者，著伯統之絕而受諸侯之兵，且誅齊、衛之黨叛臣而陵霸國也。夫范中行，晉之卿也。卿叛而不能制，豈足爲諸侯盟主乎？無或乎齊、衛之同伐矣。然天下之惡一也，不命之臣，寔人人之所同惡。今乃棄君助臣，不亦慎乎？書曰『齊侯、衛侯伐晉』，交貶之也。自是晉不復能有爲。又十二年吳人主會于黃池，而春秋終矣。」陳氏曰：「伐夷儀不書，書次五氏，伐河內不書，書次垂葭。公會齊、衛于牽，帥狄師襲晉，戰于絳中，猶不書也。諸夏之無伯，《春秋》誠有不忍書也，必於是而後書，春秋蓋將終焉。是故春秋之初，諸侯無王者，齊、鄭、宋、魯、衛爲之也。春秋之季，諸侯無伯者，亦齊、鄭、宋、魯、衛爲之也。」廬陵李氏曰：「自晉文興伯以來，除秦、晉之爭外，與國伐晉者止三。雖一時諸侯之玩伯，然《春秋》於衛書人，於齊書遂，尚未絕晉也。至是而直書二國伐晉，晉無異於列國矣，故此條陳氏、許氏得之。」○啖氏曰：「《左氏》云師及齊、衛、鮮虞人伐晉，按經不言魯師，故不取。」

附録 《左傳》：「吳師在陳，楚大夫皆懼，曰：『闔廬惟能用其民，以敗我於柏舉。今聞其嗣又甚焉，將若之何？』子西曰：『二三子恤不相睦，無患吳矣。昔闔廬食不二味，居不重席，室不崇壇，器不彤鏤，宮室不觀，舟車不飾，衣服財用擇不取費❶。在國，天有菑癘，親巡其孤寡而共其乏困。在軍，熟食者分，而後敢

---

❶「費」，原作「貴」，今據四庫本及阮刻本《春秋左傳正義》改。

食，其所嘗者，卒乘輿焉。勤恤其民，而與之勞逸，是以民不罷勞，死知不曠。吾先大夫子常易之，所以敗我也。今聞夫差，次有臺榭陂池焉，宿有妃嬙嬪御焉。一日之行，所欲必成，玩好必從。珍異是聚，觀樂是務。視民如讎，而用之日新。夫先自敗也已，安能敗我？」

冬，仲孫何忌帥師伐邾。高氏曰：「觀定公之末，邾之事魯至矣。去歲邾子來奔喪，今逾年而遽伐之，蓋魯人謀邾利取其田，不復知有禮義也。」薛氏曰：「邾所厚者，君也。何忌，魯之強臣，所以伐之也。」

附錄《左傳》：「冬十一月，晉趙鞅伐朝歌。」

戊申 敬王二十七年。二年晉定十九。齊景五十五。衞靈四十二，卒。蔡昭二十六。鄭聲八。曹陽九。陳閔九。杞僖十三。宋景二十四。秦惠八。楚昭二十三。吳夫差三。

春，王二月，季孫斯、叔孫州仇、仲孫何忌帥師伐邾，取漷東田及沂西田。《左傳》：「伐邾，將伐絞。邾人愛其土，故賂以漷、沂之田而受盟。」《穀梁傳》：「漷，火虢反，又音郭。書盟止此。

癸巳，叔孫州仇、仲孫何忌及邾子盟于句繹。漷，火虢反，又音郭。「取漷東田，漷東未盡也。及沂西田，沂西未盡也。三人伐而二人盟，何也？各盟其得也。」何氏曰：「漷、沂，皆水名。再出大夫名氏者，季孫不與盟。」杜氏曰：「句繹，邾地。」

曷爲列書三卿？哀公得國，不張公室，三卿並將，魯棠悉行，伐國取地以盟其君，而已不與焉，適越之辱兆矣。定公之薨，邾子來奔喪，事魯恭矣。而不免於見伐，徒自辱焉，不知以禮爲國之故也。邾在邦域之中，不加矜恤，而諸卿相繼伐之，既取其田，而又強與之

盟，不知以義睦鄰之故也，故詳書以著其罪。高氏曰：「定公之薨，邾子來奔喪，非能行禮也。知三家者欲并其地，故事魯不敢不恭，然卒不免。故元年伐邾，至是三卿同伐，而取漷、沂之田，入《春秋》未有伐國取田者也。」師氏曰：「前此嘗取邾田自漷水矣，今又取其漷東之田，則其貪欲無厭，必至于盡取而後已可知也。以區區之邾國，而魯兩納其叛人之邑，三取其田，時無王霸，強陵弱之亂至於如此。」家氏曰：「俱書三卿帥師，著三家覆出爲惡，擅兵權爲己之私有，其主不得而制也。書取漷東田及沂西田，著魯人之逐利而不知止也。」三人伐昭公伐意如，叔孫氏救意如，而昭公孫。陽虎囚桓子，孟孫氏救桓子，而陽虎奔。今得邾田，蓋季氏以歸二家而不取也。王氏《箋義》曰：「邾近魯，魯屢伐之，邾人愬於晉，晉人來討。今晉所得也」，范氏曰：「季孫不得田，故不與盟。」莫強乎季孫。何獨無得？曷爲二人盟？盟者各盟其不能主盟，諸侯皆叛，故邾子懼。比來會、來朝、來奔喪，魯人猶以爲憾，三卿帥師伐之，取其賂田而復盟以要之。三子皆書，不舉重者，政不自公出，罪三子也。」汪氏曰：「內臣並使，始於文十八年公子遂、叔孫得臣之如齊，而未嘗並會也。內臣並將，始于成二年季孫行父、臧孫許、叔孫僑如、公孫嬰齊之戰鞍，而未嘗並會也。內臣並會，始于襄十四年季孫宿叔老之會吳，而未嘗並盟也。今此三卿並將以伐國取地，二卿又並盟他國之君，是魯之諸卿與列國諸侯無異，大夫之強僭，極於此時矣。前此昭十一年仲孫貜嘗盟邾子，而非魯志也。定三年何忌盟拔，雖魯之志，而一卿獨盟之耳！今三卿以兵攻之奪取其地，而二卿又脅之以盟，陵弱之暴，豈不太甚乎？盟蔑與句繹爲《春秋》書盟之始終，於此可以考世變矣。」陳氏曰：

「自是內外盟皆不書，不足書也。是故七年鄖衍盟吳不書，八年萊門盟吳不書，甚者十二年會于鄖，雖三國盟亦不書。」廬陵李氏曰：「邾子來會、來朝、來奔喪，猶不免難，以魯之所欲者，邾之土地也。書取，罪其不義也。書漷東、沂西田，邾之分地也。書及，罪其無厭也。」此說好。」

夏，四月丙子，衛侯元卒。《左傳》：「初，衛侯遊於郊，子南僕。公曰：『余無子，將立女。』不對。他日，又謂之。對曰：『郢不足以辱社稷，君其改圖。君夫人在堂，三揖在下，君命祗辱』夏，衛靈公卒。夫人曰：『命公子郢為太子，君命也。』對曰：『郢異於他子，且君沒於吾手，若有之，郢必聞之。且亡人之子輒在』乃立輒。」○滕子來朝。滕朝止此，諸侯來朝亦止此。汪氏曰：「哀公新立，故滕頃公來朝。自襄六年成公朝魯，三十一年會葬，定十五年頃公再會葬，至是復朝，不朝之中七十有三年矣。諸國之朝，滕、杞、曹、邾居多。杞之朝七，而止于成十八年。曹之朝五，而止於襄二十一年。小邾之朝亦五，而止於昭十七年。邾之朝七，而止於定十五年。滕之朝五，始於隱十一年，而止於是年。滕與魯皆侯國，而自隱至哀。栖栖於兩觀之間，蓋微弱甚矣。」○晉趙鞅帥師納衛世子蒯聵于戚。《左傳》：「六月乙酉，晉趙鞅納衛太子于戚。宵迷，陽虎曰：『右河而南，必至焉。』使太子絻，八人衰絰，偽自衛逆者。告於門，哭而入，遂居之。」《公羊傳》：「戚者何？衛之邑也。曷為不言入于衛？父有子，子不得有父也。」《穀梁傳》：「納者，內弗受也。帥師而後納者，有伐也。何用弗受也？以輒不受也。以輒不受父之命，受之王父也。信父而辭王父，則是不尊王父也。其弗受，以尊王父也。」何氏曰：「明父得有子而廢之，子不得有父之所有，故奪其國。」

世子不言納，位其所固有。國其所宜君，謂之儲副，則無所事乎納矣。凡公子出奔，復而

得國者，其順且易則曰「歸」，有奉焉則曰「自」，其難也則曰「入」，汪氏曰：「鄭世子忽以順而書歸，鄭突、曹赤以易亦書歸，楚公子比書自晉，齊小白莒去疾書入，是也。」不稱納矣。況世子哉！今趙鞅帥師以蒯聵復國，而書納者，見蒯聵無道，爲國人之所不受也。國人不受而稱世子者，罪衛人之拒之也。所以然者，緣蒯聵之罪，靈公未嘗有命廢之而立他子。及公之卒，大臣又未嘗謀於國人，數蒯聵之罪，選公子之賢者以主其國，乃從輒之所欲而君之，以子拒父，此其所以稱世子也。人莫不愛其親，而志於殺，莫不敬其父，而忘其喪，莫不慈其子，欲其子之富且貴也，而奪其位。蒯聵之於天理逆矣。何疑於廢黜？然父雖不父，子不可以不子，輒乃據國而與之爭，可乎？故特繫納衛世子蒯聵于戚於趙鞅帥師之下，而輒不知義，靈公與衛國大臣不能早正國家之本以致禍亂，其罪皆見矣。茅堂胡氏曰：「或謂世子，世世子也。君没而稱世子者，正疑乎不正，君子與之繼世焉，必若此言。晉獻公之喪，秦穆公使人弔公子重耳，曰：『亡國恒於斯，得國恒於斯，喪亦不可久也，時亦不可失也。』重耳曰：『身喪父死，不得與哭泣之哀，父死之謂何？或敢有他志。』而穆公納之。人之不爲禽獸也幾希，豈《春秋》立言垂範之意乎？今靈公方卒，而蒯聵御輒因以爲利，不太甚乎？書趙鞅帥師，罪輒以大夫憂諸侯之事也。書曼姑圍戚，誅輒未嘗受靈公之命，特國人以蒯聵不當得國，以輒爲可立而立之爾，安得爲受之王父而辭父命哉？」高氏曰：「靈公卒，衛人以世子在外，遂立其子輒，使輒知己之

得立者以父爲世子故。因逆其父而還以位，則子道得而亂息矣。奈何他人納其父，而反拒之耶？」孫氏曰：「其言于戚者，見蒯瞶爲輒所拒，而不得入于衛也。」陳氏曰：「于戚，内弗受也，輒拒父也。」後十三年而蒯瞶自戚入于衛，衛侯輒來奔，則是輒拒父也。」家氏曰：「爲輒者，能逆其父而君之，人情之順也。爲蒯瞶者，能反躬自咎，以已得罪於先君，無君國之理，脱屣千乘而莫之顧，天理之正也。乃皆不能然，父不父，子不子，更爲爭國之計，《春秋》莫適與也。」○劉氏曰：「若靈公廢蒯瞶立輒，則蒯瞶不得復稱世子。稱蒯瞶爲世子，則靈公不命輒。然則從王父之言，《穀梁傳》失之。」其説是矣。盧陵李氏曰：「程子曰：『蒯瞶得罪於父，不得復立，輒亦不得背父而不與其國。爲輒計者，委於所可立，使不失君之社稷，而身從父則義矣。《公》《穀》王父命之説非是。』此説得之。大抵蒯瞶父子一段，胡氏圍戚下一條説極正。但君親無將，將而必誅，使輒果有殺母之事，則罪在必誅，天地所不容。不論靈公有命無命，決無得國之理，亦何必曲折如此，故不如二劉氏之論，明白洞達而無疑也。」張氏曰：「蒯瞶必無殺母之事，二劉氏辨之於定十四年出奔宋之傳矣。觀《春秋》再以世子書，則知蒯瞶爲無辜而被此名以出，故《春秋》正其名而謂之世子，所謂與之繼世者也。」

秋，八月甲戌，晉趙鞅帥師及鄭罕達帥師戰于鐵，鄭師敗績。鐵，《公》作「栗」，又作「秩」。《左傳》：「秋八月，齊人輸范氏粟，鄭子姚、子般送之。士吉射逆之，趙鞅禦之，遇於戚。陽虎曰：『吾車少，以兵車之旆，與罕、駟兵車先陳。罕、駟自後隨而從之，彼見吾貌，必有懼心，於是乎會之，必大敗之。』從之。卜戰，龜焦。樂丁曰：『《詩》曰：「爰始爰謀，爰契我龜。」謀協，以故兆詢可也。』簡子誓曰：『范氏、中行氏反易

天明，斬艾百姓，欲擅晉國而滅其君。寡君恃鄭而保焉。今鄭爲不道，棄君助臣，二三子順天明，從君命，經德義，除詬恥，在此行也。克敵者，上大夫受縣，下大夫受郡，士田十萬，庶人工商遂，人臣隸圉免。志父無罪，君實圖之。若其有罪，絞縊以戮，桐棺三寸，不設屬辟，素車樸馬，無入于兆，下卿之罰也。』甲戌，將戰，郵無恤御簡子，衛太子爲右。登鐵上，望見鄭師衆，太子懼，自投于車下。子良授太子綏而乘之，曰：『婦人也。』簡子巡列，曰：『畢萬，匹夫也，七戰皆獲，有馬百乘，死於牖下。』群子勉之，死不在寇。』繁羽御趙羅，宋勇爲右。羅無勇，麇之。吏詰之，御對曰：『痁作而伏。』衛太子禱曰：『曾孫蒯聵，敢昭告皇祖文王、烈祖康叔、文祖襄公：鄭勝亂從，晉午在難，不能治亂，使鞅討之。蒯聵不敢自佚，備持矛焉。敢告無絕筋，無折骨，無面傷，以集大事，無作三祖羞。大命不敢請，佩玉不敢愛。』鄭人擊簡子，中肩，斃於車中，獲其蠭旗。太子救之以戈，鄭師北，獲溫大夫趙羅。太子復伐之，鄭師大敗，獲齊粟千車。趙孟喜曰：『可矣。』傅傁曰：『雖克鄭，猶有知在，憂未艾也。』初，周人與范氏田，公孫尨稅焉，趙氏得而獻之。吏請殺之，趙孟曰：『爲其主也，何罪？』止而與之田。及鐵之戰，以徒五百人宵攻鄭師，取蠭旗于子姚之幕下，獻，曰：『請報主德。』追鄭師，姚、般、公孫林殿而射，前列多死。趙孟曰：『國無小。』既戰，簡子曰：『吾伏弢嘔血，鼓音不衰，今日我上也。』太子曰：『吾救主於車，退敵于下，我，右之上也。』郵良曰：『我兩靷將絕，吾能止之，我，御之上也。』駕而乘材，兩靷皆絕。」杜氏曰：「鐵，衛地，在戚城南。」劉氏曰：「戰而言及者，主之者也，猶曰趙鞅爲主也。」汪氏曰：「鄭之黨叛人，固罪也。然鞅不思所以致亂乎此戰也云爾！」孫氏曰：「皆言帥師者，其衆敵也。」

者，己實爲之，苟能引咎責躬，改過遷善，返國權於其君，脩明政事，復興伯業，則諸侯畏之，范中行將覆亡是

懼，焉敢怙亂？今乃納蒯聵而見拒於衛，遇鄭師而震慄失措，既而幸勝，且以雋功相與矜夸，不思黷武勤民，搆怨與國，以力勝人，奚足恃乎？《春秋》以趙鞅主乎是戰，處已息爭之道，遠怨之方也。」廬陵李氏曰：「《春秋》舍齊、秦、楚外，無能與楚戰者，蓋無能與晉敵也。今以蕞爾之鄭，而晉趙鞅及之戰，雖勝不武矣。書而夷晉於列國也，況趙鞅既勝而爭功？故群下皆自伐，其不復振也宜哉！謝氏以爲罕達爲衛討蒯聵，趙鞅爲蒯聵禦之，故二師交戰于鐵，未知是否。」〇冬，十月，葬衛靈公。范氏曰：「七月而葬，蒯聵之亂故也。」〇十有一月，蔡遷于州來。蔡殺其大夫公子駟。書遷止此。《左傳》：「吳洩庸如蔡納聘，而稍納師。師畢入，衆知之。蔡侯告大夫，殺公子駟以說。哭而遷墓。冬，蔡遷于州來。」

州來，吳所滅也。高氏曰：「初，武王封叔度於汝南上蔡，蔡叔以叛被誅，成王復以封其子，及平侯卒，徙于新蔡，至昭侯乃徙九江下蔡，即州來是也。」杜氏曰：「畏楚而請遷，故以自遷爲文。」夫遷國，大事也。蔡雖請遷于吳而中悔，吳人如蔡納聘而師畢入。楚既降蔡，使疆于江、汝，蔡人聽命而還師矣。如此，則實吳人之所遷也。復背楚請遷于吳，而又自悔也，其謀之不臧甚矣。蔡侯告大夫，殺公子駟以說，哭而遷墓。盤庚五遷，利害甚明，衆猶胥怨，不適有居，至于丁寧反復，播告之修而後定也。《書》：「盤庚不適有居。」注：「言民不肯往適有居也。」今蔡介于吳，楚二大國之間，背楚誑吳，及其事急，又委罪於執政，其誰之咎也？故經以自遷爲文。而殺公子駟，則書大夫而稱國，言君與用事大臣擅殺之也。

放公孫獵，則書大夫而稱人，言國亂無政，衆人擅放之也。馴與獵，其以請遷于吳爲非者乎？而委之罪以説，誰敢有復盡忠而與謀其國者哉！襄陵許氏曰：「蔡悔請遷，及吳師入而委罪于馴焉，稱國以殺，殺無罪也。聖人殺一不辜，雖得天下不爲，而況於國乎？故蔡自殺公子馴，上下危疑，遂以禍敗。」

己酉敬王二十八年。三年晉定二十。齊景五十六。衛出公輒元年。蔡昭二十七。鄭聲九。曹陽十。陳閔十。杞僖十四。宋景二十五。秦惠九，卒。楚昭二十四。吳夫差四。

春，齊國夏、衛石曼姑帥師圍戚。《左傳》：「春，齊、衛圍戚，求援于中山。」《公羊傳》：「齊國夏曷爲與衛石曼姑帥師圍戚？伯討也。此其爲伯討奈何？曼姑受命乎靈公而立輒。以曼姑之義，爲固可以拒也。輒者曷爲者也？蒯聵之子也。然則曷爲不立蒯聵而立輒？蒯聵爲無道，靈公逐蒯聵而立輒，然則輒之義可以立乎？曰可。其可奈何？不以父命辭王父命，以王父命辭父命，是父之行乎子也。不以家事辭王事，以王事辭家事，是上之行乎下也。」《穀梁傳》：「此衛事也，其先國夏何也？子不圍父也。不繫戚于衛者，子不有父也。」

按《左氏》：「靈公游于郊，公子郢御。公曰：『余無子，將立汝。』對曰：『郢不足以辱社稷，君其改圖。』君夫人在堂，三揖在下，杜氏曰：「卿、大夫、士。」君命祇辱。靈公卒，夫人曰：『命公子郢爲太子，君命也。』對曰：『郢異於他子，且君没於吾手，若有，郢必聞，且亡人之子輒在。』乃立輒，以拒蒯聵。」蒯聵前稱世子者，所以深罪輒之見立不辭，而拒其父

也。輒若可立，則蒯聵爲未絕。未絕，則是世子尚存，而可以拒乎！主兵者衛也，何以序齊爲首？罪齊人與衛之爲惡而黨之也。公孫文仲主兵以伐鄭，而序宋爲首以誅殤公；事見隱公四年。石曼姑主兵圍戚，而序齊爲首以誅國夏，訓天下後世討亂臣賊子之法也。唐陳氏曰：「先國夏後曼姑，是聖人惡其不義，以齊爲兵首。」孫氏曰：「襄元年書圍宋彭城，此不言圍衛戚者，不與國夏助輒圍父也。」高氏曰：「曼姑爲子圍父，逆亂人倫，莫甚於此。齊國夏帥師助之，故爲惡首。齊與晉爲仇，若蒯聵入，則衛從晉矣，此齊所以助輒也。」薛氏曰：「佐人之子攻人之父，齊之罪有浮於衛也。」襄陵許氏曰：「晉以君臣稱兵，而齊爲臣伐君，衛以父子爭國，而齊助子圍父。以是令於諸侯，君子是以知齊之不伯，而將有亂也。」古者孫從祖，劉歆曰：「孫居王父之處，正昭穆則孫常與祖代。」張純曰：「父子不並坐，而孫從王父。」又孫氏王父之字，杜氏曰：「諸侯之孫，以王父字爲氏。」考於廟制，昭常爲昭，穆常爲穆，《周禮·小宗伯》注：「自始祖之後，皆父曰昭，子曰穆。」不以父命辭王命，禮也。輒雖由嫡孫得立，然非有靈公之命，安得云受之王父命哉？故冉有謂子貢曰：「夫子爲衛君乎？」子貢曰：「諾。吾將問之。」入曰：「伯夷、叔齊何人也？」曰：「古之賢人也。」曰：「怨乎？」曰：「求仁而得仁，又何怨？」出曰：「夫子不爲也。」伯夷以父命爲尊而讓其弟，叔齊以天倫爲重而讓其兄，仲尼以爲求仁而得仁者也。朱子曰：「夷、齊皆求合乎天理之正，而即乎人心之安，視棄其國猶敝屣爾。若衛輒之據國拒父而惟恐失之，其不可同

年而語明矣。」然則爲輒者奈何？宜辭於國。曰：「若以父爲有罪，將從王父之命，則有社稷之鎮公子在，我焉得爲君。以爲無罪，則國乃世子之所有也，天下豈有無父之國哉？而使我立乎其位。」如此則言順而事成矣。是故輒辭其位以避父，則衛之臣子拒蒯聵而輔之，可也。輒利其位以拒父，則衛之臣子舍爵祿而去之，可也。朱子曰：「蒯聵父子之事，其進退可否，只看輒之心如何爾。若輒有拒父之心，則固無可論。若有避父之心，則爲輒者，又當權輕重而處之，使君臣、父子之間，道並行而不相悖，苟不能然，則逃之而已矣，但不可有毫髮私意於其間耳。」烏有父不慈，子不孝，爭利其國，滅天理而可爲者乎？茅堂胡氏曰：「《意林》曰：『夷、齊求仁得仁，故無怨。不以能有國家爲貴，而以能全其志義爲安，故孔子稱之。』《春秋》抑蒯姑於齊，以明臣之不可侵其君，離戚於父，以明子之不可加其父。爲輒之義，亦宜明言於其君，曰無乘君之禮，我不可爲千乘主也。若無討父之道，臣不足爲三軍將也。爲蒯姑之義，宜明言於其國，曰臣以君臣、父子之道正矣。設若輒賢而不聽其去，則爲輒者，又當權輕重而義，當拒蒯聵而更立君可矣。是，上讓下競，而兵偃不用矣。又何其紛紛哉？」此義精矣。其先國夏者，誅賊子之黨也。」盧陵李氏曰：「衛石曼姑圍戚，與宋華元圍宋彭城相對。然宋事以晉首兵者，善晉之討逆也。衛事以齊首兵者，不以子制父也。」○劉氏曰：「杜氏曰：『曼姑知其不義，故推齊爲首。』非也。《春秋》苟從告，爲不義者飾非乎。」謝氏得之。」汪氏曰：「《公羊》以圍戚爲伯討，然則曷爲不書圍衛戚，與宋彭城比乎？又云：『輒不以父命辭王父命，是不以家事辭王事，豈可逆

父子之倫而可謂之王法乎？《禮記》：『子弒父，凡在宮者殺無赦。』說之者曰：『除子以外，皆得殺其弒父之人，蓋子弒父，而其子殺之。殺之者之子，又將得而殺之。』是聖人之法，教人以父子相殘也，豈理也哉？唐李存孝以克用養子，叛其父而請命於朝廷，先儒以爲不可受，蓋知《春秋》貶國夏之義矣。」

夏，四月甲午，地震。○五月辛卯，桓宮、僖宮災。《左傳》：「夏五月辛卯，司鐸火。火踰公宮，桓、僖災。救火者皆曰顧府。南宮敬叔至，命周人出御書，俟於宮，曰：『庀女，而不在，死。』子服景伯至，命宰人出禮書，以待命。命不共，有常刑。校人乘馬，巾車脂轄，百官官備，府庫慎守，官人肅給。濟濡帷幕，鬱牧從之。蒙葺公屋，自大廟始，外內以俊，助所不給。有不用命，則有常刑。有不供命，則有常刑。公父文伯至，命校人駕乘車。季桓子至，御公立於象魏之外，命救火者，傷人則止，財可爲也。命藏象魏，曰：『舊章不可亡也。』富父槐至，曰：『無備而官辦者，猶拾瀋也。』於是乎去表之槀，道還公宮。孔子在陳，聞火，曰：『其桓、僖乎！』」《公羊傳》：「此皆毀廟也，其言災何？復立也。曷爲不言其復立？《春秋》見者不復見也。何以不言及？敵也。何以書？記災也。」《穀梁傳》：「言及，則祖有尊卑。由我言之，則一也。」杜氏曰：「桓、僖親盡而廟不毀，宜爲天所災，故孔子聞火，知其必桓、僖。」

桓、僖親盡矣，其宮何以存？季氏者，出於桓，立於僖，世專魯國之政，其諸以是爲悅而不毀歟？高郵孫氏曰：「桓公者，哀公之十世祖也。僖公者，哀公之七世祖也。諸侯五廟，親盡則毀。桓、僖不毀，三家者存之，僭天子也。聖人因其災而並錄之，君子於是乎知有天道也。」家氏曰：「季氏悖禮僭上，罪不勝誅，故天災桓、僖廟以示警戒。」或世之廟存焉，非禮矣。」高氏曰：「諸侯五廟，親盡則毀。桓、僖不毀，三家者存之，僭天子也。聖人因其災

問：「漢高廟園殿災，董相謂高廟不當居遼東，園殿不當居陵旁，何所據而言然？」茅堂胡氏曰：「此是推本孔子在陳聞魯災，知桓、僖之意也。」范氏曰：「遠祖恩無差降如一，故不言及。」稱及，則祖有尊卑矣。或謂祖有功，宗有德，禮也。奚問其功德之有無也？曰：孝子慈孫，事其祖考，仁也，或七廟，或五廟。自是而衰，禮也。奚問其功德之有無也？必若此言，是子孫得選擇其祖宗而尊事之矣，豈理也哉？朱子曰：「商之三宗，周之世室，見於經典，皆有明文，而功德有無之實，天下後世自有公論。若必以此爲嫌，則秦政之惡非記者之誤，則或一時之言，而未必終身之定論也。」汪氏曰：「《家語》記孔子對陳侯之言，曰：『禮，祖有功而宗有德，故不毀其廟焉。』今桓、僖之親盡矣，又功德不足以存其廟，而魯不毀，是以天災加之。蓋桓公簒立，無功德可言，季氏存桓、僖，初非以其有功德，實所以隆私恩焉耳。又《家語》記孔子在齊聞周先王廟災，曰：『此必僖王之廟。』今考景王之時，上距僖王已八世，僖王在位日淺，亦無功德可稱，其廟亦在當毀，故天災及之，與魯桓、僖之廟災無以異也。然晉之悼公，朝于武宮，獻俘于文宮，則當時諸侯之祖廟親盡而不毀者，無國無之，故《春秋》特書桓、僖災以示戒歟？」廬陵李氏曰：「《左氏》載此年救火之事，如南宮敬叔至，命周人出御書；子服景伯至，命宰人出禮書。季桓子命藏象魏，曰：『舊章不可亡也。』此亦見魯爲儒書之國。」○劉氏曰：「《公羊》云：『復立也。不言復立，見者不復見也。』非也。古之人省文不若是，且必若云。作三軍，舍中軍，曷爲獨言哉？」

季孫斯、叔孫州仇帥師城啓陽。啓，《公》作「開」。陸氏曰：「開者，避漢景帝諱。」杜氏曰：「啓陽，琅琊開陽縣。魯黨范氏，故懼晉，比年四城。」汪氏曰：「益都路沂州臨沂縣有故開陽城。」襄陵許氏曰：❶「所城近敵，故帥師焉。地震廟災，變異弗圖，而取田城邑，兵役相繼，可謂不畏天命矣。中失外鍵，本亡而末務，此魯之季世也。」○宋樂髠帥師伐曹。

廬陵李氏曰：「此蓋曹公孫彊爲功之時也。」襄陵許氏曰：「宋始窺曹，曹不量力而奸強國，不脩德而圖大功，❷則適足以取亡而已。此年樂髠伐，六年向巢伐，七年圍，八年入，而以曹伯陽歸矣。」

附録 《左傳》：「劉氏、范氏世爲婚姻，萇弘事劉文公，故周與范氏。趙鞅以爲討。六月癸卯，周人殺萇弘。」

秋，七月丙子，季孫斯卒。《左傳》：「秋，季孫有疾，命正常曰：『無死！南孺子之子，男也，則以告而立之；女也，則肥也可。』季孫卒，康子即位。既葬，康子在朝。南氏生男，正常載以如朝，告曰：『夫子有遺言，命其圉臣曰：「南氏生男，則以告於君與大夫而立之。」今生矣，男也，敢告。』遂奔衛。康子請退。公使共劉視之，則或殺之矣。乃討之。召正常，正常不反。」廬陵李氏曰：「朱子曰『康子奪嫡』，即此。」○蔡人放其大夫公孫獵于吳。杜氏曰：「公子駟之黨。」高氏曰：「放大夫者，國也。而稱人，衆人逐之也。其放之于

❶ 「陵」，原作「陽」，今據四庫本改。
❷ 「圖」，原作「國」，今據四庫本改。

吳，召亂之道也。厥後蔡亂以公孫氏，豈獵之黨與？」○廬陵李氏曰：「《穀梁》注：『放胥甲父稱國，放無罪也。』此稱人，放有罪也。謝氏亦以獵得罪於國人，故稱人以放。胡氏不取，以書其大夫觀之，胡氏得之。」

冬十月癸卯，秦伯卒。○叔孫州仇、仲孫何忌帥師圍邾。高氏曰：「邾子已受盟於句繹，今二卿踵年而圍之，是自敗其盟也。雖邾政不修有以致寇，然魯之棄信亦已甚矣。自是盟不足恃，《春秋》不志也。」○廬陵李氏曰：「來會、來朝、來奔喪，猶不免伐；取漷、沂田，受繹盟，猶不免圍，不至於以邾子益來不止也，小國水火甚矣。諸侯無伯，害哉！」

附錄《左傳》：「冬十月，晉趙鞅圍朝歌，師于其南。荀寅伐其郛，使其徒自北門入，①己犯師而出。癸丑，奔邯鄲。十一月，趙鞅殺士皋夷，惡范氏也。」

庚戌敬王二十九年。四年晉定二十一。齊景五十七。衛出二。蔡昭二十八，殺。鄭聲十。曹陽十一。陳閔十一。杞僖十五。宋景二十六。秦悼公元年。楚昭二十五。吳夫差五。

春，王二月《公》作「三月」。庚戌，盜殺蔡侯申。

殺，《公》《穀》作「弒」。《左傳》：「蔡昭侯將如吳。諸大夫恐其又遷也，承，公孫翩逐而射之，入於家人而卒。以兩矢門之，衆莫敢進。文之鍇後至，曰：『如牆而進，多而殺二人。』鍇執弓而先，翩射之，中肘。鍇遂殺之。故逐公孫辰而殺公孫姓、公孫盱。」《公羊傳》：「弒君賤者窮諸人，此其稱盜以弒何？」賤乎賤者也。賤乎賤者孰謂？謂罪人也。」《穀梁傳》：「稱盜以弒君，不以上下道道也。內其君而外

❶「北」，原作「比」，今據四庫本及阮刻本《春秋左傳正義》改。

弒者，不以弒道道也。《春秋》有三盜：❶微殺大夫，謂之盜；非所取而取之，謂之盜；辟中國之正道以襲利，謂之盜。」

按《左氏》：「蔡侯將如吳。諸大夫恐其又遷也，公孫翩逐而射之，卒。」然則翩非微者，其以盜稱何也？蔡侯背楚誑吳，又委罪於執政，其謀國如是，則信義俱亡，禮文並棄，無以守身而自衛，夫人得而害之矣，故變文書盜，以警有國之君也。蜀杜氏曰：「蔡侯爲一國之君，不能自正，而爲賤者所殺，其貶可知也。」陳氏曰：「盜，疏且賤者也。稱盜以殺，則凡在官者無人也。蔡殺其大夫公子駟，蔡放其大夫公孫獵于吳。蕞爾蔡也，而連年誅放其大夫，是貴近無人也。是故殺翩不書，以爲不足討也。葬昭公，❷以爲不必不葬也。」張氏曰：「凡弒君稱弒，積漸之名也。蓋國君之尊，其勢位之崇高，非臣下所得輕而危之也，故其謀必非一朝一夕之故而得行焉。今蔡昭不道，上得罪於大國，下無道於其民，忠謀不用，無罪見殺，人心以離。故翩之事成於一旦，《春秋》以盜殺書之，所以見其幾於獨夫也。餘祭稱弒，上下之名猶存也。蔡申稱殺，君道亡矣。」翩弒君而略其名氏，姓與霍皆翩之黨，稱國以殺而不去其官者，二公孫蓋嘗謀國，不使其君至於是，❸而弗見庸者也，故書法

---

❶ 「三」，原作「二」，今據四庫本及阮刻本《春秋穀梁傳注疏》改。
❷ 「昭」，原作「君」，今據四庫本改。
❸ 「至」，原作「五」，今據四庫本改。

如此。而或者以翩非微者而稱盜，蘇轍以謂求名而不得，非矣。天下豈有欲求弒君之名？《春秋》又惜此名而不與者哉！高氏曰：「宣十七年蔡侯申卒，是爲文公。此蔡侯申於文公爲曾孫，周人以諱事神，豈有曾孫與曾祖同名者乎？必有一誤。」廬陵李氏曰：「《穀梁》《春秋》有三盜：微殺大夫謂之盜，盜竊寶玉、大弓是也；非所取而取之謂之盜，盜殺陳夏區夫是也；襲利謂之盜，盜殺蔡侯申是也。言其辟中國之正道而行同夷狄，不以禮義爲主，而饒倖以求名利，若齊豹之類，故抑而書盜。」

蔡公孫辰出奔吳。 陳氏曰：「書公薨，夫人姜氏孫于邾，公子慶父出奔莒，則夫人、慶父與聞乎弒矣。書盜殺蔡侯申，蔡公孫辰出奔吳，則辰與聞乎殺矣。」○**葬秦惠公。**○**宋人執小邾子。** 襄陵許氏曰：「天下無霸，故宋人得以執小邾子，伐鄭，入曹而無所忌。」汪氏曰：「稱人以執，非伯討也。不稱名，無罪也。以私怨擅執小國之君，又不歸諸京師，其罪大矣。」廬陵李氏曰：「伐曹執邾之役，蓋齊景圖伯無成，而宋亦有志於爭權也，當合宋襄執滕用、鄫子圍曹等看。」○**夏，蔡殺其大夫公孫姓、公孫霍。** 汪氏曰：「霍即盱，傳見上。」○**晉人執戎蠻子赤歸于楚。** 蠻，《公》作「曼」，音蠻。書執止此。《左傳》：「夏，楚人既克夷虎，乃謀北方。左司馬眅、申公壽餘、葉公諸梁。致蔡於負函，致方城之外於繒關。曰：『吳將泝江入郢，將奔命焉』爲一昔之期，襲梁及霍。單浮餘圍蠻氏，蠻氏潰，蠻子赤奔晉陰地。司馬起豐、析與狄戎，以臨上雒。左師軍于菟和，右師軍于倉野，使謂陰地之命大夫士蔑曰：『晉、楚有盟，好惡同之。若將不廢，寡君之願也。不然，將通於少習以聽命』士蔑請諸趙孟，趙孟曰：『晉國未寧，安能惡於楚？必速與之！』士蔑

乃致九州之戎，將裂田以與蠻子而城之，且將爲之卜。蠻子聽卜，遂執之，與其五大夫，以畀楚師于三戶。司馬致邑立宗焉，以誘其遺民，而盡俘以歸。」《公羊傳》：「赤者何？戎曼子之名也。其言歸于楚何？子北宮子曰：『辟伯晉而京師楚也。』」

楚圍蠻氏，子赤奔晉。楚謂晉曰：「晉、楚有盟，好惡同之。若將不廢，則寡人之願也。不然，將通於少習以聽命。」杜氏曰：「少習，商縣，武關也。將大開武關以伐晉。」趙鞅曰：「晉國未寧，安能惡楚？必速與之！」乃誘執蠻子以畀楚師。其曰晉人云者，罪之也。蠻子赤何以名？夷狄也。無罪見執亦書名，外之也。文公執曹伯畀宋人，今此曷云歸于楚？歸于楚者，猶曰京師楚也。晉主夏盟，爲日久矣。不競至此，《春秋》所惡。唐陳氏曰：「霸主執列國之君，歸于京師，正也。今執而與楚，宜書如曹伯畀宋人，方伯請命于天子，問罪，然後執而歸諸京師，正也。不請王命而執之歸于京師，若晉侯執曹伯歸于楚明矣。」高氏曰：「諸侯有罪，方伯請命于天子，問罪，然後執而歸諸京師，正也。不請王命而執之歸于京師，若晉侯執曹伯歸于京師，其罪爲輕；若晉侯入曹執曹伯畀諸侯，其罪已重。今晉爲中國盟主，而執戎蠻子歸于楚，以君臣言，則楚爲君矣；以彊弱言，則楚爲伯矣。」家氏曰：「戎蠻雖遍于楚，亦嘗服屬諸夏，昭十六年楚乘其亂，誘其君而殺之，楚實無道，戎之叛之宜也。於是自拔歸晉，晉人倘畏楚之盛彊，拒而弗納可也，聽其去而適他國亦可也。乃誘而執之以

❶「若」，原作「君」，今據四庫本改。

歸于楚，執人而歸之夷狄，是以事京師者而事夷狄，晉之罪大矣，故書人以貶之。」

城西郭。杜氏曰：「備晉也。」❶○六月辛丑，亳社災。亳，步各切，《公》作「蒲」。《公羊傳》：「蒲社者何？亡國之社也。社者，封也。其言災何？亡國之社蓋揜之。揜其上而柴其下。蒲社災，何以書？記災也。」《穀梁傳》：「亳社者，亳之社也。亳，亡國也。亡國之社以爲廟屏，戒也。其屋亡國之社，不得上達也。」❷范氏曰：「亳即殷，立亳社於廟外以爲屏蔽。」程子曰：「《書》曰：『湯既勝夏，欲遷其社，不可，作夏社。』國既亡，則社自當遷，湯存之以爲後戒，故但屋之，則與遷之無異。既爲亡國之社，則自王都至國都皆有之，使爲戒也。《記》曰：『喪國之社屋之，不受天陽也。』又曰：『亳社北牖，使陰明也。』魯有亳社災，屋之故有災。此制，計之必始于湯也。」孔氏曰：「殷有天下，作都于亳。茅堂胡氏曰：「天子大社，必受霜露風雨，以達天地之氣。亡國之社屋之。武王克商，班其社于諸侯，以爲廟屏。其災者，劉向以爲人君縱心，不能警戒之象。」汪氏曰：「亡國之社災，戒魯之危亡也。七年，《左傳》云：『以邾子來，獻于亳社。』則新作亳社之屋可知矣。不書新作亳社者，以其當作，故不志也。」○秋，八月甲寅，滕子結卒。汪氏曰：「在位二十三年，子虞母嗣，是爲隱公。」○冬，十有二月，葬蔡昭公。胡氏曰：「蔡昭書葬，謂殺其大夫公孫姓等。爲賊已

❶「備」上，四庫本有「魯西郭」三字。
❷「上達」，原倒文，今據阮刻本《春秋穀梁傳注疏》乙正。

討，則當如衛人殺州吁例書之，然後謂之賊。今稱國以討，而不去其官，則不以二大夫爲賊也。若以爲討之不以其罪故書大夫，則當從里克、甯喜之例不書葬矣，故知此例不通。蔡昭之得書葬，自別有義也。」高氏曰：「國亂故緩，《春秋》於定、哀之際錄蔡昭允詳者，哀其不幸也。當齊桓、晉文之隆，蔡猶不能自拔於楚。凌遲至於標季，而昭公乃銳然合中國以興。召陵之會，卒能以吳破楚入郢，此其志力有過人者，遭晉德之不競，而不能遠撫，使之卒陷于楚之禍。君子是以哀昭之不幸，而爲之數見於經也。使昭公出於晉悼之世，其功烈當如何哉？」○葬滕頃公。

附錄《左傳》：「秋七月，齊陳乞、弦施、衛甯跪救范氏。庚午，圍五鹿。九月，趙鞅圍邯鄲。冬十一月，邯鄲降。荀寅奔鮮虞，趙稷奔臨。十二月，弦施逆之，遂墮臨。國夏伐晉，取邢、任、欒、鄗、逆畤、陰人、盂、壺口。會鮮虞，納荀寅于柏人。」

辛亥敬王三十年。五年晉定二十二。齊景五十八，卒。衛出三。蔡成公朔元年。鄭聲十一。曹陽十二。陳閔十二。杞僖十六。宋景二十七。秦悼二。楚昭二十六。吳夫差六。春，城毗。毗，頻夷反，《公》作「比」，又作「芘」。杜氏曰：「備晉也。」○夏，齊侯伐宋。高氏曰：「齊之伐宋，所以圖霸也。」汪氏曰：「定十四年齊侯、宋公會于洮，距此六年未有釁端，而景公忽興師以伐宋，豈以宋人伐曹，執小邾子，恃強凌弱，故託是討之以圖霸歟。然景公內不能正其國，區區脅制以爭伯權，是以鄭、衛、魯、宋雖從之，而不心服也。公孫丑稱晏子以其君顯，抑末矣。」○晉趙鞅帥師伐衛。《左傳》：「春，晉圍柏人，荀寅、士吉射奔齊。初，范氏之臣王生惡張柳朔，言諸昭子，使爲柏

人。昭子曰：「夫非而讎乎？」對曰：「私讎不及公，好不廢過，惡不去善，義之經也，臣敢違之？」及范氏出，張柳朔謂其子：「爾從主，勉之！我將止死，王生授我矣，吾不可以僭之。」遂死於柏人。夏，趙鞅伐衛，范氏之故也，遂圍中牟。」杜氏曰：「衛助范氏故也。」家氏曰：「輒以子拒父，齊國夏爲之圍戚，逆也。蒯聵以父伐子，晉趙鞅爲之伐衛，其順矣乎？吁！齊固失矣，晉亦未爲得也。《春秋》所許也，蓋討范氏之黨，則師出庶幾有名耳。謝氏以此年伐衛爲蒯聵未入故，亦是一說。」○秋，九月癸酉，齊侯杵臼卒。杵，《公》作「處」。《左傳》：「齊燕姬生子，不成而死。諸子鬻姒之子荼嬖，諸大夫恐其爲大子也，言於公曰：『君之齒長矣，未有大子，若之何？』公曰：『二三子間於憂虞，則有疾疢，亦姑謀樂，何憂於無君？』公疾，使國惠子、高昭子立荼，寘群公子於萊，黔奔衛，公子鉏、公子陽生來奔。萊人歌之曰：『景公死乎不與埋，三軍之事乎不與謀，師乎師乎，何黨之乎？』」張氏曰：「景公在位五十八年，前有晏嬰，後有孔子。晏嬰告之以陳氏將竊其國，孔子告以君君臣臣父父子子，公亦知說而從之矣。及大臣以未有大子告之，反使之姑謀樂，而勿憂無君，卒致死肉未寒，子弒國亂。曾未十年，陳恒弒簡公而移其社稷，真范祖禹所謂『治愈久而政愈弊，年彌進而德彌退』者。景公之卒葬，書于《春秋》，豈不爲享國日久而曾無遠慮者之戒歟！」○冬，叔還如齊。還，音旋。高氏曰：「使卿弔，且會葬也。」○閏月，葬齊景公。《公羊傳》：「閏不書，此何以書？喪以閏數也。喪曷爲

以閏數？喪數略也。」《穀梁傳》：「不正其閏也。」何氏曰：「恩殺，故并閏數喪服大功以下，以閏月為數，常也。」劉氏曰：「喪以年斷者，不以閏數；以月斷者，則以閏數。」孫氏曰：「閏月喪事不數，葬齊景公，非禮也，譏其變常也。」唐陳氏曰：「三年之喪，二十五月。苟以閏數，則二年之內已有二十五月，安得謂之三年歟？苟以閏數而書，則諸書崩、薨、卒、葬皆宜書矣，奚獨斯也？」

附錄《左傳》：「鄭駟秦富而侈，嬖大夫也，而常陳卿之車服於其庭。鄭人惡而殺之。子思曰：『《詩》曰：「不解于位，民之攸墍。」❶不守其位，而能久者鮮矣。《商頌》曰：「不僭不濫，不敢怠皇，命以多福。」』」

壬子 敬王三十一年。**六年** 晉定二十三。齊安孺子荼元年，弒。衛出四。蔡成二。鄭聲十二。曹陽十三。陳閔十三。杞僖十七。宋景二十八。秦悼三。楚昭二十七，卒。吳夫差七。**春，城邾瑕。** 瑕，邾邑。魯未嘗取於邾而遽城「葭」。書城止此。杜氏曰：「備晉也。任城亢父縣北有邾婁城。」高氏曰：「瑕，邾邑也。聖人因其城而繫之邾者，不與魯之擅并人土也。」汪氏曰：「邾瑕如魯濟之類，魯有負瑕，故稱邾以別之。魯取不書，恐如杞成之邾者，不經耳。」襄陵許氏曰：「定、哀十六年間，凡八城邑，魯既不得事晉，諸侯方爭，是以高城深池，務守其國以捍禍亂，然使魯能修其政如治城者，則天下歸之，豈特自守而已。三年以來，歲書城邑，以著魯無德政，勞民薦數如此，後雖城邑不復志矣。」〇**晉趙鞅帥師伐鮮虞。**《左傳》：「春，晉伐鮮虞，治范氏之亂也。」杜氏

❶「墍」，原作「暨」，今據阮刻本《春秋左傳正義》改。

曰：「四年，鮮虞納荀寅于柏人。」薛氏曰：「昭十二年，楚人伐徐之歲，楚虔方熾，而書晉伐鮮虞。十五年，楚寇少安，不能輯睦中夏，而荀吳伐之。定四年，召陵罷會，楚有可乘之機，而士鞅及衛孔圉伐鮮虞。五年，吳方入郢，士鞅又伐鮮虞，於是盡失諸侯，又有趙鞅之伐，則晉伯業之衰，皆由陪臣封殖貪伐鮮虞故也。」○吳伐陳。《左傳》：「復修舊怨也。楚子曰：『吾先君與陳有盟，不可以不救。』乃救陳，師于城父。」高氏曰：「陳，楚與也。吳之入楚，使召陳侯，陳侯不來，吳人怨之。元年侵陳，今復伐陳，修怨也，陳自是與吳成。」張氏曰：「夫差修怨黷兵以取滅亡，故《春秋》復狄之。」○夏，齊國夏及高張來奔。《左傳》：「齊陳乞僞事高、國者，每朝必驂乘焉。所從必言諸大夫，曰：『彼皆偃蹇，將棄子之命。皆曰：高、國得君，必偪我，盍去諸？』固將謀子，子早圖之。圖之，莫如盡滅之。需，事之下也。』及朝，則曰：『彼虎狼也，見我在子之側，盍去我無日矣。請就之。』又謂諸大夫曰：『二子者禍矣！恃得君而欲謀二三子，曰：國之多難，貴寵之由，盡去之而後君定。』既成謀矣，盍及其未作也，先諸？昭子聞之，與惠子乘如公，戰于莊，敗。國人追之，國夏奔莒，遂及高張、晏圉、弦施來奔。」襄陵許氏曰：「陳乞將立陽生，乃先逐國、高，國、高奔而後陳乞弒其君之謀得肆矣。」陳氏曰：「齊殺其大夫高厚，齊崔杼弒其君光，齊國夏及高張來奔，齊陳乞弒其君茶，聖人之垂誡深矣。」「高、國爲國世臣，從君於昏，受其顧命，力不足以衛上，委君而逃，書奔以罪其不忠也。」襄陵許氏曰：「叔還以吳在柤，故往會之，始結吳好也。夷狄獸心，以魯政之不修，務與吳親以資其力，君子恥柤之會，於此知魯之將有吳患矣。」廬陵李氏曰：「叔還之會吳，與公孫歸父會楚子于宋，叔弓會楚子

于陳一也。而《春秋》狄吳，何哉？伐我之兆見於此矣。春秋之末，臣與吳會者二，然後有黃池之兩伯，中國為吳，魯不得不任其責也。」〇秋，七月庚寅，楚子軫卒。《左傳》：「秋七月，楚子在城父，將救陳。卜戰不吉，卜退不吉。王曰：『然則死也。』再敗楚師，不如死。棄盟逃讎，亦不如死。死一也，其死讎乎！』命公子申為王，不可；則命公子結，亦不可；則命公子啓，五辭而後許。將戰，王有疾。庚寅，昭王攻大冥，卒于城父。子閭退，曰：『君王舍其子而讓群臣，敢忘君乎？從君之命，順也。立君之子，亦順也。二順不可失也。』與子西、子期謀，潛師閉塗，逆越女之子章，立之而後還。是歲也，有雲如衆赤鳥，夾日以飛，三日。楚子使問於周太史。周太史曰：『其當王身乎！若禜之，可移於令尹、司馬。』王曰：『除腹心之病，而寘諸股肱，何益？不穀不有大過，天其夭諸？有罪受罰，又焉移之？』遂弗禜。大夫請祭諸郊。王曰：『三代命祀，祭不越望。江、漢、睢、漳，楚之望也。禍福之至，不是過也。不穀雖不德，河非所獲罪也。』遂弗祭。孔子曰：『楚昭王知大道矣。其不失國也，宜哉！』《夏書》曰：『惟彼陶唐，帥彼天常。有此冀方，今失其行。亂其紀綱，乃滅而亡。』又曰：『允出茲在茲，由己率常可矣。』」高氏曰：「昭王委政囊瓦，寵費無極，使賢人誅戮，諸侯怨叛，入郢之禍，宮汙冢發，幾不免其身。迄得反國而卒于位者，國有一申包胥也。」廬陵李氏曰：「《左氏》載楚昭有死讎之志，及其命公子啓為王，與不肯移禍於令尹、司馬等，亦足見昭王之賢。又載子西、子期、子閭之讓國不立，亦足見三子之賢，故楚不終衰。又曰『楚子疾』，卜曰『河為祟』，王弗祭。曰：『三代命祀，祭不越望。江、漢、睢、漳，楚之望也。』孔子曰：『楚昭王知大道矣。』此足以證諸侯不當三望之事。」

附錄《左傳》：「八月，齊邴意茲來奔。」

齊陽生入于齊，齊陳乞弒其君荼。

荼，音徒，又丈加反，《公》作「舍」。《左傳》：「陳僖子使召公子陽生。陽生駕而見南郭且于，曰：『嘗獻馬于季孫，不入于上乘，故又獻此，請與子乘之。』出萊門而告之。僖子使子士之母養之，與饋者皆入。公子曰：『事未可知，反與壬也處。』戒之，遂行。逮夜至于齊，國人知之。僖子使子士之母養之，與饋者皆入。冬十月丁卯，立之。將盟，鮑子醉而往。其臣差車鮑點，曰：『此誰之命也？』陳子曰：『受命于鮑子。』遂誣鮑子曰：『子之命也。』鮑子曰：『女忘君之爲孺子牛而折其齒乎？而背之也！』悼公稽首，曰：『吾子奉義而行者也。若我可，不必亡一大夫，若我不可，不必亡一公子。義則進，否則退，敢不唯子是從？廢興無以亂，則所願也。』鮑子曰：『誰非君之子？』乃受盟。使胡姬以安孺子如賴，去鬻姒，殺王甲，拘江說，囚王豹于句竇之丘。公使朱毛告于陳子，曰：『微子則不及此。然君異于器，不可以二。器二不匱，君二多難。敢布諸大夫。』僖子不對而泣，曰：『君舉不信群臣乎？以齊國之困，困又有憂。少君不可以訪，是以求長君，庶亦能容群臣乎！不然，夫孺子何罪？』毛復命，公悔之。毛曰：『君大訪于陳子，而圖其小，可也。』使毛遷孺子於駘，不至，殺諸野幕之下，葬諸冒淳。」《公羊傳》：「弒而立者，不以當國之辭言之，此其以當國之辭言之何？爲諼也。此其爲諼奈何？景公謂陳乞曰：『吾欲立舍，何如？』陳乞曰：『所樂乎爲君者，欲立之則立之，不欲立則不立，君如欲立之，則臣請立之。』陽生謂陳乞曰：『吾聞子蓋將不欲立我也。』陳乞曰：『夫千乘之主，將廢正而立不正，必殺正者。吾不立子者，所以生子者也，走矣！』與之玉節而走之。景公死而舍立，陳乞使人迎陽生于諸其家。除景公之喪，諸大夫皆在朝，陳乞曰：

「常之母，有魚菽之祭，願諸大夫之化我也。」諸大夫皆曰：『諾。』於是皆之陳乞之家坐。陳乞曰：『吾有所為甲，請以示焉。』諸大夫皆曰：『諾。』於是使力士舉巨囊而至于中霤，諸大夫見之，皆色然而駭，開之則闖然，公子陽生也。陳乞曰：『此君也已。』諸大夫不得已，皆逡巡北面，再拜稽首而君之爾。自是往弒舍。」《穀梁傳》：「陽生入而弒其君，以陳乞主之，何也？不以陽生君荼，何也？陽生正，荼不正，不正則其曰君，何也？荼雖不正，已受命矣。入者內弗受也。其不以陽生君荼，何也？以其受命，可以言弗受也。陽生其以國氏，何也？取國于荼也。」程子曰：「稱齊陽生，見景公廢長立少以啓亂也。」
陽生曷為不稱公子？非先君之子也。為人子者，無以有己《家語》注：「身，父母所有也。」則以父母之心為心者。景公命荼世其國，己則篡荼而自立，是自絕於先君，豈復得為先君之子也？不稱公子，誅不子也。鄭康成曰：「陽生篡國，故不言公子。」
齊？《春秋》端本之書也。正其本則事理，陽生之不子也。其誰使之然也？不有廢長立少以啓亂者乎？故齊景問政於孔子。孔子對曰：「君君、臣臣、父父、子子，君不君，臣不臣，父不父，則子不子。」以陽生繫之齊，著亂之所由生也。張氏曰：「《春秋》譏景公之廢長立幼而不稱公子陽生，何也？人君立子而不以正者，皆徒設此心，兩棄之也，故凡當然。而君父處之不以其道者，君子不立乎其位，伯夷、叔齊寧他人有之而不敢當，《春秋》豈敢遂？予以公子而正其名之哉！」然而弒荼者，陽生與朱毛也。曷為書陳乞？杜氏曰：「弒荼者，朱毛與陽生，而書陳乞，所以明乞立陽生而荼見弒，則禍由乞始也。楚比劫立，陳乞流涕，子家憚老，皆疑於免罪，故《春秋》明而書

之，以爲弑主。」高氏曰：「《春秋》書弑君之賊，雖其人不自爲，必以禍所從發爲主，所以誅其意也。」初，景公謂陳乞：「吾欲立荼，如何？」對曰：「所樂乎爲君者，欲立則立之，不欲立則不立也。君如欲立，則臣請立之。」陽生謂乞曰：「吾聞子蓋將不欲立我也。」對曰：「千乘之主，將廢正而立不正，必殺正者。吾不立子者，所以生子也。」與之玉節而走之魯。景公死，荼立，陳乞使人迎陽生寘諸家，召諸大夫而示之，曰：「此君也。」諸大夫知乞有備，不得已逡巡北面，再拜而君之爾。陳乞獻諛，終被弑君之罪。是皆不明《春秋》之義，陷於大惡而不知者也。故里克中立，不免殺身之刑。

不以陽生首惡者，陽生之入，陳乞召之，荼之弑，陳乞爲之。書陽生之入而陳乞弑君，則乞之惡著，而陽生與有罪焉。高郵孫氏曰：「陽生入齊弑君而陳乞弑君，則是陽生與聞乎故也。陽生之入于齊，齊陳乞弑其君荼，則乞爲陽生弑也。」陳氏曰：「衛侯入于夷儀，衛甯喜弑其君剽，則喜爲衛侯弑也。彼陽生者，亡公子而已。乞不有無君之心，則陽生爲僇矣。」罪齊無知者罪陽生？於是齊政由陳氏矣。荼弑在陽生既入之後，然其謀實定於陽生未入之前，不與小白同也。晉獻公殺世子而立嬖妾之子，其事與此略相似，荼則卓家氏曰：「陽生之入，與小白書入同。然小白之入，齊無君也。陽生之入，齊有君矣。荼弑在陽生既入之也，陽生則夷吾也，陳乞則里克也。然夷吾不預殺，而陽生實預於殺，則陽生又不得與夷吾同也。且弑荼

❶ 「荼」，原作「茶」，今據四庫本改。

立陽生，乃乞之本謀，故專罪陳乞。陽生於諸子爲長，以序當立，景公黜長立幼，以是召亂。《春秋》不坐陽生以首惡之罪，示人君立子以長不以愛，其寓戒之意深矣」高氏曰：「觀從召公子比而虔死，陳乞召陽生而荼死，乞蒙弑君之惡，而從乃委罪公子比，何也？從，陪臣也。齊已有君而又外求陽生，能始禍而不能定其所立，比以衆立而不顧其君，是比弑之也。乞，大臣也。陽生雖入而不能自定其位，乞以強立之而不顧其君，是乞弑之也。從雖召比，然公子有三焉，比不自立可也。乞召陽生，固將君之矣。陽生爲君，則孺子荼何所置哉？故《春秋》別嫌明微，不以其迹，而同其誅也。」○劉氏曰：「《穀梁》云：『陽生正，荼不正。』故不以陽生君荼。然而荼受命，陽生不受命，陽生弑先君所命，是則弑其君矣。何云不以陽生君荼乎？假令先君廢陽生爲非義，自可聽天子伯主治之耳。今躬弑其君，《春秋》猶詭其罪以與陳乞，何哉？要之陳乞主陽生而弑荼可知也。」廬陵李氏曰：「齊陽生書法與齊小白同，皆非有君父之命，而以次則居長當立，故不書公子而稱國也。衛州吁書法與齊無知同，皆罪其君不待以公子之道，使之與聞國政而當國，故不稱公子而稱國。此條《公羊》國之說非是。至其載陳乞本末獨詳於《左氏》，有以知《春秋》罪乞之大意，則胡氏詳矣。蓋當廢立之際，大臣當據經守正，守死不回然後可。不然，必陷於大惡，里克、陳乞事正同。」

冬，仲孫何忌帥師伐邾。高氏曰：「魯人必欲滅邾而後已，自公即位以來，四用兵於邾，積明年入邾之亂。」○宋向巢帥師伐曹。高氏曰：「樂髡伐之猶未服，且爲入曹起也。」

癸丑敬王三十二年。七年晉定二十四。齊悼公陽生元年。衛出五。蔡成三。鄭聲十三。曹陽十四。陳

閔十四。杞僖十八。宋景二十九。秦悼四。楚惠王章元年。吳夫差八。

春，宋皇瑗帥師侵鄭。 瑗，于眷反。《左傳》：「春，宋師侵鄭，鄭叛晉故也。」高氏曰：「不務德而加兵於人，故書侵。」張氏曰：「老丘之役，宋、鄭始因隙地以起兵争，卒致各取其師，以逞其殺人之志，所以詳其交争之實也。」汪氏曰：「老丘敗在定十五年，是後九年取鄭師于雍丘，十三年取宋師于嵒。」○廬陵李氏曰：「宋之叛晉久矣，豈復爲晉討鄭乎？《左氏》非。」

○**晉魏曼多帥師侵衛。** 曼音萬。《左傳》：「晉師侵衛，衛不服也。」杜氏曰：「五年晉伐衛，至今未服。」高氏曰：「衛輒拒其父至今六年矣，猶未納也，晉不以此致討，而以范中行氏加兵於衛，故書侵。」

○**夏，公會吳于鄫。** 鄫，《穀》作「繒」。《左傳》：「夏，公會吳于鄫。吳來徵百牢，子服景伯對曰：『先王未之有也。』吳人曰：『宋百牢我，魯不可以後宋。且魯牢晉大夫過十，吳王百牢，不亦可乎？』景伯曰：『晉范鞅貪而棄禮，以大國懼敝邑，故敝邑十一牢之。君若以禮命於諸侯，則有數矣。若亦棄禮，則有淫者矣。周之王也，制禮，上物不過十二，以爲天之大數也。今棄周禮，而曰必百牢，亦唯執事。』吳人弗聽。景伯曰：『吳將亡矣，棄天而背本。不與，必棄疾於我。』乃與之。大宰嚭召季康子，康子使子貢辭。大宰嚭曰：『國君道長，而大夫不出門，此何禮也？』對曰：『豈以爲禮？畏大國也。大國不以禮命於諸侯，苟不以禮，豈可量也？寡君既共命焉，其老豈敢棄其國？大伯端委以治周禮，仲雍嗣之，斷髮文身，贏以爲飾，豈禮也哉？有由然也。』反自鄫，以吳爲無能爲也。」杜氏曰：「鄫，琅邪鄫縣。」張氏曰：「即舊鄫國，比年書會吳，所以著哀公之失謀於始而遺患於後日也。」高氏曰：「吳欲霸諸侯，魯先往會之。」汪氏曰：「邾茅夷鴻稱盟于鄫衍，而經不書盟，諱與吳盟也。故吳伐我，盟于萊門，會于黃池，吳争先歃，皆不書，隱中國之與吳盟

○秋，公伐邾。八月己酉，入邾，以邾子益來。《左傳》：「季康子欲伐邾，乃饗大夫以謀之。子服景伯曰：『小所以事大，信也，大所以保小，仁也。背大國不信，伐小國不仁。民保於城，城保於德。失二德者，危將焉保？』孟孫曰：『二三子以爲何如？惡賢而逆之？』對曰：『禹合諸侯於塗山，執玉帛者萬國。今其存者，無數十焉。唯大不字小，小不事大也。知必危，何故不言？魯德如邾，而以衆加之，可乎？』不樂而出。秋，伐邾，及范門，猶聞鐘聲。大夫諫，不聽。茅成子請告於吳，不許。曰：『魯擊柝聞於邾，吳二千里，不三月不至，何及於我？且國內豈不足？』成子以茅叛。師遂入邾，處其公宮，衆師晝掠。邾衆保于繹。師宵掠，以邾子益來，獻于亳社，囚諸負瑕，負瑕故有繹。邾茅夷鴻以束帛乘韋，自請救於吳，曰：『魯弱晉而遠吳，馮恃其衆，而背君之盟，辟君之執事，以陵我小國。邾非敢自愛也，懼君威之不立，君威之不立，小國之憂也。若夏盟於鄫衍，秋而背之，成求而不違，四方諸侯，其何以事君？且魯賦八百乘，君之貳也；邾賦六百乘，君之私也。以私奉貳，唯君圖之』吳子從之。」《公羊傳》：「入不言伐，此其言伐何？內辭也，若使他人然。邾婁子益何以名？絕。曷爲絕之？獲也。曷爲不言其獲？內大惡諱也。」《穀梁傳》：「入者，不以者也。益之名，惡也。《春秋》有臨天下之言焉，有臨一國之言焉，有臨一家之言焉。其言來者，有外魯之辭焉。」范氏曰：「惡其不能死社稷。」

《春秋》隱君之惡，故滅國書取，婉以成章而不失其實也。恃強陵弱，無故伐人而入其國，處其宮，晝夜掠，以其君來，獻于亳杜，囚于負瑕，此天下之惡也。吳師爲是克東陽，齊人爲是取吾二邑，辱國亦甚矣，何以備書于策而不諱乎？聖人道隆而德大，人之有惡，務

去之而不積也，則不念其惡而進之矣。以邾子益來惡也。歸邾子益于邾，是知其爲惡，能去之而不積也，故書以邾子來而不諱者，欲見後書歸邾子之爲能去其惡而與之也，聖人之情見矣。明此然後可以操賞罰之權，不明乎此以操賞罰之權而能濟者鮮矣。薛氏曰：「伐邾本三家而公自爲之，不得已也。公内迫於三家，三家歸過於上也。」劉氏曰：「益何以名？賤之也。賤之奈何？虞服也。」蘇氏曰：「魯入邾以邾子益來而不書滅，何也？邾大夫茅夷鴻保於茅，請救於吳，明年吳爲之伐魯，魯復邾子，故不言滅也。在外曰『以歸』，在内曰『以來』，内外之別也。」○劉氏曰：「《公羊》云：『入不言伐，其言伐，内辭也，若使他人然。』非也。初秋伐之，八月入之，理當並書，無取於内辭也。入邾婁使若他人猶可諉，以邾婁子益來，又可云他人乎？」又曰：「曷爲不言其獲？内大惡諱也。」亦非也。諸侯擅入人之國爲大惡矣。此自入而以歸，不得以獲解也。《穀梁》云：『其言來者，外魯之辭。』亦非也。直書入邾，又言以邾子益來，於君親之過而無所隱，義已足矣，豈以一失之故遂外其君乎？且令不外其君，當曰以邾子益歸乎。夫歸可施於人，不可施於我，來可施於人，不可施於人，此《春秋》之文也。」唐陳氏曰：「夾陣而獲其君則曰『獲』，入國滅國而以其君歸則曰『以』，書於諸侯則曰『歸』，於魯則曰『來』」。

宋人圍曹。冬，鄭馹弘帥師救曹。《左傳》：「宋人圍曹，鄭桓子思曰：『宋人有曹，鄭之患也，不可以不救。』冬，鄭師救曹，侵宋。初，曹人或夢衆君子立于社宮，而謀亡曹，曹叔振鐸請待公孫彊，許之。旦而求之曹，無之。戒其子曰：『我死，爾聞公孫彊爲政，必去之。』及曹伯陽即位，好田弋。曹鄙人公孫彊好弋，獲白

鴞,獻之,且言田弋之説,説之。因訪政事,大説之。有寵,使爲司城以聽政。夢者之子乃行。彊言霸説於曹伯,曹伯從之,乃背晉而奸宋。宋人伐之,晉人不救,築五邑於其郊,曰黍丘、揖丘、大城、鍾、邘。」高氏曰:「曹伯奸宋,是以致討,然宋之伐曹數矣。今又圍之,亦已甚矣,故貶而人之。苟將卑師少,豈能圍之乎?鄭與曹疎,所以救曹,非志於義也,欲報皇瑷之師也。」家氏曰:「中國無盟主,諸侯擅侵伐,更相吞噬,不奪不饜。《春秋》書宋圍曹,罪宋也。書鄭救曹,與鄭也。《春秋》與鄭之能救,所以愧齊、晉諸大國之不能救也。」陳氏曰:「書救曹何?曹卒滅於宋也。自魯救晉,凡晉、楚之救皆不書,六十年矣。其再見,以中國無霸而諸侯自相救也。諸侯自相救猶可也,吳救陳,諸夏幾於亡矣。」廬陵李氏曰:「謝氏曰:『曹之病於宋久矣,大國無一爲之援,而鄭能帥師救之,善之也。』」

春秋集傳大全卷之三十七

哀公 二

甲寅敬王三十三年。八年晉定二十五。齊悼二。衛出六。蔡成四。鄭聲十四。曹陽十五，國亡。陳閔十五。杞僖十九，卒。宋景三十。秦悼五。楚惠二。吳夫差九。

春，王正月，宋公入曹，以曹伯陽歸。《左傳》：「春，宋公伐曹，將還，褚師子肥殿。曹人詬之，不行。師待之。公聞之，怒，命反之，遂滅曹。執曹伯及司城彊以歸，殺之。」《公羊傳》：「曹伯陽何以名？絕。曷為絕之？滅也。曷為不言其滅？諱同姓之滅也。何諱乎同姓之滅？力能救之而不救也。」

此滅曹也。曷為不言滅？滅者，亡國之善辭，上下之同力也。曷為不言滅？力一心，共死之辭也。曹伯陽好田弋，鄙人公孫彊獲白鴈獻之，且言田弋之說，因訪政事，大說之。彊言霸說於曹伯，因背晉而奸宋。宋人伐之，晉人不救。書「宋公入曹，以曹伯陽歸」，而削其見滅之實，猶虞之亡，書晉人執虞公，而不言滅也。何氏曰：「言滅者，臣子與君戮。」蘇氏曰：「此滅曹也。其不書滅，言自滅也。」《春秋》輕重之權衡，故書法若此。有國者妄聽辯言以亂舊政，自取滅亡之

禍，可以鑒矣。陳氏曰：「檜亡，東周之始也。曹亡，春秋之終也。夫子之刪《詩》也，繫《曹》、《檜》於《國風》之後，於《檜》之卒篇，曰『思周道也』；於曹之卒篇，曰『思治也』，傷天下之無伯也。《春秋》作於定、哀之際，文、武之所襃，大諸侯亡國多矣。莫強於齊、晉，晉趙鞅歸于晉，則晉亡之漸也，齊陳乞弒其君荼，則齊亡之漸也。夫子嘗喟然於此矣。興滅國，繼絕世，修廢官，舉逸民，蓋常有此言也，於是曹不言滅。」〇劉氏曰：「《公羊》云：『不言其滅，諱同姓之滅。』非也。豈有不救同姓之滅，《春秋》遂責之乎。且責魯不救，而諱曹之滅。縱失宋公之惡，苟責無罪之魯，甚無理也。」

吳伐我。書伐我始此。《左傳》：「吳爲邾故，將伐魯，問於叔孫輒。叔孫輒對曰：『魯有名而無情，伐之必得志焉。』退而告公山不狃。公山不狃曰：『非禮也。君子違不適讎國，未臣而有伐之，奔命焉，死之可也。所託也則隱。且夫人之行也，不以所惡廢鄉。今子以小惡而欲覆宗國，不亦難乎？若使子率，子必辭，王將使我。』子張疾之❶。王問於子洩，對曰：『魯雖無與立，必有與斃。諸侯將救之，未可以得志焉。晉與齊、楚輔之，是四讎也。夫魯、齊、晉之脣。脣亡齒寒，君所知也，不救何爲？』三月，吳伐我，子洩率，故道險，從武城。初，武城人或有因於吳，竟田焉，拘鄫人之漚菅者，曰：『何故使吾水滋？』及吳師至，拘者道之，以伐武城，克之。王犯嘗爲之宰，澹臺子羽之父好焉，國人懼。懿子謂景伯：『若之何？』對曰：『吳師來，斯與之

❶ 「疾」，原作「病」，今據阮刻本《春秋左傳正義》改。

戰，何患焉？且召之而至，又何求焉？」吳師克東陽而進，舍於五梧。明日，舍於蠶室。公賓庚、公甲叔子與戰于夷，獲叔子與析朱鉏。獻於王。王曰：『此同車，必使能，國未可望也。』明日，舍於庚宗，遂次於泗上。微虎欲宵攻王舍，私屬徒七百人，三踊於幕庭。卒三百人，有若與焉，及稷門之內。或謂季孫曰：『不足以害吳，而多殺國士，不如已也。』乃止之。吳子聞之，一夕三遷。吳人行成，將盟，景伯曰：『楚人圍宋，易子而食，析骸以爨，猶無城下之盟，我未及虧，而有城下之盟，是棄國也。吳輕而遠，不能久，將歸矣。請少待之。』弗從。景伯負載，造於萊門。乃請釋子服何於吳，吳人許之。以王子姑曹當之，而後止。吳人盟而還。」

吳為邾故，興師伐魯，兵加國都而盟于城下，經書伐我，不言四鄙及與吳盟者，諱之也。蘇氏曰：「不言四鄙而直言伐我，兵加于國都也。於是為城下之盟而還，不書，諱之也。」來戰于郊，直書不諱，盟于城下，何諱之深也？楚人圍宋，易子而食，析骸而爨，亦云急矣。欲盟城下，則曰「有以國斃」，不能從也。晉師從齊，齊侯致賂，晉人不可。國佐對曰：「子若不許，請合餘燼，背城借一，敝邑之幸，亦云從也。」遂盟于袁婁。而《春秋》與之。使有華元、國佐之臣，則不至此矣。故《春秋》不言四鄙及與吳盟者，欲見其實而深諱之，以為後世謀國之士不能以禮義自強，偷生惜死，至於侵削陵遲而不知恥者之戒也。家氏曰：「吳伐我以救邾，而書法無褒辭

者，《春秋》之貴救、貴義也。茅成子之請救于吳也，勸吳子以利，吳子悅於利而動，是以率師造于魯之城下，不責魯以存邾，遽受盟而返，何救之足言？其後吳責報于魯者不已。執其君而擾亂其國，存亡國者顧如是乎？」汪氏曰：「哀公即位七年，加兵於邾者五，而且入其國，俘其君。自入《春秋》，魯恃強陵弱，未有若是之甚也。此年書吳伐我，比事以觀，則魯之受伐，蓋有由也。前此書侵伐必言四鄙，猶足爲守也。至於是年，吳兵直抵魯之城下，則魯之四竟、藩屏蕩然，而國不足爲國矣。哀公之經兩書伐我，若曰我能入邾，吳能爲邾而伐我。我能會吳伐齊，齊能興師而伐我。雖據事直書，而詳味書法，亦有反己自咎之意焉。」廬陵李氏曰：「《春秋》伐我者必書四鄙，不使難延我國也。獨此與明年國書伐我爲特筆，蓋曲在我也。胡氏諱城下之盟，其說本蘇氏。謝氏曰：『不至國都則書某鄙，至國都則書伐我。』亦是。」又曰：「是時魯政雖陵，無以爲國，然觀《左氏》所記，盡忠死難之士皇多有之，此所以爲禮義之國歟。公山不狃以叛亡之人而處心尚能如此，賢於人遠矣。孔子之欲往，豈無意夫？」

夏，齊人取讙及闡。 闡，尺善反，《公》作「僤」，後同。《左傳》：「齊悼公之來也，季康子以其妹妻之，即位而逆之。季魴侯通焉，女言其情，弗敢與也。齊侯怒。夏五月，齊鮑牧帥師伐我，取讙及闡。」《公羊傳》：「外取邑不書，此何以書？所以賂齊也。曷爲賂齊？爲以邾婁子益來也。」《穀梁傳》：「惡內也。」杜氏曰：「闡，在東平剛縣北。」程子曰：「內失邑不書，君辱當諱也。魯人邾而以其君來，致齊怒、吳伐，故賂齊以說之。不能保其土地民人，是不君也。己與之，彼以非義而受，則書取，此與濟西田是也。魯以兵召釁，固不容無過。齊以私憤取非其有，故稱人。」○家氏曰：「魯以兵召釁，固不容無過。齊以私憤取非其有，故稱人。」○家氏邑不書，以即歸我故書之也。」王氏曰：「外取邑不書，此書取，此與濟西田是也。

曰：「《公》、《穀》以齊爲邾故，取讙、闡。《左氏》則以季姬未歸故，齊人來討。觀齊之兵端，當從二傳，非以女故。蓋齊取二邑，要魯以存邾爾。」唐陳氏曰：「凡用兵而取，先書伐，次書取；不用兵而取，第書取。」

附錄 《左傳》：「或譖胡姬於齊侯，曰：『安孺子之黨也。』」六月，齊侯殺胡姬。

歸邾子益于邾。 《左傳》：「齊侯使如吳請師，將以伐我，乃歸邾子。邾子又無道，吳子使大宰子餘討之，囚諸樓臺，栫之以棘，使諸大夫奉大子革以爲政。」《穀梁傳》：「益之名，失國也。」何氏曰：「書者，善魯能悔過歸之。」張氏曰：「凡取邑之類，少有復歸之者，今魯不遂其惡而歸之，故以順辭言之也。」○秋，七月。

附錄 《左傳》：「秋，及齊平。九月，臧賓如如齊涖盟。齊閭丘明來涖盟，且逆季姬以歸，嬖。」○「鮑牧又謂群公子曰：『使女有馬千乘乎？』公子愁之。公謂鮑子：『或譖子，子姑居於潞以察之。若有之，則分室以行，若無之，則反子之所。』出門，使以三分之一行。半道，使以二乘。及潞，麇之以入，遂殺之。」

冬，十有二月癸亥，杞伯過卒。 過音戈。○**齊人歸讙及闡。** 《左傳》：「季姬嬖故也。」程子曰：「不云我田，既歸邾子，亦歸其田，非以爲惠也。」

按《左氏》：「邾子益，齊出也。魯以益來，則齊人取讙及闡。」又如吳請師，而怒猶未息也。以此見國君之造惡不悛，則四鄰謀取其國家，莫能保矣。歸邾子益于邾，則齊人歸讙及闡。又辭師于吳，而德猶未泯也。以此見國君去惡而不積，則四鄰不侵其封境而自安矣。曰「以」曰「取」者，逆詞也。曰「歸」者，順詞也。去逆效順，息爭休兵，齊無取地之罪，

魯無失地之辱，以此見遷善之優，改過之大。而《春秋》不諱入邾以邾子益來者，以明歸益于邾之能掩其前惡而美之也。何氏曰：「書歸讙及闡，善魯能悔過歸邾婁子益所喪之邑，不求自得。」汪氏曰：「不言來者，齊本取讙、闡，脅魯歸邾子。今既歸邾子，則齊遂所欲。故歸讙、闡。非感於義而心悦誠服，故不言來歸。」

乙卯敬王三十四年。九年晉定二十六。齊悼三。衛出七。蔡成五。鄭聲十五。陳閔十六。杞閔公維元年。宋景三十一。秦悼六。楚惠三。吳夫差十。**春，**

附錄《左傳》：「春，齊侯使公孟綽辭師于吳。吳子曰：『昔歲寡人聞命，今又革之，不知所從，將進受命於君。』」

王二月，葬杞僖公。○宋皇瑗帥師取鄭，師于雍丘。雍，於勇反，又於用反。《左傳》：「鄭武子賸之變許瑕求邑，無以與之。請外取，許之。故圍宋雍丘。宋皇瑗圍鄭師，每日遷舍，壘合，鄭師哭。子姚救之，大敗。二月甲戌，宋取鄭師于雍丘。使有能者無死，以郟張與鄭羅歸。」《公羊傳》：「其言取之何？易也。其易奈何？詐之也。」《穀梁傳》：「取，易辭也。以師而易取，鄭病矣。」杜氏曰：「《左傳》例，覆而敗之曰取某師，謂威力兼備，若羅網所掩覆，一軍皆見禽。雍丘縣屬陳留。」襄陵許氏曰：「春秋之季，日尋干戈詐力相傾，❶奇變滋起，於是始志取人之師，甚其譎，惡其盡也。鄭以不義深入敵境，而圍其邑，此固喪師之道

❶「詐」，原作「誰」，今據四庫本改。

也。」廬陵李氏曰:「胡氏、《左氏》例,覆而敗曰「取」,悉虜而俘之曰「取」。觀《左氏》所載,使有能者無死,而止以二人歸,則殺人多矣。《春秋》之末特書取師者二,謝氏所謂「著其禍之大者」,是也。自定十五年老丘之役以來,宋、鄭結怨久矣。故皇瑗悉力取雍丘之師,罕達悉力取喦之師,蓋不勝忿怨以至於此也。長平之坑,所由來漸矣。此當與隱十年鄭莊取三國之師同看。」○夏,楚人伐陳。《左傳》:「陳即吳故也。」汪氏曰:「陳之為國,屢滅於楚,而僅存者也。今而從吳,亦以楚之屢伐而求以自託焉耳。楚不思所以自反,而憤陳之背己,攻之荐數而不已,今年伐陳,明年公子結復伐之,十三年公子申又伐之。陳之困於楚,終春秋之世,雖其力弗克自振,而楚之暴橫不道,其罪蓋不可勝誅矣。」廬陵李氏曰:「六年吳伐陳,楚昭救之,卒于城父,不克而還,則陳之即吳,惟強是從而已。昭王旅卒,楚惠君臣不念陳之有德於楚也,而亟伐之,此《春秋》所以以救予吳也歟?」○秋,宋公伐鄭。汪氏曰:「鄭雖不義,宋覆其師而盡取之,亦云憯矣。而又君親帥師以伐其國,明年偏師再伐,十二年向巢又伐,十三年鄭人復取宋師,然則宋、鄭之喪師,皆其自取之也。」

附錄 《左傳》:「秋,吳城邗,溝通江、淮。」○「晉趙鞅卜救鄭,遇水適火,占諸史趙、史墨、史龜。史龜曰:『是謂沈陽,可以興兵。利以伐姜,不利子商。伐齊則可,敵宋不吉。』史墨曰:『盈,水名也。子,水位也。名位敵,不可干也。炎帝為火師,姜姓其後也。水勝火,伐姜則可。』史趙曰:『是謂如川之滿,不可游也。鄭方有罪,不可救也。救鄭則不吉,不知其他。』陽虎以《周易》筮之,遇《泰》之《需》,曰:『宋方吉,不可與也。微子啓,帝乙之元子也。宋、鄭,甥舅也。祉,祿也。若帝乙之元子,歸妹而有吉祿,我安得吉

焉?」乃止。」

冬，十月。

附錄《左傳》：「冬，吳子使來徵師伐齊。」

丙辰敬王三十五年。十年晉定二十七。齊悼四，卒。衛出八。蔡成六。鄭聲十六。陳閔十七。杞閔二。宋景三十二。秦悼七。楚惠四。吳夫差十一。春，王二月，邾子益來奔。《左傳》：「春，邾隱公來奔，齊甥也，故遂奔齊。」陳氏曰：「吳人討邾，奉太子為政而後奔，則其但書奔何？以是為自失國也。《春秋》之法，苟其道足以失國，雖有敵國，猶以自致之文書之。」高氏曰：「先為魯所俘而又來奔，其不知恥甚矣。」○

公會吳伐齊。三月戊戌，齊侯陽生卒。《左傳》：「公會吳子、邾子、郯子伐齊南鄙，師于鄾。齊人弒悼公，赴于師。吳子三日哭于軍門之外，徐承帥舟師將自海入齊，齊人敗之，吳師乃還。」

按《左氏》：「公會吳伐齊。」孫氏曰：「齊，中國。吳，夷狄。會夷伐夏，其惡可知。」齊人弒悼公，赴于師。」《春秋》不著齊人弒君之罪，而以卒書者，亦猶鄭伯髡頑弒而書卒，不忍以夷狄之民加中國之君也，其存天理之意微矣。魯人入邾，以其君來，罪也。齊侯為是歸讙及闡，如吳請師討之也。魯人悔懼，歸益于邾，是知其罪而能改也。夫變之正者，禮義之所在，中國之君也。吳人欲遂前言而背違正師于吳，是變之正也。齊之臣子不能將順，上及其君，此天下大變常理之所無也。故沒其見弒之理，狄道也。齊之臣子不能將順，上及其君，此天下大變常理之所無也。故沒其見弒之

禍而以卒書，其旨深矣。《春秋》弒君大惡，不待貶絕而自見也。君而見弒，豈無不善之積以及其身乎？若夫悼公變而克正，則無不善之積矣。故以卒書而没其見弒，所謂不忍以夷狄之民加中國之君也，而存天理之意微矣。襄陵許氏曰：「人事之變，有幸不幸，而《春秋》之義，裁成天地，見正命焉。」○臨川吳氏曰：「當時以吳師在齊而公卒，遂以為弒爾。」

夏，宋人伐鄭。襄陵許氏曰：「既取其師，伐而又伐，惡其修怨不已也。」

夏，趙鞅帥師伐齊，大夫請卜之。趙孟曰：『吾卜於此起兵，事不再令，卜不襲吉，行也。』於是乎取犁及轅，毀高唐之郭，侵及賴而還。」高氏曰：「齊率諸侯以貳晉，可以討矣。然趙鞅加兵於有喪之國，聖人弗與也。故書侵，異乎士匄矣。」臨川吳氏曰：「吳猶遭齊喪而去之，晉乃乘齊喪而伐之，曾吳之不君也。」廬陵李氏曰：「傳書伐而經書侵者，乘吳之亂，伐齊之喪，無名甚矣。」○五月，公至自伐齊。師氏曰：「公會夷狄以伐強國，夷狄之心不可信，而強國之禍不可測，其危可知矣。」高氏曰：「齊、魯接境，而公會夷狄伐之，既聞其喪，則遂班師可也。所以久而不歸者，公之進退，制在吳故也。」廬陵李氏曰：「哀公編書公會吳者五，獨此役與黄池書至，蓋聖人擇其危甚者而書之也。」○葬齊悼公。廬陵李氏曰：「公雖不廢喪紀，往會其葬，不足以贖過。」汪氏曰：「悼公書葬與鄭僖公同，不及五月，禮略也。」○衛公孟彄自齊歸于衛。薛氏曰：「孟彄，蒯聵之黨，挾齊歸衛，衛人納之，世子歸之自也。」薛氏曰：「彄，蒯聵之黨，今歸于衛，必從輒而棄蒯聵。故十五年春，蒯聵入國，彄復奔齊。」○薛伯夷卒。夷，《公》作「寅」。

秋，葬薛惠公。

附錄 《左傳》：「秋，吳子使來復儆師。」

冬，楚公子結帥師伐陳，吳救陳。書救止此。《左傳》：「冬，楚子期伐陳。吳延州來季子救陳，謂子期曰：『二君不務德，而力爭諸侯，民何罪焉？我請退，以爲子名，務德而安民。』乃還。」

《春秋》惡首亂，善解紛，自誅亂臣討賊子之外，凡書救者，未有不善之也。唊氏曰：「救者，救其患難，凡救患皆爲美也。」故在王室，則罪諸侯，子突救衛是也。救在遠國，則罪四鄰，晉陽處父救江是也。救在夷狄，則罪中國，楚公子貞救鄭，狄救齊，吳救陳是也。吳雖蠻夷之國，來會于戚，則進而書人矣。其以號舉而不進之者，深著楚罪而又進而書子矣。救而果善，曷爲獨以號舉而不進之也？使季札聘，則又進而書子矣。其以號舉而不進之者，深著楚罪而傷中國之衰也。陳氏曰：「自魯救晉，凡救皆不書。書鄭救曹，則中國無霸，諸侯自相救也。中國無霸，諸侯自相救，《春秋》憫焉而特書之。吳救陳，諸夏幾於亡矣，《春秋》之所甚懼也。」張氏曰：「《春秋》幸吳之救，而不以人與師書之者。宣、昭二公之時，楚主中國，楚猶近於中國也，故《春秋》於楚免其夷狄舉號之稱。定、哀之時，吳主中國，吳純於夷狄者也，故雖有小善而猶以號舉，茲足以觀世變

汪氏曰：「宣十一年楚縣陳，尋復封之。昭八年楚滅陳，十三年復封陳。」今又無故興師，肆行侵伐，而列國諸侯縱其暴橫，不能修方伯連帥之職，而吳能救之，故獨以號舉，深著楚罪，而傷中國之衰也。子欲居九夷，乘桴浮于海，而曰：「夷狄之有君，不如諸夏之亡也。」其書吳救陳之意乎。

而知《春秋》之嚴矣。」○劉氏曰：「《左氏》云『延州來季子』，推驗其年，季子近百歲矣，似異時事，傳附著其說耳。」

丁巳敬王三十六年。**十有一年**晉定二十八。齊簡公壬元年。衛出九。蔡成七。鄭聲十七。陳閔十八。杞閔三。宋景三十三。秦悼八。楚惠五。吳夫差十二。**春，齊國書帥師伐我。**《左傳》：「春，齊爲鄎故。國書、高無平帥師伐我，及清。季孫謂其宰冉求曰：『齊師在清，必魯故也，若之何？』求曰：『一子守，二子從公禦諸竟。』季孫曰：『不能。』求曰：『居封疆之間。』季孫告二子，二子不可。求曰：『若不可，則君無出。一子帥師背城而戰。不屬者，非魯人也。魯之群室，眾於齊之兵車，一室敵車，優矣。子何患焉？二子之不欲戰也宜，政在季氏。當子之身，齊人伐魯而不能戰，子之恥也。大不列於諸侯矣。』季孫使從於朝，俟於黨氏之溝。武叔呼而問戰焉。對曰：『君子有遠慮，小人何知？』懿子強問之，對曰：『小人慮材而言，量力而共者也。』武叔曰：『是謂我不成丈夫也。』退而蒐乘，孟孺子洩帥右師，顏羽御，邴洩爲右。冉求帥左師，管周父御，樊遲爲右。季孫曰：『須也弱。』有子曰：『就用命焉。』季氏之甲七千，冉有以武城人三百爲己徒卒。老幼守宮，次于雩門之外。五日，右師從之。公叔務人見保者而泣，曰：『事充政重，上不能謀，士不能死，何以治民？吾既言之矣，敢不勉乎！』師及齊師戰于郊，齊師自稷曲，師不踰溝。樊遲曰：『非不能也，不信子也。請三刻而踰之。』如之，眾從之。師入齊軍。右師奔，齊人從之。陳瓘、陳莊涉泗。孟之側後入以爲殿，抽矢策其馬曰：『馬不進也。』林不狃之伍曰：『走乎？』不狃曰：『誰不如？』曰：『然則止乎？』不狃曰：『惡賢？』徐步而死。師獲甲首八十，齊人不能師。宵，諜曰：『齊人遁。』冉有請從之三，季孫不許。

孟孺子語人曰：『我不如顏羽，而賢於邴洩。子羽銳敏，我不欲戰而能默。洩曰：「驅之。」公爲與其嬖僮汪錡乘，皆死，皆殯。孔子曰：「能執干戈以衛社稷，可無殤也。」冉有用矛於齊師，故能入其軍。孔子曰：『義也。』」

諸侯來伐，無有不書四鄙者。汪氏曰：「《春秋》書伐我二十有一，唯哀八年吳伐我，餘皆言四鄙。」今齊師及清涉泗，非有城下之盟，可諱之辱，亦書伐我，何也？傅說復于高宗，曰：「惟甲冑起戎，惟干戈省厥躬。」蔡氏曰：「干戈所以討有罪，必嚴於省躬者，戒其有所輕動。」夫省厥躬者，自反之謂也。自反而縮則爲壯，自反而不縮則爲老。師之老、壯在曲直，曲直自我而不繫乎人者也。邾子，齊之甥。魯嘗入邾以其君來，齊人爲是取讙及闡，請師于吳，曲在齊矣。魯人何名？會吳伐之也。故《春秋》之記斯師，特曰「伐我」者，欲省致師之由而躬自厚也，垂訓之義大矣。劉氏曰：「君子之道，不貴其勝人，而貴自勝也。」《說命》曰：『干戈省厥躬。』躬爲善，而外物横逆者有之矣，君子拒而弗受也，躬爲不善，而外物横逆者亦有之矣，君子受而弗對也。」汪氏曰：「高郵孫氏謂《春秋》之始，内魯而外諸夏，故魯爲他國所侵伐，必曰『某鄙』。哀公之經，再書伐我，同魯於諸侯。竊以爲《春秋》詳內而略外，故外之侵伐止書國，而魯書四鄙，非尊魯而卑諸侯也。此書伐我不言地，比於兵加國

都之例，所以貶之也。然傳載老幼守宮❶次于雩門之外，師及齊師戰于郊，冉求曰「二子帥師背城而戰」，則齊師逼迫於魯之國都矣。杜諤曰：「直曰伐我，見其以國言之，與他伐異矣。」然則國書之伐，與他伐異矣。

盧陵李氏曰：「世家季桓子卒，遺言謂康子必召孔子，其臣止之。康子乃召冉求，是年冉求與齊戰有功，康子乃召孔子，而孔子歸魯，年六十八矣。然魯終不能用孔子，孔子亦不求仕，乃敘《書傳》、《禮記》，刪《詩》、正樂，序《易》，弟子蓋三千焉。」

夏，陳轅頗出奔鄭。轅，《公》作「袁」。頗，破多反。《左傳》：「初，轅頗為司徒，賦封田以嫁公女。有餘，以為己大器。國人逐之，故出。道渴，其族轅咺進稻醴、梁糗、腶脯焉。喜曰：『何其給也？』對曰：『器成而具。』曰：『何不吾諫？』對曰：『懼先行。』」襄陵許氏曰：「《春秋》書轅頗之奔，所以為人臣附上以刻下，託公以營私者之戒也。」家氏曰：「聚歛媚上者固當有討，然國不能自討，致眾怒而逐之，是眾為政也，而可哉？」

〇五月，公會吳伐齊。薛氏曰：「戰不書伐，今書伐何？難乎公之會吳與齊戰也，會伐則戰見矣。吳自入郢之後，困而久不能見。公之六年，稍出而伐陳，吾叔還會之于柤，公又會之于鄫，還而入邾，吳以邾故伐我，而齊取讙、闡，由是齊、魯始睽。齊歸二邑，則固知罪矣。我不之實，固與吳合。前年會伐齊，故有國書之報。卒會吳而勝齊，吳之威加中夏，多魯之力也。《春秋》書公會伐而不言會戰，難言而有以見之也。」家氏曰：「兩年之間，書公會吳伐齊者再，責魯深矣。當闔廬之世，《春秋》嘗進吳書子；自夫差之立，迨今十有

❶ 「宮」，原作「官」，今據四庫本改。

三年，皆以號舉，為其用兵不戰而狄之也。狄吳，則魯罪著矣。」永嘉呂氏曰：「晉既不足以宗諸侯，而開門延盜，以來被髮文身之吳。乃在於周公之孫，秉禮之望國，會之伐齊而使之逞其志於中國，聖人望魯之意至是絕矣。」**甲戌，齊國書帥師及吳戰于艾陵，齊師敗績，獲齊國書。**書戰、書獲止此。齊、魯交兵亦止此。《左傳》：「為郊戰故，公會吳子伐齊。五月，克博，壬申，至于嬴。中軍從王，胥門巢將上軍，王子姑曹將下軍，展如將右軍。齊國書將中軍，高無丕將上軍，宗樓將下軍。陳僖子謂其弟書：『爾死，我必得志。』宗子陽與閭丘明相厲也。桑掩胥御國子。公孫夏曰：『二子必死。』❶將戰，公孫夏命其徒歌《虞殯》。陳子行命其徒具含玉。公孫揮命其徒曰：『人尋約，吳髮短。』東郭書曰：『三戰必死，於此三矣。』使弦多以琴，曰：『吾不復見子矣。』陳書曰：『此行也，吾聞鼓而已，不聞金矣。』甲戌，戰于艾陵，展如敗高子，國子敗胥門巢。王卒助之，大敗齊師。獲國書、公孫夏、閭丘明、陳書、東郭書，革車八百乘，甲首三千，以獻于公。將戰，吳子呼叔孫曰：『而事何也？』對曰：『從司馬。』王賜之甲、劍鈹，曰：『奉爾君事，敬無廢命。』叔孫未能對，衛賜進曰：『州仇奉甲從君。』而拜。公使大史固歸國子之元，寘之新簀，襲之以玄纁，加組帶焉。實書於其上曰：『天若不識不衷，何以使下國？』」杜氏曰：「艾陵，齊地。」茅堂胡氏曰：「吳伐齊，獲國書。吳之無道，犯閒上國，涉數千里之地以伐人之邦，固求棄疾於晉不主盟，制在夷狄，聖人傷之也。」劉氏曰：「國書之用齊也，內不能安其君，外不能交鄰國，而輕與之戰，其不愛百姓也不亦甚乎！人與之俱靡焉耳。

---

❶「二」，原作「一」，今據四庫本及阮刻本《春秋左傳正義》改。

故善戰者服上刑，所謂爲志乎此戰者也。」高氏曰：「戰不書公者，没公，乃所以深貶公也。且書及吳我師戰于艾陵，不可也。書及公吳戰于艾陵，繼書及吳戰，則公與貶可知矣。書獲國書，與宋華元同。然華元生獲而國書死獲，故公使太史固歸國子之元也。」廬陵李氏曰：「此戰以國書主之者，吳之來伐，齊人皆知其不可禦而必敗矣。苟能全民兵，嚴守備，屈之以義，而勿與交鋒，則齊可以坐困強吳而却之矣。今乃以伐魯方歸之罷兵，未息肩，未解甲，而快志於一朝之忿，師敗身獲，爲國大殃。故艾陵之戰以國書主之者，深罪之也。」

附錄 《左傳》：「吳將伐齊，越子率其衆以朝焉。王及列士皆有饋賂。吳人皆喜，唯子胥懼，曰：『是豢吳也夫！』諫曰：『越在，我心腹之疾也。壤地同而有欲於我。夫其柔服，求濟其欲也，不如早從事焉。得志於齊，猶獲石田也，無所用之。越不爲沼，吳其泯矣。使醫除疾，而曰必遺類焉者，未之有也。《盤庚》之誥曰：「其有顛越不共，則劓殄無遺育，無俾易種于茲邑」①是商所以興也。今君易之，將以求大，不亦難乎！』弗聽。使於齊，屬其子於鮑氏，爲王孫氏。反役，王聞之，使賜之屬鏤以死。將死，曰：『樹吾墓檟，檟可材也，吳其亡乎！』三年，其始弱矣。盈必毀，天之道也。」

秋，七月辛酉，滕子虞母卒。

附錄 《左傳》：「秋，季孫命修守備，曰：『小勝大，禍也。齊至無日矣。』」

---

① 「茲」下，原衍「新」字，今據阮刻本《春秋左傳正義》删。

冬，十有一月，葬滕隱公。○衛世叔齊出奔宋。《左傳》：「冬，衛大叔疾出奔宋。初，疾娶于宋子朝，其娣嬖。子朝出，孔文子使疾出其妻而妻之。疾使侍人誘其初妻之娣，寘於犂，而爲之一宮，如二妻。文子怒，欲攻之，仲尼止之。遂奪其妻。或淫于外州，外州人奪之軒以獻。恥是二者，故出。衛人立遺，使室孔姞。疾臣向魋，納美珠焉，與之城鉏。宋公求珠，魋不與，由是得罪。及桓氏出，城鉏人攻大叔疾，衛莊公復之。使處巢，死焉。殯于鄖，葬于少禘。初，晉悼公子慭亡在衛，使其女僕而田。大叔懿子止而飲之酒，遂聘之，生悼子。悼子即位，故夏戊爲大夫。悼子亡，衛人翦夏戊。孔文子之將攻大叔也，訪於仲尼。仲尼曰：『胡簋之事，則嘗學之矣。甲兵之事，未之聞也。』退，命駕而行，曰：『鳥則擇木，木豈能擇鳥？』文子遽止之，曰：『圉豈敢度其私？訪衛國之難也。』將止，魯人以幣召之，乃歸。」高氏曰：「《春秋》書内外大夫奔者凡六十，蓋君之股肱，故重而書之。然春秋之末，何其出奔之多也。是時政在大夫，各欲自專，始則相猜相忌，終乃相攻相逐也。」

附錄 《左傳》：「季孫欲以田賦，使冉有訪諸仲尼。仲尼曰：『丘不識也。』三發，卒曰：『子爲國老，待子而行，若之何子之不言也？』仲尼不對，而私於冉有曰：『君子之行也，度於禮，施取於厚，❶事舉其中，斂從其薄。如是，則以丘亦足矣。若不度於禮，而貪冒無厭，則雖以田賦，將又不足。且子季孫若欲行而法，則周公之典在。若欲苟而行，又何訪焉？』弗聽。」

❶「於」，四庫本及阮刻本《春秋左傳正義》作「其」。

戊午敬王三十七年。十有二年晉定二十九。齊簡二。衛出十。蔡成八。鄭聲十八。陳閔十九。杞閔四。宋景三十四。秦悼九。楚惠六。吳夫差十三。**春，用田賦。**《左傳》：「春，王正月，用田賦。」《公羊傳》：「何以書？譏。何譏爾？譏始用田賦也。」《穀梁傳》：「古者公田什一，用田賦，非正也。」

哀公問於有若曰：「年饑用不足，如之何？」有若對曰：「盍徹乎？」曰：「二吾猶不足，如之何其徹也？」曰：「百姓足，君孰與不足？百姓不足，君孰與足？」古者公田什一，助而不稅，魯自宣公初稅畝，朱子曰：「宣公稅畝，什而取二。」後世遂以爲常而不復矣。至是二猶不足，故又以田賦也。夫先王制土，籍田以力，而砥其遠邇，賦里以入而量其有無，《國語》註：「制其肥磽之土以爲差等。籍田，稅也。以力者，三十受田百畝，二十受田五十畝。砥，平也。里，廛也，謂商賈所居之區域。」朱子曰：「賦其廛者，若漢家斂民錢以田爲率矣。軍賦，十井不過一乘。哀公外慕強吳，空盡國儲，故復用田賦。」陸氏曰：「以田多少出軍賦也。」孫氏曰：「言用田以爲財賦之率。」**今用田賦軍旅之征**，何氏曰：「田，謂一井之田。賦者，斂取其財物也。言用田賦者，若漢家斂民以田爲率矣。軍賦，十井不過一乘。哀公陽萬氏曰：「周制：歲時登其夫家之衆寡，辯其可任者，國中自七尺以及六十，野自六尺以及六十有五，皆征之。今哀公以計口率泉，爲不足於用，又計田而使之出泉以爲賦。」非矣。**田以出粟爲主而足食，賦以出軍爲主而足兵。**《前漢書‧刑法志》：「稅以足食，賦以足兵。」周制：宅不毛者有里布，無職事者征夫家，漆林之稅二十而五，《周禮‧載師》注：「宅不種桑麻者，罰之使出一里二十

五家之泉，民無常産者，罰之使出一夫百畝之稅，一家力役之征，出土徒車輦給繇役」。汪氏曰：「漆林之稅，十分中稅二分半。以其地産漆，故重其稅，若今之稅茶、稅竹木也。」則弛力薄征，當以農民爲急，而增賦竭作，不使末業者獨幸而免也。今二猶不足而用田賦，是重困農民而削其本，何以爲國？書曰：「用田賦。」用者，不宜用也。近世議弛商賈之征，達於時政者，欲先省國用，首寬農民，後及商賈，《宋鑑》：「慶曆中議弛茶、鹽之禁及減商稅。范仲淹不可，曰：『茶、鹽、商稅，但分減商賈之利。今國用未減，既不取之商賈，復取之農，恐害農也。』」知《春秋》譏田賦之意矣。

臨川吴氏曰：「宣公稅畝，首壞井田什一之法，則賦民之財也非古矣。成公作丘甲，賦民之力者非古矣。至哀公用田賦，而民財民力竭矣。」陳氏曰：「以丘賦爲未足，又以田賦之也。田賦之者，家一人也。家一人，管子内政之法也。諸侯之益兵自齊始，晉次之。春秋之季，魯亦行之矣。是故作丘甲，用田賦，不書初。」廬陵李氏曰：「孔子惡冉求聚斂附益之言，蓋在此時。」田賦之者，家一人以爲兵也。然九夫爲井，六十四井爲甸，甸出革車一乘，則是五百七十六夫，而出七十五人。今凡受田者，皆出一人爲兵，比古七倍，恐加兵不至如是之甚。賈逵以爲五乘爲未足，又以田賦之。今使一井之田出十六井之賦，是多於常賦十六倍，於理亦未宜然。」汪氏曰：「杜預、范甯皆云：『丘賦之法，因其田財，通出馬一疋、牛三頭。今別其田及家財各爲一賦，則是比先王之制而加倍不翅矣，亦未可信。要之計田而斂甲之法，增三之一，今別田及家財各爲一賦，以充軍賦之用，而其數之多寡，則不可考爾。孔子云丘亦足矣，蓋以計丘而出兵車，乃賦之常法，取民財，

安可計田而又賦其財哉！觀哀公年饑用不足，及二吾猶不足之言，則爲斂財以足用可知矣。」廬陵李氏曰：「田賦之説，杜氏以爲丘賦之法，因其田財通出馬一疋、牛三頭。今欲別其田及家財各爲一賦，則是一丘出馬二疋、牛六頭也。范氏注《穀梁》同之。然杜氏於作丘甲條内，已曰今使丘出甸賦，是一丘十六井已出馬四疋、牛十二頭矣，安得復以爲出馬一疋、牛三頭乎？此其前後自相戾也。夫一井八家而家財有無難均，何得別之？賈氏以爲一井之田而欲出十六井之賦，蓋以爲井出丘賦也。況使出一馬之賦可乎？故胡氏獨用《國語》。《國語》載孔子對冉有之言，曰：「先王制土，籍田以力，而砥其遠邇，賦里以入，而量其有無，任力以夫，而議其老幼。於是乎有鰥寡孤疾，有軍旅之出則征之，無則已。其歲收田一井，出稯禾六百四十斛，秉芻二百四十斗，缶米十六斗，不過是也。先王以爲足。若子季孫欲其法也，則有周公之籍矣。」大率以爲田主出粟，而賦則取於商賈之里廛。今魯以商賈所當出之賦，而令農民出之，則非古人重本抑末之意矣。吕氏亦曰：「古者田出租，里出賦。」要之二家説爲長，蓋收區域之征，以備馬牛車乘，若漢家收田賦泉，以補車馬，亦其遺意也。緣此賦止里廛出之，而今賦於田上，故譏之耳。然則司馬法所謂甸出一乘者，其止出一乘之人歟！觀《春秋》傳所載，多臨事而始授以甲、授以車，則知馬牛車乘決非丘甸所出也。何氏説近之，陳氏非是。」

夏，五月甲辰，孟子卒。《左傳》：「夏五月，昭夫人孟子卒。昭公娶于吴，故不書姓。死不赴，故不稱夫人。不反哭，故不言葬小君。孔子與弔，適季氏。季氏不綌，放絰而拜。」《公羊傳》：「孟子者？昭公之夫人也。其稱孟子何？諱娶同姓，蓋吴女也。」《穀梁傳》：「孟子者，何也？昭公夫人也。其不言夫人，何

孟子，吳女，昭公之夫人，其曰孟子云者，諱取同姓也。啖氏曰：「同姓不可書曰夫人姬氏薨，故曰孟子卒。」朱子曰：「諱之，使若宋女子姓者然。」何氏曰：「為同宗共祖，亂人倫，與禽獸無別。」同姓從宗合族屬，異姓主名治際會，名著而男女有別矣。四世而緦，服之窮也。五世而祖免，殺同姓也。六世，親屬竭矣。其庶姓別於上，戚單於下，汪氏曰：「戚，親也。單，盡也。」昏姻可以通乎？綴之以姓而弗別，合之以食而弗殊，雖百世而昏姻不通，周道然也。《禮記·大傳》疏：「同姓，父族也。從宗，從大小宗也。合聚族人，使昭穆異列同時食，故曰『合族屬』。異姓，謂他姓之女，來為己姓之妻，主為母、婦名。治昏姻交結會合之事。名著，則男女尊卑異等，各有分別，不相淫亂。四世同承高祖，服緦麻。五世共承高祖之父，服祖免而無正服，減殺同姓也。六世共承高祖之祖，各為氏族，四從兄弟，親盡於下，別自為宗，昏姻可以通乎？周法雖殺庶姓別於上，而有世繫連繫之以本姓，若姬氏、姜氏。大宗百世不改，連合族人以飲食之禮而不殊異。雖相去百世，而昏姻不得通。」昭公不謹於禮，欲結好強吳，以去三家之權，忍取同姓以混男女之別，呂氏曰：「魯之君豈苟為無禮以亂男女之別哉？迫於強吳之威，而欲自固其國也。徇目前之急，忘長久之慮，不知以禮自防，遂至流於夷狄禽獸而不辭也。」不命於天子，以弱其配，《禮記·雜記》：「夫人之不命於天子，自昭公始也。」劉氏曰：「夫人之必命於天子，猶諸侯之

必命於天子也。桓公不受命，終身無王。孟子亦不受命，身死不得稱夫人，其義一也。」不見於廟，不書於策，以廢其常典，禮之大本喪矣。其失國也宜，故陳司敗問：「昭公知禮乎？」子曰：「知禮。」子退，揖巫馬期而進之，曰：「吾聞君子不黨，君子亦黨乎？君娶於吳爲同姓，謂之吳孟子。君而知禮，孰不知禮？」巫馬期以告。子曰：「丘也幸，苟有過，人必知之。」朱子曰：「孔子不可自謂諱君之惡，又不可以娶同姓爲知禮，故受以爲過而不辭。或問：『昭公娶同姓之事，若天王舉法，則如何斷？』曰：『此非昭公故爲之。當時吳盛彊，中國無霸，昭公藉其勢，不得已而然，非貪其色也。天王舉法，則罪固不免，亦須原情自有處置。況不曰孟姬，而曰孟子，昭公亦已知其非矣。」書孟子卒，雖曰爲君隱，而實亦不可揜矣。高氏曰：「國人不以爲非，而昭公乃知避其名，《春秋》亦因其實而書之曰：『孟子卒。』」薛氏曰：「知其非禮而異其名，雖欲蓋而名彰也。」何氏曰：「不言薨、不書葬者，深諱之。」范氏曰：「葬當書姓，諱故亦不書葬。」臨川吳氏曰：「固是以同姓而不書夫人薨，亦以見魯臣不以夫人之禮喪之也。昭公君也，尚且逐出之，而葬不備禮，況其夫人乎？一書卒而二義具焉。」王氏曰：「是時季氏當國，孔子與弔，而季孫不綌，孔子亦放經而拜，是知當時不以小君之禮，必書夫人某氏，當時既鸜鵒突稱呼曰孟子，《春秋》不書夫人而書卒，示天下後世娶同姓之必不可也。然小君之薨，必書夫人某氏，當時既鸜鵒突稱呼曰孟子，則國史必不以夫人孟子薨。《春秋》因舊史之文，而非禮之實已見矣。按傳襄二十三年：晉嫁女於吳，則同姓之婚非自昭公始。《春秋》於孟子以隱辭書之，所以深責秉禮之魯歟？」

公會吳于橐皋。橐,章夜反,又音託。《左傳》:「吳子使大宰嚭請尋盟。公不欲,使子貢對曰:『盟,所以固信也,故心以制之,玉帛以奉之,言以結之,明神以要之。寡君以爲苟有盟焉,弗可改也已。若猶可改,日盟何益?今吾子曰,必尋盟。若可尋也,亦可寒也。』乃不尋盟。」杜氏曰:「橐皋,在淮南逡遒縣東南。」張氏曰:「吳地,逡遒故城,在廬州慎縣東南。」家氏曰:「會柤、會鄫、會橐皋,吳皆以號舉,夷之也。闔廬稱子,以其功也。夫差稱號,以其罪也。桕舉有攘夷之功,艾陵有猾夏之罪,此《春秋》所爲進退也。」王氏曰:「吳欲尋盟,非衛賜之言不可卻,故曰:『不有君子,其能國乎?』」○秋,公會衛侯、宋皇瑗于鄖。鄖音云,《公》作「運」。《左傳》:「吳徵會于衛。初,衛殺吳行人且姚而懼,謀於行人子羽。子羽曰:『吳方無道,無乃辱吾君,不如止也。』子木曰:『吳方無道,國無道,必棄疾於人。吳雖無道,猶足以患衛。往也!長木之斃,無不摽也。國狗之瘈,無不噬也。而況大國乎?』秋,衛侯會吳于鄖。公及衛侯、宋皇瑗盟,而卒辭吳盟。吳人藩衛侯之舍。子服景伯謂子貢曰:『夫諸侯之會,事既畢矣,侯伯致禮,地主歸餼,以相辭也。今吳不行禮於衛,而藩其君舍以難之,子盍見大宰?』乃請束錦以行,語及衛故。大宰嚭曰:『寡君願事衛君,衛君之來也緩,寡君懼,故將止之。』子貢曰:『衛君之來,必謀於其衆。其衆或欲或否,是以緩來。其欲來者,子之黨也。其不欲來者,子之讎也。若執衛君,是墮黨而崇讎也。夫墮子者,得其志矣。且合諸侯而執衛君,誰敢不懼?墮黨崇讎,而懼諸侯,或者難以霸乎!』大宰嚭說,乃舍衛侯。衛侯歸,效夷言。子之尚幼,曰:『君必不免,其死於夷乎!』執焉,而又說其言,從之固矣。」杜氏曰:「鄖,發陽也,廣陵海陵縣東南有發繇亭。盟不書,畏吳竊盟。」王氏曰:「初,衛人殺吳行人且姚,故衛侯畏吳而竊盟魯、宋。吳怒,藩衛侯

之舍，子貢陳墮黨崇讎之説而衛侯歸，然則子貢於父母之邦亦有功矣，故孟子曰：「君子居是邦也，其君用之，則安富尊榮。」」○宋向巢帥師伐鄭。《左傳》：「宋、鄭之間有隙地焉，曰彌作、頃丘、玉暢、嵒、錫。子產與宋人爲成，曰：『勿有是。』及宋平、元之族自蕭奔鄭，鄭人爲之城嵒、戈、錫。九月，宋向巢伐鄭，取錫，殺元公之孫，遂圍嵒。十二月，鄭罕達救嵒，丙申，圍宋師。」廬陵李氏曰：「自皇瑗取鄭師之後，書宋公、宋人伐鄭者再，宋兵亦可以釋怨矣。而向巢之師復起，是必欲殺平、元之族而後已也。全師覆没，亦蹈前日鄭人之覆轍。佳兵不祥，其事好還，信哉！」○冬，十有二月，螽。《左傳》：「季孫問諸仲尼，仲尼曰：『丘聞之，火伏而後蟄者畢。今火猶西流，司歷過也。』」《公羊傳》：「何以書？記異也。何異爾？不時也。」杜氏曰：「周十二月今十月，是歲應置閏而失不置，雖書十二月，實今九月。九月之初尚温，故得有螽。」○永嘉吕氏曰：「《左氏》以爲失閏之故，然明年九月螽，又十二月螽，恐不專爲失閏。」家氏曰：「十二月螽，氣煥也，宣十五年冬蝝生與此記同。《左氏》所録，疑非聖人之言也。」

己未敬王三十八年。十有三年晉定三十。齊簡三。衛出十一。蔡成九。鄭聲十九。陳閔二十。杞閔五。宋景三十五。秦悼十。楚惠七。吴夫差十四。春，鄭罕達帥師取宋師于嵒。《左傳》：「宋向魋救其師。鄭子䐄使徇曰：『得桓魋者有賞。』魋也逃歸，遂取宋師于嵒，獲成讙、郜延。以六邑爲虚。」《公羊傳》：「其言取之何？易也。其易奈何？詐反也。」《穀梁傳》：「取，易辭也。以師而易取，宋病矣。」孫氏曰：「《春秋》書取師，誅取者之不仁，以多殺爲功也。先書宋取鄭師，責宋也。今書鄭取宋師，亦責鄭也。」○夏，許男成卒。成，《公》作「戌」。汪氏曰：「元公也。雍丘之師，二國覆師以相償報，其惡如此。」

○公會晉侯及吳子于黃池。書會止此。《左傳》：「夏，公會單平公、晉定公、吳夫差于黃池。」《公羊傳》：「吳何以稱子？吳主會也。吳主會則曷爲先言晉侯？不與夷狄之主中國也。其言及吳子何？會兩伯之辭也。不與夷狄之主中國，則曷爲以會兩伯之辭言之？重吳也。曷爲重吳？吳在是則天下諸侯莫敢不至也。」《穀梁傳》：「黃池之會，吳子進乎哉！遂子矣。吳，夷狄之國也，祝髮文身，欲因魯之禮，因晉之權，而請冠、端而襲。其藉于成周，以尊天王，吳進矣。吳，東方之大國也。累累致小國以會諸侯，以合乎中國。吳能爲之，則不臣乎？吳進矣。王，尊稱也。子，卑稱也。辭尊稱而居卑稱，以會乎諸侯，以尊天王。吳王夫差曰：『好冠來！』孔子曰：『大矣哉！夫差未能言冠而欲冠也。』」王氏曰：「黃池，或以爲在衛，或以爲在晉，或以爲在宋、在鄭。據杜預所釋，陳留封丘縣南，地近濟水，則在鄭、衛之境，而晉嘗有之也。」

黃池，衛地，其言及者，會兩伯之詞也。趙氏曰：「經文有及字，是兩伯之義分明也，故《左傳》云爲先歃。而《外傳・吳語》中，即云吳先歃。各自護其主，了然可見。」《春秋》四夷雖大皆曰「子」，吳僭王矣。其稱子，正名也。以會人主會，其先晉，紀常也。《春秋》內中國而外諸夷。吳人主會，其先晉，紀常也。《春秋》四夷雖大皆曰「子」，吳僭王矣。其稱子，正名也。以會兩伯之詞而言及者，先吳則拂經而失序，列書則泯實而傳疑，何氏曰：「不與夷狄主中國，又事實當見，不可醇奪，故張兩伯辭。先晉言及吳子，使若晉主會爲伯，吳亦主會爲伯。」特書曰「及」。順天地之經，著盟會之實，又以見夷狄之強，而抑其橫也。定公以來，晉失霸業，不主夏盟，夫差暴橫，勢傾上國，自稱周室於己爲長。蓋太伯之後，以族屬言，則伯父也。而黃池之

會，聖人書法如此者，訓後世治中國、御四夷之道也。明此義，則知漢宣帝待單于位在諸侯王上，蕭傅之議非矣。注見隱公二年。唐高祖稱臣於突厥倚以爲助，劉文靖之策失矣。《舉要曆》：「突厥值隋末喪亂，中國人多歸之。高祖初起太原，及竇建德、劉武周、李軌雖稱尊號，皆稱臣事之。」《唐書·突厥傳》：「太宗曰：『太上皇以百姓故，奉突厥，詭而臣之，朕常痛心。』」范氏祖禹曰：「唐世夷狄之害，其原起於太宗脅父臣虜，豈有脅父臣虜以得天下而可爲者乎？」何況於以父事之如石晉者，《五代史》：「唐廢帝討石敬瑭，敬瑭求援於契丹，與耶律德光約爲父子。」將欲保國而免其侵暴，得乎？或曰：苟不爲此，至於亡國，則如之何？曰：存亡者，天也。得失者，人也。不可逆者，理也。以人勝天，則事有在我者矣。必若顛倒音到。冠履而得天下，其能一朝居乎？故《春秋》撥亂反正之書，不可以廢焉者也。《國語》：「吳王夫差既勝齊，殺申胥，乃起師北征。闕爲深溝，通於齊、魯之間，北屬之沂，西屬之濟，以會晉公午於黃池。沿海泝淮絕吳路。始率中軍泝江以襲吳，入其郭，焚其姑蘇，徙其大舟。吳、晉争長未成，邊遽乃至，以越亂告。吳王懼，乃合大夫而謀曰：『今無會而歸，與會而先晉，孰利？』王孫雒曰：『二者莫利。無會而歸，越聞章矣。齊、宋、徐、夷將夾溝而廢我。會而先晉，晉既執諸侯之柄以臨我，將成其志，必會而先之。今夕必挑戰，以奮其朋勢。』彼將不戰而先我。請王勵士，以爲徹行。萬人以爲方陳，王親秉鉞，中陳而立。帶甲三萬，以勢攻，雞鳴乃定。既陳，去晉軍一里。昧明，王乃秉枹，親鼓之，軍皆譁。令服兵擐甲，係馬舌，出火竈，陳士卒百人，晉師大駭不出，周軍飭壘，乃

令董褐請事，曰：『兩軍偃兵接好，日中爲期。今大國越信，而造於敝邑之軍壘，敢請亂故。』吳王親對之曰：『天子有命，周室卑弱，貢獻莫入，上帝鬼神而不可以告。無姬姓之振也，徒遽來告。匃就君，今非王室不平安是憂。億！晉負衆庶，不式戎、狄、楚、秦，將不長弟，以力征一二兄弟之孤。欲守先君之班爵，進則不敢，退則不可。』董褐還致命，乃告趙鞅曰：『臣觀吳王之色，類有大憂，將毒，不可與戰。主其許之先，然而不可徒許之也。』鞅乃令董褐復命曰：『疇昔君之言，周室既卑，諸侯大夫失禮於天子，貢獻莫入。孤之事君在今日，不得事君亦在今日。』董褐復命曰：『臣觀吳王之色，類有大憂，將毒，不可與戰。主其許之先，然而不可徒許之也。』鞅乃令董褐復命曰：『囊君之言，周室既卑，諸侯大夫失禮於天子，貢獻莫入。孤以下密邇於天子，無所逃命，訊讓日至』，曰：『昔吳伯父不失春秋，必率諸侯以顧在余一人。今伯父有蠻、荆之虞，世禮不續，用命孤禮佐周公，以見我一二兄弟之國，以休君憂。夫命圭有命，固曰吳伯，不曰吳王。諸侯是以敢辭。夫諸侯無二君，而周無二王，君若無卑天子，而干其不祥，而曰吳公，孤敢不順從君命長弟！』吳王許諾，乃退就幕而會。吳公先歃，晉侯亞之。」襄陵許氏曰：「《左氏》曰『先晉』，《國語》曰『先吳』，此二國史籍之異也。顧自宋之盟，則晉已爲楚所先，陵遲至於黃池之時，豈能復與吳爭？《國語》信也。晉人恥吳先之，故諱焉耳。」孫氏曰：「黃池之會，其言公會晉侯及吳子者，主在吳子也。吳自柏舉之戰，勢橫中國，諸侯小大皆宗于吳，晉侯不見者二十四年，此不能主諸侯可知也。故黃池之會，吳子主焉。不言公會晉侯、吳子耳，晉侯不與夷狄主中國也。」蜀杜氏曰：「凡諸侯及公會吳、會吳子者，不與夷狄主中國也。」高氏曰：「首止，先及而後會，所以尊王世子者，不與夷狄主中國也。」蜀杜氏曰：「凡諸侯及公會吳，必曰公會某某、會吳于某地。此會，公往會晉侯、吳子耳，必先以公會晉侯言之，復言及吳子者，殊吳於晉也。」

也。黃池，先會而後及，所以外吳子也。吳奉伯之後，與周同姓，狂僭大號，擾亂中國。夫天無二日，民無二王。今吳爲黃池之會，以主盟中國，是二王也，將置周王於何地耶。聖人自十年吳伐齊之後，春不書王，以見天下之無王，此《春秋》之所以終也」項氏曰：「中國變而爲吳、楚，始於昭公四年楚子會諸侯于申，而成於黃池，此世道之一大變也。申之會，晉與齊、魯皆不與，則中國猶未全爲夷也。至黃池之會，魯以吳敗齊于艾陵，夫差會，魯以伯禮事之，《春秋》爲是爵而不狄，及而不殊，見吳獨爲天下尊。中國亡也。《春秋》至是雖欲不終，得乎。」陳氏曰：「黃池之盟不書，吳、晉之盟，《春秋》修諱之。公會晉侯及吳子，雖兩伯之辭，而終不以吳、晉同主盟也。于宋、于虢，楚同主會且先於晉，然晉君猶未同盟，故《春秋》皆先楚以紀實也。單平公不書，不忍書也。」汪氏曰：「辰陵于蜀、于申，楚雖主盟而晉不與，故《春秋》先晉以正名，而不書及焉。今黃池之會，吳子主盟，而晉定公以奕世之霸，魯哀公以秉禮之望，皆俯伏聽命於壇北之上，故《春秋》先晉以存中國之名，而書及以著兩伯之實，則內外之分不紊，而強弱之勢自見矣。《春秋》於戰紀、戰鄫書會、書及者，主客之辯也。此黃池之會，書會、書及者，華夷之辯也。又按：《春秋》凡三書吳子，蓋使札來聘，❶慕中國之義。戰柏舉，救中國之患，皆予之也。《穀梁》謂嘉其尊王，進而書子，《春秋》抑其強大而止書子，貶之也。」會于黃池，恃甲兵之威，厭晉侯而長弟，《春秋》抑其強大而止書子，貶之也。其語又謂趙鞅使董褐復命，責其僭王，而夫差降爵稱則當序單平公於吳、晉之上，如葵丘宰周公之例矣。

❶ 「札」，原作「礼」，今據《纂疏》改。

公。夫以齊桓之盛，未能責楚僭王之罪，豈以晉之衰弱而反能使吳王黜其僭號乎？殆不足信也。」○趙氏曰：「《穀梁》云：『吳子進矣。』按此爲吳同爲會主，故不人，傳不達此理遂妄爲義耳。《公羊》又云：『吳在是，則天下諸侯莫敢不至。』按此會黃池爲魯池，故魯獨會之，若更有諸侯，不當不列序。」盧陵李氏曰：「此條先晉之說，當主《公羊》。爵吳之說，當主《穀梁》。書及之說，《公羊》、胡氏皆得之，其實則《國語》爲詳，但《國語》所載尊周室之事，蓋二國假此以相勝耳，豈真能奉王命哉？」

楚公子申帥師伐陳。高氏曰：「楚畏吳之強，無如之何，故乘吳之出會而伐陳也。」○於越入吳。《左傳》：「六月丙子，越子伐吳，爲二隧。疇無餘、謳陽自南方，先及郊。吳大子友、王子地、王孫彌庸、壽於姚自泓上觀之。彌庸見姑蔑之旗，曰：『吾父之旗也。不可以見讎而弗殺也。』大子曰：『戰而不克，將亡國。請待之。』彌庸不可，屬徒五千，王子地助之。乙酉，戰，彌庸獲疇無餘，地獲謳陽。越子至，王子地守。丙戌，復戰，大敗吳師。獲太子友、王孫彌庸、壽於姚。丁亥，入吳。吳人告敗于王，王惡其聞也，自剄七人於幕下。」

吳自柏舉以來，憑陵中國，黃池之會，遂及夏盟，可謂強矣。而《春秋》繼書於越入吳，所謂因事屬辭，垂戒後世，而見深切著明之義也。曾子曰：「戒之戒之，出乎爾者反乎爾。」老氏曰：「佳兵不祥之器，其事好還。」音旋。《道德經·偃武篇》：「夫佳兵不祥之器，物或惡之。非君子之器，不得已而用之。」《儉武篇》：「以道佐人主者，不以兵強天下，其事好還。」夫以力勝人者，人亦以力勝之矣。吳嘗破越，遂有輕楚之心，及其破楚，又有驕齊之志，既勝齊師，復與

晉人爭長，自謂莫之敵也，而越已入其國都矣。吳侵中國而越滅之，越又不監而楚滅之，楚又不監而秦滅之，秦又不監而漢滅之。老氏、曾子，其言豈欺也哉！《春秋》初書於越入吳在柏舉之後，再書於越入吳在黃池之後，皆因事屬辭，垂戒後世，不待貶絕而見深切著明之義也。孫氏曰：「吳子方會，越乘其無備而入之也。」薛氏曰：「吳子不戒爭中國之諸侯，而越卒入吳，所謂無遠慮有近憂矣。吳忘不共戴天之恥，而求諸侯於外，此越之所以霸諸侯乎？」

附錄《左傳》：「秋七月辛丑，盟，吳、晉爭先。吳人曰：『於周室，我爲長。』晉人曰：『於姬姓，我爲伯。』趙鞅呼司馬寅曰：『日旰矣，大事未成，二臣之罪也。建鼓整列，二臣死之，長幼必可知也。』對曰：『請姑視之。』反曰：『肉食者無墨。今吳王有墨，國勝乎？大子死乎？且夷德輕，不忍久，請少待之。』乃先晉人。吳人將以公見晉侯，子服景伯對使者曰：『王合諸侯，則伯帥侯牧以見於王。伯合諸侯，則侯帥子男以見於伯。自王以下，朝聘玉帛不同。故敝邑之職貢於吳，有豐於晉，無不及焉，以爲伯也。今諸侯會，而君將以寡君見晉君，則晉成爲伯矣，敝邑將改職貢。魯賦於吳八百乘。若爲子男，則將半邾以屬於吳，而如邾以事晉。且執事以伯召諸侯，而以侯終之，何利之有焉？』吳人乃止。既而悔之，將囚景伯。景伯曰：『何也？』立後於魯矣。將以二乘與六人從，遲速唯命。』遂囚以還。及戶牖，謂大宰曰：『魯將以十月上辛，有事于上帝先王，季辛而畢。何，世有職焉，自襄以來，未之改也。若不會，祝宗將曰：「吳實然。」』且謂魯不共，而執其賤者七人，何損焉？』大宰嚭言於王曰：『無損於魯，而祇爲名，不如歸之。』乃歸

景伯。吳申叔儀乞糧於公孫有山氏。曰：『佩玉縈兮，余無所繫之。旨酒一盛兮，余與褐之父睨之。』對曰：『梁則無矣，麤則有之。若登首山以呼曰，庚癸乎！則諾。』王欲伐宋，殺其大夫，而囚其婦人。大宰嚭曰：『可勝也，而弗能居也。』乃歸。」

秋，公至自會。高氏曰：「夷狄主會，故書至以危之。」○晉魏曼多帥師侵衛。「魏」下，《公》無「曼」字。霸國侵伐止此。《公羊傳》：「此晉魏曼多也。曷爲謂之晉魏多？譏二名，二名非禮也。」襄陽許氏曰：「晉以范中行之難，伐衛、伐鮮虞，間齊之難而一侵之，又再侵衛，而諸侯卒莫之宗。師雖數出，能侵而已。」高氏曰：「蒯聵在戚十有二年矣，晉人不能以此討衛，乃以范中行故而數興師，故書侵。」盧陵李氏曰：「晉事止於此。李氏曰：『讀隱、桓之《春秋》，而知王澤之竭也。讀昭、定、哀之《春秋》，而知伯烈之壞也。晉伯復盛於悼公，浸衰於平、昭，而遂廢於頃、定。夫晉以弈世九君之業，豈無積累之功著在中夏？至頃、定一壞而不可復收。嗚呼！廢興存亡，未有無故而然者也。千尋之木，物能蠧之，必其中先腐壞戕蝕而後蠧生焉。嘗原晉事之顛末，而察其所由失矣。自召陵擁十八國之衆，不能振旅，至于戎蠻之執，晉俛焉北面而事楚以京師之禮。自吳滅巢、滅徐，伐陳、伐齊，晉不能誰何？迄乎黃池之會，吳哆然操方伯之令而下以列國命晉，《春秋》由是絕筆焉，則晉之失弱。』或曰：『晉之微也。大變在夷狄，有楚弗攘，有吳弗抑，二強並立，伯權遂弱。』曰：『中國苟合，夷狄豈能間乎？其端在諸侯之先貳。當時以齊景、衛靈、宋景之君，其國皆強，戮力周旋，何畏於吳、楚？今也齊景公有抑晉代興之志，宋、衛、魯、鄭之君，無非攘臂以從齊者也。蓋晉執行人叔孫婼與邾大夫坐而失魯，執宋仲幾、樂祁犂而失宋，涉佗、成何詬衛而失衛，荀寅辭蔡而失蔡，

假羽旄於鄭而失鄭，是以齊得以盡取諸侯。鄭則與齊盟于鹹矣，會于安甫矣，衛則與齊盟于沙，次于五氏矣，魯則與齊會于洮矣，宋則與齊會于安甫矣，終而齊侯、衛侯且伐晉矣。則晉之失伯，乃諸侯之離也。曰：晉國苟治，諸侯安得背乎？其原在大夫之先叛，使六卿諸臣如先大夫之肅，皆盡忠以輔公，何憂乎齊、衛？今也強家多門，各求封殖，而削弱之禍獨歸宗國。自趙鞅取衛，貢五百家動晉陽之甲，自韓不信執宋命卿，不顧踐土之盟，自魏舒南面涖政，敢干位以命大事，而趙籍、魏斯、韓虔爲諸侯之萌已成矣。則晉之失伯，乃大夫之擅也。曰：晉之禮義素明，則大夫豈得擅乎？利勝而義微，此上下之所以不奪不饜也。范鞅請冠而伐楚之師徒出；趙鞅受楊楯而宋卿賈禍，邯鄲爭貢而三卿亂國。或取季孫之賄，而昭公弗納，或求蔡侯之貨，而魯使蒙執，趙鞅藉爲口實。孟子曰：『上下交征利而國危矣。』晉伯之衰，又誰咎歟？頃公《春秋》所以謹義利之辯，察天理人欲之分，正君臣上下之位，而示後世以防微杜漸，反本澄源之道也。自昭三十一年即位，至是凡三十一年，至哀公二十年卒。」○冬，十有一月，有星孛于東方。○葬許元公。○九月，螽。高氏曰：「周之九月，夏之七月也。其爲農災，又非冬十二月之比也。」《公羊傳》：「孛者何？彗星也。其言于東方何？見于旦也。何以書？記異也。」杜氏曰：「平旦衆星皆没，而孛乃見，故不言所在之次。」孫氏曰：「光芒四出曰孛。」周氏曰：「周十一月，夏九月，日在房心。房心，天子明堂布政之庭。於此旦見與日争明者，諸侯代主治，典法滅絶之象。」汪氏曰：「星孛東方，乃東方

❶「已」，四庫本作「也」。

悖亂，吳爭强而越滅之之徵也。」○**盜殺陳夏區夫。**區，烏侯反，《公》作「彄」，苦侯反。高氏曰：「區夫，徵舒弒逆，楚人殺之，而陳人猶使世執國政，《春秋》因其爲盜所殺而書之，與華孫同意。盜殺蔡侯申，盜殺陳夏區夫，當春秋之季，世變之甚，至於盜興而專弒國君卿大夫，則亂已極矣。」襄陵許氏曰：「《春秋》書魯人事，至用田賦。書魯天災，至於二年三螽，見其重賦害民，傷和致異，民力已窮。天命呂氏曰：「此年九月螽，十二月又螽，又比年十二月螽，陰陽錯亂甚矣。當世君臣，亦可以自省矣。」已去，君子之心於魯已矣。」

附錄《左傳》：「吳及越平。」

庚申敬王三十九年。**十有四年**晉定三十一。齊簡四。衛出十二。蔡成十。鄭聲二十。陳閔二十一。杞閔六。宋景三十六。秦悼十一。楚惠八。吳夫差十五。**春，西狩獲麟。**《左傳》：「春，西狩於大野，叔孫氏之車子鉏商獲麟，以爲不祥，以賜虞人。仲尼觀之，曰：『麟也。』然後取之。」《公羊傳》：「何以書？記異也。何異爾？非中國之獸也。然則孰狩之？薪采者也。薪采者，則微者也。曷爲以狩言之？大之也。曷爲大之？爲獲麟大之也。曷爲獲麟大之？麟者，仁獸也。有王者則至，無王者則不至。有以告者曰：『有麕而角者。』孔子曰：『孰爲來哉！孰爲來哉！』反袂拭面，涕沾袍。顏淵死，子曰：『噫！天喪予！』子路死，子曰：『噫！天祝予！』西狩獲麟，孔子曰：『吾道窮矣。』《春秋》何以始乎隱？祖之所逮聞也。所見異辭，所聞異辭，所傳聞異辭。何以終乎哀公十四年？曰：備矣！君子曷爲爲《春秋》？撥亂世，反諸正，莫近諸《春秋》，則未知其爲是與？其諸君子樂道堯、舜之道與？末不亦樂乎，堯、舜之知君子

制《春秋》之義以俟後聖，以君子之爲，亦有樂乎此也。」《穀梁傳》：「引取之也。」狩地不地，不狩也。非狩而曰狩，大獲麟，故大其適也。其不言來，不外麟於中國也。」程子曰：「始隱，周之衰也。終麟，感之始也。世衰道不行，有述作之意舊矣，但因麟而發耳。麟不出，《春秋》亦必作也。《春秋》之作，不過因魯國之史，而天地四時之無窮，所以察其遷變而紀其差忒者，無一略也。中國夷狄之廣莫，所以錄其交際而別其典禮者，無一遺也。夫子之贊《易》者，即其所以修《春秋》也。以區區一魯國之史而兼紀周、齊、晉、宋諸國之事，其尊卑小大、統屬之序，秩然無毫髮之不順。盡書治忽失得陵僭亂賊之變，森然一循乎條理，而無一之非法，故曰非聖人誰能修之。觀西狩之獲，而知天瑞之類應。聖人先天後天，而天且不違，而《春秋》之終不外乎此也。孔子感麟而作《春秋》，或謂不然，如何？曰：《春秋》不害感麟而作，然麟不出，《春秋》豈不作？孔子之意，蓋亦有素，因此一事乃作，故其書之成，復以此終。大抵須有發端處，如畫八卦因見《河圖》、《洛書》。《河圖》、《洛書》，八卦亦須作。或問麟鳳和氣所生，太平之應也。鳳鳥不至，孔子曰：『吾已矣夫！』而麟見獲於春秋之季，何也？」曰：「聖人之生，乃天地之交感，五行之秀會也。以仲尼元聖，尚生於春秋之時，而況麟乎。」杜氏曰：「麟者，仁獸，聖王之嘉瑞也。時無明王，出而遇獲，仲尼傷周道之不興，感嘉瑞之無應，故因魯《春秋》而修諸侯之政。絕筆於獲麟之一句者，所感而作，因所以爲終也。冬獵曰狩，蓋虞人修常職，故不書狩者。大野在魯西，故曰西狩。」孔氏曰：「麟，麕身、牛尾、狼額、馬蹄，有五采，腹下黃，高丈二，一角而戴肉，設武備而不爲害，含仁懷義，音中鍾呂，行步中規，折旋中矩，遊必擇土，翔必有處，不履生蟲，不折

生草。」

河出圖，洛出書，而八卦畫。簫韶作，《春秋》成，而鳳麟至。事應雖殊，其理一也。《易》曰：「大人者，先天而天弗違，後天而奉天時。」程子曰：「聖人先於天，而天同之；後於天，而能順天者，合於道而已。」舜、孔子，先天者也。伏羲氏，後天者也。後天而奉天時，氣壹之動志也。先天而天弗違，志壹之動氣也。見乎此者，則曰文成而麟至。范氏曰：「先王之道既弘，麟感化而來應，因事備而終篇，既已妖妄，又引經至仲尼卒，亦又近誣。」《周南·關雎》之化，王者之風。《麟之趾》《關雎》之應也。然則斯麟之來，歸於王德。《春秋》之文，廣大悉備。義始於隱公，道終於獲麟。」《召南·鵲巢》之德，先公之教，而《騶虞》《鵲巢》之應也。王氏《箋義》曰：「《關雎》之化，王者之風。而《麟之趾》《關雎》之應。范氏曰：「《關雎》之應。」杜氏曰：「先儒以爲制作三年，文成致麟，既已妖妄，故絕筆於斯年。」有見乎此者，以爲妖妄而近誣。朱子曰：「文定借孟子之言，形容天地感格之意。」有見乎此者，則曰文成而麟至也。《詩》稱《麟趾》《騶虞》爲《關雎》《鵲巢》之應，故夫子作《春秋》，遂以獲麟終篇，明王道之成，乃致天瑞之應。」汪氏曰：「《麟趾》《騶虞》，詩人但歎美公子、公族之仁厚，與其仁心德澤之廣且盛者，此借以喻麟，讀者不以辭害意可也。」世衰道微，暴行交作，臣弒其君者有之，子弒其父者有之，夫子爲是作《春秋》，明王道，正人倫，氣志天人，交相感勝之際深矣，制作文成而麟至宜矣。何氏曰：「人道浹，王道備，必止於麟者，欲見撥亂功成於麟，猶堯、舜之隆，鳳凰來儀，故麟於周爲異，《春秋》

記以爲瑞。」商王恭默思道，帝賚良弼，得於傅巖。《書·說命》：「王庸作書以誥曰：『以台正于四方，台恐德弗類，茲故弗言。恭默思道，夢帝賚予良弼，其代予言。』乃審厥象，俾以形旁求于天下。說築傅巖之野，惟肖。爰立作相。」周公欲以身代其兄，植璧秉珪，而武王疾愈，啓金縢之策，天乃反風。《書·金縢》：「王有疾，弗豫。周公植璧秉珪，乃告太王、王季、文王。納策於金縢之匱中。王翼日乃瘳。武王既喪，管叔及其群弟流言於國，周公居東。秋，大熟，未穫，天大雷電以風。王與大夫盡弁以啓金縢之書，乃得周公所自以爲功代武王之說。王出郊，天乃雨，反風。」出罪己之言，熒惑退舍。《吕氏春秋》：「宋景公時，熒惑在心。子韋曰：『禍當君，可移於宰相。』公曰：『宰相，所與治國家也。』曰：『移於民。』公曰：『民死，寡人將誰爲君？』曰：『可移於歲。』公曰：『歲饑民餓，必死，誰以我爲君乎？』子韋曰：『君有至德之言三，天必三賞君。』熒惑果徙三舍。」至於勇夫志士，精誠所格，上致日星之應，召物産之祥，蓋有之矣。《淮南子》：「魯公與夏戰，日欲落，公以劍指日，日還不落。魯陽公與韓構難戰酣，日暮，援戈而撝之，日反三舍。」《戰國策》：「專諸刺僚，彗星襲月；聶政刺韓累，白虹貫日。」《前漢書》：「黄霸爲潁川太守，嘉禾生於府。」《後漢書》：「張堪爲漁陽太守，麥秀兩岐。」《晉書》：「孟宗至孝。母嘗欲生魚，時天寒冰凍，宗入林哀泣，筍忽自生。劉殷曾祖母冬思堇，殷於澤中慟哭，視地堇生。王祥性孝，母冬嗜筍，宗入林哀泣，筍忽自生。母又思黄雀炙，有雀數十飛入其幕，祥以供母。」況聖人之心，感物而動，見於行事以遺天下與來世哉！簫韶九奏，鳳儀于庭，魯史成經，麟出於野，亦常理爾。《詩》以正情，《書》以制事，《禮》以成行，《樂》以養和，《易》

以明變，《莊子》：「《詩》以道志，《書》以道事，《禮》以道行，《樂》以道和，《易》以道陰陽，《春秋》以道名分。」《文中子》：「《書》以辯事，《詩》以正性，《禮》以制行，《樂》以和德，《春秋》以舉往，《易》以知來。」垂教亦備矣。則曷爲作《春秋》？子曰：「我欲載之空言，不如見之於行事之深切著明也。」「知我者其惟《春秋》乎！」何以約乎魯史？子曰：「我欲觀夏道，是故之杞，而不足徵也。我欲觀殷道，是故之宋，而不足徵也。我觀周道，幽、厲傷之，舍魯何適矣。」何以始乎隱公？三綱淪，九法斁，天下無復有王也。何以絕筆於獲麟？其以天道終乎。宋氏曰：「《易》始天道而終人事，《春秋》始人事而終天道。二百四十二年，災異妖怪，無日無之，獨麟爲瑞；亂臣賊子，無國無之，獨孔子爲聖人。天道否極則泰，人事亂極則治，《春秋》書極亂之事以求治，至獲麟而絕筆，天人之際於斯見矣。」聖人之於天道，命也。有性焉，君子不謂命也。是故《春秋》天子之事，聖人之用，撥亂反正之書。考諸三王而不繆，建諸天地而不悖，質諸鬼神而無疑，百世以俟聖人而不惑。其於格物修身，齊家治國，施諸天下，無所求而不得，亦無所處而不當，汪氏曰：「《春秋》一經，自君臣父子夫婦兄弟以至邦交之常，兵交之變，人道之始終，物異之大小，遠而日星，細而禽蟲，與夫宮室之興革，城池之築浚，器用之失得，土地之予奪，無所不紀。學是經者，辨其理則可以格物而致其知，達其用則可以修身而復其性，推而廣之則可以齊家治國而平天下。」何莫學夫《春秋》，故君子誠有樂乎此也。由仲尼至於孟子，百有餘歲，若顏、曾則見而知之，若孟

子則聞而知之。由孟子而來至於今，千有餘歲矣。其書未亡，其出於人心者猶在，蓋有不得已焉耳，則亦有不得已焉耳矣。張氏曰：「麒麟之於走獸，猶聖人之於人，出類拔萃，爲人物之法則者也。夫子生於周末，而麟見於大野，以仁聖之君子，天錫仁獸之應，乃理之當然。韓愈氏曰：「麟爲聖人出也，聖人必知麟，是以西狩之獲，必夫子觀之而知爲麟也。然氣數之不偶，固異於堯、舜之盛，而王霸之道方窮，亦非文王麟趾之時，是以麟爲夫子出。明王不興而天下不能宗夫子，何以異哉？」家氏曰：「杜元凱以爲《春秋》感麟而作，胡文定謂《春秋》成而麟至，二義皆通。宇宙間惟理與氣而已，理行氣從，固當有自然之應，而況聖心之妙貫乎三極。致中和而天地可位，萬物可育，此作彼應，固其理也。然以當時之事而觀，《春秋》蓋感麟而作，以麟而終也。夫子嘗曰：『鳳鳥不至，河不出圖，吾已矣夫！』蓋麟鳳龜龍、帝王之瑞，夫子抱道以垂之後世，而麟應適今也，轍環天下，迄無所遇。自衛反魯，刪《詩》定《書》、繫《易》正《禮》，將載其道以拯於斯世，復有用世意矣。故《春秋》之脩，獨後於五經，蓋感麟而作，以麟而終也。致中和而獲而傷焉。夫子知道之終不行，然後脩《春秋》以明一王之法。《春秋》，天子事也，《春秋》成而聖人不復有用世意矣。故《春秋》之脩，獨後於五經，蓋感麟而作，以麟而終也。」朱子曰：「春秋獲麟，某不敢指定是書成感麟，亦不敢指定是感麟作。大概出非其時，被人殺了，是不祥。」○趙氏曰：「《公羊》《穀梁》二傳以經不言狩人之名，故有薪采、引取之說，不知舉獸獲之義，是以爾也。《穀梁》又云：『不言來，不外麟於中國。』據有蜮之類耳。又云：『不言有，不使麟不恒於中國。』據鸜鵒來巢言之。」盧陵李氏曰：「感麟而作《春秋》之說，杜氏、何氏、得言來，以言其有，爲不使恒有，有年豈使不恒有也。」

程子、謝氏、吕氏、張氏諸家多同。絶筆獲麟之説，諸家皆不過以爲所感而起，因以爲終。而何氏獨以爲《春秋》之成，文致太平，托言太平而瑞應至，故就以麟終焉，此其異也。文成致麟之説，本於范氏，而胡氏因之，其意直以爲孔子自衛反魯，即修《春秋》。經成道備，嘉瑞應焉，而以天道終之，比於《關雎》之應，而能事畢矣，蓋亦祖於何休之遺意也。」汪氏曰：「説《左氏》者，以《春秋》感麟而作，作起獲麟，而文止於所起。學《公》《穀》者，以謂《春秋》文成致麟。竊疑聖人作經，絶筆於獲麟之一句，則非經成而麟至矣。苟曰『經成而後麟至』，則《春秋》筆絶於哀十三年十二月螽，殊無意義。特世儒推尊孔子作經之效，至於如是之盛，故曰『文成致麟耳』。子程子曰『《春秋》感麟而作』，然麟不出，《春秋》豈得不作？蓋麟爲王者之祥，獲於鉏商，聖人感而作經以垂法於萬世，若聖人不得用於時而垂世立教儀範百王也。前年星孛東方，今年西狩獲麟，東主生，西主殺，而戾氣見於東，仁獸獲於西，世衰之甚，而天變之極也，是故亂臣賊子接迹於後世矣。孔子懼作《春秋》，哀王道之不行也。《春秋》成而亂臣賊子懼，聖人之道雖不行於當時，而大行於後世矣。孟子論孔子作《春秋》之功，以爲一治，豈不信哉？」爲人君而法乎《春秋》，則可以命德而討罪，躋斯世於至治；爲人臣而學乎《春秋》，則可以善善而惡惡，尊主而庇民，其義得行，則天理流行，人欲壅遏。

《儒藏》精華編選刊
已出書目

白虎通德論
誠齋集
春秋本義
春秋集傳大全
春秋左氏傳賈服注輯述
春秋左氏傳舊注疏證
春秋左傳讀
道南源委
桴亭先生文集
復初齋文集
廣雅疏證

龜山先生語錄
郭店楚墓竹簡十二種校釋
國語正義
涇野先生文集
康齋先生文集
孔子家語　曾子注釋
論語全解
毛詩後箋
毛詩稽古編
孟子正義
孟子注疏
閩中理學淵源考
木鐘集
群經平議
三魚堂文集　外集

上海博物館藏楚竹書十九種校釋

尚書集注音疏

詩本義

詩經世本古義

詩毛氏傳疏

詩三家義集疏

書疑　東坡書傳　尚書表注

書傳大全

四書集編

四書蒙引

四書纂疏

宋名臣言行錄

孫明復先生小集　春秋尊王發微

文定集

五峰集　胡子知言

小學集註

孝經注解　溫公易說　司馬氏書儀　家範

罃經室集

伊川擊壤集

儀禮圖

儀禮章句

易漢學

游定夫先生集

御選明臣奏議

周易口義　洪範口義

周易姚氏學